麦读

MyRead

熊定中

北京清律律师事务所首席合伙人，本科毕业于清华大学法学院，研究生毕业于德国帕绍大学法学院。

另任清华大学兼职教师，对外经济贸易大学硕士生导师，最高人民检察院民行咨询专家，中国信通院大数据技术标准推进委员会数据流通工作组副组长，CCF 计算法学分会执行委员，中国消费者协会律师团成员，北京仲裁委员会/北京国际仲裁中心仲裁员，青岛仲裁委员会仲裁员。

常年服务在企业日常合规领域的第一线，担任多个企业的外部总法律顾问；参与了众多学术、立法课题研究，系国家社科基金重大项目课题和最高人民法院重大课题参与人；发表了多篇有关合规领域的专业文章。

杨一星

毕业于吉林大学法学院，并在英国获得 LLM 国际商法学位。在华为公司从事法务工作二十年，见证和参与了华为公司从国内到全球的发展历程及公司法务的建设和发展过程。先后创设了华为公司欧洲片区法务部、CBG（Consumer Business Group，即华为终端）法务部，并担任首任主管，另外还担任过华为公司海外法务部主管。在任期间主持和参加过多种国际国内法务项目和案件，为公司拓展了一些法务新业务领域，并且在公司法务管理及运作上积累了丰富的经验，总结形成了较为独特和实用化的理念及方法论。

CORPORATE LAWYER

熊定中 杨一星◎著

公司法务
定位、方法与操作

ORIENTATION
METHOD AND OPERATION

〔第二版〕

中国民主法制出版社
全国百佳图书出版单位

申卫星序

感谢两位作者的信任，邀请我来为他们合著的《公司法务：定位、方法与操作》（第二版）一书作序。当然，两位作者都是我非常熟悉的朋友。熊定中是我很了解的清华校友，是我们清华法学院复建后第二届的优秀毕业生。杨一星则是我大学同窗好友，是我在大学时光经常一起讨论“学术”的伙伴。

作为两位作者的老师、大学同学，我感到非常自豪和骄傲，因为他们不仅在行业中经历了许多挑战，创造了发展的机会，并且通过自己的实践和思索，不断提高职业能力和思考水平，在归纳总结后对行业进行了正向的、宝贵的输出。我相信两位作者合著这本书的初衷，是希望为更多的公司法务从业者提供一个具有引导性和可操作性的学习平台，帮助他们更好地了解公司法务的定位和职责，并且更好地运用法律和商业知识，在法律实务领域作出自己的贡献。

一直以来，我对他们在这个领域所取得的专业素质高度和深度的印象极为深刻。他们不仅具备扎实的基础理论，还非常注重实践的积累，关注权衡风险和创造价值的关键点，而且最重要的是，他们在行业中有着高质量的业务人脉和声誉。两位作者的这些优势因素，使得本书更加全面、权威和有深度。

本书可以说是一本非常系统和权威的公司法务教程，凝聚了他们多年从事律师和法务主管工作的经验和思考。对于任何一名在公司法律实务领域工作的从业者来说,它都是一本不可或缺的参考书和工具书。从这本书中,我感受到了他们的专业素养、学识水平和实践经验。他们通过本书所传达的那种实践导向和以业务为中心的思考方式,非常适合当今职场需要的人才类型,在公司法务领域更是如此。

这本书的特别之处在于,它不只是理论性质的知识框架,更是富有生命力的实践指南。两位作者通过丰富的案例、实践经验和实战技巧,全面阐释了公司法务的定位、价值、职责等方面的基础知识,详细介绍了公司法务如何应对日常的实践问题和挑战。通过这种丰富多彩的方式,读者不仅能够获得知识和技巧,而且还能够感受到两位作者思考和实践的价值,在工作中不断提高自己的思考和应对能力。

在这本书中,两位作者特别强调了公司法务作为公司的重要职能部门和生命线,必须与公司战略和商业目标高度对接,实现商业参与和商业模式创新,只有这样才能更好地为公司发展保驾护航。这个观点非常有现实意义,因为法务部门在公司中的作用非常关键,既要规避法律风险,妥善处理纠纷,又要承担重要的谈判和协议审核乃至配合实现商业目标等任务。只有更好地学会运用商业思维,才能更好地理解公司的商业模式和运营模式,更好地为企业作出贡献。

此外,两位作者还特别关注了公司法务涉及的一些前沿领域,比如广告营销、数据合规等,给读者提供了一些实际的操作范例和经验。这对于行业内的从业者来说是非常有帮助的,因为随着社会和经济的发展,法律监管和业务创新越来越复杂,这种精细化的应对能力,对于公司法务来说是极其必要的。

我认为，一本优秀的教材不仅要有新颖的理论，还需要具备实用性、可读性和可操作性。本书完全做到了这些。它的语言简练明了，案例实际、实用，通过两位作者自己的实践和反思，结合了行业内的最前沿动态和经验，可以让读者轻松掌握主要知识点，灵活应对工作挑战。

对法律实务从业者而言，这本书将帮助他们了解公司法务的定位和职责，并告诉他们如何与商业目标高度融合。实践导向使得该书成为一本非常好的法律实务教材，并且对于希望提高自己实践能力的人也非常有用。对于那些正在学习法律的学生来说，通过这本书，他们可以对公司法务有一定的了解，并学习到如何将法律知识与商业区分开来，并更好地应用到实践中。事实上，对于任何有志于了解公司法务和商业参与真谛的人，这本书都是非常值得一读的。他们将了解到公司法务在公司中所扮演的角色以及如何与商业方面的决策密切相连。对于那些专门想了解公司如何运营以及公司各个部门之间如何相互作用的读者，这本书将是一个非常好的指引。

在我看来，这本书是一本非常好的理论与实践相结合的教程，因其涉及公司法务如何与公司战略、商业目标和商业模式高度融合，如何运用创新思维和法律手段应对复杂的商业环境等大量实用性问题。我相信，通过这本书，读者将能够更好地了解公司法务的价值，提升自己的实践能力，进而不断推动公司法务的发展和进步。希望这本书可以得到更多人的认可和使用。

祝贺两位作者！

清华大学法学院教授、博士生导师

申卫星

2023 年 5 月 6 日

郭俊秀序

全面依法治国开启新征程,作为市场主体的企业依法合规经营管理也进入新阶段,守法经营成为企业长远发展之道。全面提升企业法务能力,以在合法合规中提高企业竞争力得到前所未有的重视。

世界百年未有之大变局加速演进,日益激烈的国际经贸法律斗争,使得传统上被视为中台或后台的企业法律人员成为了一线的战士,他们的斗争结果甚至直接关系企业的生死存亡。

科技革命、技术进步对传统法律合规工作的冲击,特别是人工智能对传统法务工作的影响日益加深。ChatGPT① 横空出世,律师、公司法务被排在最易受影响的十大职业之中,增添了许多法务人的职业焦虑。

大力提升公司法务能力以适应新时代、新业态、新技术的发展变革,既是企业法律工作者的内心追求,也是企业法律职业共同体的一致认识。建设世界一流企业,公司法务必须具备一流的业务能力。打造一支“精法律、通业务、懂管理,能与世界一流企业法务人员同台竞技的高素质法治工作人才队伍”列入了国务院国资委的法治央企实施方案。

---

① ChatGPT(全名:Chat Generative Pre-trained Transformer),是美国 OpenAI 公司研发的一个可以采取对话的方式进行交互的人工智能模型。

在此背景下,《公司法务:定位、方法与操作》一书修订再版,作者征询我的意见可否为其作序。为此,我利用节假日,有时是在飞机上的时间,把这本有近60万字的书翻阅了几遍。从整体上来讲,这本书有如下几个特点,值得向公司法务同人推荐:

其一,这是一本对公司法务进行认真思考的书。作者从公司法务的定位、价值、功能与职责出发,分析公司法务的战略、规划、生存与发展,重点阐述公司法务的商业参与,再到公司法务的运营优化、管理组织、内外协作,还探讨了海外工作。可以说,全书对公司法务做了系统的思考、梳理与研究,内在逻辑一脉相承,架构内容自成一体。

其二,这是一本对公司法务有独立思考的书。作者对公司法务的价值做了深入思考与挖掘,不仅讲法务的操作之术,更有对法务价值、理念之道的阐述,如作者认为保驾护航、去除风险不是公司法务的价值等观点。在近几年公司法务工作虽有大发展,但仍然缺乏对公司法务内在规律进行深入探讨的背景下,本书深入探究法务工作的战略规划、价值功能,有利于激发法务工作者的工作潜能,促进公司法务的长远发展。

其三,这是一本对公司法务若干新领域有深入思考、系统讲解的书。作者作为互联网领域法律专家,对于数据合规、互联网广告等若干公司法务涉及的新领域、新工作有较为系统的讲解,内容权威,具有前沿性,适应互联网时代、向数字社会转型期法律工作者的迫切需要。

当然,这本书也有一些不足,如对大型国际公司的法律组织管理、企业合规管理、国际经贸法律斗争的介绍、阐述比较薄弱;对公司法务的若干看法也不完全符合当下中国企业的现状;有些文字的表述也值得再斟酌,如善于运用公司的“潜规则”等。虽有这些不足,但瑕不掩瑜,这仍是一本公司法务领域的好书,值得一读。

静水流深,目标向前;潜心笃志,方能致远。

是为序。

中国东方航空集团有限公司总法律顾问、首席合规官
中国法学会航空法学研究会会长
郭俊秀

2023 年 5 月 24 日

第二版自序

不开玩笑地说,这本书的第一版,是一本刚刚面世时作者就想去大幅度修改的书。

第一版完稿之时,我本来还挺志得意满的。因为第一版总结了我多年以来的工作经验,还有一些已经成型的想法,我在把它们体系化之后呈现给了读者。从非常多的读者朋友给我的积极反馈,以及出版后很快又再次加印的结果来看,我也没有过于自大。

但为什么说刚刚面世我就想去修改?说来也是有趣,如果读者朋友看过我第一版的自序就会知道,在我把第一版样书给到相识多年的好友、抖音集团产品法务副总裁郎江丽女士时,她详细阅读后,非常不客气地指出了第一版书中存在的很多瑕疵。而与之同时,我还将本书第一版给了另外一位头部互联网公司法总朋友请她指正,非常意外的是,她在繁忙工作之余,读完书后给我打了近半个小时的电话,提出了很多她认为的不足之处及期许,主要是强调一个优秀的法务部门的管理,不仅仅应当考虑工作内容的输出,还应当协调跟投资部门、财务部门、公关部门和业务部门等之间的关系,处理好和公司管理层之间的关系,还应当考虑如何管理好外部律师。

说实话,这些角度此前我完全没有考虑过,而当时静下心来细想,原因有二:首先,在我心里,本书第一版的读者定位其实就是三年级以下的法务以及应届毕业生们(在出版之后有一些法务朋友说这本书其实对于中高年级法务也有帮助,这当然是对我莫大的认可),是一本相对系统化地介绍如何“搬砖”的书,并没有预期给到需要承担前述这类管理工作的高级法务人员甚至是法总们来看;其次,我从大学毕业开始工作以来,就一直在从事律师工作,从来没有在公司里面呆过,虽然因为担任了非常多公司的法律顾问,合作也比较紧密,而管中窥豹地了解了一些企业内部的运营逻辑,也在第一版中或多或少有所提及,但毕竟没有切身的经历和经验,更多的还是停留在“做事”的层次,而没有从“管理和做人”这个角度去思考过。因此,也并没有沉淀过这方面的知识,更勿论是方法论了。

但是当包括这两位朋友在内的读者们提出了这些问题之后,我当时就在思考,是不是应当在第二版的写作中把这部分补齐?所以,我在第一版自序中也提及了这个小尾巴。

第一版上市后,当我想到要去做这个事情的时候,我发现自己实则力有未逮:由于第一版的所有内容都是我切身实战经验的总结,我并不希望在一个新的板块里面去补充一些自己其实也不甚了了,或者是道听途说的内容,这是对我自己和对读者都不负责任的一种做法。于是我想到,似乎我应该去邀请一个足够专业的、高级别的法务管理人员来输出这部分内容。

而当我想到这个方式时,第一时间想到的,也是我认为最合适的人选,就是本版的另一位作者杨一星先生。

我是在2016年的时候,因为业务合作的关系认识的杨一星先生,当时他在长期负责华为欧洲地区的法律事务后,调任回国负责筹建华为终端公司/消费者业务群的法务部并任首任负责人。在和杨一星先生长期配合的过程中,我感受到他是一个非常优秀且资深,又乐于总结自己的经验、知识和方法论并且对外输出的人。而且更为重要的是,当时他恰好有时间来做这样的输出工作。当我跟他提及合著第二版时,他果然欣然接受,并且几乎是在两个月内就撰写好了一份18万字的、单独的关于法务管理工作的文稿。杨一星先生最初的文稿,行文之酣畅淋漓,内容之坦诚直接,我简直读得如痴如醉,说是给我打开了新世界的大门也毫不为过。我原本想毫不调整地将其作为本书的单独一个部分,但在编辑的建议下,从全书的体系性考量,我后来花了较多时间,把杨一星先生的初稿以不同维度来拆分,与本书的第一版进行了整体的融合,最后形成了大家现在看到的这一版。

如果说本书第一版出版的时候,我还是本着自己总结分享就好,看不看是读者的事情的“自嗨”心态的话,那就本书第二版而言,我会积极地推荐每一个我认识的从事法律甚至是企业管理工作的朋友去阅读。因为确实在增加了杨一星先生增补的这部分,并随之调整了第一版的结构和内容之后,我认为这本书已经达到了一个我自己无法企及的高度。从它的内容的体系性、完备性,以及我认为最重要的真实性方面,我可以毫不脸红地去评价,这本书是我见到过的、市面上最好的讲授企业法务管理和专业输出的书籍。

在这一版定稿之后,我依然把样书给到了我尊敬的师长和合作企业的法总前辈指正。让我再次觉得庆幸的是,他们毫不吝啬地又指出了这一版中存在的疏漏之处,而部分内容也直白地写在了申卫星老师和郭俊秀先生的序言中。尤其是郭俊秀先生,他作为国家大型央企、中国三大航空公司之一的总法律顾问,由其日常工作所带来的独特视角之高,是作为律师的我所不能企及的。他直言不讳指出的本书存在的不足之处,我和另一名作者杨一星先生一致认为已经指明了本书第三版的改进方向。当然,在将本书推向一个新的高度过程中我本人是否力有未逮,可能届时又是另一个话题了。

总之,感恩于朋友们和前辈们给予我的不吝指正,这必将是我前行和进一步努力的动力。当然,所有的疏漏谬误之处,责任由我来承担,望读者海涵。

2023 年 5 月 29 日

第一版自序

一名以争议解决为主业的律师,写的第一本书,是讲如何做公司法务,看起来很怪异。但这本书,我确实想写很久了。

2008 年,我代理了一个互联网公司起诉同行业巨头的案件。案情并不复杂,唯一的问题是双方之间并未签署书面合同,又因为是一个服务关系,并没有实际的标的物存在,所以对方采取的策略是不认可曾经有过这个合作。在搜集证据过程中,我遇到了非常大的困难:唯一能证明这个交易存在的,只有一个双方公司对接人的 QQ 聊天记录。这个服务项目实际上持续了三个月时间,经办人员在很多流程节点都有机会留存对方明确的指令,但很可惜,就是没有留。当我向与我同龄的公司管理层人员抱怨时,他们说,没人告诉业务人员要做什么。而我带着“明明你们有顾问律师”的疑惑进一步去了解时,发现了问题之所在:律师只是帮助他们看合同和解答咨询,但这个项目,对方的合同审批都没走完,根本就没到律师看合同的节点,而且项目执行过程中业务人员也不觉得有什么特别需要问律师的事情。

仅仅是出于一名强迫症患者的习惯使然,我和这家公司的业务人员开了个会,将他们业务流程中所有我认为有法律意义的节点逐一进行了标记,并明确要求到该节点时业务人员应当做什么动作。而判断哪些节点有意义的标准,是“此处将成为未来案件中的证据”。没错,一个非常纯粹的出庭律师的思路。

后来,我从那位非诉同行手中接手了这家公司的顾问项目,然后又进一步将这种控制体系推行到该公司的财务、人事等部门全部工作流程,在接下来的十余年时间里,该公司在全国各地的纠纷未尝一败。更具戏剧性的是,几年后,该公司被某上市公司收购,上市公司的董秘意外地发现这家公司的风控流程做得比他们收购方还严谨,询问得知负责人是我后,欣然邀请我作为上市公司的顾问律师来梳理这个集团的全部法务工作流程。

这是个十二年前的老故事。这个故事用我自己的亲身经历回答了“法律人的价值到底如何体现”的问题。但时至今日,令我非常惊讶的是,有非常多的公司管理者依然还是这样理解法律人的价值:“有事时我再找你。”更可悲的是,我发现竟然还有很多律师和法务人员竟然也想的是:“有事时你再找我。”

因此,我写本书的第一个目的,是想向读者朋友们分享我的一个观点:法律风险从业务中来,法律服务到业务中去。这个观点的展开论述,我把它放在了本书的第一章。

当总结出这样的观点后,我执业过程中思考的问题变成了:需要到业务中去的法律服务,到底主要是谁提供的?本书记录了我观察得出的结论——公司产品和商业模式的迅速迭代更新,客观上必然要求法务人员要更早、更及时地介入创新的合规评审环节,并扮演越来越重要的角色。而这,将形成法务人员未来的主要战场。

在前面提及的那位董秘先生的支持下,我完成了那家上市公司的法务架构与风控体系的搭建。工作中,不仅日常合同模板库的构建与更新需要由我负责,甚至连有关法务招聘笔试面试、法务岗位职责以及法务和外部律师(也就是我的团队)的工作边界等的内部文档的拟定与完善,也都是由我来完成。这种特殊的经历,使我在与其他公司客户的管理层沟通时,更加游刃有余,这是因为,很多时候我不再仅以"问题解决者"的角度去思考问题,往往在和管理层沟通时,就更能达成思路上的一致。

所以,我写本书的第二个目的,是向读者朋友们分享我从此类特殊经历中总结出来的经验,并把它放在了本书的第六章。

当观点和知识在该公司内部的输出已经稳定后,我原本以为这是法务部需要的全部了。但到了 2015 年,作为外部律师,我开始收到几家科技和互联网行业的头部公司大量产品级的合规需求,并开始和腾讯研究院的朋友们有了较多的互动和交流。思维长期往返于一线合规支持和顶层前沿政策考量之间后,我突然意识到,可能已经出现了一些传统的法律人很少成系统地涉及的领域——单体商业合规和前沿研究及政策影响。当然,不能说律师和法务人员在之前就完全没有涉足过这些领域,但公司成规模、成建制地组建产品 BP① 团队、成立公司内部研究机构,这至少在中国还尚属少见。于是,我在 2015 年底荷兰威科集团召集的公司法务讲座上,向数百位律师与法务人员分享了我在这方面的经验和理解——法律人的商业价值。后来在一些其他场合,如北京大学法学院、阿里巴巴公司内部法务分享时,多次阐述其中观点。而本书的第二章和第三章,就是进一步整理和细化后的我在这方面的思考成果。

最直接促使我在 2019 年决定启动这本书写作的原因是,一方面我欣喜地看到,这些年越来越多的公司法务高层管理者在公开倡导法务人员的商业价值,而且业务侧确实产生了越来越多的商

---

① BP,Business Partner 的简称,译为业务伙伴。

业辅助需求给到法务部门;但另一方面,我又注意到这方面的合格法务人才简直可以用"稀缺"来形容,几个需求量较大的公司甚至是常年在招聘这类岗位,似乎从未有过停止。与此同时,又有很多年轻的朋友们看到了这个法律服务的"蓝海",认可"法律人应当展现自己的商业价值",但不得其门而入。当他们咨询我有哪些书可以学习时,我发现,根本就没有写给法务人员这方面的"技能书",只能介绍一些写给产品经理看的书,让法务人员去间接了解他们将要服务的对象是如何思考的。

所以,从2019年开始,我竭尽所能地去分析自己处理此类需求时觉得"理所当然"的思维过程,尝试将它拆分为可以讲述和可以复用的"技能",并将最后拆分的结果,放在了本书的第四章和第五章。是的,这是本"技能书",不是"工具书",我并无意在这两个章节尤其是第五章向各位读者展示一些合规知识点,那毫无意义,我想试图告诉大家的,是如何习得这个"技能"。

以上,便是这本书全部的逻辑结构。而作为作者,我预设的本书读者,应该是高年级的法学院学生,以及一二年级的职场新兵们。当然,对很多还在传统思维中的资深法务或者律师朋友们,我期待这本书能成为大家窥见一个新领域的小窗口。

这是一本定位为"技能书"的作品,因此所有的事例和思考,都是我和我的团队十几年来的经验累积,而不是简单追逐热点去进行知识的爬取和编撰,以至于写作断断续续耗费了将近两年的时间。我十分感谢我们团队的周颖律师和范钰律师,她们花了大量时间整理过去累积的观点、文章和素材,并按照"技能书"的体例进行重新编撰,最后才交给我来修正和补充完整,尤其是周律师已经不再是我的助手,但作为律所合伙人依然费心费力来梳理本书篇章结构,我深感大恩。当然,无论如何,本书一切疏漏错谬,均归于我本人。

最后，我特别要单独感谢两位受邀作序的师友。

在本书编辑提及邀请作序时，我第一时间想到的就是王晨光老师。我人生中第一篇能称得上学术汇报的作品，是我的本科毕业论文，当时的指导老师就是王老师。邀请师者给我的第一部实务著作提序，我觉得没有比王老师更合适的人选了。非常荣幸的是，王老师欣然接受了我的邀请，乐意见证我这位顽劣的学生的成长。

郜江丽女士是我认识多年的好友，作为字节跳动的中国区法务负责人，管理着几百人的法务团队，对这样一本讲公司法务的书，我很难想到还有其他更合适的实务界大咖去做点评。其间的小花絮是，江丽非常认真也非常不客气地指出了本书中很多可以改进的地方，并提出了相关增补的建议，口吻之严厉，一度让我觉得我怕不是在给甲方提交法律意见书？当然，江丽正式的序言对本书颇有过誉，而未曾披露的改进意见，我已经将其一部分融入本书，其他部分放在了第二版修订需求中，必不负友人所信。

2020 年 12 月 18 日

目录

引言

按照传统的理解，公司法务部门是业务部门的支持部门，仅在签订合同（“审合同”）和出现纠纷（“打官司”）时才发挥其作用。在这两种场合，法务部门经常与业务部门处于对立状态：签订合同时，出于法律人回避风险的本性，法务人员要考查项目的合法性、审核合同条款的严谨性、评估出现纠纷的概率、预测我方责任的大小。在急于促成签约的业务人员眼中，以上均是签约的“阻碍”。当业务出现纠纷时，到底问题出在项目执行不善，还是合同审核风险把控不严，又往往成为法务部门和业务部门新一轮的争执点。因此，法务界有一句流传甚广的话：“法务天生是业务的敌人。”有趣的是，往往法务人员尤其是低年级的法务人员对此深以为然。

实际上，从公司整体架构角度来看，如果法务部门真的就因此将自己视为业务部门的对抗者，那势必在形成的相互博弈关系中处于不利地位。因为倘若法务部门或主动或被动地定位在后台部门位置，则一定会被视为公司纯粹的成本支出和资源消耗，在公司的影响力和话语权远远低于可以直接带来营收的业务部门。毕竟，商事公司之所以被创建，目的都是赢利。另外，在传统公司中，直接与营收相关的法律服务如公司上市、投资并购交易、新业务线合法性评估等，需求频率低、知识壁垒高、工作量大，通常公司会聘请外部律师团队来完成，法务部门往往主要承担沟通协调职能，在此类项目上难以展现专业价值，尤其是难以在公司同僚面前展现价值。

长此以往，法务部门往往在性质上被打上“成本”标签、在专业角度上被给予较低评价,那么,公司法务人员的处境将极为难堪,而且给公司带来的贡献也将极为有限。在多数大型公司内部,对于升职、加薪、职业规划发展等方面,法务部门的优先性或者说物质、编制保障等,不仅比不上业务一线部门,甚至连同为支持部门的人力部门、行政部门和财务部门都远远不如。这种现象值得反思,也应当考虑如何改变。而这些思考和改变,应当从更加追求本源的角度去发掘第一性的问题:公司法务,到底是什么?

第一章　公司法务的定位、价值、功能与职责

第一节　公司法务的定位[①]

公司法务部可能经常会遇到这样几个场景:

(1)法务部向公司领导做汇报,领导说:"有什么可汇报的,我又不懂法律。"或者说:"有什么可汇报的,法务不就是审审合同、打打官司吗? 你们还是去找×××汇报一下吧。"

(2)法务部找公司人力资源部要用人指标,人力资源部回复:"公司今年编制预算紧张,要优先满足业务部门的需求。法务部要那么多人干嘛,不就是审审合同、打打官司吗? 可以用外部律师嘛,外面律所不是更专业吗?"等到公司裁员的时候,人力资源部也用同样的理由裁法务人员指标。

(3)法务部发现业务部门的问题,主动提出给业务部门帮忙、为业务部门提供法律指导,业务部门人员却满脸狐疑地说:"我们这个事儿与法务有什么关系? 不需要法务给意见吧? 不,不需要你们帮忙与客户沟通,等有合同的时候再找你们评审吧。"

(4)法务部人员与其他部门人员在一起聊天,被人好奇地问:"你们最近又打什么官司了?""什么? 法务部还要加班? 你们还需要加什么班呢? 是最近合同比较多吗? 哎呀,我们财务/人力资源/业务部门就不一样了,事情是真多啊,不加班不行。"

(5)公司出现某个问题,所有部门都认为不是自己的问题,然后全体确定是法务部有问题。

……

① 本书中,对公司法务、业务的使用,一般是指公司法务部门、业务部门,在特殊场合,则是指公司法务人员、业务部门人员或者公司法务工作、业务工作。请读者阅读时注意上下文语境。

以上情景总结起来，公司法务部给人的印象可能是这样的：法务部就是审审合同、打打官司；业务部门对法务部的专业支持没有很强的需求，甚至会抗拒和回避法务的介入；法务部没有外部律师专业，引申出来"你们不是法务部吗？为什么还要用外部律师帮忙打官司"的问题；法务部没什么可忙的，甚至没有必要"表演"加班给公司看；公司领导不知道法务部是做什么的，只知道作为公司似乎应该有这个部门，他们并没有兴趣了解法务部的具体情况，也不愿意分管或过问；"优先满足业务需求"永远是"欺负"法务部的最佳理由，在资源分配和待遇方面表现得最明显；法务部永远是最佳的"背锅侠"。

如果一个公司法务部经常遇到以上问题或者给公司留下以上印象，那么可以说这个法务部是失败的。失败的原因是什么？在法务部内部有一个常见的认知是："因为公司上下缺乏法律意识，因为公司领导不重视法律工作。"

但笔者认为，这只是一个客观的现象，更进一步说，是"失败"的具体体现，而不是"失败"的原因。

公司作为商业性组织，其运营和管理不可能离开法律及外部监管，但除了少数法律专业出身的人员，公司里绝大多数人员肯定是非法律专业出身，没有法律意识或者公司领导对法律工作不重视，其实是非常正常的事情。

如果一个公司开始增强法律意识，或者开始重视法律工作，通常都基于两个前提：一是法务部能确切地引导和告知他们法律工作为什么很重要，并且在实际工作中向公司作出了不容置疑的证明，让他们吃到了甜头；二是公司业务撞了南墙，吃到了苦头，从而吃一堑长一智。虽然后者效果更好，但很尴尬的是，公司在法律上吃了亏后，虽然有可能开始重视法务部建设和工作，但也有另一种可能，是更加归咎于法务部"无能"。

所以，公司法务部最需要避免的认知误区，就是认为公司领导层天然就应该懂得并认可法律工作是重要的，或者等待那个不期而遇的

“南墙”，而忽视法务部自身可以做什么来创造这两个前提。

那么，公司法务部应该做什么呢？首先要做的，就是找准在公司里的定位。

前述举例的各种场景和对其作出的总结，归根到底就是一句话：公司法务部定位不明。具体而言，是公司非法律行业出身的领导不知道法务部是做什么的，而法务部自己也没有明确地显示出能提供什么样的服务，以及对公司的运营管理和发展能起到什么重要作用、在公司经营管理架构中扮演什么角色。正因为如此，才导致公司管理层对法务部有误解和认知偏差，这也是很多公司法务部所面临的一切不利环境和困难的根本缘由。

一、什么是定位？

我们可以借用管理学中关于定位的理论做一阐述。定位理论是艾·里斯和杰克·特劳特于 1969 年提出的营销理论。它的定义是：在“顾客心智”中，针对竞争对手确定最具优势的位置，赢得用户的优先选择，使品牌胜出竞争。定位理论认为：品牌需要在用户心智中做到与众不同，在用户心智阶梯中占据最有利位置，使品牌成为某种品类的代表。

在市场上存在海量产品和服务的时代，客户的选择往往不取决于厂商的生产速度、生产量及占有渠道的多寡，而取决于客户对品牌的认知。当产品和服务信息量很大时，客户并没有时间和兴趣去逐个筛选和品鉴，而是听从心智的指引，对某个产品/服务品类中最打动自己的品牌产生兴趣，并认为针对某个产品/服务品类，只要选择某个特定的品牌就行了。例如，在华为遭受美国制裁之前，国内商务客户想买手机，可能最先想到的就是苹果和华为（取决于倾向何种系统）。苹果以其开拓性和独有的创造性打开了 3G 手机与移动互联网的新体验这个宝库，而华为则以其科技属性的加持和品质成为最成功的挑战者和部分细分领域的领军者。如果这部分客户的心中有个货架,那么存放手机产品的格子里,就是苹果和华为。也就是说,苹果手机和华为手机在这个货架上高高在上的显眼位置,就是在国内商务客户心目中的产品和品牌定位。

同样的道理可以适用于任何产品或者服务,无论是买车、购房、选学校、购买旅游套餐,还是购买家政服务、买零食或买一支铅笔,总会有一个或者几个品牌占据在客户心头作为优选。这些占据“货架”的品牌有几个共同特点:提供优异的功用价值;品牌所代表的理念符合客户的心态和期许;代表一种生活方式,使客户在得到物理和心理享受的同时乐于对外展示以彰显自己。而其他成千上万个品牌之所以未被多数客户选择,则是因为这些产品只是进入了市场,但并未触及客户的心智,并未使客户认识到其不同之处。

这个道理同样适用于公司法务部。

例如,同样是合同评审,公司为什么要用法务部,而不是全部交给专职的合同商务管理人员来处理?风险管理,为什么要用法务部,只用专职的内控和风控人员不行吗?法务部做诉讼和纠纷处理案件,为什么不全部外包给律所?公司领导对外发表讲话或发布产品,为什么要由法务部审稿,由产品、销售、政府关系或媒体关系相关人员评审不行吗?公司发生重大危机事件,为什么要法务部参与处理,由业务、政府关系、媒体关系相关人员和外部资源合作处理不是更好吗?

像这样的例子可以举出很多,其核心是:为什么公司在某些事情上非要首先想到法务部,而不是其他替代性的部门?

要回答这个问题,需要从公司法务的定位角度来考量。

顾名思义,公司法务的定位,指的是公司法务部在公司的经营管理架构中应该所处的位置。公司法务部在这个位置上以促进公司健康运营和发展的方式充分发挥公司法务的作用,并且获得公司的认可和支持。而衡量一个公司法务部是否找到了自己的良好定位,有如下几个辨别标准:

(1)是否能提供独特的、不可取代的高质量专业服务。

(2)提供的服务是否使公司有明显的受益。(就这一点来讲,事后处理永远比事前防范更容易使公司认可受益程度。当然我们不鼓励法务部以事后处理为主,该问题在其他章节中论述。)

(3)公司上下是否均相信有事先找法务部是最能受益的。

(4)是否能在一定程度上体现并代表公司的先进管理理念、公司在本行业乃至于社会上所处的地位,以及公司规范运营的正面形象。(关于这个问题请见下文关于公司法务价值的论述。)

(5)在公司治理架构中是否能占据一定的位置,成为某一层次的或者公司级别的管理团队成员,而不是一直作为专业工具而存在。

从这五条标准可以看出,公司法务的定位是以专业服务为基础,但不能拘泥于专业服务,而是要从法律专业服务向管理服务拓展,既作为一个专业服务输出者,又作为一个公司管理能力输出者。

这五条标准所代表的,就是公司法务部的"品牌"及"品牌效应"。它意味着公司法务部在与同质或接近同质的法律服务提供方(例如外部律所,公司内可部分代替法务工作的合同商务、风控、政府关系等部门)的竞争中,应当获得了公司的认可,并被公司放到"货架"上的最优位置,成为公司理所当然的选择。

当然,上述标准很难一次性全部达到,通常是在法务部长期的工作中逐步实现。而为了最终实现,需要公司法务部自始就寻找和确立自己的定位,并随着公司的发展而不断调整。而且,定位准确与否的评判权,掌握在公司上下尤其是管理层手中,并不是公司法务部自说自话、自认完成就算达到的。

最后特别向读者说明一点:公司企业之间差异极大,而公司法务部的定位必须且只能对标所从属的公司。一个高科技行业的初创公司与传统化工行业公司的法务部的定位不可能是一致的,一个专门做海外业务的公司的法务部与一个专门做国内市场的公司的法务部的定位也不可能是一致的。甚至同一家公司在发展的不同阶段,公司法务部的定位也不可能是一致的，例如公司初创时期更重视法务部服务功能的完整，上升阶段更重视业务模式/交易模式的有效与合规，稳定阶段则可能更重视风险管理和外部规则的变化。因此，法务部的定位需要从基本法务支持功能到支持业务拓展、再到公司治理的有效性和风险管理的有效性等不同需求之间，在不同的历史时期进行不断的滑动，甚至走一段回头路都是可能的。但在判断定位是否实现上的标准上，笔者认为依然具有通用性，故本节所提及的识别标准，依然可供不同公司和公司的不同阶段参考。

二、如何寻找公司法务的定位

公司由于所在行业、外部和内部环境和发展阶段的不同，法务部寻找定位的方法也存在极大的差异和多样性：有的公司通过发展内部个人关系就能实现部门定位目标；有的公司可能需要通过法务部的特殊作用来实现定位目标（例如某些强监管行业需要拓展与监管机构的关系以及其他相关资源）；有的公司可能需要在法律问题上遇到生死攸关的危机才能找到法务部准确的定位。但本书依然尝试的，是向读者介绍这些不同方法背后共有的方法论，供读者因地制宜、灵活取用。

（一）从内外环境分析作为切入点

每个公司所处的内外环境都有一定的独特性。公司的外部环境包括行业整体状态、竞争对手的状态、产业链及供应链发展趋势、法律/政策/监管要求、客户状态、技术/产品/服务的发展趋势、政府关系与媒体关系、与本行业本公司相关的案例等。如果公司有海外业务，包括在海外有常驻机构，则还会受到当地的营商环境、社会文化和习俗乃至国际政治层面的影响。公司的内部环境更是千差万别。创业者的思维与行为方式特性、创业者和管理团队的目标与愿景、公司战略、公司业务模式和经营模式、公司产品和服务、公司管理体制、公司日常运营、公司业务主流程、公司主要政策、公司文化,等等,都会对公司法务的工作产生重大影响。在分析内部环境因素的基础上,才能找准公司法务工作的发力点以及部门应处的位置。

当然,特别需要说明的是:尽管寻找公司法务的定位,本书建议是从审视公司内外部环境入手,但不同的公司,内部环境和外部环境审视结果的权重是不一样的。对于占据行业头部位置的公司的法务部,在审视时需要更多地倚重对外部环境的分析,因为这种公司的影响力必然是溢出本公司的,甚至可以影响到国内外的本行业、外行业、政府机构、媒体、公众和学术圈。而这种公司本身影响力的需要甚至是客观现状,决定了公司法务部影响力需要或者能溢出到什么程度:一个行业领军企业,必然需要匹配一个能在法律领域影响整个行业法律规则意识和秩序的法务部。但如果是中小型企业,公司主要的商业目标是在行业内获得更多的商业竞争优势甚至是存活下来,那可能法务部就并不需要追求这种影响力的外溢性,更多地可能需要去准确把握本公司内部因素例如管理层偏好、业务流程执行风险等来作为寻找自己定位的切入口。

公司法务部以对公司内外部环境的分析作为切入点,才能充分理解公司的战略、风险偏好、业务模式和管理特点,从而为寻找并实现自己的定位确定基点,这个寻找并实现定位的过程既是对公司战略、风险偏好、业务模式和管理特点进行专业支撑的过程,也是发现其不足与可优化点的过程,更是确定公司法务价值的过程。通过这个方式,最终方能输出"法务部在本公司应当处于什么位置、提供何种独特服务"的结论。

正是因为每个公司面对的内外部环境不同,所以会导致公司法务部找到的点、输出的结论通常也是不同的:有的可能是把评估海外业务模式及海外分支机构运营管理的合规和有效性作为出发点,从而在海外业务中树立自己的权威地位,公司领导和业务部门都认为海外业务和重大管理措施非经法务评审不能上线;有的可能是把监管沟通作为出发点，使得公司任何重要的业务和管理决策都请法务参与才能放心；有的可能是把帮助业务部门探索和抓住监管空白地带并在行业内确立新游戏规则作为出发点，从而被业务部门视为须臾不可离的帮手；有的可能是把打击竞争对手作为出发点，从而成为公司重要的竞争力来源。但无论是哪种情况，只要是适合所属公司的实际情况，能提供不可替代的独特贡献，都可以是法务部寻找到的、适合本公司的定位。当然，笔者认为，脱离传统的专业服务和风险防范价值，向促进业务拓展及公司管理提升的方向寻找新空间，显然是当代公司法务寻找新定位最有效的、更有前景的方向。最终标定自己的位置，拿自己的独特服务来论证和回答：为什么是法务部在那个位置，而不是其他部门在那个位置？

（二）对寻找到的定位的正确性的证明

寻找到的定位的正确性的评判方，应当是公司上下尤其是公司管理层，而不是公司法务自说自话、自娱自乐。因此，即便公司法务确信自己寻找到的定位是准确的，也需要向其他部门和公司管理层证明，这个定位确实是公司法务部独特的功用。

对于产品来说，这个证明很容易获取，例如在营销素材中可以用销售数字、市场份额、重磅客户背书等多种方式证明本产品在相同品类中的优势和独特，但对法律服务来说，这个证明则要困难得多。

以新产品发布的场景为例，很多消费品行业采用乔布斯创造的苹果手机发布会模式，但随着《广告法》《消费者权益保护法》《反不正当竞争法》等法律法规被各方适用得越来越频繁和执法水平越来越高，产品发布也不再可以随心所欲地“创新”。业务部门一开始未必喜欢法务部对发布会材料进行评审，他们觉得法务不懂这些东西，法务评审过的话语必然失去鲜活的效果，或者发布人喜欢讲自己想讲的东西，不希望法务阻碍自己。可是发布会上因个别用语被挑战正确性（例如涉嫌误导消费者或对友商的不正当竞争等）而面临用户或友商的大规模起诉和索赔之后,公司不得不需要花费大量成本去平息事件。那么,业务部门从此之后可能就会主动引入法务对发布会材料进行反复评审,与业务诉求达成必要的平衡。

这个例子说明,即使在一个具体的不太复杂的业务问题上,法务主动介入和发力也可能是非常困难的,只有在遇到法律上的严重挑战时,才给了公司法务寻找自己合理定位的契机,而且也只是一个具体的业务场景层面,那在战略层面和公司治理架构层面上实现自己的定位目标并发挥独特作用的难度,就可想而知了。

通常而言,在公司管理层和业务部门没有明确认知的情况下,法务部的请求和说教一般是没有意义的。因此,法务部应主动创造管理层和业务部门产生明确认知的机会。这种主动创造机会的场景又分为借助外部力量和借势宣传两种。

借助外部力量是比较好理解的,例如借助监管部门的来访、考察、听取汇报、到企业现场调研,公司向监管部门就特定事项求助等契机,打开监管部门与公司管理层和业务部门沟通的渠道。再例如,通过行业协会、监管部门、外部律所和学术机构等组织的研讨或立法咨询等场合,广泛与友商法务及业务部门进行接触,了解友商动态,寻找法律风险及竞争风险的线索,以及了解友商的应对策略,再反馈给本公司管理层和业务部门。一个事情如果友商做了,那么很可能本公司也会做,至少不会永远抗拒。

而在借势宣传方面,就是有意识地建设公司法务在某个领域的领导者地位,并有意识地对内对外进行宣传等。在这个方面,公司法务也可以借鉴和参考律所和律师的营销方式:只要在某个法务领域有所创新、有大项目,就往往在自己的社交圈层内宣传自己的"领导地位",打造一个专业和权威人设。因此,公司法务也可以结合部门的特性,把自己的独特能力转化为对全行业的法务工作和对应行业监管部门政策制定方面的影响力等。如果在公司体系下,公司法务部能证明自己是有广泛影响力的行业领军法务部,则在公司内部实现自己的定位目标就相对容易得多。

但需要特别提醒的是，当借助外部力量来获取寻找定位的契机时，有一个效果非常好但也很容易出问题的场景，即在出现具体风险事件尤其是诉讼、监管风险事件时。这种事件一旦发生，当公司理应付出代价时，很多公司法务尤其是法务部的领导会误认为这是个难得的“表现机会”，甚至恨不得穷尽所有手段去把风险扼杀在摇篮之中。

但这个做法，对公司法务和公司长远利益而言，其实都是有害的。正确的尺度，是用合理的成本把代价降低到公司可接受，但同时又对该代价铭记在心的程度。如果法务部把代价降低到零甚至是提前消弭风险，可能短时间内会获得公司管理层和业务部门的欢心，但是这很可能会损害外部竞争环境以及公司品牌形象。更重要的是，这既不会形成法务部的核心能力（因为这种事情往往有其他因素甚至运气的成分，不可能每次都如此搞定），也不会使管理层和业务部门有足够的感激，因为他们会认为这是法务部应该办到的，甚至不是很难办到的。这对法务部个别人可能有短期的好处，但对法务部的定位无实质帮助。如果一个风险事件在公司法务还没有找到合理定位的情况下就已经解决了，那公司为什么还要给法务部更理想的定位呢？一旦公司迷信于法务部当下可以“搞定一切”的神话，就不会投入资源做管理改进，等于是放弃了风险管控，则后续仍然会产生新的风险事件，消耗公司的实力。只有把风险事件做到适可而止的地步，公司既能看到问题的难处和法务部的努力，又没有承担过于重大的损失，才会把相关风险问题和法务部建设都放在心上，从长期看，这反而对公司的稳健发展是更有利的。因此，公司法务部，尤其是法务部门的领导，应注意避免用力过度，并误以为用力过度才会受到嘉奖。个案完美解决时，嘉奖可能是有的，但是注定不会长久，因为法务部没有改变公司的行为模式，而下次的风险事件未必是能搞得定的。用力要用得恰到好处，才能证明法务部的价值。

总而言之，给管理层和业务部门创造正确认知法务工作的机会其实是有的,但更为关键的是,法务部自己要清楚需要给管理层和业务部门灌输/创造什么样的认知。如果法务部不思考这个问题,只顾低头把手头的事情做好、做尽的话,则只会成为工具,而工具的定位永远是最低的,价值也是有限的,无法发挥这个部门真正的价值。

当然,并不是大型危机事件才会体现公司法务的价值,实际上公司法务在日常业务中也有大量的机会来证明自己的定位,例如非重大诉讼和纠纷处理、大型商业谈判和业务落地,等等。但这些工作一般都会被认为是法务部本来就应该做的,做得好是应该的,做不好是应该被责备的。因此,一些非重大诉讼胜利可能会增加法务部的影响力和提升法务部的形象,但不必然会实现法务部想要寻找的定位。公司管理层和业务部门可能会因此更愿意找法务部求助,但这可能只是因为法务部打赢了诉讼,而不是认为法务部在公司管理和运营中能起到更大的作用;公司可能会给法务部以奖励,但不一定把法务部放到一个更重要、更有发言权的位置上。请参见前文中所提到的公司法务实现定位目标的五条标准,寻找对定位的证明一定要围绕这五条标准,否则,公司法务所有的胜利和贡献都只是瞬间即逝的礼花。

(三)围绕公司法务的独特性匹配资源

在公司法务已经证明了自己独特性功用,获得了公司对自己部门价值的认可后,下一步工作就是围绕这个独特性进行资源匹配。

资源包括部门级别、主管和次级主管级别、加入必要层级的管理团队、编制、职责描述、待遇、预算、流程建设(含与其他部门流程的接口/打点以及法务内部管理流程)、决策参与、与其他部门的协作关系,等等。说得更为直白些,围绕公司法务的独特性匹配资源的过程,就是为实现法务部的价值和实现定位目标而向公司争取“人、权、财”的过程。其中“权”是核心。“权”是什么样子的,法务的定位就是什么样子的。

第二节　公司法务的价值

如前文所述,当公司法务去寻找自己的定位时,建议是以分析公司内外环境作为切入点,找到法务可以提供的独特的服务。这实际上就是一个确定公司法务价值的过程。公司法务价值为公司法务定位提供指引,公司法务定位服务于如何实现公司法务价值,两者紧密关联、相互支撑。

一、公司法务的价值的含义

价值本身是个哲学概念,属于关系范畴。从认识论上来说,价值是指客体能够满足主体需要的效益关系,是表示客体的属性和功能与主体需要间的一种效用、效益或效应关系。用最直白的话解释:价值就是一方对与其有关系的另一方有没有用处,以及另一方如何看待对方的用处。当然从哲学角度来讲,这种直白的解释是存在争议的,因为价值还涉及主体的态度、情感、立场、相关的工作量等,非常复杂。但是对于公司法务的价值的研讨,我们只采用最直白的解释就足够了,因为从实务的角度看,公司法务的价值说到底就是公司法务对公司到底有什么用、公司如何看待法务部的用处的问题。

二、公司法务的价值的误区

事实上,可能每个公司法务都已经在寻找、试图摸清自己对公司的价值所在,但在探索的过程中,较为容易出现的是“错误归因”甚至是“倒因为果”等问题。因此,本书在阐述公司法务的价值前,澄清几个常见的这方面的误区。

(一) 将公司法务的工作目标误认为公司法务的价值

工作目标是行为人预先设定,标准明确、可验证、可考评的任务项及实施后的结果,例如年度工作目标、季度和月度工作目标,等等;而价值则是相对抽象的、被众多主客观因素影响的、受行为人的前进方向指引的,是牵引公司法务完成工作目标的底层动力,也是管理和运营公司法务一切工作的出发点和基石。如果把公司法务的价值比喻为"完善的立体高速交通体系",则工作目标就是高铁线路、高速公路、桥梁隧道、航空港、海运和内河码头。所以,工作目标是围绕着实现价值来设定和实施的,但实现了工作目标,不等于实现了价值。误以为工作目标的实现等于价值的实现,是第一个常见的误区。

而如何正确处理工作目标和法务价值的关系呢?

首先,应当认识到,只要价值存在或者价值不断进行更新,工作目标就要同时更新。追求公司法务的价值是一个持续的长期的过程,而工作目标则是有明确的时间段属性的。

其次,价值判断本身受主观因素的影响,例如公司法务部认为完成某些工作目标就实现了公司法务的价值,但是公司领导可能不这么认为,或者 A 领导这么认为而 B 领导不这么认为,或者去年这么认为而今年情况发生变化,去年的工作似乎无太大意义了。因此,设定和追求公司法务的价值必须寻找一些相对恒定的东西,这些东西是任何公司在任何时间段、任何发展阶段上都是不变的,会永远成为公司法务部工作目标的指引和公司的期许。例如,如果把"公司法务引领公司的经营安全"作为公司法务的价值,那么工作目标就是围绕如何实现这个价值来建设法务和其他部门的相关团队、建设专业能力、建设流程、建设业务责任制度和监督体系等。这个工作将持续优化下去,直到未来有一天相关制度体系运作进入非常稳定的阶段并成为公司经营管理的习惯性操作,且基本不存在经营安全风险的时候,才可以说公司法务基本实现了其最初追求的价值。但是,对公司法务来说,此时可能已经在多年的工作中调整了自己的价值追求并且设定了新的工作目标。然而无论怎样,公司对经营安全的追求以及公司法务对这项工作提供的效用,却是永恒不变的要素。

(二)将公司法务的日常基本工作误认为公司法务的价值

以合同工作为例,合同评审和拟制是公司法务的基本功,也是公司法务的基础工作。因此,无论完成多少合同评审,都是法务应尽职责;无论是何种原因出现评审疏漏,都是法务的责任。也就是说,法务评审合同是理所当然的,发现并纠正其中的问题也是理所当然的,并没有什么可以表功之处。如果公司法务向公司述职时以合同评审量作为绩效亮点,或者在争取资源(例如人力预算和费用预算)时以合同评审量作为理由,公司可能会认为法务评审这么多合同很辛苦,但并不是什么特殊的价值贡献,法务拿工资奖金做的就是这个工作,怎么可能把法务的合同相关工作视为独特的贡献和独特的服务呢?

在一些公司中甚至可能会出现这样的场景:业务部门要求把合同拿过来自己评审,只有确实拿不准的时候或者需要有人背书分担责任的时候,才要求法务评审;公司为节约成本或降低人力规模,可能会要求把合同工作外包给律所。这也意味着合同工作是被认为或多或少可替代的,也就不可能成为公司法务独特的贡献和价值所在。

而如何正确处理合同工作和法务价值的关系呢?

首先,合同要回归业务本质,无论是销售、服务还是采购部门,一定要让业务部门自己懂合同,把法务评审合同及承担相应责任转变为业务自己进行合同质量控制,只在必要的审核点上(即关键控制点,可由法务与业务在合同评审流程和评审指导材料中共同确定)由法务把关(有较大规模的公司可以设立从属于业务部门的专职合同评审及管理部门,或者由公司法务派驻人员承担相关工作,但该派驻人员至少有50%是由业务进行绩效考核,另外50%由公司法务考核。面对公司法务,其工作和岗位职责在很大程度上是代表业务)。业务主动通过把握合同质量来把握交易质量,远比法务从外部督促业务更为有效。其次,公司法务要把眼光放在合同的背后,即研究业务或交易背后的商业逻辑及权利义务关系,从中生成三个输出点:一是业务或交易本身的安全及效率;二是从此业务或交易中总结出的业务管理优化建议;三是风险管理优化建议。有了这三个输出点,合同本身就成为次要的但仍然有专业质量保障的例行工作,公司法务的价值就体现在这三个输出点上,而不是合同工作量上。

诉讼与纠纷处理是公司法务的另一项日常基础工作,同样也属于做得好是理所当然、做不好要承担责任的工作。多数公司即使在法务部赢得大案胜利时给予奖励,也未必会因此提升法务的地位,管理层和业务部门往往只因此认为公司给法务的人力、费用和其他资源是有产出的,不是浪费的。可能法务部相关人员会因此获得级别或薪酬的晋升,但是公司法务作为整体在公司的位置却并没有明显变化,甚至如果下一个案件失利,法务马上就被打回原形。这也体现了公司对法务工作的工具性态度和认知,也是诉讼与纠纷处理的能力并不能等同于公司法务的价值的体现,因为公司的工具性态度和认知意味着公司并没有从价值角度出发把公司法务放到一个更能发挥其价值的位置上,并给予相应的资源和权力配备。当然,也有例外情况,就是诉讼或者纠纷案件的重要性和失利的严重后果达到了影响公司生死存亡的程度,如果公司法务获得胜利,公司一般会认可法务的价值,但这种认可往往也带有一定的偏差:认可的是战斗力,而不一定是法务通过纠纷诉讼的处理对公司经营管理和业务动作的校正。

而如何正确处理诉讼与纠纷处理工作和法务价值的关系呢?

公司法务应从片面追求胜诉或者胜诉后的沾沾自喜中清醒过来,把更多的精力用于推动公司进行业务和经营管理的优化甚至变革,把目标对准持续的商业成功,这才是公司法务诉讼与纠纷处理工作所产生的真正价值。有的公司充满居安思危和变革意识,在经过重大诉讼或者纠纷事件后,能够组织法务与其他部门共同总结,公司法务的地位往往因此获得提升,在公司获得更多的发言权和控制点,但多数公司是缺乏此种意识或者机制的。当然,另外还有一个确实可以把诉讼与纠纷处理作为法务的价值来源的场景,即某些行业中的某些公司,以诉讼作为打击竞争对手的既定手段,法务的主要工作就是与业务在一起,不断地对竞争对手发起诉讼。这些诉讼多在知识产权领域,也有涉及反不正当竞争领域。当诉讼成为业务竞争策略的组成部分时,法务的诉讼工作就成了业务的组成部分,在这时候业务对法务是欢迎和支持的。如果诉讼策略持续有效,带给公司明显的竞争优势,则法务的价值非常容易被认可。当然这种操作是极少数公司才做的。对公司法务部来讲,要把诉讼和纠纷处理从维权的思路中扭转过来,升级为“秩序塑造”,这样才能摆脱公司法务的“讼师”形象,从基础工作中提炼出自己的价值。

总而言之,合同和诉讼纠纷处理这类工作是公司法务的基础工作,是法务人员的基本功,因此一般情况下很难直接成为亮点。公司法务应该着眼于合同及诉讼纠纷工作背后的业务动作的规范、公司经营管理的优化,把日常基础工作回归业务本质(包括合同工作尽可能回归于业务部门),法务部可以把更多精力用于从中提炼价值点,即向公司提供基于专业基础工作的高层次优化建议。这是从基础工作中创造价值并被公司认可的基本逻辑。当然每个公司情况不同,有的公司可能情况好些,公司法务把日常基础工作做好了就能受到公司极大的价值认可,但这种情况应该不是普遍的,对大多数公司的法务来说,这个基本逻辑是可以适用的。

(三)将公司领导的认可误认为公司法务的价值

法务要不要努力去做公司领导认可的工作? 当然要! 这是实现公司法务价值最有效的途径之一,但是,实现途径并不等于结果,公司领导的认可不等于是法务的价值。领导关心的永远是他认为与自己、与业务最相关的问题,这就会造成对法务工作和贡献的认知偏差。例如一个做消费品的公司,领导可能非常讨厌不正常消费者(如知假买假的职业打假人)发起的没完没了的索赔、诉讼、网络热炒,如果法务部成功平息了这些事件,领导会认为法务部很有用。但如前所述,其实处理这些事件只是公司法务部的基本职能,从专业角度讲,很可能也并没有什么值得大书特书之处,只要公司投入资源,多数情况下是可以成功的。而法务部真正不可取代的独特性,应该是在空白领域中为业务部门设计业务模式、交易模式,组织行业及相关内外部资源遏制不正当竞争,从而帮助业务部门拓展业绩,这才是更重要、对公司战略目标更有意义的工作。

所以,在存在这种实现途径和最终结果其实有偏差的情况下,法务部要做的不是力图说服领导更正其认知,而是应在继续做这些基本工作并积极汇报和展示绩效的同时,保持自己的战略定力,不要发生资源分配错误,也就是不要向这个基本工作投入更多的资源,而是要坚持把资源投入到更重要、对公司战略目标更有意义的工作中去。当业务和经营管理发展到不得不重视这些更有意义的事项时,法务的贡献和前瞻性就显现出来了。这个过程并不能一蹴而就,法务的引导、灌输和工作绩效证明占 1/3,业务和经营管理的发展以及管理层的领悟力占 1/3,其余的 1/3 是时机和运气。

那么,如何正确处理公司领导的认可和公司法务的价值的关系呢?或者说,是应着重于公司和法务部的长远发展,还是满足领导眼前的要求?笔者认为,法务不能指望每个领导都深谙法务对本公司长远未来的重要意义,法务的贡献和价值多数情况下是在长期的工作中逐步显现和灌输给领导层的。因此,公司领导对法务的要求不一定能代表公司未来的发展对法务的要求,它只是法务获取资源支持的一个方式,而不要把方式看作最终的目的。例如,公司领导急于拓展业务,在 App 应用中忽视隐私保护,法务是应该坚持隐私保护合规,逐步建立完整的隐私保护体系,还是遵从公司领导目前的愿望,把业务盘子快速做大呢?当然,正确的答案是两者要兼顾,法务部自己要有战略定力,坚持建设隐私保护体系,同时又不能对公司业务拓展说 NO,要与公司领导和业务部门协商,即使业务部门坚持要带病上线,法务部也要做到风险可控(而不是理想状态下的完全无风险)。通过不断的努力,使公司最终接受隐私保护观念并落实为具体的制度和流程,这才是法务部真正的贡献和价值。

(四)将"保驾护航"与"消除法律风险"误认为公司法务的价值

如果说公司法务的价值是指公司法务对公司的用处,那么经常被许多公司法务挂在嘴边,甚至脱口而出的,就是"法务的价值在于为公司经营发展保驾护航"或者"法务的价值在于为公司消除法律风险"。相信很多公司对法务部的要求也是这样的。这种传统说法有问题吗?是的,当然有问题。

当我们说起保驾护航的时候,可能会想象到一个保镖跟在被保护者旁边或者身后,见到风吹草动就冲过去挡在身前。但是我们要问一个问题:被保护者要去哪里、做什么事情,是不是这个保镖可以过问?这个例子是想提醒读者:保驾护航这个说法虽然点出了法律工作的维护公司权益和安全的特征或者功用,但是却忽视了另外两个重要功用,即法务对公司战略和经营管理的正向干预的功能,以及法务的前瞻性引导功能。

实际上,在许多行业领先的公司,法务工作早已经从事后处理发展到了事前预防的阶段,即使是很多公司领导不懂法务或者不重视法务,在给法务部训话和提要求时,也经常会说法务部要做好事前的风险防范,不要等出事了才出来灭火。做好事前预防工作,需要必要的专业技能、对内外部环境的准确把握和良好的判断力,这就是前瞻能力。如果把这个前瞻能力转化为具体的建议和方案,这就是公司法务的前瞻性。做好事前预防工作还需要对公司的经营管理包括重大决策有一定的建议权(在某些强监管行业中,或者依据公司自身的特点,甚至还需要个别事项的否决权),而这些建议,多数情况下最好是要被公司管理层所接纳的。建议和接纳建议的本身,其实就是公司法务对公司经营管理的正向干预。无论是前瞻性还是正向干预,都已经超出了传统的保驾护航的认知范畴。很多公司管理层可能口头上泛泛地要求公司法务要具备前瞻性、要给公司业务保驾护航,但到了需要法务部正向干预经营的关头,却又不同意法务把手伸得如此之长,这是很多公司管理层和法务对彼此都不满意的原因之一,双方都没有把保驾护航的意思理解清楚和落实到位。

当然,如果有人非要把保驾护航做扩大理解,把法务工作全部纳入保驾护航的范围内那是可以的,只要不是把法务的工作限定为保镖即可。本书在此提出对传统的保驾护航观念的不同理解,核心还是在于提醒各公司法务,应当围绕前瞻性工作和对经营管理的正向干预来建设和发展自己。

另外一个被奉为理所当然的金科玉律,经常被公司法务自己以及公司管理层提起的观点,就是"法务的价值在于为公司消除法律风险"。这个说法也是有问题的,问题不在于"法律风险",而在于"消除"。

问题之一:"消除"是不是公司法务标准的动作?

答案是否定的。试举例说明:某公司因管理粗暴等原因经常引起员工基于非法辞退、奖金分配有误等理由的劳动诉讼和仲裁。公司法务部这时有三个解决方案可供选择:方案一,来一个案件打一个案件,能打赢的都打赢;方案二,一边打官司,一边给公司提供合理化建议,帮助各部门和人力资源部完善员工辞退和奖金计算及分配的相关制度,尽量减少新风险;方案三,仔细考察公司内外环境,分析公司用工和薪酬奖金计算及发放与业务之间的内在关系,一边完善公司相关制度流程,一边帮助公司与员工进行普遍的沟通和做必要的预防工作,同时部署外部资源以便在纠纷处理时得到支持。最终要求的效果是正常辞退和奖金发放时不出风险,在进行粗暴辞退和"乱"发奖金时即便无法阻止,也能为公司妥善解决个案。

比较这三个方案,我们可能会发现方案一重点在于"消除",方案二重点在于“防范”,方案三重点在于“控制”。公司管理层所要求的“消除法律风险”,多数是停留在方案一的层次,或者方案一与方案二之间的层次,因为从广义上讲能把法律风险防范住,也算消除了法律风险,是消除了潜在的法律风险。为使各方理解更容易,本书建议“消除”针对的是已经出现的法律风险,“防范”针对的是潜在的法律风险。很显然,无论是公司管理层还是公司法务,都会认为方案二的“防范”要比方案一的“消除”更高级,而且很多公司法务部处在从方案一到方案二的努力成长或过渡的过程中。这也就是说,针对公司法务的价值(或者说用处)而言,消除法律风险不是个标准动作,而只是个基本的动作,并不能成为最高的要求。

那么,为什么说方案三是一种“控制”呢?与方案二的“防范”相比又如何?方案三的特点是紧密围绕公司经营管理的商业需求,而不是拘泥于法律本身,它不评价公司从事有可能相对来说不公正或者不正义的行为(评价权在监管和司法机关而不在法务部),工作着眼点是在满足公司合法的商业目的和经营管理目的。方案三的重点是:可以有法律风险,但是能从防范和事后处理两条线上把风险的损害降到最小,因此这是一种对法律风险的“控制”,对公司来讲应该是更受到欢迎的,但是这不仅需要公司法务具备极强的专业能力、对内外环境的分析判断能力、与业务和管理层的连接能力、内外资源的管理能力,还需要公司法务具有一定的勇气和决断力。

对多数公司法务和公司管理层而言,可能从来没有考虑过方案三所代表的层次和能力,但从公司法务价值的角度而言,这个层次和能力并非高不可攀。

总之,消除法律风险无论是针对已经发生的风险还是包括防范潜在的法律风险,都不是最高层次的要求和能力,而只是中基层的,控制法律风险才是更高层次的。因此以消除法律风险为纲,其实是给公司法务套枷锁,限制了自己的想象力和发展空间。

问题之二:消除法律风险这个观念是否符合风险管理的要求?

答案也是否定的。法律风险作为公司诸多风险的一部分,必然也要服从于公司风险管理的基本制度和要求。风险管理的一个很重要的特征就是不排斥风险的发生,也不排斥公司接受必要的风险,而是根据业务和经营管理的实际需求作出风险与收益之间的平衡。对于风险本身的处理,并不是只有“消除”这一种方法,还有其他方法,包括风险转移(例如转移给客户、转移给供应商、转移给保险公司)、风险规避(例如改变或者取消某个业务动作)、风险转换(例如打折促销降低库存风险)、风险对冲(例如投资领域常用的对冲方法)、风险降低(使用控制手段降低风险发生概率或损害程度),还有风险接受(即经过评估之后决定接受风险,业务继续往前走)。因此,公司法务在处理法律风险及其他与法务有关联的风险事项时,要与公司各部门一起就风险的实际情况及对公司的影响作出实事求是的评估,并根据影响大小和公司的偏好采取相对应的处理措施,并不是要把一切风险都消灭干净,而是要“控制”起来。

综上,所谓消除法律风险,只是在公司及公司法务处于较低或较初始的发展阶段时可能追求的功效,并不是也不应该是公司法务的终极追求。以消除法律风险作为公司法务的价值或功能,显然是限制了公司法务与公司商业目标之间的协调与平衡空间、限制了公司法务的灵活性。从公司法务价值的角度看,消除法律风险和保驾护航更像是法务部所使用的手段或策略,这个手段或策略是为了实现公司法务部的价值而被使用的,但使用工具和策略不是价值本身。

三、公司法务的价值应该是什么?

当我们澄清了较多行业内常见的误区后,就可以正面来阐述公司法务的价值到底是什么了。如前所述,公司法务的价值体现为法务对公司的用处,而且使用消除法律风险或保驾护航等工具和策略也不是法务的价值,使用这些工具和策略的效果才是用处。所以,应该从用处中探寻公司法务的价值所在。

(一)公司法务对业务增长和经营管理水平提升的用处

无论公司法务使用什么工具和策略,法务与公司业务增长(包括销售规模、利润规模、市场份额、品牌形象提升等)之间应该是正比关系。如果法务影响力越大,公司业务规模越小,则公司法务是失败的,没有价值。在业务增长方面,法务必须抓住两个事情:一是业务模式,保证业务模式是合规、可行、高效、风险可控的;二是合同,保证公司在项目中的权益可兑现、业务操作的高效率和低成本。

公司法务对提升公司经营管理水平有什么用处?多数公司的业务前进速度要大于管理水平提升速度,只有极少数公司可能做到管理水平持平于业务进展甚至领先于业务。这样就为公司法务的工作制造了空间。此时,公司法务不应该遏止或限制业务以跟上公司管理要求,而是应该反其道而行之,从业务发展趋势中分析总结法律规则的适用性和风险管理的适用性,为管理层提出优化建议,改进公司管理策略、制度和流程,以适应业务及业界的新动态。例如业内出现一个新的商业模式,并且可能成为业界的趋势,业务部门在公司没有明确指导的前提下已经基于客户或者相关方的压力进行了测试,结果公司发现公司管理体系是支撑不住的,风险管理方面是有漏洞的。公司法务部常见的反应就是激烈反对业务继续推行下去,并要求建立防线(例如严格的论证和审批流程)来控制后续的风险。这种思路和做法是公司法务的本能,而本能是需要被控制的。其实此时公司法务最应该做的,是继续鼓励业务进行尝试,同时加入业务之中,研究新业务模式的风险点,提出关键控制点及其解决方案是什么,对新业务模式进行优化,然后帮助公司建立灵活高效的审批流程,促使用最快的速度把新业务模式推开,尽快占领市场份额。出于本能的控制和后者主动进行的控制,是完全不同的。公司法务在两种控制模式中的心态不同(前者是出了事算谁的,后者是出了事我帮你扛着)、目标不同(前者是不出事,后者是快增长)、方法不同(前者是严守,后者是防守反击并向纵深攻击前进),当然效果也会不同,公司管理层和业务部门的认可也会不同。对于前者,公司认为法务是尽本分;对于后者,公司则认为法务是有价值。因此,针对公司经营管理的改进,公司法务就是要从一个个具体的业务运作和管理动作入手,找出风险与效率、风险与收益之间的关系,以最大诚意帮助公司提高经营管理水平。无论是制定政策,还是制作流程、指导文件和模板,或者在具体事件中提供评估意见和解决方案,甚至公司组织架构和人员岗位变动,都可以体现出公司法务与公司经营管理水平之间的正向关联、体现出公司法务的贡献,这才是公司法务的价值所在。

(二)公司法务对提升公司核心竞争力的用处

许多公司的管理层和业务部门,甚至包括公司法务自己,都未曾把公司的核心竞争力与法务联系起来,未曾想过法务是否能够有助于提升公司的核心竞争力。事实上,对多数有一定规模和实力的公司来说,法务确实有助于提升公司的核心竞争力。当然,对不同的公司、处在不同发展阶段的公司,法务在支持塑造核心竞争力方面的功用是不同的。

(1)比较初级的,是"找碴儿"与竞争对手打官司,以相对暴力的手段遏止竞争对手的竞争行为,多数是涉及不正当竞争、商标侵权、"挖人"纠纷等。

(2)中级的,是制造"壕沟",让竞争对手过不来,例如反垄断、专利许可、贸易救济措施(针对国外竞争者);还可以制造"地雷",例如商业秘密保护、网络安全与隐私保护、产品质量责任、消费者权益保护等,都可以利用竞争对手可能踩上的风险来炸掉对方。当然制造"壕沟"一般是打明仗,而埋"地雷"则一般是打暗仗。

(3)高级的,是有针对性地制定政策和规则。相信很多互联网头部公司对此深有体会。互联网行业实践远超行业监管和法律规范的发展,因此领先的互联网公司会不遗余力地占领法律和政策空白地带,以本公司的实践作为规范,并抽象成相关行业规范。从政府相关部门角度看,提出相关主张的互联网公司代表了最先进的业界实践、帮助行业管理部门及时填补了空白,当然是受到公司内部欢迎的,使得其有机会约束整个行业,包括潜在竞争对手,从而在竞争中处于领先地位。

当然,法务在提升公司核心竞争力方面能做的不仅是以上针对竞争对手的事务(即练外功),还包括在公司内部可做的其他工作(即练内功),例如经常作为一个公司的核心竞争力之一的合规工作、保卫和优化公司竞争优势的知识产权管理工作,以及保护公司长治久安的某些强监管行业的法律风险管理工作,等等。

但公司法务不管是对内功还是外功的关注,其实核心目的,还是要建立公司法务与公司核心竞争力之间的关联关系。

(三)公司法务对优化公司文化和价值观的用处

公司文化和价值观的形成不是一朝一夕的,是在公司管理层的带动下,由公司全员在商业实践中形成、固化和优化的。公司法务作为公司组成部分,对公司文化和价值观的优化能起到不可替代的作用。

第一,构筑守法经营的底线和意识。这是公司价值观形成过程中的必备考量。公司价值观的顶层设计至关重要,法务可以参与到相关设计工作中。

第二,公司法务可以帮助公司把文化和价值观落实到每个员工的行为中。这个工作可以是正向宣导、利用流程和制度进行约束,也可以是反向用案例进行教育,并匹配必要的考核、内控、审计和奖惩措施。

第三,法务的风险防范和业务牵引的成功案例,以及其他能给公司创造利益的成功案例,给公司管理层带来新的认识,主动把法务要素融入业务及管理,从上至下地带动公司全员理解和善用法务工具。

无论是文化和价值观的形成期还是落地期,法务都可以利用其专业基底发挥独特作用。公司之间的竞争说到底是文化和价值观的竞争,从这个意义上讲,这也属于公司法务为公司核心竞争力的形成作出的贡献。

综上,寻找和设定公司法务的价值离不开公司业务增长、经营管理水平提升、核心竞争力的塑造以及公司文化和价值观的优化。公司法务在这四个事项中有什么用处,就是公司法务有什么价值。至于消除法律风险和保驾护航(具体包括合同评审、诉讼、培训、法律风险管理等日常法务工作),都是公司法务实现价值的工具和措施。而公司法务定位和公司法务价值是什么关系呢?可以理解为寻找价值是确定公司法务对公司的用处是什么,而公司法务定位则是在明确了这个用处基础上,考虑把公司法务放在什么位置,才能拥有相应的权限和资源来实现价值。当然,定位与价值是互相参照和互相支撑的,不是必须先有哪个、后有哪个。在特定公司,定位与价值哪个先成型,还要看每个公司和公司法务的具体情形。

延伸阅读:高阶公司法务的价值体现示例

从行业实践来看,高阶公司法务的价值体现通常有如下几种场景:

一、立法建议

公司应积极参与行业立法和政策研究,参与行业法律法规的起草和制定。

2017 年 5 月 4 日,工业和信息化部政策法规司、网络安全管理局、信息通信管理局等部门就互联网新业务安全评估、电信业务经营许可管理等规章立法工作专门赴腾讯进行立法调研。①

① 《政策法规司赴腾讯(北京)开展互联网立法调研》,载工业和信息化部网 2017 年 5 月 8 日,http://www.miit.gov.cn/newweb/n1146290/n1146402/n1146440/c5633631/content.html。

2017年7月20日,在由清华大学法学院、中国民法学研究会和北京清律律师事务所联合主办的“民法典合同编互联网服务合同立法研讨会”上,腾讯、阿里巴巴、百度、搜狐、京东等互联网公司代表均提出了立法意见。①

2018年3月12日,马化腾作为全国人大代表,在全国两会广东团分组讨论时建议加强对个人信息保护的使用、新经济新领域的立法和政策研究,并提出在互联网立法上,能否先行先试。②

2018年8月16日,《电子商务法》立法意见会上,阿里巴巴董事局主席马云亲自到场发言说,《电子商务法》应该具有国际性、前瞻性,希望能够增添促进电商发展的内容,《电子商务法》立法并不成熟。③

2020年5月20日,《著作权法修正案(草案)》专家研讨会召开。会上,视觉中国副总裁张宏麟、腾讯研究院版权研究中心秘书长田小军、东方头条法务总监马宁就草案第4条、第50条规定的权利滥用分享了各自的观点,结合相关案例对“权利滥用”条款的酝酿动因、“权利滥用”条款设计的难点、法定赔偿制度设计等提出建议。④

2020年7月4日,由中国社科院法学所网络与信息法研究室、中国法学会网络与信息法学研究会《网络信息法学研究》编辑部、中国社科院“网络强国建设与法治创新”创新工程项目组主办的《数据安全法(草案)》研讨会暨第19次网络与信息法治圆桌会议在线上召开。来自中国法学会网络与信息法学研究会、中国社科院法学所网络与信息

---

① 赵宇:《民法典合同编互联网服务合同立法研讨会召开》,载福州理论在线网2017年7月28日,http://lilun.fznews.com.cn/html/47/2017-0728/ed295a25ec5f4dca5b034d1a0b5d8167.shtml。

② 《马化腾:建议广东在互联网立法上先行先试》,载新浪网2018年3月12日,https://tech.sina.com.cn/i/2018-03-12/doc-ifysexee9529218.shtml。

③ 《电子商务法:阿里说了不算,国家说了才算》,载搜狐号“李成东”2018年9月3日,https://www.sohu.com/a/251615514_482004。

④ 《〈著作权法修正案(草案)〉研讨会成功举办》,载搜狐号“知识产权那点事”2020年6月1日,https://www.sohu.com/a/399122299_120054912。

法研究室等单位,北京大学、清华大学、中国人民大学等高校,中伦律师事务所、安理律师事务所、百度、新浪等实务部门的专家学者参会。字节跳动数据法务总监田申提出,征求意见稿是在国家总体安全观的视野下寻求数据安全与发展的包容并进,通过完善数据领域的重要制度,应对传统的、新型的以及国际的数据安全风险。美团点评数据合规法务总监刘笑岑认为,征求意见稿在配套制度机制、重要数据定义、主管机关以及跨境取证四个方面仍有进一步细化和明确的空间。中国法学会网络与信息法学研究会常务理事、蚂蚁金服隐私保护办公室资深专家李海英高度评价《数据安全法》的意义,对数据产业发展促进制度、数据安全管理体制、数据市场相关主体的准入制度等问题展开讨论。中国法学会网络与信息法学研究会常务理事、百度平台法务部总监谭俊提出,征求意见稿在数据分类保护、数据主权、数据流通等方面都有较大的创新,期待未来在数据安全监管机构、条文的可操作性等方面进一步细化。①

在国外,立法游说则更为成熟。2014 年,谷歌公司就对美国至少三个州展开游说,试图说服当地官员暂缓关于驾驶途中禁止佩戴谷歌眼镜的立法。美国多个州的立法委员质疑佩戴谷歌眼镜会使人们驾车过程中容易分心。因而,这些州的立法委员们建议立法:驾车过程中禁止佩戴谷歌眼镜。美国西维吉尼亚州的立法委员们首先提出了这一观点,很快,其他多个州也都提出质疑。根据当时媒体的报道,谷歌为此在伊利诺斯、特拉华和密苏里等三个州展开游说,试图说服当地官员暂缓关于驾驶途中禁止佩戴谷歌眼镜的立法。谷歌在整个游说活动中提出了自己的观点,其认为当前谷歌眼镜尚未面向普通公众

---

① 《〈数据安全法(草案)〉研讨会暨第 19 次网络与信息法治圆桌会议成功举行》,载搜狐号"中国法学网"2020 年 7 月 9 日,https://www.sohu.com/a/406752040_648952。

推出,公众对待谷歌眼镜“过度恐慌”。①

而最近这几年,科技公司游说开支节节攀升。其背景可能是各国的立法者和监管机构推出了新的隐私和反垄断规定,以遏制谷歌、Facebook和亚马逊等大型互联网服务提供商的影响力。2018年,谷歌花费了创纪录的2120万美元用于游说美国政府,超过了2012年创下的1822万美元的纪录。与此同时,这家搜索引擎运营商面临着监管机构对其业务的广泛审查。在谷歌向美国国会披露的一份季度报告中显示,其在去年第四季度用于游说活动的资金为490万美元,而上年同期为440万美元。从总额来看,谷歌在2018年的开支总额也超过了2017年的1804万美元。Facebook公司表示,2018年在美国政府游说方面的支出也是他们有史以来最多的,达1262万美元。根据相关机构的数据,这一数字高于一年前的1151万美元。此外,微软也表示2018年其在游说方面花费了952万美元,高于2017年的850万美元。②

2019年,谷歌及其广告行业的盟友试图游说反对美国国会出台首部数据隐私法,并希望数字广告行业能够被豁免。谷歌还向美国加州立法机构议员进行了游说,后者正拟修改限制了谷歌和其他公司收集在线用户数据并赚钱的方法的《加州消费者隐私法案》草案。《加州消费者隐私法案》被不少人认为是其他州制定数据隐私法规的基准,也可能成为未来美国联邦法律的模板。这部法律威胁到了每年可产生数十亿美元广告收入的商业模式。谷歌的目标是希望立法者能允许谷歌等继续收集定向广告的用户数据。在某些情况下,即使用户选择退出,他们也有权这样做。谷歌希望能允许谷歌和其他公司使用从网

---

① 《谷歌展开游说 试图阻止“驾车禁戴谷歌眼镜”立法》,载至顶网2014年2月26日,http://news.zhiding.cn/zdnetnews/2014/0226/3012384.shtml。

② 《谷歌Facebook去年政府游说开支再创纪录》,载腾讯网2019年1月23日,https://tech.qq.com/a/20190123/004547.htm。

站收集的数据进行分析，然后与其他可能发现这些分析有用的公司分享这些数据，包括不涉及相关网站的公司。《加州消费者隐私法案》对“业务目的”进行了狭义的定义，并列出了允许公司能够进行的具体活动，如审计和安全。谷歌则希望“商业目的是”替换为“商业目的包括”，在批准的活动列表之前，显著地拓宽了规则范畴。一旦2020年颁布生效，《加州消费者隐私法案》将成为美国第一部数据隐私法。这将对互联网公司造成更广泛的影响，通过提供有针对性的广告和海量数据支持的有用服务，互联网公司已经获得了巨额利润。相关人士分析，数字广告行业正试图改变法律，同时在加州投放关键广告。谷歌有相当大比例的收入来自广告，因此，任何限制其使用数据进行营销的做法都是对其业务的巨大打击。谷歌为此作出大量的努力，在华盛顿州，其试图修改一项名为GDPR-Lite的法案。最后该法案未能获得通过。[①] 不仅在立法方面，谷歌还曾向美国政府要求豁免对华为的Android操作系统禁令，以允许该公司继续与华为开展业务。据说谷歌一直在与美国官员争辩说，如果阻止他们与华为开展业务，美国将有使用两个安卓操作系统的风险，一个是谷歌的本地版本，另一个是华为混合版本。谷歌担心的是，如果不允许在华为的手机上更新Android，它将提示华为开发自己的Android软件版本。这将对谷歌的未来发展不利。[②]

二、发起行业联盟，参与行业标准的制定

如腾讯牵头制定多项网络游戏行业标准，[③④]阿里牵头制定多项

---

① 《“摇钱树”业务受威胁 谷歌及盟友游说反对美国首部隐私法出炉》，载腾讯网2019年9月5日，https://tech.qq.com/a/20190905/000844.htm。

② 《谷歌游说美政府解除华为Android禁令》，载凤凰网2019年6月10日，https://tech.ifeng.com/c/7nO3t1Gftm0。

③ 《腾讯牵头制定首个针对游戏未成年人守护的国际标准》，载新浪网2019年5月21日，http://finance.sina.com.cn/stock/relnews/hk/2019-05-21/doc-ihvhiqay0373208.shtml。

④ 《腾讯竞争策略剖析：占据C位（裁判）制高点》，载网易号“小水星座”2019年5月30日，http://dy.163.com/v2/article/detail/EGEI5C2V05481Y5A.html。

电子商务行业标准。①

2017年6月11日，阿里云栖大会上海站，阿里云联合公安部等部门共同发布“等级保护安全合规生态”。阿里云高级安全专家陈天鸿表示，为了便于阿里云上系统能够快速满足等保合规的要求，阿里云通过建立“等保合规生态”，联合阿里云的安全咨询合作厂商、各地测评机构，提供一站式、全流程的等保合规解决方案。②

一直以来，腾讯标准化团队将“通过标准化助力互联网服务提质增效”作为使命，聚焦互联网和前沿科技领域，涵盖社交与内容、云和智慧产业、金融和支付、技术与服务四大核心业务；目前已牵头制定了多项国内外首创标准，包括：国际首个大数据业务风控评估标准、国际首个零信任安全标准、国际首个游戏未成年人守护保护标准等；此外，在深圳先行得到税务总局支持，在区块链电子发票标准化方面作出卓越贡献。③

2019年10月14日，全国智标委联合腾讯云正式成立了《2019中国绿色智慧物业发展白皮书》课题组。此前，智标委已发布了多项关于智慧社区的行业标准，并对地方标准进行指导，未来还有更多标准正在编制中。④

2020年1月9日，中国通信标准化协会（CCSA）发布了《5G网络下的云化虚拟现实平台技术白皮书》，腾讯作为白皮书的主要编写单位之一，将自身在5G、云、VR等领域的研究成果和探索经验通过白皮

---

① 黄慧：《阿里举行第三届标准化大会 标准化推动业务发展成共识》，载搜狐号“中国新闻网”2017年12月23日，http://www.sohu.com/a/212244627_123753。

② 《阿里云联合公安部发布“等级保护安全合规生态”》，载广电网2017年6月11日，http://www.dvbcn.com/p/17029.html。

③ 《“第十六届中国标准化论坛”召开，腾讯公司获得“标准化助力奖”单位奖》，载中国经济网2019年10月14日，http://www.ce.cn/xwzx/gnsz/gdxw/201910/14/t20191014_33340002.shtml。

④ 《腾讯云发力智慧社区，腾讯海纳战略全面升级》，载腾讯网2019年10月14日，https://tech.qq.com/a/20191014/008018.htm。

书向全行业进行了分享,希望用标准化的方式在前沿技术与产业落地之间建立连接。①

2020年3月31日,由阿里巴巴主导的IEEE(电气和电子工程师协会)国际标准P2842《Recommended Practice for Secure Multi-party Computation》举行了第二次工作组会议,蚂蚁金服、中国电子技术标准化研究院、北京大学、浙江大学等多家企事业单位和科研院校共同参会。②

2020年3月6日,在国家市场监督管理总局和国家标准化管理委员会发布的国家标准《信息安全技术 个人信息安全规范》中,腾讯、阿里、华为等公司均位列起草单位。

三、理论研究

中国法学会网络与信息法学研究会2018年年会期间,阿里巴巴集团法务部承办"法学家下基层"专题法治调研活动,组织40余名专家赴阿里巴巴调研。③

2016年4月22日,京东主办"电子商务平台知识产权保护研讨会",来自北京市高级人民法院、北京市知识产权局以及北京大学法学院等单位的业界专家和学者与京东法务人士对电商行业的知识产权问题进行了研讨。④

2018年4月,阿里作为中国代表团成员参加联合国网络犯罪政府

① 《中国通信标准化协会发布白皮书解读5G网络下的云VR,腾讯为主要编写单位之一》,载百度百家号"环球网"2020年1月16日,https://baijiahao.baidu.com/s?id=1655877973753508098。

② 《阿里牵头制定技术标准,或成全球首个安全多方计算国际标准》,载新浪网2020年4月3日,http://finance.sina.com.cn/stock/relnews/us/2020-04-03/doc-iimxxsth3474257.shtml。

③ 《"法学家下基层"专题法治调研在阿里巴巴总部进行》,载中国法学会网2018年8月20日,https://www.chinalaw.org.cn/portal/article/index/id/1908/cid/3.html。

④ 卢俊宇:《电子商务平台知识产权保护研讨会在京举办》,载新华网2016年4月23日,http://www.xinhuanet.com/politics/2016-04/23/c_128923683.htm。

专家组第四次会议，与联合国成员国和国际组织等讨论网络犯罪相关议题。①

2018年5月8日，中国法学会组织专家学者赴深圳腾讯公司总部开展2018年第2期“法学家下基层”专题法治调研活动。调研组由中国法学会党组成员、副会长张苏军带队，来自中国法学会所属研究会的专家学者等20余人参加，腾讯公司党委书记、高级副总裁郭凯天陪同。②

2018年11月25日，京东法律研究院与中国人民大学法学院联合主办了首届“数字经济与未来法治”高峰论坛。国内外知名专家学者、政府机构领导、著名法官及产业界代表共计300余人参会。③

2018年12月1日，腾讯举办“2018互联网知识产权司法保护论坛”，与国家版权局版权管理司、最高人民检察院法律政策研究室、中国犯罪学学会、美国电影协会（中国区）、LV集团（大中华区）共同发起“知识产权保护联合倡议书”。④

2019年3月27日，阿里妈妈协办中国广告协会法律咨询委员会年会及互联网广告疑难问题研讨会，并在会上发布《互联网广告风控合规白皮书》。⑤

2019年11月24日，由阿里巴巴集团、蚂蚁金服集团主办的2019法律科技创新峰会在杭州良渚召开。本次峰会的主题是“科技创造法

---

① 《阿里安全专家受邀参加联合国网络犯罪政府专家组会议》，载凤凰网2018年4月12日，http://wemedia.ifeng.com/56331998/wemedia.shtml。

② 《中国法学会：法学家下基层专题调研》，载中国法学网2018年5月18日，http://www.iolaw.org.cn/showNews.aspx? id=65187。

③ 《京东联合人民大学发布互联网法治蓝皮书 引领数字经济法治前沿》，载搜狐号“京东黑板报资讯”2018年11月26日，https://www.sohu.com/a/277919225_99967243。

④ 《2018互联网知识产权司法保护论坛召开》，载人民网2018年12月4日，http://ip.people.com.cn/n1/2018/1204/c179663-30440532.html。

⑤ 《阿里妈妈发布风控合规白皮书，树立互联网广告安全标尺》，载媒体资源网2019年3月29日，http://www.allchina.cn/news/xinwen_post_105317.html。

律服务新能力"。司法部信息中心主任林振文、全国律师协会副会长吕红兵、中国公证协会副秘书长王剑、中国国际经济贸易仲裁委员会仲裁院副院长赵健出席峰会开幕式并致辞。①

2020 年 1 月 4 日,阿里研究院在北京主办了旨在"帮助新经济,促进新治理,建设新智库"、促进领先智库之间的联系与交流的第五届新经济智库大会,以"看清未来:大美好时代"为主题,共同探讨了未来的科学技术进步、商业变革和社会发展,研究了技术革命如何改变人类的命运。②

四、发布研究报告、出版书籍

如腾讯连续数年发布《中国互联网法律政策研究报告》,③出版《互联网+时代的立法与公共政策》等图书。④

2017 年 4 月 15 日,在上海举行的 2017 知识产权南湖论坛上,腾讯公司正式发布了《腾讯知识产权保护白皮书》。白皮书首次选取了 QQ、QQ 空间、微信、腾讯视频、应用宝、腾讯微云六大产品,全方位展示对涉及第三方的知识产权合法权益的保护状况。⑤

2018 年 9 月 13 日,腾讯研究院高级研究员曹建峰代表腾讯研究院法律研究中心在中国法学会研究部与腾讯研究院共同举办的第二期"法律人的互联网思维"研修会上发布了《2018 年全球自动驾驶法

① 傅成伟:《2019 法律科技创新峰会在杭州召开》,载中国国际贸易促进委员会网 2019 年 11 月 25 日,http://www.ccpit.org/Contents/Channel_4132/2019/1125/1223026/content_1223026.htm。

② 《新经济发展呼唤监管创新——第五届新经济智库大会在京举行》,载百度百家号"中国社会科学网"2020 年 1 月 9 日,https://baijiahao.baidu.com/s?id=1655211276540844289。

③ 《2015 年腾讯研究院年会发布〈中国互联网法律政策研究报告(2014)〉》,载腾讯研究院网 2016 年 4 月 23 日,https://www.tisi.org/3859_48。

④ 《互联网+时代的立法与公共政策 I 专家视点》,载腾讯研究院 2016 年 5 月 18 日,https://www.tisi.org/4636。

⑤ 《腾讯发布〈知识产权保护白皮书〉,用技术创新保护第三方知识产权》,载网易网 2017 年 4 月 19 日,http://news.163.com/17/0419/01/CIBLKOD100018AOP.html。

律政策研究报告》。本期研修会以“自动驾驶的技术、产业及法律维度”为主题,着重对自动驾驶的技术背景、产业发展和法律新问题等进行了深入的交流。①

2018 年 11 月 23 日,在 2018 中国(成都)金融安全与科技创新论坛上,腾讯大金融安全、腾讯金融科技智库与中国信息通信研究院联合发布《数字金融反欺诈——洞察与攻略》白皮书。②

在 2018 大数据合作与合规峰会上,腾讯公司发布《腾讯隐私保护白皮书》,这是腾讯首次通过白皮书的形式全面系统展示腾讯隐私保护能力,总结腾讯隐私保护经验与实践。③

2018 年 12 月 1 日,由中国犯罪学学会、中国人民大学刑事法律科学研究中心、腾讯公司安全管理部共同主办的 2018 互联网刑事法制高峰论坛在北京举行。④ 本届论坛为推动相关法律的理解适用、解决当前打击网络违法犯罪过程中的重大疑难问题、积极探索网络空间法治化建设路径提供了新的思路,为我国互联网法治建设作出有益贡献。

2018 年 11 月 25 日,中国人民大学未来法治研究院和京东法律研究院合作发布《2018 互联网法治蓝皮书》。⑤

2019 年 4 月,腾讯公司在北京发布了首份关于未成年人安全上网保护的白皮书,强调未成年人首次触网时间越来越早,需要通过前沿

---

① 周頔:《“法律人的互联网思维”研修会第二期在京召开》,载民主与法制时报(网络版)2018 年 9 月 22 日,http://e. mzyfz. com/paper/paper_25947_6442. html。

② 《腾讯大金融安全联合中国信通院发布数字金融反欺诈白皮书》,载中国新闻网 2018 年 11 月 23 日,http://www. chinanews. com/business/2018/11-23/8684253. shtml。

③ 《腾讯:白皮书详解如何做好用户隐私保护》,载一点资讯网 2019 年 1 月 14 日,http://www. yidianzixun. com/article/0L5Xj4ud。

④ 韩美玲:《2018 互联网刑事法制高峰论坛在京举行》,载民主与法制网 2018 年 12 月 1 日,http://www. mzyfz. com/index. php/cms/item-view-id-1375162。

⑤ 安妮:《探索数字经济未来法治 人民大学联合京东发布互联网法治蓝皮书》,载快科技网 2018 年 11 月 28 日,http://news. mydrivers. com/1/605/605263. htm。

研究、产品开发、平台治理、社会协同等多种方式,共建未成年人上网保护生态。①

2019年10月9日,腾讯110平台发布《中老年人反欺诈白皮书》。白皮书基于2019年上半年用户举报大数据分析,结合公安机关破获的案件案例,总结出针对中老年人诈骗的六大手法与七大特点。②

2020年5月15日,在中国产业互联网发展联盟指导、腾讯安全主办的第二届“安全思享会:银行业的数据安全线上研讨会”上,腾讯安全、腾讯安全战略研究中心联合启明星辰、飞天诚信、天融信和北信源共同发布了《银行业数据安全白皮书》,以银行业数据安全现状、存在的问题以及未来趋势为主线,配合各个公司方案,全面论述了银行业网络安全局势,为行业提供决策支持,旨在帮助银行从业者提升网络安全认知、认识网络安全状况、改善网络安全环境。③

2020年6月,中国信息通信研究院安全研究所与北京百度网讯科技有限公司联合发布了《人脸识别技术在App应用中的隐私安全研究报告》。该报告体现了中国信息通信研究院安全研究所和百度在人脸识别技术隐私安全方面的最新研究成果,为人脸识别技术在App应用过程中如何提升自身安全性、保护用户个人信息安全提供了一些有益参考。④

以上均是高阶公司法务对公司的未来发展战略进行政策性研究,

① 孙韶华:《腾讯发布未成年人上网保护白皮书》,载经济参考网2019年4月4日,http://www.jjckb.cn/2019-04/04/c_137949727.htm。

② 费倩文:《腾讯110发布〈中老年人反欺诈白皮书〉,70后成受骗重灾区》,载搜狐号“DoNews”2019年10月9日,https://www.sohu.com/a/345788149_100106801。

③ 《腾讯安全发布〈银行业数据安全白皮书〉指明数据安全四大要素》,载百度百家号2020年5月18日,https://baijiahao.baidu.com/s?id=1667010753155233966&wfr=spider&for=pc。

④ 中国信通院:《百度联合中国信通院安全研究所发布〈人脸识别技术在App应用中的隐私安全报告〉》,载微信公众号“软件绿色联盟”2020年6月9日,https://mp.weixin.qq.com/s/MbXIsCCrnWrBgUXzvgp8hw。

公司再通过以上各种形式发布前沿研究的成果，进而开展行业影响、政策影响和立法建议，以此来预先适应政策监管动向，甚至创造符合公司自身战略发展需求的政策环境的典型示例。随着行业不断创新发展，未来高阶公司法务可能还会有更多的对外能力展现形式出现，我们拭目以待。

第三节　公司法务的功能

功能，是对象能够满足某种需求的一种属性。在前文谈到公司法务的价值的时候，笔者也谈到了功能的问题。价值的定义是：价值属于关系范畴，从认识论上来说，是指客体能够满足主体需要的效益关系，是表示客体的属性和功能与主体需要间的一种效用、效益或效应关系。从定义来看，似乎功能与价值有重复和叠加，但实际上并非如此。价值更多的是体现 A 如何认知和看待 B 的“功能”是否对自己有用，B 对自身的认知和 B 的能力（或功能）并不直接体现为 A 眼中的价值，必定是通过双方的碰撞之后才能获得 A 的认可，认可 B 的“功能”具备价值。

例如，公司设立研发部门，研发部门应该能采用业界先进技术和经验，开发出独特的新产品，这是研发部门成立之初就已经被公司设定的功能，无论研发部门最后有没有把这个设定变为现实。也就是说，一个部门的功能一般是在创设之初就进行了设计和定义的。但实际执行中，公司也会对这种设计作出修正和完善，常见的包括增加新的功能以及取消不合适的已有功能。公司法务的功能也是被事先设计的，无论这种设计是否粗糙或落后，要在实践中不断完善，通过功能的发挥来获得公司的认可，从而实现公司法务的价值。

很多公司认为法务的功能是评审合同、处理纠纷、在公司需要时提供一些法律咨询,这是公司法务最基本的工作内容,可以抽象为“基础的专业支撑功能”,也就是对公司绝对离不开的法律相关事务提供最基础的专业服务,但是这绝对不能代表公司法务的全部功能,其功能是紧紧围绕“法律风险”这条主线的。

一、识别功能

公司法务的识别功能是指公司法务识别法律相关的风险。

1. 识别外部规则,包括法律法规、政策、行业规则、惯例、既往案例和其他规范性的要求等,也包括政治、文化、宗教与社会习俗等外部环境所要求必须遵从的各种“潜规则”。

2. 在识别外部规则基础上,识别公司业务动作与经营管理与其是否存在差距,并根据差距的性质判断其所属风险种类。

3. 根据风险的可能后果及其他要素来判断风险的重要性和优先程度。

在识别风险过程中,此环节需要的是相对机械的识别,即比较公司实践与规则之间的差异,有差异即视为有风险,但风险识别出来后的处理,也就是应对,则要根据不同情况来采取不同的应对策略,甚至在必要情况下也可能对风险予以接受(参见本章关于公司法务的价值部分的相关论述,以及本书关于法务与风险管理的章节)。

二、应对功能

公司法务的应对功能是指公司法务根据对法律相关风险的识别结果,向公司建议应对策略和应对方案。

1. 被动应对。此情形指的是公司法务对于已经发生的法律相关风险采取“来一件处理一件”的策略。这种情况一般是公司及公司法务部规模较小、功能和职责较单一,或者公司法务部建设相对滞后时经常出现的。

2. 半主动式应对。此情形指的是公司法务对于已经发生业务动作和经营管理动作必然导致的已知和未知风险,采取主动预防和主动处理的策略。这需要公司建设有效的风险管理机制,把法务纳入其中并给予相应的授权,包括各种场景下的参与权与建议权。

3. 主动应对。主动应对是跑在风险前面,比对现有的业务动作和经营管理动作的风险监督更前沿。区别于前述半主动式应对,主动应对则是指公司法务在业务和经营管理层采取重要动作前就介入了评估和决策环节,业务和经营管理层在公司法务的建议下决策采取风险与收益平衡的动作。这种提前的介入包括两种目的:一是防范和规避公司自身的法律风险;二是增加竞争优势而主动进攻,主动进攻的目标可能是竞争对手,也可能是法律法规和政策的空白或者灰色地带。

半主动应对模式是目前大多数公司法务孜孜以求的目标,而主动应对模式则是极少数公司法务达到的层次,很可能多数公司法务对主动应对模式并没有明确和清晰的认知。但无论是半主动还是主动应对模式,有很多工作都是相通的,例如法律和风险意识提升、制度流程建设等基本工作。

三、提升功能

公司法务的提升功能是指公司法务通过其工作带来公司业务及经营管理水平的提升。提升功能可以表现在很多方面,例如:公司文化和价值观的提升(法律意识、合法经营、风险意识等),公司平台的优化(法务管理融入业务制度和流程,带来更多的安全性和效率),公司管理水平的提升(管理层及各级主管的管理认知、管理能力、管理的规范性等),公司竞争力的提升(法务帮助公司开拓新的业务通道、打击竞争对手、优化营商环境等),以及公司资产价值的提升(保护知识产权、支持应收账款回收等)等。很多公司法务其实是在埋头做着上述带有提升功能的工作,但是公司是否认可这种功能,关键还在于公司法务自己是否能表现到位。公司法务要对工作及时复盘和归纳总结,时刻梳理公司法务与公司业务及经营管理之间的关系,调整法务的工作目标、策略和动作,更重要的是,要做好必要的绩效宣示工作。公司法务不能把目光完全放在专业输出上,做一件事就扔一件事,以为专业输出完成了、专业输出达到预期了,法务的任务就完成了。这种想法是错误的,等于把法务功能的评判权力完全交给了其他人,在一定程度上放弃了公司法务自身的努力和主动性。

本书上述对识别功能、应对功能和提升功能的简述,是从法律风险维度对公司法务功能所做的归纳提炼,当然也可能存在其他维度可以展开讨论。但就本书而言,对公司法务功能问题的阐述,主要还是围绕实现公司法务价值这个目标,对标公司对法务的诉求,发挥主动精神和创造力,打造公司法务的完整功能,力求打通"识别—应对—提升"的完整逻辑链条。

第四节　公司法务的职责

一、公司法务的职责的含义与特征

在明确公司法务的定位和功能基础上,接下来就可以进一步确定公司法务的职责。当谈到公司法务能做什么,一般是指公司法务的功能如何设计;当谈到公司法务应该做什么或者要做什么,一般是指为了实现公司法务的功能而必须完成的任务项集合,也就是公司法务作为公司一个部门的职责。

公司法务的职责有三个重要特征：一是强调实际要做什么，不是理论上能够做什么。二是必须要做，做不到就可能受到公司在绩效方面的处罚。三是在符合公司法务定位和功能要求的前提下，职责会有一定弹性。如果公司法务比较积极主动，则职责范围很可能会大于公司既定要求。例如，公司法务部处理内部腐败相关的案件，发现公司在印章管理上有漏洞，于是主动建议对印章工作进行规范，最后从行政或者其他部门把印章工作全部接手过来。这就是公司法务在工作中扩展职责的例子，而这种职责扩展的情形是可以发生在任何与法务工作相关的领域中的，且往往是由与法务有接口的流程优化工作引发。当然实际操作中是仅提供咨询建议还是扩展公司法务自己的职责，要取决于公司的具体情况，不可一概而论。

由以上可知，进行公司法务的职责设计必须要有实操的意义和效果，能确切地体现在部门和个人的绩效考评上。

二、公司法务的职责设计的基本原则

公司法务的职责设计可以参考如下原则：

(1)公司法务的职责范围要围绕“规则—风险—优化业务动作和经营管理”这个主线，而不能只是跟从业务部门的无体系的需求或者公司领导的偏好(这两者只是作为重要的参考因素)。

业务部门在考虑与法务相关的需求的时候，往往只是针对一时一事，随时可能发生变化，公司法务要正确理解业务部门的需求是应该直接地体现在公司法务职责中作为例行职责，还是应该间接地体现在法务的某个职责中；公司领导的需求也经常是针对一时一事，公司法务要思考领导提出这个需求的背后的原因是什么、是不是意味着存在某种机制性的缺陷，然后把这个潜在的缺陷作为公司法务职责设计的输入要素之一。直白地讲,就是公司法务在设计自己的职责时要有主心骨。

(2)公司法务职责范围要围绕"定位—价值—功能"这个逻辑链条,一层一层往下分解。

这几个概念的基本关系如图 1-1 所示:

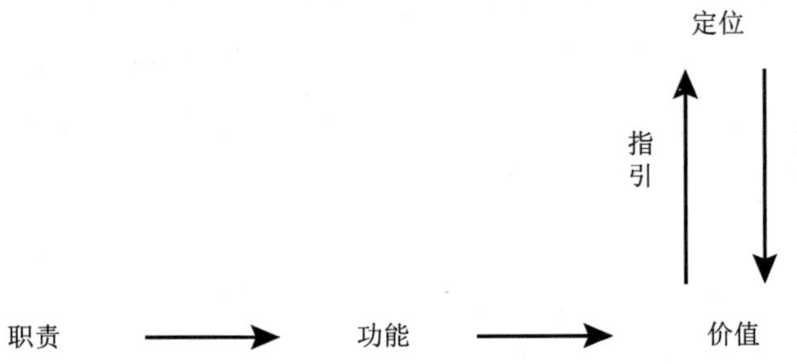

图 1-1　公司法务的定位、价值、功能和职责的基本关系

可见,职责是在最底层的,它代表的是公司法务的操作层面,不能以口号或者愿景来代替职责描述。例如,"主持公司纠纷处理工作并管理相应的流程"可以作为职责描述,但是"通过成功的纠纷处理为公司业务保驾护航"就不是职责描述。

(3)公司法务的职责设计要与公司战略对标。

公司法务虽然着眼于长期的价值贡献,但是具体的职责设计则要同时考虑到实现价值的步骤问题,也就是要与业务和经营管理步骤(即公司战略)保持一定的上下浮动的关系。这里面包括几个含义:一是法务职责不可能脱离公司战略。例如,公司中长期战略是取得市场份额第一,但法务却把自己的职责设计集中在法务工作相关流程的严格管控上,那就是完全跑偏了。二是法务职责尽可能向上浮动,也就是要比公司战略稍微往前看一步,对公司战略有一定的指引作用。继续使用前面的例子,公司法务的职责就应该把针对竞争对手的反不正当竞争工作纳入范围内，而不是等业务在对手的打击下受到严重损失了才反应过来。三是向下浮动，指的是如果公司战略过于激进，例如在强监管行业，公司提出激进的战略目标有绕过监管的意图，则公司法务在职责上就要在合规方面有所侧重。（关于如何分解公司战略以及规划法务工作，请见本书第二章“公司法务的战略、规划与计划”。）

三、公司法务的职责设计的操作要点

公司法务的职责设计要围绕几个操作性的要点：负荷、权力、方法、沟通与协作。

1. 负荷是指公司法务实际能承受的工作量、压力和责任的边界。这里的责任既是指法务所承担的职责，也包括违反职责所承担的后果。如果公司法务部规模小、能力弱，则职责设计不宜一步到位，而是先确定定位和价值，再做分步的职责设计，“边打边建设，边建设边调整职责”。职责超过负荷则不但完不成任务，还会使法务的定位和价值受到质疑。实事求是的职责设计不是偏离法务定位和价值，而是“爬台阶”，“爬台阶”是比“跳高”更为现实和有效的策略。

2. 权力是指为了完成法务职责所需要的参与权、建议权、决策审批权等，是与责任相对应的。准确的部门定位就已经决定了权力的范围，部门功能则决定了权力的内容，而职责设计要解决的是权力的具体来源和行使方式。

3. 方法是指为完成公司法务职责，法务内部必须设计明确有效的工作方法体系，包括每个岗位/个人的工作方法、组织的工作方法、主管的领导方法等。多数公司法务对此是缺乏明确的认知和缺少足够的方法论的，往往只聚焦于专业工作的方法，未将工作方法与职责挂钩，而在管理和运作方法上建设不足。将工作方法与职责挂钩的意义在于体现公司法务人员作为专业人员，如何与公司的商业运营及公司管理相联结，将法务部门管理与公司管理架构及管理方法融合起来。如果缺少这种融合，公司法务就不可避免地在工作中更强调专业色彩，而在管理层和业务部门眼中，公司法务就可能与公司格格不入，甚至认为法务没有尽到职责。

4. 沟通与协作包括公司法务内部沟通与对外沟通、内部协作与外部协作。沟通与协作是公司法务区别于外部律所的一个重要方面，它体现的是公司法务作为商业主体的组成部分，如何做好内部运作管理、如何与其他部门分工合作，以便共同实现公司的商业目标。沟通与协作既有方法性的问题，也有流程性的问题；既有公司管理体系架构对公司法务权力的限制的问题，也有公司法务如何积极主动地参与和拓展边界的问题。因此，公司法务处理沟通与协作，从来不应该是对“事”的，而应该是对着公司法务的权力边界和内外制度流程建设。沟通与协作问题对职责设计的重要性，就在于解决公司法务的权力边界是什么、对流程的影响力应该如何实现的问题（公司法务内部的沟通与协作在一定程度上也是法务对外的权力和影响力的对内映射，例如对下属的薪酬决定权，在很多公司是不由法务主管行使的）。

很多公司对各部门职责的设计会提供必要的指导和规范性要求，公司法务在设计部门职责时也要予以遵从，并与人力资源部门及相关管理成员进行探讨，修改其中不适合专业部门职责设计的内容。需要提醒的是，公司法务的职责设计一定要考虑到公司考评体系的特点和操作习惯。是否尽到职责是可考评的，因此，职责一定要能被考核指标所支撑，而且尽量应该争取量化指标。特别是对公司法务主管的考评，其职责与法务部门职责有一定的交叉和重复，很大程度上法务主管考评优异，就等同于法务部门考评优异。如果法务主管的职责和贡献无法在考评指标中得到体现，则可能整个公司法务都会做无用功，在公司眼中就谈不上法务尽责与否。

公司法务的职责不是千篇一律的，每个公司的法务部门的职责都多少会有差异,与每个公司的经营管理匹配程度或匹配要求也有差异。因此,本书不试图给出公司法务职责的通用描述,而是建议参考上述原则,作出最符合本公司情况的法务职责描述。

第二章　公司法务的战略、规划与计划

第一节　公司法务如何承接公司战略

第一章中,我们讲到了公司法务需要寻找自己的合适定位、实现自己的真正价值,需要以公司战略作为切入点。谈到公司战略,多数公司法务人员会觉得陌生、与自己无关,觉得那是“纯业务”的事情。公司在组织制定战略规划时,也往往不会主动请法务人员参与(可能部分行业和企业会有例外,例如金融业,但也并非全部公司都会请法务人员参与),因为他们也觉得这是“纯业务”的事情,与法务无关。但事实上,在本书第一章已经充分讲述了,公司法务应当主动和正确地理解公司战略,并转化为公司法务的战略及工作规划。这是公司法务发挥自己的专业功能与职责、寻找到适合本公司的法务定位、实现自身价值最有效的方法。

很多公司法务在工作中可能会遇到下列场景:

(1)做工作计划时全是细节,例如计划今年招聘多少人、评审多少个合同、解决多少个纠纷,等等。公司管理层对此可能是不置可否,因为多数情况下他们也说不清法务的工作计划应该怎么做才是正确的。结果在实际工作中,往往发现业务有很多“突发”事件和问题,法务只好去救火,但这些工作与年初工作计划中所罗列的经常搭不上边。因此,法务在当年表现的好坏、绩效的优劣,几乎是靠运气和机会(例如恰好在一个大案件上胜诉,则掩盖了工作计划的缺陷)。

(2)法务也做了工作规划和详细计划,并投入了资源,但是在实际执行中与业务需求相差较远,例如渠道业务在上升和拓展期、当前市场份额较小,但法务却把全部力量用在了渠道业务的反垄断合规上,处处对业务的拓展行为提出反垄断方面的风险,当然会被业务视为绊脚石。

(3)法务在年初自己做了规划,把资源投放在国内,但是下半年业务突然决定加速拓展国际市场,法务完全跟不上、提供不了有效的支持,业务报怨法务能力不行,法务抱怨业务没及早沟通。

(4)公司法务已经知晓业务的战略动向,并表示全力支持,也作出了相应的规划和计划,但是实际执行中业务抱怨法务支持不到位,回溯时发现规划和计划很可能是太空洞,没有落实到具体的法务子部门和人员,也没有转化为可考核的绩效指标,而且执行中也没有跟踪监控措施。领导问起来,法务会说"我做了",但是管理层和业务看不到效果。

以上种种情形,根源都在于一个:公司法务与公司战略没有对接。

公司法务不了解公司战略,法务工作缺乏战略思维,缺少科学的法务工作规划方法,缺少合理的管理机制,缺少对公司战略的澄清、对标和更新,缺少对公司战略的解码和执行监控。因此,法务相当于是在"半盲"的状态下工作,取得成绩或者造成损失都有偶然和运气的成分。

这种状态的出现,与公司法务的专业能力并没有正比关系,但是与公司法务的管理能力有正比关系,因为解读公司战略和建立与法务的关联,是法务管理能力的组成部分。如果在公司战略与公司法务工作没有结合起来时,以上各种法务工作的不足之处都会被笼统地称为"法务能力不足",或者"法务不懂业务",甚至是"法务工作态度有问题",而真正的问题其实被掩盖了。所以,公司法务要改变这种局面,就必须理解公司战略,学会承接公司战略。

一、公司战略与公司法务的关联

战略属于管理学范畴,有大量的理论、模型和成功案例可供学习参考,任何公司做战略,其基本方法和理论依据不会有根本的差别。对于法务来说,毕竟与业务不同,因此只要了解战略的基本内容和方法,并对应到法务工作上即可。

战略一般是指一个组织为了实现长期目标所做的方向性选择和资源取舍。它解决的是一个公司发展过程中的几个核心问题：我们要去哪里（方向和目标）？我们现在在哪里、与要去的地方有多远（差距）？我们怎么去那里（路径、节点）？

完成战略制定需要几个必要步骤：（1）确定公司的愿景、使命和价值观，作为公司的初心和基石，它解决到底要成为什么样的公司、到底要做什么、到底为社会提供什么价值的问题。（2）差距分析，它解决的是公司现在在哪里、与目标有多远的问题。（3）制定战略规划阶段，根据差距分析结果，通过对市场的洞察，确定自己的战略意图，寻找自己的优势点，并对业务进行更新设计，从而形成完整的规划，解决怎么去到那里的问题。（4）战略执行阶段，通过对战略进行解码，找到落实和完成战略的要素和动作，由各部门承接，作为部门组织绩效目标，并继续向下落实到各个岗位，成为每个人的岗位绩效目标。这一阶段是靠组织、人才、公司文化和氛围来支撑的。（5）监控和更新阶段，对战略进行滚动式的回顾和更新，并对各部门组织绩效目标及各岗位绩效目标进行调整，确保战略目标落实到位。

实践中有很多工具用于战略制定工作，最典型的如 BLM（Business Leadership Model），它解决的是企业的战略洞察问题，负责找到方向；还有 BEM（Business Execution Model），它解决的是如何把战略变成可执行可跟踪可考评的具体工作目标并落实到各部门和岗位。

从以上对战略的简要介绍中，应该可以看得出来公司战略与公司法务是存在紧密关联关系的。

第一，公司的愿景、使命和价值观，相当于一个人为自己描绘未来，希望自己将来成为什么样的人、做什么样的事、为世界做什么贡献。这听起来似乎与法务无关，但是所有这些想象和描述，都必须建立在合法合规的基础上。假设有一家公司给自己设定的未来是某类业务的线上平台的唯一提供者和运营者，完全排斥任何竞争对手，攫取超额垄断利润，给股东创造最大财富价值，那么相信这个未来是不会变成现实的。业务不懂反垄断法，很可能作出这种设想，但法务绝对不会同意。

第二，在差距分析中，业务往往聚焦于业务本身，以及公司的领导力、组织能力、人才状况等，却很少会考虑法务（及合规）工作的差距会不会导致公司差距分析有偏差甚至导致战略落空。以基金销售行业为例，如果片面强调销售团队规模和能力不足、产品组合没有优势，却忽视销售资质和客户（投资者）适当性等合规问题，那么将来随时可能会面临监管处罚和停业整顿的风险，销售能力再强、产品再有吸引力也没有意义。再例如，公司决定拓展欧美发达国家市场，却只局限于产品、销售渠道、价格、供应链，而没有考虑当地经营环境所可能带来的成本（例如较高的劳动保护水平、复杂的税法、严格的数据保护和反商业贿赂等），那么即使业务规模上有进展，也很可能不会有真正的商业成功。比较典型的如渠道业务中涉及纵向反垄断问题、反商业贿赂问题等，渠道可能会崩盘；在腐败严重和税务复杂的国家，很可能努力过后一场空。所以，如果公司在做差距分析时不把法务、合规和解决营商环境风险的能力的差距放在内，最后的经营结果很可能是出乎意料的。

第三，制定战略计划过程中，法务也是不可缺少的角色，原因在于，当代企业经营和竞争的环境越来越受到法律规则的制约，越是全球化和业务复杂的公司，受到的制约越多，面临的风险点也越多。所以，近20年来，公司法务、合规和风险管理才越来越凸显出其重要性和价值。公司在制定战略计划时，最核心的是根据对全部相关要素的分析来重新设计自己的业务，法律问题必然是要素之一。最典型的是在新兴行业中，包括高科技信息行业和以此为依托的其他行业，因为业务实践经常领先于政策和法律，业务往前冲得过快当然会获得竞争优势和高额利润，但也会制造出风险“地雷”，而法务的作用在于前瞻性的研判，引领业务为实现同样的目标而走更安全的通道，甚至在业务的支持下主动创造规则和引导政策。这时候法务与业务的沟通合作就是非常重要的,可以在公司战略中起到不可替代的作用。例如智能驾驶业务涉及用户隐私保护和数据安全问题,业务在设计战略中的产品解决方案相关部分时,不但不可能离开法务的输入,还应该主动请法务一同设计出理想的规则体系,并在战略执行阶段共同推动这个体系得以被监管机构和行业认可。

第四,在战略执行阶段,法务的作用也不可或缺。战略执行中,最关键的就是战略解码,分解为各个部门和岗位的任务及绩效指标。法务要不要承接公司战略分解出来的指标?有一种传统的认知,认为法务不应该承接,因为这都是业务指标。但是当代公司法务实践以及公司经营管理的进化,已经打破了这个传统观念。法务应该承接部分战略指标,除了与法务直接相关的部分指标(例如法律风险管理),也要视情况承接(分担)部分业务指标,包括销售指标。例如集团层面上,如果法务主管是公司董事会成员或者 CEO 办公会的核心团队成员,那么就应该分担 CEO 的销售指标;如果法务部在子公司或者单独考核的事业部有派驻人员,且是该子公司或者事业部的核心团队成员,那么这个派驻的法务人员也要分担子公司 CEO 或事业部主管的销售指标。法务承接相应指标不是法务直接对销售等业务问题负责,而是与管理层共同承担压力,共同协作完成组织的整体目标,将配合业务进行的商业输出的一部分划归为法务的责任领域。这是法务对业务的融入,也是业务对法务的接纳。因此,对法务来说,承接公司战略意味着两个事情:一是法务工作"分内"的事情,这部分要主动参与,把法务要素加入战略规划中,并且在战略成型后,承接其中的相关部分并落实为法务的组织绩效指标;二是法务工作"分外"的事情,也就是非法务专业的事情,但是与法务所在的组织的整体目标强相关,法务作为组织的一分子应该分担。这部分指标没有具体和明确的范例,各公司法务应该视具体情况与公司商讨和确认。原则上法务不应该以专业自居并拒绝分担指标,但是在指标考核力度上可以另外处理,不必与业务部门的考核处理一致。态度是关键。

第五，战略执行监控和更新阶段，法务的重要性更加不言而喻，如果法务要素已经成为战略的一部分，那么执行监控和更新就是必然要参加的。公司战略发生变化，法务相关规划也要调整；公司战略要监控其执行进度和效果，法务承接的指标也要进行监控和落实。

综上，如果法务对自己的定位、价值、功能和职责的设计没有差错的话，那么与公司战略就必然发生关联。公司领导可以拍脑袋决定公司的发展方向和发展模式，但这需要冒很大的风险，公司安危系于一身；公司搞战略的意义，其实就是把公司安危系于全体，用科学的方式推算出公司的发展方向和途径。公司领导拍脑袋可能不需要考虑法务要素，但是公司制定战略，法务的支持力度和价值就必然会成为需要考虑的因素之一。但这个问题能否被公司领导层意识到，并在战略制定过程中主动进行挖掘和利用，还不能完全靠公司的自觉性，而是需要法务也发挥较大的主动性。法务发挥主动性、参与战略制定的过程，就是把法务的分析纳入公司战略制定过程并被予以分析和有选择接受的过程。当然，这对公司法务的能力和战略眼光确实是个考验。

二、公司战略是公司法务的真正客户

谁是公司法务的客户，这个问题在业内争论已久。公司法务的客户决定了公司法务的流程是以谁为中心、工作输出对谁负责、对法务的价值评判由谁作出，可谓重要之极。目前有很多观点，例如有的说是公司管理层，有的说是业务，有的说是公司客户，有的说是法务工作流程的下一环节。观点不同，导致的法务工作策略和结果也不会相同。

第一，公司管理层不可能是法务的客户。公司管理层受限于其能力和认知，不见得每个策略和决策都是正确的，不然就不会有那么多经营失败的公司了。法务工作是要帮助管理层作出正确的决策，帮助管理层更有效率地从事经营管理活动，但不必与管理层的所有意见和决策都完全一致。法务与管理层站在一起,也不是无原则地为管理层的想法背书,而是要凭借专业判断,为管理层实现商业和管理目的提供决策参考。也就是说,虽然公司法务和管理层肯定是统一战线,但是工作输出却可能与管理层的期望不完全一致,这是法务的专业工作特点所决定的。如果公司法务的客户是管理层,那么法务与管理的关系和法务工作的分寸非常难以把握。买方很少能真切地理解卖方是为了买方的利益而让买方不满意,这在商业实践中会处处碰壁的。同理,法务把管理层作为客户,必然也处处碰壁。另外,不能忽视法务确实有监督的功能,管理层的利益与公司的利益并非永远是一致的,公司法务(以及合规、其他风险管理部门和监督部门)要关注这种差异性,这就决定了法务与管理层既站在一起,又要有一定距离。为商业目标和管理目标站在一起,同样为公司的商业目标和管理目标而保持距离,这个距离就是专业和监督。

第二,业务也不是公司法务的客户。这可能会颠覆多数人的认知,业务难道不是公司法务最主要的服务对象吗?这里我们要区分几个问题:

(1)公司法务的服务是"卖"给谁的?业务是主要买家,但不是唯一买家,如上面所说,公司管理层也是重要的买家,在某些法务工作中,可能管理层作为买家比业务更重要,例如资本运作,例如合规,等等。当然,法务对业务的服务占法务工作量的比例很高。

(2)法务更看重业务的长期利益,而不应该支持业务为 KPI 等原因追求短期利益,甚至伤害公司长远利益。也就是说,法务对业务的服务也是有取舍的,也是有监督作用的。法务与业务的距离更为明显一些,法务如果与业务的不当行为沆瀣一气,就是法务的失职和违规。要区分法务融入业务、牵引业务、为业务服务,与无原则地赞同业务不是一回事。

(3)公司管理与公司业务在多数情况下是可以区分的两条线,管理为业务服务、支撑业务,业务也要遵从管理,并为管理的优化提供依据。因此，业务如果是法务的客户，那么管理相对于法务又是什么？既然没有人认为业务是管理层的客户，那就很容易理解本书所认为的，业务并不是法务的客户这个概念了。

(4)谁在给公司法务支付激励和薪酬？是公司，不是业务。业务可能会为法务的成功支持协作而发表扬信、发奖金、送礼品、给予较好的周边考评意见等，但是法务部作为一个整体、法务团队作为一个整体，业务则没有职权决定法务的职级和薪酬。从商业逻辑上讲，接受服务并付款的才是客户，接受服务但不付款的一定不是客户。因此，业务只是法务服务公司过程中的主要工作事项的来源，在很大程度上是法务服务的主要对象，但服务对象不等于是客户，公司里面被法务服务的每个对象，都是所有对象之一。

第三，公司客户也不是法务的客户。按照流行的观点，多数公司当然会认为要以客户为中心，因此公司法务的工作也会间接地影响公司对客户的交付质量。如果公司法务因此从客户角度多想问题、多做些事，是应当受到鼓励的。例如法务做好法律风险管控和合规，使公司的经营处于安全状态，对客户来说就是公司的吸引力和品质的组成部分。但是，这仍然是间接性质的，法务工作对公司客户的影响的好坏，最终仍然由公司来评判，而不是由公司客户来评判(不同于产品、服务、供应链，甚至也不同于财务和 HR)。即使在直接面对公司客户的场合，例如合同谈判，法务也必然是以保护本公司的权益、促进交易安全和效率为出发点，客观上也有利于公司客户，但是法务在谈判和合同形成过程中并非是为客户服务的，也就是说，法务先服务好本公司，本公司才能服务好客户。

第四，法务工作流程的下一环节不是法务的客户。从流程角度讲，说流程的下一环节是客户有一定道理，但其本意是指流程上游要遵守流程规范，要像对待客户一样，以有质量的工作促进流程上下游的合作、确保流程的整体效率。因此，没有必要把这个客户的概念抽取出来，就让它保留在流程的含义中即可。另外，法务工作流程的重要性确实受到了越来越多的关注,但是法务工作并不能全部流程化,能够流程化的,往往是日常的专业操作,例如合同评审,而一些高屋建瓴式的或者参谋式的工作,例如制度设计、重大事件的策略设计等,经常是在流程之外的思想碰撞和交流,只是碰撞和交流的结果才可能会落在流程里往下走。这些流程之外的事项,其意义和价值可能大于流程之内的日常工作。

那么,究竟谁是公司法务的客户呢?本书认为,公司战略才是公司法务的真正客户。

公司法务必然是服务于公司愿景、使命和价值观的,而公司战略则是公司愿景、使命和价值观的具体化。也就是说,公司战略可以代表公司本身、公司存在的目的和公司追求的目标,是公司本身、公司存在的目的和公司追求的目标的"三位一体",无论是管理层、业务,还是其他部门,都要遵从战略和执行战略,公司上下都以战略所规定的策略和方法来争取战略目标的实现。公司法务的客户,就是这样的"三位一体"。唯有以这个"三位一体"为客户,公司法务才既能融入商业和管理,又能保持专业权威的相对独立性,同时其工作成果也能得到最公正的评价。

三、公司法务如何服务公司战略

公司法务服务公司战略,可以细化为以下几个步骤:

(一)建立公司法务的愿景、使命和价值观

公司愿景、使命和价值观并不是务虚的口号,也不是挂在墙上的条幅,而是要通过公司战略来落地的实实在在的设想。所谓愿景,指的是公司未来是什么样子的、要成为什么样子的公司。它讲的是公司的方向(往哪里去),或者可以理解为公司作为一个组织,它的理想是什么。而使命则不同,使命是在愿景基础上,为了实现愿景,设定本组

织应该承担什么样的角色,承担什么样的社会分工,为社会贡献什么价值。愿景和使命有时候不好区分,经常被合并使用,但这不是问题,对公司法务最重要的是要了解公司应该会有一个理想,以及为实现理想而给自己设定的身份。以华为公司为例,其愿景是“丰富人们的沟通和生活”,这就是华为的理想。而其使命则是“聚焦客户关注的挑战和压力,提供有竞争力的通信解决方案和服务,持续为客户创造最大价值”,即华为的使命是成为全球最佳的通信解决方案和服务供应商。迪士尼公司的愿景是“成为全球的超级娱乐公司”,即迪士尼公司的理想是成为在全球都需要有布局的超级娱乐公司;其使命则是“使人们过得快活”,即在实现理想的过程中,迪士尼公司的社会分工和贡献就是创造使人快活的这种服务。

设定公司愿景和使命,不是为了好听好看装样子,而是为了给公司全员创造一个共同的目标,并成为公司成长的推动力量,激励全员为一个共同的奋斗方向而努力拼搏。同时好的愿景和使命也会激发员工的使命感和责任心,使他们认识到自己在做有意义的事情,也是在实现个人的价值。另外,愿景和使命也是向外传递公司的价值导向,一个有良好的愿景和使命的企业,往往更容易获得客户和合作伙伴的理解和认同。尤其重要的是,愿景和使命其实已经框定了公司发展的方向和路径,这就决定了公司不可能什么钱都去赚,而是只能去赚符合自己理想的钱,这也同时决定了公司战略必然是建立在愿景和使命之上的,是对愿景和使命的实现方法的具体化。这就是为什么说愿景和使命是公司战略的基石和底座的原因。

另外一个相关的概念是价值观。价值观是公司为实现愿景和使命而作出的取舍标准,或者可以这样理解:愿景是理想,使命是为实现理想而承担的社会分工,价值观则是公司为完成这个社会分工而决定的做什么和不做什么。在实践过程中,价值观会浓缩成公司的共同信仰和行为准则。例如“只赚慢钱,不赚快钱”,可以成为一个价值观,这就决定了公司必须重视投资研发,形成核心竞争力,而不是去炒股票和房地产，其战略也必然是围绕着核心竞争力而塑造的。例如华为的价值观是“以客户为中心，以生存为底线，坚持长期艰苦奋斗”，这就决定了华为的战略必然是围绕着客户需求的，相应地公司的组织和流程也应当是对准客户需求的，而不是“唯上”和“唯心”的。

那么，法务有必要搞自己的愿景、使命和价值观吗？答案是肯定的。公司法务若要实现自己的价值，就必须融入公司战略中，并承接公司战略，以自己的愿景、使命和价值观为基础，形成法务工作战略，并落实为具体的计划和绩效指标。这是一个完整的过程。

那么，公司法务的愿景、使命和价值观又应该是什么样子的呢？由于行业差别、各公司战略差别、法务工作的职责差别，因此不可能总结出适用于所有公司的法务愿景、使命和价值观。但基于法务工作的专业特色，各公司彼此参考还是可行的。例如“成为公司长治久安的基石”，可以被很多公司法务用来作为愿景描述；“守住底线，推动业务拓展，提升公司管理水平和核心竞争力”，可以用来作为公司法务的使命描述；“前瞻性，决断力，牵引力，责任心”，可以用来作为部分新兴行业的公司法务的价值观描述。当然以上只是示例，实际上各公司法务一定要对标本公司的愿景、使命、价值观和战略规划，并结合法务自身的定位、价值、功能和职责，才能设计出合适的愿景、使命和价值观，作为制定法务战略的基础。

（二）对公司战略进行解码及制定公司法务战略

很多公司也做战略规划，但是做完之后就束之高阁，各部门也不知道与这个战略规划有什么关系、应该做什么，公司战略就成了公司管理层的务虚讨论。只有极少数的公司战略得到了较有效的执行。有效执行与不执行之间，一个关键的问题就是有没有对战略进行解码。

所谓战略解码，就是指通过可视化的呈现方式，有效地分解战略，将公司战略转化为全体员工可理解和可操作的语言及指标体系，借此实现公司战略规划、年度业务计划、财务预算、绩效评价的无缝隙链接,推动战略在运营执行中的真正落地。它是一个从公司的战略洞察到战略分解到指标体系,再到确定各个组织的 KPI,最后到个人 PBC (Personal Business Commitment)的这样一个过程。只有把战略变成每个组织和每个人的绩效指标,才能使战略变成可执行可实现的目标和计划。

对于公司法务来讲,涉及公司战略的工作有两项:一是法务参与公司战略制定,为公司战略提供法务视角的输入;二是公司战略被分解,形成可执行可考核的指标体系,法务作为公司部门之一,承接相关的指标,并落实为法务的规划、计划、法务组织和个人的考核指标。在此处不讨论法务如何参与制定公司战略,只讨论法务如何解码公司战略。

区别于业务的战略解码的复杂流程和工具,法务对战略解码只适用最基本的步骤和工具即可。一般来讲,法务解码公司战略要经过如下几个步骤:

(1)对战略的理解与澄清:对公司战略进行解读,与管理层、业务部门及战略规划制定部门沟通澄清战略规划的内容,目的是保障公司战略的范围和内涵得到准确、一致的定义,以避免对战略的理解偏差。

(2)对公司战略指标体系和重点中与法务相关的部分进行解读与澄清:公司会对战略进行分解,分析影响战略成功实现的关键因素,并导出战略地图,然后再导出战略 KPI 指标体系,将战略 KPI 各指标分别落实给各相关部门,由各部门进一步解读和确认。这个过程公司可能会使用一些工具,例如 CSF(Critical Success Factors)和 SM(Strategy Map)。这个工作主要是为了确认和形成中长期的关键战略举措,并对战略目标是否达成设计出关键的衡量指标,再分解到各部门,法务也要接受与法务相关的指标。

(3)将与法务相关的指标转化为法务组织绩效指标:法务要组织对本部门愿景、使命和价值观的检讨,制定或修订本部门基本战略目标,修订本部门关键战略举措,滚动修订与部门战略相关的表格或其他图表工具,编制年度业务规划及计划书,确定部门负责人的 PBC 等。年度工作规划和计划是必备的输出项。这里需要提醒:如果法务参与了公司战略制定的过程,则法务应该将牵引性的法务工作内容和要素提交给公司做参考,而且公司战略应该已经包含了相关要素。如果法务未曾参加战略制定工作,在解码公司战略的本步骤中,应主动加入牵引性的工作内容作为补充。所谓牵引性,就是防止公司战略只要求法务执行守成职责,而忽视了法务对竞争环境和规则的塑造及牵引能力,因此这部分内容要由法务自行补充进组织绩效指标中并获得公司的同意(例如法务可以把某个领域的政策和立法推动作为关键绩效指标和本部门的关键战略举措)。

(4)将法务组织绩效指标分解到部门主管及法务员工个人头上,形成个人绩效指标。

(5)设计对上述指标执行情况的监督、跟踪、回顾与调整机制。

法务对公司战略解码的过程,其实也是法务形成自己的部门工作战略的过程。一般来讲,“部门战略主要关注如何落实公司与业务战略,换句话说就是如何在各部门或各职能进行具体操作以支持上述两个层面的战略。部门战略更注重企业内部主要职能短期战略计划、预算。该层面战略使部门人员能清楚地认识到本部门在实施公司和业务单元战略中的责任与要求,它更强调如何将一件事情做正确。所以从本质上来说,更为详细、具体,具有可操作性。它一般是由更详细的方案与行动计划组成,涉及资本运营、财务、生产、销售、研发、采购、人事等各个职能。”①与此相通,法务在对公司战略进行解码的同时,就是把公司战略中与法务相关的部分变得详细、具体、有可操作性,因此才说它也是法务部门战略的形成过程。

---

① HR 菁英(笔名):《如何将战略目标分解为企业年度经营计划?》,载知乎网,https://www.zhihu.com/question/22734402/answer/2304491942。

在上述5个解码步骤中,法务其实还要对标公司战略规划,分析法务工作内外环境,寻找差距。

法务要使用公司提供的战略解码工具,提炼法务相关指标、对相关指标和法务关键举措作出实用的图表,例如法务战略地图、法务工作规划表、法务工作计划表、法务考核指标体系及考核要点等,在其中要呈现出多种要素,包括对公司战略方向的解读及向法务分解的结果,法务的方向,影响法务相关工作成功的关键要素和关键举措,相对应的衡量指标,关键举措的责任人/完成时间/个人绩效主要考核点,等等。在这个过程中对影响法务战略工作的各种关键要素要进行分析提炼,有正向的要素,也有负向的要素。法务形成部门战略的过程就是对这些要素进行利用的过程。

对于解码的结论和法务形成的部门战略、工作规划和计划、绩效考核指标等,法务部门主管与公司管理层,法务部门主管与法务各级主管和员工,都要分别达成共识。这里需要特别指出,与管理层达成共识的方式应该是由公司战略决策机构(例如相应的委员会或者其他形式的战略审查审批机构)对法务战略的内容进行审批。如果公司承认法务是公司战略的承接者之一,那么法务部门战略和规划就应该和业务及其他职能部门(例如财经、HR)的战略及规划一样,在相应机构得到讨论、修订和审批。这是法务战略和规划的权威性的来源,也是公司战略规划和执行的完整程度的体现。

需要特别强调:法务对公司战略解码和形成法务工作战略、规划及计划的过程中,必须有确定的、可操作的输出。如上文中所述,这几个重要输出项包括法务战略地图、法务工作规划表、法务工作计划表、法务考核指标体系及考核要点。

首先,是法务战略地图。法务对于公司战略解码的结论,最好用图表的形式呈现法务关键动作与重点工作、其与公司战略的关联、优先排序,等等,目的是用直观的方式在法务内部以及与管理层达成共识。在此基础上,推荐公司法务使用SP(Strategy Plan)。SP的目的是通过法务内部的充分讨论,形成公司战略目标如何在法务落地的具体的策略和措施,也包括概要性质的中长期规划。SP 形成的过程,是法务认识外部因素、内部因素,理解了要做什么、为什么要做、怎么做的这样一个过程。SP 一般包括如下内容:对公司战略的理解,对法务承接的战略指标的澄清,法务的愿景、使命与价值观,内外环境洞察及差距分析,法务组织的策略、目标及路标。业务侧使用的工具和输出项更为复杂,法务借用业务的公司战略解码的理念和基本工具即可。如果法务能完成一个出色的 SP,则基本上就完成了与公司战略的对接过程以及法务工作方向性和策略性部署的过程。

其次,是法务工作规划表、法务工作计划表。规划表是基于 SP 而形成的法务工作任务的概要,可以是两三年中长期的,包括法务重点工作、主要策略和考核点等。计划表则是更为详细具体的工作任务列表,强调可操作性,包括关键措施和行动计划、费用预算、组织和部门主管的绩效指标等。具体请见下一节"公司法务如何做工作规划和计划"。

最后,是法务考核指标体系及考核要点。之所以叫考核指标体系,是因为公司战略解码过程中会导出公司的战略指标体系,相对应的,法务承接的有关指标转化为法务的考核指标后,也会成为一个体系。例如公司战略解码后的指标体系包括财务的(规模扩张、赢利、投资回报、现金流等),客户相关的(客户关系、客户满意度、市场份额等),内部运作管理相关的(流程质量、成本控制、服务水平和周期等),组织成长相关的(IT 建设、干部培养、任职和培训体系优化等),等等。当然也可以包括法务相关的,但多数情况下法务相关指标可以被其他业务和职能部门的指标所包含,法务要帮助这些部门完成他们的指标,这本身就是法务的指标。例如现金流,法务是不是可以考虑把专利许可费相关工作的指标做进来?又如客户和客户满意度,法务是否可以把与客户法务及业务的直接沟通与合作模式的建设作为一个指标做进来?再如流程质量和成本控制,法务是否可以把销售合同法务评审流程的优化、常规销售合同评审权的下放或者转移等工作作为一个指标做进来？所有这些工作，都可以成为法务承接公司战略而制作的法务指标（就是KPI）体系的组成部分。

综上，建立法务的愿景、使命和价值观，对公司战略进行解码及制作法务战略和规划，是公司法务如何承接公司战略的最关键的步骤。需要提醒，法务在对公司战略解码和形成本部门战略、规划、计划、关键举措、考核指标体系和个人考核指标之后，一定要把落实工作通过组织、人才、氛围与文化支撑予以落地。战略解码的目的不是给法务设置一堆承诺和考核点，而是要求法务通过对解码和考核点的理解及承接，有效地建设和运营法务平台、法务团队及法务资源，确保法务组织和个人的行为及绩效与公司战略目标对齐。因此，法务承接公司战略的意义不仅是促进了法务专业本身的贡献度，更是促进了法务与公司的融合度，这才是公司法务管理者最应该关心的问题。

第二节　公司法务如何做工作规划和计划

如上文所述，法务工作服务公司战略，涉及的主要输出项包括法务战略地图、法务工作规划表、法务工作计划表、法务考核指标体系及考核要点。其中法务战略地图及对战略的描述和分析，用SP（Strategy Plan）来作为呈现形式，而规划表则是对SP确定的工作方向的具体化，讲的是未来两三年内法务工作主要包括什么；而计划则是以年度为维度，对规划的具体，讲的是法务工作的年度策略、重点工作和行动计划。业务部门做SP，然后还要做BP（Business Plan），法务的年度工作计划就基本相当于BP。法务的工作规划则相当于是SP的延伸，是SP与BP的桥梁。业务侧可能在BP中整合了规划和计划的内容，不一定要有规划和计划两个输出项。但是对法务来说，为梳理和形成法务的规范化的工作方法、科学化的组织目标，建议把规划和计划分开来做。也就是说,从逻辑上讲,法务也是通过“SP + BP +考核指标体系”形成部门和主管的工作思路、任务清单和考核点,并继续分解给法务全员,形成每个人的绩效考核点(KPI、PBC 等)。这个基本方式和逻辑与业务是没有区别的。

很多公司法务是没有接触过公司战略解码和 SP 的,可能多数公司法务局限于制作业务规划和年度计划,这样做出来的东西是缺乏根基、底蕴和商业逻辑的,往往沦为专业工作事项的大杂烩。对于有一定规模的、工作内容比较复杂的公司的法务部门来说,尝试 SP、工作规划和工作计划的制作,很可能是提升法务工作质量、创造法务价值的好方法,原因就在于这个方法与商业融合得更好、更科学。

当然,对于初级阶段(在下一章中会提及的“阶段 1”)的公司法务,可能暂时没有这个必要,因为公司的体量、行业地位、商业规划和内外部环境等暂时支撑不了这样的工作模式。但是这个阶段的公司法务仍然有必要理解和学习这种方法,并在未来找到合适的机会引入自己的工作中,也可以推动公司再加强战略规划。

那么,如何做 SP、规划和计划呢?

一、如何做 SP(Strategy Plan)

公司法务要完成如下动作:

(1)对公司战略的理解:确认公司的商业意图和商业目标;公司为完成目标还欠缺哪些要素,有没有解决办法;公司在技术、供应链、渠道、财经、人力资源、竞争应对、主管部门沟通等方面分别有什么策略和举措,战略 KPI 和时间节奏都是什么,等等。

(2)对法务承接的战略指标的澄清:公司明确要求法务提供什么支持,除了相关法规和政策的解读、合规、日常的商业相关法律事务,有没有特别的诉求,法务根据对公司战略的理解,有没有提炼出潜在的诉求并与业务及管理层确认。

(3)法务的愿景、使命与价值观的明确：根据前两步工作，如何制定法务的愿景、使命与价值观；是否需要调整既有的愿景、使命和价值观；与公司所在的产业发展趋势如何对标和衔接。

(4)对内外环境的洞察及差距的分析：对国内外的行业动态、厂商竞争模式、政策和法律现状及趋势、学界动态及相关案例的分析；对宏观政治经济、贸易投资、舆论、执法司法、行业内专业法律人才可获得性等外部环境的分析；对公司内部因素的分析，包括管理层重视、业务对相关法规的认知、既往成功和失败案例、当前主要风险和未来风险趋势、组织和人才规模、人才晋升空间、专业能力、外部资源和内部支持获得能力、公司文化和价值观的走向、预算和费用限制，等等。从这些维度对标公司战略目标，看当前法务实现这些目标的可能性大小、影响法务的主要因素是什么。

(5)法务组织的策略、目标及路标：根据以上分析，针对影响法务达成目标的关键因素，有什么具体的应对策略？提出法务的策略、目标及路标。法务工作是对着监管、竞争对手还是用户？策略是跟着业务走、业务给什么需求就做什么需求、避免本行业不确定的风险，还是根据公司战略目标，法务主动发挥引领作用，在准入、营销、监管、政策引导、学术理论引导、舆论引导等方面作出行动规划？如果做这些规划，目标是什么？关键的控制点是什么？每个目标分成几步，每步在什么时间点必须实现，效果和衡量指标是什么？

二、如何做工作规划

为了完成一个好的工作规划，法务要完成如下动作：

(1)SP 确定的目标和关键控制点分解。每个目标和关键控制点应该由法务部哪些子部门来承担，分解成哪些重点工作；如果把规划时间跨度扩展为二至三年，每年的目标和重点工作路标是什么；每个重点工作的交付时间点和交付件是什么、评估交付质量的标准是什么。

(2)在组织和人才方面,如何做匹配和调整。

(3)需要哪些资源、对缺失的资源如何补充。这些资源可能涉及组织架构、职权、人才密度、费用预算、流程与IT。

(4)如何对执行情况进行跟踪、监控和调整等。

SP是为了完成法务承接的战略目标而对法务的工作和管理进行宏观和方向性的设计,它决定了法务以什么形式、什么方式、往哪个方向投入兵力,来完成战略任务;而在工作规划中,则主要是针对宏观和方向性设计进行展开,导引出重点工作和路标及评估标准,并做概要性的归纳和罗列,但不涉及每个重点工作和路标下的具体执行动作和细节,具体执行动作和细节在工作计划中解决。因此,在规划中要避免两个误区:一是不能把非公司战略KPI及法务指标相关的工作列入,例如法务每年要组织三次研讨会,这种执行措施和具体动作性质的工作就不属于规划范畴内的;二是不能把为完成法务指标和目标而从事的日常基本法务工作作为规划内容,例如不宜把今年合同评审量是一万份这类工作作为规划内容。可以作为规划内容的,例如推动监管部门出台×××和×××政策,时间点是×××,质量标准是×××,满足公司的×××战略需求。

下面的样例是业务部门的规划,可以参考其逻辑和主要内容架构。

×××公司销售部年度规划

一、业绩回顾

1. 业务目标完成情况;

2. 差距分析与补差措施。

二、市场洞察

1. 宏观分析;

2. 用户需求分析;

3. 竞争分析；

4. 渠道分析；

5. 媒体分析。

三、策略及执行计划

1. 产品策略及执行计划；

2. 渠道策略及执行计划；

3. 营销策略及执行计划；

4. 服务策略及执行计划。

四、资源需求

1. 预算；

2. 组织设计；

3. 人才需求；

4. 激励方案。

五、PBC(个人业绩承诺)

三、如何做工作计划

工作计划的制作方法相对容易掌握，这也是多数公司法务年度必然要做的事情。工作计划是对规划的具体化和细化，达到可执行和可考核的程度，要落实到具体的岗位和人员，有具体的考核指标跟随。继续使用上面的例子，工作计划可以做成：

×××政策项目：责任部门×××，责任人×××，完成时间×××，团队成员×××，具体动作包括(1、2、3、4、5……)，需要的支持来自×××，支持事项为×××，考核标准×××，如果还有其他要素，可以自由添加，只要达到这个计划可操作可考核的效果即可。

在计划制作中需要注意以下事项：一是列清楚为什么要做计划、计划目标是什么、何时何地执行此计划、谁来执行、执行计划的基本要求是什么。罗列这些信息的目的是与工作规划对齐，以免偏差。二是要尽可能通过 SMART① 原则来划分具体工作目标,将规划中的任务分解成可操作的子目标。对任何一个计划事项,要能清晰地描述最终结果是什么、考核标准是什么、目标必须是可实现的、计划中的任务项是为工作规划中的事项服务的、必须要有明确的时间表。三是不能空洞无物或者无法执行。例如在计划中说“提高公司合法经营的意识”,这个任务怎么做,在计划层面中是无法解决的,而是应该放在 SP 和规划层面。在计划中则可以分解成多个任务项,由法务各子部门承担,例如培训计划(可在计划中阐述具体的培训类别、对象、题目、形式、场次、考试、考核应用挂钩等事项)、管理层宣誓和签署承诺书、案例宣导和推送、与各部门的研讨会,等等。

① 具体的(Specific),可衡量的(Measurable),可实现性(Attainable),相关性(Relevant),有时间限制的(Time-bound)。

第三章　公司法务的生存和发展

公司法务的生存和发展是极其艰难的事情,赢得某个重要诉讼的胜利并不是公司法务生存和发展的坚实保障,招聘到某个高端人才也不是公司法务生存和发展的必要条件,甚至公司法务的专业水平也不是公司法务生存和发展的最核心的要素。凡公司法务进退维谷、不受公司重视、没有发展前景,不外乎如下几个原因:

第一,法务与管理层、业务部门站不到一起、想不到一起,仅仅成为掌握专门知识的一个独立部门存在。这意味着法务的定位、功能、职责与价值没有理顺。

第二,法务与管理层、业务部门及其他部门办事办不到一起,各做各的、各说各话。这是法务没有理解和执行公司战略,也没有法务自己的战略。

第三,法务管理无章法,疲于奔命,到处被动应对业务和其他部门的需求和救火,但是多数部门都认为法务来得晚又没有什么用处。这意味着法务工作规划和计划不到位,流程和制度建设不到位,导致放空炮、效率低。

第四,法务人员流动大,留不住人,没有发展空间,以及员工对待遇、考评、工作分配等经常不满,抱怨多,解决得少。这意味着团队和组织建设有缺失。

第五,部门氛围差,员工不知道为什么在这里、不知道要做什么、不知道未来是什么,一切听主管安排,但对一切都不满意。这意味着文化和价值观建设缺失。

第六,因为一件事没有做好(例如诉讼、合规事件或者其他事件)而被公司看低,连带整个部门在地位和待遇上都受影响。这意味着法务组织战斗力和打胜仗的能力不足,不仅是专业上可能有欠缺,更可能是整个组织缺乏系统化的建设和战斗考验。公司看低的很可能不是法务的专业水平，而是法务作为一个组织表现出来的气质、判断力、决断力和组织调度能力达不到公司的期望。

以上种种原因，从根本上来讲，就是法务管理水平的问题，而不是公司重不重视的问题。即使公司再重视，如果存在上述原因，那法务仍然发展不起来，特别是法务主管和干部团队的问题。公司法务的生存与发展，在很大程度上就是公司法务管理能否跟得上公司战略需求。要对标公司战略需求，法务需要在人力、资源排布、策略、部门战略和工作规划、愿景与价值观等方面作出反应，这个反应的能力和效果，就是公司法务的管理水平。

第一节　公司法务的成长路线

每个公司虽然各不相同，但是其成长过程中所遵循和所体现的商业逻辑、组织逻辑和管理逻辑是相通的。正常情况下，大公司都是从业务和管理都很简洁的小公司发展起来的，小公司也必然会经历其他大公司已经经历的一切。公司法务也是如此，一般也会有一个成长的过程。

阶段1：公司规模小、业务简单、无明显的竞争和监管相关的压力，公司主要部门是研发（更多的小公司起步时可能没有研发）、销售/服务、财务、人事。此时可能不需要设立法务部，法律工作以合同类工作和简单的日常运营支撑（例如劳动纠纷处理）为主，公司或者聘用极少的法务人员，或者直接把法务工作委托给律所。

阶段2：公司规模、业务运作复杂程度和公司管理难度有提升，管理层对公司管理有新的目标和压力，可能会设立小规模的法务部，其除了基础的法务工作外，还经常接受管理层或者业务部门的咨询，对业务模式、交易中的重要风险问题等提供法律评估意见。这时法务部已经有了存在感，但仅此而已，并未被视作对公司管理和业务有重大影响力的部门。而且由于此时公司风险管理可能刚刚起步,在风险管理和合规方面,法务的重要性以及相关工作模式并未确立,对公司缺乏制约能力。

阶段3:公司成为行业内有一定规模和影响力的企业,也可能受到了监管的关注(取决于行业监管态势),公司可能筹备上市或者已经上市(或者具备条件但不选择上市),面临着前所未有的合规及风险管理的压力,公司业务运作和经营管理水平亟待提升。此时公司法务部成为外部视角中(包括监管视角)不可或缺的角色,有一定的规模和一定的人才储备,在一定程度上代表着公司规范运营和业务安全的能力和形象。此时公司一般已经建立相对完整和复杂的流程和各项制度,法务均有一定程度的参与,在部分节点上甚至拥有较大的权力。但是从法务与公司的整体关系上看,法务的成长更多地是来自于外部压力、是为了满足外部的要求。从管理层和业务的视角看,法务是重要的,但不一定是自己想要的和能体现法务价值的,因为此时法务的功能和所表现出来的"绩效"更多的是向后拉,对业务更多的是起到制约作用,而不是往前推动的作用。

阶段4:公司逐渐成熟化,价值观和管理定型,甚至产生一定的惰性,公司业务虽然继续增长,但是管理方面的变革压力陡增。公司法务在规模、人才数量、流程和制度以及影响力方面有完善和提升,但陷于纷繁复杂的重大风险管理和日常法务工作中,流程和制度建设有量的增加,却没有质的突破,与有的部门甚至会产生纠葛;而法务人员则产生迷茫,不知道法务未来是什么样子、自己的工作价值如何体现。公司变革和经营管理的提升对公司法务提出了急迫的诉求,但是公司法务在内外的迷茫和压力下也面临如何继续成长的挑战。此时公司法务下一步的发展一般会有两个分野:一个是以业务增长为依据,持续增加人员、扩大法务规模,以不断增加人员来补充流失;法务服务方式不变、目标不变,只调整和补修既有流程,在必要的情况下提议建立新制度。总体上仍然以被动响应和制约业务为主,强化权威式的专业部门本色。另一个是彻底变革法务的队形、服务方式和目标,以牵引业务发展和服务于业务开拓作为法务的核心功能,从被动制约模式转变为主动牵引模式,从专业权威模式转变为业务伙伴模式。这两个分野很难说哪个一定是最正确的,只是各有特色。前者更适合竞争态势稳定且外部监管力度较大的公司,后者更适合业务领域多样、竞争态势激烈、外部监管状况复杂多变的公司。但是从法务作为一个商业主体的部门、与业务融合共同服务于商业的目标角度来看,后者的发展方向可能更前沿一些,也更容易受到公司管理层及业务的认可。

以上 4 个阶段只是逻辑上的概述,在现实中,一个公司法务部也可能不完全按照这个过程发展,例如可能从阶段 1 短期内跳到阶段 3(前提是公司投入大量资源用于扩充专业团队以及进行管理平台建设),阶段 3 和阶段 4 可能也有部分交叉,也会有公司法务停留在某一阶段上(例如最常见的阶段 2 和阶段 3)而不需要进一步发展。但列出这些阶段的情形和区别,是供读者理解公司法务最可能经历的发展阶段,并以此作为设计公司法务定位、价值、功能和职责的参考要素。

根据公司法务发展阶段的不同,以及每个公司法务的能力和发展方向的差异,本书列出公司法务分级及评估指标,具体如下:

表 3-1　公司法务分级及评估指标

评估指标	D 级:响应型 对应阶段 1	C 级:支持型 对应阶段 2	B 级:支撑型 对应阶段 3	A 级:战略型 对应阶段 4
1. 价值呈现方式	被动解决问题	业务的伙伴	公司的可信赖的顾问	公司新价值创造者
2. 专业业务来源	完全来自业务部门	主要来自业务,在个别场景下可以主动询问业务需求	来自业务部门与法务的双向沟通	为业务部门规划和引导法务需求

(续表)

评估指标	D级:响应型 对应阶段1	C级:支持型 对应阶段2	B级:支撑型 对应阶段3	A级:战略型 对应阶段4
3. 策略	来什么需求就响应什么需求	以被动响应业务部门需求为主,在个别风险或者重大专业问题上,能主动提醒业务部门并以项目制等方式完成法务支持工作	与业务部门定期对标,被动响应与主动支持并行,但是以维持业务管理现状为底线	以业务战略为基础,从法务工作角度寻找和规划法务工作目标、策略,达到对业务的战略方向的引导,消除相关风险或设计业务拓展模式,以触动和优化业务管理以及增强公司核心竞争力为达标线
4. 人力配置与专业能力	较少,无专家水平人员,较难的工作交给律所完成。日常工作以各类合同评审或解决劳动争议为主;合规不单独规划	有一定规模,具备极少领域的专家人员,但较复杂的工作需要律所协助。日常以不特别复杂的合同、各类项目、诉讼等为主;有点状合规工作	有较大规模,具备一批专家人才,只在极个别领域使用外部律师,日常法务工作包括本单位涉及的全部法律领域,形式和任务多样,但不主动改变业务拓展及管理;重要的合规业务可能单独规划和立项	规模适中,以高水平专家为核心形成团队梯次配置,有专门的战略问题研究人员和项目,与政府关系部门、媒体关系部门、学术圈、政府监管圈、立法和司法部门有密切往来,并将对外"游说"作为日常工作。合规业务单独规划。追求营商环境的塑造(特别是行业法律规则塑造)以及业务战略和业务管理的优化
5. 流程与制度建设	无	有简易的流程或制度(例如合同评审)	有较多的制度和流程,覆盖主要业务部门接口关系以及主要的法务工作场景	合规和日常法律工作均有流程和制度支持,并且基本IT化,流程和制度定期更新,有专门的流程和运作水平监控机制

（续表）

评估指标	D级：响应型 对应阶段1	C级：支持型 对应阶段2	B级：支撑型 对应阶段3	A级：战略型 对应阶段4
6. 内部资源	无	有少部分专项预算、获得部分业务部门主管的支持，无稳定的公司及业务信息	有较完整的预算体系，在公司和主要业务部门层面获得支持，但仅限于公司认可的法务工作范围内。在主动询问的前提下能获得较多的业务和公司信息	有完整的预算体系，在公司各层决策组织中有席位（或列席），能获得公司及业务部门的资源支持，注重政府关系部门和媒体关系部门的合作，有经常性的汇报和决策申请渠道，公司允许并支持前瞻性的投入。信息流较自动化，且及时可靠
7. 外部资源	以少数的且性价比较高的律所为主	律所数量和能力基本能满足专业工作需求，但预算有一定限制	律所配备较完整，预算约束并非完全刚性，有一定的政府关系甚至学术圈人脉	律所配备体系完备，针对不同业务问题有不同的高水平律所提供服务，预算不刚性，允许专项预算，在监管、行会、媒体、学术等平台上均有较充足的人脉且经常互动
8. 内部运作	无明确规则，与单位内其他部门无差别	有简易的部门管理和运作规则	有较完整的部门管理和运作规则，涉及内部业务流程、知识管理、团队和专家培养、费用管理、外部资源管理等	有完整而不断优化的管理体系，针对人、财、物、IT系统、内外资源、活动（包括内外部汇报决策）、知识技能沉淀等，均有明确的运作和管理规则；运作和管理对标如何支持实现公司战略目标

虽然实践中不是每个法务部都需要发展到A级（战略型）和阶段

4,但从当代公司法务的发展趋势来看,A 级(战略型)和阶段 4 当然是公司法务发展的较理想的状态,对大部分公司和公司法务来说,完全可以作为公司法务建设的标杆。

参考这 4 个阶段以及分级评估表,可以对照分析研究一个公司法务部应该如何寻找和设计自己的定位、确定自己的价值、设计自己的功能和职责。作为公司法务部,脚踏实地地做好专业工作固然重要,但是大胆设计、大胆追求,把专业工作与业务、经营管理融合起来,才是实现公司法务价值的最佳方式。

第二节　公司法务的格局观

格局是经常被人提起的一个词,用于评价一个选择正确与否。格局本身是指判断分析事务的高度、维度数量和所采用的利益周期的长短。显然只有站得高、看得全(维度数量足)、看得长远,才能更清楚地看到自己所处的位置、与目标之间的差距,并作出更正确的选择,而不是被眼前的小利益所打动。对当代公司法务来说,格局问题一直是个大问题。

前文中所讨论的公司法务的定位和价值,其实就是个格局问题。

第一,公司法务是做法律专业工作的吗?多数回答可能是肯定的,但这是错的。公司法务确实以法律专业作为根基和前提,但是不意味着公司法务就是做法律专业工作的。公司是营利性商业组织,公司法务的一切活动都不可能背离这个宗旨。因此,公司法务必须在"商业"这两个字上下功夫。以合规工作为例,多数公司法务兼具合规职能或者法务人员同时从事合规事务,可以有两种做法:一个是以规则为基础的、纯粹专业性的合规工作,其功能为刹车;另一个则跳出规则本身,研究公司所处的营商环境,从环境治理入手做合规,推动营商环境的优化,从而使公司减少风险并获得更大的竞争优势。前者的合规是带有一定被动性的工作，目标是要求公司行为符合规则；后者则是积极主动的行为，含有解释规则、挑战规则、修订规则和建立规则的意味。显然后者的格局更高，更有利于公司长远利益。但是后者并非可以用“法律专业工作”来涵盖，因为这个工作还包含了政府关系、媒体关系、政治研究、商业研究、行业研究、管理研究等多个领域的内容。再例如国际竞争乃至国内竞争存在政治化倾向，这不是合规所能解决的，但公司法务可以参与到这个领域中，为公司出谋划策乃至操刀。总之，法务在营商环境这个领域可以挖掘的东西非常多。这种综合性的工作，可以看作是公司法务更高级、更有价值的工作（在海外经营中表现得更为明显）。因此，法务部在格局方面要做的第一件事就是放弃就法律谈法务，应该把法律专业作为工具和台阶，积极去做更加综合性的工作，这也是理解业务和创造商业价值的关键切入点。如果把法务工作与法律专业工作等同，这在格局上就把自己限制死了。

第二，公司法务是为公司消除法律风险和保驾护航的吗？这个问题在前文中已经有论述，在此不重复。在这里仅指出：这是众多公司法务部最容易出现的第二个偏差。要消除这个偏差，必须抓住两个要点：一是不要执着于法律专业本身的专业色彩，而是要多研究商业和管理，把法律规则和其他外部要求升级为有取舍的前瞻性指引；二是要引进风险管理的体系化工具和平台，把法律风险作为公司的众多风险之一进行系统化的管理，不要急于表现法律风险控制本身的权威特性，而是要遵从于商业和风险管理的基本评估和决策机制。

第三，公司法务是为公司踩刹车的吗？很多公司领导和公司法务自己都有这个说法，认为公司业务就是往前跑的车，而法务就是要给业务踩刹车的。这种说法有一定道理，从理论上来讲，法务确实有踩刹车的功能，而实际上未必有这个能力（个别强监管行业除外）；公司领导凭自己对法务的表面化理解提出这种说法，作为对法务的鼓励和期待，但是其内心很可能不以为然。公司法务真的试试踩刹车，“不了解业务”“只会说NO、不给解决办法”等一顶顶大帽子就会扣过来。如果公司法务自己也认为这个说法正确并以此作为自己的定位和职责,那么肯定是与公司越行越远。刹车只是对法务功能与职责的极端化的比喻,只能适用于特定的极少数场合(例如公司行为涉嫌严重刑事犯罪或者明显的严重不合规),而且即使在这种情况下,法务可能也只是提出建议,决策权未必在法务手中,"刹车"只是说说而已,但足以挑起公司内部与法务的对立情绪。因此,公司法务把自己定位成刹车的角色,无论是理论上还是实践中,都不是聪明和有正面效果的做法。这是很多公司法务容易出现的另一个偏差。更合适的说法是"公司法务是为公司业务建设高速路的"(合规也可以借用这个说法)。建设高速路,就是为了让业务快速往前跑,法务与业务及公司战略就站到了一起;高速公路是有严格的车道划分、出入口、限速、隔离带以及其他规则的,而不是让车可以随便乱跑的,这就是给业务制定了规矩,而且这些规矩是业务在客观上不得不执行的,业务的接受度会比较高,这也就实现了法务的制约功能。刹车和高速路,代表了公司法务两种不同的定位、功能、职责和工作方法,也可以说是代表了不同的格局观。

第四,公司法务管理者一定要法律专业出身吗?答案还是否定的。这个问题的实质是公司法务如何建设的问题。比较常见的是公司法务主管和骨干人员必须是法律专业出身,甚至国内外名校出身,听起来似乎很有道理,因为法律毕竟专业性很强,没有接受过系统的法律教育,确实难以理解法律工作的具体内容。但是,公司法务作为公司的部门之一,它必然具有商业属性和管理属性,而这两个属性,又正好是法律专业人士所缺乏的。因此,一个业务出身的管理者,只要他能基本上理解法律要求和法律工作基本方法和特色(而不是必须去正规法律院校接受正规法律教育),可能是能够完全胜任公司法务主管角色的。而且,这样的管理者能够与公司管理层及业务实现更好的沟通,把法务与业务及公司管理融合得更好。因此,公司选择法务部主管,要先看看本公司及法务部在哪个发展阶段上,在前文提及的阶段 3 和阶段 4,是可以用非法律出身的干部来管理法务部的。当然这样的管理者素质必须很高，要有大的格局观，对业务和管理有透彻的了解，能从宏观层面上把法务工作带到更有效率和效果的方向上去。这个认知偏差是很多公司和法务部固有的，实际上会拉低公司法务的格局，把公司法务拖入到比较纯粹的专业领域去。

第五，公司法务部人员必须个个是法律高手吗？答案同样是否定的。原因包括两个方面：(1)多数公司法务部在招聘的时候肯定是以法律专业基本素质和基本能力作为核心录用条件的，竞聘人员的其他素质，例如商业认知和理解能力、沟通协调能力、组织规划能力等，一般只做简单的考察甚至不做考核。但是在实际工作中，往往是后者决定这个法务人员可以走多远、走多高。公司法务发展阶段越高，这个特征越明显。(2)公司法务部不是唯英雄论的地方，必须如其他部门一样，发挥组织和平台的功能。公司法务部本身要建设法务平台(不仅是指 IT 平台，而是指全部的流程、制度和能力行使的载体)，法务人员要在这个平台上才能充分发挥其作用。有的公司法务部过于重视个人的专业素质，而忽视了平台的功用。稍极端地说，只要平台够好，资质一般的法务人员能作出的贡献也不见得比资质优异但不使用平台的人员少。公司法务部作为组织，更需要的是能使用平台、与平台契合度最高的人。过于重视专业素质，不重视其他与商业和沟通相关的能力、不重视平台建设，实质上就是把公司法务部搞成了只有自己才懂自己的小圈子，这格局当然就低了。

以上 5 条只是作为论证公司法务格局观问题的例子，并不代表格局观的全部内容。这 5 个例子仅是用于展示本书的一个观点：在日常的工作中，我们习以为常的一些认知很可能是不准确的，会拉低公司法务建设的格局。公司法务要有准确的定位、价值设计、功能和职责设计，就必须从惯性思维中脱离出来，更多地融入商业和管理实践中，打开视野，突破旧有格局，这才能找到自己现在的位置和未来的目的地。这是论述公司法务的定位、价值、功能和职责的重要意义所在。

第三节　法务员工的生存与发展

法务人员的核心诉求是参与的机会、专业成就感、合理回报。但事实上法务员工实现这些诉求的过程非常痛苦,很多人处于升职和加薪缓慢、感觉工作无意义无价值、上升空间无望的困境之中。对法务员工个人成长与职业生涯有着很大影响的因素有很多。例如,公司的发展阶段、管理水平、对法务的重视程度和资源投入程度、法务自身的能力和管理水平等,但这些因素却不是法务员工所能操控的。那么,法务员工应该如何做才能在公司内生存发展、实现自己的诉求呢?就法务员工如何最大限度地在有限的资源中获取最大收益的问题,本节试做探讨如下。

一、提升专业贡献

法务员工以达成法务专业工作绩效为核心,这是毋庸置疑的。但什么才是专业工作绩效,可能部分法务员工还有误解之处。最常见的误解包括:完成法务评审、提交法务意见即算专业工作绩效;完成领导交办的任务即算绩效;以口头或邮件等形式回复了业务部门的咨询即算绩效;案件或者项目关闭即算绩效;等等。其实以上情形只能证明法务员工完成了规定的专业工作动作,但是否产生绩效,还要看效果如何。这是法务专业工作与公司内其他工作非常不同的地方。例如HR 领受公司董事会决策的裁员 100 人的任务,只要 100 人被裁掉,HR 就算有绩效。至于这个裁员是否会伤害长期的人才培养计划、影响后续的业务发展能力,这是本次董事会讨论和决策过的风险问题,无论 HR 是否反对,都不会因此承担责任和后果。但是法务的情形就会不同:即使法务已经提示过某项风险,且经过了公司正式决策采取了接受风险或降低风险等策略，如果风险真的发生且造成一定损害，法务仍然会受到一定程度的质疑，包括法务是否足够专业、是否充分揭示了风险后果、是否提出了可用的应对方案，等等。身负“专业”二字，既是绩效的基础，又是绩效的障碍。法务人员在绩效认可方面应该做的，就是如何消除这个障碍。

本书认为，必须把专业的标准动作与效果挂钩，不要把效果问题交给接收法律意见的部门全盘决定。

法务人员必须对自己发出的评审意见进行跟踪，在业务部门落实过程中及时发现问题和纠偏。提倡法务端到端的服务，即从发现问题到解决问题的整个过程，法务要与业务在一起，始于业务动作，终于业务动作，法务要知道自己的意见有没有被执行、是如何执行的。因此，提出法务意见只是其中的一个环节，而不是法务工作的全部。

所以，为了贯彻这一原则，公司法务部在法务岗位的职责说明和考核标准中，应当把绩效标准制定得尽可能明确完整，避免追求考核工作量，要把考核的重心和逻辑拉通，“战略目标—个人绩效目标—关键动作和关键任务—效果”，最终要落在“效果”上。现在很多公司法务考核时没有把效果纳入考核，而是以“完成度”来取代效果。这是不准确的，完成度只是关于效果的一个考量因素，更重要的是对业务的影响度。对业务的影响度的考核比较复杂，并没有统一的样本可供参考，建议根据各公司的情况来制定方案。本书建议，可以把下列要素纳入方案内：业务部门是否接受和执行了法务意见，是否解决了业务所关心的问题，法务意见是否有偏差，业务是否据此作出流程制度或岗位职责或业务规范等方面的优化，业务对法务工作是否满意，业务的相关风险未来是否可控，等等。

二、向业务赋能

法务人员对业务人员赋能，很多公司提出过类似的建议，但实际上落实不到位。法务人员没有积极性,有的甚至觉得赋能之后我自己还有什么价值;业务人员可能也没有积极性,觉得自己业务工作很忙,法务部门本来就是要支撑自己的,为什么还要被赋能?

但换个角度思考的话,法务都负有对公司内各部门进行法律知识培训的职责,培训其实同样也是赋能的一种方式。既然法务愿意做培训,为什么不从赋能的角度,把工作做得更深一些呢?其实,法务赋能行为最终的目的,是让业务具备基本的法律和风险意识、基本的法律知识,对法律专业工作和法律风险产生一定程度的敬畏,并因此自愿接受法务的支持和指导,使业务在规范的轨道上前行。因此,业务对法律知识和技能掌握得越多,与法务部越容易相互理解、越容易提升沟通效率,法务意见越能得到认可和执行。赋能的方式很多,除了宣导和培训,还要把一些法律专业评审和风险管理要素纳入业务本身的动作中,成为业务动作的组成部分。这包括两种方式:一是直接由业务人员承担。例如合同评审工作,如果销售经理直接把合同扔给法务,自己不看,那么后续销售经理和法务产生冲突时,法务就会被当作阻碍业务的人;但如果销售经理有明确的责任在提交合同时就必须注明合同的基本交易条件、核心条款情况和风险情况,那么销售经理与法务在相当程度上就站在了一条线上,既要推动合同评审和交易的速度,又要控制风险。当然,销售经理必须具备基本的合同法律知识才可以这样操作,而法务的赋能动作,就是为了让销售经理具备这些知识。二是由业务部门内部支撑销售人员的半专业平台部门来承担。例如销售部门内部会有合同管理岗位、销售管理岗位,或者其他类似的岗位,可以增加他们的职责,帮助销售人员把合同核心条款和基本风险初步梳理清楚,然后与法务人员对接,进入合同评审流程。这两种模式都达到同一个效果,就是业务部门自己要重视风险、适当地把控风险,不要把风险问题和专业问题全部扔给法务部门(合规工作的理念也是如此,例如当代合规理念要求业务部门自行解决90%以上的风险)。这样最有利于实现法务和业务双方的目标,实现双赢。

三、对标组织绩效目标

法务人员个人输出是法务组织输出的组成部分，个人输出的最终结果影响组织的绩效。法务人员的贡献不是自己输出多少高质量的法律意见、解决多少疑难案件和问题，而是对法务组织的绩效目标有多大的支撑。如果偏离组织绩效目标，个人输出水平再高也是没有实质意义的，不能算作高绩效员工。例如，某个法务员工的绩效目标是帮助业务部门制定数据保护工作相关流程，并以流程通过外部机构的测试为考核标准。这个法务员工在工作中发表了多篇论文，对学术界和本行业产生一定的影响力，但是本公司数据保护工作的相关流程却没有建起来。那么，这个员工的绩效水平就是很低的，他输出的东西很有价值，但是并未体现为他的岗位职责贡献和对部门绩效的贡献。所以，法务员工不能被专业偏好和个人偏好带歪了方向，一定要以组织绩效目标为核心，这样输出的才能算作绩效。

四、抓住团队合作

很多公司法务部门都会存在一种人：把工作抓在自己手里，不分享经验和信息，甚至不把直接主管放在眼里，有事直接越级汇报。这样的人多数专业能力较强，但是生怕其他人影响自己的地位和权益。这样的人对团队是极为有害的。以组织绩效目标为核心，意味着法务员工的个人英雄主义或各守山头的行为必须被严格控制，确保团队氛围公平公正、管理规则得到尊重和执行。乐于团队合作，乐于分享经验和信息，才是对组织最大的信任和依靠，也是能支持法务主管最大限度地完成部门管理的最有效的方式。

五、掌握商业敏感度和系统化思维

所有的公司法务部门都强调法务人员要了解业务、要具备商业敏感度,但在具体执行方面,往往缺乏一些必要的方法,使了解业务沦为口号,更多的是取决于个人经验和个人主动性。其实法务部门完全可以制定一些制度,鼓励员工去了解业务。例如,可以要求员工必须定期与业务坐在一起,而不是坐在法务办公室,增加员工与业务交流以及观察业务的机会;可以要求员工定期在部门会议上分享业务动态、讲解所对口支持的业务的情况、提出自己对行业和本公司业务趋势的判断以及对相关法律环境的评估,特别是要能讲业务的基本流程和每个流程控制点的内容;可以要求法务人员每年必须在业务岗位上进行实习规定的天数;可以要求法务人员每月必须出差规定的天数去一线现场支持业务;可以要求法务人员必须有计划有目标地发展业务侧的朋友,并向部门汇报;等等。方法很多,根据公司资源情况和其他具体情况,可以灵活运用。需要注意的问题有两点:一是放下专业人员心态,诚心去和业务人员打成一片;二是虚心学习,同时从书本和实践中理解业务、理解商业逻辑,避免在办公室电脑前或者会议室里闭门造车。

系统化思维则是需要训练的,完全依靠个人悟性是不可行的。个人可以努力,但部门也要向管理学专家求教,组织专门的训练,并把相应的模型和工具应用到工作中,成为每个法务人员输出的范式。当然系统化思维与对业务的理解、商业敏感性是分不开的,否则系统化无从做起。如何培养商业敏感性,培养系统性思维和对业务的理解,在本书第四章中将会详细阐述。

六、推进工作的规范化

很多公司法务部门在工作的规范化方面有所尝试,例如推行各种模板、各种流程、各种数据库、线上化,等等。但是所有这些措施背后的思路和目标是什么?仅仅是为了提升效率和方便管理吗?不是的,规范化的目标应该是使法务工作可视化和可评估。可视化,指的是主管知道每个工作进展如何,是否偏离战略目标,困难点在哪里,如何给予支持;可评估,则是使法务工作尽可能指标化和数据化,使法务工作绩效能被较准确地评估。当然,法务工作不可能要求完全数据化,这不符合法务专业工作的特点,但是尽可能提升数据化的比例则是必要的。这就要求在法务工作中多借鉴管理学相关工具和方法,有了工具和方法,才能做到数据化和可视化。部门在这方面的建设是必要的,而法务员工个人在这方面保持关注和有意识地使用相关工具和方法,也是不可少的。可以说,善于借鉴管理学知识技能并有意识地在工作中进行应用的法务员工,才是最可培养造就的人才。在本书的第七章中,对于如何规范法务工作,推进可视化、可评估水平,进行了详细的阐述。

七、提升法务责任意识

由于专业特性使然,法务员工天然容易回避承担责任。有很多法务人员认为法务的工作最后一步就是反馈法律意见,之后一切就再与自己无关。但是,公司这种商业组织,需要的恰恰就是责任意识,要求业务链条上的每个人都具备充分的责任意识,看好上游,服务好下游。所以,法务员工要在公司内部赢得声誉和信任,就必须有敢于做事、敢于承担责任的态度。对每个法务员工来讲,贯彻责任意识包括两个方面:一是对于本岗位职责覆盖范围内的(业务)事项的成败有责任意识。每个岗位的法务员工都要帮助业务成功、帮助公司成功,而不是给出专业意见后就听之任之了。如前文所述,这需要法务员工尽可能从前端切入业务,并且一路跟踪到底,直到达到成功的结果。二是对于不利的结果,不急于推卸责任,而是要和业务一起复盘,尽快采取弥补措施,并修补制度和流程中的漏洞。这样可以表现出事事为公司为业务着想的态度,而不是自顾专业身份和个人得失。

对于法务员工来讲,责任意识易说不易做,对个人利益影响较大。因此,还需要部门的支撑,包括流程、团队合作、主管指导协调、考核、激励和奖惩等多方面的匹配,尽可能使法务员工能放下包袱,切实承担起责任来。

八、理解公司文化和价值观

关于公司文化和价值观的重要性,前文已经多有提及,对法务员工个人来说,这似乎是个不太容易把握的点,因为文化和价值观是可以理解和接受的,但是如何体现并应用在日常工作中,则令人多少觉得迷茫。相比于业务部门,法务员工接受公司文化、落实公司价值观,确实有一定难度,稍不注意就会沦为口号。建议要把握住以下几点:第一,要深刻理解公司文化和价值观背后的内容。公司为什么提出这种主张?与公司创始人及创业历史有什么关联?与公司目前的发展阶段有什么关联?与公司战略有什么关联?与公司管理架构和管理特色有什么关联?第二,在以上理解的基础上,进一步理解对法务部门的影响是什么?法务部门的战略规划和主要工作任务与公司文化及价值观的关联是什么?第三,与每个法务岗位的关联是什么?落实到对每个法务人员的工作要求是什么?第四,如何规划和设计自己的绩效指标和行为规范,并通过与主管沟通自己的理解,调整和优化自己的指标和行为?

也就是说,法务员工主动解构公司文化和价值观,并建立与本职工作及考核的关联,可以确保法务员工在方向、目标、完成目标的关键动作和规范性要求,以及考核方面的法务组织目标及管理规范保持一致。当然,这种解构在部门主管的支持和辅导下完成为好,员工要主动向主管汇报并求助,主管也应该主动找员工沟通,部门更需要主动组织全体员工完成这个动作。这是法务部门解码公司战略、制定法务部门战略规划的必要步骤。即使部门未有这方面的举措,法务员工个人也应该树立这方面的意识并主动进行探索。理解公司文化和价值观的重要意义,并能在工作中探索落实的员工,往往就是公司认为值得培养的有潜力的人才。

九、全面提升个人能力

作为公司员工的法务人员来讲,个人能力包括很多方面,较为公认的例如法律专业能力、系统化思维能力、沟通协调能力等,本书不做赘述,仅强调容易被忽视的三个方面:

首先,是个人工作规划能力。法务员工既然是专业人员,就必须有自己的专业判断力,包括对工作职责、工作方向与任务、考核指标体系等问题的判断力和发言权。其中个人工作规划是需要法务人员主动去做的,要避免以接受上级分配的任务作为自己的工作规划这种情况。上级分配的任务体现了上级的思考和部门内部人力及资源调配现状,但是未必能充分考虑到每个岗位人员的微观经验和建议。法务人员个人要结合微观操作的实战经验和对部门绩效目标的理解,提出个人的工作规划,并向上沟通,将上级分配的任务与自己的建议融合起来。

其次,是跟踪与监督能力。无论是专业贡献的真实性还是从端到端服务的责任意识,都要求法务人员有跟踪与监督业务行为的能力:一是通过跟踪与监督发现潜在风险,二是通过跟踪与监督确保法务意见得到了落实。这个能力不是坐在办公室里就能具备的,需要多个方面的努力:一是对业务流程的理解和及时切入;二是与业务人员关系的紧密融洽,能及时获得信息;三是法务事项有可支撑的决策机制,以便对被跟踪的事项进行处置。这个能力的培育同样需要员工个人与部门的合作。

最后,还需要重视对与商业运作和管理相关的知识和技能的掌握。这部分内容,本书将在第四章、第五章和第八章、第九章充分展开阐述。

十、明确短期目标与中长期目标,坚持关注长远利益

法务人员如果觉得在一个公司做得不开心,有抱怨、有退意,除了公司和部门本身确实有问题之外,也可以思考一下自己是不是也有问题待调整。毕竟,个人很难改变公司和部门,但是提升自己是最为可能的,而且受益人也是自己。

法务人员最常见的问题,就是对于在公司内的职业生涯的短期目标、中长期目标以及长远利益的考虑不是很清晰。有的是没有明确的目标,有的是把短、中长期目标混淆。

对于有一定服务年限的法务人员来讲,短期目标(例如一年)应该是获得在某项能力和其他个人瓶颈的突破,以得到更多的信任和项目机会;中长期目标则是在某个专业领域有所建树并竖立权威品牌形象,附带的收益则是职务、职级和薪酬待遇的提升,积累出中级及以上专业人员的个人资历。

对于服务年限较短的法务人员来讲,短期目标应该是学习和适应商业组织内的规则,熟悉平台,掌握初步的工作技能,并初步规划出自己的职业发展道路。在这个阶段,最重要的就是经验的积累和能力的提升,以及心态的逐步成熟,而不仅仅是薪酬待遇。即使跳槽,也要奔着更先进的平台去,而不只是着眼于高一些的薪酬包。中长期目标则是在某个领域内能够独当一面,成为法务部门的骨干员工或者基层主

管,积累出中级或接近中级的专业人员个人资历。

如果把目光聚焦在公司内部氛围、薪酬待遇、管理的公正与否等方面,则会烦恼无穷,因为多数公司的法务部门都会多多少少地(因资源所限)有这方面的问题。法务人员只有切实地思考个人短、中长期利益,与所在公司的实际情况相结合,才能找到自己的生存与发展目标。

当然,不管是什么阶段,都一定要以专业贡献为根基,保持乃至于提升专业贡献度,这永远是专业人员的长远利益所在。

十一、管理管理者

“管理管理者”的意思,就是要学会向上管理。关于向上管理,有丰富的理论和实践经验总结,读者可自行选阅,本书不再赘述,在此仅做简要提示。法务人员向上管理的基本方法与其他部门没有差别,需要特别强调的有两点:一是与主管进行目标对齐。不论是战略目标,还是具体某个事件的处理,都要对齐。二是及时有效地沟通汇报求助,要体现员工的积极主动性。也就是说,向上管理是为了做正确的事、用正确的方式做事、实现正确的结果,并在这个过程中建立起员工与主管之间的相互信任。

第四节　如何做一个受认可的法务主管

什么是好的法务主管和不好的法务主管?

本书认为,法务主管可以分为四个等级:

(1)最差的法务主管:专业水平不足,管理水平也不足;

(2)次差的法务主管:专业水平较高,管理水平不足;

(3)较好的法务主管:专业水平一般,管理水平很高;

(4)最好的法务主管:专业水平很高,管理水平很高。

从这个排序读者可以看出,本书认为法务主管重在"管",而不是重在"法",原因就是法务部是公司组织架构中的一个组成部分,首先其运作和管理要符合公司经营管理的整体要求,其次才要求其发挥公司所期待的功能。法务主管最常见的重大误区有三个:一是把个人专业能力摆在最重要的位置,争取的方向是成为部门内最权威的法律专家,以为专业水平高就可以领导法务部门。有这种想法的主管更适合做专家,而不是管理者。二是把法务部门的管理简单化,以为做些知识分享、人才培养,做些流程,开些例会,跟着公司节奏给员工调薪调级,就算完成管理了。这是把法务部门当成了律师团队,而不是公司员工队伍、公司的一个部门。三是在管理方面强调绝对的控制权,不论自己专业水平高低、管理水平高低,只要对全部法务工作和人员的控制权。这样的主管对外要依靠与管理层及业务部门的关系,特别是个人的关系,对内则依靠一言堂和家长制的霸道作风。这种主管只会给自己带来一些收益,对部门的生存发展没有益处。

法务主管的能力维度应以战略和趋势判断、重要问题的宏观把握为主。即使对于不是很了解的专业问题,能听懂和把握住主要脉络,并能为下属指引方向、调动资源和流程即可,具体事情不是要法务主管去做的。一名合格的公司法务主管,要从"管"字上入手,专业能力是可以通过学习和实践来逐步提高的,没有太大的必要为专业能力担忧和投入过多的精力。那么,公司法务主管如何抓住"管"字,建设好法务部呢?主要是从两个方面下手:抓住主要任务,提升辅助能力。

一、抓住主要任务

如前所述,如果法务主管的主要职责在管理,就不可能跟着法务专业问题跑,把自己仅仅定位在专业输出者上。法务主管每天在思考和处理的,应该主要是与部门管理相关的工作,这部分工作的比例在正常情况下会大于对专业工作的指导。因此,法务主管要抓住自己的主要任务。

(一)文化和价值观传承

很多法务主管不太重视文化和价值观传承工作,认为这不是法务的专业工作,而是应该由 HR 去做;至于做成什么样子,似乎也与自己、与法务部门没有关系。也有一部分法务主管认为自己还没有达到高管的级别,天天强调文化和价值观的应该是高管,而不是自己这种"做事的"。还有些法务主管对公司文化和价值观有一定了解,但是具体如何在法务工作中落实,却又缺乏办法,特别是总感觉文化和价值观这种东西与法律专业相比不够实在、对法务员工不够有说服力。

以上种种现象,说明很多法务主管还没有充分意识到公司文化和价值观对法务部门管理的重要性到底在哪里。这在一定程度上也表现出了法务主管对自己和本部门的信心不足。信心不足,在上级和下级面前就没有充分参与公司管理以及重视文化和价值观的底气。事实上,公司文化和价值观对各部门,包括法务部门,有着重要的意义。

第一,价值观是公司文化的核心,公司的价值观,其实与人的一样。每个人心里都有信念和倾向性,这种信念和倾向性决定了这个人如何看待世界和自己、如何确定自己的偏好、如何作出自己的选择、如何行事。公司也是如此,一般核心创始人的偏好、选择和为人处世就决定了一个公司的偏好、选择和行事方式。如果创始人是把客户放在第一位的,那么他的公司必然也是把客户放在第一位的,在利润与客户满意度两个选择项中,多半会选择客户满意度。公司也会通过组织架构、管理架构、制度流程、考核等种种方式,把客户第一的这个偏好固定下来,作为公司全员必须遵守的规则、共同遵从的信念,也就是企业的行为准则。如果公司之间最终竞争的是管理和文化,那么决定公司胜负的就是公司文化和价值观是否更胜一筹、是否能更有效率地组织调动全员为公司目标而奋斗。对法务来讲,必须把自己作为公司的一员,接受并在工作中落实公司的价值观。唯有接受价值观,才知道公司追求什么、鼓励什么、反对什么。如果法务过于强调自己的专业特性,对公司价值观不置可否,那么就在心理和信念层次上与公司拉开了距离,法务追求的与公司追求的不一致、法务想做的与公司鼓励的不一致,这对商业组织来说是绝对不可接受的。能否接受和落实公司价值观,其实就是法务能否融入公司业务和管理的第一步,也是法务主管做好部门管理的第一步。特别是对法务主管来说,法务主管理解、接受和落实价值观,才能对法务员工形成有效的影响和带动。

第二,在前文关于法务如何承接公司战略的部分,曾经论及公司文化和价值观是公司战略的底座,要求法务部必须在解码公司战略的基础上,也形成自己的部门愿景、使命与价值观,其目的是对标公司战略,为实现公司战略而服务。法务部门愿景、使命与价值观不可能脱离公司的文化和价值观这个底座,只是更加结合了法务自己的特色。

第三,公司文化与价值观最终塑造了公司行为,并且落实为两个方面:一是公司的各项制度和规则,二是每个公司成员的行为与岗位实践。对法务来讲,这尤其有重要意义,因为法务的很重要的一项工作就是校正公司制度流程和建立新的制度流程。没有公司文化和价值观作为依托,法务的输出无法符合公司的理念和行为方式,也就无法把法务意见落实为每个员工的行为。

第四,公司文化和价值观是对员工的引导与规范,这样才能形成共识。形成共识的结果就是各员工及各部门之间的协调配合有了共同的信念、目标与可预测的行为方式作为基础,从而大大提高了效率、节约了公司运营成本。所以,通过公司文化和价值观使员工达成共识,也是一种管理方法、管理工具。作为主管,不可能不使用这种方法和工具。对法务主管来说,道理也是一样的,法务员工能否通过公司文化和价值观达成共识,决定着法务工作的效率,决定着公司管理层眼中法务部门的管理水平如何。

第五,公司核心管理层一般是非常重视文化和价值观的,并且认定公司各级干部主管都有传承公司文化和价值观的职责。如果法务主管过于强调专业能力而忽视文化和价值观这种看起来比较“虚”的问题,实际上就把自己排除在了公司核心管理层之外,丧失了进入核心圈子的机会。核心圈子必然是以共同语言和价值观作为纽带的。以阿里为例,阿里非常重视文化和价值观。员工考核价值观考的是“六脉神剑”,即客户第一、团队合作、拥抱变化、诚信、激情、敬业。而主管则要考核“九阴真经”,即在以上 6 条基础上增加了“眼光、胸怀、超越伯乐”3 个维度。而在阿里干部的业务考核中,文化和价值观占比高达 30%(另外业绩占 40%,团队占 30%)。作为法务主管,要时刻谨记自己只是从事专业工作的公司的一员。作为公司一员和公司管理岗是第一位的,纯粹的法律专业输出只是第二位的。

那么,法务主管如何做好文化和价值观传承呢?

一是以身作则、以行践言,主动创造良好的公司文化氛围。很多公司的文化和价值观落实不到位,很重要的原因之一是管理人员不以身作则,在员工眼中说一套做一套,公司文化和价值观无法取信于人。例如,法务部门如果把“勇于当责”作为自己的价值观,那法务主管就不能在管理层和业务面前逃避实质问题,更不能在出现风险时拿下属背锅。法务主管的能力和品行是以身作则的前提,德行不足的人不能担任法务主管。

二是用制度和规则约束全员行为。价值观对员工引导和规范不必然以制度和规则为依托,而是在很大程度上由群体氛围和共同意识所决定的。但是,用完善的制度和规则作为价值观的映射,能固化员工的价值观,并容易较好地在群体内进行明文传递。法务主管在制度建设上要考虑两个方面:一是法务对外输出的制度规则和相关建议,要符合公司价值观、能推动价值观的成熟;二是法务内部管理制度和规则,同样要以鼓励践行价值观为目标。例如,法务部门鼓励团队合作,那么在岗位职责、内部流程、案件和项目管理、考核等方面都要做相应的设计。对于抢案件和项目、把案件和项目抓在手里不向团队分享信息和经验、作为骨干法务人员和管理人员不肯建设人才梯队的行为,都应该通过制度对其进行制约。什么类型的案件应该由哪个岗位承接、应该由哪个岗位支持、应该如何汇报和申请决策、对其中的专业问题如何进行评估并形成法务部意见、相关信息分享到什么范围、本案件或项目对各参与的岗位人员考核有什么影响,等等,都是可以通过基本规则来进行系统化的管理的。

三是用考核检验价值观落实情况。没有被考核的事项,永远是不重要的事项。如果希望员工受到牵引,最有效的办法就是实施考核以及根据考核结果给予激励或惩罚。价值观考核听着很虚,但实际上完全是可以做到的。第一,对价值观所包含的内容进行分解,对每个分解点做正反两方面的定义和具体描述。例如"诚信、敬业",可以分解成"诚信"和"敬业",并分别对其进行定义,然后从正反两方面描述什么行为是诚信、敬业,什么行为不是诚信、敬业。第二,对照上述定义和描述,对员工的关键行为进行打分。第三,使用完整的价值观考核流程,使价值观考核规范化,在员工心目中形成认真、严肃、公平、有后果的印象。推荐事先进行考核计划宣传,签署考核承诺书;采用自评结合主管及周边评价的方法,由 HR 共同参加和主持考核过程;对考核结果要进行当面沟通,获得员工的确认,从而给予员工以改进的机会;考核结果要能应用到员工待遇和工作机会的分配上。事实上价值观考核作为考核的组成部分(另一部分是绩效),是可以参照各领先公司的经验,做得比较系统和比较有实效的,其基本方法和过程并没有特别的创新和艰难之处。最核心的部分在于价值观考核事项的分解、定义与正反面行为描述,需要公司法务结合本公司和本部门的情况,做切合实际的设计。

四是以人的发展为本。很多企业都会说以人为本,但实际上却是把人当作工具,所谓培养人才,不过是增强工具的可使用性。因此,在说以人为本的时候,要想清楚到底是以人的发展为本,还是以人的工具性为本。当代最先进的企业是以人的发展作为目的本身,企业创造出最适合人的发展的环境和条件,实现个人与企业的共赢。公司法务部门作为专业部门,在人的发展这个问题上更加敏感些,法务员工对个人发展的重视度、对部门能否提供促进个人发展的环境条件,也有较大的期望和关注。法务主管要树立以人的发展为本的观念,即培养法务员工,使法务员工在工作中得到个人发展、获得相应的成就。培养人,请参见前文关于如何育人的章节。发展人,就是法务部门要在工作中使员工得到身心锻炼,不仅是专业水平,还包括为人处事的方法,以及心态的成熟和看待分析人和事的方法。这就需要法务部门提供公平、公正和公开的平台以及相应的氛围。成就人,就是法务部门要提供足够的支持使每个员工能尽其力、获得成果,并且这个成果能获得公正的评价,个人能获得相应的物质、精神和机会上的报偿。可能会有很多法务主管认为道理虽然如此,但是公司如果不能给法务部门提供足够的资源,法务主管恐怕也是有心无力、难为无米之炊。这种想法是偏颇的,因为多数公司的法务部门大部分时间都是在资源不足的情况下进行运作,很多事情只能靠且必须靠自己在部门内运作和操持,可以说事在人为。

五是在公司内的一切人际关系建设要以价值观为基础。公司法务主管的人际关系建设是一件比较困难的事,需要付出很多的努力。特别是法务工作本身的专业性、权威性,使公司内其他人看待法务工作的时候难免会带有疑虑甚至不安。正因如此,法务主管在人际关系方面很容易走偏,或者以工作之外的私人关系代替公司内基于公务的人际关系,或者在专业工作上有放水,这两种情形都非常常见。能把人际关系做到位且不影响公务的,必然是自觉或不自觉地以价值观为基础进行了人际关系的建设。这种建设主要包括的,是以价值观为基础,进行利益关系的协调和信息的沟通。以价值观为基础,意味着服从公司战略和大局需求,不以个人好恶或者其他因素来决定人际关系的趋向。无论是与各部门、各管理层成员在涉及利益方面的协调(例如一个法律意见可能损害销售部门的利益,但是有利于财务风险控制,法务如何进行平衡?),还是信息方面的沟通(沟通的是否是不健康的、庸俗化的信息?),最终都对标公司战略、公司文化和价值观的要求。这样法务部门就能守住基本的公正立场,同时维持住专业权威地位。当然法务主管还要有丰富和灵活的技巧,我们并不鼓励以“死守”的方式坚持公司价值观。

(二)提升法务部门业务水平

作为一个公司部门的主管,无论管理水平如何,最终要体现在团队的绩效上,公司首先看的主要是结果,其次才是过程和关键事件或关键动作。法务主管同样如此,要以法务部的工作绩效作为部门管理和运作的结果。所以,这也是本书在此章节论述的重中之重,将在下文用较多篇幅详细阐述具体的工作要点。

1. 培养足够的战略洞察力

战略洞察力表现为两个方面:一是对本行业和本公司的发展趋势和竞争态势的理解,以及对本公司及主要竞争对手的战略的理解;二是对本行业相关的法务问题的发展趋势的理解。

法务主管的战略洞察力要落实为对公司战略规划的贡献、对公司战略的解码、对公司战略的承接,以及法务战略和规划的制定。在这一过程中,法务主管的洞察力要转化为对公司需求的理解、对客户需求的理解,以及法务的机会和贡献点。这一过程不是法务主管自己实现的,而是要以法务组织的形式,通过正式的解码和规划工作来形成定案。

2. 明确法务工作主攻方向

在找到法务工作的机会和贡献点后,要确定法务工作的主攻方向、抓住主要矛盾,妥善做好法务的战略、规划、计划,以及抓好执行。一是带领法务团队做正确的事,也就是正面有助于支撑公司战略目标的事,法务主管想的问题和要做的事情要和公司核心管理层关注的问题和事情保持在至少同一个高度(未必是同一问题或者同一维度,但必须是至少同一高度)；二是确保对于已经确定的“正确的事情”有坚定的、战略级别的投入。例如有出海业务的互联网公司的法务，必然要以业务准入、监管和业务模式的有效性，以及数据保护和隐私保护合规，作为主攻方向和主要矛盾，而不是以海外业务中的其他杂项法务工作作为主攻方向和主要矛盾(例如劳动合规、EHS、采购等)，法务部门相关人力和资源的投入也要与此相符。

3. 要做好过程管理

法务工作有很强的专业性，因此法务工作质量经常取决于主办者个人的专业水平。但这是公司法务必须极力避免和改进的问题。当代公司作为商业组织，其特征之一就是强调平台的共享和完善，包括法务工作在内，知识、技能和经验的分享及管理是非常重要的。好的平台可以使高水平的专业人员取得更大成就，也可以使普通水平的专业人员取得超预期的成就。因此，法务主管一定要在全部门树立一个信念，并用相关的制度规则进行约束：法务工作的能力及经验以个人为载体，但是它不属于个人，而是属于整个法务平台、整个法务部门。法务主管做好过程管理的第一步就是要抓好法务平台建设工作，抓好信息、技能和经验的分享，抓好团队合作，确保法务对外的输出是部门的输出，而不是某个人的输出，这种转化是需要过程管理的最重要的事项。具体而言，有如下几个关键动作需要留意：

(1)要盯紧进度、发现问题和支持解决问题、及时汇报。法务主管常见的失误之一就是把一个案件或者项目工作布置下去，然后不紧盯，下属不汇报问题就不主动过问，或者虽然有过问，但是浅尝辄止。出现这种情况有的是因为出于对下属的信任和授权，有的则是因为不知道怎么管。正确的做法是在工作任务下达之时，就明确路标、时限、汇报结点。一是法务主管要时时主动过问，特别是要帮助下属发现没有意识到的问题和困难，二是要求下属按照规定的路标、时限和汇报结点主动汇报，三是法务主管对于重要工作要在了解进度情况后及时向上级领导汇报。

(2)要找到本部门各项工作的最佳实践,进行表彰、方法论沉淀和推广。无论是合规、诉讼,还是合同评审、项目谈判,总是能找到最适合本公司和本部门的最有效的方式、最令公司满意的输出。这既是个人和团队绩效的关键点,也是管理法务业务工作的切入点。

(3)抓住对下属的辅导机会。盯紧进度、及时汇报和寻找最佳实践,不仅是为了掌握工作进展本身,也是为了在工作实践中培养下属,提升下属的技能。下属在工作中有没有技能提升、经验积累,有没有心态的成熟变化,是过程管理是否成功的重要标志。

(4)抓好流程、制度工具、方法,不断优化,使其可复制、可推广,并能不断更新迭代。法务主管要特别重视每个法务工作模块的专业工作过程,分析每个过程所涉及的利益关系主体及其诉求、与每个利益主体的联结方式,然后对每个过程节点进行定义和描述,确定每个环节的功能、投入产出、预期效果、所需资源(包括制度流程的支撑)等,以此作为法务工作过程管理所依据的模型,特别适用于评估下属动作和流程的规范性和准确度。当然这是一个很复杂和琐碎的工作,需要长时间的有意识的建设,形成可用的工具和制度。

(5)不断复盘,不断挑战难度,增加战斗力,增加胜利的次数。法务工作的复盘包括专业问题的复盘以及操作过程的复盘,涉及专业问题、制度流程、资源投入、部门和团队之间的协作、观念和价值观差异、组织和团队建设等多种因素。建议公司法务主管要善于复盘,把复盘作为提升专业工作和管理工作水平、保证下次战斗胜利的法宝之一。另外法务部门要不断取胜,无论是诉讼、合规项目,还是其他形式和内容的法务工作,法务部门的意见要能不断得到尊重、采纳和遵从,既增强团队信心,也锤炼团队战法。追求不断胜利既是结果引导,也是优化过程管理的必然结果。

4. 内部资源和外部资源管理

内部资源管理得好不好,决定了公司法务部门在公司内可以走多高;外部资源管理得好不好,决定了公司法务部门可以走多远。走多高更多地是指法务部门在公司内部的权力和影响力;走多远则更多地是指法务部门应该做什么事情才能获得这些权力和影响力。应该做的事情包括两个方面:一是专业领域的扩展,二是向公司外部的扩展。前者较容易理解,后者则是多数公司法务部门所忽视的。向公司外部的扩展既是指公司法务部门所使用的资源不仅限于公司内部,而是要尽可能在外部寻找和利用资源,还是指公司法务部门的影响力也要扩展到外部。在前文中曾经论及的与学术圈、监管部门、媒体及竞争对手的关系等,以及游说和政策立法推动等,均属此列。对于处于发展阶段中的公司法务部门,我们推荐多向外看,向外寻找资源和机会点,然后反哺给公司,形成公司的意识并作为工作任务布置给法务部门。这是公司法务部门获得业务发展机会的重要渠道,也是非常有效的渠道。

从内部资源管理的角度,法务主管非常重要的一个工作就是为法务工作找到切入点,包括对业务的切入点和对公司运营及管理的切入点,其中比较难的是找到法务支持业务的切入点。完全依赖制度和流程是不可靠的,因为多数业务信息是在流程外流动,业务推进也是在流程外进行,等流程可以反映出业务进展的时候,法务的前端切入点已经被错失了。这时候业务可能处于急需法务评审的关头,法务任何不利于直接推进业务的意见,都可能被视为是阻碍业务。因此,法务主管要通过管理好内部资源,创造法务在业务早期即切入的机会,以及创造业务认为不需要法务时,法务却能切入的机会。这里的关键点有两个:一是早期获取信息,二是获取信息后法务的切入被接受。

关于获取信息,本书作者基于自己切身经验,向读者分享几个心得体会:

(1)如果之前在寻找定位上,法务已经做到了跟着公司战略走,已经承接公司战略并制定法务部门战略和规划,那就完成了获取信息最重要的前置步骤。法务与业务已经站在同一条跑道上,也有了与业务随时交换信息的权利和基础。

(2)法务主管要参加公司级别以及业务相应级别的以研讨业务为主题的例会,成为其例会成员,或者固定的列席成员。这一点对很多公司和法务主管来说都很难,但并非做不到,法务主管需要在董事会/CEO/总经理层面上做工作。

(3)法务主管要参加公司级别的经营管理例会,成为正式成员或固定的列席成员。这类会议会讨论最重要的业务和经营管理问题,是获取最权威信息、了解业务真实进度的最佳场合。

(4)建立与业务部门的多层次固定交流机制,这些层次包括法务主管与业务主管,法务主管、次级主管与业务部门的次级主管,法务次级主管和骨干员工与业务部门骨干员工,等等。这种交流机制可以是座谈,可以是研讨,可以是茶会,可以是定期或不定期的聚餐,形式不拘一格,重点在于交流。

(5)鼓励员工与业务部门的骨干和基层员工建立友好关系,并提供适当的经费支持;法务部门内部也要通过例会对获取的信息进行解读,安排求证。

(6)为业务部门,特别是研发和销售部门,多安排与外界接触和沟通的机会,包括与监管机构、外部律师、执法与司法机构等的沟通机会。另外需要说明的是,关于获取信息后法务的切入如何被接受,这本身并不是个绝对的难点,关键取决于法务对信息的解读、对法律相关问题的识别和应对方案是否符合业务实际情况,是否解决了业务潜在的疑难问题和补上了业务的漏洞。如果确实是言之有物的建议,业务一般不会拒绝法务的主动切入和参谋。

5. 要勇于立项、勇于自我发掘真实需求

法务最难的问题,就是突破等任务、等需求的习惯。法务部门本身是可以创造需求的,这是其他非专业部门对法务部门的诉求之一。所谓法务前瞻性,也是与法务部门创造需求相关。当然创造需求不是凭空创造,而是要在深刻理解公司战略和行业法务趋势的前提下,在充分经验的质量支撑的基础上,才能主动制造出有创造性但是有商业价值的法务需求。一旦对所欲创造的法务需求思考较成熟，就要不断向业务部门、其他职能部门以及公司核心管理层进行灌输，最终获取立项及项目的主导权。这种创造出来的法务需求可以有多种形式和内容，即可以是内部风险多维度数据分析，可以是合规，可以是诉讼，可以是政策和监管游说推动，可以是行业法务合作，可以是学术研究。法务专业工作的突破，在很大程度上取决于创造法务需求的能力。

（三）提升法务部门运营效率

法务部门的业务输出能力由两个方面来构成，一是部门的业务能力高度，这在本书上一段落中已经详细阐述了提升方式；二是部门的运营效率高度。仅仅是有较高的业务能力，但如果内部运营效率低下，同样会严重制约整个部门的业务输出能力，甚至导致内部士气低下，波及正常的业务输出能力水准。因此，这也是本书的一个重要阐述部分。

影响法务部门运营效率的因素有三个：目标是否正确、能力是否匹配、速度是否达到要求。在目标正确和能力匹配的前提下，速度将是影响效率提升的关键。法务工作常见的场景很多是与法务意见的反馈速度相关的。例如，业务在下班前发个合同，要求法务当晚必须反馈；再例如，法务与很多部门参加一个项目，法务被其他部门称为“瓶颈”，似乎项目进度都是法务拖累的。这些场景反映出两个问题：一是法务自身是否有在合理期限内不能交付的问题？二是其他部门给法务的反馈期限是否合理？其他部门有没有低效率的情况？假设两个问题都存在，那么法务主管就需要解决这两个问题，以提升法务工作效率。

1. 评估和解决自身问题

（1）考察法务部门队形是否合理。如果一个项目，法务部门需要从下属多个子部门抽调人员，且互不统属、没有统一管理，这种作战队形就是先天不足的。法务部门就需要考虑一下，什么时候是以行政组织的队形应战，什么时候是以专业领域团队的队形应战。另外，法务部门还必须考虑是单独作战，还是要组织跨部门团队的队形应战。该协同的时候不协同，必然导致信息传递和处理的中断。

(2)考察是否选择了正确的人员承担某项工作。胜任力，岗位职责，工作分配标准，应该是有完整的逻辑的。大家是否知道每个人都应该做什么？分工是否合理？分工不合理，必然会导致相互推诿、产生衔接漏洞。要将目标分解成任务，将任务责任落实到个人，明确方法的边界和结果的标准，设定截止时间，设置中间节点，并进行跟进与反馈。

(3)考察信息沟通是否充分。法务工作有大量的专业术语和习惯用语，其他部门也是如此，这会导致沟通效率的降低，往往是争论许久才发现对最原本的某个问题或词语的定义或用法有歧义、有误解。法务主管要放下专业的身段，主动减少由此产生的沟通难度，包括在法务部门内部也要使用同一种语言。另外信息传递本身是需要管理的，从信息来源的确认、信息本身的确认、信息传递路径的规则、信息处理规则，都应该有相应的规范。

(4)考察法务制度或流程与外部衔接是否妥当。这是法务工作中影响法务效率的最常见的原因，包括两种情况：一是法务掌握的，但业务必须遵从的流程，例如印章管理流程。这里面的效率问题往往是业务不愿意遵从法务流程的引导、总想开个后门，或者法务自身在流程执行上有呆板的现象。二是业务流程或者业务部门以及其他职能部门主导的流程，法务在其中有控制点。这时的问题可能主要是流程上游信息分享或者处理方法、处理结论没有及时下传，甚至有信息和需求在流程外传递的情况，也可能是法务在所负责的流程控制点上处理不及时，或者处理得比较呆板，例如未经详细斟酌实际情况就给某个合同以“法务评审不通过”的结论，导致流程要么重新启动，要么耽误很长时间，错过流程关闭期限。法务如果要优化流程中的控制点评审，就必须更多地融入业务，更多地将法务工作目标与公司商业目标/

公司战略对齐。在本书的第四章和第六章，将重点介绍法务如何融入业务。

(5)考察法务部门有没有做到有效的向上沟通。向上沟通需要掌握几个要领：一是要关注上级最关心的问题与法务主管所要解决的问题的关联度，没有关联度就创造关联度，有了关联度才能得到上级的及时反馈或者审批。二是及时沟通汇报。上级把任务布置下来了，自然想知道进展情况和结果、有没有需要上级协调解决的困难，这是上级掌控力的一种体现。忽视主动及时报告，要么是漠视上级的掌控意愿，要么是没有把事情做好。有的法务主管总觉得法务的事情不要麻烦领导、不敢麻烦领导，或者觉得自己搞定了再说，甚至觉得不重要、不需要汇报，这都是不正确的。正确的方法是及时汇报。这既是为了提高解决问题的效率，也能得到上级更多的信任。三是对上级布置的任务，汇报时要同时提出自己发现的困难、解决的建议。四是要秉持专业精神，客观公正、不带偏见和情绪。

(6)考察法务部门有没有做到内部有效的向下反馈。向下反馈也要掌握几个要领：一是及时反馈给下属。管理者，包括法务主管，最容易犯、最被下属所不满的一个问题就是不及时反馈。下属发送的问题要么石沉大海，要么很久后才反馈，要么在得不到反馈后自作主张，反倒受主管责难。在下属眼中，这是主管的工作能力不行、态度不行甚至人品不行(有不担责、让下属背锅的嫌疑)。二是对事不对人。下属很容易觉得主管的批评是针对自己的，而有个别主管也确实为某些目的针对个人“量身定制”批评意见。特别是涉及专业问题的时候，更容易让下属误以为“主管觉得我专业能力不行、要干掉我”。因此，法务主管一定要就事论事，并且要尽量用引导的方式，让下属自我感受和反思，主动找到问题和改进点。三是法务主管给出的意见、建议和要求必须清楚而明确。多数情况下法务主管考虑问题会更多、立足点更高，因此如何把主管自己的想法灌输给员工，其实并不容易，往往是法务主管觉得自己说得很清楚，而下属却一知半解，不敢细问。例如，法务主管要求下属优化合同评审流程,要让业务部门自己学会控制合同条款的质量。主管的意思是把合同作为业务的表现形式或载体,不只是看作法务自己的工作,业务应该把业务本身与合同结合起来,与法务协作,从商业目标和风险管理等不同维度共同实现合同管理的目的。如果不讲清楚思路和做法,下属可能会觉得奇怪:难道合同评审不是法务的责任吗?为什么说服、如何说服业务部门自己学会控制合同条款质量?在评审流程中如何优化?会不会影响法务的职责和地位?会不会影响法务员工个人的职业发展?法务主管应该给出明确的方向、思考的背景、主要的场景、可行的主要方法,给下属以进一步细化的空间,最后才能拿出法务主管所期待的方案。四是沟通时要就事论事、不带偏见和情绪。下属最怕听到法务主管说"你不负责、不专业",这种批评总是会起到反效果的。法务人员最能接受的批评,必定总是建立于事实基础上且限于事实本身,这是法务人员的专业特征决定的。

2. 推动业务及其他部门提高效率

在很多公司,法务部门都是业务及其他部门甩锅的对象。根本原因就在于他们认为法务与业务的关联度比较低,而 HR 或财务等部门就与业务关联度大,是不好得罪的。因此,面对效率问题,法务部门很容易被当成瓶颈,即使法务部门及时出具了最佳法律意见,业务部门也可能觉得不合自己的意,而对公司领导层宣称法务部门耽误了项目进度、阻碍了项目成功。所以,法务主管要解决针对效率问题的指责,往往不在法务工作效率本身,而在于与业务的关联度以及业务部门的满意度。本书建议把握如下原则:第一,坚持各部门协同,不要因为专业而单打独斗。即使是法务专业工作,在很多情况下也是可以教授给其他部门承担的,例如很多公司都有合同商务部门,法务人员应该教给他们合同评审相关技能,由合同商业分担业务压力、从业务角度把控合同质量。也就是说,法务要对业务赋能,赋能的效果,一是法务与业务相互理解,二是业务自行解除对法务的压力。第二,法务要对业务流程有更多切入点，切入点越多，与业务的关联度越高。但是需要提醒读者的是：切入点不是法务强行要求业务提供的，而是法务基于战略和规划，在符合公司战略及商业目标的前提下，切实论证法务的支持点及其效果，向公司提出可操作的方案。第三，与流程部门及风险管理部门合作优化流程，控制点处置的标准要明确、公开。第四，与审计等监督部门合作，在重大问题上判定谁是谁非。第五，在项目管理上要提供足够的建议，不要让法务工作脱离项目管理的规则。第六，如果目标不一致，则必须与业务部门和其他相关部门对标，对于业务部门不符合公司战略、价值观和计划的目标，要勇于提出挑战。什么时候法务部门可以谈论业务目标了，业务部门才不会把法务部门当作可以甩锅的对象。

(四)重视组织和团队建设

法务部门组织建设和团队建设有两个目的：一是对标公司战略，法务部门要在组织架构上摆成合适的作战队形；二是使法务组织和团队能够充分发挥出最佳功能。其中第二项是法务部门组织和团队建设的核心任务，也是多数公司法务部门做得最困难的事情。很多公司法务部门认为组织和团队建设的方法并不多，主要是因为资源有限。这虽然是事实，但是也不可否认，在做好公司法务部门组织及团队建设的意志、主动性和思路方面，也有很多不足之处。本部分内容尝试归纳一下公司法务部门打造上下同欲的共同目标以供参考。

公司法务部门传统上并不善于在部门内打造出上下同欲的共同目标，多数情况下是基于专业角度进行任务部署，例如今年的主要工作是建设反垄断合规体制，本季度的主要工作是完善合同评审流程，等等。这些工作的目标和意义何在，法务主管与法务员工的理解未必是一致的。正常情况下主管对公司战略规划、公司宏观层面的法务需求多少会有些了解，但基层法务员工则主要是承担具体工作、面对具体的业务场景、面对具体的业务部门和其他部门的人员，他们看到的是每个具体任务的操作过程、困难点和结果,有更直接和更细致的感受。与法务主管相比,法务员工会有更多的抱怨和更少的乐观态度以及积极性;双方对于法务工作目标和任务的理解也存在着宏观与微观视角及感受的差异。因此,要使法务组织发挥出功能,就必然要融合多个视角、多元化观点、宏观和微观的不同感知,使上下两层的观点充分碰撞、融合,最终形成上下同欲的共同目标。对共同目标的确认,是法务承接公司战略、制定和执行法务部门战略规划的必要步骤,具体如下:

(1)法务主管与法务员工要共同分析法务部门服务的对象,找出这些被服务的部门对法务工作来说其定位分别是什么、核心需求是什么;

(2)针对每个被细分的服务对象,法务工作如何为其创造价值、创造什么价值;

(3)以上这些工作对公司的商业价值是什么,是如何对标公司战略的;

(4)以上这些工作对法务的价值是什么;

(5)法务部门应该如何部署人力和资源、制定什么样的作战策略,作为法务工作规划和计划的基础;

(6)以上这些工作和部署,对每个法务岗位的意义是什么,每个岗位应该怎么做。

完成以上六步,团队成员的共同目标、对法务工作的共同认知、对自身努力方向的把握,就比较清晰了。

二、提升管理辅助能力

管理辅助能力,是指并不直接决定自己所管理部门的业务输出总量和质量,但对于有效管理本团队、实现法务部门的定位和价值起到重要辅助作用的,对于一个法务主管而言较为重要的能力。

(一)熟悉本法务团队个性化特点

如果团队规模比较小,法务主管相对比较容易熟悉每个人的情况,但是如果团队规模比较大,例如超过 30 人,那么法务主管很有可能只对每个人有大概的了解,却达不到管理意义上的了解。

大概的了解包括两方面:一是关于员工的工作的信息,包括员工岗位、主要负责的事项、平时工作中和哪些部门对接、主要输出、汇报线和考评线等;二是关于员工的个人信息,包括教育背景、工作经历、在本公司的服务年限和成长过程、基本优缺点、劳动态度、个人职业发展的基本期望等。

管理意义上的了解则要包括更深入的内容,例如在工作中遇到的主要困难是什么、需要什么样的支持和资源、完成其岗位职责最主要的挑战是什么、其工作流程中的改进点是什么、其个人对工作价值的态度和理解是什么、能力与职责的差距是什么、其个人生活及家庭对工作有什么影响、对部门及主管有什么期待、是否有足够的发展和培养潜力、在整个梯队中应安放在哪个位置上等。

以上两种不同的了解程度,代表了法务主管对团队管理的不同层次。前者是一种还谈不上团队管理的层次;后者则含有较全面的团队管理的因素。当然,达到第二个层次不是法务主管一个人可以做到的,必须通过 HR 以及团队次级主管和骨干的协助,梳理好团队情况,制定和执行团队优化计划,做好以人为本的“选用考育留”全套工作。

(二)合理考核与选拔次级主管和团队骨干

在前文关于“选人”的章节,已经论述过法务部门选择人才的基本原则,在此处要补充的是法务主管如何选择和考核次级主管以及有一定管理职能的团队骨干,也就是“领导力”的问题。

法务主管和骨干不但要有最基本的专业判断和处理能力,更要有适当的领导力,才能形成整个法务团队的轴心。轴心必然是以部门和团队管理为基准的，而不是以专业水平为基准的。如何判断和考核领导力，可以参考如下指标：

表 3-2　领导力判断和考核指标

标准条目	0 级	1 级	2 级	3 级	对应干部关键能力
主动性	不主动	主动行动	主动思考和快速行动	未雨绸缪和提前行动	理解力、决断力、执行力
概念思维	看不清和想不明	简单类比	触类旁通	深入浅出	理解力
影响力	不能影响	直接说服	设身处地	综合策略	人际连接力
成就导向	安于现状	追求更好	挑战目标	敢冒经过评估的风险	理解力、决断力、执行力
坚韧性	扛不住	压不垮	干得成	解除掉	理解力、决断力、执行力、人际连接力

法务主管可以根据这个指标体系来选拔和考核次级主管及骨干的领导力水平，可以对各级标准设置不同的分数，进行打分统计，并根据分值进行综合评估。当然法务主管本人也要依照这个指标体系来锤炼自己的管理能力。

（三）建立法务组织管理和运作的基本机制和规则

首先是机制。作为部门组织和团队，最基本的机制包括如下几种：

一是分工机制。分工应基于岗位职责和胜任力的匹配，也要考虑梯队培养、人才培养等因素，拒绝唯专业水平论，更不能任人唯亲；另外分工还要明晰责权利关系。

二是沟通机制。沟通机制要解决两个问题：(1)沟通既是随机、随时发生的,也可以是固定、制度化的。因此,要设计好沟通渠道,以固定的沟通渠道为底座,以随时的沟通为常态,解决沟通渠道和效率的问题。很多公司法务部门都会设置各种例会,这是固定的沟通渠道,但对于日常的随机沟通的规范性则重视得不够。(2)沟通必须有结果,达到沟通的目的,这是沟通的有效性的问题。法务部门是专业部门,法务工作中的沟通问题对沟通的有效性的要求应该是比其他部门更高。这就要求沟通的双方有个确认和反馈的动作,确认沟通目的和内容是否大家理解一致,反馈沟通是否达到效果、不会误导后面的工作。法务主管和各级法务骨干在沟通的有效性上要下功夫,甚至可以设计一些规定的标准动作,包括将沟通情况记录在案,进行跟踪等。不要以为开了例会或者开了其他形式的会议,以及做了点对点谈话,就表示沟通是有效的,很多情况下不对的沟通反倒会加深误解。

三是决策机制。请参见下文对公司法务如何设计决策机制的论述。

四是奖惩及激励机制。除了公司统一适用的奖惩和激励机制,法务部门还需要自行设计提供部门内部的奖惩及激励机制。重在激励和奖励,慎重使用惩罚措施。奖惩和激励都应该有明文细则,适用的结果要与考核挂钩,员工(受奖或受罚)行为要作为绩效考核的一部分。对于专业部门,物质、职级和职务方面的激励可能是有限的,因此要在其他激励手段上多做些尝试。例如,更重要的任务机会的提供,虚拟团队主管的任命,部门专业委员会成员的任命,各种(临时或固定)专业工作组的专家任命,公司外部沟通和参加研讨的机会,署名文章的发表,向高层领导汇报的机会,辅导其他员工的机会,等等。激励的作用在于明示员工绩效与部门战略之间的关系,明示员工如何做才是正确执行了部门战略、凝聚了团队精神和振奋了团队士气。因此,要避免因为一个专业处理水平高或效果好就被给予激励或奖励,也要避免因为一个专业处理没有达到预期效果就被给予惩罚(此处需要的是辅导,而不是惩罚)。

对多数公司法务主管来说,设计激励机制最大的困难点仍然是资源不足的问题。在此提出几个小建议,供参考使用:一是激励或者奖励往往是习惯于倾向让员工满意,主管考虑较多的是“这个力度够不够、有没有效果”,但是对公司法务部门来说,这种持续的、对所有被激励的员工个人都追求满意度效果的方式,是难以为继的,最终可能变成内卷,每个被激励的人都不满意。因此,要改变思路,把被激励员工的满意度改成“成就感”。对法务专业人员来说,有时候专业上被认同要比发一笔钱更有激励效果。法务主管要想办法使被激励的员工觉得自己的专业能力、工作能力、工作态度都受到了认可,并且成为部门内部的样板。前面所说的虚拟岗位的任命、专家或者重大项目领队的任命,是一种成就感的体现,当然还有很多其他方法,例如把某个员工的经典案例总结归纳,命名为“×××工作法”,并进行推广,这也是一种成就感实现方式。二是把一次性的激励变成连续性的激励。假设给员工发一笔钱,这是一次性的激励,发过之后,一切重新开始,员工就有了新的期望值,兴奋度会很快下降。但是如果把这种一次性激励变成长时间的荣誉感,激励效果就会有很大变化。有个案例是,某公司没有给被激励的员工发放一次性奖金,而是提供了一位难求的公司停车位一年使用权,且这个停车位是公司副总级别的专用停车位。可以想象一下,这个员工在至少一年的时间内,每次看到其他人早早起床出发四处找车位,而自己按点上班、大模大样地把车停在副总专用位上,会是一种什么样的心情。如果停车位费用换算成奖金一次性发放,不可能达到如此效果。三是除了激励员工本身,还可以从员工身边人入手,包括员工家属、员工下属,通过对他们的直接激励,实现对员工的间接激励。四是注重激励的仪式感,让员工觉得部门和主管是用心的、这个激励是认真和严肃的,对其他员工也会形成文化及价值观的引导。

综上,公司法务主管的激励要考虑到专业人员的特点,不要把资源问题放在核心,而要把激励的效果和文化价值观引导放在核心,反推出多种多样的形式，实现低成本的高效的激励。

在以上四个核心机制以外，公司法务主管可以根据自身情况和公司管理要求来设计其他机制。有了系统化的机制，再设计规则。规则作为机制的具体体现和可操作的办法，应明确、清晰、易执行。

笔者注意到，很多公司法务部门也制定了一些书面的制度文件，但是对部门管理和团队建设似乎并没有太大的用处，原因可能在于两个：一是没有把机制和规则的建设与公司法务承接公司战略、制定和执行法务部门战略规划结合起来，没有考虑清楚部门应该如何摆队形、如何在管理和运作规则中体现执行战略的需求，凭专业团队本能在做制度建设，这样就是无的放矢，做得再多也没有系统化和针对性；二是没有摆正机制和规则的关系，轻机制而重规则，出台的文件的层次本身就发生了混乱，规则无所依、无所凭、目标没有对焦。

（四）找准与下属关系的正确定位

法务主管非常容易犯的一个错误就是在专业问题上与下属 PK、承担对外表达的重任，潜意识中就是试图把自己当作全部门专业水平最高的、最权威的、一言九鼎的、每个人都要服从的法律专家。于是法务主管有可能抢事做，也有可能四处救火，还有可能对下属的输出效率和质量无能为力。这些错误归结为一点，就是有的法务主管没有把自己当成管理者，也没有用一半以上的时间去做管理工作。专家不是管理者，专家是专业贡献者，而管理者则是要带领团队实现组织目标的人。如果主管强而下属弱，这样的组织是不会有长久的绩效贡献的。

有的法务主管可能为此很苦恼，觉得自己已经做了不少管理工作，例如给下属定任务、跟踪下属进度、澄清下属疑问、解决下属解决不了的困难、帮助下属与其他部门吵架、考评、分享知识和经验、为下属争取权益，等等。但这些工作有多少是凭直觉在做，有多少是在主动应用正确的管理方法？

例如对于整个部门的工作,有没有工具来细化每个任务的要素(目标、关键考核指标、关键策略和动作、预计困难点和解决方案、责任人、输出件、时限、进度节点、资源支持等)？有没有工具来记录和跟踪每个人、每个事的进度,并确保下属行进在正确的方向上？有没有工具来有效地辅导下属,使下属能通过教练式和启发式的对话来发现自己的问题、找到提升能力的方法、解决困难点(例如 GROW 模型)？有没有有效的时间管理办法和工具？有没有不断研究和优化法务与其他部门沟通的效率问题(例如 RPF 倾听法+4A 沟通法)？有没有一边指导工作,一边有意识地建立人才情况分析统计数据库,及时输入每个下属的工作情况、优势和劣势,真正做到以人的发展为本(例如 SHAPE 模型)？以上各种,对多数公司法务主管来说都可能是陌生的,或者在管理工作中并没有有意识地使用。作为管理者,完全靠个人的直觉和素养,是不可能有效完成管理工作的,研究和使用必要的工具,或至少借鉴一些工具的方法论,是非常必要的。公司法务管理一定要在管理专业化上下功夫,法务主管也一定要修炼成真正的管理者。

(五)协同管理内部和外部资源

关于内部资源与外部资源,前文中已经多有阐述,在这里只补充强调一点:对内部资源的管理和对外部资源的管理要协同起来。内部资源提供了公司法务的良好工作环境、周边关系和资源支持,外部环境提供了更多的法务工作机会点,因此要把机会点转化成真正的机会和绩效,就要把外部信息和压力向内部传递。内部资源管理得好,外部信息和压力传递效果就好。很多法务主管容易有两个失误:一是内部资源管理重视管理层和其他部门对法务的好印象、重视个人关系对自己职业生涯的影响、重视通过内部关系解决法务部门一些“小问题”(例如招聘、考核、调动、薪酬、案件处理等),但是没有考虑到这些只是局部利益或者短期利益,对法务的长期持续发展有没有实质意义？二是在外部资源管理上只是把外部资源作为一个砝码,紧紧抓在自己手里，却没有把外部资源向公司内部公开和分享，导致外部资源对公司内部缺乏足够的权威影响力。这两个失误都会导向同一个结果：就是法务工作可能花费了资源，但是未能保障公司法务长期的价值和定位目标，是低效的。法务主管应该对内部和外部资源进行系统的梳理和评估，从哪条资源线应获得什么收益，内部外部资源如何协调才能匹配法务的战略和规划的目标，都应该以更科学化的方式提炼出来。

（六）有意识、有决心、有行动地不断提升个人能力

法务主管是法务部门的主心骨和纽带，有什么样的法务主管，就有什么样的公司法务。因此，法务主管必须时刻进行个人修炼，提升管理能力以及专业能力、素养，保持作为公司及部门文化和价值观传承者的形象和持续影响力。具体来讲，要时时进行以下六个方面的提升：

1. 不断学习

如果法务主管因为个人专业水平较高而被公司聘用，这可能很快就会成为法务主管的陷阱。因为法务主管会下意识地倾向于发挥自己的专业能力，并期望公司对自己言听计从。但是公司经营管理不是法务判断所能理解和描述清楚的，一旦法务主管的意见被认为“不接地气”，法务主管的权威性和价值立刻下降，经过一段时间如果不能得到改善，往往会导致其再次跳槽。因此，法务主管不论是外部空降的，还是公司自己培养的，都必须注意把专业能力放在相对次要的位置，把对业务和商业目标的理解，以及管理和协调沟通能力放在第一位。法务主管必须通过不断的学习来提高自己的能力、适应性，学习业务、管理、沟通，在实践中不断优化经验和方法。最终能存活下来并且有价值观存活下来，才是法务主管的成功之道。

2. 结果导向

公司作为商业组织，看的就是各个部门的结果。以结果为导向的工作方法和管理模式，才是公司所需要的。能拿出结果，不仅是能力

问题,也是管理水平问题。具体说就是要做好三件事:一是知道目标是什么、自己应该做什么才能达到目标;二是知道自己的绩效水平动态,知道自己正在做什么、离目标是远了还是近了、如何修正;三是不仅自己明白,还要带动整个组织都明白,从而实现组织绩效目标。

3. 积极行动

法务管理工作是很容易令人畏难的工作,公司法务的管理如果做得简单,也未必不能生存;但如果要取得卓越的成绩,就必须付出极大的努力、克服极大的困难。对法务主管来说,如果不去做,就永远会生存在低维空间中。当然,多数法务主管是希望找到方法来改善法务的处境和地位的,因此不能只是想,一旦有了想法和目标,就要立刻付诸行动,在行动中逐渐找到更适合的方法。无论是法务主管自己,还是主管的下属,都要关注行为的发生,在从想法到行为这个过程中去推动一把。法务主管观察考核下属时,也要重视下属的行动力如何。不注重行为的员工是不能承担重要责任的。

4. 系统化思维

法务主管对于专业问题往往会有专业判断,但这不意味着其提出的解决方案是被公司所欢迎以及能落地的。在每个法律问题背后,都有复杂的业务和管理因素,甚至个人因素,在起着作用。所谓系统化思维,就是要避免法律专业的单一化和线性化思维方式,要从专业问题表面往背后看,找出所有的正在发生影响的因素,识别各因素彼此的关联关系,发现主要矛盾和次要矛盾、矛盾的主要方面和次要方面,从而找到正确的解决问题的思路。无论是具体问题,还是设计流程和制度,都应该遵从这种系统化的思维模式。例如当法务反对客户提出的延期交付罚款条款时,不能只在罚款金额上对比公司政策要求、与客户计较,而是要看到客户为什么重视罚款条款,公司在交付能力上是否有足够的保障,有没有其他的替代性方案可以消除客户的疑虑,等等。如果发现公司在履约上确实有潜在的风险,那么法务就不能只局限于罚款条款,而是要就项目本身的风险控制和管理进行系统的评估，与业务一起把合同条款进行大幅度的重新设计，融入风险管控相关内容。更进一步，如果认为这个风险是公司业务系统性的风险之一，则应该跳出具体项目维度，与风险管理部门、业务及其他相关部门共同对这类风险制定管控措施，修改交易模式。简言之，法务主管要带领法务团队输出能落地的方案，而这种“接地气”必须建立于对公司业务及管理的熟悉度，以及系统化思维基础之上。跳出专业思维方式，融合商业与管理要素的系统化思维方式，才是法务主管必备的思维方式。

5. 自律、以身作则

法务主管无论管理水平有多高，如果不能自律和以身作则，下属是不会信服的，特别是法务主管所宣导的文化和价值观，就难以被下属相信，整个团队很容易就变成个人目标功利化的散漫团队。

法务主管做到自律和以身作则，其实是很困难的，在复杂的业务和沟通场景中，很容易产生失误，并被下属放大。解决的办法是不去完全依靠法务主管个人的素养，而是要多使用各种管理工具，进行时间管理、目标管理、沟通管理等，尽可能把法务管理工作数字化、数据化、流程化、制度化。这样法务主管和下属都会有所依循、对彼此有准确的预期，在轨道式的行进中，法务主管是较容易把握自己不出偏差的。

6. 同理心

同理心一直是管理学所倡导的管理者必备特质。如果以人的发展为本，管理者首先就得眼中有人。所谓有人，不仅是知道有这么个下属，还要给予其尊重、给予其归属感，了解下属在部门工作的最终个人价值目标是什么。从对下属和他人的感知出发，才能理解下属和他人的需要，才能找到办法来激励其发挥潜力，持续地为团队绩效做贡献。

(七)要善学善用公司潜规则

有人的地方就有江湖,有人的地方就有潜规则,公司也不例外。合理地运用潜规则,是在公司内生存和发展的必要手段。对于资源短缺的法务部门来讲,这尤其重要。

当然,对潜规则的使用要用到促进法务发展的正当用途上,而不是为个人私利钻营。在此仅举三个例子作为参考。

例一:很多公司法务的地位较低,不受高层重视,也因此被放在二线位置上,只有在有问题解决不了时才向法务咨询。法务要改变这种情况,就得学习业务部门,看看他们是怎么从公司内部获取资源和地位的。这就涉及前文阐述过的两个问题:一是法务要做好内部资源和外部资源的管理,并尽力将两者协调起来。目的是创造法务工作的机会点。二是要勇于立项。当法务参考监管部门、竞争对手、学界或者其他外部资源提供的信息,发现了法务工作的机会点时,要及时向公司内部灌输,制作方案、组织相关部门进行初步论证、将相关工作的重要性和效果进行适当的渲染,不停地向管理层、业务部门及其他相关部门宣传,直到公司同意由法务部门启动这个工作。这时候会产生两个效果:一是法务找到了一个新的价值贡献点,令公司对法务的功能作用有新的认识;二是公司上下都知道法务在主导一个新项目,也就是在某个领域,法务被视为公司委任的领导者,也具备了一定的具有高度资源的权力。

例二:如果法务受命开展某项工作,如何获取资源?打报告给管理层发个资源需求列表是几乎没有任何意义的,多数需求不能得到满足。正确的办法是把项目运作起来,把能参与的部门都组织起来,定期开例会、发进展报告、讲前景、讲后果、讲友商、讲监管、讲困难,造成一个声势,使管理层即使无意识,也会受到高密度信息输入的影响,并形成一个印象:这个事情挺重要的,法务组织大家进展不错,但是有些困难需要解决。这时无论要人还是要钱,多少能获得一些支持。人要得多,就是人才储备;钱要得多,就是公司重点投入。

例三:如果法务得到资源支持后,例如增加了人手,甚至人手数量超过项目需求,该怎么办?诚实的法务主管可能不会接收这么多人,而善于使用潜规则的法务主管则会痛快地接收这些人,然后给这些人制定规则,把大量工作时间都用于准备汇报、核对绩效和 KPI 进度,用于各部门、团队和个人之间的协调,也就是空转;另外还可以搭建各种虚拟组织和团队,把大大小小的问题都拉上来反复讨论,这也是空转。但是,这两种空转从外表看却是每个人都很繁忙。繁忙的结果,就是这个组织人很多,事很多,因此很重要,因此在其他人眼中的地位得到提升,也很有几率被管理层真正地提升。

不可否认,以上三个潜规则案例对任何公司都不是好现象,但是却实实在在地存在着。法务如果想利用这些潜规则,是没有人能阻挡的。这时候真正的责任者是公司管理层,他们应该自问公司为什么会有这些潜规则,并采取措施建立公司资源分配的合理渠道。

当然,以上三个例子只供参考,目的是说明每个公司内部都存在这样那样的潜规则,法务主管必须理解所处的环境的特点,而不能完全凭借专业能力去发展本部门。法务主管可以在必要的时候,基于公司长远利益考量来善加利用一些潜规则,但是我们反对为个人私利而滥用潜规则。

第四章　公司法务的商业参与(上):基础理解

第一节　商业参与的外部背景

如本书第一章所述,一个优秀的公司法务部,需要从找准定位、明确价值、明确功能与职责开始,以科学合理、高屋建瓴的方式来管理和运营公司法务部,最终完成公司法务部的成长和壮大。

但落到现实中,即便公司法务主管已经对此有知识和技能上的准备,但如果要完成这种建设和改变,除了极少数公司管理层能自发产生此种诉求之外,绝大多数公司法务还是需要靠自己的努力。这也是本书开篇的主要宗旨,即向读者阐述在这种情况下如何通过对法务定位的重新思考、对企业战略的把握来破局的原理和方法。

但我们同样应该注意到,除了苦练内功之外,外部的契机亦不应当被错过。在传统经济形态下,由于大部分公司的主营业务模式和产品或服务的商业架构相对固定,并不存在太多的变量和法律技术的运用空间,这就导致了公司法务人员在公司内部的地位和角色的重要性往往完全取决于外部合规压力或者领导层风险偏好,难以主动改进或摆脱此种局面。但在互联网普及率不断上升,各行各业都在进行数字化转型的当下,公司商业活动的形态和方式发生了革命性的变化,各个领域的公司都在探索自己的产品或服务在数字化时代的存在形态和应用方式——从传统的出租运输到网络约车、从金融机构网点服务到互联网金融、从快消品线下门店简单会员信息管理到线上深度挖掘会员数据画像来指导产品研发,借助大数据而应运而生的数字化趋势实则已经推动了各行业的产业格局和管理形式的大变革。这种变革的来源,是越来越多的创业者和资金在主动寻找社会生活中的“痛点”,并在数字化的加持下用新的商业模式和技术革新来予以解决。这种巨大变革,是由公司逐个的单体商务活动的结果汇聚推动而成。而这些单体商务活动中所蕴含的大量创新元素,在打破传统产业格局和管理形式时,必然导致对旧有法律和其他规则的冲击与挑战。但正因如此,公司法务人员才拥有了前所未有的在新的维度、新的领域来证明自身价值的机会——在商业领域的法务参与。

一、数字时代高频创新的需求

中国的数字行业发展到今天,已经不仅仅是传统意义上所谓“纯正互联网公司”几个 App 运营主体参与的市场了,从移动互联网到方兴未艾的物联网,数字化生活早已融入了人们衣食住行的每个角落,也越来越成为国民经济一个异常重要的组成部分。《中国互联网发展报告(2022)》指出,2020 年中国数字经济规模达到 39.2 万亿元,占 GDP 比重达 38.6%,保持 9.7%的高位增长速度,成为稳定经济增长的关键动力。①

而也正是因为数字经济已经普及到社会的方方面面,这种产业+数字的发展模式也必然带来巨大的法律甚至是安全风险。传统公司开拓新业务领域或者研发新产品,一般需经长期的论证过程。在这个过程中,如果涉及既有法律或者其他规则,公司可以安排法务人员或者聘请专业律师,专门对此立项开展研究,最后通常都会形成书面报告供商务决策人员参考。但在数字经济时代,公司要想在市场上占据优势地位,就必须对产品或服务快速进行迭代,根据市场需求,不断调整运营方式和运营逻辑,因此,技术创新、产品创新、服务创新、业态创新和商业模式创新都高度活跃,其产品或服务经常以周甚至日为周期进行迭代。

例如日常频繁使用的微信,第 1 版于 2011 年 1 月 21 日发布,当时产品的核心思路还只是“能发照片的免费短信”。2011 年 5 月 10 日,

---

① 具体内容详见中国互联网协会网 2022 年 9 月 27 日,https://www.isc.org.cn/article/13992666664398848.html。

微信即推出了第2个版本,根据其自主研发的语音聊天技术首次推出微信语音对讲功能,吸引了大量用户。紧接着在不到3个月的时间内,微信在发布的2.5版本上率先推出“查看附近的人”功能。此后,微信以几个月一更新的频率进行产品功能的迭代。2011年10月1日,微信3.0版本推出了“摇一摇”功能。2011年底,微信3.5版本推出了二维码。2012年5月,微信构建了一个允许用户将文字、图片、音乐、视频等资讯内容基于个人的私密关系链实现小范围流转的模块——“朋友圈”。如今,微信已经从刚开始的“能发照片的免费短信”变成了“最受青睐的手机通信软件”。①

同样通过不断更新而取得发展的还有阿里巴巴旗下的淘宝及系列产品。2003年5月10日,淘宝网诞生。2004年6月,淘宝网推出“淘宝旺旺”,将即时聊天工具和网络购物相联系起来。2004年底,阿里巴巴集团推出支付宝,从建立之初到2005年,主要是与淘宝的应用场景相结合,服务于淘宝交易,后发展为独立的支付平台,成为电子商务乃至生活中的基础软件之一。此后的淘宝网一直在丰富自己的业务功能。2010年3月,聚划算上线,主推网络商品团购。如今,曾经的淘宝购物平台已经发展成一家“无所不包”的生活服务平台,囊括线上购物、外卖配送、线上商超等各项网络服务。②

除了已经变成“传统行业”的移动互联网平台之外,数字经济进一步延伸的落地商业场景还包括智慧物流、智能运输、智慧医疗、智慧城市等物联网项目,通过海量的精密传感器进行收集和操控,对收集的大数据进行分析并支持人工智能的学习和运作,最终返回相应的操作指令,进而实现“万物互联”的效果。而商业机构在此过程中扮演着最为重要的技术支持角色,以智慧城市为例,腾讯提出的城市发展解决

---

① 许扬帆、孙黎、杨晓明:《迭代出来的微信》,载微信公众号“清华管理评论”2014年6月16日。

② 《淘宝网与电子商务经营模式分析》,载搜狐网2018年5月18日,https://m.sohu.com/a/231691613_551501。

方案"WeCity未来城市"、华为发布的"城市智能体"支持体系等服务内容,均是着眼于通过物联感知、大数据处理、高速通信等一体化解决方式,来实现现实空间运营实体(即传统的城市治理)向数字化转型的目标,实现大幅度提升现实实体运营效率、降低运营损耗、拓展新的服务功能的期待效果。

凡此种种,公司产品和商业模式的迅速迭代更新,客观上必然要求公司法务人员要更早、更及时地介入创新的合规评审环节,并扮演越来越重要的角色。而这,将成为公司法务人员未来的主要战场。

从笔者团队的日常工作经验来看,业务人员经常会提出这种紧急需求:某项App的更新明天要上架,某个广告文案明天要推出,某个新商业模式产品要上线,某个新的硬件或服务全场景即将等待投放市场,等等。大部分外部常年顾问律师团队往往来不及完成这种紧急需求任务,或者无法大量满足公司内部各产品线的需求,更多地只能依靠内部法务人员来解决这些问题。

简单来说,当面对这类问题时,一名熟练的产品线支持法务人员应当考虑的点是:"第一,这件事能不能做?第二,如果不能做,怎么改?第三,如果无法改,可能面临什么处罚后果?"然后,全面配合业务人员根据答案迅速决定是否调整原方案。

二、数字时代商业模式创新的需求

数字时代的创新对应的是特定细分领域或者特定市场方面竞争的零起点。由于新业务、新产品的商业逻辑是全新的(即使本质是原来的逻辑,也需重新分析和理解),往往法律规范也是空白的,法律架构需重新搭建,对于所有法律人来说均需从零开始。

以滴滴为例。此前,出租车供给不足,虽然供不应求,但出租车运营效率却不升反降。网约车的出现改善了出租车供需失衡的局面,在滴滴最早阶段,平台采取车辆租赁模式,与租赁公司和劳务派遣公司形成多方协议,平台撮合交易,用户向平台支付费用,平台再与另外两方结算,以解决没有出租车运营牌照的问题。①

商业模式的创新远不止在纯粹的互联网领域,例如 2010 年成立的“个推”,虽然起身是在传统的广告领域,但经模式创新,就已经不再是早年间通过售卖媒体资源、提供创意设计来从事营销中介活动的广告代理公司,而是结合自己获取的大量数据,为企业运营、用户增长、品牌营销、金融风控等各行业客户以及政府部门提供数据智能产品、服务与解决方案。这类公司研发和向市场推广的每一个产品或者服务,都对应着一个新的数据利用场景,一个新的数字化赋能的领域。

在这些创新领域,外部律师并不比公司法务人员更具有专业优势。相反,公司法务人员更熟悉业务一线和商业规则,更容易接触前沿法律问题,更有可能成为新法律领域的专家。从笔者团队目前经验来看,头部互联网公司或者科技公司因为在业务形态方面的创新或者新科学技术的运用,导致法务支持人员有更多的机会被“喂”出来较高的理解能力和创造力,其内部大量优秀的法务人员甚至已经成为专家型的人才。因此可以说,相较于传统行业的法务人员因为长期处理同类型业务而可能导致知识结构陈旧,在新的时代、新的行业,新的商业模式给了法务人员一个最佳的自我提升和发展的契机。

三、数字时代公司竞争的需求

传统经济形态向数字化转型,必须要借助数字化技术来完成,如云计算、大数据分析、人工智能等。而所有的数字化技术 ,其研发和运作的基石都是数据。因此,数据也被形象地比喻为内燃机时代全球争夺最为激烈的石油。旧时代围绕着石油爆发的纷争不计其数,数字时

---

① 崔桂林:《滴滴商业模式之问》,载百度百家号“中国经济网”2019 年 3 月 4 日,https://baijiahao.baidu.com/s?id=1627071968048248603&wfr=spider&for=pc。

代围绕数据产生的利益纠葛也不会少。以司法案例为例,从国内“顺丰与菜鸟之争”“新浪诉脉脉”“大众点评诉百度地图”到国外“HiQ 诉 Linked-in”,就能看出各数字化平台企业之间的数据竞争已经进入白热化。

2017 年,腾讯与华为之间即爆发过数据争夺“战争”。当年,华为推出的一系列新手机设备无法在支付中使用微信的指纹认证。有分析认为,这与华为、腾讯两家未能就数据储存条款达成一致有关。很有可能是因为之前华为的荣耀 Magic 手机的“智慧助手”功能可以根据微信的聊天内容,自动加载相关地址、天气、时间等信息;也可在通话、购物时提示相关服务信息。假如手机用户在微信聊天的过程中,涉及天气、位置等信息,该助手就会自动加载相关内容,甚至在提及电影相关信息时,该助手会根据聊天内容自动识别出对话中的信息,在聊天页面上方显示近期热映的电影,并提供影院与订票功能。腾讯认为,华为手机“智慧助手”的功能是基于微信用户数据的采集和调用,获取的是腾讯的数据,侵犯了微信用户的隐私。华为则认为,所有的用户数据属于用户,而非微信或者荣耀 Magic 手机,相关数据的收集是在经过用户授权之后进行的,并不违法。①

除国内科技巨头之间的数据之战外,国外巨头之间的竞争也十分激烈。早在 2010 年 11 月,Facebook 和谷歌就对用户数据展开争夺。谷歌宣布将不再允许 Facebook 抓取 Gmail 用户的联系人列表。作为回应,Facebook 表示在用户许可的情况下,继续禁止谷歌抓取 Facebook 的联系人数据。另一互联网巨头亚马逊同样被列入 Facebook 禁止抓取数据的“黑名单”。同时,谷歌和亚马逊因拒绝签署 Facebook 的“广

---

① 《华为与腾讯的数据之争,到底谁理亏?》,载搜狐号“宗易汇”2017 年 8 月 18 日,https://m.sohu.com/a/165611817_426321。

告提供商服务条款"①,也不在 Facebook 的广告提供商名单中。② 2020 年 3 月,谷歌在其发布的一份声明中表示,为了保护 Chrome 浏览器的用户隐私安全,谷歌将在未来两年内,逐步取消第三方 Cookie 可获数据的权限。③

而随着数字化经济逐渐从互联网行业延伸到其他领域,这种数据之争也随之而来。例如,2022 年 8 月从事二手车交易的上海彧菡汽车科技有限公司对北京与车行信息技术有限公司提起的反垄断诉讼,或能看出对数据的争夺已经延伸到了反垄断领域,直接指向争夺公共数据的公平使用和交易权利。

以上事例我们可以看到,通过法律文件设计和诉讼、仲裁等法律手段来筑造"护城河",甚至是主动出击,已经成为涉数据类公司尤其是科技公司的常用竞争手段。如何制定竞争策略,排兵布阵,抓住时机,果断采取行动,其实非常考验公司法务人员的智慧。除了要熟悉反不正当竞争法等法律法规外,还需要对本公司、竞争对手以及本行业有深刻认知,综合各方的商业布局、既有行动和监管动向来预测未来发展,安排下一步行动。基于此,公司法务人员如果重视提高自身

---

① 广告提供商禁止直接或间接接受任何来自 Facebook 用户的数据,即使是用户同意提供也不可以。如果有任何类似的数据进入了提供商的数据库,提供商必须马上向 Facebook 汇报并清除数据。

② 《Facebook 应用封杀谷歌 AdSense 广告》,载搜狐网 2011 年 3 月 30 日,https://it.sohu.com/20110330/n280060187.shtml。

③ 《第三方 Cookie 遭浏览器厂商弃用 用户数据争夺战或有新形态》,载百度百家号"环球网"2020 年 3 月 3 日,https://baijiahao.baidu.com/s?id=1660101122672240563&wfr=spider&for=pc。Cookie 在本质上是对用户上网数据与行为的记录、存储。利用 Cookie 数据,平台公司可以进行个性化的深度分析,按广告主需求锁定目标受众,根据人群特征进行精准投放,并可以根据目标人群实现对广告进行实时定价,从而减少广告投入成本的浪费。被称为"数字广告的基石"的 Cookie 对数字广告的发展起到了非常大的作用。谷歌等浏览器厂商因拥有数据而将成为更加重要的中介,他们集中保存了用户信息。对于拥有数据的其他大型互联网平台而言,他们所积累的大量平台用户内部数据价值将进一步凸显,这些公司的价值将持续上涨,互联网生态中的马太效应将更为明显。弃用第三方 Cookie 也将使广告商采取更为激进的技术或策略,以获得用户信息。

能力,在这一领域相比外部律师更有发挥空间和优势。这也是公司法务人员充分证明自身商业价值的途径之一。

四、数字时代国家监管的需求

如前所述,当数字经济已经成为国家经济增长的关键动力,已经在 GDP 中占据不可忽视的份额时,出于期待数字经济健康发展、抢占新一轮科技革命与产业变更的领先地位考量,国家对该领域的监管也极为重视。

例如,由于我国数字经济多年发展,已经形成了行业集中度极高的大平台主导行业格局,存在很强的垄断特征。“为了预防和制止平台经济领域垄断行为,保护市场公平竞争,促进平台经济规范有序创新健康发展,维护消费者利益和社会公共利益”,国务院反垄断委员会在 2021 年 2 月 7 日印发了《国务院反垄断委员会关于平台经济领域的反垄断指南》,重点打击平台利用自身市场力量和优势,通过横向和纵向跨界寻求不适当垄断地位的现象。而随着该指南落地后的执法动作,也印证了这种监管态势的真实不虚。

2021 年 4 月,国家市场监督管理总局对阿里巴巴处以 182.28 亿元的巨额罚款,计算依据是 2019 年度阿里巴巴在中国境内销售额 4557.12 亿元的 4%;2021 年 10 月,对美团处以 34.42 亿元罚款,计算依据是 2020 年中国境内销售额 1147.48 亿元的 3%;2022 年 1 月,又公布了 13 起未依法申报违法实施经营者集中案的行政处罚决定书,认为这批案件均违反了《反垄断法》第二十一条,构成未依法申报违法实施经营者集中,对涉案企业分别处以 50 万元罚款。

这种强监管态势不仅体现在反垄断领域,在信息内容监管方面更是长期并且持续关注。2018 年 1 月,北京市委网信办就用户发布导向错误、低俗色情、民族歧视等违法违规有害信息约谈新浪微博。2019 年 3 月,国家网信办指导“抖音”“快手”“火山小视频”等短视频平台试点上线青少年防沉迷系统。互联网信息平台运营者和发布者的责任和风险相应加重。

2020年,国家相关部门的整治行动更为密集。2020年6月,国家网信办会同相关部门对国内31家主要网络直播平台的内容生态进行全面巡查,进一步推进网络直播专项整治和规范管理。根据网信办的整治结果,有10家网络直播平台存在传播低俗庸俗内容等问题,未能有效履行企业主体责任。这些企业被国家网信办指导属地网信办约谈,视违规情节对相关平台分别采取停止主要频道内容更新、暂停新用户注册、限期整改、责成平台处理相关责任人等处置措施,并将部分违规网络主播纳入跨平台禁播黑名单。①

除了普适性的内容监管外,国家网信办还在每年进行"清朗"系列专项行动,通过专项行动集中解决重点关注的内容领域。例如2021年国家网信办部署开展的"饭圈"乱象整治、春节网络环境整治、用户账号运营乱象整治等15项"清朗"系列专项行动,累计清理违法和不良信息2200万余条,处置账号13.4亿个,封禁主播7200余名,下架应用程序、小程序2160余款,关闭网站3200余家。② 处罚力度之大,可见国家重点监管之决心。

因此,在这种背景下,公司需要专业法务人员来研究国家的监管政策内容及发展趋势,建立应对机制,准备应对方案,例如在投融资业务中进行反垄断合规性评估、在营销方案制定过程中进行内容合规性评估等,并配合业务部门应对监管机关的调查、整改工作。

---

① 《国家网信办指导属地网信办依法约谈处置虎牙、斗鱼等10家网络直播平台》,载中国网信网2020年6月23日,http://www.cac.gov.cn/2020-06/23/c_1594459834502044.htm。

② 《国新办举行2022年"清朗"系列专项行动新闻发布会》,载国务院新闻办公室网2022年3月17日,http://www.scio.gov.cn/xwfbh/xwbfbh/wqfbh/47673/48033/wz48035/Document/1721790/1721790.htm。

五、新时代公众权利意识觉醒的需求

目前,大多数公司在重视技术创新、服务模式创新的同时,并未将创新对应的法律结构的合法性审查放在同等重要的位置。随着国家监管机构越来越重视经济效益和社会责任的统一,用户的权利意识也逐渐觉醒,因此,监管约谈、处罚频率逐步上升,用户个人对公司不良创新、不良内容的投诉或者起诉日渐增多。

例如,根据 2022 年 4 月国家网信办公布的统计数据显示,2022 年 3 月,全国各级网络举报部门受理举报 1258.6 万件,环比增长 2.1%、同比增长 16.5%。

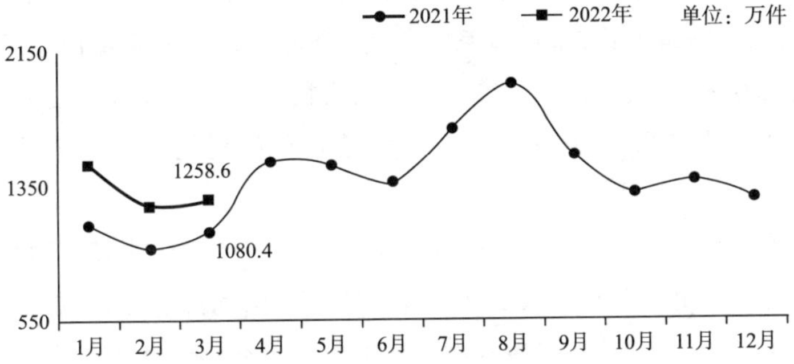

图 4-1　全国网络违法和不良信息举报受理总量情况(2021.1~2022.3)

除了监管举报之外,用户权利意识觉醒带来的相关纠纷也逐渐增多。近年来,多家一线互联网公司都有过被起诉的经历,而且在新闻报道中,以公司败诉为主。

2019 年 2 月,北京市海淀区人民法院发布消息称,因认为百度“有钱花”收集了其个人信息却未提供借款服务的行为,侵犯隐私权及肖像权等,某用户将北京百度网讯科技有限公司、北京百付宝科技有限公司、温州银行股份有限公司诉至法院,要求判令百度公司删除服务器中有关其个人的一切资料和信息,百度公司、百付宝公司、温州银行删除储存在公司电脑及其他储存媒介中涉及其个人的一切资料和信息。原告诉称,2018 年 2 月 11 日,他在手机上通过自己的注册账户登陆了百度网讯公司名下的"百度"App 应用程序后,在借款过程中,他通过点击页面中"下一步"按钮,"默认同意"了最下面一排、字体最小且最不明显的"借款等相关协议",再点击"相关协议"后才能打开其中一份《百度有钱花借现金服务借款协议》。在此借款过程中,自己在几乎毫不知情的情况下就被赋予了某些"不可撤销的,说不清道不明的授权"。被告方在向自己提供贷款的过程中,以一种虚构的事实,来诱惑自己以及其他经济状况较差的公民向其提交个人身份信息,以此来达到"骗取、收集和保存借款人以及其他公民等同于商品或财物的个人身份信息"这一目的,从而获知了他的财务状况,也获得了其身份证件信息、联系方式、手机联系人信息、身份证正反面照片信息、清晰的正面脸部容貌、银行账号等。原告认为被告方有可能在今后的任何时候、任何情况下都能随心所欲地解锁自己的任何个人秘密及个人隐私。①

而另一互联网巨头被起诉的经历也被披露在海淀法院的网站上。一名支付宝用户在北京乐友公司购买牙膏使用支付宝结账后,发现支付宝客户端默认勾选了"授权淘宝获取你线下交易信息并展示",使其在线下店铺的交易信息被提供给支付宝、淘宝和天猫。其认为北京乐友公司将自己在店铺的交易信息非法提供给支付宝,而支付宝也非法收集商品交易的详细信息,并将信息提供给了淘宝和天猫,违背了合理、正当的交易原则。淘宝、天猫同样也没有遵循其原则。随后,该用户认为上述公司共同侵犯了自己对个人信息被收集、利用的知情权,将其均诉至法院,并要求被告向自己道歉、删除个人信息数据并赔偿

---

① 胡群:《用户起诉侵犯隐私权"度小满金融"惹官司》,载搜狐号"经济观察报"2019 年 2 月 27 日,https://www.sohu.com/a/297981516_118622。

经济损失、精神损害抚慰金各1元。[①]

2019年,“QQ浏览器”的一名用户在江西某法院起诉了这款App运营方腾讯,并提起了行为保全申请(诉前禁令),要求腾讯立即停止侵犯其隐私权的行为,并立即停止在“QQ浏览器”App上使用原告的微信/QQ账号信息以及好友关系。原因是该用户在一次使用中发现微信账号登录“QQ浏览器”之后,“QQ浏览器”在没有提示、告知的情况下,也未经授权同意,即获取了相关的微信好友关系,并展示在好友页面上。不仅如此,“QQ浏览器”还同步了该用户微信账号中的性别、地区等个人信息。于是,该用户又使用QQ登录“QQ浏览器”,发现同样在没有被提示和告知的情况下,未经授权同意就被获取了他的QQ好友关系,以及性别、地区甚至生日信息。于是,该用户试图在“QQ浏览器”中删掉这些被违法收集的个人隐私信息,但“QQ浏览器”居然未提供任何方式来取消个人信息的授权,在“QQ浏览器”中,也找不到任何能够删除个人隐私信息的地方。最终,法院裁定腾讯立即停止在“QQ浏览器”App中获取用户微信账号中的头像、性别、生日、地区等个人信息,以及微信好友信息的行为。同时,法院裁定腾讯立即停止在“QQ浏览器”App中获取用户QQ账号中的头像、性别、生日、地区等个人信息,以及QQ好友信息的行为。[②]

2020年8月,北京互联网法院一审宣判认定,在微信读书中,微信好友之间的读书信息默认开放,构成对原告个人信息权益的侵害。这起案件起因为原告在使用微信读书时,软件自动为其关注了大量的微信好友,还可以和共同使用微信读书的微信好友相互查看读书信息,包括查看书架、正在阅读的书籍、读书时长等。因此,用户认为腾讯公

---

① 侯艳艳:《支付宝疑非法搜集个人信息 遭用户起诉并要求索赔2元》,载驱动中国网2018年3月21日,https://news.qudong.com/article/473655.shtml。

② 《用户诉腾讯QQ浏览器违法收集个人隐私 法院:立即停止》,载新浪网2019年6月3日,http://finance.sina.com.cn/roll/2019-06-03/doc-ihvhiqay3288217.shtml。

司侵害了其个人信息权益及隐私权,要求腾讯公司解除其微信读书内对微信好友的关注、停止提供读书信息、赔礼道歉、赔偿经济损失等。最终,法院认定,因为微信读书中的信息组合与人格利益较为密切,微信读书迁移微信好友关系、默认向未关注的微信好友公开读书信息等,存在较高的侵害用户隐私的风险。原告微信读书中的关注关系为微信读书自动添加,该案中微信读书没有征得原告有效的同意构成对原告个人信息权益的侵害。

海外公司也不乏被起诉的经历,且往往是范围更大的集体诉讼。雅虎面对过一起全美国范围内的诉讼。诉讼的起因为雅虎的三起数据泄露事件。2013 年 8 月发生的雅虎数据泄露事件影响了其 10 多亿个账户,而 2014 年的数据泄露事件影响了 5 亿个以上的账户。第三次泄露事件发生在 2015 年和 2016 年。这起诉讼代表了其 10 亿以上的用户,他们称他们的个人信息在三起大规模的数据泄露事件中遭泄露。法官露西 · 科赫(Lucy Koh)作出的裁决称,这些数据泄露事件发生在 2013 年至 2016 年之间,但雅虎却迟迟没有向外披露,一直到三年后才披露了第一起事件。有关雅虎遭到网络攻击的范围被曝光后,Verizon 通信降低了对该公司的收购价格。判决书中,法官拒绝了雅虎有关数据泄露受害者没有资格起诉的辩解,并表示他们还可以提起有关违反合同和不公平竞争的指控。这位法官称,与此同时,如果雅虎没有推迟披露这些泄露事件,其他一些人可能早就修改了密码,或者取消了他们的账户,从而减少了损失。①

在英国,谷歌因为其绕过 iPhone 防止 Web 追踪工具而被起诉,有 440 万人列为原告,将要求谷歌赔偿至多 32 亿英镑(42.9 亿美元)。谷歌在聆讯中提交的文件表示,这些 iPhone 用户组成的组织 Google You Owe Us 声称,如果胜诉,参与起诉谷歌的每名 iPhone 用户可以获

---

① 刘春:《美国法官判决:个人信息遭泄露用户可以起诉雅虎》,载网易网 2017 年 9 月 1 日,http://tech.163.com/17/0901/08/CT82RJFA00097U7R.html。

得至多750英镑(1006美元)赔偿款。目前,这一案件尚未成为“集体诉讼”(representative action)。双方纠纷的核心是,2012年谷歌曾蓄意绕开Safari浏览器封杀第三方追踪Cookie的安全措施。广告是谷歌创收的核心,它肯定不愿意失去iPhone用户这一优质广告受众群。2017年末开始策划这起诉讼时,Google You Owe Us称多达540万名iPhone用户可能受到谷歌这一行为的伤害。①

一方面是公司商务活动的高频次、创新性发展,另一方面是公司用户权利意识的增强,这势必要求公司在开展商务活动时要尽早开展合规调查。因此,公司法务人员需要提供从事前、事中至事后的全阶段、全方位的法律服务。

第二节　商业参与的内部价值

第一章中,我们讲到了公司法务需要寻找自己的合适定位、实现自己的真正价值,需要以公司战略作为切入点。在第二章中,我们强调了公司法务应当如何服务于公司战略、如何对公司战略解码并制定公司法务战略。在第三章中,我们阐述了如何让公司法务更好地生存与发展。而这些内容都已经指明了,法务需要单独创造自己的价值,而不仅仅是把自己视作一个“支持部门”,而如果公司上下已经对公司法务形成了这样的认知的话,那就更应该从价值观上、从方法论上努力去扭转这种认知,至少要实现第三章第一节中所提及的C级以上级别的法务部门存在。而如何成为C级以上的法务部门存在,有一个共性就是能在服从公司整体战略的前提下,积极参与到公司最为关注的创造商业价值中去,成为业务的伙伴、公司可信赖的顾问乃至于公司

① 《英国苹果用户起诉谷歌侵犯隐私,索赔近43亿美元》,载搜狐号“搜狐警法”2018年5月22日,https://www.sohu.com/a/232427197_420076。

新价值的创造者。

但法务如果要开展商业参与,读不懂业务需求是不行的。业务需求最重要的是迅速和变通,这点看似与法律人传统的审慎而不追求时效的工作风格严重不符,但实则是公司法务人员的新蓝海。事实上,越来越多的公司对法务人员的使用,已经不再拘泥于传统的合同审核、纠纷处理,而是直接将其匹配到了业务一线,这正是古老的法律行业和新兴科技结合后,法务人员面对的一片新的蓝海领域,本书对此种业务形态,亦称"商业合规"。

新浪的法务负责人谷海燕认为:"法务应当走出去,与推动规则制定的有关部门、法官、学者和律师保持沟通与交流。让处于不同角色的法律共同体了解前沿的互联网产品与商业模式,在哪些层面上法律仍存在界定不清的模糊地带。大家共同探索与研究这一行业前沿法律问题的解决方案,助力行业创设规则与完善规范。伴随着经济全球化时代的到来,越来越多的外资企业、跨国公司的加入,这就更需要越来越多的法务人才充实到企业的经营管理中来。法与商的结合必将是这个时代的主题。因此,对于大型企业来讲,法务部门的建设和法务工作的推进,是决定企业能否适应这个时代的重要标准。不断吸纳精英法律人才,充实到企业的经营管理和运营决策,是互联网企业在21世纪制胜的武器。"①

腾讯的陈一丹对这种模式也表示认同:"(改革以后)这个时候我们叫BG②,是企业发展的事业群,它不是改一个名字的关系,不是系统变成事业群,而是这个事业群的总裁有独立的和配套的权利和资源去在这个领域上冲,所以这个事业群就是在这个领域上有相当的资源和

① 《新浪谷海燕:互联网法务人成长不设限》,载搜狐号"亚太法务联盟"2020年6月15日,https://www.sohu.com/a/401980318_120544107。

② BG,Business Group的简称,译为事业群。

整合力,这样才有执行力和决策力。"①

携程的副总裁兼总法律顾问杨钦也指出,法务人员不仅应具有核心的法律精神,扎实的专业基本技能,而且还应具有足够的管理能量。法务部门的责任和心态应与公司业务部门相同:共同进取而不是放慢脚步。在矛盾情绪或新事物出现之初,法务部门需要具有创新思维,理性判断并创建缓冲区。关键是要支持公司的成长和绩效发展。②

一、参与商业的意义

(一)提供信息:成本预估

有一个很常见但禁不起细想的场景:不管是律师还是法务人员,有一类支持业务需求的方式就是简单提示有违法风险。但实际上有一个悖论,就是如果一个公司没有自动报送问题给法务部门的流程,那往往就是业务部门已经隐约觉得有违法风险了,才会把问题报送法务部门而产生一个需求。但如果拿到一个反馈是"确有法律风险",那其实这个回答除了印证业务部门之前的担心确实属实之外,对业务部门来说几乎没有任何价值——业务部门通常不会有兴趣在业务中去验证自己的法律判断是否准确,他们的目的和绩效都是"如何把事情做成后获得收益"。而业务部门最需要获得的答案其实是:如果有风险,那么这项业务是否还可以开展,如果现在不能,将来怎样能。

这看起来像是一个商业判断的问题,有很多法务部门也正因为此不愿意给出此种建议,认为已经超出了自己部门职责的范围。但是,

---

① 《腾讯法务之道|法律创造价值》,载搜狐号"一法网"2019年2月22日,https://www.sohu.com/a/296403733_571013。转引自腾讯研究院陈一丹先生于中南财经政法大学文泓楼报告厅进行的演讲:《法律创造价值——腾讯法务之道》。

② 《携程副总裁兼总法杨钦:法务不阻碍公司奔跑的速度,只力保它不跑偏路》,载知乎号"Acelaw法培学院"2018年11月15日,https://zhuanlan.zhihu.com/p/49926802。

无论是业务人员还是法务人员都应该弄清楚一点:公司作为一个商业主体,从来不是以无风险经营为存续目的。公司存续的基本动力是赢利,而不是规避风险。因此,法务部门在处理业务部门需求时,如果意识到违法成本也是公司运营过程中会产生的、扣减公司利润的常见成本的话,不妨也可从成本预估的角度来给出有操作可能性的建议。

例如,业务部门拟开展一个新形态的互联网商业模式,但这种商业模式之前从未有过。该需求发给法务部门评审时,法务人员查找法条后,觉得最接近的监管规则是一个十几年前的针对线下经营的部门规章,如果对其违反的话将要处罚 10 万元,但又没有找到近十年内的公开处罚案例。在这种情况下,如果法务部门仅仅出具一个“该模式存在违法风险,建议不要采取”的反馈意见,对业务部门来说是毫无意义的,对公司正常的经营也没有任何的帮助。如果法务部门给出的意见是明确告知“该模式在此前有近似规则,罚则为 10 万元,但法务部门并未检索到任何处罚案例,请业务部门结合该模式的可得利益综合决策”,这样的回复对业务部门的判断和决策就有了现实意义——至少业务部门能知道违法成本有多高。

(二)提供方案:降低成本

法务部门支持的价值不只在于提供信息,仍以上述合规性审查为例,业务部门最可能提出的问题是:“知道可能会被罚 10 万元,有没有什么办法规避?”这个需求的本质是要求法务人员协助降低成本。法务人员需要提出合规整改的方案,并与业务人员一同实施方案,尽可能降低违法成本。同时,这一评估过程也非单纯以降低成本为目的。如整改方案 A,预估可将违法成本降至 5 万元,但同时业务人员评估将使营收增长降至 20 万元;整改方案 B,预估只能将违法成本降至 8 万元,但营收增长预估为 50 万元。业务人员大概率会比较整改方案 B 与不整改方案的预估利润(考虑到对违法成本和营收影响的预估存在偏差,业务人员也可能直接选择不整改),从而选择最终产品设计方案。而理想状态下,如果法务部门能够识别出,之所以该模式能够和十几年前的监管规则有关联度,是因为新模式中部分环节存在类似性,则更进一步在这些环节提出替代性的修改方案,以更加远离可能触犯的规则的话,实际上法务部门已经在深度参与创造公司的商业利润,已经成为盈利部门的一个环节。

当然,本书为尽量说明法务人员的真正价值和有前景的战场,以上描述对法务人员支持的过程进行了简化,仅以"营收""成本""利润"简要概括各项评估因素。实践中,公司开展某项单体商务活动的原因复杂多样,有很多互联网公司在抢占市场、吸引投资等阶段,关注更多的是营收、市场前景和份额而非利润,开展某个项目可能是出于上述商业目的。这种情况下,法务人员的职能主要是保证商业模式的底层逻辑的合法性(例如网约车需要做到不直接对抗出租车管理相关规范),不要因为底层逻辑完全违法违规而被叫停。无论业务部门或管理层最后出于何种理由决定开展或不开展某项单体商务活动,法务人员应做的是,提供充分的信息、展现全部的路径以及相应的结果,从而让这个决定更加客观、理性,至少是经全面评估、权衡后才作出的。

二、参与商业的目的

正因为本章第一节所述的发展背景和趋势,在很多创新活跃的公司,法务人员已经成为公司商业运营的组成部分,在公司开展战略规划和单体商务活动(包括新产品线的开发)前和开发进度中,提前或实时跟进评估合法性,预测和提出管理风险的措施。这种新的职能,类似于业务部门为了完成某项特定业务输出(提供商品或者服务)而进行的商业模型策划、原材料采购、人员配备等前期准备,是任何一项单体商务活动的必备环节。

在较多有现代化管理制度的公司中,目前已经有了较为广泛的认知,即公司在进行重大战略方向规划时需进行合法性评估。例如,游戏公司在美国开展游戏研发、推广和运营业务,需要了解美国的监管政策,聘请美国相关法律专业人士提供法律意见。又如,房地产公司在新加坡、马来西亚开发房地产,也同样需要了解当地政策法规以及窗口意见。随着各国对个人信息和隐私保护的重视,公司在进入当地市场时,还需特别重视当地数据监管政策。

此前,战略和业务方向合规这部分需求实际上很多时候是由外部律师完成的。这类需求通常情况下交由外部人员完成的原因,是此类需求的频率并不高,而且往往在最终决策之前的讨论商议时间会比较宽裕,并不急于尽快得出明确的结论。但由于数字时代商务活动的高频次和创新性,公司尤其是大型平台公司现在面临的最多需求不是大体量的战略层面的合规,而是日常发生频率较高的单体商务活动的合规,而且此种商业参与或者说商业合规的目的也非常直接,主要有如下几种:

(一)缓释监管风险

对于任何从事商业合规服务的法律工作者以及具有商业合规需求的公司来说,缓释监管风险都是商业合规最直接、最主要的目标。在公司开展单体商务活动前,首先需要确认该商务活动是否为现行法律法规所允许,商务活动的开展是否会导致监管部门对其进行否定性评价。一项不合规的商务活动或产品可能为公司带来较大监管风险。

1. 行政调查与处罚

当公司出现明显的违法违规行为时,将会引起监管机关的注意,行政调查与处罚是监管机关对公司商业合规行为进行管控最常用的手段。根据《行政处罚法》的规定,行政处罚分为警告、罚款、没收违法所得、没收非法财物、责令停产停业、暂扣或者吊销许可证、暂扣或者吊销执照、行政拘留等几大类。执法机关在作出行政处罚前,一般将向拟被处罚人送达《行政处罚告知书》,并进行调查谈话,制作笔录。公司对拟进行的行政处罚可以申请听证,阐述自己的申辩意见。

在当下的执法环境中,行政调查与处罚并不仅仅是由监管机关主动发现违法行为而被触发,更多的情况下,行政执法的线索来自普通群众(尤其是职业举报人)的投诉举报。因此,在庞大的普通群众以及职业举报人的密切关注下,公司所面临的监管风险压力是非常大的。近几年,不少公司被爆出屡遭监管机关处罚。例如,小米集团旗下的小米科技有限责任公司(小米商城的官网备案主体)近3年来遭到20余起行政处罚,其中大多数是由于发布违法广告或进行虚假宣传,如2018年11月因广告称“有机会抽小米6以及购买资格”等虚假宣传行为被工商部门罚款1万元(京工商海处字〔2018〕第2283号),2018年12月因删除差评以及重复好评被工商部门罚款10万元(京工商海处字〔2018〕第2329号),2019年11月因在广告中对商品、服务描述不准确而被罚款5万元(京海市监工罚〔2019〕963号),亦有因格式条款中排除消费者权益(京海市监工罚〔2019〕960号)、违规促销(京工商海处字〔2018〕第2281号)、产品质量和售后服务不合格等违法行为遭到惩处,罚款金额从几万元到10万元、20万元不等。同样多次被罚的知名公司还有小红书的运营者行吟信息科技有限公司,其涉嫌存在违法广告、虚假宣传和价格违法等行为,在过去3年内被处以行政处罚多达20次,累计罚款金额超过67万元。其中,小红书在2018年10月18日因“使用或者变相使用国家机关、国家机关工作人员的名义或者形象”而被罚款20万元,为最严重的一次行政处罚。

类似这种互联网或平台型企业,因为营业活动活跃,遭受行政处罚的概率也大得多。一旦被行政处罚,对公司的负面影响是多方面的,除了支出罚款所遭受的直接经济损失外,对一些面向机关、事业单位的供应商而言,一次行政处罚可能就意味着数年丧失了政府采购的投标资格。即使罚款力度不大,行政处罚也会对公司的商业信誉造成长久的不良影响。尤其目前企查查、天眼查、启信宝等企业查询软件的普及,用户自行调查企业背景信息的便捷性大大增强,互联网的记忆将会使每一个行政处罚都会成为将来负面舆论爆发的隐患。

2. 约谈整改

除了行政处罚,用约谈、曝光推动企业主体责任落实也是我国政府部门开展行政监管工作的常用手段。近年来,因违规问题致使大量企业厂商,其中不乏知名企业,频频被相关监管部门约谈整改,督促其纠正清理。

2019 年 4 月 16 日,针对新浪网对用户发布违法违规信息未尽到审查义务,持续传播炒作导向错误、低俗色情、虚假不实等违法有害信息的严重问题,国家网信办指导北京市委网信办约谈该公司负责人,责令其立即自查自纠,全面深入整改。新浪网表示,在全面深入整改期间对问题突出的 PC 端"新浪博客"和"新浪看点"平台自行暂停更新 1 个月,对"新浪新闻""新浪博客"App 下架 1 个月。

2020 年 4 月 7 日,针对百度 App 多个频道存在严重违规问题,国家网信办指导北京市委网信办严肃约谈百度公司负责人,要求立即停止违规行为。百度 App 推荐频道、图片频道、视频频道、财经频道、科技频道自 4 月 8 日上午 9 时起暂停更新,清理违规内容,开展深入整改。

2021 年 9 月 8 日,中央宣传部、国家新闻出版署有关负责人会同中央网信办、文化和旅游部等部门,对腾讯、网易等重点网络游戏企业和游戏账号租售平台、游戏直播平台进行约谈,提出各网络游戏企业和平台要严格落实通知各项要求,不折不扣执行向未成年人提供网络游戏的时段时长限制,不得以任何形式向未成年人提供网络游戏账号租售交易服务。要加强网络游戏内容审核把关,严禁含有错误价值取向、淫秽色情、血腥恐怖等违法违规内容,坚决抵制拜金主义、"娘炮"、"耽美"等不良文化等。

诸如此类,在被约谈后,公司将不得不暂停相关业务、及时整顿消除违规行为。如果公司"屡谈不改",其违法违规事实和被处罚情况不仅会被公开曝光,监管部门还将严格依法加大处罚力度,对公司的长远发展会造成严重不良影响。

3. 刑事责任

在我国当前法律体系框架内,公司不合规经营可能面临的民事责任和行政责任一般都不至于产生毁灭性的打击,但刑事责任对于公司来说往往是灭顶之灾,可能颠覆整个公司的未来。如何避免公司遭受刑事指控或成为刑事案件的被害人,应当成为公司经营发展首先要解决的问题。

例如,号称中国最大的简历大数据公司的巧达科技,利用技术手段绕过互联网公司保护措施,未经授权访问并大量恶意窃取被害公司的用户数据。在窃取过程中还曾导致相关公司的服务器中断服务,影响上千万用户正常访问,给相关公司带来了严重的经济损失。最终,巧达科技被查封,涉案员工被警方依法刑事拘留,公司法人王某某等36人被逮捕。巧达科技由于数据合规问题被警方查处,给大数据产业公司提出警示。

另外一个典型的例子是数据堂侵犯公民个人信息案。2017年5月,数据堂因泄露客户隐私,公司多位高管和业务人员被警方带走调查,公司数据业务停摆。数据堂成立于2011年,是中小企业股份转让系统(新三板)挂牌的股份公司。其在8个月的时间内,向外部企业日均传输公民个人信息1.3亿余条,累计传输数据压缩后约为4000GB左右,公民个人信息达数百亿条。该案一个值得关注的点是,除了出售个人信息的数据堂的直接责任人涉及犯罪,从数据堂购买个人信息的企业人员同样成了犯罪嫌疑人。数据堂的案例提醒企业不单单要对自身的业务进行合规审查,对企业上下游的相关合作伙伴的合规情况也应有所注意。

(二)避免舆情纠纷

除了来自公权力机关的法律风险需要规避,现代公司出于维护商誉这一无形资产的考虑,必然还需要避免卷入舆情纠纷影响公司形象。在公司开展相应业务,尤其是前沿、新型业务时,先行进行商业合规可以对该业务可能面临的风险进行有效预知,尽量排除后期可能面临的法律风险和舆情风险。即使后期产生负面舆情或纠纷,也可以在其刚刚开始出现时就迅速采取恰当的合规应对措施,运用适当的策略合理引导舆论,解释公众的关注点,安抚大众情绪,这就很可能扭转舆论态势,甚至起到正面宣传的作用。

而如果公司未能有效预知并建立应对机制,当公司身陷负面舆情时,便无法进行迅速妥善的处理,很可能会被竞争对手利用成为攻击公司的武器,导致公众对公司的负面舆论进一步增加,进而影响公司的商业信誉和正常的生产运营。

例如,在华为、腾讯微信数据争议中,据《华尔街日报》报道,由于此事牵涉公司大数据商业利益与用户隐私保护敏感问题,引起广泛关注和大量质疑与讨论。部分用户对腾讯的自己的聊天数据不属于自己而只有使用权的说法感到难以理解,部分用户认为华为调取腾讯获取的用户聊天数据并不合理。双方你来我往、各不相让,直到工信部介入后,双方的争议才逐渐平息,这一过程不仅是两家大型公司的PR① 部门在舆论场表面的交锋,更是双方合规团队背后主导的一场没有硝烟的战争。

此类事件其实并不仅仅发生于头部企业的博弈过程中,也并非一定由竞争对手推波助澜而产生。例如,2022 年 5 月 6 日,某汽车博主发布视频,称高合汽车的行车记录仪可通过接收其他高合车辆信号,并可加载行车记录仪内容,其中包含位置、时间等信息,存在信息安全隐患。虽然高合汽车随即 5 月 7 日发布声明称,该功能属于车队出行、车路协同系统的组成部分,出厂时默认关闭,需用户在车辆上电(即“启动”)后,打开设置中的功能选项,并通过二次确认隐私条款弹窗才能开启。但该解释并未打消车主和网友们的疑虑,直至声明当晚10 时,相关话题的总阅读量已上升至近 5000 万,讨论次数超过 1 万。

① PR,Public Relations 的简称,译为公共关系。

这种由消费者引发的舆情处理,实际上如果公司法务之前没有参与过产品功能设计的话,就很难迅速、及时进行响应并给出合理的解释。实际上,即便该功能确实需车主两次确认隐私条款弹窗才能主动开启,这种提示对于车主本人而言是足够的,但并未考虑到车主换人等情况。合规上最为合理的处理,是"单次开车单次请求",即开启该功能后只在当天当次行车中有效,重新启动汽车后需要再次开启功能并取得同意。由于汽车一般默认每次授权都来自车主本人,不会考虑驾驶人更换的情况,此时就需再次告知并重新取得同意。

综上,一个健全、完整,权责清晰、战略布局先进,公共关系和法务部门联动顺畅的舆情反应体系,是一个现代化机构顺应互联网时代的必然产物,对机构形象的维护和口碑的传播有着极其重要的现实意义,而该体系的建立,最底层的运行逻辑,就是需要在导致出现舆情的产品设计、商业决策中,融入法务的商业参与,才能在遇到舆情事件时,及时、准确、专业地进行响应。

(三)助力商业决策

法务的商业参与,不仅能够使公司免于商业纠纷、负面舆论、行政处罚和刑事犯罪等负面情况,还能够直接正面作用于公司发展。正如本书后述部分将向大家展示的,当下法律服务市场中优秀的商业合规更加注重为公司提供直接的、可行性强的执行建议,比既往法律服务类型能够更加深入地渗透进公司的日常运营管理,因此,优质的商业合规是跟随式的服务——事前可以为公司提供可行性分析、风险提示和调整建议,事中随着业务或产品的发展可持续提供调整建议和突发情况应对方案,事后还可以获得复盘总结。在这一过程中,随着商业合规服务者与被服务公司之间了解的不断深入,商业合规的服务内容从简单的法律分析逐渐变成了"解决问题、优化流程",商业合规也便从单纯的法律服务向公司管理服务逐渐靠拢,这些都有助于公司领导层在公司经营管理过程中作出正确的商业决策,甚至能够为公司的长远发展带来利好。

如果对日常发生频率较高的单体商务活动进行合规性评审,避免出现合规风险,相对于调动较慢、与公司日常业务结合并不是那么紧密的外部律师,公司法务人员更具有优势。

但问题往往在于,第一,公司法务人员自己是否具备此种较高层次的支持能力;第二,公司经营层是否认为其是商业运营的必备环节从而给公司法务人员这个需求。

因此,要做到让商业合规成为战略规划和单体商务活动之前的一个必要环节,而且公司法务人员还能真正支撑得起这个环节,不仅需要让公司管理层和各部门认识到法务人员的新职能和新价值,破除对其"仅仅作为善后和审合同等支持部门"的固有传统认知,还需要公司法务人员自己提升商业支持意识和能力,而不仅仅满足于传统意义上的岗位职责。

第三节　商业参与的趋势特征

法务商业参与的提法虽新,但它绝非近年来的新生事物,所谓的法务参与商业工作其实脱胎于传统的公司日常法律咨询业务,但是随着商业经济市场与法律服务市场近年来的发展,相较于传统的公司日常法律咨询业务,当下呈现出一些新的趋势特征。

一、业务全方位合规

在较早期,尤其是移动互联网逐步普及之前,一家公司(尤其是传统实业公司)在经营过程中连续数年的业务内容少有变化,即使产生变化也仅是扩张到邻近的业务领域内,公司的发展过程主要是时间的累计和规模的逐渐扩大。因此,传统公司日常法律咨询服务所涉猎的行业和法律领域范围都较为固定或稳步发展,处理的通常是固定类型业务在日常经营过程中不时伴生的偶发问题。例如,对某服装品牌公司而言,一贯以来的主营业务为服装的生产与销售,日常产生的法律咨询需求可能都是围绕着服装生产销售行业,如应收应付账款纠纷(《民法典》)、员工人事纠纷(《劳动法》)、消费者退赔投诉(《消费者权益保护法》)等。即使其产品线进行扩张,如扩展到鞋帽生产销售领域,可能在生产线与生产技术上有较大的改变,但是在法律咨询需求方面,也仍以上述几方面为主。

但是在当下业务形态疯狂发展分化的数字化时代,公司尤其是平台型公司的经营范围和业务内容都在不断扩张,姑且不论社交类软件公司普遍相继开展短视频、直播、付费阅读等新型业务,即使是传统的产品生产企业、零售商也不得不顺势而行,积极参与到电子商务、直播带货、AI 智能等新浪潮的行列中。因此,在公司既有业务之上不断搭建新的单体业务板块成了公司发展的新形态,而公司的法律咨询需求也从主线业务发展伴生的偶发咨询,变成了业务转型或叠加产生的新业务整体合规。新业务形态既然与公司既有主线存在差异甚至很可能偏离甚远,也就意味着对公司新业务的合规是从零开始的,是全方位、多角度的。仍以上述服装品牌公司为例,如该公司拟顺应发展趋势加入电子商务的领域,推出自营商品网站以及 App 进行服装品牌的销售,则面临的法律问题便顿时变得复杂,其需要考虑的问题包括但不限于:自营网站及 App 需要取得何种资质、电子商务运营过程中有何要求与禁忌、网站及 App 的用户协议如何起草、网络安全和用户个人信息怎么利用。这些问题对一家常年仅进行实物生产与线下销售的公司来说,可能是毫无概念的,是需要法务商业参与服务进行整体、全方位明确的。其中,可能最为极端的场景,是“当公司不具备这些资质但业务一定要开展”的需求。如何应对这种场景、应对的手段和方式是否可以落地,都将使得公司法务史无前例地成了公司整个商业模式甚至是战略发展方向的核心。

二、注重执行落地

注重执行落地其实并不是当下法务商业参与的新特征，即使是早期为传统公司提供法律咨询服务的过程中，法律从业者们也会注意尽量提供可行性强的法律建议，从而真正解决公司所遇到的问题，只不过在当下的商业环境中，提出可行性法务商业参与的门槛提高了、难度增加了。

在传统行业的语境下，公司业务模式较为单一且业务转型慢，法务人员有较多的经验和时间去对公司的运营模式进行了解，而在当下的商业环境中，行业种类不断丰富、不断细分，各行业精细度逐渐提高且不同行业间的壁垒也逐步建立，技术成了最主要的生产力工具，法务人员如果想要了解一家高新公司的产品或业务逻辑，仅凭经验和法律知识可能是远远不够的，还需要对业界惯常实践、公司的管理结构甚至该行业所涉及的技术知识有一定的了解，如此才能提出真正能够落地实施的合规建议。

三、关注前沿动态

如前所述，近年来，不仅阿里、腾讯、京东等互联网巨头，还包括中国移动、华为、蔚来汽车等科技型企业，都有了自己的政策法规研究院，成员们活跃于各种论坛、研讨会，并持续不断地以公众号文章、论文等形式输出观点。这便体现出了当下法务商业参与的一个新趋势，即关注前沿动态。部分头部公司所期待的法务商业参与服务范围不再仅限于结合现有法规进行风险预判、针对已经产生的现有法规下的违规行为进行善后解决，而是希望更加向前一步。在初级层面上，公司希望能够密切关注并紧密跟上立法及监管风向，对将来可能出现的政策转向作出提前预判并尽早布局；在更高级的层面上，头部公司们希望自己不但是规则的遵守着,更是规则的创造者,他们希望将自己在行业内运营的经验和观点进行输出,并希望这些经验和观点不仅可以在行业内广为传播,更可以上达至监管、立法部门,这样即使无法在监管和立法中掌握主动权,也可以在残酷的市场竞争中先行占据有利态势。这就要求当下从事法务商业参与的法务人员不仅是一名"实干家",还是一名"学者",甚至是一名"资源型选手"。

第四节　商业参与的基本原则

与本章第三节法务商业参与的发展趋势相匹配,法务商业参与的基本原则包括以下四个方面:

一、合法合规

合法合规原则是法务商业参与的最基础原则,该原则要求法务人员能够准确全面地识别出产品或业务中可能存在的法律风险点。公司运营过程中之所以需要法务人员的介入,最主要的目的便是希望法务人员利用其专业知识,识别出并排除产品或业务中的风险,避免业务人员的知识盲区为商业发展埋下隐患。合法合规原则首先当然要求从事法务商业参与的人员有专业的法律知识与技能,除此之外,还有非常重要的一点是要求法务商业参与人员对合规对象,即法务商业参与服务所指向的产品或业务的功能、运行模式等细节有尽可能详细的了解。只有这样,才能够将专业的法律知识与公司的合规需求有机地结合起来,才能够从宏观和微观两个角度对商业模式进行综合风险评估,才能够真正实现全面、精确地识别出风险点,并对症下药,给出切合的合规方案。

二、目标导向

目标导向原则是商业经济的逐利天性向法务商业参与服务提出的要求，该原则要求法务人员在进行法务商业参与时，应该将公司商业目标的实现作为一项重要的考量因素。也即，在识别判断出商业模式中可能存在的法律风险点后，不轻易否定该合规对象的后续可行性，而是尽量通过对业务模式、产品功能的调整使项目合法合规，最终实现公司的商业目的。

具体来说，法务商业参与绝不仅仅是以法律资格考试答题的方式来回答一道法律分析题，或是以学术分析的思维得出一个法理上最周延的结论，而是在现行法规体系下、当下监管环境中，根据法规分析得出的风险点结合产品或业务的实际情况，尽量通过调整产品功能或业务模式设计来“变不可能为可能”，使公司能够在合法合规的情况下实现其商业目的。

三、执行落地

执行落地原则与目标导向原则相辅相成，当以目标导向原则对法务商业参与提出要求时，执行落地原则便顺理成章成为法务商业参与追求的更高目标。执行落地原则要求法务人员在进行法务商业参与时不仅应尽量给出合规执行的建议，且该建议应当尽量具有较强的落地执行可能。这意味着，执行建议的出具应该尽量细化、指向性尽量明确，同时在存在多种方案可以合规地实现公司的商业目标时，法务人员应建议公司执行资金成本、时间成本最低的一种。

四、输出简洁

法务人员在设计产品的法律结构时,需满足产品的商业目的的同时,还需从法律专业角度进行把控,考虑的核心因素之一是增加交易的安全性。

在公司法律服务中,无论公司法务人员或公司顾问律师,无论是提供审核合同或出具法律意见的服务,均是为了提高公司的风险控制水平——减少交易风险,增加交易的安全性。而交易的安全性分为两类:首先是交易本身的安全性,即合法性;其次是交易结果的安全性,即可安全地获得交易的成果。

一般来说,公司法务人员日常做的事情就是增加每项法律文件的周密性。如通过修改合同条款,加强表述的精准性和严密性,通过调整合同结构,避免前后矛盾、互相冲突,均是为了防止产生对本公司不利的解释,增强法律风险的可控性。这也是我们比较习以为常的工作内容。另外,公司法务人员必须有一个基础常识:只要有法律关系,就有风险。对于一项复杂交易,一套法律文件中包含五种合同相对仅有一种合同而言,合同内容出现问题的概率更高,可能产生的违约责任风险也更高。所以,增加交易安全性的治本之策是:减少法律关系。如果法律关系能在有效满足商业目的的前提下尽量简洁,那当然能够大幅增加交易结果的安全性。

当然,法律关系的设计也不能一味追求简洁、减少风险而牺牲商业目的,本书在第五章第三节对一款非常经典的法律架构设计产品即“招财宝”进行了详细分析,读者可以作为示例进行参阅,此处不再展开。

第五节　商业参与的基本方式

一、战略规划

商业参与领域为公司的战略和规划的,可以视为公司高层次的商业目的。在这个层次上,通常是公司就自己未来在何种市场,以何种经营策略来开展经营活动的宏观定位。举例而言,大家耳熟能详的联想集团"贸工技"和华为公司"技工贸"的策略,就是典型的公司战略。而针对这种战略的落地执行,在不同的领域、不同的执行层次,就会有对应的合规需求。例如,对于华为来说,要参与跨国竞争,在全世界范围内推广自己的自研技术产品,那么研发专利方面的布局,以及境外销售过程中对当地法规的遵循需求,就是公司法务人员需要重点关注和克服困难的地方。

在这个层面上,法务人员的工作通常是审查战略和规划的商业目的是否指向合法领域,即是否属于经营范围内被禁止从事的领域,并判断如果商业目的直接落在禁止从事的领域中,是否可能通过设计合规而脱离该领域(提供关于可行性的初步判断)。

由于公司的战略和规划是由公司的高级管理人员甚至是股东层面决定,因此,对应开展合规的也应为更高层次定位的法务人员,即本书中所论述的对公司的未来发展战略进行政策性研究的人员。

而此类商业参与的结果,影响广、层次高,可能导致公司运营模式发生变化,全部业务线进行调整(如美国的禁运政策会影响到公司的所有产品)。所以,对应此类责任和需求,一般来说需要调配非常充沛的法律资源来完成这项合规工作,而且往往还有外部律师甚至是专业咨询公司参与。例如,某个知名跨国大公司,法务部门就如何规避美国对中国的产品禁运,曾提供了一份非常详尽的法律意见书。无论该意见书内容是否正确,但至少说明,对于这种层面上的商业需求,合规的工作属于一个“重型”任务。

在这一领域,基本上合规准则和成果都已经发展得比较成熟,除了互联网、平台型公司外,传统公司也有很多优秀的法务人员在此领域非常有建树。

二、单体商务活动

公司的战略和规划需要通过单体商务活动来实现,要将战略和规划通过一个个单体的、各具目的的商务活动,由项目负责人负责实现。

由于行业特性,平台型公司对于单体商务活动的法务参与需求频次高、创新性强,因此这个领域才是公司法务的蓝海市场。

(一)参与对象

如果将平台型公司的各项经营行为进行简单分类,法务人员可能面对的参与对象为:

1. 前台产品

主要是指公司直接面向用户以获得营收的产品,如在应用分发平台上线的各种应用软件(App),或者对用户提供的云计算服务产品等。对于此种产品,法务人员需与商务、产品和技术人员合作进行产品设计,保证产品的合法性。

2. 后台管理

主要是指支持公司开展业务的管理活动和产品,如 ERP 系统等。法务人员无须从业务合规官的角度对此展开合规,但如果该系统属于公司法律风控的一部分,则法务人员应从法务管理的角度履行相应职能,对此本书后半部分将予以详述。

3. 营销行为

主要是指公司开展的广告、宣传推广、促销活动等行为。对此,法务人员需与业务部门、市场部门合作进行活动设计,保证营销行为的合法性。

(二)参与目的

如前所述,法务商业参与的意义一是提供信息(预估成本),二是提供方案(降低成本),本质是降低单体商务活动的(违法、违约)成本或实现公司诸如抢占市场份额、吸引投资等方面的商业目的。

(三)参与内容

如将一项单体商务活动视为一个项目,可以做如下分解:

1. 立项参与

在这个部分其实和战略规划层面的合规思路一致,即审查项目的商业目的是否指向合法领域,是否属于相关法律法规禁止从事的领域,并判断如果立项的商业目的直接落在禁止从事的领域中,是否可能通过设计合规而脱离该领域(提供关于可行性的初步判断)。

2. 设计参与

对项目的商业模式(指根据特定的商业逻辑而展现出来的项目运营步骤或流程)和/或产品架构进行合规设计。先对项目的商业逻辑进行解读,并从合规角度、围绕项目的商业目的对商业逻辑进行审查,然后提出同时符合商业目的和合规要求的法律关系架构和技术架构。

3. 执行参与

对设计方案的执行过程和落地后的项目成果、运营过程展开合规。如项目成果为一项应用软件,则合规的内容包括该软件的开发过程,如不侵犯第三方软件著作权和商业秘密;开发成果,如使用界面、用户规则;管理运营,如后台管理、数据存储和使用、软件推广等。

这是一个从上到下、层层推进的过程:商业目的(理念)——商业模式(设计)——商业执行(落地)。

(四)参与伙伴

如果从公司的整体运营视角来审视公司的商业活动,可以将商业活动的设计者按从上到下的层次分为三个层级:

(1)商业目的——设计者——高级管理人员;

(2)商业模式——设计者——项目负责人;

(3)商业执行——落地者——项目执行人员。

狭义上的产品经理一般是指上述第二层级的人员。法务人员在开展合规时,可以将上述三个层级的人员均视为产品经理,以便明确自身的职能是与产品经理一同完成商业活动的设计,需时刻注意从商业目的出发、围绕商业目的的实现提出法律意见。

(五)参与视角

法务人员在对商业活动进行合规,与产品经理合作、参与设计商业模式时,应遵从商业逻辑而非固有的法律逻辑。法务人员积极熟悉商业规则、了解商业目的、分析商业逻辑,是为了更好地理解商业活动设计者的商业逻辑,从而搭建对应的法律逻辑,设计法律关系架构。

以引进制作某项综艺节目的商业活动为例,从产品经理的商业逻辑视角来分解项目流程是:

(1)获得原版节目所有者的授权,筹集制作资金,取得立项和制作许可;

(2)将原版节目的制作方案和制作流程本地化,聘用执行导演、节目主持人、节目嘉宾、其他工作人员,租赁执行场地,宣传推广节目,预告和售卖节目,预售广告等;

(3)进行节目制作,安排配合节目上线,配合节目宣传,扩大制作团队的品牌影响力,获取更多收益等。

法务人员在进行合规设计时,应根据前述商业逻辑,审查各个环节对应的合规风险,进行法律关系的设计,撰写相应法律文件,如研究授权和许可政策、内容规制政策,制作授权合约、投资合同、合作合同、聘用合同、租赁合约、广告合同等,对每个商业环节逐一排查和控制法律风险。

需要说明的是,在此应对合规设计做广义理解,设计并不仅仅存在于商业目的和商业模式阶段。在法务人员的传统职能下,项目进入执行阶段后,由于项目的商业模式和法律关系架构已搭建完成,法务人员只需与执行人员沟通,为各个商业环节匹配合适的法律文本——起草和审核法律文书。但在法务人员新的合规职能下,其需要对产品的功能、设计细节、包装宣传等进行合规性审查,并与商务人员、技术人员探讨如何修改,在尽量不影响用户体验的前提下使之合规,这也是一种合规设计,是对产品细节的设计。

以上述节目制作公司从韩国引进某项热门综艺节目为例,除提供以供各商务环节签署的协议外,法务人员还需与执行人员探讨,节目创意环节、脚本内容是否符合监管政策,如何进行最小调整以保证节目效果。

另以 App 产品为例,除起草和审核用户协议、隐私保护政策、具体服务协议和使用规则外,法务人员还需要与执行人员探讨,各项协议、政策和规则应以何种方式在 App 中展现、提示和请用户确认等。

第六节　商业参与的输出类型

通常来说,如果以商业参与的对象与现行法律法规的契合度来衡量某项单体商务活动是否合规,可以将最终输出分为如下三大类:

一、完全合规背书

公司在推出新的业务或产品之前可能会对其合规性产生疑问,又或者部分业务或产品上线后遭到了他人合规性质疑,但是将上述合规对象置于现行法律法规框架下进行检视后,可以发现其完全合法合规,或者说存在法律风险的可能性极小,不存在执行障碍。

示例1

A品牌为知名汽车品牌,其今年(2020年)拟推出一款新型高端轿车,A品牌为宣传该轿车设计了一款海报,其中有一句文案为"A品牌2020年最新款轿车"。A品牌听闻广告中不得使用"最"字,对能否在海报中使用该文案存在疑问。

结论

《广告法》第九条第(三)项规定,广告中不得有使用"国家级""最高级""最佳"等用语的情形。该条虽然规定的是不得使用上述词汇("禁止使用的绝对化用语"),并不意味着广告中不得出现"最"字。原国家工商总局广告司在《广告法释义》中也明确"要注意依据广告内容、具体语境综合判定是否属于禁止使用的绝对化用语"。国家禁止使用的绝对化用语一般具有如下特征:(1)表示程度的最高级形容词,一般难以被证实,如最好、最美、最实用;(2)具有排他性,有贬低同行、损害竞争者利益的可能性;(3)绝对化用语指向被宣传对象本身。

而A品牌本次的海报文案中,已经限定了"最新款"的范围,即A品牌内部今年的最新款,该事实是能够被证实的,且不存在排他性、不会贬低或损害竞争者。只要该描述确切属实,则使用该海报文案不存在合规问题。

示例2

一个耳机生产厂商打算为耳机提供录音功能,但对该业务的合规性存在以下疑问:(1)该方案是否会存在侵犯第三方应用或用户权益的嫌疑?(2)为耳机提供多媒体类应用下的录音功能,是否会使耳机落入窃听设备的范畴?

结论

从功能设置上来看,这种功能需要给予用户主动选择的权利,并就可能产生的负面影响对用户进行告知,这样才能确保在用户权益保护方面基本无其他风险。最好是通过系统提示音等方式向用户展示该功能的使用说明、使用效果。

关于是否会使耳机落入窃听专用器材范畴的问题。由于在此种业务情境下,耳机本身的设计及功能并未产生改变。一般情况下,由于耳机主要拾取的是佩戴者的声音,对周围环境音拾取能力相对较弱(或会进一步进行环境音降噪处理),被认定为窃听专用设备的风险不高。但是如耳机的外形相对很小或对环境音有一定的拾取能力,建议向公安机关申请进行技术检测认定,经认定不属于窃听专用设备后即可消除该等法律风险。

二、触及红线否决

法务商业参与经评估后,发现业务或产品可能存在严重的瑕疵,触及法律法规的红线或有极高的违法违规风险,应不建议继续开展该单体商务活动。

示例

某公司经营一实体店铺,为装饰店面、吸引客流,准备在店面统一摆放卡通玩偶,如米老鼠、白雪公主等。想了解此种行为是否会构成侵权?

结论

根据著作权相关法规的规定,除《著作权法》第二十四条等规定的特殊情形(如个人学习研究欣赏,为报道时事新闻不可避免使用等)外,商业性使用他人作品均需取得著作权人的授权。现该公司拟使用玩偶进行实体店面装饰,该店面属于商业经营场所,并非单纯个人欣赏使用,未经著作权人许可进行该等展示可能涉嫌侵犯著作权人的展览权等权利。已有相关案例显示,有商家因摆放"小羊肖恩"形象而被版权方维权,并在诉讼中败诉。①

此外,迪士尼公司历来对于知识产权侵权维权工作十分重视,即使侵权程度并不严重(如学校泳池中印刷米老鼠头像、经营派对服务的夫妻穿着盗版迪士尼人物服饰拍摄宣传视频等),该公司也曾通过发函、诉讼等手段进行维权,在网络上可以找到大量迪士尼维权案例。网传,海底捞曾因在店中使用迪士尼角色玩偶陪客人吃饭而遭到迪士尼起诉,后撤下了所有店内相关玩偶,虽然该消息并无权威来源,暂无法验证其真实性,但是此举遭到迪士尼维权的可能性确实较大。建议公司避免此类展示行为,尤其是涉及迪士尼相关角色的玩偶,以避免可能的纠纷。

---

① 相关案例:北京知识产权法院(2017)京73民终2094号"北京京妮商业有限公司等与优扬文化传媒股份有限公司著作权权属、侵权纠纷案"。

一审法院经审理,认定事实如下:……2015年7月10日,优扬文化公司委托代理人闫某军与北京市方正公证处公证人员来到位于北京市通州区临河里33号的东方华业玫瑰京妮儿童汇,对该地点摆放"小羊肖恩"卡通形象的情况进行拍照。照片显示一楼大厅摆放有若干卡通形象公仔及海报,其中一个绿色展台上集中放置有5个羊形玩偶、1个狗形玩偶及1个人形玩偶。

一审法院认为:……张某博未经权利人许可,在其经营场所摆放与优扬文化公司权利作品近似的"小羊肖恩"立体模型用于商业推广,属于未经著作权人许可以展览方式使用作品的行为,侵犯了著作权人对权利作品所享有的展览权,应承担赔偿经济损失的侵权责任。因被控侵权玩偶放置于京妮儿童汇一层大厅,位置显著,且"小羊肖恩"卡通形象享有一定知名度,京妮公司作为京妮儿童汇的经营者未尽到合理注意义务,致使上述侵权行为发生,应与张某博承担连带责任。

三、合规整改建议

以上所举是两种较为极端的情形——完全合规和完全不合规。事实上,公司的大部分商务活动即合规对象的合法性并不是非黑即白的,而是具有一定的合规空间。公司法务人员需要做的,便是为公司划出商业模式合法的界限,并通过具体建议指引使得业务从灰色地带转入合法合规。

本书将在第六章着重对各种类型、各种领域的具有合规空间的实例进行详细分析。

第七节　商业输出的架构配置

一、业务支持部门架构

在越来越多的大型公司,法务部门的重要性和规模与日俱增。尤其是在头部互联网公司,数百人的法务部门并不鲜见。

例如,阿里巴巴集团的知识产权团队,随着集团业务量的持续扩张,规模和独立性不断发展。从早期由安全部兼任,到转归网络安全部负责,再由 2C(天猫、淘宝)和 2B(Alibaba、1688)两个 BU(Business Unit)平台分别管理,最后由平台治理部集中统一安排。经过组织架构不断调整,团队规模也由最初的几个人扩张到目前仅法务分支即有 500 多人。[①] 又如,华为公司的法务部包括两大部门,一个是律师部

---

① 周多:《阿里巴巴法务团队:庞大商业帝国的保卫者》,载微信公众号"法务人俱乐部"2018 年 2 月 20 日,https://mp.weixin.qq.com/s/OC573vxfqK1OWy-QxeeYYw。

门,另一个是知识产权部门。整个法务部的员工多达 500 多人。[①] 再如,新浪集团的平台法务中心下设有与公司几大事业群相对接的专业团队,与产品部门、业务部门深入沟通,在产品设计、业务规划初期即介入,进行法律风险提示并提出优化方案。新浪集团涉及的 80%~90%的诉讼纠纷都交由内部法务团队完成,涉及的特别重大的诉讼案件或者重要性不强的规模化案件,则交由外部律师处理。[②]

可以看出,一线大公司法务部门的功能定位不再单一,而是综合性的,而且通常配置较多的部门人员,承担的大量工作往往是直接支持业务一线,这意味着,法务部门一定级别的负责人的新职责是:将法律事务作为一个独立的公司运营模块,负责人员建设、设计结构和运行流程,考评对外输出的绩效和成本等。

当我们从更高的管理层角度来看待公司法务人员的工作时,它其实是在服务于其他部门产生的需求,这个需求可能是其他部门内生自发的,也可能是外部法律或监管环境的变化而引起的,例如本章第一节所提到的数字时代国家监管的要求所述。

这种外部法律和监管环境趋严,直接导致很多公司的技术部门突然意识到自己不再是一个简单的公司内部技术服务部门,很有可能因为采用一些法律上有争议的技术手段而导致违法甚至是犯罪的风险。在这种情况下,技术部门或者运营部门主动寻求法务部门支持的意愿就非常强烈。那么,以什么流程、什么人员配置、什么绩效考核方式,来调配支持此类需求的法务人员,以及如何提前招募、培养和储备公司未来发展方向上所急需的法务人才,则是法务管理官所应当考虑的内容。

---

① E 法务:《揭秘:剑指全球的华为法务部!》,载微信公众号“法务人俱乐部”2019 年 5 月 3 日,https://mp.weixin.qq.com/s/lE3SdlCBnyG3TTHV1D64RQ。

② 《新浪谷海燕:互联网法务人成长不设限》,载搜狐号“亚太法务联盟”2020 年 6 月 15 日,https://www.sohu.com/a/401980318_120544107。

阿里巴巴集团法务部门进行了纵横交错的组织架构设计。BU(Business Unit)法务部门处理相关业务部门的综合法律事务,类似于医院的全科医生;专业法务部门负责该组每个业务部门的特定专业诉讼案件管理和诉讼预防工作,类似于医院的专科医生。BU 法务与公司关系密切,对法律问题和公司实际情况有全面的了解;专业法务限于专业范围,对特定的法律问题有深刻的理解和研究。当专业法务部门在处理诉讼案件或进行案件复盘时,它需要关注与 BU 有关的一些业务问题。知识产权诉讼团队负责处理涉及知识产权的侵权案件和用户行为管理案件。而一旦出现诉讼案件,还原事实、查明真相则需要投诉受理团队的数据支持,投诉受理团队在取数上支持法务,从收案到应诉到下判再到执行最后到复盘,法务的诉讼系统的数据收集又将反哺投诉受理团队。①

华为公司将法务部门定位为"使能器",是业务顺利发展的保障。在处理法律需求时,法务部门换位思考,与公司的管理层保持一个共同的语言体系、思维体系。每类合同要求制定合同模板,每个合同要求经过法务部门的评审。通过 IT 提供技术支撑,使整个华为法务部的控制点和法律的控制模式融入公司的主业务流程。②

京东法务与知识产权部负责人要求法务部门对公司业务的支持需又快又好,通过使用技术实现这一点;同时,通过建设国际化的团队来支持公司国际化的业务。③

新浪集团法务部则将部门中相对独立和成熟的法务派至关联公司,担任独立法务官,作为垂直的"分支机构"。基于良好的沟通机制,

---

① 周多:《阿里巴巴法务团队:庞大商业帝国的保卫者》,载微信公众号"法务人俱乐部"2018 年 2 月 20 日,https://mp. weixin. qq. com/s/OC573vxfqK1OWy-QxeeYYw。

② E 法务:《揭秘:剑指全球的华为法务部!》,载微信公众号"法务人俱乐部"2019 年 5 月 3 日,https://mp. weixin. qq. com/s/lE3SdlCBnyG3TTHV1D64RQ。

③ 《京东副总裁苏旺:做新经济领域公司法务的一些感悟》,载搜狐号"CCA 公司法务联盟"2019 年 7 月 18 日,https://www. sohu. com/a/327629221_120170377。

“分支”将在各个地方和业务领域获得的知识反馈给集团法务部门。“母体”和“分支”法务共同推动公司的合法合规运营。[①] 新浪集团法务部的组织架构也从最初只有两人的单一结构发展到今日包括投资、诉讼、知产、政府关系、合同、微博等在内的六大业务板块的体系化管理部门,各部门相互协作、分工管理包括收购兼并、投资、上市、诉讼、纠纷、知识产权(商标、域名、专利、软件)、合同审核、地方站管理、公司牌照资质、互联网金融、政府关系、政策研究等在内的全部法律工作。[②]

腾讯法务部的陈一丹先生阐述了其对目前互联网公司法务发展方向的思考,他认为业务发展情况下,法务策略主要体现在业务系统需求,以及整体诉讼与合规。基于这种需求进行架构调整,变成一种不是部门之间而是纵横关系的法务团队:平台法务中心进入业务一线,面对各种法务问题,相当小公司运作团体;同时上层设有精干的专业部门,其对一些领域研究很深,组成横向的支持。通过纵横结合来解决面和深度的问题。[③]

尽管各公司法务部门的实践和架构设计有所不同,法务负责人的理念也有差异,但可以看出,这些大型公司的法务负责人在考虑公司内部的法务工作时,都充分考虑到了“法律”与“商业”的战略结合。

二、政策研究部门架构

在实务中可以看到,对一些唯有持续创新才有前途和活路的行业来说,相当多的公司中部分法务岗位已经逐渐脱离具体业务,开始从

① 《新浪谷海燕:互联网法务人成长不设限》,载搜狐号“亚太法务联盟”2020 年 6 月 15 日,https://www.sohu.com/a/401980318_120544107。

② 李雪:《专访新浪集团法务部总监谷海燕》,载中国知识产权杂志(网络版),http://www.chinaipmagazine.com/mqjlr/ManagerFigureIntro3.asp? id=45。

③ 《腾讯法务之道|法律创造价值》,载搜狐号“一法网”2019 年 2 月 22 日,https://www.sohu.com/a/296403733_571013。转引自腾讯研究院陈一丹先生于中南财经政法大学文泓楼报告厅进行的演讲:《法律创造价值——腾讯法务之道》。

立法层面对公司的未来发展战略进行政策性研究,甚至开展政策影响和立法建议,以此来预先适应政策监管动向,进而创造符合公司自身战略发展需求的政策环境。在国外,这已经是屡见不鲜的情形;在国内,部分头部企业已经走在了同行的前列。这类工作本身并不是直接完成公司的某项特定业务需求,从战略角度看,实际上是通过法务人员的努力来获取特定主体的竞争优势,甚至是掌控和产生对特定主体更为有利的社会规则。

为什么公司法务岗位要有这个延伸?

在传统经济模式下,国内早期这部分工作一般是由政府关系部门兼任处理,其主要是在重大事务中协调与政府监管部门的关系,偶尔以行业协会参与者的身份,在涉及公司自身的国家重大政策、法律法规和行业标准出台之前,代表行业利益提出意见,或者参与行业标准的制定。

例如,在家电行业,2007 年,海尔空调承担起强制性国家标准《家用和类似用途空调安装规范》的修订工作主导权,与中国家用电器研究院、中国家用电器协会以及格力、美的、奥克斯、TCL 等空调品牌组成修订工作组,共同讨论和确定该项国标的主要内容和框架。这是第一次企业承担此类空调安装国家标准。① 2017 年 6 月,海尔、美的、艾欧史密斯、万和、万家乐、威博、阿里斯顿、阿诗丹顿、博世、法罗力等 53 家专委会会员企业参与了中国家用电器协会家用电热水器专业委员会 2017 年第一次会议,会上介绍了“储水式电热水器安全使用年限”标准的进展工作。②

在食品行业,2017 年 7 月,来自 30 个啤酒生产单位及相关科研院所的 55 名代表参加了《纯生啤酒》《工坊啤酒》团体标准起草工作会

---

① 《海尔主导家用空调安装服务国家标准》,载搜狐网 2007 年 4 月 10 日,http://news.sohu.com/20070410/n249318917.shtml。

② 《电热水器专委会 2017 年第一次会议在青岛召开》,载中国家用电器协会网 2017 年 7 月 10 日,https://www.cheaa.org/contents/23/6976.html。

议。在标准讨论环节,广州珠江啤酒股份有限公司的代表负责介绍《纯生啤酒》团体标准立项工作的相关内容。①

但在数字化时代,尤其是对互联网公司来说,首先,面临的局面和趋势是,生产实践或者商业发展中已广泛采用的诸多技术或者商业模式,缺乏对应规制的政策法规或者国家标准。一旦出现投诉、举报或纠纷,监管机关仅能依据临时行业调研结果来采取查处、整治等执法行为,司法机关则多适用法律理论、原则、行业惯例进行法律推理,从而作出裁判,直接导致各地行政处罚和司法裁判的结果不一致,给公司的日常经营造成极大困扰。

比如2018年,出于规范网贷中介平台的需要,监管部门下发《关于做好P2P网络借贷风险专项整治整改验收工作的通知》,各地开展整改验收工作。网贷平台备案以后,由于互联网没有空间限制,可以在全国开展业务,但是各地备案和日常监管标准不一,北上广等地监管相对较严,中西部地区相对较松,存在监管套利空间。中部某地金融办负责人认为,"刚开始由地方政府审批,存在一些问题,现在暂停审批了。对于北上广等经济发达地区,银证保等金融牌照很多,不差网贷平台,而且又有风险隐患,不用备案太多;但对于中西部地区,金融没有那么发达,希望引进一些互联网金融机构,作为一个突破口,一方面增加税收,另一方面也支持产业转型"。②

其次,由于市场竞争日益激烈,即便是同行业公司,在特定领域的各自利益也并不尽相同。如黏性较强的社交类平台,就天然倾向维护自己通过商业竞争打造下来的生态闭环,希望拒绝非关联公司的电商类分享在社交平台的蔓延,那么在立法规则制定上就更倾向于"放任

---

① 《〈啤酒〉标准起草工作组第二次会议和〈纯生啤酒〉、〈工坊啤酒〉团体标准起草工作组会议今日在广州召开》,载中国酒业协会网2017年7月19日,https://www.cada.cc/Item/99.aspx。

② 《P2P网贷备案年之思:各地标准不一存监管套利》,载网易网2018年2月2日,http://money.163.com/18/0202/05/D9KAFNN1002580S6.html#from=relevant。

公司自由设定竞争规则而较少由监管介入”。以腾讯和阿里巴巴多年来的竞争为例,“阿里系”与“腾讯系”公司通过屏蔽对手的分享类信息进行商业竞争。当微信还在发展初期时,阿里巴巴就屏蔽了对微信的流量入口,用户在微信上面的导购信息,都必须下载淘宝 App 进行网购。①

2014 年,腾讯注资的滴滴打车和阿里注资的快的打车相互竞争,阿里旗下的快的打车的红包在微信朋友圈被屏蔽,除了自己别人都看不到,之后快的打车按照腾讯微信对外公开的标准反复调整文案和产品,甚至更换链接,每次上线不到两个小时就被屏蔽。后来,连分享给好友和好友群都被禁止了。② 阿里注资的微博也和微信展开过流量入口的竞争。一位认证身份为微博用户运营的员工发布微博称,禁止利用微博账号推广微信公众账号,如果账号没有清除掉公众账号的推广(包括背景图、粉丝服务后台、微博正文引导等),将面临禁言和封号的可能。新浪第一互动等官方微博对该消息进行转发,支持这一要求。③

新冠肺炎疫情期间,二者的竞争也没有停止。2020 年 3 月,微信官方发布违规公示,并升级了平台的隐私保护机制。其中,钉钉等 App 被作为反面示例“点名”。微信表示,疫情防控之下,微信持续为各类合作伙伴的合规服务进行护航。但是,部分第三方 App 通过分享等行为,涉嫌拉取微信关系链、诱导下载,对用户隐私安全造成了威胁。微信认为此举措是为了保障用户隐私安全。④

---

① 《阿里巴巴屏蔽搜索引擎,屏蔽微信,马云背后的阿里有什么凭仗呢》,载百度百家号“墨子客文化”2018 年 5 月 3 日,https://baijiahao.baidu.com/s?id=1599452466353979288&wfr=spider&for=pc。

② 《微信“封杀”快的打车?》,载新浪网 2014 年 11 月 25 日,https://tech.sina.com.cn/i/2014-11-25/06009822984.shtml。

③ 《新浪微博禁推微信公众号 称违者将封号 业内:或与快的被微信屏蔽有关》,载新浪网 2014 年 11 月 26 日,http://news.sina.com.cn/o/2014-11-26/131931205658.shtml。

④ 《微信“封杀”钉钉! 官方公布原因》,载看点快报网 2020 年 3 月 4 日,https://kuaibao.qq.com/s/20200304A0SS7600?refer=spider。

不仅如此,用百度搜索引擎无法直接对淘宝网里面的单个或者某个类目商品进行搜索。这是阿里对百度搜索爬虫实施了屏蔽措施,导致的结果就是百度搜索爬虫无法对淘宝网的商品进行爬取和索引,想要搜索到淘宝的商品,必须直接或者间接地通过淘宝网进入淘宝生态系统,而后完成商品浏览、选购行为。

以腾讯和阿里这两家头部公司的相互竞争为代表的竞争趋势,使得原有的由政府事务部门牵头、以行业协会为主体向国家反馈行业利益的格局被时代所打破。在这种局面下,公司自身开展前瞻性的政策法规研究工作和立法建议工作变得前所未有的重要。政策法规的研究能否准确预测未来的监管方向,能否清晰把握本公司的商业利益最大化和未来监管重点的平衡,未来的监管尺度是不是能够更好地符合公司自身的行业发展阶段,这已经不是传统意义上“法律合规”的问题,而是一定程度上影响或决定公司市场先机的“商业布局”问题。

另一个与群众生活息息相关的例子就是网约车。2016 年 7 月 27 日,交通运输部等部门发布《网络预约出租汽车经营服务管理暂行办法》。这部规章在一些具体问题上的规定还比较模糊,并且赋予地方政府较大的权力。对互联网租约车是否要设立数量管制的问题,是互联网租约车监管争论的重要内容。此前征求意见稿第十三条第二款规定了数量管制:“城市人民政府对网络预约出租汽车配置数量有规定和要求的,道路运输管理机构依据其规定和要求,对车辆发放《道路运输证》。”但由于专家和网约车业界反对,最终的暂行办法没有明确规定数量管制。但是,暂行办法第十三条第二款规定,“城市人民政府对网约车发放《网络预约出租汽车运输证》另有规定的,从其规定”。这个问题已经构成网约车未来行业发展的最大不确定性问题之一。网约车价格管制也是一个争论焦点。网约车价格管制的争论不是政府要不要限制最高价格,而是政府要不要限制最低价格。很多专家学者和网约车业界都认为网约车价格完全应当随行就市。还有一些人认为,政府应当规定网约车价格必须高于特定标准,以实现和传统出租车的差异化经营。尽管当前暂行办法更加强调市场定价主体地位,但是仍旧赋予地方政府实施价格管制的权力。①

还有,2017年国家网信办出台App分发市场实行实名制的规定,由于迟迟未发布实施细则,对分发市场互相抓取App包的商业行为——现在虽已是司空见惯——当时却不确定是否符合“实名制”的要求。对此,当时有一类公司建议希望按最严格的标准执行,必须开发者本人上传,不允许抓包。如果该意见被监管部门采纳,客观上的效果就是可能极大限制了其他竞争者的应用数量,有助于进一步扩大已经是头部经营者的分发市场的市场占有率。

因此,当前市场主体的竞争层面已发生变化,各主体不仅在“技术”和“商业模式”层面展开激烈竞争,更争相在“政策”和“规则”层面抢占先机,且后一层面的竞争愈加重要——一方主体如有更多的“政策优势”,则可能大幅抵销对手方拥有的“技术优势”。

在“政策”和“规则”层面的活动,通常来说,公司结合自身需求和资源丰富程度,有如下两方面的选择:

(1)短期:会议类、报告类活动

伴随着科技与数字化技术的高速发展以及相关规则制度的制定需求,各界人士、各个主体间有着经验交流和内容输出的现实需求。学界需要业界的实务经验,来佐证或推进理论研究,监管部门需要了解业界的真实运营情况来调整监管手段和尺度,业界更需要专业人士的帮助,促进公司运营更安全高效。

因此,数字化时代的法律人不再局限在办公室或法院,更多的是出现在了论坛、研究小组的名单中。当然,在纷繁复杂的活动里,寻找到公司最为需要和符合定位的那一个至关重要。

例如,腾讯的收入有很大一部分是通过游戏产品获得的,与游戏

① 张效羽:《网约车新规:中央立法开明 博弈转向地方》,载搜狐号“佚名_119738”2016年7月28日,https://www.sohu.com/a/108086087_119738。

相关的法律问题,很大一部分是发生在知识产权领域,那以知识产权为主轴,不难发现,腾讯发挥主观能动性,积极参与了许多有知产庭法官或监管部门人士对话讨论的活动,而且还提供资金资助教育机构进行相关研究,从而在知识产权这一领域掌握了一定的话语权,可以对“游戏规则”的制定施加自己力所能及的影响。

除了上述短期活动外,公司还可以自行树立“智库”品牌,进行长期的投入规划。

(2)长期:研究院型交互平台

科技公司的不断创新和发展,使得其自然而然地掌握了数字领域的第一手实战资料,而其中的佼佼者,凭借着资料积累和先发优势,去粗取精,开始构建系统化、体系化的商业运营模式,并在探索和建设过程中,加强了与学界、业界甚至监管部门的联系。

如前所述,腾讯、阿里、中国移动、华为、蔚来汽车等多个不同行业的头部公司都已意识到需要在此方面进行布局,除了前面提到的参加和举办各种会议,来提升公司形象、扩大公司影响力甚至引导行业政策研究方向外,投入专项资金建立专门的研究院也不失为一项适宜的举措。例如,2012 年开始,北京大学法学院互联网法律中心启动了业界极有影响力的“北大—斯坦福互联网法律与公共政策研讨会”,7 年间一直由腾讯公司赞助;2019 年,清华大学法学院与阿里巴巴集团正式就知识产权签署合作备忘录,双方将在课题研究、理论成果转化及社会实践等多个方面展开深度合作,并共同设立“知识产权青年奖学金”; 2022 年,华为技术有限公司和中国人民大学高瓴人工智能学院联合组织了“华为—中国人民大学下一代智能信息分发技术研究项目 WORKSHOP”等,均是此类产学结合的实例。

总之,对于公司来说,无论是短期参与研讨活动,还是长期建立研究院,都需要配置一定的法律前沿研究专职人员,以保证能够在“政策”和“规则”层面抢占先机、进而抢占市场。

第五章　公司法务的商业参与(中):技能提升

虽然说公司法务商业参与的基础,是公司高层意识到或者被动感知到公司法务商业参与的必要性以及价值。但同样不可忽视的是,即便公司已经切实明确有这方面的需求应当予以满足,但如果公司法务人员能力不足以完成此种需求时,这种理想的架构依然不会发生,而这也往往是制约很多公司法务真正进行商业参与的真实瓶颈。

公司法务人员如果要参与商业,必须跳出原有"仅提供法律专业支持"的桎梏,首先需要能在商业层面理解公司的法律需求,进而才能解决需求,并进一步有机会上升到主动发现业务需求。

当然,业务需求在多数场合下不是指宏观的问题,而是指偏微观的问题。对这类具体而微的业务的需求,公司法务又应当如何把握呢?

第一,要理解业务、管理和商业逻辑,目的是理解业务从哪里来、现在怎么样、到哪里去、应该做什么、业务操作与公司整体的管理和运作是什么关系等基础问题,从而打开法务支撑业务的窗口。法务对业务的支持,不能只局限于传统的评审合同、谈判、纠纷处理、危机处理等日常事务,更应该是从行业、竞争和监管等外部环境因素出发,时时追踪和研究商业模式、业务模式和交易模式的变化及优化,从中找到法务可以出手推动的切入点,从业务根基上为业务提供支撑和牵引。这也是挖掘业务潜在需求的方法之一。

第二,要理解具体问题的背景,确定业务背后的意图。背景包括战略目标、阶段性目标、考评指标及完成情况、项目背景和目标、客户需求、业务提出的痛点及其可能的后果、法务意见与业务预期的差距分析、影响法务与业务达成一致的关键因素、相关制度和流程要求、周边部门意见和领导的要求等。如果公司有完整的制度和流程约束,相关领导和业务部门往往是“口是心非”的,会说法务一定要维护公司利益。如果法务真的认了“死理”,则会被认为是业务的障碍。因此,法务必须理解业务的意图及其话术,找出其真实的需求,并评估这个需求的真实性与合理性,然后依据专业认知和制度流程,作出最有利于公司的方案及备选方案,供决策团队决策。

第三,法务要学会业务需求分析的转化方法。法务最常见的“毛病”就是凭专业知识和经验对业务需求进行概括性的理解,然后提出非常专业的意见。这是缺乏科学态度和方法论的。建议学会对业务需求的分析转化。其内容包括以下几个方面:(1)对业务提出的需求的场景进行充分理解和认知(参见前文“第二,要理解具体问题的背景,确定业务背后的意图”)。有多少法务只是习惯性地概括描述和理解,而不是一层层地条分缕析?只有习惯于使用各种工具表格进行系统拆分,才能找出最细微和最准确的背景信息。(2)业务的需求点是什么?如前所述,业务口头讲的需求和实际需求可能是不一致的,当他们要求批准一个罚款条款时,可能实际考虑的是通过客户罚款来补偿客户因上一个项目的商务条件太差而导致的不满。(3)法务对于已经确定的真实需求点,有多少种方法来满足业务的需求?有多少关键因素需要考虑?哪种方法最合适?

第四,法务要挖掘业务需求。其内容包括以下几个方面:(1)业务本身对外部规则的敏感性不如法务,因此法务要与业务探讨,如果外部环境发生某种变化,业务会怎么响应?如果业务想达到某个目的,需要外部环境发生怎样的变化?(2)在一个具体项目或者事件中,如果对标公司战略或阶段性目标或当年度KPI或项目目标,业务的目标是否可以调整,并且这种调整足以改变业务对法务的需求?根据市场、竞争和监管情况的变化,是否可以判断出业务可能有其他需求?例如业务要求法务出一个最简单、最好备份、供应商根本不需要修改的采购合同模板,那么法务可以多想一步,判断一下业务只是例行性地增加一个备份供应商，还是在为供应链可能出现的供应短缺采取防御性措施（这个应该是法务在支撑采购业务中进行研究和了解的）？是否可以提醒业务根据以上因素以及市场变化趋势，把采购量滚动预测的约束力明确下来，并提供一份相对复杂的合同模板？

第五，要合理地满足业务需求。对于不合理的业务需求，除了通过挖掘的方式调整其需求以外，还可以考虑如下方式：一是提高法务能力，以完全满足业务需求为目标，但这非常有风险，实践价值不大。法务只能稳步提升能力，而且对业务需求只能满足真实合理的部分。二是降低业务的期望值，以制度和流程、公司价值观和文化，来增加难度，约束业务走得过远，并且业务自己要了解这种难度。三是转移业务需求，根据商业逻辑，将问题转移给公司上下游，或者从需求 A 导引到需求 B。例如业务在不适当的时机要求建立电商平台，法务则通过国家对数据安全和隐私保护的立法执法司法动态及相关案例来推动公司建设完整的数据保护和隐私保护体系，业务则可能在短期内不再提电商平台的需求。

从法律行业近年的发展来看，公司法务其实已经逐渐认可了从商业层面理解法律需求的必要性，前文也提及了一些如何把握业务部门需求的原则性思路，不难看出，要做到这些，要求法务人员需要对公司的主营业务及业务发展趋势有深刻认识，不仅需熟稔行业领域的法律、政策，还应对本行业及相关产业的商业规则和业务实践有深入理解，对行业前沿领域具有强烈的敏感度和前瞻性。只有熟悉和理解现有公司业务形态和拟创新的业务领域，并结合一定层次的商业视野，才能从法律视角出发，为公司提供切实可行的建议，助力公司实现商业目标。

当法务人员为了寻求新的定位，接受了“应当理解业务一线需求的商业含义”这个认知，那么接下来的问题就是：如何理解。

近些年，许多专业人士都在呼吁“法律人要有商业价值”，但如果不仅仅止于热血澎湃,而往下细究到底应当怎么做时,则往往一脸茫然,或者只能得到一个非常简单的答案,诸如“去了解业务”。

但实际上,“理解业务一线需求的商业含义”,这其实是个过程性知识(Know-how),实际上是一个需要通过练习而获得的如何实操和执行的“技能”,而不是一个事实性知识(Know-what)——你只要知道了,就知道了。[①] 因此,作为实务一线工作人员,仅仅知道有这个理论是没有实际意义的,问题在于,如何熟练掌握这个技能。

本书在第四章中,已经向读者详细介绍了商业参与应当具备的意识以及最终展现的示例作为参考。而在本章中,笔者将尽量提供技能训练类的实操指引,尽可能细化并区分出来这种技能的不同层次,以便读者更加科学合理地掌握这种技能的进阶方式和不同层次的学习目标。

从公司法务人员这个群体的实际组成结构和能力水平来区分,可以把“对业务理解的层次”划分为如下三个阶段:

(1)初级阶段:了解行业专有名词、技术名词等知识性内容。

(2)中级阶段:对业务人员所/拟开展的单体商业活动的商业目的有清晰认知并知晓单体商业活动所涉及的各个环节和对应的主体、行为。

(3)高级阶段:对本行业的商业规则和商业逻辑有深入理解,对行业前沿问题有敏感度,对行业发展趋势有前瞻性认识。

必须要说明的是,不同阶段之间并非是泾渭分明的,这只是代表法务人员在“业务理解”这个技能上需要途径的三个层次。而有了明

---

① 举例来说,在法律行业最为典型的Know-what是“民事诉讼时效是三年”,当你听到这个知识点时,你就知道了这个知识的全部,而不需要任何其他辅助的练习。与此相对应,“原判决、裁定认定事实清楚,适用法律正确的,以判决、裁定方式驳回上诉,维持原判决、裁定”就是个典型的Know-how知识点,因为即便对这个知识点倒背如流,学习人也必须通过大量的实践练习来掌握,何谓“认定事实清楚”,何谓“适用法律正确”。

确的阶段分类以及不同阶段的要求后,我们就能够更为明确地掌握,要达到足以实现法务人员的新定位、实现法务人员的商业价值的目标,需要通过何种联系来一步步掌握这门“技术”。

第一节　技能初阶

无论是内部法务人员还是外部律师,只要和公司业务人员对接,就会遇到同样的问题:与业务人员沟通困难。在传统公司,这种情况往往是发生在法务部门和商业部门的沟通中,而如果是在技术类公司,那可能还要增加关于技术问题的疑惑,常见的抱怨就是“没法理解他们在说什么”,以至于双方要花费大量的时间来理解对方到底要说什么,到底想要什么。在不考虑如何给业务部门普法的前提下,法务人员要想实现自己的新定位,首先至少要知道“业务在说什么”。

虽然说目前高校法学教育普遍和实务有着不小的差距,高校主流教学方法也并不特别提倡让学生更多地了解行业知识,但这并不是法务人员进入到新的特定行业后一无所知的理由。事实上,至少在初级阶段,绝大部分学习都可以通过“检索”这个技能来进行:迅速学习,运用综合性搜索渠道,如谷歌、百度、微信、知乎等,检索行业知识,如果所在公司已经有累积的知识管理体系则更好,同时,还需要查看行业标准,以及在特定疑难问题上使用法律数据库进行进一步的深入理解。

例如,当收到如下一份互联网广告合同:

甲乙双方本着平等互利、诚实守信的原则,根据《中华人民共和国民法典》及相关法律、法规规定,就乙方向甲方提供网络广告发布服务事宜,经协商一致,达成如下合同:

1　定义与解释

除非本合同中另有定义,下列可能出现在本合同的词语均应具有以下特定含义:

1.1　CPM:Cost Per Mille,每千次展示成本,即所发布的广告每一千次在网络用户前展现所对应的价格。

1.2　CPA:Cost Per Action,每次行动成本,即所发布的广告每一次获得网络用户以特定形式回应的价格。

1.3　CPL: Cost Per Leads,每次网络用户通过特定链接,进入相关平台注册成功后的价格。

1.4　CPC:Cost Per Click,每次网络用户点击特定广告栏目或广告链接的价格。

1.5　PV 值:Page View,即页面被浏览的次数。

1.6　CPT:Cost Per Time,每次网络广告展示价格。

可以看到,其中穿插了许多术语,如广告在 DMP 平台中投放,结算方式中写明选择按照 CPM /CPA/CPL/CPC 结算,每种结算方式又对应不同的验收条件。

作为公司法务人员,如果是第一次处理互联网广告行业的需求,很有可能对这个文件里相当多的表述非常陌生。在此时,最为忌讳的就是不知强以为知,或者直接忽略掉这部分信息,仅就纯粹的法律条款如主体资格、违约、管辖等进行审核。实际上,有相当多的风险信息是隐藏在这些行业特殊名词里面的,如上面所提及的 CPA(Cost Per Action)模式,在最终的验收方面就存在极大的风险,后续产生纠纷的概率极高。

因此,如果想要准确定位自己的职能、实实在在地为业务部门提供有价值的支持,就应当利用搜索引擎逐一搜索术语名称,获得相关解释,举例如下:

通常情况下,如果效率足够高的话,其实以这种方式就足够在较短的时间内获取特定行业的基础知识,具备和业务部门同事进行简单对话的前提。而且,如果能够获得技术上的支持,那么使用谷歌这样更为强大的搜索引擎,一般能够更加迅速地获取这个领域的信息全貌。

但是,这种方式非常依赖于业务部门本身的需求类型,而且是被动地在需求已经到来的时候才去进行检索了解,既不便于迅速和业务部门进行进一步交流,也不利于自己形成一个完整的知识图谱。

因此,另一种简便地建立完整知识图谱的方式,是借助一些行业规范或者标准来进行更完整的理解。例如在同样的公司,公司法务人员在接触若干需求后,能考虑到抽象出具体术语的上位概念,进行新的搜索,关键词调整如下:

通过检索则可以了解到,本领域其实已经有行业标准——《中国移动互联网广告标准》。该标准规定了互联网广告及与之相关的专业术语、技术要求、发布、检验及其投放、监管和用户权利保护,适用于依托互联网媒介技术的所有广告形式和涉及对象等。

YG

中华人民共和国广告行业标准

YG/B 3. 15-2015

中国移动互联网广告标准

第一部分:互联网数字广告基础标准(V1.0版)

Internet Digital Advertising Basic Standard (V1.0 Version)

2015-3-15 实施

中国广告协会　发布

5

获得该标准并且认真通读之后就会发现,行业标准对这个行业的知识的表述,除了体系性更强之外,往往也能纠正部分公司业务部门混乱使用术语的情况。从笔者的经历来看,有不少公司的业务层就容易混淆 CPA 和 CPS 的概念。作为公司法务人员,如果能做到这一点,实际上容易获得业务部门同事的尊重,能更好地实现法务人员新定位的转变。

当已经完成了这种初步转变,则可能会遇到如下这类需求,即在将要开展的某项业务中或者在某个新的监管部门规定中,出现了一个“术语”而业务部门拿捏不准,来寻求法务部门的支持,例如:

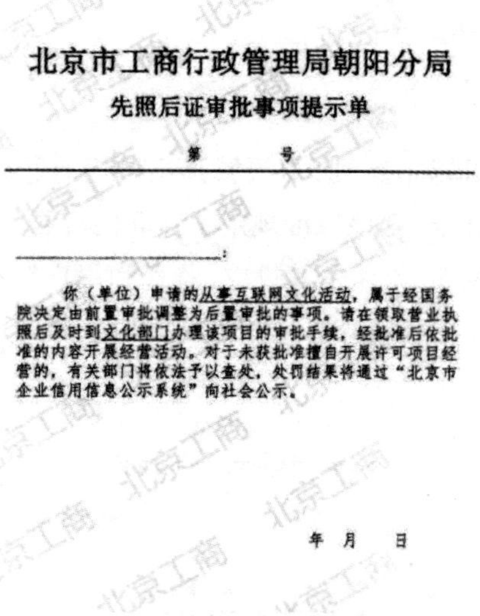
北京市工商行政管理局朝阳分局

先照后证审批事项提示单

第　　号

______:

你(单位)申请的<u>从事互联网文化活动</u>,属于经国务院决定由前置审批调整为后置审批的事项。请在领取营业执照后及时到<u>文化部门</u>办理该项目的审批手续,经批准后依批准的内容开展经营活动。对于未获批准擅自开展许可项目经营的,有关部门将依法予以查处,处罚结果将通过“北京市企业信用信息公示系统”向社会公示。

年　月　日

业务部门的疑问往往是:提示单中的“从事互联网文化活动”到底是指什么?我们现在已经开展的业务是否属于该领域,是否需要审批?

这个问题当然我们可以直接致电市场监督管理行政部门来获得最直接的回答。但如果出于各种原因,无法从官方获取答复的话,可以通过检索来进一步掌握这方面的知识。这里需要注意的是,这个需求本身是一个术语的法律定义问题,而不是如之前的示例那样属于行业性的知识点。因此,使用通用引擎如谷歌、百度或者微信等工具,信源上可能存在偏差,可能会出现较多的新闻、文章或者网民意见。此时,应该更加注重专业数据库如威科、北大法宝等的检索功能,而且此类商业数据库通常会形成较多的规范性文件关联项,以及经过业内编辑审核而形成的有一定专业水平的法律文章库,来帮助读者理解。举例如下:

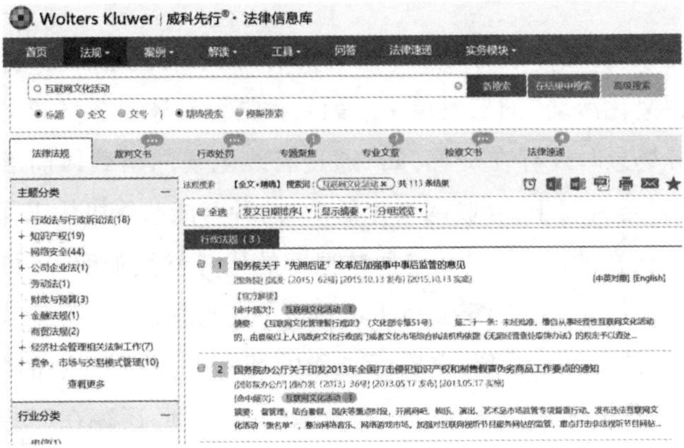

无论使用哪种检索工具,当找到《互联网文化管理暂行规定》后,就可以看到如下表述:

第二条　本规定所称互联网文化产品是指通过互联网生产、传播和流通的文化产品,主要包括:

(一)专门为互联网而生产的网络音乐娱乐、网络游戏、网络演出剧(节)目、网络表演、网络艺术品、网络动漫等互联网文化产品;

(二)将音乐娱乐、游戏、演出剧(节)目、表演、艺术品、动漫等文化产品以一定的技术手段制作、复制到互联网上传播的互联网文化产品。

第三条 本规定所称互联网文化活动是指提供互联网文化产品及其服务的活动，主要包括：

（一）互联网文化产品的制作、复制、进口、发行、播放等活动；

（二）将文化产品登载在互联网上，或者通过互联网、移动通信网等信息网络发送到计算机、固定电话机、移动电话机、电视机、游戏机等用户端以及网吧等互联网上网服务营业场所，供用户浏览、欣赏、使用或者下载的在线传播行为；

……

因此，这份文件中的规定才是对何谓“互联网文化活动”，何谓“从事互联网文化活动”的权威定义。如果在结合具体业务场景尤其是新形态业务场景时还存在疑惑，如“通过有线电视网络载体而形成的互动小游戏”是否属于“互联网文化活动”这种可能监管机构工作人员也没有统一认知的问题，那么这种数据库的优势就更加明显，可以结合与本规定相关的一些专家文章来进行进一步评估。

综上，其实可以看到，在实际工作的场景中，需要理解的“业务术语”并非仅仅来源于一线业务本身或者行业惯例，还存在一些是由监管机构或执法机构在履行职责时依法给出，本质上是“法律术语”的可能，需要由法务人员向业务人员进行“释法”的“业务术语”。公司法务人员一方面需要寻求行业知识的理解，另一方面也不能放弃法务的传统职能。一旦法务人员意识到自己正在履行此职能，则对应的理解方式即为回归法律本身，从法律法规、规范性文件乃至执法政策中寻找答案。

第二节　技能中阶

如果初级阶段更多地可以依靠检索这个在学校学习阶段就可以

掌握的技能,那么公司法务人员要提升自己的定位,以期进入下一个阶段的话,就需要和业务一线人员结合得更为紧密,在需求中成长。这个阶段,公司法务人员补充完善自己知识结构的方式,通常是先行阅读行业报告(不推荐法律类的,建议是行业研究报告)或者就特定高频或热点问题进行深入分析的专题文章,并结合自己公司的业务特点进行删选、总结和提升,以期带着问题在具体的商业合作项目里陪同业务人员走完全部流程。项目完结后,进行最终的复盘,这样才能对本行业或者本公司主营业务形成更完整、深刻的认知。

一、商业合作项目跟进

为更好地向读者展示中阶技能提升方式,我们以商业合作项目的跟进为例,讲解从何种角度着手来完成自我学习和锻炼。

近年来,网络直播行业迅速发展壮大,从业人员、社会影响力和商业市场日益扩大。某传统快消品公司法务人员在审查合同和与业务人员的沟通中突然注意到,公司近期洽谈了大量直播合作项目。项目内容是,公司协助品牌客户与主播沟通,在直播中植入、推荐客户的品牌和产品。

此时,一名优秀的法务人员完全可以预见,接下来公司将会出现与直播合作相关的文件起草需求,甚至不排除出现商业模式合规方面的需求。为此,法务人员应当提前与业务人员沟通,开展行业了解和需求调研,而不是等到需求到来之际才开始着手工作。

(一)搜集本公司项目经验

请业务人员提供已经完成的项目阶段的部分成果,如项目调研报告、项目材料、沟通记录等,这部分材料将是公司法务人员切入本项目第一手的素材。当然,不同公司不同项目组可能工作流程并不尽然相同,因此,公司法务人员获得的前期资料可能不见得是前述名称,甚至可能并无纸质文件。但无论是已有的文字资料,还是与业务人员进行沟通,需要获取的,其实是项目本身尽可能多的商业信息,从而进一步判断该商业信息是否有法律含义。

例如,无论是否存在成型的项目调研报告,一个至少已经开始洽谈的直播合作项目,公司法务人员需要了解的内容可能包括:主播的个人介绍——用于判断是否符合新闻出版机构或者网络内容信息管理机构等主管部门的要求;直播活动具体实施情况如直播宣传(线上预热)、直播方案、方案实施情况(直播过程截图)——用于判断是否符合《广告法》、《反不正当竞争法》或者知识产权保护相关规定;活动预判如数据分析和执行细节等——用于补充对直播行业的整体认知。

虽然前述部分提及了部分法律合规的内容,但公司法务人员务必需要注意的是,并不提倡在这个阶段就开展法律工作,最好只是进行初步的判断,并作为后续工作的基础。在这个步骤里,公司法务人员的主要精力是放在学习行业知识而不是提出法律整改意见方面。否则,可能不仅意见并不见得真正符合业务需要,而且容易招致业务人员的抵触情绪,进而导致对项目经验搜集的全面性、真实性大打折扣。

(二)学习行业头部公司成果

通过和自己公司的业务人员进行沟通,初步了解本公司的做法后,为了进行信息交叉印证,避免出现被本公司可能错误的做法所误导的情况,公司法务人员应该进一步了解直播行业公司的新闻或者相关行业报道,获取其他公司尤其是头部公司已有的成果,并将其与第一步获取的本公司经验进行比对。例如,可以搜索行业中排名靠前的几个大型直播平台,翻阅相关平台规则,查看直播视频,获得直观认知。

[注:截图日期 2019 年 7 月 10 日。早期直播网站的界面远没有这么丰富。]

在此环节,特别需要提醒的是:互联网平台的用户协议/平台规则/使用帮助等,是平台服务内容、运行规则、平台与平台各参与方的关系的全面、体系化的展现,应当重点关注,仔细阅读并学习。

[注:截图日期 2019 年 7 月 10 日。早期直播为新兴事物,直播平台的用户服务条款非常简陋(许多没有),尚无针对直播的具体规则,难以借此获得有效商业信息。在此仅举例说明获取信息的途径。]

(三)分析已有项目经验并精准沟通

当已经完成初步内外部调研后,公司法务人员即可根据之前的工作成果,也就是在掌握了行业背景知识并分析完项目材料后,总结出该业务模式可能涉及的不同环节的具体问题,编制成问题清单,交由业务部门同时进行具体反馈。

在这个环节,比较容易犯的错误是,整理出来的清单没有逻辑结构,缺乏对问题进行体系性的分类和排列,这样容易导致业务人员在回答问题时思路零散,无法产生合理联想,从而难以提供详细和系统的答案。示例如下:

表 5-1　初始问题清单

序号	问题	答案
1	是否同时要求主播在微博、微信发布软文?软文的内容谁提供?谁决定?	都是单独谈,可能有,也可能没有;可以单独报价也可以打包报价。软文内容多种多样,看品牌方需求,可以品牌方自己提供,也可以由我方安排,或者主播自己出由品牌方最终确定
2	供应商是公司还是个人?公司是个人的经纪公司?还是直播平台?	有公司也有个人
3	直播平台与主播之间是什么关系?是否签约?主播是否接受平台的管理?	有的是直播平台签约主播,有的是个人
4	项目一般是指定特定的直播平台,还是特定的主播个人?	会指定主播,直播平台
5	直播中所需要的物料由谁提供?	可以是品牌方,也可以是我方,是我方的话会相应收取费用

(续表)

序号	问题	答案
6	直播过程中如发生网络中断,主播非故意中断直播等情况,如何处理?	看品牌方的要求,如果品牌方要求严格,我方会对主播作出相应要求,如违反则视为违约。直播要自然,喝水、去洗手间或口误,都是正常的
7	直播是否有脚本以确定细节?如果有,脚本由谁制作?品牌方是否最终确认?	会有一个脚本,脚本不会太细,一般是由我方出,我方拿给品牌方确认
8	直播细节由品牌方和供应商直接确认,还是通过我方确认?	我方与主播沟通,我方来传达品牌方的需求
9	直播活动的时间是否有具体要求?如有,主播因身体原因无法参与直播,如何解决?	一般是一个小时起,能按原时间执行的,需要跟品牌方协商具体解决办法
10	我方和供应商之间的付款,一般是预付还是有账期?	预付
11	直播期间是否还有其他特殊情况?	(1)直播设备、道具、物料出现问题 (2)口播品牌方相关时口误 (3)直播中其他非直播人员乱入 (4)因为主播的一些非脚本设定的操作,让直播互动量激增
12	品牌方对直播效果是否有考核要求?考核标准一般是什么?	有考核,一般是在线观看人数、总观看量

在不更改清单所列的问题本身的前提下,对问题清单进行分类和重新排序如下:

表 5-2　调整问题清单

	序号	问题	答案
主体	1	供应商是公司还是个人？公司是个人的经纪公司？还是直播平台？	看价格,看关系,评估走个人还是走经纪公司/供应商/直播平台。若走直播平台相当于有活动备案,则公屏放置二维码等信息可以审核通过,否则公屏不得放未通过审核的二维码,另外通过平台签约直播活动视具体情况可以配送首页推荐,或直播人气后台调整,方便客户验收
	2	直播平台与主播之间是什么关系？是否签约？主播是否接受平台的管理？	首先,直播活动建议找直播平台上小有名气的主播,主播可以是红人,也可以只是主播,一般平台上小有名气的主播都有签约合同;若为平台签约主播,则必须在对应的平台直播,不能与其他平台分流直播,且尽量不要触碰对应平台的规则(包括但不限于,公屏不得放二维码,直播服装尺度等)
	3	项目一般是指定特定的直播平台,还是特定的主播个人？	根据客户,游戏客户建议找电竞主播(偏 PC 端的直播),美妆产品建议找时尚主播(偏手机端的直播平台),如客户为线下活动,建议找户外主播,总之根据客户产品人群为客户推荐合适的主播
权利义务	4	直播是否有脚本以确定细节？如果有,脚本由谁制作？品牌方是否最终确认？	脚本为广告代理策划,主播配合。直播脚本一般会作为合同附件添加,并注明以实际之行为准,不建议直播脚本写得过于细致,代理对主播/红人的控制力度有限,避免客户对我司的考核要求过于严苛;关于直播脚本制定过程中,要与主播/平台沟通好可执行性,客户如有不合理的要求尽量拒绝
	5	直播细节由品牌方和供应商直接确认,还是通过我方确认？	走个人关系,则直接与主播沟通;走经纪公司,则与经纪人沟通
	6	直播中所需要的物料由谁提供？	除直播电脑、摄像头、麦克风、网络、场地(一般为主播家里)等主播自行提供外,若客户对直播内容有针对性需求,可能会使用到摄像机、推流机、活动场地、导播、主持人、Cos 服装、周边道具等,客户/广告代理负责准备;如活动为奖励机制,客户还需准备对应的奖品

(续表)

	序号	问题	答案
权利义务	7	直播活动的时间是否有具体要求?如有,主播因身体原因无法参与直播,如何解决?	最佳直播时间一般为每周四、周五,晚8点~10点为黄金时间;一般广告代理会提前与主播做好充分沟通与准备,若有困难,会及时解决;如因主播单方面不能参与直播,则不予结算
	8	直播过程中如发生网络中断,主播非故意中断直播等情况,如何处理?	目前没遇到过,主播直播前会有调试和试播,如因主播原因无法完成直播,则不予结算,或与客户协商调整直播时间
	9	直播期间是否还有其他特殊情况?	直播间被封,人气被平台限流,会影响后期与客户验收结算
	10	是否同时要求主播在微博、微信发布软文?软文的内容谁提供?谁决定?	红人直播内容一般最少必须包含:微博直发1条+直播1小时,直播间标题和屏幕上根据需要露出相关广告主活动信息;若主播配合度高,也可以提前口播预告活动,并多次发微博/粉丝群里宣传
	11	品牌方对直播效果是否有考核要求?考核标准一般是什么?	直播间人气,一般会根据客户预算进行主播建议,同时给到客户参考人气值(一般直播时我会关注着同时保持与主播微信沟通,提醒直播内容等;最后会提供客户录制的直播视频和直播期间的人气截图)
付款	12	我们和供应商之间的付款一般是预付还是有账期的?	目前只走过预付部分,执行完毕后再结算剩余部分

初始清单不只是一个简单的问题列表,它是要用于之后的一系列流程制定以及文书制作工作。因此,应当按照符合后续将要起草的合同结构的方式来制作。而按照这种法务人员比较熟悉的体例来编制清单,也有利于法务人员自行排查是否有疏漏或者错误。

当发出清单后,理想状况下可能收到如下反馈:

表 5-3　收到的对问题的反馈清单

	序号	问题	答案	反馈问题
主体	1	供应商是公司还是个人?公司是个人的经纪公司?还是直播平台?	看价格,看关系,评估走个人还是走经纪公司/供应商/直播平台。若走直播平台相当于有活动备案,则公屏放置二维码等信息可以审核通过,否则公屏不得放未通过审核的二维码,另外通过平台签约直播活动视具体情况可以配送首页推荐,或直播人气后台调整,方便客户验收	—
	2	直播平台与主播之间是什么关系?是否签约?主播是否接受平台的管理?	首先,直播活动建议找直播平台上小有名气的主播,主播可以是红人,也可以只是主播,一般平台上小有名气的主播都有签约合同;若为平台签约主播,则必须在对应的平台直播,不能与其他平台分流直播,且尽量不要触碰对应平台的规则(包括但不限于,公屏不得放二维码,直播服装尺度等)	—
	3	项目一般是指定特定的直播平台,还是特定的主播个人?	根据客户,游戏客户建议找电竞主播(偏PC端的直播),美妆产品建议找时尚主播(偏手机端的直播平台),如客户为线下活动,建议找户外主播,总之根据客户产品人群为客户推荐合适的主播	—
权利义务	4	直播是否有脚本以确定细节?如果有,脚本由谁制作?品牌方是否最终确认?	脚本为广告代理策划,主播配合。直播脚本一般会作为合同附件添加,并注明以实际之行为准,不建议直播脚本写得过于细致,代理对主播/红人的控制力度有限,避免客户对我司的考核要求过于严苛;关于直播脚本制定过程中,要与主播/平台沟通好可执行性,客户如有不合理的要求尽量拒绝	—
	5	直播细节由品牌方和供应商直接确认,还是通过我方确认?	走个人关系,则直接与主播沟通;走经纪公司,则与经纪人沟通	—

(续表)

	序号	问题	答案	反馈问题
权利义务	6	直播中所需要的物料由谁提供?	除直播电脑、摄像头、麦克风、网络、场地(一般为主播家里)等主播自行提供外,若客户对直播内容有针对性需求,可能会使用到摄像机、推流机、活动场地、导播、主持人、Cos 服装、周边道具等,客户/广告代理负责准备;如活动为奖励机制,客户还需准备对应的奖品	—
	7	直播活动的时间是否有具体要求? 如有,主播因身体原因无法参与直播,如何解决?	最佳直播时间一般为每周四、周五,晚 8 点~10 点为黄金时间;一般广告代理会提前与主播做好充分沟通与准备,若有困难,会及时解决;如因主播单方面不能参与直播,则不予结算	—
	8	直播过程中如发生网络中断,主播非故意中断直播等情况,如何处理?	目前没遇到过,主播直播前会有调试和试播,如因主播原因无法完成直播,则不予结算,或与客户协商调整直播时间	—
	9	直播期间是否还有其他特殊情况?	直播间被封,人气被平台限流,会影响后期与客户验收结算	—
	10	是否同时要求主播在微博、微信发布软文? 软文的内容谁提供? 谁决定?	红人直播内容一般最少必须包含:微博直发 1 条+直播 1 小时,直播间标题和屏幕上根据需要露出相关广告主活动信息;若主播配合度高,也可以提前口播预告活动,并多次发微博/粉丝群里宣传	—
	11	品牌方对直播效果是否有考核要求? 考核标准一般是什么?	直播间人气,一般会根据客户预算进行主播建议,同时给到客户参考人气值(一般直播时我会关注着同时保持与主播微信沟通,提醒直播内容等;最后会提供客户录制的直播视频和直播期间的人气截图)	—
付款	12	我们和供应商之间的付款一般是预付还是有账期的?	目前只走过预付部分,执行完毕后再结算剩余部分	—

从实际工作的经验来看,很有可能存在一些因为问题本身过于"法言法语"而导致业务部门同事无法理解的情况,因此可能需要多轮次沟通,让他们理解法务人员到底在"问什么",才会获得更加准确的回复。即便是相对较为理想的回复,实际上也不足以支撑其后续的流程制定和法律文书起草的工作。因此,大概率有必要再次进行补充询问。

为进一步确认各方权利义务,尤其是本公司的风险和责任,对问题清单进一步补充问题如下:

表 5-4　补充问题清单

	序号	问题	答案	补充问题
主体	1	供应商是公司还是个人?公司是个人的经纪公司?还是直播平台?	看价格,看关系,评估走个人还是走经纪公司/供应商/直播平台。若走直播平台相当于有活动备案,则公屏放置二维码等信息可以审核通过,否则公屏不得放未通过审核的二维码,另外通过平台签约直播活动视具体情况可以配送首页推荐,或直播人气后台调整,方便客户验收	—
	2	直播平台与主播之间是什么关系?是否签约?主播是否接受平台的管理?	首先,直播活动建议找直播平台上小有名气的主播,主播可以是红人,也可以只是主播,一般平台上小有名气的主播都有签约合同;若为平台签约主播,则必须在对应的平台直播,不能与其他平台分流直播,且尽量不要触碰对应平台的规则(包括但不限于,公屏不得放二维码,直播服装尺度等)	—

(续表)

	序号	问题	答案	补充问题
主体	3	项目一般是指定特定的直播平台,还是特定的主播个人?	根据客户,游戏客户建议找电竞主播(偏PC端的直播),美妆产品建议找时尚主播(偏手机端的直播平台),如客户为线下活动,建议找户外主播,总之根据客户产品人群为客户推荐合适的主播	—
权利义务	4	直播是否有脚本以确定细节?如果有,脚本由谁制作?品牌方是否最终确认?	脚本为广告代理策划,主播配合。直播脚本一般会作为合同附件添加,并注明以实际之行为准,不建议直播脚本写得过于细致,代理对主播/红人的控制力度有限,避免客户对我司的考核要求过于严苛;关于直播脚本制定过程中,要与主播/平台沟通好可执行性,客户如有不合理的要求尽量拒绝	—
	5	直播细节由品牌方和供应商直接确认,还是通过我方确认?	走个人关系,则直接与主播沟通;走经纪公司,则与经纪人沟通	—
	6	直播中所需要的物料由谁提供?	除直播电脑、摄像头、麦克风、网络、场地(一般为主播家里)等主播自行提供外,若客户对直播内容有针对性需求,可能会使用到摄像机、推流机、活动场地、导播、主持人、Cos服装、周边道具等,客户/广告代理负责准备;如活动为奖励机制,客户还需准备对应的奖品	—

(续表)

	序号	问题	答案	补充问题
权利义务	7	直播活动的时间是否有具体要求?如有,主播因身体原因无法参与直播,如何解决?	最佳直播时间一般为每周四、周五,晚 8 点~10 点为黄金时间;一般广告代理会提前与主播做好充分沟通与准备,若有困难,会及时解决;如因主播单方面不能参与直播,则不予结算	涉及违约责任条款,目前的行业惯例,如主播在直播前不能参加直播,或直播中途无法继续直播,除了不予结算,供应商是否有其他补救或补偿措施?或品牌方是否有惩罚性要求如赔偿金?
	8	直播过程中如发生网络中断,主播非故意中断直播等情况,如何处理?	目前没遇到过,主播直播前会有调试和试播,如因主播原因无法完成直播,则不予结算,或与客户协商调整直播时间	—
	9	直播期间是否还有其他特殊情况?	直播间被封,人气被平台限流,会影响后期与客户验收结算	一般什么情况下会导致被封或被限流?是否有补救措施?还是直接不予结算?
	10	是否同时要求主播在微博、微信发布软文?软文的内容谁提供?谁决定?	红人直播内容一般最少必须包含:微博直发 1 条+直播 1 小时,直播间标题和屏幕上根据需要露出相关广告主活动信息;若主播配合度高,也可以提前口播预告活动,并多次发微博/粉丝群里宣传	—
	11	品牌方对直播效果是否有考核要求?考核标准一般是什么?	直播间人气,一般会根据客户预算进行主播建议,同时给到客户参考人气值(一般直播时我会关注着同时保持与主播微信沟通,提醒直播内容等;最后会提供客户录制的直播视频和直播期间的人气截图)	—
付款	12	我们和供应商之间的付款一般是预付还是有账期的?	目前只走过预付部分,执行完毕后再结算剩余部分	—

(续表)

	序号	问题	答案	补充问题
其他	—	—	—	如主播违反平台规则,除主播受罚导致无法完成人气值外,我方或品牌方是否还有其他风险或责任?

表 5-5　收到的补充反馈清单

	序号	问题	答案	补充问题	补充答案
主体	1	供应商是公司还是个人?公司是个人的经纪公司?还是直播平台?	看价格,看关系,评估走个人还是走经纪公司/供应商/直播平台。若走直播平台相当于有活动备案,则公屏放置二维码等信息可以审核通过,否则公屏不得放未通过审核的二维码,另外通过平台签约直播活动视具体情况可以配送首页推荐,或直播人气后台调整,方便客户验收	—	—
	2	直播平台与主播之间是什么关系?是否签约?主播是否接受平台的管理?	首先,直播活动建议找直播平台上小有名气的主播,主播可以是红人,也可以只是主播,一般平台上小有名气的主播都有签约合同;若为平台签约主播,则必须在对应的平台直播,不能与其他平台分流直播,且尽量不要触碰对应平台的规则(包括但不限于,公屏不得放二维码,直播服装尺度等)	—	—

(续表)

	序号	问题	答案	补充问题	补充答案
主体	3	项目一般是指定特定的直播平台,还是特定的主播个人?	根据客户,游戏客户建议找电竞主播(偏 PC 端的直播),美妆产品建议找时尚主播(偏手机端的直播平台),如客户为线下活动,建议找户外主播,总之根据客户产品人群为客户推荐合适的主播	—	—
权利义务	4	直播是否有脚本以确定细节?如果有,脚本由谁制作?品牌方是否最终确认?	脚本为广告代理策划,主播配合。直播脚本一般会作为合同附件添加,并注明以实际之行为准,不建议直播脚本写得过于细致,代理对主播/红人的控制力度有限,避免客户对我司的考核要求过于严苛;关于直播脚本制定过程中,要与主播/平台沟通好可执行性,客户如有不合理的要求尽量拒绝	—	—
	5	直播细节由品牌方和供应商直接确认,还是通过我方确认?	走个人关系,则直接与主播沟通;走经纪公司,则与经纪人沟通	—	—
	6	直播中所需要的物料由谁提供?	除直播电脑、摄像头、麦克风、网络、场地(一般为主播家里)等主播自行提供外,若客户对直播内容有针对性需求,可能会使用到摄像机、推流机、活动场地、导播、主持人、Cos 服装、周边道具等,客户/广告代理负责准备;如活动为奖励机制,客户还需准备对应的奖品	—	—

(续表)

	序号	问题	答案	补充问题	补充答案
权利义务	7	直播活动的时间是否有具体要求？如有，主播因身体原因无法参与直播，如何解决？	最佳直播时间一般为每周四、周五，晚8点~10点为黄金时间；一般广告代理会提前与主播做好充分沟通与准备，若有困难，会及时解决；如因主播单方面不能参与直播，则不予结算	涉及违约责任条款，目前的行业惯例，如主播在直播前不能参加直播，或直播中途无法继续直播，除了不予结算，供应商是否有其他补救或补偿措施？或品牌方是否有惩罚性要求如赔偿金？	一般是配合品牌方整体推广宣传计划，有的可以延期补上，有的无法延期补救，则会取消订单不予结算，或者和供应商沟通，以其他合作的折扣或者其他服务补偿，目前暂无赔偿金要求
	8	直播过程中如发生网络中断，主播非故意中断直播等情况，如何处理？	目前没遇到过，主播直播前会有调试和试播，如因主播原因无法完成直播，则不予结算，或与客户协商调整直播时间	—	—
	9	直播期间是否还有其他特殊情况？	直播间被封，人气被平台限流，会影响后期与客户验收结算	一般什么情况下会导致被封或被限流？是否有补救措施？还是直接不予结算？	被封原因：直播内容涉黄，过于暴力等违反平台规则。限流原因：目前不明确，并且没有通知，只是根据主播的表现和人气增长状况猜测可能被限流。被封或限流后需与品牌方及时沟通解决办法，品牌方可能取消订单不予结算，也可能修改直播内容后再次安排直播

（续表）

	序号	问题	答案	补充问题	补充答案
权利义务	10	是否同时要求主播在微博、微信发布软文？软文的内容谁提供？谁决定？	红人直播内容一般最少必须包含：微博直发1条+直播1小时，直播间标题和屏幕上根据需要露出相关广告主活动信息；若主播配合度高，也可以提前口播预告活动，并多次发微博/粉丝群里宣传	—	—
	11	品牌方对直播效果是否有考核要求？考核标准一般是什么？	直播间人气，一般会根据客户预算进行主播建议，同时给到客户参考人气值（一般直播时我会关注着同时保持与主播微信沟通，提醒直播内容等；最后会提供客户录制的直播视频和直播期间的人气截图）	—	—
付款	12	我们和供应商之间的付款一般是预付还是有账期的？	目前只走过预付部分，执行完毕后再结算剩余部分	—	—
其他	—	—	—	如主播违反平台规则，除主播受罚导致无法完成人气值外，我方或品牌方是否还有其他风险或责任？	目前直播违反平台规则的处罚均是主播或直播间被封，对我方和品牌方还没有其他处罚

如果在多轮沟通后，信息搜集已经可以精细到这种程度，那么至此对本项业务的调研反馈便已可满足起草合同的基本要求。但流程或者模板成型后并不是一劳永逸的知识沉淀，后续应当随着直播业务

的发展,甚至是出现的纠纷案件所暴露的问题来进一步调整合同条款,使之更贴合行业或者说本公司实际。例如,根据直播平台的管理规则、客户对突发状况的责任要求、争议案件中对手方有利的抗辩点等,增加供应商的义务条款、调整本公司责任条款或者增减项目执行过程中风控环节等。

二、项目合规性评估

前述示例,展示的是如何在具体业务中管理民商事法律风险,中阶技能的另一个比较重要的领域,就是管理好商业模式本身的合规性风险,通常体现在行政甚至是刑事责任方面。

例如,在为公司审核业务合同时,如果发现公司为互联网金融平台提供广告投放服务的合同类型突增,而公司法务人员理当基于自己日常对于各类监管政策和法制新闻的了解,辨别出互联网金融本身就属于行政乃至于刑事风险性极高的领域,因此,就需要评估与这类高危行业公司的合作的整体风险,并基于这个原因,去深度了解具体业务模式。

在此项目下,拟定问题清单:

(1)主体范围:是否对互联网金融公司的类型进行限定,是否对互联网金融公司进行资格审核?(以评估依据《广告法》和互联网金融宣传推广等相关规则,公司作为互联网金融广告发布者需承担的风险。)

(2)合作内容:除为互联网金融公司提供广告投放服务外,是否有其他附加服务?如是否提供数据分析服务,尤其是涉及个人信息的数据分析服务?如精准投放,是否有任何环节公司可能获取或接触到个人数据?(以评估个人信息保护的风险。)如是否提供广告设计、文案撰写服务?(评估违反《广告法》的风险。)

(3)合作方式和责任:就合同中的一些重要条款,如结算模式、结算周期、投放要求、违约责任等,与公司进一步确认互联网金融公司的要求和公司的实际操作。(评估违约风险和责任。)

公司反馈问题清单:

(1)主体范围:未限定类型,目前仅审核互联网金融公司营业执照中所载经营范围。

(2)合作内容:客户提供广告发布素材,公司仅进行投放,无其他附加服务。

广告服务费结算中,计算因素之一为实际注册并使用互联网金融公司服务平台的用户数量,或用户实际使用互联网金融服务的金额,在进行对账时会涉及用户个人信息。

(3)合作方式和责任:补充了一些未体现在合同条款中的合作细节,澄清了实际操作与合同条款不一致之处。

根据以上反馈,可得出公司开展此业务的商业目的、商业模式各环节,从而评估各环节的风险点并进行合规审查。

三、小　结

法务人员在理解业务时,应始终围绕着理解业务的目的设计理解方式,而且尽量避免使用法律术语来和其他部门同事进行沟通。

在商业合作项目跟进中,理解业务的目的是起草合同并梳理业务流程,则应根据一般合同的结构和必备条款,列出起草条款所需了解的业务问题。在问题清单中,正是按照起草合同的逻辑,从合同主体、双方权利义务、验收与结算、违约责任对问题进行分类列举。在该场景下,能够列出问题清单的基础,是对《民法典》和合同结构的清晰认知,以及前期从行业背景知识和项目材料中获取的业务基础知识。

在项目合规性评估中,理解业务的目的是进行业务开展本身的合规,进行业务沟通的目的是评估法律风险。所以,应首先预判互联网金融广告这一领域可能涉及哪些法律风险,然后与业务人员一一确认风险点。在该场景下,能够列出问题清单的基础,是对互联网金融和广告相关法律规制有一定了解,从此前的互联网金融广告合同审核中总结了一些业务模式细节。

综上,可以看到,在中级阶段,法务人员开展工作的主要方式是事先明确沟通目的,有针对性地提出问题,防止沟通时陷于业务细节、思路散漫而毫无效率。

第三节　技能高阶

在绝大部分公司,公司法务人员对商业和业务本质的理解和支持如果能够达到前述中级阶段,实际上已经能够满足公司对法务部门在技能和专业输出上的几乎所有的期待了。但如果想要从公司项目支持部门转化为公司战略支持部门,则需要更进一步掌握该行业的商业逻辑,理解其商业本质和运行规则。

什么是商业逻辑?商业逻辑是为实现某种商业目的,基于现有条件进行推导而形成的思维规律。什么是商业模式?依据特定的商业逻辑而思考,并借此搭建出为实现特定商业目的而设计的项目运营步骤或流程,这就是所谓的“商业模式”,其是一种通过描述公司产品、服务、客户市场及业务流程等要素,反映公司组织运营、创收盈利的方式。当我们说一个商业模式成功时,说的就是这种架构成功实现了设计者的商业目的。

什么是一个成功的商业模式?伊索寓言《太阳和北风》其实就是个很典型的例子:太阳和北风展开竞赛,目的都是去除旅人身上穿的衣服。北风想通过加强风力将人的衣服吹掉,结果风越大,人将衣服裹得越紧;太阳的手段则是加强照射,让旅人感觉越来越热,最后主动脱下衣服。因此,太阳达到了“让旅人脱掉外套”的目的而获胜。

这个寓言其实很有趣。去除外套,最直观而言,用外力剥离掉是“最快捷”的办法。但如果选用这个办法,实际上没有考虑有其他因素会阻却这个目的的实现(穿着者因为这种外力而感觉到寒冷,从而紧紧裹住外套,实际上是增加了对这种外力的抵抗,而且外力越强,抵抗越强)。而寓言中的太阳之所以最后能实现目标,是通过了间接方式(加热)来引导人的行为。这个寓言故事告诉我们,实现目的的最佳途径,其实不见得是直观上"最快捷"的办法,而是可以通过对用户行为的引导来完成。正如大型购物商场的设计者,为了让客流合理地通过尽可能多的商铺,不是通过规则和保安来强迫客户,而是通过商场的布局,如功能区的设置、不同产品店铺位置的安排等,来实现客流动线规划。

所以,法务人员应该清楚,业务部门如果要搭建一个成功的商业模式,最佳的办法就是引导用户行为,使用户按照预设的行为模式去行动,从而实现商业目的。而"如何进行引导"的推导过程,实际上就是商业逻辑。只有从这个高度理解了商业模式,才能理解业务部门对项目运营步骤或者流程的设计背后的原理,并通过行之有效的改进建议,在法律规定和商业模式之间取得一个相对稳定的平衡,而不仅仅是只用生硬的法律法规的规定对业务部门说"不行"。也只有这样,才能和业务人员一同帮助公司创造发展契机,真正体现一名高阶法务人员的价值。

其实,商业逻辑并不是一个虚无缥缈的概念,它几乎浸润在整个人际交往和社会生活的方方面面。为了更好地帮助读者理解何为商业逻辑,我们来看看其实早已有之的一些实例:

表 5-6　不同时期商业逻辑

互联网时代 的商业逻辑	招财宝……	4.0版
高阶 的商业逻辑	期货交易为代表的非即时交易	3.0版
复杂 的商业逻辑	一般等价物为中介的商品交换	2.0版
简单明快 的商业逻辑	原始社会以物易物	1.0版

当产品在特定时空出现短时过剩的情况,如某一部落捕猎了较多的动物,而其他部落采摘了更多果实时,发生以物易物的行为看起来似乎是顺理成章的。这实际上就是最简单的商业逻辑:通过交换(而不是可能导致失去生产能力的厮杀或者掠夺)来同时满足双方的需求。

但这个逻辑存在显而易见的缺陷:交易条件实际上过于苛刻而难以满足——首先,在空间上同步,即交易双方需要遇到;其次,在时间上同步,即交易双方相遇时都需留存有剩余物资;最后,最重要的是,在需求上同步,即交易双方的剩余物资恰好是对方所需要的。如果持有剩余兽肉的一方并不需要补充果实,而是需要补充自己在捕猎中消耗掉的投枪、木棍,则这个交易就无法完成了。等遇到持有剩余投枪、木棍的下一个部落时,新部落却可能需要补充果实而不需要兽肉。更不用说现实场景中,还存在着大量其他因素的桎梏如食物可能腐烂、并不是单一剩余物资的大宗交易而是多种物资的小额交易等。

正因如此,在生产力进一步发展之后,以物易物的商业逻辑显然越来越无法满足现实的需要,于是,针对"交易双方的剩余物资恰好是对方所需要的"这个我们常说的"痛点",出现了新的解决方案:从交易标的中分离出来作为其他一切交易标的价值的统一表现的特殊交易标的,我们把它叫作"一般等价物"。在一般等价物出现之后,无论交易双方是否实际需要对方的剩余物资,都可以完成交易,仅需要使用一般等价物即可。①

当交易本身的"痛点"通过这种方式得以解决后,人类社会迎来了新一轮的生产力发展和剩余物资的交易。而当生产力进入到工业化生产阶段后,极度高效的生产能力、极度精准的销售策略,都带来了对

---

① 当读者从这个角度来认识可能是初中就学到的政治经济学常识后,应该可以意识到,本书并不是在编造一套玄而又玄的理论概念,而只是向读者展示阐述我们的"常识"的不同的角度。

生产物资的极大依赖和生产管理可预期性的极大期待,尤其是在高度依赖生产原料稳定性的行业,如钢铁制造业或者炼油行业。而这类行业一旦出现原材料的价格波动,很容易导致公司的资金链以及生产计划受到严重影响甚至出现倒闭崩盘的危险,于是,针对“需要预先确定大宗原材料价格”这个需求,也就是常说的“痛点”,出现了新的商业逻辑:期货。买卖双方通过签订合约,同意按指定的时间、价格与其他交易条件,交收指定数量的现货,从而解决了这种大宗原材料[①]采购的极大不确定性。例如,市场上螺纹钢的价格会产生波动,但无论市场价格如何波动,期货的特定订单下钢材仍以固定价格进行交割,这样公司通过锁定原材料价格,实现确定未来成本支出的商业目的,从而公司才可能消弭这种不确定性,据此制作预算、核算利润,并正常安排生产经营计划。[②]

以上的举例,是为了让读者更加直观地了解到商业逻辑本身的表现形式和它应用的场景,即通过某种特定的商业结构安排来满足某种商业需求,而商业逻辑的创新,则往往是为了解决既有的商业逻辑下的不足之处,也就是常说的“痛点”。公司法务人员实际工作中所面临的需求通常是:公司领导提出需解决某种用户需求的商业目的,业务部门根据商业目的搭建商业逻辑,再要求法务部门据此设计法律结构和文本,以实现商业目的。这是一个从0到1、从无到有的过程。

如果公司法务人员能从这个角度去看待业务部门冒出来的一些纯粹从法律角度看起来奇奇怪怪,甚至是疯狂地在违法边缘试探的想法,可能就会有不同的认知。而这种认知,正是公司法务人员能够正常和业务部门人员沟通,展现自己商业价值的前提和基础,也才是达

---

① 这就是为什么我们通常在期货市场上看到的交易品种几乎都是工业生产的原材料的原因,如钢、铝、天然橡胶、原油、玉米、大豆等。

② 当然,期货现在更被大众所知悉的,是作为一种金融衍生品,并进一步出现了各种新的产品形态如金融期货等,但这并不是它最初期产生的商业逻辑,其当时根本上是为了消弭实体经济中因为原材料的不可预知而产生的价格波动。

到高阶法务人员的技能标准。

作为实务教程,本书当然不会仅止于告诉读者商业逻辑是什么。在本节,笔者将尝试以分析一个可能大家都很熟悉,但从来没有认真思考和分析过其中“法律含金量”的产品的方式,来展现公司法务人员的一个在体现自身商业价值方面堪称经典的实例,并期待以此逐步引领读者进入这个看起来还比较陌生的领域。

本书期待引领读者通过解构产品的用户协议和用户规则,分析产品内含的法律结构,并进一步讨论设计此种法律结构的原因——产品的商业目的,这一过程恰恰是从有向无的倒推,类似于知识产权领域的“反向工程”,即根据软件倒推软件的代码结构。通过这种倒推,可获知现有商业产品的法律和商业结构是如何从无到有的。通过对商业产品开展“反向工程”,即从现有的商业规则和法律文本,倒推出法律结构,再倒推出商业逻辑和商业目的,借此提高对商业目的的敏感度和认知度,加深对产品经理思维的熟悉程度,从而实现对本公司的业务和业务人员更高层次的理解。

需要事先说明的是,本书中所列对产品的商业逻辑的分析,均基于现有或以往公开的产品协议和用户规则,不涉及任何公司的商业秘密。同时,本书仅基于公开信息对产品进行分析,不涉及公司对开发该产品的各种内部考量因素,所分析的内容尤其是商业目的可能与公司真实商业目的有所偏差。本书目的并不在于探寻或揭示某种产品背后的真实商业目的,亦不从价值观角度对商业目的进行评判,而仅是介绍一种理解产品的分析方法,提供一种设计产品法律结构的“解题思路”。

一、分析产品法律结构

招财宝是蚂蚁金服旗下的一个理财产品,当时推出时受到了市场的热捧。虽然目前这款产品已无法购买,但笔者一直认为,该产品的商业逻辑和对应的法律关系设计极具典型意义,因此就用该产品为例,来说明法务人员对商业逻辑的分析途径和方式,以便读者可参照练习。

以招财宝本身架构为例。首先,需要了解基本的产品形态,而在互联网时代一个比较便捷的方式,就是进入到这个产品的官方介绍页面。点击进入招财宝的官网首页,可以看到官方对其的定位为"灵活的定期理财",并显示有三种理财产品:借款、保险、基金。

如果我们去看借款产品,从页面介绍来看,借款产品分为中小企业贷和个人贷,有不同的期限、年化收益,看起来与一般的银行理财产品没有区别。此时,需要在官网页面进行进一步查询,这样就会获得公司和借款产品的进一步介绍。

对该产品了解到这一步即可以得知,招财宝中的借款产品,指的是借出人向借入人出借资金,借入人到期还本付息,并由金融机构或担保公司等作为增信机构提供本息兑付增信措施的产品,包括个人贷和中小企业贷。但即便仅仅是在法律层面上,这个了解层次也显然是不够的,因为这只是获悉了一个字面意义上的信息,即该产品的法律结构,是一个附带了"增信措施"作为保证的借贷关系。我们需要进一步了解,这个法律关系具体是如何被搭建起来的。

(一)借贷关系

进一步选择购买"个人贷"产品,点击产品页面所显示的《产品合同》后,实际展现的是一份借款协议。从该协议内容可以看出,签约人是"借出人"和"借入人",由招财宝平台作为居间服务人,借出人向借入人提供借款。根据该协议的定义,借出人是指经招财宝撮合,向在招财宝平台发布融资需求的借入人提供借款的自然人。借入人是指直接或间接在招财宝平台发布融资需求,并在满足本协议约定条件时获得募资的自然人或法人。招财宝平台是一个向借出人和借入人提供投融资信息发布与管理、投融资交易管理、交易资金结算(由支付机构提供)等服务的金融信息中介服务平台。而且进一步在企业主体信息相关平台上进行验证,可知公司介绍页面的产品运营与公司上述描述一致。

由此可知,招财宝并不提供融资,而仅仅作为投融资信息发布的平台。用户点击购买某个产品后,实质是作为借出人,与借款的借入人之间签订了借款合同。

通过对协议的解读,可以得出第一个结论,即招财宝将实质的借款法律关系转化为"理财产品"时,所设计的对应关系为:

(1)借款的利息对应约定产品的年化收益;

(2)还款方式为到期一次还本付息,对应产品到期本息兑付;

(3)借款期限与"产品"的到期期限一致。

此外,通过《招财宝平台服务协议》的设计,即对于"预约抢购的解释"①,可以得出第二个结论:招财宝产品结构中,借款的借入人其实是一个不特定的对象,其模式是:

(1)点击"预约"购买招财宝"个人贷"的用户,将作为借出人借钱给不特定的借入人,招财宝作为居间服务人直接代借出人确定具体的借入人。借出人每在"个人贷"产品中购买5000块钱,招财宝有可能

---

①　3.2.1　抢购预约

3.2.1.1　您作为投资人通过招财宝平台预约抢购投融资产品的,在按照流程约定设定预约年化收益率、定期产品期限、定期产品类型、抢购额度等条件后,由系统根据前述条件自动抢购,抢购成功即视为交易达成,对此您不持异议。特别地,针对部分预约抢购,在抢购成功前您可按照流程约定取消未成交抢购,取消后系统将不再自动抢购,但已成交的部分除外。

3.2.1.2　您作为募资人通过招财宝平台或其合作机构发布预约抢购类型投融资产品的,在按照流程或书面约定设定预期年化收益率(含借款利率)、定期产品期限等条件并成功发布后,如投资人预约抢购成功即视为交易达成,对此您不持异议。

3.2.1.3　您知晓并同意:通过预约抢购达成交易的,您的交易可能为多笔,您的交易受募资额度限制可能仅部分成交,您的投融资金额可能被拆分,您的交易对手可能为多人,您交易的投融资产品类型可能不尽相同,并且您所获得的收益及投融资期限可能因此而不同。

将其借给了1个人,也有可能借给了10个人或机构。借出人事实上并不知道具体的借入人是谁。借出人的投资起步要求非常低,100元起步。

(2)从借入人的角度,招财宝根据借入人的用款需求(用款时间、偿付利息能力等),分拆借款份额后匹配不同的出借人"购买产品"即出借款项。借入人要求借入的总金额(即产品规模)可能非常小(小到1000元),期限可能非常长(2~3年)。

(二)保证关系

这款产品实际上是一个借贷关系上附加了一个保证关系。借贷关系的结构和对应文本分析在之前已经进行了初步论述。那么,保证关系又是如何架构的呢?

1. 保障措施之一:保险

产品页面称:该笔借款的本金和利息由众安在线财产保险股份有限公司("保险公司")提供保证保险增信措施。在借款合同中也表述为,"本协议项下还款保障方式"是"由众安在线财产保险股份有限公司提供保险保障"。而根据《个人借款保证保险投保协议》及其相关附件中的描述,在这个保证关系里:

保险金额为借款协议约定的借款本金及应付利息金额之和,罚息、违约金、赔偿金、逾期利息以及导致被保险人发生的其他损失、费用不在保险赔偿范围内。保险期间:"最长不得超过一年,具体起期日和终止日以保险单上载明的日期为准。如果借款人提前还清借款,则保险期间至提前还款日结束。"

保险责任为根据Q&A页面《借款产品的投资风险保障措施与到期规则》下的解答和保险合同,即"个人贷"等借款产品都由金融机构或担保公司等作为增信机构提供本息兑付增信措施,如果借入人发生还款逾期,增信机构或推荐机构筹措资金履行代为偿付责任,履行期限在保险合同中约定。但在增信机构未能按约履行增信措施等情况下,借出人仍有可能面临资金损失风险。

在追偿权方面,在履行保证责任后,保险公司即取得赔偿金额范围内的追偿权。借入人即投保人同意授权保险公司直接从借入人的支付宝账户中扣除赔偿金,借入人授权支付宝根据保险公司的指令从借入人的支付宝账户进行扣款;若非个人原因导致资金借入人还款保障资产无法足额支付其到期应还本息,则差额部分资金借入人免责,保险公司不对差额部分追偿。即借入人以自己在支付宝中的全部资产向保险公司提供了实现追偿权的保障。

2. 保障措施之二:借入人在阿里系账户内的全部资产

与此同时,根据借款协议①和《支付宝代扣服务协议》《余额宝服务协议》②的规定,如果借入人未能清偿借入款项,本身自己还授权了招财宝平台直接从阿里系账户中直接扣除对应财产性权益用以清偿

① 《个人贷借款协议》5.1.5

借入人以其于本协议生效之日前已经在招财宝平台上持有的借款债权资产或基金份额或其他任何资产权益,或已经在淘宝网、天猫商城、聚划算等平台上持有的已成交订单项下的应收账款或其他任何资产权益,作为其履行本协议项下还款义务的保障。若该等资产权益仍无法覆盖借入人在本协议项下还款义务的,借入人仍有义务以其其他自有资产补足。

借入人理解并同意,上述到期资产或权益可直接用于偿还本协议项下其应付给借出人的到期借款本息。借入人同意上述到期资产或权益的实现方式,借入人不会再向前述到期资产或权益项下的债务人主张债权,除非债务人没有足额兑付上述到期资产或权益。

借出人理解并同意,若借入人以上述到期资产或权益偿还其本协议项下的到期借款本息的,借出人对该还款方式无异议。若资金足额且划付到借出人指定账户,即视为借入人已经履行完毕本协议项下的还款义务。……

② 《支付宝代扣服务协议》第(六)条:支付宝可以自由选择扣款渠道,包括支付宝账户余额、与支付宝账户绑定的卡通、已经开通快捷支付的银行卡,或其他支付宝实际支持的扣款渠道(包括但不限于支付宝红包、集分宝、信用支付等),且支付宝有权根据实际情况决定扣款渠道的顺序。

《余额宝服务协议》:您授权在您开通余额宝服务的同时,将余额宝增加为支付宝为您提供的各类代扣服务的扣款资金渠道之一,可使用余额宝作为代扣资金渠道的具体代扣服务以支付宝实际向您提供的为准。

的权利。

(三)产品整体法律结构

当逆推到这一部分,其实才能说把整个产品法律结构上的全貌还原,即名为“招财宝”的这个理财产品,它的法律结构实质上是借贷法律关系,合同构成实际上是:

(1)借贷合同:购买招财宝产品的用户/借出人与在招财宝发布融资需求的用户/借入人之间签订《个人贷借款协议》,借入人并在协议中承诺用自己在阿里系账户中所有的资产作为直接扣款的对象来保证清偿。

(2)居间合同:借出人和借入人各自作为平台用户,与招财宝公司签订《招财宝平台服务协议》。

(3)保险合同:借入人和保险公司签订《个人借款保证保险投保协议》,借款合同的债权人即借出人为被保险人。

二、解析产品商业目的

当通过对协议文本进行“反向工程”,弄清楚了这款产品的法律结构之后,这才有了进一步的思考基础:这个商业产品,它的商业目的到底是什么?

我们可以凭直觉得出很多结论,如增加支付宝的 DAU、通过推出一款理财产品而获取经济回报①等,但如果仔细审视已经了解的该产品的架构,可能会得出不一样的结论。

---

① 如手续费。这是现代社会金融产品所必备的。但有趣在于,需要思考的是,金融产品本身只是纯粹的金钱游戏吗?它之所以产生,是不是正是因为符合了实体行业的某种“商业目的”?其实,大多数股民或者期货玩家,投身其中并不是在思考和为了满足特定实体行业的需求,但这个需求本身是否存在,并不由参与其中的玩家的“动机”决定。

(一)解析的起点:从受众出发

当面对特定产品架构,需要逆推该架构的商业目的时,最直接的办法,是从这款产品的受众群体开始着手。正如本书之前列举的诸多实例所反映的:商业目的,实际上就是解决特定受众群体的“需求”,也就是“痛点”。

招财宝这款产品的受众是谁?非常直观地可以知道,这款产品的购买人是资金借出人,也就是支付宝的用户们,他们有闲散资金需要保值增值,这就是他们的需求和痛点。产品的这一端没有任何特别可以值得进一步挖掘的内容,因为这和任何一款理财产品的用户需求都是一致的。而产品真正存在差异化的核心隐藏在另外一端,即资金借入人。

这些“资金借入方”,为什么要用钱?

于是,应该掉过头来看借款合同的具体条款。借款合同 1.3 条给借入人的定义是“直接或间接在招财宝平台发布融资需求、并在满足本协议约定条件时获得借款的自然人或法人”。请注意,如果往上看一条 1.2,关于借出人的定义时会发现,借出人是“经招财宝撮合,向在招财宝平台发布融资需求的借入人提供借款的自然人”。从这个对比可以得出两个结论:(1)对购买这款产品的人,我们之前的直观感知是没错的,就是使用支付宝 App 的这个理财用户,均为自然人;(2)这个产品的资金流向,也就是资金的接入方,同时包括自然人和法人。

当看到这里,读者会发现事情变得有趣起来:这笔钱,不光自然人会使用,法人也会使用。而通常情况下,一个理财产品募集的资金,都是满足特定领域或者特定目的使用的,资金最终流向通常都是机构,用于商业用户。那么,为什么这个产品的用资方会有自然人?这难道是一个民间借贷行为吗?

只有带着这个疑问继续思考并审阅借款协议,我们才可能在一个看起来平平无奇的条款下找到这个问题的答案:

“借入人以其于本协议生效之日前已经在招财宝平台上持有的借款债权资产或基金份额或其他任何资产权益,或已经在淘宝网、天猫商城、聚划算等平台上持有的已成交订单项下的应收账款或其他任何资产权益,作为其履行本协议项下还款义务的保障。”①

谁有“在淘宝网、天猫商城、聚划算等平台上持有的已成交订单项下的应收账款或其他任何资产权益”?阿里旗下各电商平台的店主个人或者成立的法人机构。而谁有“借款债权资产或基金份额或其他任何资产权益”?在阿里体系内购买了包括但不限于招财宝在内其他理财产品的自然人。

阿里电商平台的店主或机构为什么要借钱?如果读者难以想到“所有的经营者都有借钱扩大再生产的需求”这个点,或者不是每个读者都会去淘宝开店铺的话,至少,我们几乎都在淘宝买过东西。

在电商平台中,已成交订单项下的应收账款转为实收金额的时间是较长的。消费者支付的货款先进入支付宝账户托管,经发货——物流——运输——确认收货流程后,支付宝账户中的货款才转入店主的账户中。如消费者不主动确认收货,则收货 7 天后货款才会自动转给店主。而如果消费者收货后还有申请退换货情形,则货款在支付宝账户中托管时间更久。虽然在中国电子商务就是依赖此种独立于交易双方的第三方“资金托管”才得以发展壮大,建立起了虚拟世界陌生人和陌生人之间最根本也是交易前提的信任基础问题,但此种第三方资金托管的方式,事实上影响了售货方作为商家的现金流。如果小型商铺(通常情况下都是个体工商户甚至是自然人)拿货需要钱货两清的话,那么这意味着淘宝店主们需要一笔不菲的资金来作为启动资金,用以采购货物而对外进行出售。而越是大流量商铺,在他们销售额提升的情况下,是不是有足够的资金来补货,就成了能否继续扩大市场

---

① 《个人贷借款协议》5.1.5 条款。

份额的重要因素。①

当考虑到阿里巴巴集团的官方口号(slogan)是“让天下没有难做的生意”时,至少从表面上可以得出初步结论:招财宝这个互联网新产品的商业目的,是为保障店主有足够的现金流以吸引店主开店、持续经营乃至扩大规模,而阿里通过在自己平台上推出招财宝这个产品,向店主提供借贷资金,店主以应收账款等作为抵押甚至可以直接以应收账款作为清偿标的即可。

(二)解析的重点:从疑点出发

找出商业目的只是产品解析的第一步。本书并不是旨在告诉读者如何成为一个产品经理。对于法务人员来说,最为重要的是:如何解析这个产品的法律结构?这个法律结构的精美之处到底在哪里?

再次回到刚才得出的有关产品商业目的的初步结论。在逆向推理后,如果从结论出发,就会产生一个疑问:如果招财宝“个人贷”产品的商业目的,是向阿里系店主提供足够的现金流以支持网店运作和扩张,那么为什么实现这个商业目的要通过这样的复杂的交易结构?当意识到现在需要解决的痛点是店主缺乏充足的现金流时,阿里直接提供给店主资金不就行了?

答案是不行。

理论上最简单最直接的解决方式,在现实生活中并不一定可行。作为一名法务人员,思考到这种最简单的模式“阿里直接向店主提供借款”时,立马就会想到很浅显的合规性问题:这是放贷业务,需要对

---

① 当然现实商业交往比本书描述得更加复杂。例如,有较好销量的店铺,实际上对于供货方而言也是有较强商业地位的,不排除可以谈下来先货后款的条件,将采购风险转移给供货方的可能。我们常见的线下大型商超,通常情况下都不是和供货方现结的,甚至苏宁、国美等大型电器商城更是有大量的存量资金腾挪。但客观上,尤其是电商发展早期,确实是大量的小型商家并不具备此种商业地位,还是需要进行钱货两清的交易。

应的金融牌照。[1] 当然,对于阿里来说,牌照问题并不是决定性的因素,使用对应的金融业务主体蚂蚁金服的资质[2]即可,真正的问题是:阿里为什么要借钱给店家运营?这符合阿里电商系的“平台”定位吗?

答案是不符合。

而且,如果由阿里提供全部资金,那对于阿里来说实际上造成了对自己资金链的影响,这个产品的想象空间直接变成了以阿里的可动用流动资金总额为上限。这种模式,非常的“不互联网”。

如果进一步思考,那有没有可能阿里先募集社会资金,然后再向店主提供借款?答案依然是否定的。这个产品设计只解决了资金来

① 根据《中国银行业监督管理委员会、中国人民银行关于小额贷款公司试点的指导意见》(银监发〔2008〕23号),申请设立小额贷款公司,应向省级政府主管部门提出正式申请,经批准后,到当地工商行政管理部门申请办理注册登记手续并领取营业执照。此外,还应在5个工作日内向当地公安机关、中国银行业监督管理委员会派出机构和中国人民银行分支机构报送相关资料。小额贷款公司的股东需符合法定人数规定。有限责任公司应由50个以下股东出资设立;股份有限公司应有2~200名发起人,其中须有半数以上的发起人在中国境内有住所。2017年11月,《关于立即暂停批设网络小额贷款公司的通知》规定,一律不得新批设网络(互联网)小贷公司,禁止新增批小贷公司跨省(区、市)开展小额贷款业务。根据《消费金融公司试点管理办法》第九条,“非金融企业作为消费金融公司主要出资人,应当具备下列条件:(一)最近1年营业收入不低于300亿元人民币或等值的可自由兑换货币(合并会计报表口径);(二)最近1年年末净资产不低于资产总额的30%(合并会计报表口径);(三)财务状况良好,最近2个会计年度连续盈利(合并会计报表口径);(四)信誉良好,最近2年内无重大违法违规经营记录;(五)入股资金来源真实合法,不得以借贷资金入股,不得以他人委托资金入股;(六)承诺5年内不转让所持有的消费金融公司股权(银行业监督管理机构依法责令转让的除外),并在拟设公司章程中载明;(七)银监会规定的其他审慎性条件。非金融企业作为消费金融公司一般出资人,应当具备第(二)、(三)、(四)、(五)、(六)项规定的条件”。

② 浙江蚂蚁小微金融服务集团股份有限公司(蚂蚁金服)本身并不持有牌照,但旗下拥有两个小额贷款公司,分别为重庆市蚂蚁小微小额贷款有限公司和重庆市蚂蚁商诚小额贷款有限公司。据报道,蚂蚁集团在重庆申请的消费金融牌照有望在2020年落地。

源问题,但同样存在以下问题:(1)需要一个吸储的金融牌照;[①](2)募集的社会资金的还款责任变成了由阿里承担。这将形成一个对阿里来说存在高风险的模式,而且已经远离了电商平台的“平台”属性。

当考虑到这一步再来看,根据现在已知的交易法律架构,招财宝的产品设计意味着什么?

“出借人提供资金——阿里通过招财宝提供中介服务——借入人获得资金——借入人经营扩大——阿里系电商平台获得更多收益。”

这就是理想状态下,这个产品的运行逻辑。阿里在这个商业产品中,仅仅提供居间服务,而且它也通过协议约定的方式,告诉了我们这些“法律结构的反向工程者”:招财宝平台,“指由招财宝开发并运营的,向借出人和借入人提供投融资信息发布与管理、投融资交易管理、交易资金结算(由支付机构提供)等服务的金融信息中介服务平台”。如果把“资金”也看作一种“商品”,甚至能够进一步得出结论,这个金融产品和作为平台而不是主打自营的阿里在商业逻辑本质上是一致的:不做商品的生产者甚至是销售者,而是商品生产者/销售者的分发渠道。

---

① 合法的吸收公众资金的形式有金融机构吸储、IPO、发行债券、公私募基金等。例如,《商业银行法》第十一条要求:“设立商业银行,应当经国务院银行业监督管理机构审查批准。未经国务院银行业监督管理机构批准,任何单位和个人不得从事吸收公众存款等商业银行业务,任何单位不得在名称中使用‘银行’字样。”《证券投资基金法》第十三条规定:“设立管理公开募集基金的基金管理公司,应当具备下列条件,并经国务院证券监督管理机构批准:(一)有符合本法和《中华人民共和国公司法》规定的章程;(二)注册资本不低于一亿元人民币,且必须为实缴货币资本;(三)主要股东应当具有经营金融业务或者管理金融机构的良好业绩、良好的财务状况和社会信誉,资产规模达到国务院规定的标准,最近三年没有违法记录;(四)取得基金从业资格的人员达到法定人数;(五)董事、监事、高级管理人员具备相应的任职条件;(六)有符合要求的营业场所、安全防范设施和与基金管理业务有关的其他设施;(七)有良好的内部治理结构、完善的内部稽核监控制度、风险控制制度;(八)法律、行政法规规定的和经国务院批准的国务院证券监督管理机构规定的其他条件。”

三、优化产品法律结构

就如同一个并购项目的前期通常需要尽职调查一样，明确产品的商业目的，并且在分析过程中解析整个产品的运营逻辑后，实际上是法务人员为自己的正式输出做的前期准备工作。当工作准备到位，给法务人员提出的问题就是：是否可以将其中法律关系的结构通过相应的设计来落地，并进一步优化而使得这个产品运行得更加顺畅？

假设拿到"出借人提供资金——阿里通过招财宝提供中介服务——借入人获得资金——借入人经营扩大——阿里系电商平台获得更多收益"这样一个产品逻辑图，我们需要考虑什么？笔者认为，需要考虑的是，在这个模型里最核心的可控变量①是什么：是出借人足够多，提供的借贷资金足够多。只有资金量足够大，才能有足够的腾挪空间来满足大量的用款方的需求，才可能进一步开发其他衍生产品或者业务。因此，问题可以层层简化为：这款产品的结构应该如何设计，才能吸引出借人"认购"这款被 C 端用户看来很像是一个普通的"理财产品"？

如何增加一款对购买人足够吸引的理财产品？这个问题的实质其实是：认购人理解中最理想的理财产品长什么样？而要回答这个问题并不困难，因为只需要把自己假设为认购人，那么对于一个最理想的理财产品的各类需求就呼之欲出了：

（1）高回报：在本金投入相同的情况下，认购人能够获得更高的投

---

① 这里可能对两个概念产生疑问，"可控"和"变量"。之所以关注变量，是因为任何结构的设计都只会改变变量，而不会改变常量，如"资金由出借人提供"在给定了产品逻辑的前提下，这就是个常量。法务人员没有必要在这个常量上浪费时间和精力。而变量是什么，变量是"由出借人提供的资金总量是多少"。那为什么强调可控？因为在特定产品逻辑中，不可控的变量对于法务人员来说依然毫无关注必要，如"借入人用款总需求"：用款总需求取决于利率的设定以及阿里电商平台商家用款的活跃度。前者是纯粹的商业决策，后者并不由招财宝这个产品决定。

资回报。

(2)有保障:认购资金本金不会出现损失。

(3)随时可变现:认购人可以基于自己需求随时要求赎回。

用通俗的话来讲,就是如果一个“理财产品”,收益率又高、又零风险(本金不会损失),而且当认购人因为个人原因急需用钱时还能随时赎回,那这就是一个“完美”的形态。而为了尽量趋近于这种完美形态,法务人员能够做什么?应该怎么做?

还是回到之前所提到的思考逻辑:这个理想模型中,法务人员可控的变量是什么?

逐一审视三个变量:

(1)高回报:和法务人员无关。这个是产品本身的商业前景决定的,类似于之前分析的“借款人总需求”。

(2)有保障:这属于法务人员的工作范围了。法务人员通常能够直接想到,如果要对一个“债权”提供保障,附加一个担保是最简单的债权保障方式。招财宝的产品设计,除了附加保险公司的保证之外,亮点在于保险偿付后可将借入人在支付宝体系内的全部资产作为追偿对象。而作为担保人的自身资产动态情况甚至包括电商应收债权,阿里公司实际上在系统中是随时掌握并可直接划扣(可执行)的,这进一步加强了各方参与人的保障。

(3)随时可清偿:在这个变量上的产品设计,是法务人员非常值得重点关注的精妙之处,值得本书单独列出、详细分析。

当面对一个“随时可清偿的债权债务关系”的结构设计需求,法务人员最直接的思考方式是用合同来约定,也就是在借款合同中约定出借人有随时要求还款的权利,本质上是一种约定式的单方无条件解约权。这当然在法律上最为直接和“清爽”,不过问题是:这个结构在法律上虽然是最直截了当而且正确的,但法律上正确,商业上一定就“正确”吗?

评价商业上是否正确的标准是什么?是符合商业目的。

于是,需要重新审视这款产品的商业目的:为保障店主有足够的现金流以吸引店主开店、持续经营乃至扩大规模。这意味着,即便这款产品是以出借人所提供的资金为核心,但如果出借人随时可以收回资金,满足了出借人的"随时可清偿"的需求,那这意味着借入人(网店店主)的现金流有被随时截断的风险。如店主将借贷资金已用于进货,出借人突然要求还款,店主将无钱可还,变成纯粹由保险公司来进行垫款清偿。保险公司当然也可以提高保费来覆盖此种商业风险,但这个成本最终都会摊平到资金借贷成本中去,使得借入人的资金成本进一步提升。

因此,如果要尽量避免频繁动用险资来强制"平仓"使得资金成本过高的话,那就要寻找新的结构来实现同时满足随时可清偿和保障店主稳定经营的需求。于是,我们看到了一个在法律上堪称绝妙的创意设计:变现。

从操作流程来看,借出人可以将"个人贷"产品申请变现,其他投资者购买后,借出人即获得现金。这个过程似乎符合"变现"的字面意义——借出人可出售所持有的理财产品,即转让所持有的"个人贷"产品中的债权,获得现金。

那么,仅仅从操作流程上而言,看起来,这像是资金借出方将自己持有的一个债权转让出去了,获得一笔对应的"债权转让款",从而实现了自己的"即时清偿"需求。但如果真的是这种结构,那意味着实际上是有一个资方随时等着接盘被提前解约而进行转让的债权,依然要占用大量的资金作为储备来保证这个清偿可以"随时"。所以,至少从逻辑上,就可以得出结论,表面上的这个"变现",实际上并不可能是债权转让行为。

由此可见,这里的"变现"概念,其实并不是字面意义上理解的"债权转让",而是用户急需用钱时,基于自己在招财宝平台持有的指定理财资产数据发布借款申请,由保险公司进行风险评估并且提供还款保障措施,由借出人直接向借入人借出资金的一个新的"个人贷"直接融资项目。用户作为变现申请人发起变现借款申请后,将生成一笔新的“个人贷”借款,其他用户通过招财宝平台购买或预约购买该笔借款后,实质是将相应资金出借给变现申请人,从而满足变现申请人获得现金的需求。变现利率随市场波动,以实际成交为准。产品持有时间过短就申请变现可能造成资金损失。

在这个设计下,借出人点击“变现”的时候,原有的债权债务关系并未解除,借入人并未还钱;原有的债权也未转让。借出人是以原债权为保证,在招财宝平台上发起一笔新的“个人贷”借款,获得资金。

图 5-1　变现结构

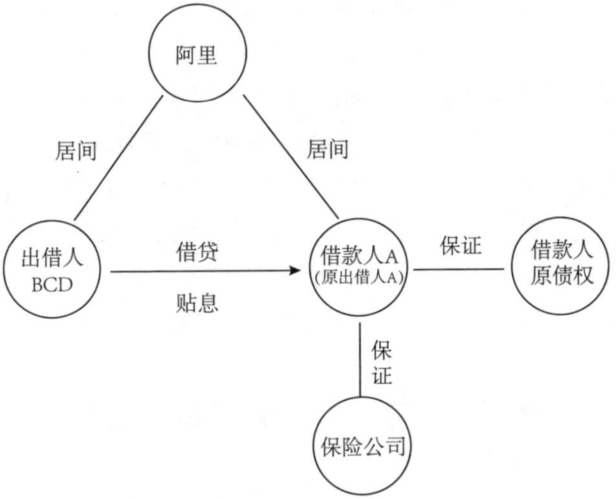

原来的出借人 A 在这个结构中变成了一个新的借入人,出借人 A 重新发起了一笔等额的新的借款,其他人将钱借给出借人 A。出借人 A 用原债权作为新借款的保证,同时由保险公司提供担保。新的借款到期之后出借人 A 不会收到还款要求,也无须还款,由招财宝系统直接代为偿还给了新的出借人。通过系统这种自动操作,对于出借人 A 来说,这种背后的法律关系自动流转是无感知的。因此,如果不仔细查看“变现”的解释,出借人 A 不会意识“变现”实际是一笔新借款,也不会意识到自己将原借款作为了新借款的担保,而很容易自然理解为,自己是将一个持有的“理财产品”给卖了。

而对于原债权的债务人——网店店主而言,虽然出借人 A 将原债权作为了担保,可能导致店主即原债务人的还款对象发生变化,但本身原债权人和原债务人即由系统自动匹配,并非指定对象,原债务人只要保证还款即可,无所谓向谁还款,因此出借人 A 通过“变现”流程获得资金的过程,实际与债务人无关,完全不影响其资金使用,依然可以按照原有的借贷期限正常还款。

对于招财宝而言,只要出借人 A 的原债务人按时还款,即可将还款资金用于归还出借人 A 新的借款。而这个模型放大到整个平台,即可通过“个人贷”及“变现”不断产生新的借贷资金和借贷需求,流经平台的资金将越来越多,平台的服务费收入也随之增长。

最终,通过“变现”这一功能设计,招财宝在不影响平台和借入人即网店店主现金流的情况下,保障了出借人“随时可清偿”的需求,吸引出借人提供更多借贷资金,从而向借入人即阿里系店主提供足够的现金流以支持网店运作和扩张,最终使阿里系相关服务平台获得更高收益。招财宝以一种多方共赢的理想模型实现了产品的商业目的。

背景阅读:招财宝“企业贷”产品违约事件

2016 年 12 月底,招财宝平台发布公告称,其平台发布的“侨兴电讯”和“侨兴电信”第一期至第七期私募债出现逾期,原因为融资企业资金周转困难无法按时还款。

2014 年 12 月,侨兴集团下属企业侨兴电讯和侨兴电信的私募债产品在地方金融资产交易所粤交所备案后,在招财宝平台上发布,期限均为两年,本息合计 11.46 亿元(其中本金 10 亿元)。这些“侨兴债”被招财宝分拆成几十期“企业贷”产品,由浙商财险公司提供信用保证保险。原始投资者还可通过“变现”功能,将手中所持债券抵押变现,接盘投资者购买的产品类型则变成"个人贷",为之提供履约担保的则是众安保险公司。

这一事件最终以保险公司赔付及相关商业银行、信托公司、金融租赁公司等金融机构均受到银监会的处罚而告终,招财宝产品实际停止运营。

而在这个"爆雷"过程中,我们实际上可以看到有三类典型用户:

(1)一般用户

一般购买"个人贷"的用户即出借人A,注意力主要集中在产品的类型、收益、期限,大概不会仔细看用户协议和产品性质的相关介绍,用户可能以为自己购买了一份高回报、有保障的理财产品,由保险公司提供担保,如想赎回资金,点击"变现",付出一定手续费即可赎回,会觉得十分方便。

(2)有一定风险意识的用户

此等用户可能阅读了借款协议,认识到自己实际是通过招财宝平台向他人提供了借款;通过查看借款协议和保险合同,用户可理解该笔借款有配套债权人还款保障措施;通过查看"变现"功能的介绍,用户理解自己通过新的借款获得了资金,但实际不用自己操作归还新的借款,因此对于此等用户来说,本产品仍然是一款"高回报、有保障、随时可清偿"的借款产品。

(3)高风险意识用户

此等用户可能仔细思考了"变现"的法律关系,发现通过"变现",原有的债权债务关系并未解除,债权也未发生转让,反而是自己承担了新的债务。那么进一步思考,此种系统可健康运转的前提是,平台中的债务人均及时还款,如果债务人大面积违约,则平台的资金链将会断裂,发生多米诺骨牌式的崩塌,"变现"越多的用户承担的债务越重。

事实上,高风险意识的用户是极少数。在上述违约事件出来后,招财宝"变现"的这一功能背后的法律结构才受到广泛关注。本书的目的并不旨在讨论系统性风险,而是以招财宝作为探讨案例,向读者展示,如何从产品设计角度分析典型模型,以理解和熟悉应如何围绕商业目的和用户需求去设计法律关系结构。

公司法务人员应始终记住完成商业目的的使命,围绕用户需求来搭建商业结构和法律关系结构。如果违反了商业目的,法律结构无论多完整精巧、风险多低,都没有现实意义。从笔者经验来看,实践中法务人员与业务人员起冲突的主要原因,往往是法务人员未能很好地理解,或者甚至是认为自己不需要理解业务人员的商业目的,单纯就法律谈法律,所设计的法律关系结构不能实现商业目的,违背了业务人员的真实需求。而这,是新时代的法务人员所应当极力避免的。

【提示:有兴趣的读者可以查看相关违约新闻。思考:如果招财宝的产品仅限于“个人贷”产品,从产品的商业逻辑角度审视,招财宝的系统性风险是否可控?】

四、小　结

在对单个商务活动的商业逻辑开展“反向工程”时,公司法务人员可集中选取本公司的主营业务、公司所在行业的典型产品进行练习,总结行业共通的商业逻辑和商业模式、法律风险点和法律设计,形成对行业业务和风险的整体性、体系化的理解,并不断在单体商业活动中验证和更新此种理解,由此才能实现法务人员更高层次的定位:对公司的战略和规划进行研究、提供建议和意见,并在业内和监管层形成影响力。

第六章　公司法务的商业参与(下):领域与示例

公司不是学校,法务人员不管再如何提升自己的专业意识与能力,最后都会要求落地到输出方面来,这其中当然也包括商业参与的技能提升。笔者结合法务管理和业务输出的日常经验,重点介绍如下几个法务商业参与度可以较高的领域以及相关示例,供读者参考。

第一节　业务资质

虽然国家对市场经济秩序管理的手段十分丰富,但目前行业准入监管仍是市场经济监管的最直接有力手段之一。通过对被审查公司是否符合相关法律法规规定的、进入某行业的特定要求和基础条件进行审核,筛选出不合格的公司,可以降低后期的监管工作量、提高相关部门的监管效率。而业务资质①合规就是公司通过对现有法律法规对相关行业的资质要求和同类型合规公司的资质状况的了解,进而对公司自身的资质状况进行评估并参照监管要求予以改善,规避法律和监管风险,顺利开展业务。

目前,根据审核要求严厉程度和通过审核的难度的差别,可以将相关部门的行业资质审核制度分为三类:一是需要相关部门批准,也即行政许可;二是需要到有关部门进行登记备案,也即行政备案;三是零门槛,即不需要进行批准或备案。

---

① 从严谨角度而言,根据合规对象的不同,资质合规可以分为业务资质合规与产品资质合规两大类,前者是指针对商业主体从事一定的业务需要取得的资质进行的商业合规,而后者则指向商业主体推出的实体产品相应的资质的合规。但出于行文简洁与阅读便利考虑,本书将两者通称为"业务资质合规"。同理,本书中所提及的"业务资质"如无另行明确也为业务资质与产品资质的合称。

以相关部门的批准作为准入门槛的,一般会要求公司持有与业务相关的资质证书,具有符合监管要求的人员、设备配置或是具有相应的公司制度建设成果等,行政许可属于对公司开展业务的事前审查,这也是对公司的资质最为严格的审查,往往集中在关系国计民生、比较敏感重要的行业。如果没有事先取得相应的许可资质便擅自开展相关业务的,可能会招致行政处罚;而要求公司在开展某项业务前到相关的主管部门去登记备案的,相关的行业敏感度一般较低,因此监管不再以门槛对公司准入进行要求,而仅仅是出于便于事后监管的角度要求登记留档备案。行政备案相较于行政许可而言,办理流程更为简易、高效。无准入资质的行业则监管要求更为放松,监管部门将管理的责任主要交由事后监管部分,给予市场更高的自由度。目前,业务资质商业合规服务中关注的重点便主要是行政许可和行政备案两类行业资质。

公司提出业务资质商业合规需求时,其关注点一般集中在如下几个方面:业务或产品是否需要取得特殊资质?什么部门负责相应资质的办理与监管?如何取得相关资质,即取得资质需要满足何种要求?因此,在进行业务资质相关的商业合规服务中,应对上述几个重点关切问题进行反馈与解答。

一、基本方法

公司对其经营过程中所涉及的业务资质方面疑虑虽多,但归结到底的核心问题落在:相关商业活动是否需要取得业务资质。这个核心问题明确后,剩余关于监管部门和资质获取要求的问题便可以以顺藤摸瓜的方式解决。但是业务资质合规的难点也在于这一核心问题上——现代生活中商品琳琅满目,市场中的业务种类、产品类型多不胜数,而现行法规同样浩如烟海,如何能够得知某一具体商业活动是否需要业务资质?

解决这一问题的思路非常简单也非常基础,业务资质合规的基本方法其实就是最典型的司法三段论的应用。在商业合规全部服务类型中,业务资质合规可能是对法规适用最为“机械”的一种,只要能够对资质相关的法律规范有一个较为清晰的认知(大前提),同时能够准确识别公司的商业合规活动种类(小前提),那么便可以轻易地作出“需要资质”或“不需要资质”的是否判断(结论)。因此,对业务资质合规基本方法的介绍也围绕着这个思路进行。

(一)建立行业资质图谱(大前提)

与业务资质相关的现行法规浩如烟海:一方面,在国家层面上,国家部委数量便有数十个,其各自职权范围内所辖的行业领域也难以计数,同时各部委之间所辖行业领域还可能存在交叉情况,而在地方层面,地区差异、试点政策等因素又导致各地区之间的监管要求、执法尺度各不相同;另一方面,随着国家简政放权和机构改革的政策不断深入推进,业务资质相关的法律法规政策的变动往往也是改革的“先头部队”,资质要求常常处在新增、取消和变更中。因此,很难或者可以直接说不可能掌握全部法规要求,甚至可能连监管机关自身也不能做到清晰尽知。

但是,这并不意味着每次处理业务合规需求的时候都是完全从零开始进行大前提的检索,即使不能将所有行业所需的资质都有一个全面的掌握,但是至少应该对整个市场中的常见行业有一个基本概念,并形成一个简单但是相对全面的行业资质图谱。这样的话,在面对一个业务资质合规需求的时候,便可以在图谱中进行一个快速的检索与定位,即使不能够精准地定位到该特定行业,也能够大致划定范围,至少能够找到大方向。

1. 行业资质图谱的要素

一个“简单但是相对全面”的行业资质图谱至少应当具备如下几个要素:行业名称、资质名称、监管部门、相关法规。有了上述要素,便

可以试着将现阶段了解到的一个业务资质信息填写在其中,如下表:

表 6-1　最基础的行业资质图谱框架

行业名称	资质名称	监管部门	相关法规
医疗器械	医疗器械生产企业许可证	国家药品监督管理局	1.《医疗器械监督管理条例》 2.《医疗器械生产监督管理办法》

上述几个简单要素构成了一个最基础的行业资质图谱框架,但是该基础框架在商业合规的实际应用中是远远不够的。接下来需要做的,便是根据商业合规的实际需求,对要素进行添加(增加框架的列数)。例如,在上文中根据所了解的信息,填写了“医疗器械”行业需要医疗器械生产许可证,该资质是医疗器械的生产者必须取得的资质,但是只要稍加了解或检索就会发现,除了医疗器械生产者外,经营医疗器械可能也是需要取得资质的,即医疗器械经营企业许可证。因此,“医疗器械”的归类命名就显然过于宽泛,需要进一步细化。框架于是可以调整为:

表 6-2　调整的行业资质图谱框架

<table>
<tr><th>行业名称(一级)</th><th>行业名称(二级)</th><th>资质名称</th><th>监管部门</th><th>相关法规</th></tr>
<tr><td rowspan="2">医疗器械</td><td>医疗器械生产</td><td>医疗器械生产企业许可证</td><td rowspan="2">国家药品监督管理局</td><td>1.《医疗器械监督管理条例》
2.《医疗器械生产监督管理办法》</td></tr>
<tr><td>医疗器械经营</td><td>医疗器械经营企业许可证</td><td>《医疗器械经营监督管理办法》</td></tr>
</table>

该行业名称的分类的颗粒度,可以完全根据实际合规业务中的需要来调整。例如,医疗器械本身是具有一级、二级、三级分类的,医疗器械的销售分为一般经营和线上经营,如果有需要,可以将行业名称继续细分,增加“行业名称(三级)”的表头项。而如果在合规索引的

初步过程中,想要一个颗粒度更粗的分类以便更加轻松地逐步定位,也可以在“医疗器械”之前再增加一级为“医疗医药”等。除行业名称外,其余要素也可以根据需要进行添加。例如,有些时候公司不仅希望获知某一业务需要何种资质,还希望能够从官方渠道确认其合作伙伴或供应商是否真的具有该资质,这时便可以在框架中再行增加一列“核验途径”。很多资质目前均在网络上开放公开查询渠道,便可以将该等网址填写在“核验途径”一栏。

2. 行业资质图谱的内容扩充

当行业资质图谱的要素(表头项、表格的列)基本确定后,接下来便是根据行业类型对该基础框架中的内容进行丰富与填充(增加该表格的行数)。与增加要素时的思路相一致,行业类型的覆盖范围完全可以根据客户类型、行业领域来确认。

如果平时商业合规仅涉及部分特定行业范围,那么行业资质图谱便可仅围绕所涉及的行业范围进行扩充,难度相对而言也较小。但是如果业务资质合规涉猎的行业领域非常广泛,那么则需要对尽可能多的行业进行覆盖。此时,如果自行进行从零开始的检索与分类显然会带来极大的工作量,这就需要借助公开渠道目前已有的工作成果。从笔者经验来看,至少有如下渠道可以供参考丰富行业类型:

(1)GB/T 4754-2017《国民经济行业分类》。该标准由国家统计局提出,由国家统计局、中国标准化研究院参考联合国统计委员会制定的《所有经济活动的国际标准行业分类》(2006 年,修订第四版,简称 ISIC Rev. 4)起草,规定了全社会经济活动的分类,适用于在统计、计划、财政、税收、工商等国家宏观管理中对经济活动的分类,同时国家统计局还发布了针对该标准的《2017 年国民经济行业分类注释》。我们没有必要将这份长达上百页的标准从头到尾详细阅读,但是对该标准的浏览,甚至仅仅是对目录的浏览即可使我们迅速对社会经济行业的划分有一个基础的、框架性的认知,对我们进行行业名称分类将具有很大帮助,同时在持续的商业合规过程中,也可以成为一个不时需要查阅的"行业字典",一个不错的工具性文件。

(2)信息库产品。在目前的市面上,已经有部分专业信息库品牌针对行业资质信息查询的需求推出了相关产品,如威科先行法律信息库中推出的多款智能图表产品。此类产品一般是基于现行法规等特定数据库,资质信息全部从信息库中提取,由于数据库范围的有限性,该等产品中所涵盖的资质范围和信息详细程度可能稍显粗疏,不能直接据此作出资质合规与否的最终判断,但是胜在使用的便捷性与信息的准确性,可以在业务资质合规中起到很好的初步指引作用。

(3)公司自建行业资质图谱。部分公司出于业务经营需要,会自行建立成文的行业资质图谱。例如,微信中的小程序业务是大家较为熟悉的产品形态,出于合规的需要,腾讯仅对部分行业类目开放小程序服务同时会对申请小程序的公司资质进行审核,为此其在微信官方文档中公布了《小程序开放的服务类目》[①]并在其中列明了"资质要求"。除腾讯之外,新浪、今日头条等公司也均为其广告等业务建立了行业资质要求的索引并对外公开。[②] 由于此类公司自建图谱(尤其是头部公司自建的行业资质图谱)是业务实践中高频使用的,因此往往对商业合规实践具有很强的参考价值,但是参考该类公司自建的行业资质图谱时也需要注意其中部分信息可能会存在更新不及时,或是为了便于业务经营而适量放宽要求的情况,还需进一步甄别确认。

3. 行业资质图谱中的敏感行业

在形成行业资质图谱的过程中,我们会发现部分行业领域是公司资质问题关注的重点,因此,此类行业的资质是监管机关甚至新闻舆论关注的重中之重,该等行业一般被称之为"敏感行业"。

常见的敏感行业主要集中于如下几个方面:

---

① 具体可见微信官方文档:https://developers.weixin.qq.com/doc/。

② 具体可见相关审核规范:https://tui.weibo.com/intro/question/gmp;http://toutiao.appun.cn/sucaibiaozhun/zz-sc-gg.html。

(1)国计民生领域:食品、医药保健、教育、道路交通、新闻出版等;

(2)风险高发领域:金融、管控物资(贵金属、危险化学品等)等。

而随着互联网时代的来临,以下领域也成为资质合规关注的重点:

(1)电信行业:ICP、EDI、IDC 等;

(2)新兴行业:网约车、网贷、网络游戏等。

上述敏感行业由于是监管重点关注的领域,因此其资质的分类细致程度、更新修改频率以及地区性差异都较一般行业更为复杂,在建立行业资质图谱的过程中,应该对此类敏感行业重点关注。

4. 行业资质图谱的丰富与更新

建立行业资质图谱不一定需要一气呵成,在初步确定了行业资质图谱的构成要素并根据业务的实际需要填充了一定内容后,图谱已经初具规模,后续可以随时根据所处理的需求、日常接触到的相关信息等对其进行丰富与更新。这一过程实际上是日常积累与学习的过程。但与传统思维中的学习不同,对图谱进行丰富的积累与学习可能并不一定需要专门抽出大量时间去研读法规、钻研学说,有时在日常对公众号的阅读中、对新颁布法规通知的了解中便可以获取到对图谱进行更新的线索。甚至,由于行业资质的相关信息与我们日常生活息息相关,如果多加留心便会发现很多新的知识点。譬如,有时卖家店面中张贴公示的资质复印件,可能正是你不了解的行业资质信息。

如果经历了图谱的建立、完善、丰富更新的过程,那么我们便对大前提有了一个基本的掌握,在面对业务资质合规需求时即使不能够迅速精准地回答出资质相关的全部信息,但也能够据此作出一个基本的、倾向性的是否判断(该行业是否有通过资质进行监管的必要性),也能够以思维导图的逻辑对该行业在图谱中迅速定位(该行业应该属于某一级行业下属的某二级行业)。即使是图谱中未曾涵盖的行业,也可以通过类推的方式,寻找与该行业最为相似的行业类型或可能的相同监管机关。

(二)检索与分析(大前提+小前提)

行业资质图谱的建立主要是帮助我们对业务资质合规中可能需要了解的全部大前提有一个基本的、框架性的认识,但是并不能够直接解决我们的业务资质合规需求。如果需求中所述的资质恰好已经被详细地涵盖在已建立的图谱中,那固然可以省下很多时间与精力,但是大多数时候我们可能并不会这么幸运,因此结合行业图谱进行进一步的检索与分析便是十分必要的。

首先,应该认识到,进行检索与分析的前提是了解你的合规对象,只有摸清了合规对象的业务逻辑、运行模式、产品功能,才能够掌握合规对象的性质,才能够分析是否符合法规的定义。如果合规对象的业务形态相对单纯,如“生产面包”,则我们可以很迅速转换为“食品生产”的法律概念,但是在目前市场背景下,很多业务尤其是互联网公司推出的新业务具有复合、跨行业的特性,而且一般依托着新技术产生,这便意味着市场上可能鲜有先例可供参考。这时候便更需要我们将业务形态摸清、吃透,当公司业务人员提出业务合规需求所提供的信息、材料不足时,需要及时与其进行沟通,要求其补充信息或材料。

其次,当我们已经确认对业务形态有了清晰的认知和了解后,即可以先行尝试在行业资质图谱中进行定位。如果我们对自行建立的行业资质图谱足够熟悉的话,这种定位检索是可以迅速在脑海中进行的。此时,虽然可能你无法在行业图谱中进行精准定位,但是你应该可以锁定合规对象可能涉及的一个或几个行业领域,接下来便根据相关法规的内容分析该业务形态是否符合法规定义,并根据需要进行一些补充的检索与分析。如果由于行业资质图谱覆盖范围有限,导致合规对象的业务形态完全不在图谱范围内,那么我们可能就需要进行一个从无到有的基础检索,即定位合规对象(如“生产面包”)可能涉及的法规中规定需要资质的业务定义(如“食品生产”),以及该业务资质的相关法条。

最后,在检索的工作完成之后,我们应该已经定位到了若干可能相关的法条,然后便根据我们了解的业务形态,分析其是否契合法条中设定了资质要求的业务定义了(小前提)。

在进行第二步的定位法规中需资质业务的定义以及法条的过程中,应注意如下几个问题:

(1)善用搜索引擎

当我们完全无法确认合规对象的业务形态是否需要取得资质时候,也即"毫无头绪"的时候,通过搜索引擎进行广撒网式的搜索是获取初步线索的不错途径。如何正确选择搜索引擎以及搜索引擎的使用技巧,目前行业内已经有诸多人士进行介绍,本书已无必要再行赘述。需要特别提出的一点是,在此种毫无头绪的情况下利用搜索引擎进行搜索时,不能仅仅局限于法律专业相关内容,甚至也不能仅局限于专业的、权威性的内容,而是要在准确设置检索关键词的前提下,广泛关注各类信息、快速浏览并寻找可能相关的信息。如果我们能够检索到专业的科普文章固然很幸运,但针对一些较为冷门的业务,可能并无专业人士进行科普指路,这时揭露批判行业现状的新闻报道或是行政处罚的相关舆论信息等纷杂的社会信息中也很可能涵盖了与资质相关的信息。

(2)发散信息获取思路与渠道

在对业务资质合规需求毫无头绪的情况下,有时通过常规的检索方式可能难以精准地获得我们想要的线索。此时要想办法发散信息获取的思路与渠道。例如,有时我们虽然对于某业务是否需要资质毫无头绪,但是该业务已经有在先的头部公司在运营,便可以尝试从该公司下手,查看其官网是否进行了公示,是否公司宣传通稿中提及其取得的资质。在更为极端的情况下,我们在搜索中可能都会遇到资质代办的广告或搜索到资质代办的相关公司,此时挑选靠谱的代办机构进行咨询也可能会获得意想不到的收获。

(3)重视法律信息库

当通过行业资质图谱或广泛的搜索引擎检索获得初步线索后,我们可能对合规对象所需的资质获得了一定的了解,甚至可能已经有了较大的把握。但是需要特别提醒注意的是,由于业务资质是监管机关主动设置的市场监管措施,未设置限制措施的业务即为经营者具有经营自由的业务,因此所有资质合规中的资质要求最终都应该落实到具体的法律法规的明文规定(至少是监管机关的明确意见)上,而不能仅仅凭借一些所谓的文章、新闻等便下定结论。真正的法律检索还是应该依靠专业的法律信息库。与搜索引擎使用相类似,在法律圈关于法律检索方法的专业介绍文章已经很多并形成了完善的体系,本书也无须重复。只有找到设定相关资质的具体法规,才能算作检索工作的完结。

(三)监管沟通(小前提)

一般情况下,通过公司业务人员对业务形态的描述以及其提供的相关资料已经对合规对象进行了了解与掌握,而相关法规中也会对其监管的业务形态进行定义,我们只需要将两者进行对比,看前者是否符合后者的定义即可。但是,在某些情况下,单纯根据上述两者,我们无法得出合规对象是否属于相关法规的监管范围的结论,这种情况主要出现在如下几种场景:

(1)合规对象业务形态新颖,且法规中的定义过于概括,如果仅按照法规字面意思分析,合规对象能够被包含在法规定义内涵中,但是合规对象本身的业务形态明显与立法监管的本意有所偏离。

(2)合规对象业务形态新颖,且法规中的定义过于概括,虽然合规对象能够被包含在法规定义内涵中,但是实际办理过程中将会遇到极大困难,如部分办理资质所需的条件天然无法达成。

(3)虽然合规对象能够被包含在法规定义内涵中,但是市场实践中同类业务鲜有办理该资质的操作。

(4)涉及地域性差距较明显的资质。

在上述情况下,仅通过法条的字面分析已经难以满足资质合规的需要。如果按照传统的学术思维,可能需要根据立法目的、立法精神或法理去分析研究设定该资质对监管该业务的必要性、合法性。在业务资质合规的实践中,上述分析研究当然也是必要的,但是更需要明确认识到的一点是:业务资质合规是直接指导商业实践的,进行合规最主要的目的是规避监管风险,因此该项资质的监管部门的意见是极为重要的,尤其是当“该业务是否需要取得某资质”这一问题存在一定的适用解释空间的时候,监管部门对该问题的定性可能将直接影响业务后续进展是否顺利。

随着行政公开透明化的不断推进,各地都设置了政务公开官方网站,如北京市政务服务网、上海一网通办以及广东政务服务网等。上述网站中一般会公示相关资质办理的受理部门、流程、所需材料以及咨询电话,对于业务资质存在疑问的,建议通过电话直接咨询相关监管部门。

二、示　　例

1. 公司拟运营小额贷款类 App,但在资质方面存在以下疑问:(1)经营小额贷款类业务主要需要什么特殊资质?(2)以 App 形式运营是否需要取得 B21 或 B25 类经营电信业务许可证?(3)互联网信息服务分为经营性与非经营性,经营性互联网信息服务需要取得许可,非经营性则仅需备案。如何确认何为经营性互联网信息服务?

➡结论

(1)经营小额贷款类业务主要需要什么特殊资质?

《关于促进互联网金融健康发展的指导意见》及《小额贷款公司网络小额贷款业务风险专项整治实施方案》规定,网络小额贷款是指互联网企业通过其控制的小额贷款公司,利用互联网向客户提供的小额贷款,具有通过互联网平台上获取借款人,运用互联网平台积累的客户经营、网络消费等特定场景信息等评定信用风险,在线上完成贷款全业务流程等特点。主要形式包含全国范围内纯线上经营网络小额贷款业务的小额贷款公司,跨区域线上、线下结合开展网络小额贷款的小额贷款公司。因此"小额贷款类App"便是指小额贷款公司设立的在线上经营网络小额贷款业务的移动客户端。

根据《中国银行业监督管理委员会、中国人民银行关于小额贷款公司试点的指导意见》(银监发〔2008〕23号),申请设立小额贷款公司,应向省级政府主管部门提出正式申请,获得省级政府主管部门的批准文件。

在电信资质方面,相关法律法规虽然对于小额贷款公司是否应取得增值电信业务经营许可并无更为具体明确的规定,但根据《电信条例》的规定,经营增值电信业务需根据《电信业务分类目录》取得相应种类的《增值电信业务经营许可证》,而小额贷款平台利用公共网络基础设施提供了电信与信息服务,属于增值电信业务,需要取得相应的增值电信业务经营许可证。许可证的具体类型可见下文。

(2)小额贷款类业务是否需要取得B21或B25类经营电信业务许可证?

根据相关法规的规定,互联网信息服务业务为B25类增值电信业务,B21类则为在线数据处理与交易处理业务。

关于B21类业务,《电信业务分类目录》规定其包括交易处理业务、电子数据交换业务和网络/电子设备数据处理业务。而在小额贷款应用的经营模式中,小额贷款公司通过互联网为用户提供贷款,线上完成贷款全业务流程,落入在线交易处理业务的范畴中,因此网络小额贷款公司需取得B21类《增值电信业务经营许可证》,北京、广州等地通管局接线员也曾在电话咨询中确认了这一点。

但小额贷款应用是否需取得B25类业务许可证的情况则相对较

为复杂。《电信业务分类目录》规定,信息服务业务主要包括信息发布平台和递送服务、信息搜索查询服务、信息社区平台服务、信息即时交互服务、信息保护和处理服务等。其中与小额贷款业务可能较为相关的为“信息发布平台和递送服务”,即“建立信息平台,为其他单位或个人用户发布文本、图片、音视频、应用软件等信息提供平台的服务”。因此,实际审批过程中,部分通管局会将纯自营性质的平台(即:应用内无任何第三方服务信息,仅由应用方发布服务信息的平台)排除在需取得 B25 类许可的范围之外。

此外,根据《互联网信息服务管理办法》的规定,仅经营性互联网信息服务(有偿提供信息或者网页制作等服务活动)需取得许可,非经营性互联网信息服务(无偿提供具有公开性、共享性信息的服务活动)则仅需备案即可。因此,各地通管局在审批过程中会根据业务实际情况衡量是否需要取得 B25 类许可证。北京、广东两地通管局接线员曾在电话咨询中答复称:如小额贷款应用中仅是应用方发布贷款信息,不发布任何第三方出借方信息,且应用内部不涉及其他互联网信息服务功能的,则无须取得 B25 类许可证,仅需取得 B21 类许可证。

(3)如何确认何为经营性互联网信息服务?

《互联网信息服务管理办法》第三条对于互联网信息服务的定义(通过互联网向上网用户提供信息的服务活动)较为概括。工信部《关于界定互联网信息服务性质的批复》虽已废止,但是其中关于互联网信息服务的定义可供参考,其中指出:“《互联网信息服务管理办法》第三条中‘经营性互联网信息服务’,是指通过互联网向上网用户有偿提供信息或者网页制作等服务的活动,包括利用互联网站向用户有偿提供特定信息内容、网上广告、制作网页以及其他网上应用服务等。经营性互联网信息服务是以营利为目的的商业活动。‘非经营性互联网信息服务’,是指通过互联网向上网用户无偿提供具有公开性、共享性信息的服务活动。目前主要包括各级政府部门的网站;新闻机构的电子版报刊;企业、事业单位、教育、科研机构等的各类公益性网站和对本单位产品或业务进行自我宣传的网站等。这些网站不向上网用户收取费用,也不利用互联网站直接进行以营利为目的的商业活动。”

目前法律对经营性互联网信息服务无其他明文定义,客观而言,互联网信息服务本身就不太可能是一个更加具体的表述,事实上各地监管机关对于某特定经营业务是否属于互联网信息服务范畴本来就会有不同的判断。因此,我们建议在开展相关业务时,应事先向业务开展当地的电信业务管理部门进行咨询,避免监管风险。

➡行业背景

中国消费信贷市场空间巨大,网络小额贷款业务因成本低、期限长、额度高、交易体验更快更灵活等优势成为更多消费金融服务提供商的首要选择。而无论是传统小贷获批通过网络平台开展线上小额贷款业务,还是互联网公司通过其控制的小额贷款公司,利用互联网向客户提供小额贷款,性质上都属于增值电信业务。因此,网络小额贷款既应遵守现有小额贷款公司监管规定,同时也需遵守互联网信息服务业务监管规定,完成相应的审批。

由于近几年网络小贷面临的诸多问题,2017 年 11 月,监管部门下发通知,暂停批设互联网小贷。2017 年 12 月 8 日,监管部门签发《小额贷款公司网络小额贷款业务风险专项整治实施方案》,主要排查小额贷款公司利用互联网开展小额贷款业务的合法合规性,打击无网络小额贷款经营资质甚至无放贷资质却经营网络小额贷款的机构。

2020 年 6 月,北京市地方金融监督管理局发布了关于厦门象某小额贷款有限责任公司涉嫌违规在京展业的风险提示,厦门象某小额贷款有限责任公司因涉嫌违规在京开展小额贷款业务经营,而被清退存量业务,退出北京市场。北京市金融局明确强调,外省市小额贷款公司未经所在省市金融监管部门批准不得在京跨区域经营。这表明,相关部门在制定网络小额贷款监管制度和经营规则的过程中,除了逐渐在牌照监管时提高准入门槛,更进一步建立分级机制,并根据分级情况区分展业范围。[①]

➡相关法规

《中国人民银行、工业和信息化部、公安部、财政部、工商总局、法制办、银监会、证监会、保监会、国家互联网信息办公室关于促进互联网金融健康发展的指导意见》(银发〔2015〕221号)

(八)网络借贷。……网络小额贷款是指互联网企业通过其控制的小额贷款公司,利用互联网向客户提供的小额贷款。网络小额贷款应遵守现有小额贷款公司监管规定,发挥网络贷款优势,努力降低客户融资成本。网络借贷业务由银监会负责监管。

《小额贷款公司网络小额贷款业务风险专项整治实施方案》(网贷整治办函〔2017〕56号)

二、排查和整治重点

网络小额贷款是指互联网企业通过其控制的小额贷款公司,利用互联网向客户提供的小额贷款,具有通过互联网平台获取借款人,运用互联网平台积累的客户经营、网络消费等特定场景信息等评定信用风险,在线上完成贷款全业务流程的特点。主要形式包含全国范围内纯线上经营网络小额贷款业务的小额贷款公司,跨区域线上、线下结合开展网络小额贷款的小额贷款公司。

《中国银行业监督管理委员会、中国人民银行关于小额贷款公司试点的指导意见》(银监发〔2008〕23号)

二、小额贷款公司的设立

……

申请设立小额贷款公司,应向省级政府主管部门提出正式申请,经批准后,到当地工商行政管理部门申请办理注册登记手续并领取营业执照。

---

① 相关风险提示可见北京市金融监督管理局网站,http://jrj.beijing.gov.cn/tztg/202006/t20200618_1927976.html。

此外,还应在五个工作日内向当地公安机关、中国银行业监督管理委员会派出机构和中国人民银行分支机构报送相关资料。

2. 在2019年5月14日后,文化和旅游部不再负责涉及网络游戏的《网络文化经营许可证》审批,那么目前运营网络游戏所需的资质是否有变化？是否有其他替代《网络文化经营许可证》的资质要求?

➡结论

根据2019年5月14日文化和旅游部办公厅发布的《文化和旅游部办公厅关于调整〈网络文化经营许可证〉审批范围 进一步规范审批工作的通知》规定,文化和旅游行政部门不再审批核发涉及"利用信息网络经营网络游戏""利用信息网络经营网络游戏(含网络游戏虚拟货币发行)""利用信息网络经营网络游戏虚拟货币交易"等经营范围的《网络文化经营许可证》。2019年7月10日,文化和旅游部发布文化和旅游部令第2号《关于废止〈网络游戏管理暂行办法〉和〈旅游发展规划管理办法〉的决定》,将要求涉及网络游戏的公司取得《网络文化经营许可证》审批的《网络游戏管理暂行办法》废止。文化和旅游部官网的问答答复中也明确,《网络文化经营许可证》已不含有游戏相关经营范围,从事游戏经营活动无须申请《网络文化经营许可证》。目前,网络游戏管理职能已划转至国家新闻出版署,目前国家新闻出版署尚未要求办理其他替代资质。

➡行业背景

早在2010年6月3日,文化部通过印发《网络游戏管理暂行办法》(2017年修订),对网络游戏的娱乐内容、市场主体、经营活动、运营行为和法律责任作出明确规定。自此往后近十年间,文化部作为网络游戏主管部门,与国家新闻出版广电总局(原新闻出版总署)分职能承担网络游戏的监管职责。国家新闻出版广电总局负责对网络游戏的出版进行事前审批,而文化部就游戏具体内容进行监管。

之后由于国家机构改革和明确机构职能问题,从 2018 年 4 月至 2019 年间,文化部和国家新闻出版广电总局均在一定程度上暂缓了对于网络游戏部分监管工作。文化行政部门逐渐淡化网络游戏的监管职能,由国家新闻出版广电总局分立新闻出版署(国家版权局)挂牌中宣部,行使网络游戏的出版前置审批的监管职能。2019 年 5 月 14 日,文化和旅游部印发调整审批范围通知,将网络游戏从调整后的审批范围中去除;2019 年 7 月 10 日,文化和旅游部正式废止了《网络游戏管理暂行办法》。从此,文化和旅游部不再承担网络游戏管理职责,不再核发游戏类《网络文化经营许可证》。

然而多年来,在游戏运营合规领域,《网络文化经营许可证》、《电信与信息服务业务经营许可证》(ICP)、游戏备案、游戏版号、软件著作权作为"游戏五证",环环相扣缺一不可。一般情况下,游戏公司需要先申请《网络文化经营许可证》和软件著作权;取得《网络文化经营许可证》后,方可申请 ICP 和游戏备案;最后用 ICP 和软件著作权申请版号。因此,《网络文化经营许可证》作为游戏公司的"运营资质",是 ICP 和游戏备案的前置审批条件。公司要在国内运营游戏产品,必须先取得《网络文化经营许可证》。可见,为促进网络游戏正常发展,游戏公司的运营资质新制度的订立急需提上议程,相应的监管文件也应予以及时规划和制定。

➡相关法规

《文化和旅游部办公厅关于调整〈网络文化经营许可证〉审批范围进一步规范审批工作的通知》(办市场发〔2019〕81 号)

一、调整经营性互联网文化活动审批范围

(一)……文化和旅游行政部门不再审批核发涉及"利用信息网络经营网络游戏""利用信息网络经营网络游戏(含网络游戏虚拟货币发行)""利用信息网络经营网络游戏虚拟货币交易"等经营范围的《网络文化经

营许可证》。

《文化和旅游部关于废止〈网络游戏管理暂行办法〉和〈旅游发展规划管理办法〉的决定》(2019年文化和旅游部令第2号)

为贯彻落实《深化党和国家机构改革方案》有关要求,进一步推进"放管服"改革,根据《文化和旅游部职能配置、内设机构和人员编制规定》,文化和旅游部决定废止《网络游戏管理暂行办法》(文化部令第49号)和《旅游发展规划管理办法》(国家旅游局令第12号)。

3."药品GMP认证"与"药品GSP认证"是否已经取消,具体取消是何时?如果药品无须再做GMP/GSP认证,是否需要经过其他认证来说明该药品的合格性?

➡结论

根据2019年12月1日生效的《药品管理法》的规定,药品GMP与药品GSP的强制认证已被取消,待新的《药品管理法》生效后,无须再进行药品GMP认证与药品GSP认证。根据新的《药品管理法》规定,药品网络交易第三方平台应向药品监督管理部门备案。

➡相关法规

《中华人民共和国药品管理法》(2019年修订)

第六十二条　药品网络交易第三方平台提供者应当按照国务院药品监督管理部门的规定,向所在地省、自治区、直辖市人民政府药品监督管理部门备案。

第三方平台提供者应当依法对申请进入平台经营的药品上市许可持有人、药品经营企业的资质等进行审核,保证其符合法定要求,并对发生在平台的药品经营行为进行管理。

第三方平台提供者发现进入平台经营的药品上市许可持有人、药品经营企业有违反本法规定行为的,应当及时制止并立即报告所在地县级人民政府药品监督管理部门；发现严重违法行为的，应当立即停止提供网络交易平台服务。

4. 新冠疫情期间，学生在线教育需求增加。各公司纷纷上线在线课堂平台，供学校老师以视频方式通过在线课堂平台直播上课，学生们便可通过在线课堂平台听课，同时可以在线发消息、视频，进行课堂发言，实现“停课不停学”。但是对于此种在线课堂平台，公司同样存在一定疑问：（1）公司推出该等线上平台服务是否需取得特殊资质或备案？是否因涉及视频直播等业务而需取得《信息网络传播视听节目许可证》？（2）法律对于此类在线课堂业务有无强制性的法律要求？①

➡结论

（1）该等线上平台服务是否需取得特殊资质或备案？是否因涉及视频直播等业务而需取得《信息网络传播视听节目许可证》？

目前为便利线下学校线上教学而推出的此类在线课堂平台，一般仅为学校老师在线直播教育提供即时通信服务平台，并不涉及直接提供教育服务。此类服务主要面向学校老师与学生，以教育、学习为主要应用场景，服务于学校教学与管理、学生学习与生活等方面，根据《关于引导规范教育移动互联网应用有序健康发展的意见》规定，提供此服务的产品应属于教育移动互联网应用程序。

首先，根据《关于引导规范教育移动互联网应用有序健康发展的意见》《电信条例》等规定，此类在线课堂平台服务可归属于即时通信服务平台服务，提供互联网信息服务，需办理经营性许可或非经营性备案。各地监管机关对于某特定经营业务是否属于互联网信息服务

① 参考链接：

《信息网络传播视听节目许可证》相关：http://www.beijing.gov.cn/hudong/yonghu/static/gdj/xinxiang/detail.html?searchCode=sgdj1577072123495339695。

《网络文化经营许可证》相关：http://whly.gd.gov.cn/hdjlpt/detail?pid=4237。

范畴、属于经营性或非经营性也可能会有不同的判断,拟推出在线课堂平台的公司需要结合自身产品业务设计情况咨询办理具体资质的通信管理部门,以满足监管需要。

其次,在线课堂平台服务还需办理网络安全等级保护定级备案的证明,并应在等级测评报告后,向机构住所地的省级教育行政部门进行教育业务备案。

此外,《互联网视听节目服务管理规定》及《互联网视听节目服务业务分类目录(试行)》中规定的教育专业类视听节目服务面向的用户是不特定的,服务平台需参与视听节目的制作、定制、编排,并为公众在网上提供点播服务。但此处所描述的在线课堂平台,是仅通过互联网开展学校远程教育活动,针对人群特定且在线课堂平台本身实际并不参与视听节目的制作、编排,应不属于《互联网视听节目服务管理规定》管理范畴,无须办理《信息网络传播视听节目许可证》,北京市广播局在其官网上公布的一则答复也印证了这一点。但需注意的是,在线课堂平台的经营公司在设置此类产品服务时,应注意限定观看课堂直播的用户范围,如设置学习群组,仅群组内用户可以观看直播,而不得面向公众;且如涉及录播功能的,最好限制录播用户在该平台的公开范围,如仅群组内用户可观看录播视频,或不提供录屏功能,避免因观看直播用户范围不特定以及参与向公众提供视听节目而涉嫌提供信息网络传播视听节目服务。

(2)法律对于此类在线课堂业务有无强制性的法律要求?

根据《关于中小学延期开学期间"停课不停学"有关工作安排的通知》等通知及意见,严禁幼儿园开展网上教学活动,国家对小学低年级上网学习不作统一硬性要求,由家长和学生自愿选择,对其他学段学生作出限时限量的具体规定,但对具体的学习时间并未作出统一规定。目前针对线上教育的相关规定基本集中在《关于规范校外线上培训的实施意见》,但该规定面向中小学生、利用互联网技术实施的学科类校外线上培训活动,此处所描述的面向校内的在线直播教育服务并无专门的法律规定。

在线课堂平台向特定用户提供视频通信服务平台,根据《网络安全法》《移动互联网应用程序信息服务管理规定》规定,在线课堂平台的经营者作为移动互联网应用程序提供者,应按照“后台实名、前台自愿”的原则,对注册用户进行基于移动电话号码等真实身份信息认证,建立健全信息内容审核管理机制,对发布违法违规信息内容的,视情采取警示、限制功能、暂停更新、关闭账号等处置措施,保存记录并向有关主管部门报告,并应记录用户日志信息,保存 60 日。

➡行业背景

在线教育是一种通过应用信息科技和互联网技术进行内容传播和快速学习的方法。除了传统的计算机通信技术,在线教育行业互联网技术的应用也涉及教育行业,因此面临着来自网络监管机构和教育监管机构的双重监管。针对不同细分领域的线上教育,可能面临着如学前教育、义务教育、高等教育、职业与技能培训、语言培训、就业培训、素质和美育培训等不同的监管要求。关于这些不同教育领域的具体准入要求,2021 年修订的《民办教育促进法实施条例》第十六条给出了比较明确的参考。

在规范校外线上培训上,2019 年 7 月 12 日教育部等六部门发布《关于规范校外线上培训的实施意见》,统一了线上线下监管要求,根据在线特点还提出了一些独特的新要求,例如关于时间要求的“护眼功能”和“家长监督功能”,对于用户行为日志的留存时间需留存一年以上等。

在线上教育 App 的管理上,教育部等八部门发布《关于引导规范教育移动互联网应用有序健康发展的意见》以及《教育移动互联网应用程序备案管理办法》,明确将教育移动互联网应用程序定义为“以教职工、学生、家长为主要用户,以教育、学习为主要应用场景,服务于学校教学与管理、学生学习与生活以及家校互动等方面的互联网移动应用”。

➡相关法规

《教育部办公厅、工业和信息化部办公厅关于中小学延期开学期间“停课不停学”有关工作安排的通知》(教基厅函〔2020〕3号)

6. 强化居家学习指导。各地各校要高度重视、精心组织,指导学生以多种方式居家学习。加强学生网上学习资源选择的指导,鼓励有条件的地方和学校利用好本地本校优质资源;要针对线上学习特点和学科特点,认真研究明确适合线上学习的课程。学校要防止照搬套用正常课堂教学方式、时长和教学安排,应依据居家网上学习的特点,采取多种途径加强学习指导,帮助学生科学制定居家学习计划,注重培养学生自主学习能力,特别要加强对防疫阻击战一线人员子女和农村留守儿童的学习指导和关爱。对上网学习的要求,可借鉴一些地方好的做法,对小学低年级上网学习不作统一硬性要求,由家长和学生自愿选择,对其他学段学生作出限时限量的具体规定。要注重疫情防护知识普及,加强生命教育、公共安全教育和心理健康教育;认真学习防疫阻击战中涌现的先进事迹,弘扬社会美德,增强学生爱党爱国爱人民爱社会主义的思想情感。

8. 确保不增加学生负担。各地教育部门、学校和教师要防止多重选择网上学习资源,依据不同年龄段学生的特点,指导学生合理确定网上学习时间,统筹做好各科学习资源用量用时,避免学生网上学习时间过长,坚决防止超前过快学习。不得强行要求学生每天上网“打卡”、上传学习视频等,防止增加学生不必要的负担。要指导学生合理安排作息时间,通过增大休息间隔、做视力保健操、强化体育锻炼等方式,保护学生视力,增强学生体魄,保障学生身心健康。学校、教师要指导学生根据自身现有条件,选择网络学习或电视空中课堂学习,防止再购置新的设备而增加家庭经济负担。

《互联网直播服务管理规定》(2016年)

第二条　在中华人民共和国境内提供、使用互联网直播服务,应当遵守本规定。

本规定所称互联网直播,是指基于互联网,以视频、音频、图文等形式向公众持续发布实时信息的活动;本规定所称互联网直播服务提供者,是指提供互联网直播平台服务的主体;本规定所称互联网直播服务使用者,包括互联网直播发布者和用户。

《互联网视听节目服务管理规定》(2015年修订)

第二条 在中华人民共和国境内向公众提供互联网(含移动互联网,以下简称互联网)视听节目服务活动,适用本规定。

本规定所称互联网视听节目服务,是指制作、编辑、集成并通过互联网向公众提供视音频节目,以及为他人提供上载传播视听节目服务的活动。

第三条 国务院广播电影电视主管部门作为互联网视听节目服务的行业主管部门,负责对互联网视听节目服务实施监督管理,统筹互联网视听节目服务的产业发展、行业管理、内容建设和安全监管。国务院信息产业主管部门作为互联网行业主管部门,依据电信行业管理职责对互联网视听节目服务实施相应的监督管理。

地方人民政府广播电影电视主管部门和地方电信管理机构依据各自职责对本行政区域内的互联网视听节目服务单位及接入服务实施相应的监督管理。

第七条 从事互联网视听节目服务,应当依照本规定取得广播电影电视主管部门颁发的《信息网络传播视听节目许可证》(以下简称《许可证》)或履行备案手续。

未按照本规定取得广播电影电视主管部门颁发的《许可证》或履行备案手续,任何单位和个人不得从事互联网视听节目服务。

《互联网视听节目服务业务分类目录(试行)》(2017年)

二、第二类互联网视听节目服务

(一)时政类视听新闻节目转载服务

指转载广播电视、新闻视听节目网站已登载播出过的时政新闻类,以及转载含有政治、社会评论题材的主持、访谈、报道类视听节目,供公众点播(含下载或轮播)收看、收听的服务。轮播指将单个视听节目制成品反复播放,或将若干个视听节目制成品组合在一起,按固定顺序在互联网上反复轮流播放,且每一轮的播放时长不超过60分钟的播放活动。

(二)文艺、娱乐、科技、财经、体育、教育等专业类视听节目的主持、访谈、报道、评论服务

指以采访、主持、访谈等节目形式,对文艺、娱乐、科技、财经、体育、教育等领域的事件进行报道、评论,并供公众在网上点播的服务。

(三)文艺、娱乐、科技、财经、体育、教育等专业类视听节目的制作(不含采访)、播出服务

指生产制作、定制、编排文艺、娱乐、科技、财经、体育、教育等专业类视听节目,并供公众在网上点播的服务。

(四)网络剧(片)的制作、播出服务

指生产制作、定制、编排网络剧(片)的服务。

(五)电影、电视剧、动画片类视听节目的汇集、播出服务

指采购、收集、编排电影、电视剧、网络剧(电影)、手机剧(电影)、动画片等节目,并供公众点播(含下载或轮播)的服务。

(六)文艺、娱乐、科技、财经、体育、教育等专业类视听节目的汇集、播出服务

指采购、收集、编排文艺、娱乐、科技、财经、体育、教育等专业方面的专题节目(包括个人DV作品),并供公众点播(含下载或轮播)的服务。

(七)一般社会团体文化活动、体育赛事等组织活动的实况视音频直播服务

指通过互联网对一般社会性、团体性文化活动、体育赛事等向公众进行实况视音频直播的服务。

《中华人民共和国电信条例》(2016年修订)

第八条　电信业务分为基础电信业务和增值电信业务。

基础电信业务,是指提供公共网络基础设施、公共数据传送和基本话音通信服务的业务。增值电信业务,是指利用公共网络基础设施提供的电信与信息服务的业务。

电信业务分类的具体划分在本条例所附的《电信业务分类目录》中列出。国务院信息产业主管部门根据实际情况,可以对目录所列电信业务分类项目作局部调整,重新公布。

第九条 经营基础电信业务,须经国务院信息产业主管部门审查批准,取得《基础电信业务经营许可证》。

经营增值电信业务,业务覆盖范围在两个以上省、自治区、直辖市的,须经国务院信息产业主管部门审查批准,取得《跨地区增值电信业务经营许可证》;业务覆盖范围在一个省、自治区、直辖市行政区域内的,须经省、自治区、直辖市电信管理机构审查批准,取得《增值电信业务经营许可证》。

运用新技术试办《电信业务分类目录》未列出的新型电信业务的,应当向省、自治区、直辖市电信管理机构备案。

第十三条 经营增值电信业务,应当具备下列条件:

(一)经营者为依法成立的公司;

(二)有与开展经营活动相适应的资金和专业人员;

(三)有为用户提供长期服务的信誉或者能力;

(四)国家规定的其他条件。

第十四条 申请经营增值电信业务,应当根据本条例第九条第二款的规定,向国务院信息产业主管部门或者省、自治区、直辖市电信管理机构提出申请,并提交本条例第十三条规定的相关文件。申请经营的增值电信业务,按照国家有关规定须经有关主管部门审批的,还应当提交有关主管部门审核同意的文件。国务院信息产业主管部门或者省、自治区、直辖市电信管理机构应当自收到申请之日起60日内审查完毕,作出批准或者不予批准的决定。予以批准的,颁发《跨地区增值电信业务经营许可证》或者《增值电信业务经营许可证》;不予批准的,应当书面通知申请人并说明理由。

《电信业务分类目录(2015年版)》

B. 增值电信业务

B25 信息服务业务

信息服务业务是指通过信息采集、开发、处理和信息平台的建设,通过公用通信网或互联网向用户提供信息服务的业务。信息服务的类型按照信息组织、传递等技术服务方式,主要包括信息发布平台和递送服务、信息搜索查询服务、信息社区平台服务、信息即时交互服务、信息保护和处理服务等。

信息发布平台和递送服务是指建立信息平台,为其他单位或个人用户发布文本、图片、音视频、应用软件等信息提供平台的服务。平台提供者可根据单位或个人用户需要向用户指定的终端、电子邮箱等递送、分发文本、图片、音视频、应用软件等信息。

信息搜索查询服务是指通过公用通信网或互联网,采取信息收集与检索、数据组织与存储、分类索引、整理排序等方式,为用户提供网页信息、文本、图片、音视频等信息检索查询服务。

信息社区平台服务是指在公用通信网或互联网上建立具有社会化特征的网络活动平台,可供注册或群聚用户同步或异步进行在线文本、图片、音视频交流的信息交互平台。

信息即时交互服务是指利用公用通信网或互联网,并通过运行在计算机、智能终端等的客户端软件、浏览器等,为用户提供即时发送和接收消息(包括文本、图片、音视频)、文件等信息的服务。信息即时交互服务包括即时通信、交互式语音服务(IVR),以及基于互联网的端到端双向实时话音业务(含视频话音业务)。

信息保护和处理服务是指利用公用通信网或互联网,通过建设公共服务平台以及运行在计算机、智能终端等的客户端软件,面向用户提供终端病毒查询、删除,终端信息内容保护、加工处理以及垃圾信息拦截、免打扰等服务。

《互联网信息服务管理办法》(2011 年修订)

第三条　互联网信息服务分为经营性和非经营性两类。

经营性互联网信息服务,是指通过互联网向上网用户有偿提供信息或者网页制作等服务活动。

非经营性互联网信息服务,是指通过互联网向上网用户无偿提供具有公开性、共享性信息的服务活动。

第四条 国家对经营性互联网信息服务实行许可制度;对非经营性互联网信息服务实行备案制度。

未取得许可或者未履行备案手续的,不得从事互联网信息服务。

教育部等六部门《关于规范校外线上培训的实施意见》(教基函〔2019〕8号)

(八)排查及日常监管重点

2. 时长适宜。线上培训应当根据学生年龄、年级合理设置课程培训时长,每节课持续时间不得超过40分钟,课程间隔不少于10分钟。直播培训时间不得与中小学校教学时间相冲突,面向小学1~2年级的培训不得留作业。面向境内义务教育阶段学生的直播类培训活动结束时间不得晚于21:00。校外线上培训平台应当具备护眼功能和家长监管功能。

教育部等八部门《关于引导规范教育移动互联网应用有序健康发展的意见》(教技函〔2019〕55号)

教育移动互联网应用程序(教育App,以下简称教育移动应用)是指以教职工、学生、家长为主要用户,以教育、学习为主要应用场景,服务于学校教学与管理、学生学习与生活以及家校互动等方面的互联网移动应用。

(四)建立备案制度。教育移动应用提供者应当在取得ICP备案(涉及经营电信业务的,还应当申请电信业务经营许可)、网络安全等级保护定级备案的证明、等级测评报告后,向机构住所地的省级教育行政部门进行教育业务备案,登记单位基本信息和所开发的教育移动应用信息。已备案的教育移动应用提供者上线新应用前,应当在备案单位更新相关信息。教育部制定备案办法,明确备案流程和内容,依托国家教育资源公共服务平台为备案登记工作提供信息化支撑,汇总各省级教育行政部门备案信息,并向社会提供查询渠道。

5. 电商平台自营销售二类医疗器械的同时,是否还可以扩展业务,引入第三方卖家销售医疗器械? 持有“销售二类医疗器械”的营业执照的公司是否还可以进行医疗器械网络销售第三方平台备案?

➡结论

《医疗器械网络销售监督管理办法》第四条第三款规定:“医疗器械网络交易服务第三方平台提供者,是指在医疗器械网络交易中仅提供网页空间、虚拟交易场所、交易规则、交易撮合、电子订单等交易服务,供交易双方或者多方开展交易活动,不直接参与医疗器械销售的企业。”虽然上述规定中提到“不直接参与医疗器械销售”,但根据我们的理解,上述规定的立法原意并非为限制第三方平台自行销售医疗器械,而仅仅是对“从事医疗器械网络销售的企业”和“医疗器械网络交易服务第三方平台提供者”两种主体进行定义上的区分。

上海市市场监督管理局便明确确认:医疗器械网络交易服务第三方平台提供者可以同时开展医疗器械网络销售,需分别进行医疗器械网络交易服务第三方平台备案和医疗器械网络销售备案。①

如果持有“销售医疗器械”的营业执照的公司在实际申请医疗器械网络销售第三方平台备案的过程中遇到阻碍,建议与监管机关进行耐心沟通。如果当地管辖的监管机关坚持不予办理医疗器械网络销售第三方平台备案的话,可以考虑将销售医疗器械的经营主体与第三方平台经营主体分离,由关联公司分别持有资质。例如,在市场实践中,京东商城取得第三方平台备案的主体与其自营医疗器械的主体并不一致。以北京地区为例,第三方备案主体为“北京京东叁佰陆拾度电子商务有限公司”,即 jd. com 网站的备案主体;但京东自营医疗器

---

① 详见上海市在线政府服务平台“上海一网通办”网站中“常见问题”部分,http://zwdt. sh. gov. cn/govPortals/bsfw/findBsfw. do? _itemId = SH00SH310101493001&_itemType = %E5% AE% A1% E6% 89% B9&_stSubitemId = 4c081e94 - ab8b - 4edd - bfdc - e9e2d4e8dfa4。

械店铺的主体为“北京京东世纪信息技术有限公司”，该公司持有医疗器械经营许可证。

➡相关法规

《医疗器械网络销售监督管理办法》(2017年)

第四条 从事医疗器械网络销售的企业、医疗器械网络交易服务第三方平台提供者应当遵守医疗器械法规、规章和规范，建立健全管理制度，依法诚信经营，保证医疗器械质量安全。

从事医疗器械网络销售的企业，是指通过网络销售医疗器械的医疗器械上市许可持有人(即医疗器械注册人或者备案人，以下简称持有人)和医疗器械生产经营企业。

医疗器械网络交易服务第三方平台提供者，是指在医疗器械网络交易中仅提供网页空间、虚拟交易场所、交易规则、交易撮合、电子订单等交易服务，供交易双方或者多方开展交易活动，不直接参与医疗器械销售的企业。

6. 医美平台中会向用户展示医美项目、医美机构及医生，用户可以在该等平台上进行在线预约或下单。公司运营医美平台从事上述业务，是否需要取得《医疗机构执业许可证》?

➡结论

根据《互联网诊疗管理办法(试行)》、《互联网医院管理办法(试行)》和《远程医疗服务管理规范(试行)》的规定，如服务确实涉及互联网诊疗服务的，则需要提供《设置医疗机构批准书》或《医疗机构执业许可证》。因此，医美平台经营内容是否涉及互联网诊疗是确认是否需要取得医疗机构资质的关键。

法规中对于“互联网诊疗”的范围虽并未做明确的规定，但是《互联网诊疗管理办法(试行)》等上述三文件公布后，在2018年9月14

日举行的专题新闻发布会上,国家卫生健康委员会医政医管局副局长焦雅辉曾在答记者问环节对“互联网诊疗”这一服务进行了进一步解释。焦副局长指出“互联网诊疗是医生对疾病下诊断的结论,并且要提出治疗方案”,如果“只是提供一些疾病咨询,比如说你这个要少吃盐,或者要注意多运动,提这些方面的一些建议,没有明确诊断和治疗,这些是属于咨询。如果明确诊断某个疾病,然后告诉患者要吃什么药,或者要到医院做某种治疗,就属于诊疗的范畴,要按照互联网诊疗的管理办法进行管理”。

因此,是否需要取得《医疗机构执业许可证》关键在于确认是否存在互联网诊疗服务。如在平台服务中,相关整形医生存在通过私信等方式为用户提供医美方案、为用户开具药物处方等行为的,则其确实存在在线诊疗服务,需要取得《医疗机构执业许可证》。但如果不存在互联网诊疗服务的,即不涉及在线问诊服务,医美平台可以不取得《医疗机构执业许可证》。

➡行业背景

中国的“医美”行业分为三种,即生活美容、轻医美(微整形)和医疗美容。其中医疗美容,是指使用特定药物、手术等具有创伤性或侵入性的医学方式对人的容颜及体态部位进行的修复与完善,风险系数大,但效果最佳。

医疗美容的创伤性和侵入性使得医疗美容的安全性需要严格监管。根据艾瑞咨询发布的2020年《中国医疗美容行业洞察白皮书》,一方面,2019年中国医疗美容市场规模达到1769亿元,有近2000万人的医美消费者,市场规模巨大;但是另一方面,国内每百万人中只有不到3位整形外科医生。市场巨大,供应不足,自然导致涌入这个市场的人越来越多,但由于医学人才培养的周期较长,真正有资质的整形医生并不能随着市场的爆发式增长而同时迅速增加。很多“某田系”医疗机构进入到医美行业,这类机构一般药品渠道来源复杂,技术水平参差不齐,也没有相应的医疗资质,是医疗美容事故的高发区。

2020年4月,国家卫生健康委、中央网信办、教育部、公安部、商务部、海关总署、市场监管总局、国家药监局等部门单位联合下发了《关于进一步加强医疗美容综合监管执法工作的通知》,要求医美机构强化自我管理主体责任、行业组织发挥自律作用、政府加大监管力度、社会强化监督,各方面协调进一步加强医疗美容综合监管执法工作。

➡相关法规

《互联网诊疗管理办法(试行)》(2018年)

第二条 本办法所称互联网诊疗是指医疗机构利用在本机构注册的医师,通过互联网等信息技术开展部分常见病、慢性病复诊和"互联网+"家庭医生签约服务。

第三条 国家对互联网诊疗活动实行准入管理。

第五条 互联网诊疗活动应当由取得《医疗机构执业许可证》的医疗机构提供。

第七条 卫生健康行政部门受理申请后,依据《医疗机构管理条例》、《医疗机构管理条例实施细则》的有关规定进行审核,在规定时间内作出同意或者不同意的书面答复。批准设置并同意其开展互联网诊疗的,在《设置医疗机构批准书》中注明同意其开展互联网诊疗活动。医疗机构按照有关法律法规和规章申请执业登记。

《互联网医院管理办法(试行)》(2018年)

第五条 实体医疗机构自行或者与第三方机构合作搭建信息平台,使用在本机构和其他医疗机构注册的医师开展互联网诊疗活动的,应当申请将互联网医院作为第二名称。

实体医疗机构仅使用在本机构注册的医师开展互联网诊疗活动的,可以申请将互联网医院作为第二名称。

7. 以App形式线上提供心理咨询服务，如果其中从事心理咨询的专家均持有心理咨询相关证书，那么运营该App的公司本身是否还需要取得《医疗机构执业许可证》？

➡结论

关于该问题首先需要明确的是，“心理咨询”与“心理治疗”是两个不同的概念，严格来说，心理咨询不属于法律意义上医疗的范畴。根据《精神卫生法》《心理治疗规范》等规定，心理咨询人员不得从事心理治疗或者精神障碍的诊断、治疗，上述心理治疗或精神障碍的诊断、治疗应当在医疗机构内展开。因此，如果App仅仅提供单纯的心理咨询服务，则不需要取得医疗机构相关资质，但如果服务范围或宣传内容涉及任何心理治疗或精神障碍的诊治活动，则必须取得《设置医疗机构批准书》或《医疗机构执业许可证》。

针对单纯的心理咨询类App，目前在全国性法规层面上，没有明确规定要求取得特殊资质。北京市卫生局制定的《北京市心理咨询行业管理办法》中，也仅要求提供心理咨询服务的机构取得《营业执照》或《民办非企业单位登记证书》即可。因此，单纯的心理咨询类App无须取得其他特殊资质。

➡相关法规

《中华人民共和国精神卫生法》（2018年修正）

第二十三条　心理咨询人员应当提高业务素质，遵守执业规范，为社会公众提供专业化的心理咨询服务。

心理咨询人员不得从事心理治疗或者精神障碍的诊断、治疗。

心理咨询人员发现接受咨询的人员可能患有精神障碍的，应当建议其到符合本法规定的医疗机构就诊。

心理咨询人员应当尊重接受咨询人员的隐私，并为其保守秘密。

第二十五条　开展精神障碍诊断、治疗活动，应当具备下列条件，并依

照医疗机构的管理规定办理有关手续:

(一)有与从事的精神障碍诊断、治疗相适应的精神科执业医师、护士;

(二)有满足开展精神障碍诊断、治疗需要的设施和设备;

(三)有完善的精神障碍诊断、治疗管理制度和质量监控制度。

从事精神障碍诊断、治疗的专科医疗机构还应当配备从事心理治疗的人员。

第五十一条 心理治疗活动应当在医疗机构内开展。专门从事心理治疗的人员不得从事精神障碍的诊断,不得为精神障碍患者开具处方或者提供外科治疗。心理治疗的技术规范由国务院卫生行政部门制定。

《心理治疗规范(2013 年版)》

三、心理治疗的对象和场所

……

(二)心理治疗属于医疗行为,应当在医疗机构内开展。

(三)医疗机构应该按照心理治疗工作的需要,设置专门的心理治疗场所。

《北京市心理咨询行业管理办法》(京卫疾控字〔2008〕8 号)

第二条 在本市行政区域内从事心理咨询职业,应当遵守本办法。

本办法所称心理咨询,是指心理咨询机构从业人员用自己的知识、技能,按职业职责的要求协助求询者解决各种心理问题的过程。

第五条 本市行政区域内提供心理咨询服务的机构须向下列相关部门申请注册登记:

(一)营利性心理咨询机构应当向工商行政管理部门申请登记,取得营业执照;

(二)非营利性心理咨询机构应当向民政部门申请登记,取得《民办非企业单位登记证书》。

高等院校、中小学以及不向社会开放、仅针对系统内部人员开设的心理咨询服务机构需在本部门备案。

第二节　业务模式

近年来,商业模式创新同技术创新一样成为商界的流行词汇。商业模式创新,很多时候意味着打破既有的利益格局,改变既定的市场主体之间的经济关系和法律关系,往往存在一定的风险。而业务模式合规就是对业务模式的可操作性和安全性进行审查的合规业务,这也成为法务商业参与最能展现价值的领域。

如果说公司开展某项业务前对于自身资质的审核和改进是迈过了合规的第一道门槛,那么可以说业务模式合规才是公司合规的重头戏,业务开展前的设计以及业务开展后公司的一举一动,每一个以公司的名义实施的行为,都是业务模式合规对标的部分。

相较于业务资质合规,业务模式合规的显著特点是其综合性和全面性。实践中,关于商业模式一直存在着各式各样的理解,总结起来主要有:(1)创业所提供的核心产品或服务是什么?主要面向的消费对象又是谁?(2)项目涉及的资金如何流动?(3)涉及的各主体有哪些,相互之间如何交易?(4)项目如何实现赢利?等等。商业模式创新的成果可能受到法律肯定性评价,也可能受到否定性评价,而获得否定性评价将极有可能导致项目失败。因此,为了避免在业务落地后因合规问题而被迫终止,以上所提及的商业模式的每个侧面都需要进行全面的合规审查,综合性、全面性成为其不同于其他合规业务最显著的特点。

又因为公司业务往往需要公司内部的不同部门之间合作分工才能实现,因此往往横跨较多不同的专业领域,反映到对合规的需求上,也就是合规涉及的法律领域比较丰富,这也给合规业务带来比较大的挑战,需要对相关的法律领域比较熟悉,才能够在业务落地之前,凭借经验迅速识别出当下业务模式中的风险点并进行改进。

业务模式合规并不是一时一段的工作,其伴随业务发展的始终。随着业务的改进、创新或者舍弃,法律法规、国家政策的更新以及人们道德观念的转变,都会产生新的合规需求,任何事物都需要动态的调整。因此,业务模式的合规需要伴随公司业务模式的全生命周期进行定期排查或者随时自查,防止在业务进行的过程中出现偏差或者误入歧途,保证其按照既定的方向发展下去。每一次的业务模式改变,都需要再次对业务流程的全过程进行一次审查,并在现存的法律制度框架里找到对应的通路,保证各参与方的合法身份,让各方的利益得到充分的保障。

一、基本方法

业务模式合规,顾名思义是指对公司业务/产品运营过程中的合规评估审核,包括对公司每个项目实施前、实施中和实施后的合法合规性审核,以确保项目没有违规风险点。

如今,越来越多的现代化管理公司意识到业务模式合规的重要性,认为公司在进行业务重大战略方向规划和产品运营创新时需进行合法合规性评估,避免出现业务模式合规风险。违法违规行为不仅会给公司带来罚金上的经济损失,更会给公司的品牌、名誉造成难以估量的损失。恰当的业务模式合规,不仅能为公司提前规避相关法律风险,保持公司基本长青,而且是关键时刻公司维护自身利益的王牌。

实践中,业务模式合规分析方法多样,尚无成熟理论成果。本部分内容系本书作者之一基于所处律师团队在为客户提供业务模式合规服务过程中的方式、方法、经验,总结业务模式合规分析中的基本思路,以期对读者有参考意义。

(一)风险点识别

在进行某项具体业务模式合规评估之前,首先需明确公司业务模式及其需求是什么,即需对业务/产品运营方式、展现形态、商业目的等进行全面考察了解,并知晓目前存在的问题背后的含义。可从业务人员对业务模式的简单介绍中总结运营模式、展现形态、商业目的以及需求问题;通过对公司产品的实际操作使用了解运营模式、展现形态并总结商业目的;也可以通过常规搜索引擎如百度、谷歌等检索相关业务的概念、运作方式等。如果从上述方式中仍无法明确业务/产品运营方式、展现形态、商业目的的,应先行明确需求问题以及沟通目的,有针对性地向业务人员提出问题进而达到对业务/产品运营方式、展现形态、商业目的以及需求问题的全面了解。

同时,在考察了解过程中,即可先基于自身专业经验、法律知识积累以及实践经营管理与操作经验,结合战略风险、财务风险、运营风险等多方面风险因素,初步展开对业务模式合规风险点的多方面识别,包括但不限于民事、行政甚至刑事方面风险、社会舆情风险等多方面的业务模式风险点,形成对业务模式合规法律风险的概括印象。

(二)风险点补全

基于对业务/产品运营方式、展现形态、商业目的的全面了解以及可能的危险点识别后,可以通过概括检索方式识别并补全具体的合规风险点。

在信息高度发达的互联网时代,风险识别的概括检索方式是多种多样的,例如,可以充分利用通用引擎如谷歌、百度等工具,概括检索各类与业务模式相关的平台规则、新闻、处罚信息,甚至包括一些网络问答、文章等,以获得一些与需求业务相关的合规风险点;很多法律服务机构注册的公众号,会时常发布一些关于法律前沿问题思考、对某类案件意见等的法律专业实务文章,其中可能包含对需求业务模式运营过程描述、法律法规的引用解释、法律风险以及应对方式的分析等内容,此类文章应属于概括检索中的重点关注内容。

在概括检索的基础上,可以简单总结风险点情况,例如可能发生的风险情况、导致风险发生的原因、风险可能造成的影响以及风险发生概率大小等。归纳每个风险点所对应的法律风险类型、性质以及构成要素等,从而形成对业务模式合规法律风险的整体印象。

使用通用搜索引擎进行概括检索,可能会出现较多的新闻、文章或者网民意见,信源上可能存在偏差,如部分回答意见水分较大,观点也可能偏颇,或者检索到的法条已被废止等。因此,在概括检索识别并总结风险点后,需重点进行专业法律的检索以鉴别具体风险。法律检索和实务息息相关,对法务人员来说,是从理论向实践进步的梯子,是办理业务的核心技能。

目前可利用的互联网法律检索工具有很多,如威科、北大法宝、无讼等专业数据库,此类专业数据库收集的案例较为全面,有的可以将案例以 Word、Pdf 等多种形式导出。各类专业数据库工具各具特色和优势,可选择适合自己的专业数据库进行检索。

可通过专业数据库检索与法律风险类型、性质以及构成要素相关的法律法规、处罚案例、判决等,而且,此类专业数据库通常会形成较多的规范性文件关联项,以及经过业内编辑审核而形成的有一定专业水平的法律文章库,充分利用数据库工具进行检索,分析法规中的构成要素,通过对以往案例的汇总,提取案例中的关键信息,综合专业法律数据库的检索结果,通过法律逻辑分析得出业务模式的具体合规风险点以及关键要素。

(三)寻找合规空间

在掌握具体业务合规风险点、构成要素等关键信息的情况下,需总结业务模式的合规空间:

首先,可通过既往案例总结其中的合规风险常用方法。如通过分析案例中的争议焦点,调整平台服务规则中的条款,降低争议风险;通过分析风险构成要素及其特点,调整业务模式运营方式,规避业务模式的风险要素构成。

其次，也可结合技术和业务实际寻找合规空间。技术作为互联网公司发展的核心，其在业务模式合规中举足轻重，在进行业务模式合规过程中应充分利用技术手段寻找合规空间。如公司可通过技术手段限制某平台用户将以货币交易方式获得的虚拟符号提现，并在提现界面注释部分虚拟符号不得提现的原因，以防止业务模式构成双向兑换风险，并依法保障消费者权益。

此外，还可以借鉴同行业其他头部公司的同类业务已有合规方案，如翻阅相关平台规则，了解类似产品的实际合规技术。总结头部公司已有合规方案后，需根据检索到的法律规定以及案例经验判断头部公司合规方案是否合规，在头部公司方案合规基础上，参考其方案并结合公司自身的业务模式以及产品形态，制定出可执行落地的合规方案。

二、示　　例

（一）电子商务

2013 年 12 月 27 日，《电子商务法》正式启动立法进程，在历经五年、四审、三公开后终于落地，于 2019 年 1 月 1 日起施行。作为电子商务领域的综合性法律，《电子商务法》涵盖电子商务各个环节，涉及市场主体登记、电商信用评价、税务、责任、消费者保护、知识产权保护等多方面的监管问题。根据《电子商务法》，电子商务经营者大致可分为“平台”和“平台内”经营者两大类，还有一类“其他电子商务经营者”是指“通过自建网站、其他网络服务销售商品或者提供服务的电子商务经营者”。《电子商务法》通过“其他网络服务”将这两年比较火的微商、网络直播、海淘、海外代购这些新兴的业态和经营方式均纳入其中。在明确主体的同时，《电子商务法》加重了平台的责任，着力于在网络综合治理体系中发挥好电商平台的优势。

如果说网络1.0时代的特征是去中心化，那么在平台经济的网络2.0时代，最突出的特征就是围绕各类平台的再中心化，具体表现为如下三方面：

（1）明确建立以电商平台为关键节点的知识产权保护规则，确定了"避风港"规则、公示规则以及"红旗规则"；

（2）注重平台服务协议和交易规则在规范电子商务行为中的关键作用，对以平台规则为核心的平台治理机制作出明确规范；

（3）让电商平台参与或协助监管。

因此，作为平台经营者，不仅有责任获取平台内经营公司的依法登记各种信息，验证真伪，定期更新，还有义务主动向市场监管部门备案，配合市场监管部门和税务部门提供相应的信息，同时还应制定相应的平台规则协助监管。电商平台在电子商务发展和监管过程中作为非常关键的主体意味着电子商务强监管时代到来。

1.《电子商务法》的第三十三条、第三十四条中所说的"平台服务协议和交易规则"除了包含面向消费者的用户协议等规则外，是否还包含面向入驻商家的协议及规则？修改公示内容能否仅在后台公示而不在前台消费者界面展示？

➡结论

从《电子商务法》文本本身来看，第三十二条规定"电子商务平台经营者应当遵循公开、公平、公正的原则，制定平台服务协议和交易规则，明确进入和退出平台、商品和服务质量保障、消费者权益保护、个人信息保护等方面的权利和义务"，第三十三条后半段规定"并保证经营者和消费者能够便利、完整地阅览和下载"，第三十四条第二款规定"平台内经营者不接受修改内容，要求退出平台的，电子商务平台经营者不得阻止，并按照修改前的服务协议和交易规则承担相关责任"。这些规定均明确指向了平台内经营者（即入驻商家）。因此，第三十三条、第三十四条中所述的"平台服务协议和交易规则"中,包含面向入驻商家的协议与规则。

关于"修改公示能否仅在后台公示而不在前台消费者界面展示"问题,《电子商务法》中并未有明确规定。全国人大财经委员会电子商务法起草组编著出版的《中华人民共和国电子商务法条文释义》中对相关条款的解释可供参考。该条文释义中指出"对于服务协议的公开性的要求,在一些特殊的情况下,需要根据商业实践的需要来予以理解和适用",由于平台内经营者的性质和类型差别很大,平台完全可能也必然会对其采取个性化对待,因此,平台与入驻商家"签署的服务协议,在有些情况下属于不适合予以公开的商业秘密的范畴。在此种情况下,本条所规定的公开,更多的是指作为平台经营者与平台内经营者商业之基础内容的协议应当是公开的,而当事人根据具体需要进行的补充与细化的内容,可以不公开"。

从上述释义可以看出,在保证入驻商家和消费者的知情权与选择权的前提下,公示形式可结合具体公示内容调整。不过该条文释义并非具有法律效力的规范,实际执法尺度难以判断,公司可以考虑将约定商家入驻的基础内容,或可能涉及消费者权益(如涉及消费者退换货规则等)的规则与协议,按照第三十四条第一款的规定在首页显著位置进行公开征求意见及公示;如不涉及消费者权益、对基础内容进行细化补充的商家入驻协议规则,并可能涉及公司商业秘密的,可以选择在商家后台公示。

2. 电商平台发布及修改针对代销商家的商家管理规则时应注意什么?

➡结论

电商平台的商家管理规则主要为针对代销商家的、较为具体细化的管理规范,基本不涉及消费者权益问题,可以不在商城首页公示。

但是由于该管理规则属于格式条款,且对代销商家的权利义务有重大影响,因此应注意保证代销商家的知情权以及参与建议的权利。电商平台可以考虑在入驻商家后台首页显著位置公示商家管理规则,尽到充分的提示义务(可考虑同时通过站内信等方式提示);如拟对相关规则进行修改,根据《电子商务法》的规定,至少应在入驻商家后台首页显著位置公开征求意见,通过站内信、设置意见反馈邮箱、调查问卷等方式保证入驻商家可以充分发表意见。修改内容至少在实施前七日予以公示。同时,完善不接受内容修改商家的退出机制,不得阻拦其退出,双方纠纷按照修改前的服务协议和交易规则承担相关责任。

3.《电子商务法》第二十四条中所描述的"明示"一词该如何理解? 是否需在隐私政策或用户协议中添加详细说明?

➡结论

民法中"明示"一般是指以明白、明确的方式进行意思表示,目前《电子商务法》中并未对"明示"的方式进行具体限定,但从合规角度来看,平台至少应当在用户协议等平台规则中说明相关方式、程序,并最好以加粗、标下划线等方式显著标出。如技术条件允许,平台也可以在用户初次使用 App 或访问网站时,通过弹出使用说明窗口等方式向用户进行说明,并对客服进行相应培训或设置。

4. 在《电子商务法》第二十四条基础上,如某平台不在平台界面为用户展示身份证号码,是否不符合用户可查询其信息的规定? "用户信息"的范围是否应涵盖该账号涵盖的所有信息,而不仅限于用户个人信息?

➡结论

首先,身份证号作为用户个人信息,无疑属于"用户信息"范畴,如公司从用户处收集了其身份证号，应按照《电子商务法》第二十四条的规定，明示查询该信息的方式和程序，即使公司在网站中不予直接显示，也应提供其他查询方式（如通过客服等）并将查询方式、程序按第3问中所述的形式明示给用户。

其次，《电子商务法》中并未明确“用户信息”的具体范围，但是从《网络安全法》《信息安全技术 个人信息安全规范》等法规及国标的表述来看，“用户信息”的概念内涵应大于“个人信息”，因此用户在平台活动所形成的、并为平台所收集的信息，应当均属于“用户信息”的范围内，平台应尽量对“用户信息”概念做扩大理解，降低违法风险。

5. “用户信息删除”及“用户注销”的区别是什么？用户注销后要求立即删除该用户信息，其中“立即”可理解的合理期限是多久？

➡结论

“用户信息删除”是指删除某用户相关的部分或全部信息，该账户可以保留，也可以不保留（注销）；“用户注销”则是完全销除用户账户。根据《电子商务法》第二十四条第二款，用户注销的，公司应立即删除该用户全部信息（法定及约定保留的除外），但在用户账号不注销的情况下，根据《电子商务法》第二十四条第一款，用户亦有权删除其部分信息。

法条中所谓的“立即”删除，从一般法理来理解，应当是指在技术允许的情况下尽快删除完毕，不应有主观人为的延误。如技术上很难实现立即删除完毕，至少应及时使该等信息不在互联网中向第三方公开展示。

6. 用户注销后要求信息删除的例外，即“依照法律、行政法规的规定或者双方约定保存的，依照其规定”，是否系指售后服务相关信息，具体包括哪些类别？

➡结论

信息删除的例外包含两类:

第一,依法律、行政法规应保留。从目前出台的法规来看,主要是指:(1)《网络安全法》第二十一条所规定的与“监测、记录网络运行状态、网络侵权事件的技术措施”相关的网络日志(保留不少于6个月);(2)《互联网信息服务管理办法》规定的论坛及留言板中的“信息内容、发布时间、互联网地址或者域名”(前端可删除,后台备份保存至少60日);(3)出于消费者权益保护的考虑,公司也可在后台留存用户的售后等信息。

第二,当事人约定保留。在用户注销或要求删除时,公司可通过弹窗选择的方式,由用户自行选择需要保留的信息。

7. 如某电商平台因业务需与第三方进行个人数据交互,是否需要要求合作第三方做个人数据的清理?

➡结论

目前《电子商务法》中对用户信息删除的规定并不完善,该法要求履行信息删除义务的主体仅限于电子商务经营者,对于数据合作方的用户信息删除问题则未做明确规定。

但是,根据《网络安全法》的规定,公司向他方提供用户个人信息的,应告知目的、方式和范围并取得用户同意,除非是经过不可逆转的匿名化的数据。因此,出于谨慎合规的考虑,公司应对用户个人信息采取更高的合规要求,即,如用户注销或要求删除涉及合作方的个人信息,基于此电商平台应向数据合作方发送书面通知,要求合作方一并删除该等个人信息,并注意留存好书面通知材料。

8. 某公司拟销售第三方产品,其实际不参与产品本身设计生产,但会在产品包装上进行品牌背书,同时该公司可能参与产品的包装设计,在此情况下,如产品抽检不合格,该公司是否应承担责任? 在线上、线下渠道销售情况下,该公司承担的责任是否有区别? 公司应注意什么?

➡结论

根据《产品质量法》的相关规定,生产、销售不符合标准、以次充好、伪造产地等不符合《产品质量法》规定的商品的,可能被处以没收产品、罚款、吊销营业执照等行政处罚。情节严重的,涉嫌构成生产、销售伪劣产品罪。公司虽然仅进行“贴牌”形式的品牌背书或进行外包装设计,但是最高人民法院针对美国通用汽车“贴牌”的类似案件中曾明确批复:任何将自己的姓名、名称、商标或者可资识别的其他标识体现在产品上,表示其为产品制造者的企业或个人,均属于《产品质量法》规定的“生产者”。因此,如果品牌背书的形式足以让一般消费者认为公司参与了产品制造,则存在被监管或司法机关认定为产品生产者,进而承担相应法律责任的风险。当然,在此种模式下,公司直接进行了产品销售,应属于销售者,也需承担相应产品质量责任。

公司参与了产品包装、宣传素材的设计,除可能产生 IP 侵权风险外,如果外包装或广告中出现了违反《广告法》(如违规使用极限词语)、违反《反不正当竞争法》(如虚假宣传)、产品包装标签违法(如进口食品未加贴中文标签)等情形的,公司作为外包装的设计者可能会被有关机关认定为广告经营者,进而被有关机关处以罚款等行政处罚。

对于第三方产品的线上销售,主要可以分为两种形式,一是公司仅作为网络交易平台提供者,不作为销售者,二是公司作为销售者或供货商。

在前者情况下,公司仅提供网络交易平台,根据《消费者权益保护法》第四十四条,公司仅在三种情况下需向消费者承担侵权赔偿责任:(1)不能提供销售者或者服务者的真实名称、地址和有效联系方式的;(2)网络交易平台提供者作出更有利于消费者的承诺的(如正品保证假一赔十等);(3)明知或者应知销售者或者服务者利用其平台侵害消费者合法权益,未采取必要措施的。因此,如果公司不存在上述三种情形,则一般无须直接向消费者承担侵权责任。

在后者公司作为销售者或供货商的情况下,线上销售与线下销售所需承担的责任差别不大,即:公司作为销售者,在消费者合法权益遭受产品损害时,公司可能需先行向消费者进行赔付;如公司参与了产品本身设计,还可能承担相应的生产者责任。如侵权是由公司导致的,公司均需承担相应责任。

在第三方产品的销售中,公司应着重注意以下方面:

(1)在第三方产品的包装及宣传中,都应明确标注并提示消费者产品的实际生产商,避免出现使消费者误以为公司系生产方的情况发生。同时建议,在与产品实际生产方的合作合同中明确产品责任承担的界限、消费者纠纷处理方式等内容,避免今后产生争议。

(2)无论线上/线下销售,都应事先查验生产商资质证照、产品合格证书、检测报告、联系方式等,并留存备份,技术允许的情况下,可在线上销售界面公示。在产生纠纷的情况下,及时向消费者提供。

(3)公司可以参考某宝平台保障金的模式,要求生产商缴纳一定的保证金,或约定公司有权扣押部分货款,在消费者就产品质量问题进行投诉后,视情况及时进行下架、调查等处理,并扣押保证金或货款,避免被法院认定为明知或应知侵权而不作为。

9. 某商家出售的产品拟增加防伪环扣,如消费者购买带有防伪环扣的产品后想退货,但产品所带有的防伪环扣不完整,商家是否可以不予办理退货?

➡结论

《消费者权益保护法》第二十五条中所述的网络、电视、电话、邮购等方式销售商品适用的七天无理由退货规定中明确要求"消费者退货的商品应当完好",因此,如商家所设置的扣环形式合理(如不会阻碍消费者试穿)并尽到合理的提示义务,商家要求防伪扣环完整否则不予无理由退货具有合法依据。在行业实践中,要求防伪扣环等防伪标识完整也属于电商网站的常见约定,如亚马逊中国、唯品会、苏宁易购等均明示消费者:防伪扣环不完好的,不予办理退货。

除七天无理由退货外,因产品质量等问题导致消费者要求退换货的,目前法规及常规实践中通常以发票、购物单据等作为商品来源、维保期未过的证明。如发生纠纷,防伪扣环虽然可以起到证明商品来源的作用,但即使其被拆除而消费者仍能够提供充足证据使法官确信该商品系从商家处购买的,不排除商家可能需承担退货责任风险,不过此种风险概率较低。

考虑到不公平、不合理限制消费者权利的格式条款可能会被认定为无效,商家应注意:(1)扣环的形式尽量美观、牢固、合理,不会对消费者穿戴商品造成阻碍;(2)在商品销售的过程中,无论线上/线下销售,均应尽到充分的提示,防伪扣上也可以文字形式标注"一经拆卸不予退换"等文字。保证在实现商业目的的同时,不对会对消费者形成不合理限制。

10. 某公司拟开展限量产品抽签活动,如球鞋,消费者在线上进行登记、抽签,在线下门店进行付款、提货。在这种情况下,中签消费者是否适用《消费者权益保护法》规定? 品牌方要求消费者不得试穿,仅针对有质量问题产品办理退货,是否合规?

➡结论

首先,由于用户购买球鞋属于“为生活消费需要购买、使用商品”,按照《消费者权益法》的规定,属于消费者范畴,应适用《消费者权益保护法》的相关规定。其次,由于在交易模式中,线上仅进行登记,实际付款及提货行为均在线下店面,应当不属于《消费者权益保护法》第二十五条规定的采用网络方式销售商品,应该不受七日无理由退货规定的约束。在国家层面上,并无相关法规要求鞋类商品必须允许消费者试穿或无理由退换的明确规定。因此,公司不予试穿、不予退换货的交易模式是否合规,需主要考量是否侵犯了《消费者权益保护法》赋予消费者的知情权、公平交易权等合法权益。

从《消费者权益保护法》第八条至第十条的规定来看,消费者享有知悉其购买、使用的商品或者接受的服务的真实情况的权利,有权根据商品或者服务的不同情况,要求经营者提供商品的价格、性能等有关情况;享有自主选择商品或者服务的权利,有权进行比较、鉴别和挑选;享有公平交易的权利,有权拒绝经营者的强制交易行为。公司不允许消费者试穿且不允许非质量问题退换货的要求,与目前市场上通行的鞋类销售一般实践不符,从实质上排除了消费者选择合适尺码球鞋的权利,可能涉嫌侵犯消费者的知情权、自主选择权及公平交易权。表述上述规则的合同、通知、声明、店堂告示等可能会被认定为排除或者限制消费者权利的格式条款,进而被认定为无效,甚至依据《合同违法行为监督处理办法》的规定被处以罚款。

另公司应注意,部分地方监管机构对于鞋类商品销售似有更为严格的特殊规定,如《北京市商业企业鞋类商品经营管理办法(试行)》第二十条规定:“鞋类商品售出后,在 10 日内未经过穿着,不脏、不残、不影响二次销售的,消费者可持购鞋凭证(单据)选择决定更换或退货。”在此种情况下,公司的此种交易模式可能违反明确的地方性法规。

11. 如某公司为客户提供办公设备硬件、日常办公软件的采购以及维护服务,在这种情况下,该公司应注意哪些法律问题?

➡结论

鉴于公司所服务的客户并非一般消费者,因此在此情景下应可排除适用《消费者权益保护法》,因此双方合作仍应主要由双方所签订合同的内容进行约束。公司为避免因产品质量或售后等问题而承担法律责任,应注意在双方合作协议中写明:

(1)明确相关硬件/软件的产品责任由产品原厂商承担,公司仅提供代为购买及交付的义务。

(2)明确公司义务范围。应明确相关售后、维修、更换等问题由客户方自行联系厂商及其授权售后点进行处理,公司不予负责(前提是:所有软件/硬件的售后均可由最终用户自行通过标准售后渠道获取,公司在从原厂商处获得转售/转授权许可的同时,应注意确认后续售后等问题是否需要公司参与配合)。如果公司还需提供所谓的“维护”服务,应明确维护服务范围,如:仅限于软件的到期续费、配合与官方经销商售后沟通协商,而不负责提供在官方售后之外的任何额外服务。

(3)关于原厂商可能存在的知识产权侵权等问题,该问题对双方间合作产生影响的可能性较小,即使 Office 等软件或硬件本身存在侵权情况,公司作为少量代买的销售主体,承担连带责任的可能性也较低。

当然,上述约定仅能在一定程度上免除在原厂商过错导致的产品或售后问题中公司所承担的责任,但是公司过错导致的问题(如产品在交付运输中存在的问题,产品真伪存在问题等)所产生的责任,以及公司在客户与厂商纠纷中必要的配合义务是无法免除的。

12. C2C 二手商品,能事先约定不退货吗?

➡结论

以 C2C 形式销售二手商品约定不适用七日无理由退货的条款被法院否认其效力的可能性很小。

一方面,有法院认为普通人非持续性、不以获利为目的通过二手交易平台售卖闲置物品,不属于《消费者权益保护法》中的经营者,此类 C2C 行为不属于《消费者权益保护法》调整范围,应适用《民法通则》和《合同法》的规定(《民法典》生效后,适用《民法典》的规定),因此可以约定不得退货。

另一方面,即使出售者被认定为经营者,但鉴于二手商品的特殊性质,即便发生纠纷也可根据《消费者权益保护法》第二十五条"根据商品性质并经消费者在购买时确认不宜退货的商品,不适用无理由退货"的规定主张二手商品属于例外情形,不适用无理由退货。

在实践中,《闲鱼社区交易争议处理规范》《淘宝网七天无理由退货规范》中也都明确约定闲鱼市场个人闲置类物品、二手、竞拍商品不适用七日无理由退货。如公司拟开展类似业务,我们建议在相关页面中显著、多次提示相关商品不适用七日无理由退货,避免纠纷发生时被相关争议解决机构认定消费者在购买时未确认不宜退货。

当然,除七日无理由退货之外的,如有确因商品质量问题(如商品与描述严重不符、涉嫌欺诈等)导致的退货情况,建议保留购买者的退货权。

13. 如果带有蓝牙功能的眼镜各零部件做了 CCC 认证,那整体出厂销售的眼镜是否还需要做 CCC 认证?对于此类产品,是归为穿戴类产品还是按照一般眼镜产品进行归类?目前认证和维保法规是如何界定的?

➡结论

(1)关于新产品的 CCC 认证问题

如果该产品仅具有蓝牙通话功能,则根据质监部门发布的实施强制性产品认证的产品目录以及相关实施规则,目前该产品不需要取得 CCC 认证。

(2)关于维保条款的制定

根据《部分商品修理更换退货责任规定》的规定,耳机产品及一般眼镜产品均不属于《实施三包的部分商品目录》中的产品,因此维保条款不受到该规定的限制,公司可依据《消费者权益保护法》第二十四条的规定,设置退换货期限。

但是针对耳机类产品,《移动电话机商品修理更换退货责任规定》中规定,作为移动电话附件的"外接有线耳机"的三包有效期应至少为3个月,"电池"的三包有效期至少为6个月。虽然该新产品并非属于附属于移动电话机的"外接有线耳机",但上述规定可供公司参考。市售的蓝牙耳机产品的保修期一般为12个月。

鉴于该产品在性质上更接近蓝牙耳机,且法律上对于蓝牙耳机的维保标准高于一般眼镜产品,因此建议公司以蓝牙耳机(可穿戴设备)的分类来考量维保条款的制定。

14. 如在优惠券中提示"关于本券具体使用事宜,请咨询门店销售人员,各门店销售人员将为您提供详细的咨询服务"或"关于本券具体使用事宜,以门店告知和门店当期活动说明为准",该等表述是否有被市场监督管理部门处罚的风险? 是否有更合适的措辞?

➡结论

结合相关法规及市场监督管理部门的执法尺度来看,目前问题中所述的两条优惠券提示语均存在较大风险,该等表述很难被解释为优惠券在部分门店不能使用,可能因此被执法机关认定为“利用使人误解的价格手段,诱骗消费者进行交易”或虚假宣传。尤其是“关于本券具体使用事宜,以门店告知和门店当期活动说明为准”的表述,很可能被认定为排除消费者解释权的格式条款,进而导致公司被市场监督管理部门处罚。

建议直接在优惠券上明确写明“本优惠券仅限在部分门店使用,具体见店内公示或咨询店内销售人员”,同时优惠券中不应有“全部门店使用”等类似表述,并要求不能使用优惠券的门店在店内明显处设置提醒,告知消费者该优惠券无法使用。

(二)货币政策

对于加密电子货币(Encrypted Electronic Currency),我国监管部门目前采取了“一刀切”的监管方式,全面禁止代币发行和有关交易平台的虚拟货币业务。

具体来说,我国市场上的加密代币(一般称为 Token)大致可以分为三类,在我国分别对应法律上的不同属性。

第一类是作为单纯支付手段的加密数字货币,如比特币、以太坊等虚拟货币。对于这类虚拟货币,央行认为代币发行融资,本质上是一种未经批准非法公开融资的行为,涉嫌非法发售代币票券、非法集资、金融诈骗、传销、非法经营等违法犯罪活动。

第二类是服务凭证或平台积分类通证(Token),最典型的就是 Q 币。Q 币实际上是腾讯向个人出售的一种可以兑换腾讯体系内相应服务的凭证。本质上,这种单纯的服务凭证类型的 Token 是合法的,但不可以买卖,买了以后,只能兑换平台提供的服务或其他虚拟商品,不能返还现金,也没有二级市场交易。

第三类是具有证券属性的通证(Token),即发行方在发行 Token 或代币的时候,赋予了投资人一系列与《证券法》中证券有关的权利,如表决权、分红权、回赎权,或按照某种形式分配的固定收益等。这类

Token 若被国家监管部门穿透最终被认定为证券,则属于央行七部委严格禁止之列。

除了被严格监管的加密代币,目前商业实践中类加密代币,如虚拟游戏币和“互联网积分”的发行也非常普遍,很多大型零售公司及互联网平台均发行“互联网积分”。鉴于我国目前在对加密代币、类加密代币的监管方面,尚未制定明确具体的法律法规、规范性文件等,以致在加密代币、类加密代币的发行、使用和流通交易方面合规的尺度和边界何在,普遍较为混乱。而加密代币、互联网积分、游戏币之间如何区分,如何发行及使用才能合规,也因此成为各商业平台和公司密切关注的问题。

15. 公司 A 的经销商计划在其设立的天猫旗舰店店铺销售代金券,用户向经销商付款,经销商向用户开票。用户支付费用由经销商定期支付至公司 A 账户,公司 A 向经销商开具“代金券”发票。在该场景中,是否意味着公司 A 向经销商销售代金券? 该种销售行为是否会被认定为发行多用途预付卡?

➡结论

根据《单用途商业预付卡管理办法(试行)》的规定,单用途商业预付卡不仅包括在本企业或本企业所属集团内兑付货物或服务的预付凭证,还包括同一品牌特许经营体系内进行兑付,而“同一品牌特许经营体系”是指使用同一企业标志或注册商标的企业法人联合体。由商务部市场秩序司主办的中国市场秩序网的“单用途商业预付卡管理”栏目(http://www.12312.gov.cn/Topic/2012swbyfk/index.html)下也明确表示“是否可跨法人使用,并不是区别单用途卡和多用途卡的判断依据。单用途卡不仅可在发行企业的单一企业内使用,也可在该企业所属集团或同一品牌特许经营体系内使用,本集团企业或同一品牌特许经营体系内企业可分属不同法人”。

就此问题,广东省商务厅曾回复:如代金券仅在品牌旗舰门店范围内使用,办理单用途商业预付卡备案即可。因此,即使店里出售了其他品牌商品,本次拟发售的代金券如仅可在本店内使用,便属于单用途商业预付卡而非多用途商业预付卡,仅需办理备案即可。

另外,代金券销售时间过短(如仅销售1个月左右)、代金券的优惠方式特殊(如非等额销售)等对于备案流程可能会有一定的影响,建议公司应结合具体业务模式,向相应办理机构详细咨询。

16. 某公司自营在线平台拟新增预收款功能,公司合作的渠道商可在平台预存款项,后续在平台下单并输入支付密码后,公司将直接从渠道商预存款中扣除订单费用,多支付的预存款可退。该预收款功能是否涉及资质要求(比如支付资质),是否会被视为发行单用途预付卡而需完成相应备案?除此之外,该模式下还可能存在哪些法律风险需注意?

➡结论

根据《单用途商业预付卡管理办法(试行)》第二条规定,从事零售业、住宿和餐饮业、居民服务业的企业法人在中国境内开展单用途商业预付卡业务的适用本办法。据邮件所述,公司本次预付业务针对2B渠道商而非直接向最终消费者零售,因此此次所开展的业务应不属于零售业,无须办理单用途商业预付卡备案。针对其他支付资质,公司本次拟开展的预付业务仅限于在商城中购买公司自营的商品使用,因此不涉及可在发卡机构之外使用的多用途商业预付卡的发行,亦无须取得《支付业务许可证》。此外,目前法律法规对此类交易模式并无其他特别资质要求。

在此预收款交易模式下,公司与渠道商作为平等商事交易主体,双方权利义务根据平台协议等双方协议进行明确。公司在预收款模式中面临的法律风险可能主要集中在预付款款项抵扣、余额退还、商品/服务质量等民事争议方面,建议公司在设计格式合同条款时对预付款的费用支付、抵扣及退还流程,支付密码的使用与保管等内容进行明确,如预付款有使用范围限制或其他方面的使用限制的,建议以显著的方式提示渠道商注意。

此外,针对这种预付费下订单采购模式,公司还需特别注意通过平台内部的机制设置防止控制账户的员工或者是第三方通过修改订单收货地址或其他方式来擅自提货的情况。

17.《单用途商业预付卡管理办法(试行)》第二条提到"同一品牌特许经营体系内",是否是指《商业特许经营管理条例》所规定的"特许经营"?

➡结论

针对品牌发卡中的"特许经营"这一点,虽然《单用途商业预付卡管理办法(试行)》第二条中提到"同一品牌特许经营体系内",但是第三条中也明确了"同一品牌特许经营体系是指使用同一企业标志或注册商标的企业法人联合体",也即:此管理办法中的"特许经营体系"并非完全等同于《商业特许经营管理条例》中"特许经营"的概念,其强调重点在于品牌经营的一致性、发卡及售卡各主体之间的紧密关联性,而非是否严格完全属于法规所规定的"特许经营"关系。也即:区分单用途/多用途商业预付卡的关键在于代金券的用途是否为"多样"、是否在较大范围内具有一般等价流通性,这种区分标准应当才符合立法及监管部门对两种商业预付卡分别采取备案/许可的原意,而并非是否严格符合《商业特许经营管理条例》中"特许经营"的定义。

18. 如将在线商城、线下门店的会员积分打通,并将商城运营主体作为积分结算中心。另外,公司未来可能将上述会员积分与其他公司积分打通进行互兑,上述模式中,积分结算主体是否需办理支付牌照?

此类积分是否会被认定为虚拟货币? 上述模式中,是否还存在其他违反法律的内容或需提示业务人员不得触及的红线?

➡结论

(1)关于支付牌照

在目前模式下,用户可以在商城、线下门店购物时使用积分,积分也可以用于兑换优惠券、实物礼品、抽奖资格等福利。在目前设计的业务模式下,积分结算主体应无须申请《支付业务许可证》,但在未来与其他公司积分打通模式下是否应申请《支付业务许可证》,简单来说取决于最终业务模式下积分结算公司是否会作为中介机构接收用户指令,在用户与收款主体间提供货币资金转移的服务。

《非金融机构支付服务管理办法》第二条中规定需取得《支付业务许可证》的业务为网络支付、预付卡的发行与受理、银行卡收单及中国人民银行确定的其他支付服务,问题所述业务模式均不符合前三项。

问题所述的未来业务模式类似平安万里通提供“公司账号的积分与外部积分打通,进行互兑”。平安的万里通积分会员服务是由“深圳万里通网络信息技术有限公司”(以下简称“深圳万里通公司”)提供,深圳万里通公司并未获得《支付业务许可证》,而《支付业务许可证》持有方“平安付科技服务有限公司”提供的是代收代付中介服务的“壹钱包服务”(类似支付宝的一支付工具),属于《非金融机构支付服务管理办法》所规定的,非金融机构在收付款人之间作为中介机构提供货币资金转移服务的一种。由于此种积分模式下,用户无须支付法定货币兑换积分,且积分价值较小,因此未来业务模式下如仅类似深圳万里通公司提供多家主体积分兑换业务,则暂无须取得《支付业务许可证》的必要。

(2)关于虚拟货币

因《网络游戏管理暂行办法》废止而不再由文化和旅游部监管的是“网络游戏虚拟货币”,继而暂不审批核发的是《网络文化经营许可证》。目前,中国人民银行没有专门的虚拟货币准入、发行、交易有关的管理规定,即便是“比特币”,在《关于防范比特币风险的通知》中也被明确定位为“虚拟商品”而不是“虚拟货币”。因此问题中描述的情况应理解为,在上述模式中,积分与网络游戏虚拟货币的关系,积分发放主体是否需要取得网络游戏虚拟货币发行和交易的许可审批。

根据尚未废止的《文化部、商务部关于加强网络游戏虚拟货币管理工作的通知》《网络游戏虚拟货币监管和执法要点指引》等文件对网络游戏虚拟货币的定义,网络游戏虚拟货币的重要特征之一是由网络游戏经营单位发行并需要用户使用法定货币直接购买,因此上述模式中的积分暂无直接被定性为网络游戏虚拟货币的风险,发放积分的主体也暂无须申请相应的许可审批。但需注意的是,若未来业务模式下公司积分的兑换涉及了网络游戏经营单位所发行的“网络游戏虚拟货币”或能够兑换游戏虚拟道具及增值服务“游戏币/积分”的,则存在被认定为“网络游戏虚拟货币交易服务企业”的风险,继而可能需要获得相应许可审批,因《网络游戏管理暂行办法》废止,具体合规方式需要根据当时的监管政策而定。

(3)关于账号积分模式可能涉及的显著法律风险提示

①避免积分代币化。1)针对用户,因积分可以用于付款抵扣,具有经济价值,能够给用户带来经济方面的利益,为了避免发生《中国人民银行法》所禁止的发售代币票券,以代替人民币在市场上流通的行为,用户的积分(含未来业务模式下可通兑的积分)使用规则中需要明确“不能兑换现金,不能进行转账交易”,在使用数量上也可考虑进行一定限制,如用户使用积分抵扣商品价格时,设置抵扣比例上限。2)针对积分的采购方,因其持有的积分最终可以由结算中心回购,为避免积分被采购方作为商业贿赂的新手段使用,也需要明确“禁止采购方之间直接转账或任何变相交易”,采购方的积分仅能是向结算中心购买或通过用户账户支付获取。

②保障消费者权益。1)积分模式项下涉及的服务主体众多,各主

体与用户之间的权利义务关系也不尽相同,即积分结算中心、收款主体及积分存放主体之间需要明确积分的购买使用规则。建议基于用户皆需要注册账号才能使用积分的前提,首先可以在公司平台账号的用户协议中明确基本的积分服务所涉及的权利义务主体信息,再设链接至专门单独页面进行详细说明;其次在公司平台账号获得积分及积分统一展示界面中,标明关键的使用提示,如积分有效期或可能的限制。2)若通过积分兑换商品服务的,相应的商品服务皆应当满足《消费者权益保护法》《产品质量法》《产品标识标注规定》(已失效)等强制性要求,国家市场监督管理总局于2022年4月14日公布的《明码标价和禁止价格欺诈规定》也特别针对赠送积分的价格促销方式制定了相应规定。3)针对积分抽奖行为,需符合有奖销售相关规定的要求,如“经营者举办有奖销售,应当向购买者明示其所设奖的种类、中奖概率、奖金金额或者奖品种类、兑奖时间、方式”等事项。

19. 某公司拟在其经营的App平台内设置金币,金币从法律角度如何定性,应受到哪些相关法规规定约束、遵循何种合规限制? 此外,用户免费获取的金币,是否可用来赠与其他用户提现?

➡结论

目前相关法规中明确定义的形式与上述问题相关度较高的主要是代币票券、网络游戏虚拟货币、多用途预付卡(单用途商业预付卡仅限于零售业、住宿和餐饮业、居民服务业,与问题所述业务形态不符,在此略去不讨论)。

首先,代币票券是指具有一般等价物特征的,能够代替法定货币、充当支付手段的票券。根据《中国人民银行法》《人民币管理条例》的规定,任何单位和个人不得印制、发售代币票券,以代替人民币在市场上流通。避免虚拟符号被认定为代币票券是虚拟符号体系需防范的主要风险之一。

其次,网络游戏虚拟货币是指由网络游戏经营单位发行,网络游戏用户使用法定货币按一定比例直接或者间接购买,存在于游戏程序之外,以电磁记录方式存储于服务器内,并以特定数字单位表现的虚拟兑换工具。为贯彻落实2018年3月《深化党和国家机构改革方案》,根据《文化和旅游部职能配置、内设机构和人员编制规定》,文化和旅游行政部门不再承担网络游戏行业管理职责。《文化和旅游部办公厅关于调整〈网络文化经营许可证〉审批范围 进一步规范审批工作的通知》进一步明确,文化和旅游行政部门不再审批核发涉及“利用信息网络经营网络游戏”“利用信息网络经营网络游戏(含网络游戏虚拟货币发行)”“利用信息网络经营网络游戏虚拟货币交易”等经营范围的《网络文化经营许可证》。据了解,原对网络游戏虚拟货币进行规制的《网络游戏管理暂行办法》已被废止,网络游戏管理职能已划转至国家新闻出版署,而目前国家新闻出版署尚未出台新的替代性法规。虽然原文化部发布的部分通知文件(如《关于加强网络游戏虚拟货币管理工作的通知》等)尚未明确被废止,但由于文化行政部门已经无相关管理职权,因此事实上监管规定已基本暂处于空白状态。从定义来分析,公司所使用的金币,由于发行方并非网络游戏经营单位,因此亦不属于网络游戏虚拟货币。

最后,多用途预付卡是指发卡机构以特定载体和形式发行的、可在发卡机构之外购买商品或服务的预付价值。根据《支付机构预付卡业务管理办法》《非金融机构支付服务管理办法》等的规定,发行多用途预付卡的发卡方需要取得《支付业务许可证》。公司所使用的金币只要仅限于在公司平台内使用,应不属于多用途预付卡,但如果公司通过联运、联营、共同活动的方式使得该虚拟符号可以在其他平台上使用(如爱奇艺、知乎等),则届时需要根据业务模式另外评估合规性。

对于金币,法规目前并未有明确规定,金币发行时需要注意如下

几个方面的合规风险:

(1)被认定为代币票券、多用途预付卡的风险。为避免金币被认定为构成具有一般等价物特性的、能够代替人民币流通的票券,或者是被认定为可在发卡机构外使用的预付价值,需要注意:

①金币的使用范围应严格仅限于兑换金币发行单位提供的产品和服务,不得用于支付、购买实物或者兑换其他单位的产品和服务。

②限制甚至禁止用户之间的金币流通。对于活动打赏而言,仅可以允许用户购买金币后用于打赏给主播、主播收取后提现,禁止除了打赏消耗外的用户之间转账流通。

③禁止金币与法定货币之间的双向兑换。通过法定货币购买的符号在正常经营的情况下,应限制不准进行提现。

(2)被认定为非法集资的风险。在发行该等金币的过程中,应注意控制发行数量,按需发行,不得以恶意占用用户预付资金为目的进行发行。

(3)被认定为非法发行证券的风险。公司不应为金币设置利息或其他形式的附加收益,避免非法发行证券的相关风险。

(4)被认定为赌博活动的风险。在运营活动中,应注意不得在用户直接投入法定货币或法定货币购买的金币的前提下,采用抽签、押宝、随机抽取等偶然方式分配实物奖品、虚拟符号或礼物道具(尤其是可通过法定货币购买的符号或道具)。

(5)消费者权益保障方面风险。金币的发行、使用规则的制定应注意保障消费者的知情权、公平交易权等基本权益。具体而言,对于金币及相关活动的规则应注意通过用户协议、页面提醒等方式告知消费者,并取得消费者的点击同意,金币使用规则应注意保障用户公平性。

关于“用户免费获取的金币,是否可用来赠与其他用户提现”的问题。对于无须通过法定货币购买的金币,较需付费购买的符号而言,其涉及上述各项风险的可能性相对更低,因此,目前而言"用户可将免费获取金币赠与其他用户后提现"的模式不存在额外的法律风险。在实际执行操作中,公司可依据《明码标价和禁止价格欺诈规定》及《规范促销行为暂行规定》的相关规定进行合规。

20. 如某直播 App 运营公司在其平台设置用户可使用账号中的待提现金额购买直播平台内的有偿技术服务,是否可行? 此外,如用户消耗账户内的待提现金额购买通过小程序接入该直播平台内的第三方平台服务,是否可行?

➡结论

(1)关于待提现金额直接购买平台内的有偿技术服务

针对待提现金额直接用于消费,主要需考虑平台是否构成"无证经营支付业务"的行为。根据银办发〔2017〕217 号《中国人民银行办公厅关于进一步加强无证经营支付业务整治工作的通知》,无证经营网络支付业务的主要认定标准有:①采取平台对接或"大商户"模式,即客户资金先划转至网络平台账户,再由网络平台结算给该平台二级商户;②为客户开立的账户或提供的电子钱包等具有充值、消费、提现等支付功能。

如问题所述,用户的账户具有提现功能,且具备某种意义上的消费功能,不过综合上述两条认定标准来看,由于待提现金额仅能用于购买直播平台服务,主要目的是简化用户购买平台内服务的流程,并不涉及平台与二级商户之间的资金结算,一般情况下不存在因未及时结算、大量结算形成"资金池"进而引发系统性风险的可能。因此,被相关监管机关认定为从事网络支付服务的可能性相对较小。

(2)关于待提现金额购买第三方服务

从银办发〔2017〕217 号确认的认定标准来看,如公司直接将待提现金额结算给第三方,则此种模式涉及“客户资金由网络平台结算给该平台二级商户”,且如上所述用户账户本身具备消费、提现功能,被监管机构认定为网络支付业务的可能性大大增加。

公司的此种业务模式与一般网络支付业务模式不同之处在于:用户账户中的资金并非是用户主动划转用于消费的,而是用户既已存在于账户中的待提现金额。但是,从资金风险的角度来看,应支付给第三方的资金实际上有可能留存在公司平台上,且平台存在监管之外的资金清算交易。从监管机关的角度来看,可能会认为此种模式存在套取用户/第三方资金的风险,以及存在引发系统性资金风险的可能。因此,从谨慎合规的角度来看,公司需取得相应的《支付业务许可证》。建议公司结合详细的业务形态(包括目前、今后的资金管理等程序设置)详询央行及相应分支机构。

21. 如用户通过在某 App 平台内购物消费、观看视频、写评论等后可以获得金币,且该金额可提现,是否构成双向兑换,如何进行合规?

➡结论

根据《关于防范代币发行融资风险的公告》规定,任何所谓的代币融资交易平台不得从事法定货币与代币、“虚拟货币”相互之间的兑换业务,不得买卖或作为中央对手方买卖代币或“虚拟货币”。此外,央行部门负责人的文章中明确提出了,应禁止此类虚拟符号挂钩人民币,绝不能和人民币进行双向兑换。

上述问题中提到的部分金币,实质是用户通过花钱消费获得,如果实现金币“用户可提现”操作,根据上述规定内容来看,此种业务很可能被认定为双向兑换。

禁止双向兑换主要是为了防止虚拟符号被认定为代币票券的风险。一旦虚拟符号具有代币票券属性,不但发行代币票券行为本身违法,且如果此类虚拟符号发行数量较大,可能存在诱使消费者兑换大量虚拟符号,聚集大量资金行非法集资之实的嫌疑;如果赠送额度较高,也可能诱使犯罪分子通过此等途径达到洗钱目的。此类犯罪近年来一直是公安等监管部门密切关注、严厉打击的重点。虽然在类似直播打赏等业务中,也存在一定程度的双向兑换嫌疑,但其行为主要是主播通过观众打赏来获取现金报酬,实际上更靠近劳动所得,虽然从理论上也是双向兑现,但目前已经成为主流比较能接受的商业模式,因此并无此类法律风险。但公司此种金币如果可以随意赠给其他人,则这种模式被认定为"双向兑现"的几率要高于主播打赏模式。

综合上述风险,建议公司在进行产品设计时,将用户消费后免费获得的金币与通过观看视频、写评论等非货币交易方式获得的金币区别对待,即:(1)将用户通过消费获得的金币设置为不得提现,仅能用于购买该直播平台内的产品或服务。同时,公司应在用户通过消费免费获得此类虚拟符号时,明确告知用户此类金币系免费获得,且不得提现仅能用于购买平台内产品或服务。在提现界面也通过注释的方式说明金币不得提现的原因,以保证消费者权益。(2)用户通过观看视频、写评论等非货币交易方式获得金币时,公司可以设置用户可提现操作。

如公司坚持要将消费获得的金币允许用户提现,则应严格限制消费金额与可提现金额的比例,具体而言:(1)坚持用户通过消费获得的金币只能以其他用户提供了一定服务的前提下进行支付,而不是无条件赠与或者转账;(2)严格限制消费金额与获赠金币之间的比例,不得大量赠送金币,消费金额应主要体现为所购买服务的价值,不应显著高于所购买服务的一般价值;(3)尽量提高金币与现金之间的兑换比例。最终实现的目的:消费者获赠的金币仅能提现为很少的现金,以减少金币的代币属性。

另外,无论是否允许用户提现,均建议禁止用户之间的金币交易交换,减弱其等价流通属性。

(三)民事侵权与竞争

22. 某公司推出竞猜世界杯结果送礼品活动,用户购买会员卡后,有机会参与竞猜抽奖活动,在宣传中有“购买会员,获得竞猜机会”等内容,是否存在合规风险?

➡结论

(1)关于世界杯比赛结果的活动方案设计及规则

关于世界杯比赛结果竞猜活动,主要风险在于该活动是否可能被执法机关认定为涉及赌博。目前大多商业主体就体育赛事结果竞猜设定抽奖环节的活动,一般不要求用户支付现金购买商品或服务,因此合规风险较小。但是,目前公司活动规则要求用户需实际购买会员卡才能参与竞猜抽奖,并有“购买会员,获得竞猜机会”等表述,增加了不必要的合规风险。公司可以考虑将本活动设计为“为持卡会员用户额外提供抽奖福利”的文案表述,而非设置为“付费买卡竞猜赢奖品”的文案表述,并修改相关宣传表述及用户规则,虽然结果一样,但实际执行中的合规风险会比之前表述小很多。

此外,由于涉及抽奖,建议规则公布得更为明确,例如抽奖的奖品总数量,建议也在页面显著位置予以展示,而不是后台掌握。

(2)关于“世界杯”字样的使用

在2018年世界杯官网公布的《Media and Marketing Regulations for the 2018 FIFA World Cup》中明确规定,“World Cup”及其各种语言翻译版本均属于国际足联(FIFA)所有的“Competition Marks”。根据FIFA官方网站服务协议,未经FIFA书面授权,任何组织或个人不得将FIFA的商标或其他标识用于商业目的。FIFA相关负责人也曾在2010年表示,会严防关于世界杯的隐形市场行为,因此不能完全排除因使用“世界杯”字样而导致FIFA及其相关组织向公司主张权利的可能性。

但是,从目前实践情况来看,有较多商业主体在不使用世界杯相关图标、吉祥物或宣传口号等其他敏感素材的情况下,单纯使用“世界杯”三个汉字进行营销宣传,目前尚未发现因此被 FIFA 维权。因此,在执行过程中的实际风险可能较小。

(3)关于世界杯赛程表、获胜队信息的发布

根据《互联网新闻信息服务管理规定》,对社会公共事务的报道、评论均属于新闻信息的范畴。根据此规定,比赛赛程和获胜队信息应属于新闻信息范畴。公司如针对互联网新闻提供采编发布、传播平台服务的,应当取得《互联网新闻信息服务许可证》。不过网信办仅就公布赛程及获胜队信息进行处罚的可能性较小,执行中的实际风险较小,但公司应注意避免使用世界杯图标、吉祥物等形象或素材,避免侵犯 FIFA 的相关知识产权。

同时,公司如果在用户界面展示若干与世界杯相关的新闻信息,对上述新闻信息的采编或转载的,确属于《互联网新闻信息服务管理规定》规定的“互联网新闻信息服务”,严格来说需取得《互联网新闻信息服务许可证》,否则存在被相关行政机关处罚的风险。

(4)关于《广告法》《反不正当竞争法》等方面的其他风险

除上述可能的风险外,还需提醒公司注意此类世界杯营销活动在《广告法》《反不正当竞争法》等方面可能存在的风险。由于公司目前并非世界杯官方合作伙伴或赞助商,且公司的竞品业务公司已经取得了世界杯官方赞助商资格,他们有充分的动机作为第三方严格监督或者投诉。如业务部门在世界杯期间未经审核的营销行为导致他人误认为公司与世界杯主办方之间存在合作、赞助等关系的,可能会涉嫌违反《广告法》第四条构成虚假广告行为,或违反《反不正当竞争法》第六条构成混淆行为,存在被消费者或竞争对手举报或索赔、被行政机关处罚的风险。

23. 某平台公司设置了通过用户发布的视频进行商品搜索导流服务,是否侵犯发布视频用户的权益?

➡结论

在此交易模式下,用户上传视频中的图像被用于搜索功能,其性质与一般的搜索引擎图片搜索功能相类似,该功能被认定为侵犯发布视频用户权益的风险总体较小。鉴于该功能在公司封闭平台内部实现,如果在公司与用户的用户协议中设置取得用户发布内容的使用授权,并以举例列举(如"您在此确认并同意,上述授予的权利包括:通过分析或委托第三方分析您上传、发布或传输的内容,向您及其他用户推荐与您上传、发布或传输内容中涉及的物品相似或相关的商品信息")或者另设专门条款的形式,明确对用户视频内容的使用形式,会更加稳妥。

24. 某平台公司设置了通过用户发布的带有购物车的视频进行商品搜索导流服务,是否侵犯发布视频用户的权益或构成不正当竞争?

➡结论

在此种情形下可能涉及的风险问题为:

(1)平台方通过在用户购物视频的搜索结果中推送购物链接,可能影响该用户的收入,是否可能构成《反不正当竞争法》第十二条或其他不正当竞争、侵权行为。

(2)平台方在用户购物视频的搜索结果中推送的商品可能与用户或其商品相关、类似甚至混淆,是否可能构成《反不正当竞争法》第六条或其他不正当竞争、侵权行为。

针对第(1)点,笔者认为:可能存在此种嫌疑,但是可通过在用户协议中要求用户同意进行规避。首先,在违法性的判断上,公司并没有强制插入其他商品的链接,而仅仅是为其他用户提供检索的工具,检索其他商品的行为由用户自行发起,相较而言可归责性较低。其次,建议公司在用户协议中将此功能进行描述并取得用户同意。如公司产品设计形式允许,还可考虑添加“不允许对我的视频进行视觉搜索”类似的功能按钮,为用户提供关闭该功能的选项。如在该视觉搜索上线时,能够同步提醒用户可以在何处关闭该功能,则合规风险将进一步降低。

针对第(2)点,笔者认为:此种产品模式虽然存在这样的风险,但是通过完善的产品设计可以达到使用户明确区分用户发布的商品与公司搜索推送商品之间的区别的目的,避免用户产生混淆。例如,在搜索结果的名称上称为“可能相似的商品信息”、在搜索结果页面上设置类似“相似商品不保证与视频中相一致”“相似商品为系统自动识别随机推送,不代表与视频作者及视频中内容具有直接关系”等文字提示,使用户明确区分视频搜索推送商品与视频中出现商品。

关于本功能可能涉及的其他风险,公司还需注意通过搜索所展示的商品类别及商品信息,应当以至少与广告审核标准相当的严格程度进行审核,例如,禁止搜索或推送处方药、烟草等相关商品,商品的介绍信息不应包含违法极限用语等。

25. 假设用户 B 通过公司 App 平台上的其他用户 C 上传的公开视频里的截图搜索视频中的人物 A,搜出一些含有 A 的视频,但都是该 App 平台用户 E、F、G、H 等上传到平台的公开视频。使用 A 的个人脸部特征信息进行搜索配比、展示搜索结果(全部视频结果为站内用户公开发布内容),除了数据合规的法律要求以外,人物识别需前置取得被搜者 A 的同意的法律基础是什么?

➡结论

在此问题的功能设计模式下,针对 A 可简单分为两个部分,一是使用 A 的个人脸部特征信息进行搜索配比,二是展示搜索结果。就第一个部分而言,如果不对 A 进行个人脸部信息的留存,虽然也对 A 的人脸进行了处理利用,但尚无较大的监管风险,重点在于第二部分的展示搜索结果,因为如果可以输出结果,就必然有一个含有 A 人脸信息的原始的数据库已在平台留存。

若公司所称“数据合规的法律要求”是指《民法典》《网络安全法》《消费者权益保护法》《电子商务法》等法律法规中涉及个人信息的处理利用条款要求,则人物识别未前置取得被搜者 A 的同意,至少还存在如下方面的法律风险:一方面是侵害消费者作为公民依法享有的肖像权,另一方面也使消费者在消费过程中的知情权、选择权等权益受到侵害,遏制了消费者的正当权利,违背了我国市场经济鼓励自由、平等的价值体现的原则,致使经营者与消费者双方地位产生了失衡。

具体的法律基础分析如下:

(1)公民的肖像权

肖像权是自然人以其肖像利益为内容的人格权,具体包括是否制作肖像、是否公开肖像以及如何使用肖像的权利。因使用个人脸部特征信息进行搜索配比并展示搜索结果的行为是对 A 肖像的使用,所以需要获得 A 的许可同意。

(2)消费者知情权

如果 A 是视频平台的用户,则还涉及消费者知情权的问题。用户在使用产品/服务前,有权知晓产品/服务所包含的具体内容,平台不得隐瞒所提供服务的质量、性能等与消费者有重大利害关系的信息。针对视频平台,用户对上传视频后的预期效果中,并不当然包括视频会通过“人脸”信息,而不是标题/标签/账号等文字信息被检索到并推荐给其他用户的可能,因此若需要使用“人脸”进行人物识别和视频检索推荐,需要向用户告知平台服务内容的具体情况,帮助用户合理判断是否继续使用平台服务或允许开通相应功能。

26. 某公司采集了公开的检察文书和庭审视频,此类检察文书是否属于不受著作权保护的政府公开信息? 采集检察文书和庭审视频的行为是否存在合规问题?

➡结论

《著作权法》第五条规定,《著作权法》不适用于具有立法、行政、司法性质的文件,因检察文书及庭审视频是人民检察院及人民法院依职权制作,具有司法性质,因此不适用我国《著作权法》。

此外,检察文件及庭审视频的公开利用行为也并非由规制“行政机关”的《政府信息公开条例》所管辖,而应遵守最高人民法院及最高人民检察院自行制定的相关规定。目前从两高有关案件公开的文件来看,对公开利用有如下要求:

(1)公开的检察文书

《人民检察院案件信息公开工作规定》第六条规定:“任何单位和个人不得利用案件信息公开工作谋取利益。”且作为案件信息公开网站“12309 中国检察网”(https://www. 12309. gov. cn)在其网站说明中明确:“未经本网书面授权,请勿转载、摘编或建立镜像,否则视为侵权。”

(2)庭审视频

《最高人民法院关于人民法院庭审录音录像的若干规定》要求法院对庭审视频设置“安全防范措施”,且在未经法院许可的前提下,禁止对庭审录音录像进行“拍录、复制、删除和迁移”,且庭审直播网站“中国庭审公开网”(http://tingshen. court. gov. cn/)在其网站说明中已明确:“未经协议授权禁止下载使用或建立镜像。”

法院对涉网络数据案件的态度:百度 VS 大众点评案,法院认为“市场主体在使用他人所获取的信息时,仍然要遵循公认的商业道德,在相对合理的范围内使用”。淘宝 VS 安徽景美案,法院认为“合法权益可以是法定的有名权益,如企业字号、商业秘密等;也可以是不违反法律法规规定的无名权益”。在武汉元光科技有限公司案(酷米客案)中,法院认为“实时公交信息数据虽系免费提供公众查询,但获取数据的方式须合法且不违背软件权利人的意志”。

由此可见,虽然检察文书及庭审视频不适用我国《著作权法》,两高有关案件公开的文件中也未规定相应的法律责任,但不表示检察院及法院不会就公司行为采取维权行动。如采集上述公开信息,若对方有对公开数据设置安全防范措施的,公司仍进行非授权的采集,则可能违反国家规定,还存在构成非法获取计算机信息系统数据罪的刑事犯罪可能性。

27. 某品牌商与经销商协商联营,由品牌商和经销商分别在经销商于商场内设立的门店中指派员工,由品牌商指派店长,经销商指派店员,这种操作品牌商能否认为可能违反《反垄断法》规定,经销商应如何应对?

➡结论

根据问题描述经销商与品牌商本次合作事项,仅涉及部分现存的实体店铺的人员指派、运营模式问题,而不涉及对所销售商品的定价、销售市场范围限定等内容。在此前提下,品牌商与经销商合作项目是针对特定店铺的联营,不是品牌商自营渠道服务与经销商营销服务之间的限制竞争的垄断协议,且经销商派驻的店铺销售人员了解到价格信息,并不当然造成品牌商与经销商两个主体对于达成价格固定的共识并采取双方固定价格进行销售的共同行动,双方在各自体系内有自主定价和调价的权利,并不因为本次合作发生任何改变,应不存在横向垄断可能,经销商可以从如下角度进行回复:

品牌商与经销商之间没有意思联络或信息交流,不构成协同行为。根据《禁止垄断协议规定》第六条规定,构成协同行为需考虑经营者之间是否进行过意思联络或者信息交流。目前品牌商与经销商间书面协议不会含有相关内容,双方实际上也不存在价格协同的合意。店员获悉信息的情况也并不能证明两公司主体间存在合意。因此,派驻店员的合作并不会必然构成协同行为。

经销商销售渠道有独立自主的定价权和调价权,经销商不会从事任何价格协同行为。虽然经销商指派店员能够获悉商品价格等信息,但按照经销商的制度和实际执行方式,店员并不会将上述信息反馈给经销商,经销商也不会向店员收集上述信息。因此,经销商无法也不会利用上述信息进行价格协同行为。即使监管机关发起反垄断调查,经销商也可以向调查机关给出《禁止垄断协议规定》第六条要求的合理解释。

第三节　广告营销

随着当下移动自媒体的普及,个人及相关组织机构的市场营销重点逐步向社交平台倾斜,通过微信、微博、小红书等社交媒体平台发布营销文章(即通称的"软文")已经成为了各行业的常见宣传营销手段。本文结合笔者长期为公关传媒公司、广告发布者等主体提供广告审核、市场营销合规服务的经验,对营销文章撰写中需注意的法律风险进行总结梳理,以供有营销文章撰写和审核需求的法务人员参考。

一、通用指引

(一)著作权

1. 多媒体素材

为了丰富文章形式,营销文章通常会配有图片(包括表情包)、视频、音频等("多媒体素材"),在素材的使用过程中应注意:

(1)确认素材的来源和版权归属,确认素材可免费使用或已获得使用授权。如图片应为自行拍摄的照片、来源于免费商用图库(如CC0图库)或来源于经作者授权的专业付费图库。从网络上查找的、来源不明的图片有侵权风险。

(2)标注素材来源、作者。如果授权方有其他要求的,应一并体现。

2. 字体

文章、标题、多媒体素材中所使用的字体,应为可免费商用字体或已获得权利人的合法授权的字体。

3. 引用内容

文章中的分析、论述,如引用了他人享有著作权的内容(如来源于第三方的分析图表、结论、报告等),需标注出处。

(二)肖像权、姓名权、商标标识

1. 文章中所使用的图片、视频中含有人物肖像、姓名的,应确保已经取得肖像权人、姓名权人的授权。

2. 文章中以商标性使用的形式使用他人(组织机构)的商标、标识的,需要获得相应的授权。

(三)《广告法》《反不正当竞争法》的规定

1. 文章中不得使用无法证明的极限词描述所推荐产品,如"国家级""最高级""最好""最智能""顶级"等。

2. 文章中出现的产品相关数据,需注意核实数据的真实性、准确性,核实数据来源并注明。

3. 尽量避免与竞争对手的商品作对比。如需对比,应保证客观、准确,最好有权威、中立的实验数据支持,并保留实验过程证据。

4.《广告法》《反不正当竞争法》相关的其他具体问题及处理方式严格按照法律规定处理合规问题。

二、高风险文案提示

(一)文案类型风险比较

1. 从文案描述对象角度比较

(1)涉及个人文案的风险>涉及公司文案的风险。

从司法实践来看,相对于公司及相关组织机构,法院对于个人权利的保护程度更高,对相应文案的审核尺度更严格。因此,对于涉及个人的表述,谨慎程度应更高。

(2)涉及普通公民文案的风险>涉及公众人物文案的风险。

从司法实践来看,法院倾向于认为公众人物被公开评论的可能性更高,评论者的注意义务相对更低。因此,如文案涉及评价普通公民,应比评价公众人物更为谨慎。

2. 从文案撰写及发布主体角度比较

新闻媒体的官方账号发布文案的风险>新闻媒体/分析行业的从业者发布文案的风险>公司/组织机构的账号发布文案的风险>普通个人账号发布文案的风险。

根据司法实践作此种推测。如在上海市第一中级人民法院(2017)沪01民终6666号爱康健康科技集团有限公司诉向某名誉权纠纷民事二审判决书中,法院认为,“上诉人(爱康公司)是体检行业的知名企业,被上诉人(向某)作为普通公民,而非权威、专业的新闻机构,公民发表言论时的注意义务不能等同于专业的新闻机构。……对于普通公民而言,其在收集爱康公司相关信息的基础上进行思考和分析,在个人博客上提出其评论意见,尚未明显超出其合理评论的界限。当然,公民也应当以必要的理性、客观、公正和谨慎的态度发表网络言论,不得侵害他人的合法权益,不得违反法律规定,不得损害国家安全、公序良俗等公共利益”。

(二)高风险文案类型及注意事项

涉及对第三方负面评论或竞品比较的文案,应格外注意负面信息及对比内容的真实性、权威性、准确性。

涉及政治、宗教、国家主权、民族、种族、地域、性别等敏感话题的文案,应注意结合舆论动向,以严格的尺度对观点及措辞进行审查。

紧跟热点、预测阅读和传播量可能较高的文案,应特别注意对负面事实的核实并应注明事实来源,注意评价的中立客观,并应格外注意措辞表述。

对未来进行预测、评价的文案,尤其是作出负面预测、评价或引导他人行为的文案,不仅应保证事实、数据真实、准确、权威,还应保证分析推理过程合情合理、符合逻辑。

三、负面内容文章特别提示

某些文章尤其是热点文章,可能会涉及对某组织机构或个人负面新闻的描述,或涉及负面评论与分析("负面内容")。此类文章在名誉权、隐私权侵权以及商业诋毁等不正当竞争方面均存在较高风险,撰写时需格外加强注意义务。

(一)符合事实

文中内容尤其是负面内容需符合事实。撰写者或发布者应注意留存事实来源的原始凭证,如相关组织发布公告的网页截屏、权威媒体新闻报道的链接等。一旦被诉,法院可能会要求撰写者或发布者说明情况,并要求举证证明文章中的负面内容符合事实,即文中内容存在客观依据或可靠来源,届时所留存凭证即可作为证据出示。

(二)来源合法

文章中的负面内容的来源渠道可能较为多样,但在文章撰写过程中需特别注意确认信息是否系通过合法渠道获悉,具体而言:

(1)确认信息的获取是否可能涉嫌侵犯他人隐私权。如信息是通过非法窃听、非法偷拍偷录等手段获悉,则该等信息不宜在文章中使用。

(2)确认信息的获取是否可能涉嫌侵犯商业秘密。如某一信息属于某公司内部发布的文件、数据,或属于某公司与特定公司之间的非公开交易信息,则该等信息未经授权不宜擅自在文章中公开。

(3)确认信息的获取是否可能涉嫌侵犯国家机密。某些本属于国家机密的信息(如监管机构尚未正式公开发布的文件),可能因有关人员的违规操作导致信息在微信群或朋友圈、论坛等广泛传播,在文章撰写时不得直接引用此类信息。

(三)描述准确

文章中对负面内容的描述应当准确,不应篡改、歪曲、夸大事实(如将某公司某特定部门的问题描述为公司整体问题,将负面问题的严重性夸大等),不应对素材进行诱导性裁剪。

(四)标注出处

如负面内容来源于第三方消息,应在文章中标注出处,如为转载相关消息,还应同时标明转载。如未标注来源、转载及转载出处,又无法举证内容符合事实的,含有负面内容的相关文章可能被认定为侵权。

部分分析类的文章中经常会用到"传闻""内幕消息""知情人透露""有专业人士认为"等表述。对于此类表述所指向的内容,撰写者应尽可能明确地标示来源并注意如下两点:

（1）如相关信息是在网站、论坛等互联网公开渠道获悉的，标注相应网站、论坛等的网址链接，并标明发布时间、发布内容。

（2）如相关信息来源于微信私人聊天记录且相关方不允许公开聊天截图的，在使用“有传闻/消息称”等表述的同时，在文中明确表示不保证信息真实性，但如果该事实非常重要/独家/负面性高（即风险高），则建议慎重权衡披露/引用的风险和收益，再决定是否使用该信息。

（五）推理合理

文章中包含的推测、猜测、分析、判断、结论类的内容需符合逻辑推理原则，应可以回溯至事实依据，同时建议对说法的客观依据、事实来源和推理过程、推理原则作出合理说明。例如，针对财务数据发表的分析意见，需可论证属于行业常识，或可以其他专业性论著、报告等作为佐证。

如在北京市朝阳区人民法院（2017）京0105民初46982号正信电子商务有限公司与深圳市菲凡数据科技有限公司商业诋毁纠纷民事一审判决书中，法院认为，菲凡公司在“菲凡烽火台”中关于正信公司“冒充央企、虚假宣传”此种分析与表述，“是基于正信公司在‘悦花越有’平台上自称‘由央企北京中合农发集团下属单位中合农发企业管理有限公司启动，公司成立于2016年7月28日’的表述。本案中，并无证据证明中合农发公司为央企，针对正信公司平台的对外宣传，菲凡公司在对事实进行调查后作出‘冒充央企、虚假宣传’的表述，并非编造虚假信息的商业诋毁行为”。菲凡公司关于“‘悦花越有’已被湖南衡阳查处”“定性传销”的表述，“确实存在不精确之处，但应当看到，这种表述是基于‘悦花越有’的确被工商行政部门调查且被采取相应措施的客观事实，同时在文章中菲凡公司亦表述到‘还是那句话：悦花越有是否涉及非法集资或者传销我们暂不下定论’，可见菲凡公司并未依自己的判断直接宣称并将正信公司定性为传销，上述表述亦不构成编造、传播虚假信息或者误导性信息的商业诋毁行为”。

(六)用语谨慎

文章中进行评论或描述时,应避免使用侮辱性、恶意贬低性、谩骂性的词语。请特别注意,某些网络通用语言含有侮辱性、恶意贬低性,无论撰写者在使用时是否为有意谩骂,法院均可能认定为不符合网络文明、净化网络环境的要求,进而导致撰写者的相关表述被认定构成侵权。

如在北京市第二中级人民法院(2018)京02民终2716号欧界(北京)科技有限公司与北京京东世纪贸易有限公司名誉权纠纷民事二审判决书中,二审法院支持一审法院的认定,如欧界公司的“这种为了炒作,来蹭去的电商平台,就像家里那只没事蹭腿的丝犬一样……不要轻易和京东人见面!或者见面就见面,结局肯定是日了狗了”的表述,构成侮辱。法院认为,“虽然欧界公司辩称该用语为网络语言,但网络语言并不代表可以随意用于侮辱他人而免责。网络虽然是线上的虚拟空间交流,但交流的双方是客观实在的,也需要遵守现实中的一般交往原则。每一名网络用户都有义务积极维护网络文明,净化网络环境,自觉抵制粗俗的网络语言”。

(七)慎用指代词语

部分文章在对某些人物或组织机构进行负面评论时,用字母或缩写代替指称真实名称以降低法律风险。但请注意如果一般大众根据文章的内容、行业指向性可以判断出指代对象,则该等字母或缩写仍可能会被认定为具有指向性,该等使用指代词语行为并不能完全避免构成侵权的风险。

(八)整体风险评估

以上是根据严格的风险控制尺度提出对文章单项写作要素的注

意建议，实践中在对文章进行自我审查、评估文章是否有侵权、商业诋毁等不正当竞争方面的法律风险时，应从整体角度判断，不宜机械或单独地套用以上各项标准。以判断文章内容是否构成“商业诋毁”为例：

（1）在判断文章内容是否构成“引人误解”时，一般以文章在整体上是否可能给相关公众造成误解为标准，而不仅仅基于可能产生误解的某一词语或某几句话。

（2）在判断文章是否构成“引人误解”时，一般以受众的一般注意力为标准，参照受众自身的知识、经验及专业程度等进行综合判断。如果文章受众为广泛的普通大众，则以普通公众的一般注意力为判断标准。

（3）在判断文章是否构成“贬低他人商誉”时，根据广东省广州市南沙区人民法院（2018）粤 0115 民初 402 号重庆睿一网络科技有限公司与厦门酷思纬哲网络科技有限公司不正当竞争纠纷民事一审判决书，法院认为，如果文章是“在编造、散布虚伪事实的基础上进行贬低竞争对手商誉的商业评价，或者作其他足以实质性影响相关公众的认识并贬损竞争对手商誉的诋毁性评论，可以构成商业诋毁行为；如仅仅是基于个人喜好、情感、价值判断等而进行一般性的或者泛泛的商业评价或陈述，按照相关公众的一般理解尚不足以造成事实上确能贬低他人商誉之具体损害后果，则不宜认定构成商业诋毁行为”。

四、示　　例

1. 目前国内有无明确法律要求规定，哪些广告或者哪些行业是不可以投放给儿童的？如有，具体应如何执行？

➡结论

儿童属于未成年人，针对未成年人投放广告的限制性规定均应适

用于儿童。《广告法》等法律法规对针对未成年人广告的投放内容及行业等作出较多的限制规定,如:

(1)在针对未成年人的大众传播媒介上不得发布医疗、药品、保健食品、医疗器械、化妆品、酒类、美容广告,以及不利于未成年人身心健康的网络游戏广告;

(2)针对不满十四周岁的未成年人的商品或者服务的广告中不得含有劝诱其要求家长购买广告商品或者服务或可能引发其模仿不安全行为的内容;

(3)不得在中小学校、幼儿园内开展广告活动,不得利用中小学生和幼儿的教材、教辅材料、练习册、文具、教具、校服、校车等发布或者变相发布广告;

(4)其他不利于未成年人身心健康的广告,如涉及淫秽色情、暴力、校园贷的广告等。

公司在实际执行中的广告投放应以不损害未成年人身心健康为审查前提,严格限制投放法律法规明确禁止向未成年人投放的广告。公司可自行或委托律师制定广告素材审核通用规范指引,并参考指引中关于未成年人相关广告素材审核提示执行,也可以根据具体情况咨询顾问律师意见。

2. 关于"不得利用不满十周岁的未成年人作为广告代言人"这条要求,如何确认广告中的儿童形象为广告代言人?

➡结论

对于如何确认广告中儿童形象为广告代言人,应先要区分"代言人"和"表演者",广告代言人是指广告主以外的,在广告中以自己的名义或者形象对商品、服务作推荐、证明的自然人、法人或者其他组织;表演者是指非以自己独立人格而仅作为特定角色出现在广告中,以丰富广告内容、铺垫广告情节,使广告更加完整、生动的人物。

广告代言人的辨识度一般较高,一般而言,认定代言人的关键有两点:一是普通的消费者能够辨别出角色背后的个人或身份信息;二是该个人带有推荐意图,表达了自己的见解。

针对儿童代言问题,原国家工商行政管理总局广告监督管理司司长张国华在新闻发布会上曾表示"工商部门会根据儿童做广告的形式、费用支付等辨别","代言人一般会与广告商签署长期的代言合同,同时支付的费用是高额的代言费,而非劳务费"。

因此,如某广告中儿童对产品进行推荐,并与广告商签署了长期非一次性服务的代言合同,收取额度较高的代言费的,则该儿童可能被认定为广告代言人。如某广告中仅出现儿童形象,该儿童并未直接对产品进行推荐、证明,而仅参与广告片的拍摄,通过语言、肢体等方面的表演完成广告创意,并收取一定的表演劳务费的,则此广告中的儿童应仅作为表演者。

3. "必备"是否属于《广告法》中禁止使用的极限用语?

➡结论

关于"必备"一词是否属于禁止使用的极限用词,《广告法》等相关法规并未有明确规定。原国家工商行政管理局广告监督管理司编写的《广告法释义》指出"要注意依据广告内容、具体语境综合判定是否属于禁止使用的绝对化用语",原上海市工商行政管理局在《关于重申部分广告审查要求的审查提示》中对此明确的审查标准可供参考,该提示指出:禁止使用的绝对化用语应该与法律中列举的"最高级""最佳"具有词义的相同性(即表示程度的最高级形容词)、具有语境的排他性(即具有损害同行竞争者利益的可能性,贬低了其他同类商品或服务)。

从"必备"一词的词义本身分析,其不属于表示程度的最高级形容词,也难以被认定为贬低了其他同类商品或服务,应不属于《广告法》

第九条所禁止使用的极限用词。在执法实践中,在公开网络上也尚未检索到因使用“必备”而被依据《广告法》第九条处罚的行政案例。相反,上海市闵行区、江苏丹阳市市场监督管理局作出的行政处罚决定书中还明确指出“必备”并不构成绝对化用语。

需提醒注意的是,“必备”一词虽然可能不属于禁止使用的极限用词,但也存在因对商品的用途等信息描述与实际情况不符,存在虚假或引人误解的内容,而被认定为构成虚假广告的风险。我们注意到有网友透露的淘宝违规信息截图中,淘宝内部规则将“必备”一词违规的理由似乎同样为构成“虚假描述”,在实践中,也有少数监管机关以虚假宣传为由对使用“必备”一词进行了处罚,广告公司可根据业务实际情况确认审核尺度。

4. 广告中直接使用号称为“CC0 网站”中的图片会不会产生侵权风险?

➡结论

CC(Creative Commons,https://creativecommons.org/)知识共享组织是一个非营利性行业组织,其宗旨是促进创意作品的流通及使用。该组织通过制定系列许可协议来鼓励创作者自发地明确其作品的授权范围及使用限制。而 CC0 是指该组织的 CC0 1.0 Universal 公共领域贡献协议(链接:https://creativecommons.org/publicdomain/zero/1.0/legalcode)。

创作者如声明其作品适用 CC0,则代表其自愿将其作品贡献至公共领域,在法律允许的范围,放弃所有他在全世界范围内基于著作权法对作品享有的权利,包括所有相关权利和邻接权利。任何人可以复制、修改、发行、表演该作品,并可用于商业性目的,而无须征求创作者同意。

不过,作品声明适用 CC0 并不代表使用该作品一定不会产生侵权情况,一方面,CC 官网及 CC0 文本中明确提示,CC 不负责审查声明 CC0 的人是否为作品的真正作者。理论上,如有人冒充作者声明作品适用 CC0 的情况,使用该作品仍可能构成侵权。另一方面,CC0 明确作品中涉及的商标、专利等权利不因此而被放弃,因此如作品中涉及商标、专利,或未获授权的肖像等权利的,使用该作品也可能存在侵权风险。

5. 广告素材中是否可以使用参考漫威人物形象的手绘图片?

➡结论

首先,搭载图片虽为手绘图片,但是如果图片中的人物特征(如光头、手势、服装)与相关角色高度相似,容易使一般消费者将该手绘图片与漫威人物联系起来。而且漫威本身就是漫画作品,此种行为构成著作权侵权的概率极高。

其次,漫威系列作品的出品方历来对知识产权侵权维权工作十分重视,即使侵权程度并不严重(如学校泳池中印刷米老鼠头像、经营派对服务的夫妻穿着盗版迪士尼人物服饰拍摄宣传视频等),相关出品公司也曾通过发函、诉讼等手段进行维权,类似维权案例在网络上有许多。

如公司需在素材中使用漫威人物形象的,建议就宣传方式、宣传范围等内容获得权利方确认后,再行展开此类宣传。

6. 宣传文案中使用"绿巨人""钢铁侠"等漫威人物名称或者影视名称等元素是否有法律风险?

➡结论

对于"绿巨人""钢铁侠"等名称,漫威公司"奇异有限公司"已经向商标局递交了商标注册申请,如公司擅自在商业宣传文案中使用上述表述,可能会涉嫌违反《商标法》第五十七条的规定,构成商标权侵权行为,权利人可能据此主张停止侵害、消除影响、赔礼道歉、赔偿损失。

7. 有奖活动规则出现“本活动最终解释权归××公司所有”的表述,是否存在被处罚风险?

➡**结论**

《侵害消费者权益行为处罚办法》第十二条明确规定:经营者向消费者提供商品或者服务使用格式条款、通知、声明、店堂告示等的,应当以显著方式提请消费者注意与消费者有重大利害关系的内容,并按照消费者的要求予以说明,不得作出含有下列内容的规定:……(六)规定经营者单方享有解释权或者最终解释权……该法第十五条规定:违反者由市场监督管理部门责令改正,可以单处或者并处警告,违法所得三倍以下、但最高不超过三万元的罚款,没有违法所得的,处以一万元以下的罚款。

《合同违法行为监督处理办法》第十一条规定:经营者与消费者采用格式条款订立合同的,经营者不得在格式条款中排除消费者下列权利:……(四)解释格式条款的权利……该法第十二条规定,违法者可视其情节轻重,分别给予警告,处以违法所得额三倍以下,但最高不超过三万元的罚款,没有违法所得的,处以一万元以下的罚款。

因此遭受行政处罚的案例很多,常见的被处罚表述有:“活动最终解释权归××所有”“××保留/拥有对本活动的最终解释权”“本活动解释权归××单方所有”。使用该等表述确存在遭到监管机关行政处罚的法律风险。

8. 我公司拟进行二维码有奖活动,如仅在后台设置中奖率,是否会被认定为在有奖销售活动中从事不正当竞争行为?

➡结论

此种做法有一定的不公平性,可能会被监管机关认定构成欺骗性有奖销售的不正当竞争行为。

《关于禁止有奖销售活动中不正当竞争行为的若干规定》中规定,禁止进行欺骗性有奖销售行为,不得对所设奖的种类,中奖概率,最高奖金额,总金额,奖品种类、数量、质量、提供方法等作虚假不实的表示。一旦被认定为欺骗性有奖销售,按照《反不正当竞争法》可能会遭受5万元~50万元罚款。

同时此种活动瑕疵可能导致消费者通过诉讼等方式维权,要求退货退款甚至以构成欺诈为由主张3倍赔偿,造成更多纠纷。

不过这种做法被监管机关追责或被消费者维权的可能性相对小,因为此种后台操作难以被消费者或监管机关察觉。但是如果一旦被消费者意识到并向监管机关进行举报,监管机关将进行调查,届时此等操作将可能被曝光,在法律和舆论层面都将产生风险。

9. 如在设有不同奖项的100%中奖微信小游戏中奖规则中未体现中奖种类以及各个奖项中奖概率,只体现综合中奖率100%是否存在风险?

➡结论

《关于禁止有奖销售活动中不正当竞争行为的若干规定》第六条明确规定:经营者举办有奖销售,应当向购买者明示其所设奖的种类、中奖概率、奖金金额或者奖品种类、兑奖时间、方式等事项。不标明各奖项相关中奖概率可能会被认定为欺骗性的有奖销售。在法律后果方面,《关于禁止有奖销售活动中不正当竞争行为的若干规定》第七条规定,违反第六条隐瞒事实真相的,视为欺骗性有奖销售,由监管机关依照《反不正当竞争法》责令停止违法行为,处5万元~50万元罚款。

除此之外,消费者还可能据此维权,要求退货退款甚至以公司构成欺诈为由主张3倍赔偿,引发更多纠纷。

10. 对标有有奖销售信息的包装物,如果在兑奖有效期届满后继续使用,是否有风险?

➡结论

明知兑奖期已经过仍使用标有有奖销售的包装进行销售,存在被认定为欺诈行为的风险,因为消费者会主张是有奖销售活动吸引其选择购买。使用兑奖期已经过的包装,产品上体现的生产日期会晚于兑奖截止日期,消费者很容易掌握证据,即使公司并无欺诈的故意,但法官可能会存在保护消费者的倾向。此前发生过北京市丰台区人民法院以此判决销售者向消费者进行3倍赔偿。

11. 互联网平台用户受品牌方邀请撰写某个产品或品牌介绍和评价的文章或者撰写品牌相关问答,平台方会在类似内容上标注:本文由品牌方邀请撰写,是否合规?

➡结论

如公司明确此类问答是受品牌方邀请,则属于广告。按照《互联网广告管理办法》要求,这是应当标注为广告的,也就是说,平台方必须在这种回答上明确标明“广告”字样。

实务中有大量的软文因为不太明显确认是受软文内容提及的品牌方安排或者要求,所以在此方面的监管相对来说比较宽松。目前平台方在此类问答内容上标注“本文由品牌方邀请撰写”,明确了广告性质,降低了监督部门监管难度。平台方应按照规定在此类回答上标明“广告”字样,并由审核或法务部门严格按照《广告法》要求进行内容审核。

12. 广告宣传语中是否可以使用“中国×”字样?

➡结论

目前《广告法》所禁止的、与国家相关的宣传行为主要集中在:(1)不得使用或者变相使用国家机关、国家机关工作人员的名义或者形象;(2)不得使用“国家级”等极限用语;(3)不得损害国家的尊严或者利益,泄露国家秘密。使用“中国”字样并不属于上述情况。市场实践中也存在类似于“中国梦 梦之蓝”的广告宣传语,目前并未检索到相关处罚记录。其次,在商标权方面,“中国×”目前并非他人已注册商标,不存在侵权风险。

因此,只要公司内部确认该相关广告宣传语系公司原创,不存在抄袭等侵犯他人著作权的情形,同时,所宣传商品的实际情况与宣传语相符,即可使用。

13. 某银行决定免除某一救火烈士所持信用卡的欠款,并制作了致敬海报,通过银行员工个人朋友圈对外发布宣传,银行可能承担哪些责任?

➡结论

(1)行政责任

《英雄烈士保护法》第二十二条规定:“任何组织和个人不得将英雄烈士的姓名、肖像用于或者变相用于商标、商业广告,损害英雄烈士的名誉、荣誉。”《广告法》中也规定,广告活动应遵守法律、法规,广告中不得使用或变相使用国家机关工作人员的名义或形象。

虽然该海报仅通过员工朋友圈对外发布,且银行认为该海报目的仅为捐款动员,但是从《广告法》第二条的规定来看,通过一定媒介和形式直接或者间接地介绍自己所推销的商品或者服务的活动均可能被执法机关认定为广告行为。另外,海报虽仅为员工私人朋友圈发送,但显然为银行统一制作,员工的发布行为也可能得到了银行授意,如该事件引发的舆论影响较大,执法机关在执法尺度的把握上可能更加偏向严格,银行存在因违反《广告法》《英雄烈士保护法》等规定而被执法机关处罚的可能。

(2)民事责任

海报内容中直接使用了烈士姓名,并指出其持有该银行信用卡且存在未清欠款,涉嫌侵犯了烈士的隐私权。

商业银行应当对客户信息保密,个人财产信息属于隐私信息范围,《民法典》《最高人民法院关于确定民事侵权精神损害赔偿责任若干问题的解释》等规定,侵害英雄烈士等的姓名、肖像、名誉、荣誉,损害社会公共利益的,应当承担民事责任;非法披露、利用死者隐私,或以违反社会公共利益、社会公德的其他方式侵害死者隐私,应当承担民事赔偿责任。从舆论情况及既往判例来看,如相关主体追责,法院很可能会以"给烈士亲属造成精神痛苦,伤害了社会公众的感情"等类似理由,认定该等宣传行为"损害社会公共利益",进而判决向烈士亲属承担赔礼道歉、支付精神损害抚慰金等民事责任。

14. 某公司在网上销售电脑时,展示的电脑图片中,有两张图片误用了其他电脑键盘图片,如果消费者举报,该公司是否会遭受行政处罚? 如果消费者起诉,该公司是否存在三倍赔偿风险?

➡结论

根据《广告法》及《反不正当竞争法》的规定,广告中不得含有虚假内容,不得欺骗、误导消费者。从目前宣传情况来看,虽然键盘方向键存在虚假的情况,但是虚假宣传仅存在于两处图片中,图片面积小,而且该图并未对键盘布局进行强调或者作为推销的理由之一,图中键盘布局对购买行为难以形成实质性影响。同时,公司在主观上也不存在欺骗、误导的故意,因此被市场监督管理部门认定为虚假宣传进而被处罚的可能性不高。

即使该等行为被市场监督管理部门认定为虚假宣传,公司也可通过主张违法行为轻微、没有造成严重危害后果、主动纠正错误等理由,申请从轻或减轻处罚。

根据《消费者权益保护法》的规定,支付三倍赔偿的前提是经营者提供商品存在欺诈行为。而法院认定经营者构成欺诈不仅需要虚假宣传行为的存在,还需经营者主观上具有欺诈的故意,且消费者因虚假宣传作出了错误的意思表示。

从目前情况来看,虽然公司的主观情况在诉讼中难以证明,但此等图片的错误远未达到致使消费者作出错误意思表示的严重程度。因此,诉讼中被判处支付三倍赔偿的可能性极低。

15. 某教育培训学校的广告物料中能否可以出现“提分、冲分、快速提分、押中考题”等描述?

➡结论

对于以较为模糊地表述宣传提分的情况,如“××提分班”“××提分计划”“××提分课程”等,目前市场监督管理部门进行处罚的情况较少。但是,根据我们的经验及检索结果来看,除了“30 天显著提分”“至少提高 10 分”等显著存在虚假广告嫌疑的表述容易被市场监督管理部门处罚外,近几年来,也有少数教育机构因在广告中使用“提分快”“提分稳准快”“想提分来××”等用语而被处罚,因此不能排除公司因使用“提分、冲分、快速提分”而被市场监督管理部门处罚的风险。

建议公司在实际投放广告中,尽量避免直接使用“快速提分”“提分快”等表述,可考虑使用“帮助突破学习障碍”“助力升学之路”等较为模糊的表述,以降低实际执行中的风险。

“押中考题”的相关表述,不仅涉及暗示培训效果,还可能涉嫌暗示有相关考试机构或其工作人员、考试命题人员参与培训而被市场监督管理部门处罚。2016 年上海某教育机构曾因宣传“××老师连续两年押中高考数学考题”等内容而被上海市黄浦区市场监督管理局处罚。建议公司在实际广告宣传中尽量不要使用“押中考题”及类似描述。

16. 某公司拟邀请明星在微博发帖,与会员用户互动,增加用户黏度,并不销售产品,该行为是否适用《广告法》? 如在微博有奖销售活动文案中使用“最逗比的一位,给你……”是否违反《广告法》最高级规范?

➡结论

关于微博发帖行为是否适用《广告法》的问题。根据《广告法》第二条,凡是通过一定媒介和形式直接或者间接地介绍自己所推销的商品或者服务的商业广告活动均受《广告法》约束,因此没有直接“销售”而仅“推荐”的行为亦应适用《广告法》规定。公司通过微博对旗下品牌及官方旗舰店进行推荐的行为,属于商业广告,需受《广告法》等相关法规调整。

但需注意的是,广告中禁止使用最高级用语的限制仅限于不得使用最高级词语来形容所推荐的商品或服务,而公司微博文案中使用“最”字的语境为“最逗比的一位,给你……”,是用于形容参与微博互动的网友而非公司商品或服务,因此可以在此语境下使用。

不过,由于本次活动属于《反不正当竞争法》规定的有奖销售活动,根据相关法规,公司应明确奖品、兑奖条件等信息,同时,根据微博《有奖活动管理》规定,评论抽奖活动必须使用微博抽奖平台发起,而是否“逗比”属于主观判断,难以对“最逗比”作出客观判断,也无法在微博抽奖平台上进行相应设置,建议采取“评论点赞数最高”等能够客观判断的标准决定中奖者。

17. 如在宣传蓝牙耳机产品的视频广告中出现开着车用蓝牙耳机打电话的场景,是否有法律风险?

➡**结论**

虽然按照《道路交通安全法实施条例》第六十二条第(三)项规定,开车过程中拨打接听手机电话属于违法行为,但落实到实际执行上,公安部颁发的《道路交通违法行为认定及处理指导意见(一)》规定,驾驶人在驾车行驶过程中有通过手持方式操作移动电话通话或者收发短信、观看手机视频、操作手机软件等情形的,认定为驾驶机动车有拨打、接听手持电话违法行为。对驾驶人使用无须手持的车载电话、手机耳机或者免提功能进行通话且不影响安全的,不认定为拨打、接听手持电话违法行为。

根据上述规定,该视频广告整体法律风险较小。不过由于所涉及产品并非单纯的蓝牙耳机,而是一款智能手环,且视频中还出现了部分操作智能手环进行接听、挂断电话的情景,为避免被认定为"通过手持方式操作移动电话通话",建议在广告中不要展示"操作智能手环"的镜头,表现接听电话的状态即可。

18. 营销方案中涉及纪念章宣传的,应该注意哪些问题?

➡**结论**

(1)关于纪念章的宣传

根据《关于加强各类纪念章(品)以及人民币相关广告管理的通知》规定,纪念章并非法定货币,不得在广告中称之为"纪念币",不得发布有关升值预测和投资回报承诺的内容。同时,建议公司尽量避免可能使一般消费者误解其为纪念币的相关表述,避免被市场监督管理部门认定为虚假宣传,如原广东省工商行政管理局曾对将纯银纪念章宣传为“大银币”的广告行为以虚假广告为由进行过行政处罚。

(2)关于纪念章中的建筑物著作权

我们注意到,公司设计的纪念章中使用了各地标志性建筑的图案,我国有法院观点认为:建筑物作品外观具有著作权,未经权利人许可且不具有合理使用等合法依据的情况下,对知名建筑物外观进行不当使用构成对著作权人的侵权。如曾有烟花厂将国家体育场(鸟巢)形象用于烟花外包装,遭到国家体育场有限责任公司起诉,最终法院判决烟花厂承担相应侵权责任。

因此,建议公司在纪念章上使用地标性建筑外观前,通过建筑物官方网站等渠道提供的联系方式就建筑外形的商业化使用事宜进行咨询,避免侵权情况的发生。

19. 如移动应用分发平台会对拟上架应用进行人工审核或检测,并标注“已审核”等标识,是否可行?

➡结论

根据《移动互联网应用程序信息服务管理规定》《关于在打击治理移动互联网恶意程序专项行动中做好应用商店安全检查工作的通知》《互联网信息服务管理办法》等的规定,应用商店作为互联网信息服务商,对商店内上架软件负有安全管理责任,应当对应用程序提供者进行真实性、安全性、合法性等审核,并承担其他网络安全责任。

移动应用分发平台在上架应用上标明“已审核”等标识时,注意在应用市场的用户协议及上述标识出现之处,对“已审核”的含义进行明确定义,注明该标识仅表示公司针对安装应用后的设备稳定及安全性进行了检测,而非保证该软件的全部内容及服务不存在任何违法、违规或侵权情形,并明确检测范围(如仅包括木马病毒检测、恶意插件检测等),避免将来因加注上述标识,导致用户产生误解继而要求公司需与违规应用开发商一并承担法律责任,引起公司的额外损失。

20. 如广告联盟平台与多家媒体平台签署协议,由广告联盟平台负责联系广告主,广告主的相关广告在发布终端进行展示。在此情况下,广告联盟平台的性质是什么? 在“广告联盟模式”下,如出现违法广告,主管机关是否会对广告联盟平台进行处罚?

➡结论

基于问题所述合作模式,广告联盟平台提供广告代理服务,因此属于《广告法》第二条规定的“广告经营者”,而发布终端属于该条所述的“广告发布者”。根据《广告法》《互联网广告管理办法》相关规定,广告经营者与广告发布者应承担同等的广告审核义务,对内容违规或资质不全的广告,广告经营者不得提供代理服务,广告发布者不得发布。因此,在“广告联盟模式”下,如出现违法广告,市场监督管理部门有权同时对广告联盟平台及发布终端进行处罚。不过从目前的执法实践情况来看,市场监督管理部门的处罚重点仍集中在发布终端,而不包括广告联盟平台。

在此前提下,如果发布终端与广告联盟平台签订的书面合同中,对广告审核责任、广告违法导致处罚的责任分担等相关问题作出了其他明确约定,发布终端方可以依据合同向广告联盟平台方主张损失赔偿。

第四节　数据合规

数据合规是在互联网发展下产生的一种新形态服务需求,如不理解数据合规多对应的业务实质运作方式,则难以直击痛点、解决实际问题。如何在合法范围内开发利用各类数据?如何保障公司的网络和信息安全?公司一般应采取哪些措施来确保数据服务商的合规性?

在投放广告的过程中收集数据是否有法律风险？这些问题,笔者都会在本节加以实例展示,并试图解决。鉴于数据合规在合规内容、合规方式等方面均与前述合规类型显著不同,因此业务实例也将采用与上述各部分不同的特殊展示形式。

一、监管现状

(一)制度建设体系化

自2017年起,我国就已形成以《网络安全法》《最高人民法院、最高人民检察院关于办理侵犯公民个人信息刑事案件适用法律若干问题的解释》为核心的数据安全民事、行政及刑事责任的法律责任体系,并一直在不断进行完善。

2020年5月25日,全国人大常委会工作报告在“下一步主要工作安排”中明确指出,将制定个人信息保护法、数据安全法,个人信息保护和数据开发利用将进入有法可依的阶段。2021年8月20日,《个人信息保护法》通过,于2021年11月1日起施行;2021年6月10日,《数据安全法》通过,于2021年9月1日起施行。但在前述部门法律尚未生效前,针对数据和公民个人信息保护的规定主要分散在相关的法律、司法解释、部门规章之中。

如未能保护好用户数据安全或存在不当利用用户数据的行为,极易引起民事争议,要求赔偿损失、赔礼道歉,甚至引起行为禁令影响服务或产品的正常运营。例如,抖音就被法院发禁令要求停止使用用户微信昵称和头像。

如未能履行好网络信息安全保障义务,则易被监管机关约谈甚至受到责令改正、罚款、暂停相关业务、停业整顿、关闭网站、吊销相关业务许可证或者吊销营业执照等行政处罚。

例如,八家银行因监管标准化数据(EAST)系统的数据质量及数据报送存在违法违规行为合计被罚金额1770万元。2020年5月14日,工业和信息化部信息通信管理局通报了一批侵害用户权益行为的App,知乎日报、e代驾、好医生在列。

如有侵犯公民个人信息、拒不履行信息网络安全管理义务或从事帮助信息网络犯罪活动等行为,则面临有期徒刑或者拘役,并处或者单处罚金的刑事后果。例如,魔蝎数据、新颜科技、存信数据、天翼征信、聚信立、公信宝、同盾科技子公司、51信用卡等诸多公司相继被查,公司高管乃至技术人员被警察带走。

除了法律责任,还会有舆情或商业风险,如未能恰当应对则会给公司带来难以估量的影响。例如,2019年10月11日墨迹科技IPO上会被否,证监会发审委明确提出了数据合规问题,要求墨迹天气说明"获取用户数据及标签的过程及方法,是否对用户有明示提示,用户授权在法律上是否完备,是否明确告知收集信息的范围及使用用途"以及说明对数据安全和个人隐私的保护措施与手段。

(二)监督主体多元化

伴随着体系化法律制度而来的,是源源不断各类监督行动,不限于执法机关,媒体第三方机构都参与了进来。

1. 上下联动、区域联动、部门联动

如公安部"净网2019",市场监管总局"守护消费"暨打击侵害消费者个人信息违法行为,工信部网安局"电信和互联网行业提升网络数据安全保护能力专项行动",工信部信管局"信息通信领域App侵害用户权益专项整治工作",中央网信办、工信部、公安部、市场监管总局"关于开展App违法违规收集使用个人信息专项治理"。2019年4月,首次全国范围的关键信息基础设施网络安全检查启动;2019年6月,工信部开展电信和互联网行业网络安全行政检查工作。

2019年,全国市场监管部门共立案查办各类侵害消费者个人信息案件1474件,查获涉案信息369.2万条,罚没款1946.4万元,移送公安机关案件 154 件;组织执法联动 4225 次;开展行政约谈 3536 次;开展宣传活动 10653 次。

2019 年,公安部部署组织全国公安机关开展“净网 2019”专项行动,对侵犯公民个人信息、黑客攻击破坏等网络违法犯罪活动给予严厉打击,截至 10 月 31 日,共侦破涉网案件 45743 起,抓获犯罪嫌疑人 65832 名。其中,侦破侵犯公民个人信息类案件 2868 起,抓获犯罪嫌疑人 7647 名;侦破黑客类案件 1361 起,抓获犯罪嫌疑人 2133 名。针对互联网公司及联网单位开展安全监督检查 17 万余家次,清理违法有害信息 445 万余条,关闭网络账号 60 万余个,约谈整改相关网站及 App 3. 7 万余家次,行政查处 9. 1 万家次。

2. 争议集中

公司间的数据之争也愈演愈烈,典型的有:因物流数据共享而起的顺丰与菜鸟的数据大战;华为与腾讯的微信数据争夺战。而用户与公司间的争议已从传统的隐私权保护逐步扩展至数据合理利用界限问题上来,例如就大数据杀熟行为、应用程序的 AI 换脸技术的探讨。

公司或公民个人对维护数据权益的诉讼行为也日益增多。公司间的纠纷摩擦,典型的如新浪微博起诉脉脉抓取使用微博用户信息案、大众点评诉百度不正当竞争案。用户与公司间的数据收集利用领域典型案例,如 2017 年 12 月江苏省消费者权益保护委员会对北京百度网讯科技有限公司涉嫌违法获取消费者个人信息及相关问题提起消费民事公益诉讼。此外在数据应用领域,公司还极易触碰刑事红线,如巧达科技涉嫌非法窃取用户信息案、数据堂侵犯公民个人信息案。

信息时代来临,数据逐步开始成为重要的生产经营资本,基于法律责任的体系化建设越发完善,相关判决认知也在逐步发展,审判机关如何看待新经济要素的发展路径?接下来笔者将结合自 2017 年 6 月《网络安全法》实施之后,到 2020 年 6 月止,司法实务中有关数据利用领域个人信息保护的典型判例,从民事和刑事责任两方面进行分析介绍,以供读者了解该领域的争议处理历史和现状。

(三)民刑责任交错

在当前立法尚不完善的背景下,司法机关作为争议解决的最终机构,其有关数据纠纷的裁判意见不仅是定分止争的标准,也为公司的数据合规行为提供指导,反过来,公司的数据合规措施成效如何,最终通过公司相关案件的结果得以验证。

1. 审判机关认知的动态变化

我国的数据司法保护是一个动态发展的过程,即使是法院在解决争议的过程中,也是处于一个"讨论""研究"的状态。

以数据合规领域典型的个人信息保护为例。目前我国立法采取了概括定义加开放列举的方式进行界定。

《民法典》第一千零三十四条规定:"自然人的个人信息受法律保护。个人信息是以电子或者其他方式记录的能够单独或者与其他信息结合识别特定自然人的各种信息,包括自然人的姓名、出生日期、身份证件号码、生物识别信息、住址、电话号码、电子邮箱、健康信息、行踪信息等。个人信息中的私密信息,适用有关隐私权的规定;没有规定的,适用有关个人信息保护的规定。"

《网络安全法》第七十六条第(五)项规定:"(五)个人信息,是指以电子或者其他方式记录的能够单独或者与其他信息结合识别自然人个人身份的各种信息,包括但不限于自然人的姓名、出生日期、身份证件号码、个人生物识别信息、住址、电话号码等。"

《最高人民法院、最高人民检察院关于办理侵犯公民个人信息刑事案件适用法律若干问题的解释》第一条规定:"刑法第二百五十三条之一规定的'公民个人信息',是指以电子或者其他方式记录的能够单独或者与其他信息结合识别特定自然人身份或者反映特定自然人活动情况的各种信息,包括姓名、身份证件号码、通信通讯联系方式、住址、账号密码、财产状况、行踪轨迹等。"

总结起来,受法律保护的个人信息的特点如下:

(1)可识别性,即他人可以利用该特定信息将其与特定的自然人联系起来,既可以是根据单独信息识别也可以是与其他信息结合识别出具体的个人;

(2)关联性,即个人信息由特定自然人产生,与该自然人有关联。具有信息量,非法获取个人信息的人能够通过该信息了解特定自然人的基本情况、活动或者状态。

所有数据合规中的个人信息保护的基础都需要从这个概念出发。但有了基本概念,并不意味着在司法实务中不会出现争议。

以手机号码为例。即便在《网络安全法》开始实施的 2017 年,仍有案件在计算涉案个人信息数量的时候直接刨除了单独手机号信息,[①]也有案例直接言明"记载单一的电话号码信息,该部分信息并不能单独识别特定自然人身份或反映特定自然人活动情况,不应认定为公民个人信息"。[②]

而认定手机号码属于个人信息的法院中,其理由也各有不同。

有的法院认为,无论是对个人信息能够识别特定自然人身份还是反映特定自然人活动情况的功能要求,都应当是能够单独或者与其他信息结合所具有的功能,不应要求是相应个人信息单独所具有的功能。涉案电话号码虽然无法单独识别公民个人身份,但本身能够与特定自然人直接关联,且结合其他信息能够识别公民个人身份,属于公民个人信息的范畴;[③]还有的法院认为,公民使用的电话号码已实名登记,每个电话号码都对应特定的自然人,经查询也可以单独识别特定自然人身份。因此单独的手机号也有和关键身份信息结合的可能性,能反映特定自然人活动情况,可认定为公民个人信息。[④]

① (2017)粤 0304 刑初 1716 号、(2018)粤 0303 刑初 1058 号刑事判决书。

② (2018)粤 0304 刑初 448 号刑事判决书。

③ (2018)鲁 1321 刑初 89 号、(2018)浙 0723 刑初 377 号刑事判决书。

④ (2018)浙 07 刑终 1183 号、(2018)鄂 05 刑终 365 号刑事判决书。

所以,与数据相关的争议,特别是个人信息权益相关的司法评价,仍是随着社会发展和认知水平的变化而变化的。我们需要及时学习了解该领域的最新动态,才能更好地应对各类合规需求。

2. 刑事类案件

目前涉及侵害公民个人信息的罪名主要有提供侵入、非法控制计算机信息系统程序、工具罪,非法获取计算机信息系统数据、破坏计算机系统罪和侵犯公民个人信息罪,我们选取最具有代表性的侵犯公民个人信息罪对近年来的整体审理情况进行分析。

2009 年 2 月 28 日起施行的《刑法修正案(七)》增设了《刑法》第二百五十三条之一,规定了出售、非法提供公民个人信息罪和非法获取公民个人信息罪。《刑法修正案(七)》施行后,从 2009 年 2 月至 2015 年 10 月,全国法院共审结出售、非法提供公民个人信息、非法获取公民个人信息刑事案件 969 起,生效判决人数 1415 人。

2015 年 11 月 1 日起施行的《刑法修正案(九)》对《刑法》第二百五十三条之一作出了修改完善:扩大了犯罪主体的范围,规定任何单位和个人违反国家有关规定,获取、出售或者提供公民个人信息,情节严重的,都构成犯罪;二是明确规定将在履行职责或者提供服务过程中获得的公民个人信息,出售或者提供给他人的,从重处罚;三是加重法定刑,增加规定"情节特别严重的,处三年以上七年以下有期徒刑,并处罚金"。修改后,"出售、非法提供公民个人信息罪"和"非法获取公民个人信息罪"被整合为"侵犯公民个人信息罪"。

从"北大法宝"数据库检索得知,从 2015 年起到 2020 年 6 月止,案由为侵犯公民个人信息罪的案件数量呈逐年递增趋势,且增速很快,其中与企业相关的案件有 1971 件。

涉及企业的侵犯公民个人信息案中,企业作为受害者,企业自己存储的个人信息被侵犯的案件有 903 件,其中是企业内部人员利用工作便利作案的有 651 件。

而企业或其员工侵害公民个人信息(即企业或其员工作为加害

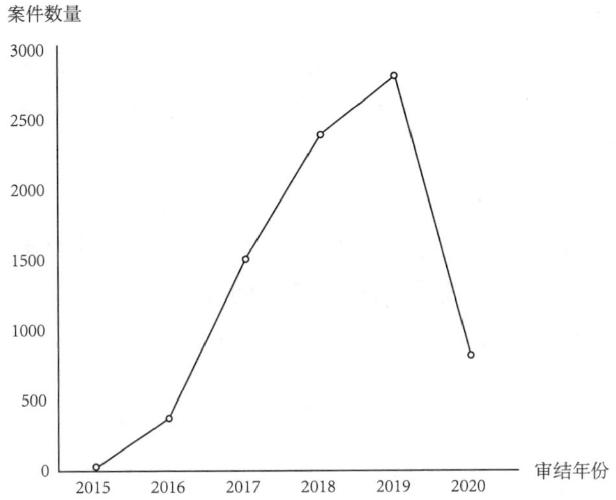

图 6-1 2015 年至 2020 年 6 月侵犯公民个人信息罪案件统计

者,犯罪对象并非企业本身掌握的个人信息)的案件有 1009 件,其中被告人为企业的案件有 77 件,企业员工侵害外部个人信息的案件有 932 件。

通过相关判决,可以总结出如下特点:

(1)员工犯罪占比较大

在涉企业的侵犯公民个人信息案件中,企业内部人员实施犯罪的比例很高。

企业作为受害者,被企业内部人员利用工作便利侵害的案件比例为 72%。企业内部人员因为工作便利,往往能够名正言顺地接触公司所掌握的客户资料等个人信息,因而成为犯罪高发人群;而在与企业有关的侵害企业外部的个人信息的案件中,员工因为业绩、推广压力等原因,更是成为侵害公民个人信息犯罪的主力。企业员工的犯罪行为也给企业带来巨大的潜在法律风险。

在被称为“中国企业合规第一案”的雀巢员工侵犯公民个人信息案①中，郑某等6名雀巢公司员工为推销配方奶粉，通过支付好处费等手段，从兰州市多家医院医务人员处获取孕产妇姓名、手机号等信息共计12万余条。

案发后，雀巢（中国）有限公司就情况进行说明，雀巢公司员工培训教材中已经载明雀巢公司不允许员工出于为0~12月龄健康婴儿推销使用的婴儿配方奶粉的目的，直接或间接地与孕妇、哺乳妈妈或公众接触；不允许员工未经正当程序并经公司批准而主动收集公民个人信息。

案件经过一审二审，法院认为，雀巢公司已经在员工培训教材中明确写明不允许员工向医务人员支付任何资金或者其他利益，不允许员工以非法方式收集消费者个人信息，公司还要求所有营养专员接受培训并签署承诺函。被告员工明知法律法规以及公司禁止性规定的情况下，为完成工作业绩而置法律规范、公司规范于不顾，违规操作进而贿买医务人员，获取公民个人信息的行为，并非雀巢公司的单位意志体现，故本案不属于单位犯罪。

本案法院只判罚了雀巢员工，雀巢公司未被认定为“单位犯罪”，避免了公司商誉遭受重大损失，这源于雀巢公司对个人信息保护的重视和相关合规制度的完善。从终审裁定中可以看到，法院充分认可雀巢公司所制定和实施的含有个人信息保护合规内容的公司宪章、《员工行为规范》等公司政策，认为其足以证明“雀巢公司禁止员工从事侵犯公民个人信息的违法犯罪行为”，因此公司应当重视内部合规制度的设计，通过事先制定预防性规定以及对员工进行培训来降低法律风险。

（2）单位侵犯公民个人信息，直接责任人员可能须担责

《刑法》第二百五十三条之一第四款规定，单位实施侵犯公民个人

---

① （2017）甘01刑终89号刑事判决书。

信息犯罪的,依法追究单位和相关责任人员的刑事责任。对于单位,可以处以罚金。而对于直接负责的主管人员和其他直接责任人员视具体情节,判处有期徒刑或者拘役,并处或单处罚金。

例如,在广州诺涵信息科技有限公司、上官某某等侵犯公民个人信息罪案[①]中,被告单位广州诺涵信息科技有限公司法定代表人上官某某为牟利,让公司所属的“运营部”出售通过购买、交换及公司 App 软件导出等方式获取的公民个人信息,并给员工提成激励。后上官某某将购买的信息交与“运营部”用于出售,共出售公民个人信息 285007 条,违法所得 50 万余元。法院经查明,判处单位罚金 100 万元,判处直接责任人员有期徒刑并处罚金。

(3)行为人除了侵犯公民个人信息还可能构成其他犯罪

在数字经济时代,公民的个人信息常以电子数据形式存储于计算机信息系统中,因此许多试图获取第一手数据的犯罪嫌疑人通过黑客手段或者是利用某些不法软件程序入侵计算机信息系统以获取公民个人信息。

目前司法审判中大部分认为犯罪嫌疑人构成非法获取计算机信息系统数据罪与侵犯公民个人信息罪的想象竞合犯,择一重罪论处。例如,在杨某非法获取计算机信息系统数据、盗窃案中,被告人杨某通过互联网向他人手机传播木马程序,非法获取被害人的淘宝账号及密码、支付宝账号及密码等并利用被害人支付宝账号进行交易。法院审判认为,行为人通过互联网向他人手机传播木马程序,非法获取被害人网络金融服务身份认证信息后与他人进行交易,其非法获取身份认证信息的行为构成非法获取计算机信息系统数据罪与侵犯公民个人信息罪的想象竞合犯,应从一重处罚,即以非法获取计算机信息系统数据罪定罪处罚。

侵犯公民个人信息罪可能与诈骗罪数罪并罚。2013 年最高院、最

① (2018)苏 0803 刑初 645 号刑事判决书。

高检与公安部联合发布的《关于依法惩处侵害公民个人信息犯罪活动的通知》明确规定,对使用非法获取的个人信息实施其他犯罪行为,构成数罪的,应当依法予以并罚。例如,在南京某人力资源有限公司等诈骗、侵犯公民个人信息案①中,法院认定被告人徐某犯诈骗罪,判处有期徒刑三年,罚金人民币十万元;犯侵犯公民个人信息罪,判处拘役二个月,罚金人民币二千元;两罪合并处罚,决定执行有期徒刑三年,缓刑三年六个月,罚金人民币十万二千元。

最后,网络服务提供者拒不履行法律、行政法规规定的信息网络安全管理义务,经监管部门责令采取改正措施而拒不改正,致使用户的公民个人信息泄露,造成严重后果的,还构成拒不履行信息网络安全管理义务罪。

除了被提起公诉,各民事主体间也可能发生数据相关的争议。

3. 民事类案件

民事案件中,企业与企业之间的诉讼主要案由是不正当竞争纠纷,而企业与个人之间的诉讼则由侵权纠纷和合同纠纷构成。主要争议发生在如下几个阶段:

(1)个人信息收集阶段

因个人信息收集不合规引发的多为侵犯隐私权或合同纠纷,通常是用户基于信息收集者提供服务的行为存在不当而要求信息收集者承担侵权责任,或基于签订用户协议、服务协议要求信息收集者承担违约责任。

如中国Cookie隐私第一案——朱某诉百度隐私权侵权案,原告朱某发现其利用百度搜索引擎搜索相关关键词后,会在其他网站上出现与这些关键词有关的广告。朱某认为北京百度网讯公司利用网络Cookie技术,记录和跟踪其搜索的关键词,侵害了朱某的隐私权。

一审法院认为网络搜索的行为标识个人基本情况和个人私有生

---

① (2017)苏0117刑初440号刑事判决书。

活情况,属于个人隐私的范围支持了其请求。二审法院认为这种搜索关键词历史一旦与网络用户身份相分离,便无法确定具体的信息归属主体,因此不再属于个人信息范畴。

此案一审和二审作出了截然不同的判决,表明当时司法机关中对未经用户明确同意,收集其网络活动轨迹及上网偏好的行为是否构成侵权有争议。同时需要注意的是,该案发生在 2014 年,随着社会认知和法律制度的发展,对个人信息范畴的认定和利用行为边界的判断也将随之变化。

另一类案件则涉及了企业之间的数据权益争议,一般案由为不正当竞争。

典型案件有新浪诉脉脉案,也被称为大数据不正当竞争第一案。这类案件企业的行为主要是运用爬虫技术或 OPEN API 等方式收集其他企业数据抑或是未经授权收集其他企业付出大量人力、物力和时间等运营成本收集的用户信息数据。

一审法院认为用户信息不仅体现了互联网经营者重大的竞争利益,更是消费者个人合法权益的重要组成部分。用户有权在充分表达自由意志的情况下向他人提供自己的信息或不提供信息,也有权充分了解他人使用自己信息的方式、范围,并对不合理的用户信息使用行为予以拒绝。作为第三方应用软件脉脉的经营者,也应当在尊重用户知情权的基础上合法使用用户信息。二审法院认为被告的行为,危害到新浪微博平台用户信息安全,损害了微梦公司的合法竞争利益。

本案确立了平台企业利用用户数据的三重授权的原则,即"用户授权+平台方授权+用户授权"须同时满足,缺一不可。这为之后的企业间数据利用模式提供了一条值得探索的合规道路。

除了收集阶段容易引起争议外,对数据如何处理利用也是矛盾容易爆发的集中点。

(2)个人信息利用和处理阶段

原则上,未经公民授权或有合法理由,任何人、任何单位不能非法使用、加工、传输他人个人信息,不得非法买卖、提供或者公开他人个人信息。

但实际上,如果公民发现自己的个人信息被侵害,很难获得法律救济,这大概率是由于信息流动的收集、存储、保管、使用等环节众多,每一个环节都会新增许多信息接触主体,因此在证明损害后果和被告的侵权行为之间存在因果关系时,受害人往往很难证明被告实施了侵害个人信息的加害行为。此时,被告常以信息并非自己所泄露为由进行抗辩,而原告很难提出证据证明确实是被告实施了泄露其个人信息的行为。因此,法院最初只能以原告未能证明被告实施了加害行为为由驳回其诉讼请求。[①]

直到 2017 年,庞某与北京趣拿信息技术有限公司等隐私权纠纷案[②]的判决改变了这一现象。

庞某在趣拿公司经营的网络平台购买机票后,收到号码来源不明的发件人发来短信称涉案航班因飞机故障取消,并要求改签。庞某认为,在其未向趣拿公司提供手机号码的情况下,诈骗短信发送者仅可能从趣拿公司和东航公司获取自己的手机号码和行程信息,遂起诉请求趣拿公司和东航公司承担侵权责任。

一审法院认为原告没有提供足够证据证明趣拿公司和东航公司将其过往留存的手机号与本案机票信息匹配予以泄露,因此无法确认被告存在泄露其隐私信息的侵权行为,驳回了庞某的诉讼请求。二审法院认定东航公司和趣拿公司存在泄露庞某隐私信息的高度可能,并且存在过错,且东航公司和趣拿公司的反证不足以推翻隐私泄露的高度可能,应当承担侵犯隐私权的相应侵权责任。

本案确立了侵权行为认定的高度可能性原则,由于举证责任分配制度的一般原则是"谁主张、谁举证",相比较起由国家公诉机关提起

---

① (2017)粤 03 民终 7378 号、(2016)苏 0102 民初 1120 号民事判决书。

② (2017)京民申 3835 号民事裁定书。

的刑事诉讼,按照传统的侵权认定方法,由个人向企业提起的民事诉讼中个人举证压力和难度都很大,企业更有可能胜诉逃避法律责任。因此,法院考虑原被告双方的地位和能力,设置高度可能性原则并适用“举证责任倒置”,更有利于促进公平。

但这也给企业自证清白提高了难度,审判中很多法院都接受了高度可能性原则,那企业如何在产品运营服务过程中设置经得起司法审查的数据安全保障制度或措施,对企业来说无疑是一个考验。

二、处理原则

(一)灵活运用法律条文

在新法新规出台落地之初,容易出现机械化理解法律条文的现象。具体到数据合规领域,多发生在“定义概念理解”和“规则制度的效力”两方面。

2018 年底,《网络安全法》和个人信息保护规范尚出台运行不久。某公司 A 从其客户处获取了一份文件,该文件描述了国家法律对个人信息的界定范围,其中将 Device ID 界定为个人信息的范畴。由于 A 公司的业务与 Device ID 应用关系紧密,因此 A 公司想获得法律上的专业解答,即客户提供的该份文件所描述的内容是否权威,描述是否正确,哪些内容正确,哪些内容不正确。

A 公司客户所提供的文件内容如下:

附录:

一、什么是个人信息

《信息安全技术 个人信息安全规范》:个人信息是指以电子或者其他方式记录的能够单独或者与其他信息结合识别特定自然人身份或者反映特定自然人活动情况的各种信息。唯一设备识别码如设备

ID属于个人信息。

表 A.1 个人信息举例

个人基本资料	个人姓名、生日、性别、民族、国籍、家族关系、住址、个人电话号码、电子邮箱等
个人身份信息	身份证、军官证、护照、驾驶证、工作证、出入证、社保卡、居住证等
个人生物识别信息	个人基因、指纹、声纹、掌纹、耳郭、虹膜、面部特征等
网络身份标识信息	系统账号、IP地址、邮箱地址及与前述有关的密码、口令、口令保护答案、用户个人数字证书等
个人健康生理信息	个人因生病医治等产生的相关记录,如病症、住院志、医嘱单、检验报告、手术及麻醉记录、护理记录、用药记录、药物食物过敏信息、生育信息、以往病史、诊治情况、家族病史、现病史、传染病史等,以及与个人身体健康状况产生的相关信息,还有体重、身高、肺活量等
个人教育工作信息	个人职业、职位、工作单位、学历、学位、教育经历、工作经历、培训记录、成绩单等
个人财产信息	银行账号、鉴别信息(口令)、存款信息(包括资金数量、支付收款记录等)、房产信息、信贷记录、征信信息、交易和消费记录、流水记录等,以及虚拟货币、虚拟交易、游戏类兑换码等虚拟财产信息
个人通信信息	通信记录和内容、短信、彩信、电子邮件,以及描述个人通信的数据(通常称为元数据)等
联系人信息	通讯录、好友列表、群列表、电子邮件地址列表等
个人上网记录	指通过日志储存的用户操作记录,包括网站浏览记录、软件使用记录、点击记录等
个人常用设备信息	指包括硬件序列号、设备MAC地址、软件列表、唯一设备识别码(如IMEI/Android ID/IDFA/OPENUDID/GUID、SIM卡IMSI信息等)等在内的描述个人常用设备基本情况的信息
个人位置信息	包括行踪轨迹、精准定位信息、住宿信息、经纬度等
其他信息	婚史、宗教信仰、性取向、未公开的违法犯罪记录等

——侵犯个人信息的后果是什么?

1.《刑法》

第二百五十三条之一【侵犯公民个人信息罪】　违反国家有关规定,向他人出售或者提供公民个人信息,情节严重的,处三年以下有期徒刑或者拘役,并处或者单处罚金;情节特别严重的,处三年以上七年以下有期徒刑,并处罚金。

违反国家有关规定,将在履行职责或者提供服务过程中获得的公民个人信息,出售或者提供给他人的,依照前款的规定从重处罚。

窃取或者以其他方法非法获取公民个人信息的,依照第一款的规定处罚。

单位犯前三款罪的,对单位判处罚金,并对其直接负责的主管人员和其他直接责任人员,依照各该款的规定处罚。

2.《最高人民法院、最高人民检察院关于办理侵犯公民个人信息刑事案件适用法律若干问题的解释》

第五条　非法获取、出售或者提供公民个人信息,具有下列情形之一的,应当认定为刑法第二百五十三条之一规定的"情节严重":

(一)出售或者提供行踪轨迹信息,被他人用于犯罪的;

(二)知道或者应当知道他人利用公民个人信息实施犯罪,向其出售或者提供的;

(三)非法获取、出售或者提供行踪轨迹信息、通信内容、征信信息、财产信息五十条以上的;

(四)非法获取、出售或者提供住宿信息、通信记录、健康生理信息、交易信息等其他可能影响人身、财产安全的公民个人信息五百条以上的;

(五)非法获取、出售或者提供第三项、第四项规定以外的公民个人信息五千条以上的;

(六)数量未达到第三项至第五项规定标准,但是按相应比例合计

达到有关数量标准的;

(七)违法所得五千元以上的;

(八)将在履行职责或者提供服务过程中获得的公民个人信息出售或者提供给他人,数量或者数额达到第三项至第七项规定标准一半以上的;

(九)曾因侵犯公民个人信息受过刑事处罚或者二年内受过行政处罚,又非法获取、出售或者提供公民个人信息的;

(十)其他情节严重的情形。

实施前款规定的行为,具有下列情形之一的,应当认定为刑法第二百五十三条之一第一款规定的"情节特别严重":

(一)造成被害人死亡、重伤、精神失常或者被绑架等严重后果的;

(二)造成重大经济损失或者恶劣社会影响的;

(三)数量或者数额达到前款第三项至第八项规定标准十倍以上的;

(四)其他情节特别严重的情形。

3.《网络安全法》第六十四条第一款

网络运营者、网络产品或者服务的提供者侵害个人信息依法得到保护的权利的,由有关主管部门或公安机关责令改正,可以根据情节单处或者并处警告、没收违法所得、处违法所得一倍以上十倍以下罚款,没有违法所得的,处一百万元以下罚款,对直接负责的主管人员和其他直接责任人员处一万元以上十万元以下罚款;情节严重的,并可以责令暂停相关业务、停业整顿、关闭网站、吊销相关业务许可证或者吊销营业执照。

二、什么是共同信息控制者

当个人信息控制者与第三方为共同个人信息控制者时(例如服务平台与平台上的签约商家),个人信息控制者应通过合同等形式与第三方共同确定应满足的个人信息安全要求,以及在个人信息安全方面自身和第三方应分别承担的责任和义务,并向个人信息主体明确告知。

注:个人信息控制者在提供产品或服务的过程中部署了收集个人信息的第三方插件(例如网站经营者与在其网页或应用程序中部署统计分析工具、软件开发工具包SDK、调用地图API接口),且该第三方并未单独向个人信息主体征得收集、使用个人信息的授权同意,则个人信息控制者与该第三方为共同个人信息控制者。

三、什么是等保评估

1. 等保评估,全称是网络安全等级保护制度,是国家法律强制要求每个网络运营者按照等保的要求履行安全保护义务的制度。

2. 如何开展等保评估:具体参见国家标准《信息安全技术 网络安全等级保护定级指南》

https://www.tc260.org.cn/front/bzzqyjDetail.html?id=2018011915143606122&norm_id=20170401110225&recode_id=25831

3. 主管部门:网络运营者将等保评估定级结果提交公安机关进行备案审查和监督检查。

四、其他相关法律依据

1.《网络安全法》

第二十一条　国家实行网络安全等级保护制度。网络运营者应当按照网络安全等级保护制度的要求,履行下列安全保护义务,保障网络免受干扰、破坏或者未经授权的访问,防止网络数据泄露或者被窃取、篡改:

(一)制定内部安全管理制度和操作规程,确定网络安全负责人,落实网络安全保护责任;

(二)采取防范计算机病毒和网络攻击、网络侵入等危害网络安全行为的技术措施;

(三)采取监测、记录网络运行状态、网络安全事件的技术措施,并按照规定留存相关的网络日志不少于六个月;

(四)采取数据分类、重要数据备份和加密等措施;

(五)法律、行政法规规定的其他义务。

2.《公安机关互联网安全监督检查规定》

第十条 公安机关应当根据互联网服务提供者和联网使用单位履行法定网络安全义务的实际情况,依照国家有关规定和标准,对下列内容进行监督检查:

(一)是否办理联网单位备案手续,并报送接入单位和用户基本信息及其变更情况;

(二)是否制定并落实网络安全管理制度和操作规程,确定网络安全负责人;

(三)是否依法采取记录并留存用户注册信息和上网日志信息的技术措施;

(四)是否采取防范计算机病毒和网络攻击、网络侵入等技术措施;

(五)是否在公共信息服务中对法律、行政法规禁止发布或者传输的信息依法采取相关防范措施;

(六)是否按照法律规定的要求为公安机关依法维护国家安全、防范调查恐怖活动、侦查犯罪提供技术支持和协助;

(七)是否履行法律、行政法规规定的网络安全等级保护等义务。

3.《最高人民法院、最高人民检察院关于办理侵犯公民个人信息刑事案件适用法律若干问题的解释》

第九条 网络服务提供者拒不履行法律、行政法规规定的信息网络安全管理义务,经监管部门责令采取改正措施而拒不改正,致使用户的公民个人信息泄露,造成严重后果的,应当依照刑法第二百八十六条之一的规定,以拒不履行信息网络安全管理义务罪定罪处罚。

4.《最高人民法院关于审理利用信息网络侵害人身权益民事纠纷案件适用法律若干问题的规定》

第二条 原告依据民法典第一千一百九十五条、第一千一百九十七条的规定起诉网络用户或者网络服务提供者的,人民法院应予受理。

原告仅起诉网络用户,网络用户请求追加涉嫌侵权的网络服务提供者为共同被告或者第三人的,人民法院应予准许。

原告仅起诉网络服务提供者,网络服务提供者请求追加可以确定的网络用户为共同被告或者第三人的,人民法院应予准许。

A 公司客户制作的这份“附录”文件,从内容上来看完全是对于我国现有法律制度和规范的机械式理解,不能说错误,但显然并不全面。而且在实际的业务执行过程中,机械地照抄制度或规范的条文没有任何实际意义,因此对公司来说,文件描述的内容是否权威与是否需要进行合规配适无必然的联系。对此可做详细解读答复给公司 A:

客户提供的材料主要由“什么是个人信息”“什么是共同信息控制者”“什么是等保评估”“其他相关法律依据”四个部分组成,对此分述如下:

一、个人信息

首先,该部分对“个人信息”进行定义(举例)的内容是引用自我国现行的国家标准《信息安全技术 个人信息安全规范》(下称“个人信息国标”),该标准并无法律强制力,属于可在实践过程中进行参照适用的文件,若遵守则必然有利于降低法律风险,但不表示不遵守即绝对违反法律而需要承担《网络安全法》甚至《刑法》上的法律责任。其次,材料中所引用的有关“法律后果”的法条是现行有效的。

二、共同信息控制者

该部分内容也是引用自个人信息国标,其正确性和法律效力同上条对“个人信息”定义的解释。

三、等保评估

此部分内容引用基本正确,网络运营者确实需要履行网络安全保护义务。但目前安全保护义务中有关网络安全等级保护评估的具体政策尚未落地,现可执行的法律依据是我国于 2007 年通过的《信息安全等级保护管理办法》,对应实施的制度是信息系统安全等级保护制度。

因此就等保评估事宜,在有关网络安全等级保护制度的具体政策落地前,先落实信息系统安全等级保护评估是较为合适的选择,可视为已开始履行安全保护义务。

四、其他相关法律依据

此部分内容所引用的法律法规或司法解释是现行有效的,但适用场景与公司 A 的业务场景是否匹配需要根据具体情况分析。例如,《最高人民法院关于审理利用信息网络侵害人身权益民事纠纷案件适用法律若干问题的规定》就多适用于具有社交舆论服务属性的网络平台经营者,而公司 A 并未涉及该领域业务。

除了要灵活理解法律条文,对数据本身的应用模式有所了解也是不可或缺的。

(二)体系化审视

数据合规工作很重要的一点就在于厘清待合规数据的“来龙去脉”,切忌“管中窥豹”。

因为数据的流向是线性的,任何数据都会有一个来源,而来源决定了数据可以被如何处理和利用,从数据收集、存储处理到利用的整个流程中,任何一个节点的变化都可能影响其他节点。

例如,数据应用领域一常见场景——对用户进行个人精准画像。公司通常需要借助第三方来实现更为精准的用户画像评估以实现精准推送的目的,需将用户的设备 ID 提供给第三方,再接收第三方反馈的标签信息,最终将标签信息提供给广告主,用于在平台上的广告投放使用。

如想引入第三方执行上述流程,除了对公司自身个信保护体系,整体是否存在安全事故发生的风险进行合规评估确认外,就该功能场景本身,还需要公司从如下几个角度进行合规审核:

(1)角度一:原始数据来源和利用方式审查

用户画像功能启动,是基于对用户原始数据的收集,因此需要审视,用户画像涉及的数据是否包括在告知用户会收集的信息内容中,且已就收集数据使用目的、范围和方式等内容取得用户同意。

(2)角度二:第三方合规性评估

对第三方是否能尽到个人信息保护义务,对接收信息仅在公司要求的范围内使用,不进行额外处理利用而进行合规审查和操作。

(3)角度三:第三方数据内容筛选

即使原始数据来源和第三方都无问题,但也不能忽视对可接收数据内容的筛查,也即不要"什么都要""来者不拒",而是抱着"最小必要"的原则权衡功能效果后,对可接收的标签内容进行删选,避免获取敏感信息,加重自身的数据安全维护责任。

(4)角度四:数据利用输出形式

公司引进该第三方是为了更好做精准内容推广,并会将标签信息提供给广告主,此数据利用模式下就涉及了向第三方输出数据的问题,那就需要再次结合角度一进行审查,特别是避免存在制度漏洞而给广告主提供了其不应获得的用户个人信息。

实践中,数据问题可能出现在流程的任何一个节点上。如果在平时的工作过程中,没有做好体系化梳理,一旦出现问题,还需要花费精力从纷繁复杂的事实中摘出对应有效信息并进行合理排序。

因此,建议针对涉数据应用的产品或功能,都同步配备好体系化的数据流转流程图,明确好各节点要素,以便处理数据合规问题时,可以高效提取关键信息并进行应用。

在了解数据应用模式过程中,还需要注意总结合规经验,否则可能导致合规措施或建议的断层。

(三)流程标准化、成文化

在处理数据合规需求的过程中,如果一家公司的业务模式和服务形态较为固定,则其会产生高频问题和较为固定的应对方式。

如果能够在处理合规需求的过程中,对合规问题进行场景化提炼,且固定好应对流程,则会节约公司内部各部门间的沟通时间,最终推动项目或产品的开发运作进展。

以下面这个事例举例说明流程标准化的实际应用场景和操作:

某互联网技术服务公司(以下简称“甲公司”)为广告主提供搭建Data-Management Platform 数据管理平台系统(下称“DMP 系统”)的技术服务,并可提供本地存储和 SaaS(云存储)两种模式供广告主选择,以帮助广告主更好地管理获得的用户数据。

在业务人员向广告主介绍 DMP 平台的过程中,多次出现了广告主会因 DMP 服务的系统是由甲公司搭建并提供后续运维,或者不太了解 SaaS 形式而对甲公司提出关于数据交互方面的质疑,业务人员无法及时给出较为妥当的解释,还需要反馈给公司内部处理。

对此情况笔者作为该公司的常年法律顾问,建议甲公司制作“只提供 DMP 平台搭建,但不进行任何数据交互”的说明文档,供业务人员在进行 DMP 业务推广时使用。如此一来不仅可以提前打消潜在客户的疑虑,也可以借此展现甲公司对数据安全的态度。

我们制作的说明文档如下,供各位参考:

风险告知书

承蒙贵司信赖,委托我们提供 Data-Management Platform 数据管理平台系统(下称“DMP 系统”)的定制服务。在贵司开始使用 DMP 系统前,我们向贵司告知下述信息,以帮助贵司了解 DMP 系统所涉及的主要数据法律风险。

我们作为 DMP 系统的定制服务商仅提供技术服务,并不对 DMP 系统内的任何数据进行收集、处理和利用,也不向贵司 DMP 系统额外提供任何涉及个人信息的数据。

贵司基于业务,会收集用户个人信息并存储于 DMP 系统进行分析利用。根据《民法典》《网络安全法》《刑法》《最高人民法院、最高人民检察院关于办理侵犯公民个人信息刑事案件适用法律若干问题的解释》等有关个人信息保护的规定,作为个人信息的收集者,至少需要遵守下列原则:

(1)目的明确及选择同意原则——具有合法、正当、必要、明确的个人信息处理目的,并向个人信息主体明示个人信息处理目的、方式、范围、规则等,征求其授权同意。

(2)确保安全原则——采取技术和其他必要的措施保障个人信息的安全,需特别注意不得将敏感信息,如身份证号、手机号码、地址和其他信息混同存放、使用。

若因个人信息处理活动对个人信息主体合法权益造成损害的,贵司需承担相应的民事、行政甚至刑事责任。建议贵司在知悉上述情况后,采取针对性的措施,如进行 DMP 系统的信息系统安全等级保护测评或聘请专业人士进行法律合规,以便更好地对 DMP 系统进行使用,维护贵司权益。

通过标准化流程,有利于提高应对效率。以上三个原则主要是针对特定需求所需要注意的内容,接下来,本书将介绍如何判断需求的处理优先顺序。

(四)合理分配资源

《网络安全法》落地实施后,越来越多的数据应用公司启动了对自身业务的数据合规审查。在目前的大环境下,公司的数据合规审查压力不再局限于监管,更多的来自需求方(客户),甚至媒体。

数据合规领域的关注点,已经从形式上的用户协议、隐私政策完整性审查,逐渐深入到实质审查,也即公司是如何对用户数据进行收集处理利用的执行细节上来。

例如，2020年，自“3·15”晚会曝光了第三方SDK越权私自窃取用户个人信息事件后，监管机关迅速组织力量，纵深推进开展App侵害用户权益专项整治行动，及时整改消除违规收集、使用用户个人信息和骚扰用户、欺骗误导用户、应用分发平台管理责任落实不到位等突出问题，促使各平台公司开始重视供应链安全，对供应商提出数据安全的要求。

个人信息在近几年逐渐成为敏感的社会话题，无论从经济效益还是社会效益考量，都值得被公司列为优先处理事项，然而公司的精力和资源是有限的，在面对纷繁多样的合规需求时，需要做好处理顺序排序。

而且，很多时候需求不是按照法务/律师的期望，在既定流程节点（如产品立项之初）提出的，那如何分配资源才能尽可能地合理应对各类合规需求呢？根据笔者以往日常合规服务经验，得出以下几个在处理需求时的优先排序考量因素供各位参考，读者可以根据公司自身情况，将其丰富完善，制定成内部需求处理指南，帮助业务人员等需求提出方更好了解需求处理进度安排：

（1）因素一：业务（功能）是否已上线运营

原则上，已上线的需求优先处理。因为已投入市场，那就意味着已与数据主体进行交互产生影响，如存在潜在风险，则需要及时止损。无论是产生实质损害还是带来舆情问题，都是公司不愿意面对的。

（2）因素二：业务（功能）是否易被用户（客户）感知

因为业务如果易被用户感知，不仅意味着该业务对用户可能有较大影响，更意味着容易被用户此类第三方发现问题，提出质疑。

（3）因素三：业务（功能）是否独立

此处的“独立”是指是否在集团内部独立处理，即如果待处理的业务无须与其他部门协调，仅是需求提出部门单独处理即可解决的问题，则优先级较后。因为多部门联动处理所需要的时间，大于单独部门自行处理所需时间。

互联网时代,公司无法监测每一个发声的渠道,那就只能尽量在产品方面努力控制合规风险。

当然,上述考量都未包含人员往来、管理阶层等其他因素,是一个较为客观的判断原则,并不意味着机械化的执行,而是可以在工作处理过程中予以灵活运用,更好地应对各类需求处理。

三、处理指南

有时候合规需求是因为已经产生了“争议”或“舆情”,而有时候是因为公司注重在产品或服务的设计初期就融入“Privacy by Design”的理念。

(一)文档材料制作

1. 对用户——隐私政策

产品隐私政策的制定是数据合规一个典型的适用情景。自2017年起,各大平台公司经历了几轮监管机关的监督检查,结合《信息安全技术 个人信息安全规范》国家标准中模板内容,隐私政策在形式上至少需要包括如下几个方面:

(1)审查形式内容

一般而言,隐私政策内容体系至少需要包括如下几个方面:

①业务功能的个人信息收集使用规则。

收集哪些个人信息,如何使用个人信息,如何委托处理、共享、转让、公开披露您的个人信息。

②我们如何保护您的个人信息。

③用户的权利。

访问、更正、删除、改变个人信息,响应用户权利主张。

④我们如何处理儿童的个人信息。

⑤用户的个人信息如何在全球范围转移。

⑥本政策如何更新。

⑦如何联系我们。

其中第①点“业务功能的个人信息收集使用规则”是一个需要对产品的数据应用现状进行体系化审视,理顺数据流程才能完善的部分,具体内容在“审查实质内容”时再进一步介绍。

(2)审查实质内容

在日常合规审查需求中,遇到隐私政策,通常是两种情况:其一,需要制定隐私政策;其二,某些特定场景需要对某些数据予以处理利用,而审查该种利用行为是否满足隐私政策的约定,也即是否有合法利用的基础。

①针对第一种情况,需要注意的主要有如下几点:

第一,需要关注,隐私政策中对产品实际收集的数据类型是否已列举完全,是否已对产品实际功能与需要的数据内容进行准确清晰的描述,以及对产品功能与数据应用目的的必要审查。

由于同一类数据(如电话号码)会同时在多个功能场景中进行应用,因此需要注意避免一个误区——只要在某个功能项下描述了收集该类数据的目的,就自然获得了对该类数据进行各种利用的合法基础。

手机号在互联网时代除了承载了社交联络的功能外,还有多重适用场景,如账号创建、身份验证、搜索用户等。以需要用户提供手机号注册账号为例,用户注册账号时出于实名认证的目的提供,与用户在确认订单时出于商品配送的目的提供,需要分别在隐私政策中明确,不可基于实名认证获得手机号,就自然推论出可以将手机号用于商品配送场景而无须获得用户同意。

例如,在北京互联网法院公开宣判的凌某某诉抖音案①中,抖音就因《隐私政策》未能足够明确地说明收集利用目的方式,而被法院认为

① (2019)京0491民初6694号民事判决书。

存在对用户个人信息的侵权行为。

该案争议事实之一为,凌某某在手机通讯录除本人外没有其他联系人的情况下,使用该手机号码注册登录抖音 App 4. 3. 1 版后,被推荐大量“可能认识的人”,凌某某认为抖音 App 非法获取其个人信息,侵害其个人信息权益和隐私权,将抖音 App 的运营者北京微播视界科技有限公司诉至北京互联网法院。

对此抖音答辩的理由之一为,抖音 App 在用户注册账号前就将《用户服务协议》及《隐私政策》进行了充分且明确的告知,用户注册后,也可以随时查看相关内容。相关好友授权抖音 App 访问其通讯录,更是在前述协议明示的基础上,通过弹窗提示,用户点击“允许”进行授权。

通过上面的介绍,可以看出抖音认为通过通讯录进行好友推荐,是已经在《隐私政策》中向用户告知了的内容,用户也点击同意了,不存在“非法获取”。那我们来仔细看一下抖音《隐私政策》是如何描述好友推荐功能的,是否能支持抖音的说法。

抖音的《隐私政策》约定:“你使用推荐通讯录好友功能时,在获得你的明示同意后,我们会将你通讯录中的信息进行高强度加密算法处理后,用于向你推荐通信录中的好友。”

仔细阅读该内容可以解析如下含义:抖音读取用户通讯录的目的确实是用于向用户推荐好友,但收集数据范围并未指明还需从他人通讯录中来收集用户手机号码,再向用户进行推荐,也即漏掉了实现好友推荐的关键连接点,从好友处获得用户手机号进行关联。这就是为什么我们说需要对是否已对产品实际功能与需要的数据内容进行准确清晰的描述。

第二,重点关注在产品或服务运营过程中,所有涉及数据的第三方主体的类型及参与目的是否已在隐私政策中明确告知。

当下任何一个互联网产品的运营都离不开第三方支持,此处的第三方以法律主体为标准区分认定,即使是同一集团下的关联企业也需要注意明示,如深圳市腾讯计算机系统有限公司与腾讯科技(深圳)有限公司。

使用“集团”类模糊服务主体的称呼,不仅可能被指责以不明确主体身份规避个人信息安全保障相关法律义务,还可能面临由于未以真实名称提供服务而被质疑存在虚假或引人误解的虚假宣传的可能。

常见的第三方类型除了易被用户感知的物流服务商、支付服务商外,还有容易被忽视的数据分析服务商、信息推送服务商,注意在隐私政策中切勿遗漏说明。

第三,不要试图通过协议条款的约定偷换概念,以免被认定为未充分告知。

由于互联网新业态产品的服务形态多种多样,各公司也有自己的话语使用体系,但在制作公开文档时,务必要注意用词准确。该准确的边界为,如果被用户质疑可以经受司法考验。

现以黄某与腾讯公司隐私权纠纷一案①为例予以说明。案件背景:因认为微信读书在未经其有效同意的情况下获取其微信好友关系,为其自动关注微信好友,并向共同使用微信读书的微信好友默认开放其读书信息构成侵权,黄某于2019年将微信读书软件、微信软件的开发者、运营者腾讯科技(深圳)有限公司、腾讯科技(北京)有限公司、深圳市腾讯计算机系统有限公司诉至法院。2020年7月30日,北京互联网法院作出一审判决,认定腾讯公司侵害原告黄某个人信息权益,但未侵害其隐私权。

判决书中提到了几个细节,即微信读书在案件争议的《微信读书软件许可及服务协议》中存在告知不充分的情况。主要体现在好友列表及读书信息处理的有关条文中,包括第2.1条:“你启用本软件后,可以阅读、赠送、分享、评论你通过本服务购买的电子读物,你也可以浏览你的微信好友通过本服务阅读、分享的读物及其读书想法等。”第

① (2019)京0491民初16142号民事判决书。

5.5条:“你理解并同意,本服务默认生成软件使用信息(包括但不限于你的书架、你正在阅读的读物、你推荐的读物及你的读书想法等信息)并向与你有微信好友关系的其他用户开放浏览可见。”

法院认为上述内容不仅没有显著提示,并且两处“好友”更容易让一般用户想到的是微信读书软件内的好友,而难以联想到注册微信读书即可在没有微信读书好友关系的情况下,将微信好友关系迁移到微信读书,且读书信息被默认公开。此外,协议直接以无提示的方式规定上述读书信息“不属于个人隐私或不能公开的个人信息”,意图规避可能存在的侵害个人信息或隐私的风险。

而不充分告知将影响用户同意文本条款的效力,因此无论是在制定用户协议还是隐私政策,都需要注意用词和表达是否满足“透明度”要求,否则一旦产生争议可能无法通过司法审查。

②除了第一种需要制作文本的日常需求外,还有第二种,针对某些特定场景审查该种利用行为是否满足隐私政策的约定的需求。

通常而言,该类需求的处理原则较为简单,也即抓住“使用目的”“使用数据内容”“使用范围”三个关键因素,将其与隐私政策内容进行比对,以司法审查的标准判断,如遇到争议是否能够通过文本内容予以合理解释,并不存在其他执行风险。

示例

××公司会通过网站向注册会员收集个人信息,并借用Cookies工具收集一定信息进行优化分析,先希望确认目前网站有关Cookies条款的描述“××公司会使用「Cookies」,对访问者的爱好进行记录以便相应地对网站进行优化的设计。我们会在您的计算机或移动设备上发送一个或多个名为「Cookies」的小数据文件,指定给您的「Cookies」是唯一的,它只能被将「Cookies」发布给您的域中的Web服务器读取。我们向您发送「Cookies」是为了简化您重复登录的步骤、存储您的购物偏好或您购物车中的商品等数据进而为您提供购物的偏好设置、帮助您优化对广告的选择与互动、帮助判断您的登录状态以及账户或数据安全”是否满足《网络安全法》的要求,如不满足如何修改。

结论

1)建议根据收集的 Cookies 对象不同,如登录数据、购物浏览数据,结合销售同事的反馈,按实际收集的 Cookies 内容分别明确其所对应的收集目的,例如推荐将“我们向您发送「Cookies」是为了简化您重复登录的步骤、存储您的购物偏好或您购物车中的商品等数据进而为您提供购物的偏好设置、帮助您优化对广告的选择与互动、帮助判断您的登录状态以及账户或数据安全”修改为“我们向您发送「Cookies」记录您的登录数据,是为了简化您重复登录的步骤并帮助判断您的登录状态以及账户或数据安全,我们通过「Cookies」存储您的购物浏览记录或您购物车中的商品数据,进而为您提供购物的偏好设置推荐以及帮助您优化对广告的选择与互动”。

2)建议向用户提供限制 Cookies 进行收集的方法和详细的指导。例如“如需详细了解如何更改浏览器设置,请访问以下链接:〈Internet Explorer〉、〈Google Chrome〉、〈Mozilla Firefox〉、〈Safari〉和〈Opera〉”。

3)将开头的“××公司使用「Cookies」,对访问者的爱好进行记录以便相应地对网站进行优化的设计。我们会在您的计算机或移动设备上发送一个或多个名为「Cookies」的小数据文件,指定给您的「Cookies」是唯一的,它只能被将「Cookies」发布给您的域中的 Web 服务器读取”建议修改为“××公司使用「Cookies」,对访问者的访问历史进行记录以便相应地对网站服务进行优化的设计。我们会在您的计算机或移动设备上发送一个或多个名为「Cookies」的小数据文件,指定给您的「Cookies」是唯一的,它只能被将「Cookies」发布给您的域中的 Web 服务器读取。具体收集的「Cookies」内容及使用目的如下”。以明确记录范围不仅仅是“爱好”。

根据笔者的处理经验,第二种情况通常还涉及引入第三方,对数据进行共享或利用,而第三方共享与利用条款在文本中的描述一般较为概括,很难可以直接依据协议本身推导出已告知用户并取得同意,可以直接按预定计划执行,而是需要完善文本或设置特殊的告知同意流程。

提到第三方数据共享与利用,也是数据日常合规中常见的需求,接下来,将为读者介绍在审核与第三方进行数据交互合同条款时的注意事项。

2. 对供应商/合作伙伴

一般来说,公司涉及第三方的合同结构是由“合作协议”和“Data Processing Agreement”(简称“DPA”数据处理协议)/“Data Transfer Agreement”(简称“DTA”数据传输协议)构成,而DTA或DPA的实质内容可能在“合作协议”的保密条款、个人信息传输处理条款,甚至“保密协议”中予以体现,而不一定会设置有单独的文本。

合作协议为主合同,约定双方就数据交互/服务需求所达成的共识内容,DPA一般是针对数据服务中关于数据处理的特别事项进行详细约定,而DTA一般是针对服务过程中涉及的数据传输过程中的数据安全保障内容进行的约定,二者并不是绝对的并列关系。

(1)合作协议重点条款

日常处理涉数据的合作协议审核,除了常见的付款、违约责任条款外,针对数据交互这一特质,建议重点关注如下条款:

①角色定位:服务性质是否与实际相符,描述是否存在违法风险;数据内容及传输方式是否明确,是否符合业务场景和安全要求。

②存储管辖:数据存储地点是否在境内,是否涉及其他第三方提供服务支持,以及是否有特殊适用的法律要求。

特别是有的交易相对方是跨国公司,虽然使用的是中国境内注册主体来洽谈签约,但是在实际执行过程中,仍可能会使用境外母公司相关的资源支持。不同的数据内容,是否能出境,如何出境都有着相应的特殊规定,因此需要特别注意。

(2)DPA\DTA 的重点条款

DPA 或 DTA 主要是为了保证双方的数据交互安全有效,因此侧重点在于对数据处理执行要求的细化,包括对各方提出数据相关的资质、规则须知等要求。

可能涉及的内容有:各方角色定位,如是数据提供者还是数据处理者;数据传输执行细节要求;各方对数据处理所作出的安全承诺,如数据导出、删除;各方如何配合进行数据安全合规审查,包括委托第三方进行审查;发生数据事故处理的流程及违约责任承担问题。

从笔者目前所获知的信息来看,单独签署 DPA 或 DTA 的公司主要是一些跨国公司,其母公司可能为了适用 GDPR 的要求而在其关联公司中予以统一适用和推广,提出的要求存在一定的不适用性,也即当下国内公司不可能涉及或真的满足相应要求,其形式意义大于实质意义。不可否认的是,对数据安全和合法利用的重视,是更有利于数据流动和数据潜能发展的,所以在不久的将来,随着国内数据安全监管的深入,符合国内需求的 DPA 和 DTA 也必将成为涉数据业务日常合同的重要组成部分。

3. 其他对外文档注意事项

除上述两类文档外,在提供服务过程中,法务人员还会遇到各类就公司数据安全管理问题提出的审查咨询要求,而业务部门人员可能就直接按照自己接收的材料内容直接将内部资料提供出去了。

但请注意的是,在进行反馈材料准备时,务必要记住一个原则:给出去的原始文档进行复核检查,是否含有不适宜让客户/用户知晓的内容,特别是内部培训材料。

因为数据安全管理审查,多涉及反馈公司内部管理措施是如何执行的内容,而内部制度措施并不具有公开属性,甚至部分内容是需要保密或不宜由第三方知晓的,除了维护商业秘密的原因外,还可能是会影响客户/用户体验观感。在向外提供时,有二次复核的必要。

如果公司资源配置允许,可以专门针对数据合规的安全管理审查需求制定一套说明材料,以免发生事故。

以内部培训记录为例,内容可能涉及针对业务敏感性的应对话术,会直接点明业务存在的风险点,这些内容必然是不希望客户知晓的,仅供内部人员知晓,就不利于公开或向用户告知。

(二)业务执行落地

本部分提供的业务执行合规经验介绍,都是针对日常业务中的偶发性需求处理,目的是及时高效地应对当下的合规需求,而非体系化的完整的合规审查,因此必然存在不完备的地方,还需读者注意。

1. 数据收集阶段

随着数据成为新的生产要素,数据应用方式也在扩展,但扩展的前提之一是需要获取并累积一定量的数据。如何获得数据成为首先需要解决的问题。

常见的数据收集方式主要可以分为三种:一是不经任何主体,直接使用技术手段从网络中搜集;二是向数据主体直接收集数据;三是从数据供应商处购买/交易数据。在日常咨询中,会遇见如下几类问题:

(1)合规的技术手段:以爬虫为例

数据即使已经公开,也不代表可以随意使用。

示例

请问如果通过匿名爬虫爬取内容,不直接披露只进行数据分析,是否有法律风险?

结论

目前在我国使用爬虫技术获取第三方数据,即使不对外直接披露,受实施手段和获取数据内容的影响,爬取数据行为仍涵盖了民事、行政和刑事法律风险,主要涉及《反不正当竞争法》、《网络安全法》和《刑法》的相关规定。

①实施手段

1）是否遵守 Robots 协议

Robots 协议是被视为商业道德而非双方的协议而被遵守，但在既有司法判决中，法院倾向性认定为属于行业惯例。如果未遵守，则可能被法院根据《反不正当竞争法》第二条的规定而认为是行为明显不当，未遵守商业道德而需要承担相应的法律责任［例：北京百度网讯科技有限公司、百度在线网络技术（北京）有限公司与北京奇虎科技有限公司不正当竞争纠纷案］。

2）是否妨碍他人正常经营，甚至危害网络安全

a. 若实施的爬虫措施给他人的正常经营环境造成了妨碍甚至破坏，如因为服务器压力过大而不能访问，则有可能被认定为实施了《反不正当竞争法》第十二条所规定的不当行为，而承担民事责任。

b. 同时，由于不正当竞争行为的存在而被监督检查部门根据《反不正当竞争法》第二十四条的规定予以处罚。此外，如果爬虫行为明显干扰他人网络正常功能运行和窃取网络数据，但尚未满足刑事案件要求的，则存在因违反《网络安全法》第二十七条有关"不得从事非法侵入他人网络、干扰他人网络正常功能、窃取网络数据等危害网络安全的活动"的规定，继而被公安机关根据《网络安全法》第六十三条处罚的可能。

c. 若在实施数据爬取的过程中，进一步采取了规避或突破被爬取主体反"爬虫"安防措施的技术手段，未经许可进入了被爬取主体的计算机系统，则可能被认定为"侵入"行为，存在构成《刑法》第二百八十五条之非法获取计算机信息系统数据罪而承担刑事责任的可能（例：上海晟品网络科技有限公司、侯某强等非法获取计算机信息系统数据罪一案）。

②获取数据内容

1）是否侵害了他人的"劳动成果"

若有未付出劳动创造，而直接将他人的数据产品作为获取商业利

益的工具,此类占据他人劳动成果为己牟利的行为,有可能被认定为明显有悖公认的商业道德,属于不劳而获“搭便车”的不正当竞争行为而需承担民事责任[例:安徽美景信息科技有限公司、淘宝(中国)软件有限公司商业贿赂不正当竞争纠纷案]。

2)是否侵害了他人商业秘密

a. 如爬虫爬取的数据内容是“不为公众所知悉、具有商业价值并经权利人采取相应保密措施的技术信息、经营信息等商业信息”,则根据行为性质的严重程度,有可能被认定为实施了《反不正当竞争法》第九条有关侵犯商业秘密的不正当竞争行为而需承担民事责任,或满足《刑法》第二百一十九条侵犯商业秘密罪的构成要件而需承担刑事责任。

b. 监督检查部门还有权就其不正当竞争行为根据《反不正当竞争法》第二十一条的规定处以罚款。

3)是否获取了个人信息

如果爬取数据内容涉及了个人信息,且无合法理由收集的,那么:

a. 存在侵犯个人主体的个人信息权益行为而需承担民事侵权责任。

b. 存在违反《刑法》第二百五十三条之一侵犯公民个人信息罪而承担刑事责任的可能。

c. 如尚不符合《刑法》要求的,则存在因违反《网络安全法》第四十四条“任何个人和组织不得窃取或者以其他非法方式获取个人信息”的要求,而被公安机关依据《网络安全法》第六十四条第二款进行处罚的情况。

综上可知,即使不公开爬取数据内容,理论上使用爬虫技术进行数据爬取仍可能涉及相应的法律责任,具体认定,与实施手段及爬取的数据内容有关。

（2）合规地向用户直接收集数据

向用户直接收集数据，最重要的是确保用户的授权真实可信。除了在“文档材料制作”中提到的文本内容要求外，获取用户同意也是不可或缺的一个关键步骤。

示例

作为一个平台运营方，采取什么措施才算获取了用户同意？在登录界面预置了用户协议和隐私政策的查看链接是否就可以了？

结论

总体而言，用户同意的方式需要结合使用场景、收集数据内容及目的等多种因素来考量，一般来说，通过隐私政策向用户告知该产品或服务所涉及的数据类型、使用目的、使用范围等内容并取得用户明示同意，属于“合规必要动作”。在涉及某些特殊数据内容/权限时还需要配合单独的告知同意措施。因此，审查是否获得用户同意至少需要注意以下三个方面：

第一，是否在用户第一次使用产品或服务前提供了用户协议及隐私政策文本。通常做法是，在账号注册页面提供文本查看链接。如果用户无须注册账号即可享受服务但会被收集设备信息（如IMEI、操作系统）的，就需要在用户第一次使用产品时提供隐私政策文本查看途径。

第二，是否设置有用户“主动同意”的动作。此处“主动同意”常见使用动作有“勾选”、点击“同意”或“下一步”，默认勾选隐私政策或不设置肯定性选项、仅展示文本链接都是常见的错误做法，很可能不被监管或司法机关认可。

第三，需要特别提示注意的是，除获得用户对隐私政策的主动同意外，某些敏感数据/权限仍需单独设置告知同意流程，如GPS位置、摄像头权限的开启等。因此，并不能“通过隐私政策获取用户明示同意”实现一劳永逸，仍需要结合产品功能、数据内容、权限范围来完善和补足“获取同意”的方式。

(3)合规的第三方数据交互

如果所有的数据都需要公司直接从用户处获取是难以实现的,这样的操作既不能满足当下社会的发展节奏,也不利于贯彻落实国家大数据发展战略,促进各领域数字化转型,激发数据资源的潜力。因此,加快数据汇集、数据共享是数据领域发展应有之意。

如果不直接向数据主体获取数据,会遇到哪些疑问,需要有哪些值得重点关注的内容呢?请看如下几个实例说明:

示例1

根据《刑法》规定,个人信息是禁止交易的。但若数据交易对象不包含个人信息(如建立在个人信息之上的群体统计画像),国内是否有特别法律对该种交易进行规制?

结论

我国尚未专门针对数据交易行为制定有对应的法律法规。目前,判断数据交易行为是否存在法律规制要求,主要是根据交易的数据内容/数据来源进行分析和寻找相关规制条款。例如,若交易的数据内容涉及“地理坐标、地理标志物等涉及国家安全的敏感信息”,数据来源是地图测绘单位或网约车平台,则可能需要参照《网络预约出租汽车经营服务管理暂行办法》《地图管理条例》判断是否存在任何交易限制。

示例2

在签订非个人信息的数据采购合同时,作为采购方有什么注意事项?

结论

签订相关数据交易合同时,如我方是数据采购方,则数据交易的合同条款关注重点主要有以下几点:

①合规保证

要求对方就数据来源及内容合法合规进行保证,并配合出具合规说明材料。

②明确交易目的

若对方确认可以按我方实际需求处理利用最终接收的数据,则注意在合同中明确我方对数据质量/数量及最终使用目的等与数据相关的任何要求,并设为验收条件,建议可以将付款条款约定为验收并使用后支付。

③约定违约责任

在违约责任中明确,无论何时若数据处理使用未能满足我方需求,或因数据来源/内容导致我方受到任何调查/处罚而承担法律责任的,需由对方负责赔偿我方全部损失并积极配合处理。

示例 3

委托处理、共享、转让、公开披露个人信息,是否需要和相关第三方签署关于个人信息的协议,如需要,请问该协议应明确哪些内容,是否需要单独签署?

结论

除非是依据法律法规的强制性要求与第三方进行个人信息的处理、共享、转让、公开披露,否则需要和相关第三方签署关于个人信息的协议,且协议应明确的内容主要涵盖如下几方面:

①使用规则

明确提供和使用信息的目的、方式、范围和期限等内容,注意需在已获取的被收集人同意的内容范围内。

②设置安全维护义务

要求第三方至少需要按贵司同等标准对获得的个人信息进行安全保障。

③提出配合要求

明确第三方有义务配合贵司进行个人信息的同步处理或审计,如提供合规处理个人信息的说明材料。

④明确责任承担

明确如第三方违反双方约定对个人信息进行不当处理利用应承担的违约责任。

签署形式并不需拘泥于是否单独签署关于个人信息的协议,而是确保与第三方之间存在书面文件进行了相应内容的约定,对第三方有法律拘束力即可。

示例 4

如果希望与其他公司(以下简称 A 公司)进行内容合作,如从 A 公司获取某些已整合的行政机关公开信息,A 公司也提供了他们的数据采集来源,同时对方还会提供合法性声明材料。请问,可以从什么角度审查 A 公司的数据来源合规性?

结论

A 公司提供的信息绝大部分是公开信息,但是公开信息并不意味着未设有查询前置条件或保护措施,如“国家知识产权局专利查询”就需要注册账号进行查询。若 A 公司在获取数据过程中采取了破坏行为的,则其获取数据的流程即存在瑕疵,可能涉嫌不正当竞争甚至破坏他人系统运营安全。

贵司如想确保从 A 公司获得的数据皆为合规数据,除非 A 公司可以提供数据来源网站权利主体的书面授权,否则难以直接确认合规性。

以行政司法机关需向公众提供的公开数据为例,虽然目前上述数据领域尚未出现类似纠纷,但建议可以从以下方面对 A 公司进行合规审查:除已提供的《数据调取的合法性声明》外,要求 A 公司就目前需要对接的数据内容进行说明,要其明确所提供数据的来源网址、类别

（政府机关或舆论平台）、数据查询是否设有验证措施或需注册账号、是否遵守了 Robots 协议。根据数据公开查询的具体形式判断是否与 A 公司进行合作。

就风险而言，政府机关<舆论平台；未设验证措施或无须注册账号<设验证措施或需注册账号；遵守 Robots 协议<未遵守 Robots 协议。例如，若是属于政府机关公开的数据、没有设验证码，且符合网站 Robots 协议的，则获取该类数据的风险较小。贵司可以在进行风险排序后综合业务实际需求排除风险较高的数据内容合作。

2. 数据存储管理阶段

获得了数据后，必然需要将数据存储在一定的物理介质上并进行管理。在这个阶段，又会面临哪些常见的合规需求？

（1）境外传输的问题

随着数据作为一新型资产获得各国政府关注，数据需要本土留存已逐渐成为原则。那在提供服务过程中，如何理解这个本地留存的要求？

示例

数据不可以出境的范围是否包括港澳台？如果海外的客户在中国大陆有分公司，是否可以将数据提供给海外客户的国内分公司？对于海外客户的国内公司的属性是否有要求？

结论

数据不可以出境，这个出境范围包含港澳台地区。因数据出境的认定标准在于数据实际存储的地理位置是否在境内和是否能被境外的机构、组织、个人访问查看。

因此，若是传输给客户的国内分公司，至少需要满足的要求是：①分公司将接收的数据存储在中国大陆境内并自行进行处理利用，而不是转手“提供给位于境外的机构、组织、个人”；②分公司属于我国司法管辖，是在境内注册的主体。目前国内法律并未对海外客户的国内公司的属性有要求(比如外商独资企业),只要国内公司是属于我国司法管辖,在境内注册设立的主体即可。

(2)数据管理的问题

除了存储地点,在提供服务过程中,还可能涉及数据交互管理的问题。

示例

我司有一款需要召回的产品是用户已经使用了的电子终端产品,除惯常提示用户备份外,从法律角度是否建议再额外给用户个人信息删除的告知,或由退货人签署文件以防将来就个人信息/保密信息等问题发生进一步争议?如是,能否提供一个简单的文本?

结论

我们建议就个人信息处理向退货用户做如下提示,其中"【 】"的内容可以根据业内实践情况再进行调整:

信息安全提示:为了维护您的信息及隐私安全,在交付设备前,请您务必自行删除设备中留存的所有数据,包括账号、文档等使用数据和个人信息数据(以下统称"资料")。我们建议您在退回设备前进行如下操作:【①备份资料;②注销停用您在该设备上使用过的功能和服务;③在"删除所有内容"模式下将设备恢复出厂设置。】您选择申请退货并交付设备即表示您确认设备中已不含有任何您不愿公开的资料,网站及供货商在接收设备后将对设备进行格式化处理,网站及供货商均不对您退还设备中留存的资料承担保管、返还或安全维护责任,由于资料未清除或未清除彻底而造成的损失及相关责任将由您自行承担。

3. 数据利用阶段

利用环节的合规设计与公民个人权益或者说社会稳定关系最为紧密,若方案设计得高效、合规则,可以最大地激发数据效能,但一着不慎也可能酿成严重后果。虽然笔者不能穷举各类数据利用情景,但

总结出了如下几类常见的数据应用实例供读者参考:

示例 1

如果我们公司实际提供的是数据优化服务,是由客户提供待优化的数据给我们,那销售人员是否可以这样理解和向客户介绍,即公司提供的服务只要不碰敏感数据就不会违法?

结论

不能如此简单地做判断,即使不是敏感数据也不表示对数据处理不会违反法律规定。因此,需要跟销售人员强调的是:(1)我们提供的数据优化服务实质属于技术软件类的服务,待优化数据的归属都属于软件系统最终的实际使用人,非客户提出需求我们并无权对客户的数据进行任何处理。(2)若涉及我们需要对软件系统内数据进行处理的(如人群画像),请注意按照合规建议执行。(3)可以告知销售不碰敏感数据确实能降低违法风险。

示例 2

我们公司通过合法渠道收集了用户的手机号或者设备 ID,能否给到第三方进行群体画像、个体标签补充?

结论

向外提供经去标识化处理的手机号或设备 ID 至第三方进行群体画像并无法律风险,但是否能接收第三方所反馈的个体标签等信息则存在合规问题,需要杜绝未经授权而补全个人画像的可能性。

示例 3

请问作为广告主,在投放互联网广告时植入广告监测代码进行数据调研是否有侵犯公民个人信息的法律风险?

结论

通过在广告中植入监测代码以获取用户网络行为数据确实存在

侵犯公民个人信息的风险,但仍需要根据数据调研公司提供的具体服务模式进行判断。根据我们以往的服务经验,广告监测行为的风险主要是在于是否明文收集用户的设备ID(如IMEI\MAC)信息,以及是否以该设备ID为关联点,进行个人精准画像的描述,特别是对其收入、年龄、性别和职业信息的补充。[是否意味着,孤立地获得Device ID本身(假定不收集其他信息,特别是个人敏感信息),违法风险不高?进一步的,假定站外(即网页广告)只收集Device ID信息,但是该信息和站外广告所链接的电商网站自身的大数据相结合,从而匹配出较为精准的画像,该行为本身是否违法风险不高?]

通常情况下,广告监测代码的植入是广告主所明知且决定的,获得的数据成果也由广告主获得,因此在广告监测行为的个人信息收集链中,广告主一般是作为收集数据的主体而承担相应法律责任。因此,在采取广告监测行为时,需要特别注意审核数据调研公司收集数据的具体内容及根据数据内容所形成的处理结果,并据此判断是否需要协商修改监测流程,甚至是否委托该数据调研公司进行广告监测。

四、参考资料

(一)法律法规

表6–3　法律法规统计

序号	名称	发布机构	性质
1	《民法典》(2020年)	全国人民代表大会	法律
2	《个人信息保护法》(2021年)	全国人大常委会	法律
3	《数据安全法》(2021年)	全国人大常委会	法律
4	《刑法修正案(九)》(2015年)	全国人大常委会	法律
5	《网络安全法》(2016年)	全国人大常委会	法律

（续表）

序号	名称	发布机构	性质
6	《消费者权益保护法》（2013年修正）	全国人大常委会	法律
7	《全国人民代表大会常务委员会关于加强网络信息保护的决定》（2012年）	全国人大常委会	法律
8	《电信和互联网用户个人信息保护规定》（2013年）	工业和信息化部	部门规章
9	《关于办理侵犯公民个人信息刑事案件适用法律若干问题的解释》（2017年）	最高人民法院、最高人民检察院	司法解释
10	《关于确定民事侵权精神损害赔偿责任若干问题的解释》（2020年修正）	最高人民法院	司法解释
11	《关于审理利用信息网络侵害人身权益民事纠纷案件适用法律若干问题的规定》（2020年修正）	最高人民法院	司法解释
12	《关于银行业金融机构做好个人金融信息保护工作的通知》（2011年）	中国人民银行	政策文件
13	《关于做好个人信息保护 利用大数据支撑联防联控工作的通知》（2020年）	中央网信办	政策文件
14	《信息安全技术 个人信息安全规范》（GB/T35273-2020）	国家市场监督管理总局、国家标准化管理委员会	国家标准
15	《检察机关办理侵犯公民个人信息案件指引》（2018年）	最高人民检察院	办案指引
16	《互联网个人信息安全保护指南》（2019年）	公安部网络安全保卫局、北京网络行业协会、公安部第三研究所	参考性文件
17	《儿童个人信息网络保护规定》（2019年）	国家互联网信息办公室	参考性文件

(二)第三方安全认证介绍

1. ISO 9001

(1)认证机构:兴原认证中心、北京东云方纵横认证中心。

(2)认证内容:ISO 9001 规定了一系列的质量管理要求,适用于以下状况:

①当组织期望展现其所提供的产品及服务,符合客户期望、适用法律与相关规范,以及;

②通过实施质量管理系统强化客户的认可,包含管理系统的优化、保障与客户期望、适用法律与相关规范的一致性。

(3)适用范围:国际。

(4)官网:https://www.iso.org/standard/62085.html。

2. ISO 20000-1

(1)认证机构:英国标准协会(BSI)。

(2)认证内容:ISO 20000 是针对信息技术服务管理领域的国际标准,提供设计、建立、实施、运行、监控、评审、维护和改进服务管理体系的模型以保证服务提供商可提供有效的 IT 服务来满足客户和业务的需求。

(3)适用范围:国际。

(4)官网:http://www.iso.org/iso/catalogue_detail? csnumber=51986。

3. ISO 22301

(1)认证机构:英国标准协会(BSI)。

(2)认证内容:ISO 22301 是国际公认的业务连续性管理体系标准,通过对风险的识别、分析和预警来帮助组织规避潜在事件的发生,并且制定完备的“业务连续性计划”,有效地应对中断发生后的快速恢复,保持核心功能正常运行,将损失和恢复成本降至最低。

(3)适用范围:国际。

(4)官网:http://www.iso.org/iso/catalogue_detail? csnumber=50038。

4. ISO 27001

(1)认证机构:中国信息安全认证中心、北京埃尔维质量认证中心、华夏认证中心、中国电子技术标准化研究所、上海质量体系审核中心、广州赛宝认证中心服务有限公司、北京新世纪认证有限公司(BCC)、英国标准协会(BSI)、北京挪华威认证有限公司(DNV)、通标标准技术服务有限公司(SGS)、江苏艾凯艾国际标准认证有限公司、江苏思特瑞信息技术有限公司、上海英格尔认证有限公司(ICAS)。

(2)认证内容:ISO 27001 是目前国际上被广泛接受和应用的信息安全管理体系认证标准。该标准以风险管理为核心,通过定期评估风险和对应的控制措施来有效保证组织信息安全管理体系的持续运行。

(3)适用范围:国际。

(4)官网:http://www. iso. org/iso/iso27001。

5. ISO 27017

(1)认证机构:英国标准协会(BSI)。

(2)认证内容:ISO 27017 是针对云计算信息安全的国际认证。

(3)适用范围:国际。

(4)官网:https://www. iso. org/standard/43757. html。

6. ISO 27018

(1)认证机构:英国标准协会(BSI)。

(2)认证内容:ISO 27018 是专注于云中个人数据保护的国际行为准则。

(3)适用范围:国际。

(4)官网:https://www. iso. org/standard/61498. html。

7. BS 10012

(1)认证机构:英国标准协会(BSI)。

(2)认证内容:BS 10012 主要是针对个人信息保护所提出的“个人信息保护标准”,涵盖了诸如员工安全意识培训、风险评估、数据保留和处置之类的内容,帮助企业制定政策和程序以实现对个人信息的有效管理。

(3)适用范围:国际。

(4)官网:https:/www. bsigroup. com/en-GB/BS-10012-Personal-information-management/Introduction-to-BS-10012/。

8. 信息技术安全评估通用准则(Common Criteria,CC)

(1)认证机构:中国信息安全测评中心。

(2)认证内容:CC(Common Criteria)认证是一种信息技术产品和系统安全性的评估标准,CC 标准的评估分为两个方面:安全功能需求和安全保证需求,并在这些保证要求的基础上提供衡量 IT 安全性的尺度(即评估保证级 EAL)。

(3)适用范围:国际。

(4)官网:https://www.commoncriteriaportal.org/ccra/index.cfm。

9. PCI DSS(Payment Card Industry Data Security Standard)

(1)认证机构:LGMS。

(2)认证内容:PCI DSS 是由 VISA、JCB 和万事达等五家国际信用卡组织共同建立的一套支付卡行业数据安全标准,为存储、处理或传输支付卡信息的实体(包括商家,处理器、收单方、发行方和服务提供商)定义了操作和技术要求。

(3)适用范围:国际。

(4)官网:https:/www.pcisecuritystandards.org/。

10. 云安全国际认证(CSA STAR)

(1)认证机构:英国标准协会(BSI)。

(2)认证内容:CSA STAR 认证是由标准研发机构 BSI(英国标准协会)和 CSA(云安全联盟)合作推出的国际范围内的针对云安全水平的权威认证,为提供和使用云计算的任何组织,从沟通和利益相关者的参与;策略、计划、流程和系统性方法;技术和能力;所有权、领导力和管理;监督和测量等 5 个维度,综合评估组织云端安全管理和技术能力,最终给出独立第三方外审结论。

(3)适用范围:国际。

(4)官网:https://cloudsecurityalliance.org/star/。

11. SOC(Service Organization Control)报告

(1)认证内容:SOC 审计报告是由第三方审计机构根据美国注册会计

师协会（AICPA）制定的相关准则，针对外包服务商的系统和内部控制情况出具的独立审计报告。SOC 1 主要关注财务报告、SOC 2 和 SOC 3 报告更关注于与安全、处理完整性、机密性或数据中心系统和信息的保密性相关的控件的预定义的标准化基准。SOC 2 检查数据中心测试和操作有效性的详细信息。SOC 3 是供公众使用的，它提供了数据中心可以接收的最高级别的认证和操作卓越的保证。SOC 2 报告包括审核员测试和结果，而 SOC 3 提供了系统描述和审核员的意见。

（2）适用范围：国际。

（3）官网：https://www.aicpa.org/。

12. 增值电信业务经营许可证

（1）认证机构：中华人民共和国工业和信息化部。

（2）认证内容：增值电信业务经营许可证是指利用公共网络基础设施提供的电信与信息服务的业务的许可证。

（3）适用范围：国内。

13. 信息安全服务资质认证（CCRC）

（1）认证机构：中国网络安全审查技术与认证中心、中金金融认证中心。

（2）认证内容：信息安全服务资质是信息安全服务机构提供安全服务的一种资格，包括法律地位、资源状况、管理水平、技术能力等方面的要求。信息安全服务资质认证是依据国家法律法规、国家标准、行业标准和技术规范，按照认证基本规范及认证规则，对提供信息安全服务机构的信息安全服务资质进行评价。

（3）适用范围：国内。

（4）官网：http://www.isccc.gov.cn/zxyw/fwzzrz/fwzzrzjj/79056.shtml。

14. 移动互联网应用程序（App）安全认证

（1）认证机构：中国网络安全审查技术与认证中心、中国信息安全认证中心。

（2）认证内容：依据 GB/T 35273《信息安全技术 个人信息安全规范》及相关标准、规范，对移动互联网应用程序（以下称“App”）的数据安全进行认证。

(3)适用范围:国内。

(4)官网:http://www.isccc.gov.cn/zxyw/cprz/ydhlwrz/index.shtml。

15. 公安部网络安全等级保护

(1)认证机构:国家信息技术安全中心、中国电子技术标准化研究院、中国信息通信研究院。

(2)认证内容:网络安全等级保护是国家网络安全保障的一项基本制度,是保护信息化发展,维护国家信息安全的根本保障。网络安全保护等级是根据信息系统在国家安全、经济建设、社会生活中的重要程度,以及遭到破坏后对国家安全、社会秩序、公共利益以及公民、法人和其他组织的合法权益的危害程度等因素将其划分为五个等级,五级为最高系统等级。

(3)适用范围:国内。

(4)官网:http://openstd.samr.gov.cn/bzgk/gb/newGbInfo? hcno=F4D622C99CA2E60F06FF4BE49IFCA0EE。

16. 工信部云计算服务能力评估(ITSS 认证)

(1)认证机构:中国电子工业标准化技术协会信息技术服务分会(ITSS 分会)。

(2)认证内容:工信部云计算服务能力评估是云服务/云计算领域目前国内首个分级评估,从人员、流程、技术、资源和性能等五方面进行最全面评估,通过文档审查、技术测试、现场抽查、人员访谈等方式,对参评企业进行全方位的服务能力测评,从而确定参评企业所达到的能力等级(试点阶段将参评企业的能力等级划分为基础级和增强级两级)。

(3)适用范围:国内。

(4)官网:http://www.itss.cn/itssitssNew_webmap/itssNew_keys/2017/08/01/bff1479e77b341cc80781d3e8a4c6ed5.html。

17. 网信办云计算服务安全评估

(1)认证机构:国家信息技术安全中心、中国电子技术标准化研究院、中国信息通信研究院。

(2)认证内容:云计算服务安全评估重点评估以下内容:

①云平台管理运营者（以下简称"云服务商"）的征信、经营状况等基本情况；

②云服务商人员背景及稳定性，特别是能够访问客户数据、能够收集相关云数据的人员；

③云平台技术、产品和服务供应链安全情况；

④云服务商安全管理能力及云平台安全防护情况；

⑤客户迁移数据的可行性和便捷性；

⑥云服务商的业务连续性；

⑦其他可能影响云服务安全的因素。

（3）适用范围：国内。

（4）官网：http://www.cac.gov.cn/aqpg/zlxz/A093206index_1.htm。

18. 计算机信息系统安全专用产品销售许可证

（1）认证机构：公安部信息安全等级保护评估中心。

（2）认证内容：计算机信息系统安全销售许可证是中华人民共和国公安部公共信息网络安全监察局依据《中华人民共和国计算机信息系统安全保护条例》《计算机信息系统安全专用产品检测和销售许可证管理办法》《计算机病毒防治管理办法》颁发的证件。

（3）适用范围：国内。

（4）官网：https://www.mps.gov.cn/n2256342/n6594816/c659 5719/content.html。

19. 大数据产品能力评测

（1）认证机构：中国信息通信研究院技术与标准研究所。

（2）认证内容：大数据产品能力认证覆盖了功能、运维能力、多租户、可用性、安全性、扩展性、兼容性等七个维度，共38个指标，要经过严格的资料审查、技术测试、厂商互评和专家评审四个环节。通过严苛的认证规范，从而帮助客户全面考察大数据产品的功能和特性，让客户更好地选购和使用大数据产品。目前该认证已由数据中心联盟标准上升到行业实际标准。

（3）适用范围：国内。

(4)官网:http://www.databench.cn/。

20. 可信云金牌运维专项评估

(1)认证机构:可信云认证工作组。

(2)认证内容:金牌运维评估是面向已通过可信云服务认证的云服务提供商的运维能力专项评估。包括综合服务和安全两方面,审查对象为服务质量和信息安全。

(3)适用范围:国内。

21. 云计算风险管理能力

(1)认证机构:可信云认证工作组。

(2)认证内容:云计算风险管理能力评估以《云计算风险管理框架》行业标准为指导,评估主要针对云计算关键环节八大风险点进行,分别是:风险管理组织架构、云计算外部环境风险管理能力、云计算平台风险管理能力、云计算人员风险管理能力、云计算管理流程风险管理能力、云计算合规风险管理能力、风险告知与监测、风险处置。

根据八项评估指标,基于评估分数,"云计算风险管理能力"评估将企业风险管理能力划分为基础级、增强级和先进级,并由中国信息通信研究院和"网络风险与保险"创新实验室联合为通过评估的企业颁发"云计算风险管理能力"评估(基础级/增强级/先进级)证书,证书有效期一年。

(3)适用范围:国内。

(4)官网:http://kexinyun.org.cn/security/index。

22. 政务云综合水平评估

(1)认证机构:可信云认证工作组。

(2)认证内容:省(自治区、直辖市)级或市(区、自治州)级以政务外网和互联网为主的综合性政务云。针对的是政务云平台以及其在政策、经济、发展等方面落实情况、成效或影响力的综合评估。包括政策落实评估、应用成效评估、平台能力评估、安全保障评估。

(3)适用范围:国内。

(4)官网:http://kexinyun.org.cn/industry/index。

23. 可信金融云服务(银行类)能力评估

(1)认证机构:可信云认证工作组。

(2)认证内容:可信金融云服务(银行类)能力评估主要对企业属性、企业基础设施、企业平台、企业风险管理能力、企业服务协议参考架构进行评估。

(3)适用范围:国内。

(4)官网:http://kexinyun.org.cn/industry/finance。

24. 云服务用户数据保护能力认证

(1)认证机构:可信云认证工作组。

(2)认证内容:云服务用户数据保护能力评估是针对云服务用户数据安全的评估机制,可信云云服务用户数据保护能力评估分为公有云与私有云两大类,从数据的事前防范能力、事中保护能力、事后追溯能力,对云服务商的用户数据保护能力进行全面准确的评估。

针对事前防范,可信云云服务用户数据保护能力评估对云服务商的数据持久性、数据秘密性、数据隐私性、数据知情权、数据防窃取性、数据可用性、数据访问安全性、数据传输安全性、数据迁移安全性和数据销毁安全性十项能力进行评估。针对事中保护阶段,专家组对入侵防范和恶意代码防范两项进行评估。针对事后追溯阶段,专家组的评估分为三项,分别是安全审计、售后服务与技术支持、服务可审查性。

在具体评估中,评估专家组采用了对云服务企业人员访谈、对与指标项相关的各类文档进行材料审查、技术检测、模拟监测等多种方式,对云服务商每个指标的真实性进行评估。

(3)适用范围:国内。

(4)官网:http://kexinyun.org.cn/security/data-protection。

25. 可信云服务认证

(1)认证机构:可信云认证工作组。

(2)认证内容:可信云服务认证的具体测评内容包括三大类共16项,分别是:数据管理类(数据存储的持久性、数据可销毁性、数据可迁移性、数据保密性、数据知情权、数据可审查性)、业务质量类(业务功能、业务可用性、业务弹性、故障恢复能力、网络接入性能、服务计量准确性)和权益保障类(服务变更、终止条款、服务赔偿条款、用户约束条款和服务商免责条款),基本涵盖了云服务商需要向用户承诺或告知(基于服务SLA)的90%的问题。可信云服务认证将系统评估云服务商对这16个指标的实现程度,为用户选择云服务商提供基本依据。

(3)适用范围:国内。

(4)官网:https://www.kexinyun.org/。

26. 韩国信息安全保护管理体系(KISMS认证)

(1)认证机构:韩国互联网与安全局(KISA)。

(2)认证内容:KISMS认证是韩国政府支持的信息安全认证,旨在帮助韩国组织始终安全地保护其信息资产。KISMS作为一个特定于韩国的信息安全保护框架,它定义了一组严格的控制要求,内容涵盖资产管理、访问限制、认证及权限管理、加密、灾后修复等领域,重点关注审核企业组织对企业信息、个人信息等重要信息及资产管理的安全性和可靠性。

(3)适用范围:韩国。

(4)官网:https://isms.kisa.or.kr/main/isms/intro/。

27. HIPAA法案

(1)认证机构:HIPAA合规性是一个持续的过程,需要定期评估,可参考的评估机构例如CFGI。

(2)认证内容:HIPAA关注及保障实体及其商业伙伴在创建、接收、维护和传输等环节中,受保护的健康信息(Protected Health Information,PHI)的安全性(包括可用性、完整性和保密性)和隐私性。受HIPAA监管的实体及其商业伙伴需要在处理、维护和存储PHI等场景中提供相应的安全措施。

(3)适用范围:美国。

(4)官网:https://www.hhs.gov/hipaa/for-professionals/security/index.html。

28. 新加坡多层云安全(MTCS)

(1)认证机构:DNV GL。

(2)认证内容:多层云安全(MTCS)是一项可操作的新加坡安全管理标准(SPRING SS 584:2013),该标准基于ISO 27001/02信息安全管理系统(ISMS)标准。认证评估需要:

①系统地评估信息安全风险,并将公司威胁和漏洞的影响纳入考虑范围;

②设计并实施一套全面的信息安全控制措施以及其他形式的风险管理,以解决公司和架构的安全风险;

③采用总体管理流程,确保信息安全控制措施能够持续满足信息安全需求。

(3)适用范围:新加坡。

(4)官网:https://www.imda.gov.sg/-/media/imda/files/industry-development/infrastructure/ida_mtcs-x-cert---implementation-guideline-report_mtcs-to-csa-star_release.pdf?la=en。

29. G5标准

(1)认证机构:普华永道。

(2)认证内容:Cloud Computing Compliance Controls Catalog(C5)是德国联邦信息安全局(BSI)在德国推出的一种德国政府支持的认证机制,C5云安全标准要求审计报告涵盖以下相关信息,如:所提供服务的种类、数据所在位置、司法管辖地、向政府机关披露的证明和责任,并且还需包含一份系统说明。

(3)适用范围:德国。

(4)官网:https://www.bsi.bund.de/EN/Topics/CloudComputing/Compliance_Controls_Catalogue/Compliance_Controls_Catalogue.html。

30. CISPE数据保护行为准则认证

(1)认证内容:欧洲云计算服务供应商联盟(CISPE,Cloud Infrastructure Services Providers in Europe)是目前欧盟唯一针对云服务商提供数据保护行为准则认证的非营利组织,该行为准则以GDPR的合规要求为基础。

(2)适用范围:欧盟。

(3)官网:https://cispe.cloud/publicregister/。

31. 德国可信云能力网

(1)认证机构:德国联邦信息技术安全局、欧盟国际标准组织、欧洲认证组织(ECO)专家、云计算服务供应商、毕马威、财政金融交易方面的专家、自然科学研究机构等。

(2)认证内容:目前,可信云计算服务质量认证包括云计算平台认证和基础设施5星级认证两项。在基础设施5星级认证中,认证方通过星级来区分云计算服务商的服务质量以及基础设施的安全水平;2星之下的,表示没有合格,产品只能用于测试,不能接入SAP(企业管理解决方案)系统;从3星开始,表明基本满足各方面的要求;4星表明操作运营过程做得比较好,也采取了质量保证措施;5星表明在基础设施上有很高的安全性。

(3)适用范围:德国。

(4)官网:https://www.trusted-cloud.de/en。

32. 阿拉伯联合酋长国(UAE)国家电子安全局(NESA)信息安全规范(ISR)(简称NESA/ISR)

(1)认证内容:NESA标准要求:保护信息资产、符合阿联酋法规、减轻已识别的信息安全风险、实施有效控制、通过提高安全意识来建立安全的文化。

ISR标准要求迪拜的政府实体执行标准中规定的要求和控制措施,以确保适当程度的信息资产机密性,完整性和可用性。构成信息安全结构的12个域是“信息安全管理和治理”。信息资产管理;信息安全风险评估;事件管理;访问控制;运营,系统和通讯管理;业务连续性计划;信息系统的获取,开发和管理;环境和人身安全;人力资源安全;合规与审计;以及信息安全保证和绩效评估。

(2)适用范围:阿拉伯联合酋长国。

(3)官网:https://www.grcaca.com/uae-regulatory/。

第五节 习 题

一、习题1:智慧停车

(一)合规对象

智慧停车产品,即通过App、小程序或微信公众号为用户提供停车线上缴费、车场导航、车位预订等停车相关服务的互联网新形态产品。

在合规前,先用本书前章所述的商业逻辑的业务理解方式,对产品进行分析。

(二)产品分析

根据第一财经与ETCP在2017年联合发布的《智能停车行业大数据报告》,传统停车场管理存在专业化低和小散乱的问题,以北京为例,有超过3000家停车管理公司,而其中前四大的市场占有率只有8.5%。此外,传统停车场的智能化水平低,缴费方式也以人工为主。国内大多数停车场依然采用传统的刷卡、取票的出入口控制方式,ETC、视频识别等智能技术占比低。与之相适应,缴费方式主要是人工。我国路内停车场智能化水平低,相比国外发达国家大多采用咪表自动收费,我国仅50多个城市实施了咪表停车管理,管理手段落后,承包企业往往将经营权再层层转包至收费员,以人工收费站为主。①

传统停车场的问题导致了用户停车体验差、车场管理效率低下。

---

① 《ETCP发布2017中国智慧停车行业大数据报告》,载新浪网2017年12月20日,http://finance.sina.com.cn/roll/2017-12-20/doc-ifypwzxq4533609.shtml。

目前传统停车场普遍存在四大突出问题:出入慢、场内找车位难、找车难、缴费排队。据广州市消委会统计,停车位所花费的平均时间长达18分钟。车场空置率高,北上广深停车场泊位空置率为44.6%。车场主要以人工管理为主,管理水平基本在10~30车位/人,而我国台湾地区和日本的管理水平在50~100车位/人和200~300车位/人。

智慧停车产品即旨在通过互联网技术和网络大数据的应用,联通各停车场和车主之间的实时数据,解决以上停车难的问题。

(三)商业逻辑

一般来说,车主停车经过以下过程:

查找停车场——进场——找车位——停车——办事结束——查找停放车辆——缴费——出场。

在旧有实际场景下,这一过程的实现方式为:

(1)查找停车场:通过高德、百度、腾讯等地图查找,或电话询问目的地,或在路面上直接查找。后两种方式均效率低下,而目前地图对停车场的数据如关闭、搬迁、新设等信息有更新滞后的情况,停车场中车位的数据大部分是通过潮汐规律进行推算,而非实时展现,因此车主通过地图查找停车场仍存在信息不准确的问题。

(2)进场:刷卡、取卡或取票,部分停车场还是人工取票,越来越多的停车场已经实现进场直接扫描车牌登记、无须再领取凭证,节省了进场环节的时间。

(3)找车位:如停车场位于停车需求高区域,则需花费较多时间寻找空余车位。目前仅部分停车场实时显示本层有多少剩余车位,但往往依然不能显示具体空位所在位置,因此车主仍需自行寻找车位。

(4)停车、办事结束后查找停放车辆:目前仅部分停车场可实现通过微信公众号、App或停车场的智能设备,根据车牌查找车辆所在位置,大部分停车场仍需由车主自行记忆和寻找车辆所停放区域。

(5)缴费:人工收费、系统收费,目前仅有部分停车场可在退场前预缴费(停车场窗口,App 或微信公众号、小程序等事先缴费),一般会花费排队、取卡、计费、还卡、找零等时间。

智慧停车产品的设计,需解决上述过程中每一步的智能化和数据联通问题,一般解决方案为:停车场设备智能升级+微信公众号/微信小程序/App 智慧停车产品+电子支付。具体步骤为:

(1)为停车场铺设智能停车设备(包括车牌识别设备),给停车场进行标准化、信息化、联网化、自动化的升级改造。各停车场的位置、收费标准、车位的数据、车位的具体定位地址、车位被占用情况等数据实时联网。

(2)车主使用智慧停车产品的微信公众号、微信小程序或 App,提供车辆对停车场车位实时使用的信息。

停车过程的实现方式为:

(1)查找停车场:车主可通过产品实时获得周边停车场位置、空余车位数、车场收费标准等信息,并在线上完成停车位预定和目的地导航。

(2)进场:车主的车辆进场时,摄像头主动识别车牌号开始计费,无须设置闸口。

(3)找车位:直接根据导航行驶至线上预定的停车位。

(4)停车、办事结束后查找停放车辆:根据产品显示的车辆停放位置和对应导航,至该位置。

(5)缴费:离场前通过系统支付费用或扣费,实现不停车通过收费闸道。

从用户(车主)角度,以北京悦畅科技有限公司运营的“ETCP 停车”App 使用模式为例说明以上过程为:

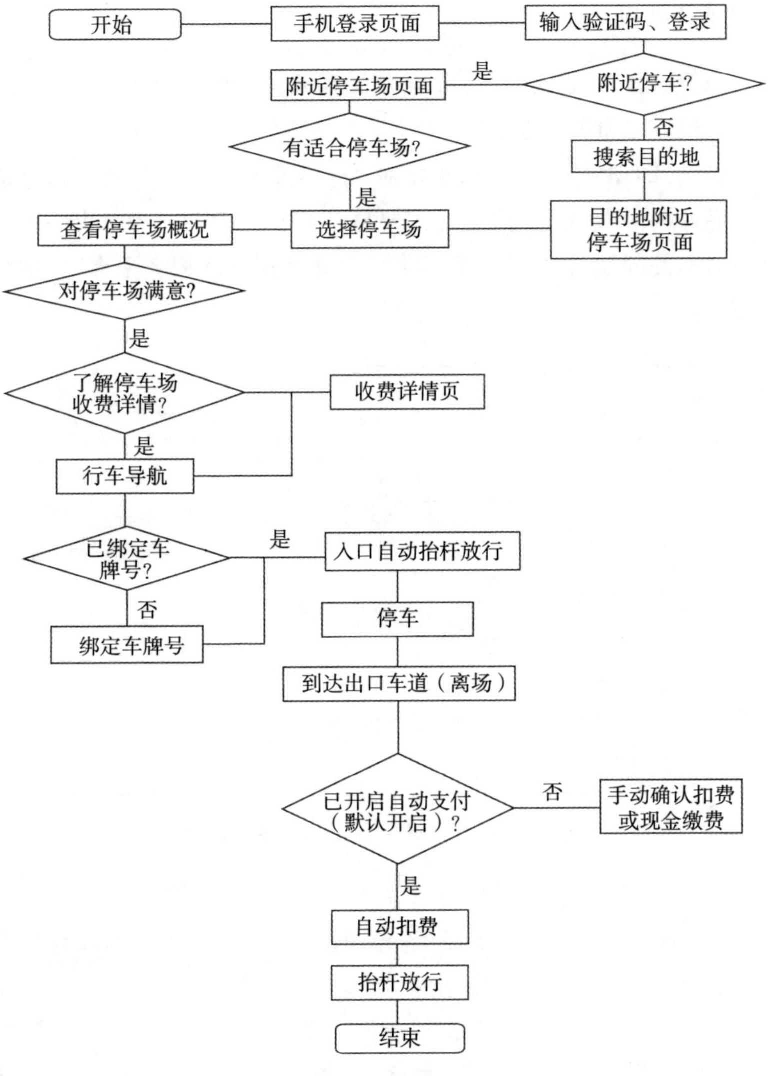

图 6-2 “ETCP 停车”App 使用模式

(四)法律结构

一般而言,智慧停车产品的法律关系涉及用户、技术服务提供方、停车场运营方和第三方服务主体。

仍以“ETCP 停车”为例,根据对 App 实际使用及 ETCP 官网介绍的内容分析,“ETCP 停车”产品主要是以 ETCP 为中心,为解决停车信息不对称的问题,连接停车场运营方和车主的技术服务平台,具体介绍如下:

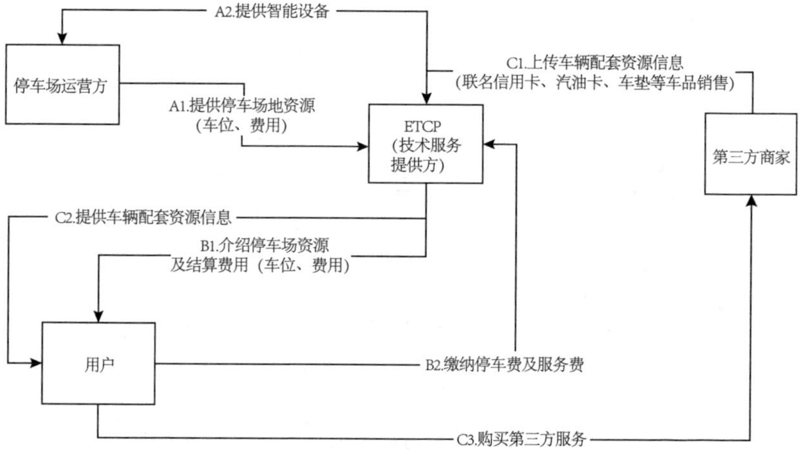

图 6-3 “ETCP 停车”App 主体法律关系

(1)<u>A 阶段:智慧停车产品运营方与停车场运营方之间</u>

智慧停车产品运营方为停车场提供技术服务,为停车场配备智能设备,提供包括车场智慧化升级、场内精准地图、车位导航与反向寻车、智能地锁等全套软硬件系统。停车场运营方通过使用“ETCP 停车”服务,可以提高停车场使用效率,节约人力资源,加速停车场结算效率。

(2)<u>B 阶段:智慧停车产品运营方与车主之间</u>

智慧停车产品运营方为车主提供技术服务,车主通过使用“ETCP

停车”服务,可以搜索目的地附近的停车场信息,包括车位信息和费用信息,同时可以通过车辆图像识别,汽车进出停车场无须停车即可实现电子支付停车费及服务费,App 还会综合距离、车位、停车费用等多方面因素,为车主智能推荐最优停车场。

(3)C 阶段:智慧停车产品运营方、车主与第三方服务商之间

智慧停车产品运营方作为中介平台,引进第三方服务商,为车主提供车辆配套服务。如汽车维修、保养、美容等后服务商业。

(五)合规风险

智慧停车产品的功能实现,主要是通过每一个步骤所收集的数据进行流转来进行。例如,为了实现数据实时更新,智慧停车产品需记录在以上停车过程各环节中车辆的详细信息,其中包括:车牌号、车辆所停放的停车场信息、车辆进场时间、车辆在停车场的具体停放位置、车辆停放时间、车辆出场时间。

以上均属于个人的行踪轨迹信息,如综合几款智慧停车产品,查看历史记录,则事实上可实现“追踪”车辆位置,获知车主的行踪轨迹。有的产品甚至拍摄车辆入场时的照片,可见车主个人面孔,直接定位到车辆驾驶人。

而在智慧停车产品的具体使用方式上,我们可以注意到,有些产品仅要求绑定车牌号后即可使用查询、定位、缴费等功能,出于获取实时更新信息的需要,车主可直接根据绑定的车牌号查询该车辆的具体信息。但问题在于,“绑定车牌”这个操作,到底需要核实何种信息?

当法务人员对产品审视到这个程度后,我们就会发现在此种产品模型下的一个巨大的合规风险:如果绑定车牌号的操作并不足够严谨到真正可以锁定车主或者实际使用人,这意味着,任何人均通过不严谨的“绑定车牌”,实时查询该车牌对应车辆的信息,并进而获知该车主的行踪轨迹,对个人隐私将造成极大威胁。

笔者曾经做过几款产品的测试,在“绑定车牌”这个产品设计上,

有些产品使用的是输入车架号方可绑定,有的是需车主提供身份证号、车辆行驶证等更进一步的具体个人信息方可确认,而最为不谨慎的,甚至也有仅靠车牌号即可绑定的产品设计,极大增加了公民行踪轨迹这种个人敏感信息的泄露风险。另外,越是对隐私保护得严谨,越需要依赖于用户提供的更为精准的其他个人信息与车牌号进行关联,那么法务人员同样应该注意到,精准化和产品的易用度是成反比的:需要用户填写而比对的信息越多,这个产品就越难被用户接受。因此,此类合规业务,往往难度就在找到合规和用户体验之间的那根“金线”。①

相关新闻报道

早在2017年就有媒体报道过《“智慧停车”存安全隐患:用手机就能定位你在哪儿!》,记者曾做过测试,分别下载了三款手机上的主流停车App,几乎每一款应用,都可以通过输入车牌号码,查询车辆的停放信息。在随机输入一些正常车牌信息之后,App同样显示出了这些车辆的停放信息。不过,停车场名称并未完整显示,只显示出“绿×业停车场”的字样。作为普通用户,的确无法从类似的模糊字眼中,得知车辆位于哪家停车场内。然而,在搜索引擎上输入“绿×××业停车场”时,却可以发现页面最下方相关搜索中,已经出现了“深圳绿××停车场”的搜索项,证明已有用户尝试搜索。在另一款停车应用中,懂懂笔记依旧通过随机输入车牌,搜索到了一台停放在“荣×××××××业”停车场的车辆,并显示出其入场时间、停放时长以及费用。通过在搜索引擎上搜索“荣商业”“荣物业”等可能的词语,检索出了深圳一家大型物业公司“荣×物业”。通过该物业官网,可以查看到物业所在地点

① 此处借用了作家冯唐在《大是》一文中的“金线”理论:“文学的标准很难量化,但文学的确有一条金线,一部作品达到了就是达到了,没达到就没达到,对于门外人,若隐若现,对于明眼人,一清二楚,洞若观火。”笔者认为,在合规工作中,同样存在一条这样的和满足业务需求之间的“金线”。

位于福田区福华路的一处花园小区。随后,懂懂笔记顺利找到了停放在该停车场B2层的车辆。当然,有部分物业名称较长,省略部分信息后相似字眼较多,搜索精准结果并不容易。只能在部分名称中有特殊字眼的停车场碰碰“运气”,如“滢××庄”“福××苑”等。但是其中一款停车应用,却连车主的一丁点“隐私”都不留。尽管应用中提示,需要验证才能显示停车场全称。但在公众号端,却可以绑定车牌号,无须验证查看到停车场信息。应用中甚至还提供导航至该停车场的选项。也就是说,任何人下载了该应用,就可以通过该公众号“找到”停放在其合作停车场中的任意一台车。至于那些隐去停车场关键词的App,懂懂笔记也在使用说明中找到了“解锁”方法。①

2019年4月28日,《南方都市报》发表了一篇名为《随意添加车牌,得知他人行踪?停车App被指存在隐私安全隐患》的报道。文章介绍了一家“已遍布国内150多个城市,进驻6500多个停车场”的捷停车App使用过程,也是存在与懂懂笔记报道调查过的相同问题。用户可以在捷停车微信公众号内任意添加车牌,添加后都可以收到相关车辆的出入停车场记录,包括车牌号、停车场名称(隐藏中间字段)、入场时间、出场时间(精确到秒)以及停车时长。

而用户只要拿到行驶证信息,输入车架号、发动机号,验证后就能查看车辆停放的停车场全称。“这样的信息应该只有家人能够得知,但还是会让人感到不舒服。”②在走访中,有用户对此表示担忧,毕竟在验证车辆时,车架号、发动机号等信息都提交给了停车应用,另外以前委托第三方年检车辆时,自己的车辆信息也都可能被扩散出去了。要是这些能证明车辆身份的资料被大范围外泄,可能后果不堪设想。实际上,部分代办车辆年审手续的平台、机构,二手车交易平台,小区停

① 关玮玮、王哲鹏、罗飞:《“智慧停车”存安全隐患:用手机就能定位你在哪儿!》,载荔枝网2017年12月15日,http://news.jstv.com/a/20171215/164631.shtml。

② 冯群星:《随意添加车牌,得知他人行踪?停车App被指存在隐私安全隐患》,载南都App2019年4月28日,http://m.mp.oeeee.com/a/BAAFRD000020190428156925.html。

车证办理部门,都留有车主车辆信息。通过行驶证验证方式查看停车信息,恐怕门槛并不高。

(六)整改示例

笔者以一款市场占有率比较高的“ETCP 停车”App 为例,来展示如何分析该产品的结构。

1. 产品前期模式(5.4.1 版本)

(1)用户必须先使用手机号注册“ETCP 停车”App,在注册过程中,提示存在《ETCP 用户注册协议》和《ETCP 隐私协议》。程序设计不强制点击查看或勾选。

(2)注册成功登陆 App 后,可以通过输入车牌号将账号与车牌进行绑定,最多可添加 3 个车牌,此时“自动支付”状态是自动开启的,且无须进行车辆认证,即可以添加车牌号。

(3)绑定车牌号后,用户可以在 App 的“车位长租”栏查看到长租车位信息,信息含:停车场名称;车位号;车辆数;车位租期的到期日期。

(4)绑定车牌后,用户可以在 App 的主页面看到实时停车信息,实时停车信息是指停在长租车位还是临时车位,停车时长及车位有效期。若是长租车位,则显示租约到期时间;若是临时车位,则显示目前已停时长。

我们可以假设,如果自己作为该公司的法务人员,当初次接触业务部门此种产品设计的介绍,从什么角度开始合规工作?从场景。

在真实使用场景中,很容易得出一个结论:只要知道任何一个车牌号,就可以在这种产品设计模式下得知该辆车什么时间停入了哪个地点的带有 ETCP 设备的停车场。这意味着什么?意味着车主的行踪轨迹的泄露风险暴露在了任何一个得知车主车牌号的人面前。

对于这种产品设计,哪怕不懂个人信息保护相关的规定,只要存在审核流程,法务人员就会发现这种设计存在严重的违法情形,不仅在收集用户个人信息,获取用户同意的流程上存在瑕疵,而且在对个人信息如何利用、如何合理安全展示信息、产品设计等方面存在重大隐患,将用户的隐私也置于危险之中。而且,该产品所显示的信息实际已经超出了个人行踪轨迹的范围:如通过 App 的"车位长租"栏显示的长租车位的停车场名称和车位租期的到期日期,可以推测车主的生活或工作单位地址,结合具体的车位号和停车时长、入场时间等信息,可以对车主进行监控、跟踪甚至实施犯罪行为,直接威胁车主及家人、同行者的人身和财产安全。

这个问题的严重性甚至已经达到了触犯《刑法》的地步。在两高于 2017 年 5 月 8 日发布的《关于办理侵犯公民个人信息刑事案件适用法律若干问题的解释》中就明确指出,"公民个人信息"是指以电子或者其他方式记录的能够单独或者与其他信息结合识别特定自然人身份或者反映特定自然人活动情况的各种信息,包括姓名、身份证件号码、通信通讯联系方式、住址、账号密码、财产状况、行踪轨迹等。该解释明确将行踪轨迹单列出来作为最重要的个人信息。而非法获取、出售或者提供公民个人信息,在《刑法》第二百五十三条之一规定的"情节严重"的认定标准上,通常"非法获取、出售或者提供"信息的数量要求一般为五百条甚至五千条以上,但行踪轨迹信息只要求"五十条以上"。而且,与同属于"五十条以上"这一档的"通信内容、征信信息、财产信息"相比,在"出售或者提供"信息的条件上,行踪轨迹信息只要满足"被他人用于犯罪的"客观条件即构成"情节严重",而其他信息还需要满足"知道或者应当知道他人利用公民个人信息实施犯罪"的主观条件。

从这些规定,其实我们就能看出问题的严重性。但是不是意味着这个 App 就根本不应该存在呢?不是。

该款产品实际上期望解决的痛点,是真实的、阻碍社会生活某一方面的运行效率的障碍。这个痛点在传统业态中并无最优解,要么不加解决,要么只能投入更多的人力资源(如停车场引导人员、技能更娴熟动作更麻利的收费员),而且效果还未见得好。所以,产品运营方的商业目的本身是合理而且有存在价值的,[①]只不过,这个产品架构存在严重问题。

如前所述,当审查产品结构并发现问题时,我们需要先行了解,目前这个存在问题的结构,到底设计目的是什么。这种“输入车牌号就可以绑定车辆并获知相关信息”的设计,其实目的并不复杂,就是为了对停车应用的验证设置一个较低门槛:用户只要扫描二维码进入支付页面,输入车牌号码,即可支付停车费用。而如果采用较为严格的合规策略,“如果扫码关注公众号、下载软件之后,在(再)引导用户提交相关验证材料,过程会变得十分烦琐”[②]。这对于停车 App 的运营推广、用户拓展都是不利的。即面对停车市场激烈的行业竞争,App 的易用性才是运营方考虑的首要因素。

2. 合规后——改进版本(5.5.0 版本)

(1)用户必须先使用手机号注册“ETCP 停车”App,在注册过程中,提示存在《ETCP 停车用户服务协议》,不强制点击查看,但强制点击勾选,相比之前,用户协议的存在感更强。

(2)绑定车牌号后,用户可以在 App 的“车位长租”栏查看到长租车位信息,但停车场名称和车位号已做脱敏处理,这个脱敏处理相比较之前新闻里的隐去某些字段但能通过搜索引擎或产品界面补全信息的做法,更为彻底,无法通过该信息识别具体的停车场和车位,仅显示车辆数以及车位租期的到期日期。

(3)绑定车牌后,用户可以在 App 的主页面看到实时停车信息,包

---

① 有一些产品的设计目的本身就是非法甚至是犯罪的,如利用区块链方式来开设网上赌场等。这种形态的产品,无论如何调整其交易架构,本质上都是犯罪行为。这类产品,并不是本书所要强调的产品合规的目标,它属于“无法合规”。

② 《在隐私与便捷之间,停车 App 难做抉择》,载搜狐号“创业家”2019 年 1 月 10 日,https://www.sohu.com/a/287962020_100188883。笔者注:原文即为“在引导”,应为笔误。

括车位类型即长租车位(显示有效期)或临时车位,停车时长。同样,停车场名称已做脱敏处理。

(4)缴费记录显示出入场时间和停车时长,但停车场名称已做脱敏处理。

3. 版本对比

对比“ETCP 停车”App 的 5.4.1 和 5.5.0 版本,可以发现有如下几点的改变:

(1)绑定车牌后展示的信息内容

在 5.4.1 版本中,只要知道车辆的车牌号,就可以通过“ETCP 停车”App 查询到在 ETCP 签约停车场的长租车位信息,而且信息的具体程度已经到了明确的停车场名称和停车位编号。车牌信息是车辆向外公开展示的信息,其比手机号和微信号更易获取。

而更新到 5.5.0 版本后,账号绑定了车牌号后,虽然仍然显示长租车位信息,但具体的停车场和车位信息已统一以“ETCP 停车场”和“ETCP-长租车位”代替,无法获知具体的车辆停放位置信息。

(2)用户协议提示方式

在 5.4.1 版本中,用户协议虽然在用户登录前已告知其存在,但无强制勾选或点击查看的要求,根据用户使用 App 的常态和场景可知,可能是不会注意到用户协议的。

而更新到 5.5.0 版本后,用户必须要勾选同意《ETCP 停车用户服务协议》才可继续注册使用产品,起到了必要的通知效果。

(七)最终启示

即使是如“ETCP 停车”这类智慧停车领域中市场占有率较高的公司,也可能出现个人信息泄露问题,而更多同类服务公司甚至处于“用户信息裸奔”的野蛮发展阶段。完全可以想象,公司在面对停车市场激烈的行业竞争时,为了运营方面的考量,运营层有强烈的动机罔顾法律要求的基本原则,在具体的产品设计上以“经济利益优先”作为最高原则,将 App 的易用性放在首位,从而忽视产品的安全性,即使该产品甚至涉嫌直接触犯法律。但从上述事例我们同样也可以看到,其实易用性和合规性并不是不可兼得,在对产品设计细节进行相应合规处理后,产品对用户的个人信息和隐私的保护水平得到了显而易见的提升。而且,这种产品改造的技术难度其实非常低,对产品的易用性也没有本质上的损害,完全是可以在产品设计之初就进行规范性设计,从而避免出现涉嫌违法甚至是犯罪的情况出现。

正如本书之前一再强调的,具备问题意识是解决问题的前提。对于一些比较前沿的领域,在个人信息保护问题上,负责设计产品的产品经理并非法律专家,很可能对于涉及“姓名、身份证和手机号”等直接指向个人身份的信息有一定保护意识,但对于“个人行踪轨迹”这种需要结合其他信息指向个人身份的信息保护意识不强。如果问题意识不强,又不将该需求发送给法务人员进行评估,那合规工作就根本无从启动,更不用说解决潜在的法律风险。

前述产品的版本更迭过程恰好说明了,即便在看似简单的公司单体商务活动(对车辆绑定方式的设计和相关信息的展示设计)中,合规工作也应该是一个必备的环节。公司应当通过制度和流程的设计,而不仅仅是依靠业务人员的问题意识水平,来保障自身经营的合法性和安全性。

遗留问题:此类产品除了上述个人信息泄露问题,在个人信息保护方面还有什么风险?

参考:目前针对智慧停车领域(非停车场运营),尚未有监管措施,尤其是在涉及大量敏感的行踪轨迹信息领域,对服务公司未设定特别的准入资质和条件。任何公司都可以与停车场签订服务协议,提供智慧停车的技术服务,从而获取大量个人信息。因此,即使服务公司通过修改产品界面,减少了产品直接泄露个人行踪轨迹信息的风险,服务公司因自身安全系统和安全意识问题而泄露全部个人信息的风险仍存在。

二、习题 2:水滴直播

(一)背 景

2017 年 12 月 11 日,一篇名为《一位 92 年女生致周鸿祎:别再盯着我们看了》的公众号文章在网上广泛流传。根据公众号文章内容进行简单的检索可知,使用 360 智能摄像机(下称“360 摄像头”)产品的用户,能够通过一款名叫“360 智能摄像机”的移动互联网应用程序(下称“App”),进行手机远程实时查看摄像头监控画面,与此同时用户还可以通过 App 将监控画面上传到 App 内置的“水滴直播”栏目中,供使用该 App 或水滴直播(https://shuidi. huajiao. com/pc/index. html)网页版的其他用户观看。从该文章作者所述的在餐厅、健身房、网吧等常见的公共区域实地调查来看,身处其中的顾客并未意识到自己的一言一行已通过监控摄像头传输到了互联网,可被不特定的第三人观看。

12 月 12 日,水滴直播团队通过官方微博发表了声明,声称:“购买 360 智能摄像机的商家如果要开启使用水滴直播模式,必须要进行实名注册,所拍摄的内容必须无任何其本人或他人的个人隐私,并确保拍摄内容健康,不触犯法律……一直对用户提供的直播画面、图片和评论进行严格的审核,并建有一支将近 100 人的审核员队伍,每天 24 小时对直播内容进行审核把关。”

12 月 20 日,水滴直播产品团队发布《水滴直播关闭公告》,称:“由于内部业务调整,水滴直播自即日起停止运营。360 智能摄像机将专注提供可靠的安防监控功能,继续为用户提供服务。”在公告中,附了一封《水滴直播产品经理的反思》。在该文中,产品经理描述了水滴直播的出台过程,并提到了从管理和技术上对于加强产品合规性的努力,如增加直播流程的复杂度、给商家提供张贴标识、尝试通过人脸识别技术来模糊处理,最终决定关闭直播功能。

在产品经理的反思中,有一段话:“我们公司有个文化,是‘用户至上’,所以360智能摄像机的用户需要直播,我们就提供了直播,当这些用户直播对他们的顾客产生困扰时,虽然这些顾客不是我们的直接用户,但我们的确也应该关注、考虑他们的感受。这是水滴直播的社会责任,我们没有做好这一点,我们必须承认这个错误,也希望改正这个错误。”

对于产品经理来说,“用户至上”是自然逻辑,但如果这个产品在设计时,有法务人员参与把关,是否就不会出现此类风险?因此将这个产品作为一个案例,提供给各位读者讨论:这个产品的合规风险点并不难寻找,但如何能通过设计改进产品的合规性,是一个开放性的问题。

(二)商业模式

通过360社区[①]和360商城[②]对360摄像头产品的介绍,若想在水滴直播平台上进行直播,必须使用到以下产品或服务:

表6-4 水滴直播平台使用产品或服务统计

产品/服务	提供产品/服务的法律主体
360智能摄像机	北京视觉世界科技有限公司
360智能摄像机产品软件(App)	北京视觉世界科技有限公司
水滴直播平台	存疑

① 360社区是360粉丝大本营,集360互联网安全软件、360手机、360OS、智能硬件、好奇者试用于一体的粉丝交流社区,http://bbs.360.cn/。

② 360商城是一家智能硬件体验平台,这里能免费试用智能硬件,查看全方位试用报告,还可以预约、抢购并体验新上市的智能产品,https://i360mall.com/。

而直播的参与主体至少有:

表 6-5　水滴直播平台参与主体统计

主动参与者	使用 360 摄像头的用户
	App 服务提供者
	水滴直播平台服务提供者
	观看直播的观众
被动参与者	直播画面中出现的人

通过 360 社区《【大风车大课堂】之开启和关闭水滴直播的操作方法》[①]中的介绍和 360 独家回应文章[②]可知,开通直播需要如下操作:

(1)注册一个 360 账号用于登录 App,并成功连接一个 360 摄像头;

(2)用户确认开通直播前还需要额外三步确认,分别是:我同意让陌生人看我的直播、我保证直播的内容健康合法和我已阅读并同意直播协议。

就目前来说,并无公开材料证明 360 摄像头在连接 App 后会自动开启水滴直播,从开通程序上而言,并无可归责之处。但根据《互联网直播服务管理规定》,作为互联网直播服务提供者具有相应的监管义务,水滴直播服务的提供主体存在重大疑点。

经检索发现,水滴直播有独立的 PC 端,但并无独立的 App,目前是 360 智能摄像机 App 以 App 内部频道的方式展现。首先,根据常

---

① 可见 360 社区,http://bbs. 360. cn。

② 《360 独家回应监控视频被直播:用户自主操作默认关闭》,载腾讯网 2017 年 12 月 12 日,http://tech. qq. com/a/20171212/017899. htm。

识,除 App 内有特殊说明外,App 的运营方即是 App 中服务的提供方。经查询,360 智能摄像机 App 的运营主体是北京视觉世界科技有限公司,但根据该 App 提供的《360 智能摄像机产品软件许可协议》4.1 条,又特别强调了“水滴直播”是一个“第三方服务”,“水滴直播”在 App 的 UI 设计上给使用者留下了“这就是 App 提供的服务的一部分”的感觉,但实际上是另有其他主体在运营。

查询水滴直播 PC 端,依据水滴直播网页下方提供的网站公安备案和域名备案号查询后得知,该备案号对应的主办单位主体是:北京密境和风科技有限公司,备案网站是花椒网(http://www.huajiao.com/),即花椒直播。但令人费解的是,花椒在腾讯科技公众号 12 月 13 日发表的《水滴直播风波背后:监控的越界与危险的直播》文章中“回应腾讯科技称,水滴科技是 360 的,与花椒没有直接关系,水滴是 360 IOT 的一个硬件产品,360 是花椒的投资人”。

综上,结合该声明和花椒的投资关系,以及从发表官方声明的水滴直播微博的认证主体来看,深圳市奇虎智能科技有限公司才是水滴直播服务的真实运营主体。

(三)产品分析

水滴直播作为通过互联网向上网用户无偿提供具有公开性、共享性信息的服务活动的从事非经营性互联网信息服务的主体,根据《互联网信息服务管理办法》第八条,从事非经营性互联网信息服务,应当向省、自治区、直辖市电信管理机构或者国务院信息产业主管部门办理备案手续。互联网信息服务提供者应当在其网站主页的显著位置标明其经营许可证编号或者备案编号。因此,实际上深圳市奇虎智能科技有限公司是借用了自己子公司的备案编号来运营水滴直播。

当然,这种借用资质的形式合法性问题并不是本次事件的关键,而是奇虎公司作为互联网直播服务提供者需要遵守的《互联网直播服务管理规定》。①

奇虎公司及周鸿祎本人的回应均明确强调,商家如果要开启水滴直播模式,必须要进行实名注册。但这里混淆一个概念,依法“互联网直播用户”和“互联网直播发布者”这两类身份适用不同查验标准——依法“互联网直播用户”仅需通过手机号码实名注册,但在水滴直播的商业模式里,商家并不是“互联网直播用户”,而是“互联网直播发布者”,平台方应当“进行基于身份证件、营业执照、组织机构代码证等的认证登记”,而不仅仅是所谓的手机号实名注册。问题恰恰在于,从目前检索到的资料来看,商家通过 App 开通直播的过程中,水滴直播并未按照前述办法的规定进行相应的查验。

还有一个问题:从水滴直播平台的视频来看,其中有大量的直播界面是指向公众场合,而不仅仅是商家拥有经营权和一定控制权的室内空间,即便平台对商家依法进行了认证登记,商家也按照水滴直播的要求张贴了警示,即使不考虑这个警示在店内空间的法律效力,其实也存在重大瑕疵,这种警示不可能对公共场所生效这一点是显而易

① 第十一条 互联网直播服务提供者应当加强对评论、弹幕等直播互动环节的实时管理,配备相应管理人员。

互联网直播发布者在进行直播时,应当提供符合法律法规要求的直播内容,自觉维护直播活动秩序。

用户在参与直播互动时,应当遵守法律法规,文明互动,理性表达。

第十二条 互联网直播服务提供者应当按照“后台实名、前台自愿”的原则,对互联网直播用户进行基于移动电话号码等方式的真实身份信息认证,对互联网直播发布者进行基于身份证件、营业执照、组织机构代码证等的认证登记。互联网直播服务提供者应当对互联网直播发布者的真实身份信息进行审核,向所在地省、自治区、直辖市互联网信息办公室分类备案,并在相关执法部门依法查询时予以提供。

互联网直播服务提供者应当保护互联网直播服务使用者身份信息和隐私,不得泄露、篡改、毁损,不得出售或者非法向他人提供。

第十三条 互联网直播服务提供者应当与互联网直播服务使用者签订服务协议,明确双方权利义务,要求其承诺遵守法律法规和平台公约。

互联网直播服务协议和平台公约的必备条款由互联网直播服务提供者所在地省、自治区、直辖市互联网信息办公室指导制定。

见的。一般来说,在公共场所设置的摄像头,录制画面的传播范围应仅限于设置摄像头的主体及权责机关基于法定义务获取。那么,在这种已经涉嫌大规模侵犯不特定公众的隐私权的商业模式下,平台方应该采取什么合规措施,才能视为达到了必要而合理的程度?

后续问题:水滴直播关闭后,又有新闻称,有人在网上兜售 360 水滴摄像头所拍摄的私密视频内容,并且数量庞大。视频拍摄范围是在家中、酒店等并非属于直播范围的区域,未经用户允许,在网上销售此种视频的行为肯定是违法的。对于这种可远程查看实时视频的监控设备,应如何对视频的存储、传输等环节进行设计,以防范此种风险?

第七章　公司法务的运营优化

受制于公司整体战略、架构和定位不同,受限于各公司法务部门负责人的能力和观念差异,一个公司的法务部门的组织架构、嵌入公司业务的流程等均自然会各有特色。在本章,本书仅仅描述限于执行层面的、较有通用性的具体法务部门运营优化范畴,试图探寻法务部门作为一个独立的公司运营模块,如何优化结构和运行流程,实现法务输出的效率和质量。

本书将法务部门运营优化拆分为合同管理、流程管理、数据管理和技术管理四大模块。

合同管理主要指合同模板库的管理,合同模板在此做广义解释,包括公司业务合同、业务流程配套文件等业务开展必需的文件,公司财务、人事等其他部门的合同,公司知识产权、信息保护、产品合规等与法律相关领域的文件等。

流程管理主要指对法务相关流程的管理,包括法务部门的公司内部对接流程(法务部门与公司业务等其他部门关于法务需求处理的对接流程),法务部门内部的工作流程,以及法务部门与公司外部律师的对接流程。

数据管理主要指对法务工作数据的管理和分析,包括设置法务数据的采样原则、分析维度,对法务数据从各个维度进行分析总结,并实际应用于法务工作的改进、公司的业务开展和管理工作的改善,甚至为公司的战略发展提供参考。

技术管理主要指对法务技术工具的选择及管理,包括公司内部的法务工作系统,以及第三方的辅助技术工具,如外部数据库、共享云盘、任务管理工具等。

第一节　概　　述

一、意　　义

公司尤其是新兴行业的公司开展法务运营优化有什么价值？我们可以从公司发展进程中的风险管理来看待这个问题。

(一)公司发展的初期阶段

对于创业公司而言,早期的目标是“活下去”,保证公司的流动资金可以支撑公司正常运转。从产业角度(不考虑人力、研发等角度)来看,公司是整体产业链中的一环,在产业链条中资金从产业上游流动至下游,从公司客户流入、从供应商流出,由此对流动资金的保障需通过资金两端进行,即“开源”和“节流”。在这个过程中,法务部门的重要作用,一是保证公司资金“开源”之初的努力(签约、履约)最后能获得回报——应收账款到账,即控制呆坏账风险;二是保证公司资金“节流”,控制履约成本尤其是控制违约成本(对客户和供应商的违约责任)。

在这个过程中,法务风险管理能起到什么作用呢？以控制呆坏账风险为例,当公司通过正常的商务沟通无法催款到账时,即出现呆坏账风险,呆坏账风险的来源可以简要分为主客观两种:

(1)客观原因

如整体经济形势恶化、整体行业发展处于下行阶段、监管政策收紧等,导致行业发展萎缩,客户资金紧缺、拖延付款甚至无法付款。

(2)主观原因

即客户自身的原因,如因客户自身运营发生问题、客户交易对接人发生变动、客户内部风险控制加强、对款项支出进行更严格的限制等,客户可能以未严格履约、不合规等各种理由拒不付款。

如果公司在此前开展了良好的法务管理,从合同签订至履约至催款等各阶段均防范了潜在风险并留存证据,在客户不付款时,可以凭借相关证据在催款谈判中处于更有利的地位,或在通过法律程序索款时提高胜诉率,从而减少应收账款最后成为呆坏账的概率。

此外,对于创业公司而言,严谨而有效的风控流程也是公司信用的一张"名片",有助于提高公司在客户和供应商处的信用评级,从而有利于公司获得更多交易机会。

(二)公司超越创业期以后的阶段

公司进一步发展,规模扩大、市场扩张和创新增加后,需要成熟、系统的运营模式来保障公司持续稳健发展。在这个阶段开展法务管理,明确各项流程,加强公司运营的规范化、标准化,不仅是为了控制公司的法律风险,也是为了处理大公司层级过多、沟通效率过低的问题,保障和提高运营效率。

二、原　　则

法务运营优化的原则是:寻求法律风险防控和业务开展之间的平衡,即以保留一切法律上有效的证据为基本原则,以不妨碍业务正常运行为首要前提。

"不妨碍业务运行"在前面章节已多次论述,此处主要解释"保留一切法律上有效的证据"的基本原则。从公司业务开展的角度,业务的风险控制流程是业务合同签订和履行过程中层层递进的一整套体系:

【合同签订——合同履行——验收催款】——证据保全。

合同签订前:

(1)需对合同相对方资质进行审核,由法务/风控部门确认资质符

合要求;

(2)财务/风控部门对客户/供应商信用进行分级,判断项目财务风险;

(3)法务和财务部门对合同条款进行审核,判断项目风险大小。

合同履行过程:

(1)业务按照业务规范和流程开展项目,按照合同约定履行合同;

(2)财务按照合同约定的付款条件,安排项目的收/付款、开票、缴税等工作。

验收催款:

(1)业务按照合同约定,对项目开展验收/要求交易对方对项目开展验收;

(2)业务和财务对项目进行催款,应收账款到账。

一旦项目出现纠纷,就需要依据我方履约情况判断我方胜诉概率和风险,从而决定采取何种争议解决方案。而在以上从合同签订至验收催款的全部阶段,所保留的利于我方的证据越多,胜诉概率越高,我方在争议解决中的主动权越大。因此,有效的法务管理,需要尽可能保留以上业务风险控制流程中的所有证据。

三、标　　准

(一)顺畅高效

法务运营的优化方式,应符合以下标准:

1. 符合逻辑

按照业务开展的流程来设置支持业务的法务流程,以合同管理流程为例,如果在公司内部,合同签订前的审查流转顺序为:业务——法务——财务——业务,则应按此进行对应的法务流程设置,以保障流程的顺畅。

合同管理中的业务合同模板库建设,应按照公司主营业务和配套业务的不同类型设计模板库架构,按照业务实践的特点设置合同模板的内容。

2. 简洁清晰

法务流程的步骤应尽可能简洁,各项要求和指令应清晰准确,便于执行人员理解并按此执行。设计法务和其他部门的对接流程时,尽可能将需要某个部门采取行动的环节集中设置,以缩短审批链,提高执行效率。

合同模板库的架构应尽可能明晰,通过图示/清单等展示架构,以便于业务人员选用正确的模板文件。

3. 信息齐备

在流程的运转过程中,信息越齐备,操作人员需要思考的空间越少,流程的智能化程度越高。智能化的流程可有效减少沟通的冗余成本,提高流程运转的效率。

在法务对接流程中,预先设置需要对接人员选择/填入的信息类型、提供的材料名称,对接人员只需要选择/填入具体信息,按指示下载模板填入信息或上传材料,便于对接人员操作,并免去因理解有误而导致的返工。

在审批流程中,尽量保证审批人员及时获知本环节决策所需的全部信息,保证前一环节中的有关信息可自动同步至下一环节。

合同管理同理,合同的模板中需要业务人员填入的信息尽可能少,需要根据交易实践修改的内容尽可能少,可减少后续的合同审核、沟通工作量,提高审核效率。

(二)权责清晰

这一标准主要针对流程管理。任何一项制度只要涉及多人甚至多部门执行,就必然涉及权限划分,没有清晰的权限划分,再完善的流程也将失去它的真正战斗力。

法务流程涉及公司多个部门,需要明确流程运行中的各部门权责。具体而言,在法务流程中,应根据不同部门的不同特性,预先设定在特定情形下,业务部门、法务部门、财务部门、其他部门,对于什么环节有发起权、决定权和修改权。如果某个环节需要协调各部门,而各部门负责人意见不一致,应由何种机制/层级作出决定。

当然,应在公司内予以明确,法务整体流程应由法务部门负责制定和维护。

(三)及时更新

公司运营管理是动态的,公司法律风险随公司业务开展、客观环境(包括立法、司法、执法情况)变化而变化,因此法务管理模块设计完毕后,在实际运行中应及时调整和更新,以符合公司运营管理的最新需求。

同时,这也反过来要求,法务管理模板在设计时,即应考虑如何保证后续可在尽量不影响公司管理和业务开展的前提下,灵活调整。

(四)高度智能

"现代企业的大部分管理问题可通过技术解决",这一点同样适用于法务管理。事先设置的制度和要求再完善,不能落到实处也仅是空壳一个。如果仅有一个个书面(即使是电子版)的制度、文件,容易被忽略、遗忘,不被执行。因此最佳方案是,将法务管理的各部分模块化、技术化,嵌入公司的办公系统中。例如,将法务流程融入公司业务和其他事务的系统中,业务人员和其他部门人员在操作系统时即执行了相关法务流程,无须寻找、记住法务流程要求;将合同模板嵌入流程中的对应环节,执行人员在操作该环节时可直接调用模板,无须再去模板库中查找、选择。通过高度智能化来保证法务管理的各项设计和要求的可操作性。

四、阶　　段

进行运营优化时,需要考虑到各种阶段对于风险的管理,是一个随着项目立项、推进和善后的动态流程,而不是一个静态的指标。

(一)立项之初

以业务项目的法律风险管理为例,事先管理主要在项目立项和合同签订环节进行设置,如:

(1)在业务项目的立项报批流程中,明确业务人员需提交的全部材料,并确认材料齐备无误后,审批立项;

(2)起草、审核合同时,设置自我保护的合同条款,防止不能回款的风险;

(3)如有特殊原因需先开始项目,再经过合同审批流程、签订书面合同,至少要求交易相对方先出具授权联系人文件,由对方的授权联系人以书面形式确认各项具体沟通事宜,以保证如在纠纷发生时、没有书面合同的情况下,可以项目沟通作为有效证据,证明项目履行情况。

(二)项目推进

主要在项目具体执行和合同履行环节,进行法律风险的事中管理,如:

(1)业务人员应按照合同约定执行,如果实际执行中与合同不一致,则需修订合同以符合实践;

(2)业务人员在项目执行过程中,应特别注意在合同审核阶段法务人员特别提示的风险以及相应的风险缓释建议;

(3)业务人员应尽量以书面形式与客户沟通,保留好与客户的沟通往来记录,以留存证据。

事中管理与事先管理通常是配套执行、前后呼应的。例如在合同签订阶段,确认实际项目执行中客户对接人仅以邮件形式与我方沟通,则应在合同中明确约定邮件沟通形式有效,并写明有权代表双方公司进行沟通的邮箱地址。并且一定要嘱咐业务人员,在对方对接人变更时,需要让原对接人发送邮件确认人员变更等情况,保证后续沟通的效力。

(三)事后处理

事后主要是指出现纠纷后的争议解决阶段。需要认识到一个客观事实是:没有绝对完善的风险管理体系,纠纷的发生是必然的。因此,需要设计好纠纷出现后的应对机制,如:

(1)及时采取补救措施,一是在现有基础上尽可能地减少损失,二是作为减损证据以争取法院减轻己方的违约责任或过错责任分配;

(2)根据事先和事中风险防范中留存的各项证据,开展风险评估,并据此制定争议解决方案;

(3)对于同样的证据,会有不同的处理路径,进而导致不同的结果,需要高水平的诉讼策略。

在事后控制阶段,主要的决策依据是此前事先和事中工作中留存的各项证据,因此纠纷解决实际也是对事先和事中风险管理水平的检验。

事先管理风险最有效,但对设计者的要求高,需通晓法律、业务和管理,熟知本行业法律法规和行业规范,理解本行业和本公司的业务,熟悉公司管理和运营的总体架构和各环节,能够综合各项因素、总体把握公司的法律风险,进行风险管理设计,根据行业发展趋势、法律前沿领域的研究成果,预测未来的法律风险,提前布局。

如果事先风险管理体系一次性设计到位的难度过大,也可以采取"蜘蛛网"式的设计逻辑,由一个核心点层层扩展、先点后面,从事中管理和事后控制中总结各种经验教训,不断补充进事先管理机制中,动态完善整体风险管理体系。例如，公司法务在处理完毕任何纠纷后，应当及时对纠纷进行复盘，总结争议解决过程中法院或仲裁机构认为的对己方不利的事实（一般都是缺乏特定证据），并提出对业务执行流程的整改意见，补全或修改已经暴露问题的节点，从而确保在之后消弭此类风险。本书作者之一曾在某家配合度较高的顾问单位进行过此种尝试，保障了这家行业头部企业在六七年内纠纷案件全胜的局面，并使得后续法务可以完全自行接手业务合同纠纷的处理。

第二节　合同管理

鉴于市面上已经有大量关于合同起草、审核的指导书籍，本书不再就此领域重复说明。本书将在本章集中说明合同管理中容易被忽视的一面：合同模板库整体起草和维护的方法，尤其是如何搭建合同模板库的架构。

一、合同模板库的意义

（一）保障己方利益、减少己方风险

从商业角度考虑，合同的本质，就是在交易中的一种通过书面设计事先保障己方利益、减少己方风险的凭证，是未来出现争议时裁判者作出认定的基础性文件。

通过合同保障己方利益的实现方式分为两步：

（1）在合同条款中充分体现己方利益

合同中需约定，己方要求对方应履行的义务、希望对方能作出的承诺、己方在交易中应拥有的权利、己方通过交易可获得的利益，约定越详尽越好。

(2)在上一步基础上,加强合同对对方的约束力

通过设置违约金、赔偿责任等条款,增加合同的约束力,保证对方按照合同约定履行,从而保障合同约定的己方利益得以实现。

通过合同减少己方风险的实现方式:

(1)降低己方的违约金、赔偿责任;

(2)设置对方追究己方违约责任的障碍,增加对方通过诉讼等方式追责的难度;

(3)增加己方的解约自由度,如设置某些情形下己方的单方解约权,同时尽可能限制对方的单方解约权。

由此,对合同的相应要求为:

(1)条款设置上

表面上双方公平,如双方权利义务条款的数量差不多,均有违约金、赔偿责任条款;通过设计具体表述,事实上增加己方权利、减少己方义务、加强对方责任。

(2)结构设计上

对己方的利益保护散见于合同各章节、各具体条款中,不易察觉;各条款应前后呼应,避免冲突、遗漏或表述不一致,如要求对方履行义务的条款,需配套对应的违约责任条款,以约束对方履行义务。

那么,如果是交易相对方来提供合同,可能实现以上己方期许的合同价值吗?但凡有过合同修改经验的即可知,修改合同是在已有框架下进行调整,能做好"排雷"即已不易,"挖坑"需要的时间成本高,甚至需要对合同结构进行大刀阔斧地调整,稍有不慎还会造成合同整体混乱。因此,通过修改合同来实现合同价值,是不得已的选择。如需最大限度地实现合同价值、尽可能满足上述合同要求,己方需在交易中掌握对合同的主动权,争取由己方提供合同文本的机会。

争取机会的筹码,除了交易中己方的地位(由商务决定,法务基本无能为力),还包括合同文本的匹配度。如己方合同模板库分类丰富、内容全面,有针对各项业务特点定制的合同模板,则在某项交易中,如

对方仅有符合此种交易的通用性合同模板,未能细化至本类项目,在己方合同模板内容翔实、结构合理的前提下,大概率可说服对方由己方来提供合同模板,进而实现通过合同保障己方利益的目的。

因此,合同模板的价值在于通过书面设计最大限度实现事先保障己方利益、减少己方风险的目的。

(二)加速业务推进进程

如项目合同由己方提供,临时起草合同时间长;如使用对方提供的合同,需逐条审核,合同审核反馈速度慢;如直接使用己方公司的合同模板,业务人员只需填入交易的商务信息,无须法务过审,即可直接将合同交给对方,节省己方审核合同的时间和成本。

如合同模板架构合理、内容全面且准确,贴合项目需求,双方改动的内容均较少,可进一步加速合同签约进程。

(三)提升公司的专业形象

提供给交易对方的合同是一种公司名片,合同内容专业、表述严谨、架构合理、格式统一、设计美观,不仅体现了公司法务的高水平,也可以给并非法律专业的商业合作伙伴对接方留下专业、规范的印象,提升行业内的公司形象。

(四)体系化带来的易用性

以上说明了合同模板的价值,从实现价值最大化的角度来说,似乎公司的合同模板越多越好。但在长期的实践中发现,许多公司的合同模板并不少,但并不好用。

如遇到某项交易/事项时,虽然公司有可适用的合同模板,但业务人员难以找到,甚至连法务人员也不知晓本公司有该模板。又如,合同模板修改多次,难以分辨哪一版为最新版本,经常使用还未填补漏洞的旧版。在出现纠纷时,难以确定交易双方签订的合同是哪一版本、是何时的模板,也就难以根据时间确定对应背景,确认当时为什么要设置某条款,后来又出于什么原因修改了该条款,从而无法对争议合同条款给予合理解释,或总结问题并填补漏洞。

究其原因,如果公司仅有一堆合同模板,相当于只有一堆设备的零部件,未经分类,未按一定逻辑排列、组装,并不能发挥其真正效力,反而会因零部件过多、过于散乱,而难以查找和使用。因此,公司不能仅仅制作合同模板,还需将合同模板建设为合同模板库,组成一个整体以发挥最大威力。

建设模板库的过程,类似于将零部件组装为设备的过程,在此之前,需要有一份组装说明书(模板库的架构清单),说明应按照什么形式、什么顺序来进行组装(搭建架构),各零部件(合同模板)应该分别在哪些位置、起到什么作用(合同模板的分类和功能)。然后根据说明书,将零部件(合同模板)一一放置到位,调整磨合(各合同模板的条款相互呼应),最后组装成一个设备整体(统一完备的合同模板库)。

显然,这一过程中,最重要也是最难的工作是制作组装说明书(模板库的架构清单),本书将在以下章节中详细说明如何搭建模板库的各层架构。

二、合同模板库的架构

(一)合同模板库的初级架构——确定制作合同模板的领域

由于合同模板库的制作和维护需要支出大量的人力成本和时间成本,因此在制作合同模板之前,公司需要先选择适合制作合同模板的领域,避免浪费成本。

1. 制作合同模板库的领域的选择原则

在选择合同模板库的领域时,应遵循“单位成本可获取最大收益”的原则。可以从两个角度来理解这一原则:

一是使用频率高。即可以将制作一份合同模板的成本分摊到最多单位,摊薄单位成本。

二是单位收益大。某些复杂或单项业务金额高的合同,如投资协议、项目合作合同,可能使用频率低,但所涉及事项复杂、金额高,制作合同模板,可有效降低单个交易的设计、沟通成本,也能实现单位成本的收益最大化目的。

据此,我们可以确定需要制作合同模板的领域:

(1)使用频率高——仅针对可以使用己方模板的领域制作模板

在确定领域时,主要考虑以下两种因素:

一是交易地位。如前所述,是否可以使用己方的合同模板,与交易中己方的地位有关。某些大型公司或者在交易中处于强势地位的公司一般均要求使用自己的合同模板,且不接受修改,因此公司在为这些公司提供服务的领域,没有必要建立自己的合同模板。这里特别需要说明的是,交易强弱势可能随着不同的交易对手或者交易频率而发生变化,比较典型的就是艺人代言合同。在很长一段时期内,对于很多一线艺人来说,通常经纪公司会要求签署自己的模板,哪怕交易对手是其他行业头部公司,这就是一个典型的示例。

二是行业领域。对于某些行业领域,如办公楼租赁、房屋购买等,通常由中介服务方或物业持有方提供格式合同,且基本不接受修改,公司也无须建立此领域的合同模板。当然,公司也可以换一个角度,改为在以上领域建立合同风险提示模板库。

对于上述公司/行业领域的合同模板,进行风险点的收集和整理,后续就同类型项目或与同一公司签署具体合同时,可直接参考风险提示库提示风险;更进一步,可以在第一次审核相关合同时,就重大风险申请特别批示和豁免,留存风险审批单,后续同类合同可以直接适用该风险审批单,仅提示业务人员在执行中按风险提示做好风险防范即可,从而简便合同签订审批流程。可以随着这些公司/行业领域的合同模板调整、此前项目执行经验和教训的积累,不断更新合同风险提示模板库。

（2）单位收益大——针对主营业务、重点开拓的新业务制作模板

此处对于收益的理解，不应仅局限于“利润＝收入－成本”。扩大市场份额、开拓新市场、提高公司估值、吸引更多融资等，都可以视为某项单体商务活动可带来的收益。对于公司来说，公司的主营业务是主要收益来源，应围绕该领域建立起完整的合同模板组，作为公司合同模板库的主体部分。对于公司重点开拓的新业务，制作合同模板一方面有助于厘清该业务领域的法律风险，做好防范，另一方面有助于厘清商务谈判要点，市场人员在谈判业务时可以参考，从而展现己方人员的专业性、提高沟通效率，有助于开拓市场。

2. 制作合同模板库的领域的分类

公司在选择制作合同模板库的领域时，可以采用多种分类方式：

（1）按文件类型划分

双方/多方主体——合同；

单方——承诺书、授权书、确认函、证明等。

（2）按公司各部门/管理事项划分

业务、市场/运营、行政、财务、人事、研发、技术等部门合同。

（3）按公司的业务划分

从主营业务向上下游延伸。

示例 1

如果公司是一家从事数据分析服务的公司，则主营业务是为客户提供数据分析服务，分为两种模式：售卖标准化的数据分析服务产品，提供定制化的数据分析服务。业务合同模板库的组成为：

①面向客户

产品销售合同、配套产品说明书等；

定制数据分析服务合同，配套定制开发的计划表、项目说明书等。

②面向供应商

辅助软件工具采购合同;

数据库采购合同。

示例 2

如公司是一家从事线上教育培训的公司,主营业务是面向小学一年级至高中三年级的学生提供英语培训服务,则业务合同主要是面向TO C 的用户(学员及家长)协议,模板库的组成是:

①用户注册使用服务协议

用户使用公司所提供的网络服务的协议,包含服务内容、变更、中断、终止,使用规则,违约责任,纠纷解决等一般性条款。

②具体产品服务协议

与公司产品具体服务内容相关的规则,如报名、付款、发票、上课、退课退费、调课、补课等。

③隐私政策

鉴于国家对个人信息保护的要求日趋严格,线上产品的服务涉及学生和家长的个人信息,需按国家标准设置一份隐私政策,向用户说明本产品收集了哪些个人信息,如何保护、使用,尤其是如何保护未成年人信息等。

(4)综合以上各种分类方式划分

①业务——客户合同

销售合同的分类维度:产品类型/产品线;销售平台/渠道;销售模式(直销/经销)……

服务合同的分类维度:服务类型;服务模式(标准型/定制开发型,一次性/长期)……

②业务——采购合同

分类维度:支持主营业务的各采购事项;供应商渠道;供应商合作

模式(常年/单项)……

③市场/运营合同

主要为采购合同,常见类型有:

1)广告投放;

2)举办会议/线下活动;

3)举办线上活动:直播;

4)宣传推广:新媒体KOL采购、宣传物料制作、视频/短视频制作、音乐制作、H5/网站/网页专区制作、影视作品/节目/活动植入等;

5)商业赞助、商业合作、资源置换等。

④知识产权和其他授权许可合同

各类知识产权转让/授权/许可使用;

各类人格权(肖像权/姓名权……)授权使用。

⑤公司内部采购合同

主要涉及行政、财务、技术等事项的采购,可以安排一种通用性的采购合同。

⑥公司内部管理合同

人事:人事管理配套各项合同;

技术:信息安全保密协议等。

⑦公司各项流程配套必备文件

根据公司管理流程而定,如业务合同审批流程可能需要配套对方联系人的授权委托书,财务流程配套付款委托协议、关联证明等。

⑧其他通用类合同

1)保密合同;

2)反商业贿赂和反腐败合同;

……

在设计合同模板库的架构时,公司可以先按照一定分类维度,列出公司合同可能涉及的所有领域,然后再根据"单位成本可获取最大收益"的原则,选定需制作模板库的合同领域,以免遗漏。

(二)合同模板库的次级架构——合同模板的组成形式

确定制作合同模板库的领域后,接下来需就每一领域的每一种合同,具体设计合同模板的组成形式/展现形式。一般来说,合同模板可以分成以下几种形式:

1. 单项型

针对每项具体业务/事项配套单个合同模板。

(1)优点

针对该项业务/事项的具体要求和特点,设置合同条款,高度匹配应用场景;单个合同的结构和内容自成一体、完整。

(2)缺点

将导致合同模板库中的模板数量太多,不易分类,也不易查找;合同之间的关联性不强,合同的灵活性不高。一旦该单个合同的适用场景发生变化,需调整该单个合同的内容或制作新合同,将导致合同模板的数量进一步增加。

2. 混合型

(1)框架+单笔合同

此种混合型所考虑的因素主要为期限,适用于非一次性的、期限较长的合作,如公司与某个固定合作对象的长期合作项目或持续性开展的合作项目。

具体操作上,双方先签订框架合同,再在合同的持续履行过程中,就每次的具体合作签订单笔合同。

合同组成形式为:

框架合同,约定双方合作的内容、合作方式、收付款方式、权利义务、责任等一般性商务和法律条款。

单笔合同(包括订单、确认函等形式),约定单笔合作的具体信息、价款金额、期限、特定要求等商务条款。

①优点

框架合同可设定为一年或以上期限,合作相关的法律条款在框架合同中约定,这样双方在签订框架合同时对条款进行全面性的沟通、修改,一次性确定商务和法律内容。

框架合同签署后,每笔单项订单/合同的内容为纯商务条款,即双方只需在商业上达成合意,即可完成对单笔合同的填充和签署。除有特殊需求外,单笔合同不涉及法律条款、无须再经法务审核。

由此,采用框架+单笔合同的模式,从整体上可简便合作过程中的合同签署流程,提高沟通效率。

②缺点

对于框架合同的制作要求较高,合同拟定人员需熟悉具体业务的合作模式,尽量在框架合同中全面覆盖己方在合作中的风险点;同时,合同拟定人员需要能够合理区分商务条款和法律条款、框架合作内容和单笔协商内容,从而对应设置框架合同和单笔合同,在保障单笔合同签署的简便性时,避免因框架和单笔、单笔和单笔的衔接不当,而遗漏甚至额外制造己方风险点。

(2)通用+单项合同

此种混合型所考虑的因素主要为某类业务/事项的通用性,即从该类业务/事项的各种合同和履行过程中总结、抽象出通用条款,应用于所有属于该类业务/事项的合作项目。在签订通用合同时,一般还需针对合作对象和合作项目的特殊性,配套单项合同/特别条款(以下统称“单项合同”)。

合同组成形式:

通用合同:约定该类业务/事项的具体内容、开展方式、权利义务、责任等的标准/基础商务和法律条款。

单项合同:将该类业务/事项拆分成更为细分的项目,配套针对各项目的单项合同,针对各项目的不同特点,设置特殊的商务和法律条款。

①优点

通用合同设置了针对该类业务/事项的标准性、基础性条款,单项合同是在此基础上增加的特殊性条款,这样在通用合同的基础上,可以产生无数单项合同的变种。这种结构可以保证合同模板灵活应用于某类业务下的各种不同应用场景:如果没有针对某项具体业务的单项合同,则可以直接适用该项业务所属的通用合同;如需细化对该业务的具体约定,则只需就该项业务的特殊要求制作单项合同,配合通用合同使用。简便了就不同单项业务出具不同合同的流程。

此外,这种混合型结构也可以不以合同形式体现,而设置为合同的通用性条款/标准条款+特殊条款,实际应用时,可以针对单项业务的特点,从模板条款中灵活摘选,组成适用于该单项业务的单项合同。

②缺点

这种模式对于结构的设置要求较高,需要从业务合作中抽象出一般性、基础性的条款,作为通用性条款。同时,需要通用与单项合体后才全面覆盖合作风险点。从使用体验感的角度,还需避免通用和单项之间的条款重复,以及单项条款的碎片化。

(3)综合

以上为了便于解析,我们对混合型合同刻意进行了区分:“框架+单笔”是从时间维度上进行的组合设计;“通用+单项”是从空间维度上(领域范围)进行的组合设计。但实践中在使用合同时,实际会综合考虑时间维度和空间维度,因此“框架+单笔”和“通用+单项”并不会严格区分:

①结构混同

如框架合同中大部分是通用性条款,单项合同中则是单笔的特殊要求的体现。

②实际使用混同

如与某一个合作对象就某一类业务展开持续性合作,先签订的框架合同可能即该类业务的通用合同,此后所签订的单笔合同可能即针对该类业务下各具体项目的单项合同。

因此在多数情况下,框架合同=通用合同,单笔合同=单项合同。为此,以下在举例分析合同模板库的次级架构时,为使说明简便、清晰,除非特别提示,“通用合同”即统一指代“通用”和“框架”合同,“单项合同”即统一指代“单项”和“单笔”合同。

(三)合同模板库的次级架构——合同条款的设置

上面笔者说明了合同模板库如何搭建初级架构,所谓初级架构是指,合同模板库应该由哪些合同组成,这些合同应该按照何种逻辑方式排列。

在本部分说明如何设计合同模板库的次级架构,即单个合同的组成内容和形式。请注意,此处分析的对象是在各类合同基础上抽象出的统一原则,并不针对某一类合同,也不包括一些特殊架构的合同。

对于模板库中的单个合同而言,合同条款的设置应遵循以下原则:

1. 体例/结构统一

同一类合同的条款设置结构应该统一。

统一的结构是一种标识,通过结构来区分不同类的合同,有助于在看到合同时,可快速识别该合同是属于哪一类合同,避免混淆应用。

同时,在有新业务或业务变更从而需要调整合同时,统一的合同结构便于批量处理合同调整需求。

比如,需要对多个合同统一调整同一位置的同一条款时,如更新争议管辖条款或送达条款,可快速找到需更新的条款,或者通过技术手段实现便捷化的同步更新。

又如,根据业务实践发现某些类型的业务需要区分设置验收条款时,可以迅速找到验收条款所在位置,并作出差别化调整。

此外,合同是一个完整体,所谓“牵一发而动全身”,修改/增加某一处条款时,还需在合同整体角度考虑,是否需调整其他条款。如增加某一义务条款，需考虑是否设置对应的违约责任条款，或对应要求相应的权利条款。如果同一类合同的体例/结构统一，在根据业务需要处理某一调整需求时，只需选用其中一例典型合同进行条款调整的通篇考虑，调整完后，可以直接套用至其他合同。

由此，统一的结构/体例不仅可以提高合同模板库更新、维护的效率，也可以保证调整时不遗漏某一合同或某一条款，保证调整的一致性，从而提高合同模板库更新、维护的质量。

如果我们对合同条款进行分类，则最简要和最常见的分类方式为：

（1）通用条款

即所有合同必备条款。通用条款可以根据通用的范围，进一步区分为不同层次：

①公司内部的各类合同均可通用的条款

1）合同结构；

2）合同成立和生效、合同变更；

3）保密义务；

4）知识产权；

5）通知送达；

6）法律适用；

7）争议解决。

以上条款的表述基本可以通用，仅需在部分地方设置/调整不同选择。

如争议解决条款，只需要针对主体、地域不同区分设置不同的管辖机构，针对法律适用选择域内法或不同的域外法，其他表述均可一致。

②同类业务/事项的合同通用

在上一层次的通用条款基础上，某一类业务/事项的合同的以下条款一般也可以通用。从另一角度理解，即在公司内部合同条款/体

例一致的基础上,针对不同类的业务/事项,合同通常在以下条款上会有所区别:

1)定义;

2)验收;

3)付款;

4)权利义务;

5)违约责任;

6)保密义务;

7)知识产权;

8)合同解除。

请注意,基于合同的整体性,某一条款的不同,可能导致其他条款均发生变化。例如,将知识产权设置为归属委托方所有还是归属受托方所有,对应的相应义务(包括保密义务)、违约责任等条款均会不同。

(2)特别条款:单笔/单项合同的条款

即基本不具有通用性的条款,从性质上更偏向于商业条款,与单项交易的内容紧密结合。

1)具体业务内容;

2)合同期限/时间;

3)价款金额、分期付款方式;

4)业务环节对权利义务、违约责任的特殊要求。

特别条款可能以多种形式出现:如消极形式,即直接排除对某些通用条款的适用;或积极形式,即增加特别约定。

需特别说明的是,以上举例仅为区分说明通用性和特别性,并不意味着公司的合同通用条款仅限于以上列举的范围。公司应根据自己的需求和公司情况来确定合同通用条款的范围,如公司的财务或审计提出公司对外付款条件(包括供应商所需提交的材料类型等)均需一致,那可以将此作为公司所有采购合同的付款通用条款。

(3)示例

在合同模板库的次级架构示例中,笔者以广告发布代理服务为例进行了说明。如将该示例细化至合同条款这一层级,则在广告发布代理服务合同的次级架构设置中:

①通用合同中的通用性条款

除以上我们所列举通用条款外,在广告发布代理服务中,如广告主和广告发布者、广告发布代理者的广告数据差异应如何处理,出现虚假数据应如何处理、对应的违约责任是什么等内容,是可以从各广告投放模式中抽象出的共性内容,可以作为通用性条款,在通用合同中设置。

②特别条款

在广告发布代理服务中,对于不同投放模式的 KPI 考核标准,以及具体的费用结算方式等内容,一般由业务人员根据具体的投放需求,在单笔交易对应的文件如订单、单笔合同或者附件中设置,这类内容从性质上属于商务条款,应作为特别条款,在单项合同或单笔合同/订单中单独设置。

2. 用语统一

以广告发布代理服务合同为例,在提到业务术语时,应使用统一表述,避免歧义或混同用语,产生纠纷。具体体现至合同条款中:

(1)定义统一

在合同中设置专门的“定义”一章,列举本合同所涉及的所有术语定义。从制作合同模板库的角度,为保证公司所有合同术语定义的统一性,公司可以自己建立术语定义库,在制作具体合同时,直接从库中摘选所涉及的术语,在“定义”一章中展示。

在相应术语有明确法律法规的释义,或国家标准/行业标准的定义时,可直接采用,以便加强与公司外部交流时的可用性,在就定义产生争议时,也可以前述文件来佐证本合同定义的权威性,争取争议解决机构的支持。

如根据《中国移动互联网广告标准》,“广告活动”的定义是指广告主在一段明确的期间里,推出一系列拥有共同主题或讯息的广告,以期建立广告讯息的累积效果,塑造品牌与公司一致的形象,给予目标受众信息刺激,并引导用户进一步产生线上或线下的消费行为;“广告点击量”的定义是指每次广告点击,由访问者端向监测服务器发起一次 HTTP 请求,携带广告活动、广告位、用户唯一标识等信息。监测服务器为收到的每一次请求记录一条点击日志。统计点击日志的总数作为点击量。广告点击监测请求收发的技术要求同广告曝光监测。

(2)表述、指代统一

在合同中出现的表述性或指代性用语应该统一,统一性有两层次:一是合同内的统一性,二是合同模板库中各合同间的统一性。

如在合同中指称本合同时,尽量统一仅使用“本合同”“合同”来代称,或者仅统一使用“本协议”“协议”,避免“合同”与“协议”混用。又如,订单/订货单的使用上也尽量统一用同一种称谓。

3. 格式统一

公司的合同属于公司的对外名片之一,合同的质量高不仅体现在结构排列清晰、符合逻辑,用语统一、无歧义等内容方面,也体现在形式的美感性上。

建议公司内的所有合同,使用统一的格式,以保证公司对外形象输出的一致性。

如有条件,可以对公司的所有文件格式进行设计,并根据不同的文件类型使用不同的格式模板,以丰富公司文件的形象。

同时,建议公司制作文件格式要求标准,指导各项具体文件的制作。

(四)合同模板库架构示例

以上说明了如何按领域确定合同模板库的初级架构,以及如何按合同条款的不同组合形式确定合同模板库的次级架构。在本部分，将选取广告发布服务作为业务例证，分别以广告发布服务公司的客户合同，和一般公司采购广告发布服务的采购合同为例，具体说明如何搭建合同模板库的初级和次级架构。

1. 广告发布服务公司的客户合同模板库架构

（1）主营业务的合同组成

广告发布服务公司与广告主签署客户合同，提供广告发布服务。具体的广告发布内容、发布渠道、费用标准、结算条件、发布效果要求等可能千差万别，但就广告发布事项而言，仍有许多相通的权利义务，因此可以采用通用合同+单项合同的架构模式。具体可以设计为：

①主合同（通用合同）：广告发布服务通用合同

合同内容：

1）服务通用条款

一般包括广告投放的基本权利义务，如广告主要保证有资质，投放的广告内容合法；广告投放服务公司不能数据造假等。此外，保密义务、知识产权、争议解决甚至违约责任，都可以制作通用条款，放置在主合同中。如有特殊要求的，再在单项合同中进行约定。

2）服务内容

可以将公司主营业务的所有服务内容制作成列表，供客户选择或业务根据客户需求自行选择后作为合同附件。这样可以保证服务内容表述的标准化，也是面向客户的宣传，如果此前在销售阶段没有提供全面介绍，客户此前没有某项投放需求（如投放新媒体的需求），在合同签订阶段，看到列表中的相应介绍后，决定增加该项需求，实际也是增加了销售量。

3）服务费用标准

实践中费用类型可能有多种区分标准，如根据服务内容、广告投放媒体、服务人员的类别甚至广告投放的地域不同等，有不同档次的费用标准。

从实用角度考虑,可以将服务费用标准与服务内容结合在一张列表中,即列明所有服务内容项对应的收费项,便于客户知晓并决策是否增项。

4)单笔订单模板

主合同一般为框架协议,后续还会有多次广告投放,此种情况下可以订单形式约定。可以预先制作好针对不同广告投放模式/媒体的订单模板,以便业务人员选用。

②单项合同

在通用合同设置完毕的基础上,可以根据不同广告发布的模式、平台/媒体的具体要求,设置不同的单项合同,单项合同即特殊条款。从实践来看,线下和线上两种不同的广告发布形式对应的广告发布服务的权利义务区别较大,因此可以按此对单项合同进行区别设置。

1)线下广告发布服务合同

根据平台的不同,可以进一步区分为:户外广告发布,报纸广告刊登,在公交汽车/地铁/火车/飞机上发布广告,等等。

2)线上广告发布服务合同

线上广告发布除了广告发布平台不同外,还有技术上的区别,可以根据广告技术的不同发展阶段来区分单项合同。

其一,传统的线上广告发布,选定百度/微博/微信/具体网站等推广渠道来发布广告。

根据各平台的不同广告推广类型,还可进一步细化,如微博可进一步分为微博信息流、微博大V、微博热搜等渠道的投放。

其二,智能化投放,通过DSP、SSP、Ad Exchange等信息化、智能化广告需求/购买集中化平台来进行投放。

(2)从主营业务延展开的业务——增值服务的合同组成

广告发布服务公司通常还围绕广告发布这一活动本身,为广告主提供增值服务，如在广告发布之前，基于长期的从业经验，为广告主的某项宣传活动，制定全套的广告发布方案；在广告发布之中，为广告主审核广告文案，提出优化建议；在广告发布之后，为广告主分析发布数据，提出改进广告投放方案的建议；等等。

由于增值服务是以广告发布为基础，因此仍可以广告发布服务通用合同为主合同，在此基础上增加增值服务的内容。据此，合同的组成形式为：

①主合同（通用合同）：广告发布服务通用合同。

②根据不同内容的增值服务，区分单项合同：

1）提供广告推广方案的建议，就投放渠道、方式、时限、具体费用分配等提出建议；

2）提供广告发布优化的建议，根据广告投放的实时效果，提供优化广告推广方案的建议；

3）提供广告内容优化的建议，根据广告投放的实时效果和反馈，提供优化广告文案和形式的建议；

……

（3）从主营业务向行业上游/源头延展开的业务——广告制作的合同组成

在一些广告发布委托服务中，广告主还会委托广告发布服务公司负责制作广告投放的素材，即广告内容。合同组成形式为：

①主合同（通用合同）

此种服务的类型为制作服务，其权利义务条款的构成与广告发布合同的相应条款差别较大，因此主合同不能适用广告发布服务的通用合同，而应该为制作服务和广告发布服务的上一级，即服务类的通用合同。当然，如果能细化至制作类服务的通用合同，将更具有适配性。

②根据不同制作内容，区分单项合同：

1）按投放形式分：投放至网站、网页、专区、H5 小程序等，制作对应的全套素材；

2)按制作成果的形式分：制作出的成果为图片、海报、视频、微电影、音乐等。

对于各类单项合同，还可以进一步制作配套文件，如工作计划表、验收单等，将制作的细节进一步模块化、标准化，供业务人员选用，提高沟通效率。

(4)从主营业务向外拓展的业务——宣传推广的合同组成

广告发布服务公司在积累一定的客户和媒体资源后，通常不满足于单纯的广告投放代理，而会发展出更多样化的宣传推广的形式，以为广告主提供全方位的营销服务。这样，在广告投放服务之外会产生其他类型的服务合同的需求，合同组成形式为：

①主合同(通用合同)

其他的宣传推广活动与广告投放服务的权利义务差别较大，需适用两者的上一级即服务类通用合同。又由于各类宣传推广活动之间的差异性也较大，对合同适配的灵活性要求高，因此主合同设置在服务类这一层级即可。

②根据不同活动内容，区分单项合同：

1)组织活动、会议类合同，适用于组织推荐会、见面会、研讨会，组织评选、比赛活动，举办展览等；

2)品牌植入类合同，适用于品牌植入影视作品、综艺节目、游戏等；

3)线上直播类合同，这类与其他服务合同差别较大，需要单列，对直播相关的义务和责任、直播的考核/效果标准等进行明确界定；

4)品牌联动，品牌间用自有资源进行互相置换，“以物易物”，并非传统的服务采购类交易，也需要单独设置合同模板。

……

以上以广告发布服务公司的客户合同模板库来说明如何搭建业

务合同的模板库架构：

合同模板库以主营业务为核心进行延展和辐射，按照与核心圈的距离，从主营业务——围绕主营业务的增值服务——主营业务的上下游业务——基于主营业务的拓展业务，一圈圈扩展，形成覆盖全业务范围的合同模板库。

这种架构有助于理清公司业务之间的逻辑关系，从而安排业务合同之间的逻辑关系。在设置具体合同条款时，可基于主营业务模板合同的核心条款，构建其他业务模板合同。对于与主营业务不在同一层次、差别较大的业务，则需考虑主营业务和该业务所对应的法律关系共属的上一层级的法律关系类型（如均属于服务合同或产品销售合同），来设置对应的通用合同。

这样在整体模板库构建完成后，各合同模板将按一定的业务+法律逻辑清晰排列，有助于向业务人员说明如何选用合同，也有助于后续模板库的补充和扩展。

广告发布服务公司的供应商合同主要以媒体/平台服务采购为主，不具有典型意义，在此不做扩展说明。

2. 一般公司关于广告发布服务的采购合同模板库架构

再次说明，本部分分析的是一般公司的采购合同模板库，而上部分是以广告发布服务为主营业务的公司的客户合同，因此此处的采购合同架构与上面的客户合同架构并无对应关系。

一般公司采购广告发布服务有两类采购模式，如果广告发布需求量较大，或有长期合作的稳定供应商，则可能由一家或数家供应商集中提供所有广告相关服务，即集中采购。如果广告发布为零星、偶发需求，广告内容、形式和发布渠道的灵活性较大，则针对单项广告发布需求签订服务采购合同，即分散采购。

对应至合同模板库的需求上，如广告发布采购需求量不大，或需求量虽然大、但项目类型单一，则公司无须单独针对广告发布服务的采购制定专项合同,可直接使用一般采购类的通用合同。如广告发布采购需求量大,或种类多样,则有必要特别制定广告发布服务的采购合同模板。

以下将分析两种采购模式下的模板库架构:

(1)分散采购模式

①单纯广告发布的采购合同组成

1)主合同(通用合同)

如前分析,使用一般采购类通用合同即可。

2)根据广告的不同发布形式、发布平台区分单项合同

请注意,大型广告发布服务平台(或渠道)一般要求使用平台自己的模板,因此公司无须制作相应供应商的合同模板,可改为制作关于该供应商合同模板的风险提示模板库。

②广告制作/宣传推广的采购合同组成

1)主合同(通用合同)

使用一般采购通用合同即可,如公司有进一步细化的服务类的采购通用合同,则更适配。

2)根据不同制作/活动内容区分单项合同

具体可参见上面广告发布服务公司的制作内容和活动内容,此处不再重复说明。

3)根据不同采购对象的主体类型区分单项合同

如果所需服务类型并不丰富,则不需针对服务内容来区分设置单项合同,可更换思路,从服务主体类型来区分采购合同,一般来说,面向制作/宣传公司/工作室的采购合同,与面向个人的采购合同,在权利义务、注意事项和风险规避设置上有所不同,按此区分制作不同合同模板有实用性。

(2)集中采购模式

①单纯广告发布代理的采购合同

公司可以指定一家或数家广告发布代理商,负责公司的广告发布事宜。

此种情况下,有必要单独制作广告发布代理合同,对应主合同和单项合同的架构可参见上述分散采购模式。

1)主合同(通用合同)

广告发布代理合同。

2)根据广告的不同发布形式、发布平台区分单项合同

②公关服务/市场营销的采购合同

公司可以指定一家或数家公关服务/市场营销服务公司,负责广告制作、广告发布、宣传推广等全方位的公关和市场营销活动。

1)主合同(通用合同)

一般服务类的采购通用合同。

2)根据不同的服务内容区分单项采购合同

③特别考虑因素:独家/非独家代理合同

供应商是独家还是非独家代理,将影响对应的合同权利义务条款的设置,比如增加排他条款,保证金条款及对应的要求细则,违约责任条款等均会不同,因此采购合同模板按照独家/非独家进行区分设置,具有实用意义。

3. 总结

(1)对于从事广告发布服务的公司来说,广告发布为其主营业务,需围绕该业务建立起全面且细分的合同模板库。广告发布服务的主合同仅能解决通用性问题,不同广告模式的差异性问题需通过分别起草单项合同模板来解决。

如对于按用户量付费的广告,还存在着使用广告交易平台实时竞价的交易模式,此种投放模式及相应权利义务与传统的网络广告投放差异较大,需出具专门合同模板。

又如,KOL 推广实际属于公关营销业务而非传统广告投放,其特

殊问题亦难以在广告投放的框架合同中解决,需针对此出具专用的合同模板,或在服务类通用合同下出具针对此类服务的单项合同。

(2)对于一般公司来说,广告发布仅是品牌推广、市场营销采购需求中的组成部分之一,对于广告发布的细分需求不高,制作广告发布的采购类通用合同甚至使用一般服务类的采购合同即可。此外,如公司将广告发布甚至公关或市场营销活动全部外包,则综合性的服务采购通用合同即可满足需求。

(3)从以上示例可知,业务合同模板库架构的逻辑本质上取决于公司业务的商业逻辑。根据公司各项业务的商业模式,匹配对应的合同模板,从而形成公司的业务合同模板库。

三、合同模板库的制作

(一)设计初级架构

参考对合同模板库架构的分析,从综合性、全面性的角度设计本公司合同模板库的初级架构。

1. 设计目的

主要是确定本公司需要制作合同模板的具体领域,以及排列合同模板的逻辑层次。

2. 设计方式

逻辑推理,即先分析本公司业务的商业逻辑和管理逻辑,然后据此推理出配套的合同架构的逻辑。

如可以按公司管理架构的逻辑即业务、市场、人事、财务、技术等各部门权限和职责的划分,分析各部门运转所需的合同类型。

对于业务合同,又可以按主营业务及上下游业务的逻辑来推理业务运营所需的全部类型的合同。

3. 设计过程

依据合同模板起草的原则，初拟完合同模板库的初级架构后，与公司各部门充分讨论，补充、调整、确定模板库的架构：如某类合同是否属于单位收益高的领域，或是否属于使用频率高的领域，是否应列入合同模板库清单中。

4. 设计成果

整理出一份公司所需的合同模板库清单，清单中注明模板库架构的逻辑：对合同分类，并说明组成每一类别的合同的名称、类型以及该类别中每种合同的功能/作用。

以上述广告发布服务公司的客户合同模板库架构为例，略作简化，对应的合同模板库清单应该为：

表 7-1　广告发布服务公司的客户合同模板库清单

合同组	合同类别	合同名称	模板使用说明
广告投放合同	客户合同	广告发布服务框架委托合同	适用于与客户签署框架的广告发布合同
广告投放合同	客户合同	广告发布服务执行单	适用于客户的广告投放合同
广告投放合同	客户合同	广告制作、植入合同	适用于为客户品牌制作广告并植入到影视剧中的情形
广告投放合同	客户合同	户外广告发布服务合同	适用于为客户提供户外广告发布服务的情形
广告投放合同	客户合同	网络广告发布服务合同-客户单笔	适用于为客户提供单笔网络广告发布服务的情形

（续表）

合同组	合同类别	合同名称	模板使用说明
公关合同	客户合同	专项公关服务合同	配套适用于为客户提供单个公关服务项目
公关合同	客户合同	专项公关服务合同附件一：公关服务标准条款	
公关合同	客户合同	专项公关服务合同附件二：公关服务内容	
公关合同	客户合同	专项公关服务合同附件三：服务费用明细	
公关合同	客户合同	整合营销服务合同	整合营销服务合同适用于可能为客户提供包括但不限于公关服务、广告投放、视频制作、H5 制作、活动/会议组织等多方面服务的合作中，有 2 种签约模式：①客户同意签署专项合同时，采取“整合营销服务合同+各专项合同”的模式；②PO 单由客户出具且客户不同意在框架下签署其他单项文件的，则采取“整合营销服务合同+各专项服务特别标准”的模式，我方将各专项服务特别标准通过电子邮件的方式发送给客户的联系人邮箱，告知其此类专项的特殊标准并要求其遵守
公关合同	客户合同	整合营销服务合同附件一：服务内容	
公关合同	客户合同	整合营销服务合同附件二：单独计费服务内容和收费标准	
公关合同	客户合同	整合营销服务合同附件三：专项服务合同	
公关合同	客户合同	整合营销服务合同附件：H5、网页制作专项服务特别标准	
公关合同	客户合同	整合营销服务合同附件：广告制作与植入专项服务特别标准	
公关合同	客户合同	整合营销服务合同附件：活动会议举办专项服务特别标准	
公关合同	客户合同	整合营销服务合同附件：视频拍摄、制作专项服务特别标准	

(续表)

合同组	合同类别	合同名称	模板使用说明
公关合同	客户合同	整合营销服务合同附件:图片租用专项服务特别标准	整合营销服务合同适用于可能为客户提供包括但不限于公关服务、广告投放、视频制作、H5 制作、活动/会议组织等多方面服务的合作中,有 2 种签约模式:①客户同意签署专项合同时,采取"整合营销服务合同+各专项合同"的模式;②PO 单由客户出具且客户不同意在框架下签署其他单项文件的,则采取"整合营销服务合同+各专项服务特别标准"的模式,我方将各专项服务特别标准通过电子邮件的方式发送给客户的联系人邮箱,告知其此类专项的特殊标准并要求其遵守
公关合同	客户合同	整合营销服务合同附件:微博、微信发布专项服务特别标准	
公关合同	客户合同	专项合同-H5、网页制作	
公关合同	客户合同	专项合同-广告制作与植入	
公关合同	客户合同	专项合同-活动或会议举办	
公关合同	客户合同	专项合同-视频拍摄、制作	
公关合同	客户合同	专项合同-图片租用-蓝标	
公关合同	客户合同	专项合同-微博、微信发布	

在以上清单中,还可以进一步备注上起草/修订时间,起草/修订背景,因篇幅所限,此处不一一展示。

(二)梳理现有合同

确定合同模板库的初级架构以后,着手对本公司的现有合同进行梳理。本书作者经常遇到的疑问是:为什么不先梳理合同,基于梳理合同的情况来设计初级架构?

对此的回答是:合同模板库初级架构的设计逻辑是基于公司的商业逻辑和管理逻辑,设计的过程是开展逻辑推理,而非进行归纳总结,因此无须拘泥于公司的现有合同内容和架构。公司法务所做的工作是确定完善的合同模板库“应当是什么样的”,是在公司需求的基础上绘制蓝图,而不是确定“公司现在有哪些合同”。因此,合理的工作步骤是,先按照应然性设计好架构,再对照公司的现有合同,对现有合同进行查漏补缺,甚至推翻重来。

合同梳理过程:

(1)收集公司现有的全部合同模板,整理分类,按照所属的类型和功能,对应至合同模板库架构清单中;

(2)对于架构清单中暂无合同模板的类型,查找公司签订过的对应合同,作为制作合同模板的素材备用;

(3)既无合同模板,又未签订过合同,则标注出待起草的合同模板。

合同梳理成果:

带标注的合同模板库架构清单。清单中标注已有合同模板,合同模板待完善,待起草的合同模板,已有素材/没有素材。

1. 设计模板库次级架构——合同模板的组成形式

在建立合同模板库的初级架构,明确合同模板库由哪些合同组成,合同如何按照逻辑分类和排列后,即进入对各类合同内部逻辑架构的设计。对次级架构的设计可以按不同层级逐步细化。第一步是设计合同模板的组成形式。

(1)设计目的

确定每一类合同及每一类合同下每一种合同的架构。

如业务主营合同是否由通用合同+单项合同+单笔订单组成;采购合同是否制作出通用合同,再分别设置各单项合同。

(2)设计过程

与业务和其他管理部门讨论,确定哪一种架构更符合使用实际需求、符合业内习惯,尽量以便利使用、提高合同沟通效率为设计原则。

(3)设计成果

细化至每一种合同的架构层次的合同模板库架构清单。

2. 设计模板库次级架构——设计和制作合同条款

模板库次级架构的第二步是设计和制作合同条款。

（1）设计目的

这里的制作并不是直接起草每份合同的具体条款，而是根据业务逻辑和前述原则，先抽象出不同层次的通用条款，即公司各合同的通用条款，每一类合同的通用条款，以及每一类合同的特别条款。在这一阶段，明确每一类合同的组成条款即可，不用细化至每一类合同下的单项合同的具体条款。

（2）制作成果

按照细化后的合同模板库架构清单，使用不同层次的通用条款和特别条款组合成每一类别下的通用合同/单项合同/单笔合同/订单，留下每一项合同的特别条款待补充完善。

（三）完善具体条款

在合同模板库的初级架构和次级架构全部搭建完毕后，这一步的工作其实相对简单——仅需制作单项合同/单笔合同/订单的特别条款，将每一项合同模板的条款补全。

（四）确认整体架构

合同模板库中的合同模板条款全部制作完毕后，需要再次检视合同模板库的各级架构是否完善。

1. 架构调整

在制作合同模板的具体条款中，通常会对合同内容所依据的公司业务逻辑、管理逻辑有进一步深入的认知，并可能据此调整、优化合同模板库的各级架构。

2. 整体架构确认

全部合同模板制作完毕后，需要再整体梳理一下初级架构和次级架构，确认是否有交叉、重复的合同种类，以保证模板库架构清晰。

（五）整体统一体系

合同模板的条款全部制作完成后，再次检查全部合同模板的统一性，保证合同模板的格式、结构、定义和表述均统一。

（六）征求反馈意见

对合同模板库整体调整、确认无误后，将不同类别的合同交由对应部门征求意见，选择合理意见，进行对应修改，并按照统一性原则定稿。

（七）定稿及培训

经过以上步骤，一套内容全面、架构合理、逻辑清晰的合同模板库即完成。成果包括：全套合同模板+合同模板库架构清单+合同模板使用说明。合同模板库制作完毕后，为保证可操作性、实用性，可在公司范围内，视情况，对全员/分部门对合同模板库的使用开展培训，讲解合同模板库的组成、构成逻辑、使用场景及注意事项。

四、合同模板库的维护

合同模板库的制作过程类似于建造一个大楼，而建造完毕后，也需要和大楼的投入使用一样，需要维护和更新。这种维护和更新分为两种情况：

（一）根据新情况及时调整模板

1. 法律法规调整

合同所指向的事项和合同本身相关的法律法规（包括政策文件）调整时，需要调整模板。

例如，2017 年 7 月，最高人民法院发布了《关于进一步加强民事送达工作的若干意见》(以下简称《意见》)。该《意见》的出台,综合了《民事诉讼法》的规定和最高人民法院此前就民事送达工作所作出的若干司法解释,针对民事诉讼实际运行中存在的“送达难”问题,进一步加以规范,并有了新的突破,其中明确了电子送达的效力。对此需要针对《意见》完善业务合同中的“通知”条款。示例如下:

“本条约定的通知地址亦为双方工作联系往来、法律文书及争议解决时人民法院和/或仲裁机构的法律文书送达地址,人民法院和/或仲裁机构的诉讼文书(含裁判文书)向任何合同任何一方当事人的上述地址和/或工商登记公示地址(居民身份证登记地址)送达的,视为有效送达。当事人对电子通信终端的联系送达适用于争议解决时的送达。”

2. 公司业务发展、组织架构调整

公司的业务会随着客户市场的需求变化和技术实力发展而变化,因此原有的合同模板库很可能无法适应现有业务发展的需要,对此就需要及时与业务部门沟通对接,了解新增业务的实际交易模式,完善或补充模板库。

除了业务发展外,另还需注意根据公司组织架构的调整,来调整合同模板库的架构,比较典型的情况即是各地分公司、子公司等关联公司的管理应用。例如,北京的科技公司为了发展上海的客户,在上海成立新的子公司,在业务模式不变的情况下,理论上北京公司的合同模板库即可同步适用于上海公司。但需要确认上海公司业务中是否有特殊要求,同时需要确认司法管辖是否应调整,并据此调整合同模板或额外设置文件模板。

3. 日常合同审核和纠纷处理中发现的问题

模板制作之初都仅是出于常规理解而制作的条款内容,不可能对未来应用过程中的所有问题都有所回应或预见,因此及时统计日常合同审核中出现的高频修改点或争议中发现的漏洞,并基于上述素材对模板框架条款进行修改完善是必要的。

仍以广告投放为例,在互联网广告兴起之初,结算数据是以哪方为准无业界统一规定,因此双方极易就广告费的计算验收标准产生争议,对此情况,就需要注意在合同中增加验收计算标准的相关条款:双方确认,对于与信息服务相关的按投放数据结算数据的广告投放,最终结算数值以乙方或信息服务发布平台方提供的数据为准进行结算。如在信息服务发布期内达不到双方所约定的数量的,双方按照信息服务发布平台方意见选择:(1)据实结算;(2)延长信息服务发布期直至达到约定数量。

(二)定期整理更新

除了上述根据新情况修改合同外,强烈建议公司法务制定定期更新的制度。因为根据新情况及时更新模板,主要针对的是新情况/需求临时指向的合同模板,但如前所述,公司的合同模板库是一个整体,为了保证统一性、完整性,还应定期对合同模板库进行全面的整理。

1. 定期的必要性

由于合同模板库的统一整理是一项极为琐碎的工作,如果不事先定好固定的时间/周期,很容易因忙于其他事务而拖延,而如果积累到较长时间再整理,可能合同模板库的统一性已经被消耗殆尽,所需工作成本更高,甚至整体架构已经完全不适用,需要推翻重来。因此,建议将合同模板库的定期整理更新作为一项固定不变的任务,安排在每年固定的时期且轻易不变更,根据该任务时间来协调其他事务的处理时间。一般可以安排在每年公司业务淡期进行,以便有充裕的时间可以开展此项大工程,同时避免因合同调整影响业务的推进。如果公司业务没有相对较确定的忙闲周期,则可以安排在自然年底/年初统一整理。

2. 日常积累要点

建议在平时根据新情况调整合同模板,或审核合同、处理咨询的过程中,及时积累合同模板库的整理要点。例如,在合同模板库清单中标注上哪些模板已修改,需要在统一整理时如何配套调整其他合同或调整架构。再如,积累其他方优秀的合同作为制作对应合同模板的素材,或对照调整自己的合同模板的相应条款/结构。这样通过将统一整理的任务拆解到日常工作中,可以大大减少集中整理时的工作量,也能提高集中整理的质量(避免遗忘、遗漏)。

3. 整理步骤

对照合同模板库架构清单,一一进行梳理,顺序为:合同模板库的初级架构(合同模板制作领域)——次级架构(合同的组织形式)——次级架构(合同条款结构)。

最终确认合同模板库的整体架构,保证合同模板库的统一性、完整性。

第三节 流程管理

一、内部分工

公司法务流程管理的基础是,设计法务部门的组织架构,在组织架构之上,按照分工及相应职责来安排对应的法务流程。

本书在第六章已经详细探讨了法务部门为了完成商业参与的架构设计要求,此处不探讨法务部门如何获取资源来搭建组织架构,仅为介绍设计法务流程的需要,在此简要介绍法务部门的内部分工原则。

分工可加强法务人员的专业化,法务人员可通过长期对接熟悉了解所负责的业务/产品/区域/对接方/需求类型,提高法律服务的质量和效率。同时,法务人员长期负责某一类事务,可以就该事务逐渐积累、建立、完善法务流程,法务部门只要综合协调各法务人员的流程,即可形成十分完善的公司法务对接流程。

当然,分工带来的长期聚焦于某一领域/角度也可能导致视野过窄,在处理需要全面视角的法律问题时出现偏差。此种问题可以通过部门内部加强交流、轮岗制、综合多种分工依据进行分工等来解决。

法务部门在具体设置分工时,可以根据公司需求和本部门法务人员的专长而定。法务部门内部的分工依据多样:(1)按照公司不同的业务线/产品线分工,适用于业务多样的公司。(2)按照公司的业务区域(如华北、华南、华东等)分工,适用于各区域差别较大的公司。(3)按照合同相对方的类型(如供应商、客户等)分工,适用于采购和销售均较多的公司。(4)按照法律需求的类型(如合同审核、法律咨询、纠纷处理)分工,适用于各类型需求数量较为均衡的公司。

1. 按照法律需求的类型分工

(1)合同与合规事务专员

这是绝大多数公司必备的岗位,即处理公司综合性事务以及日常合同起草、审核工作和日常咨询工作。需要特别说明的是:这个岗位最为基础,但并不意味着最为低端(虽然很多公司管理层把它看得非常低端)。这个岗位的能力水平和输出质量,几乎决定了一个公司风险管理的基本水平。

(2)争议解决法务专员

由有诉讼经验的前诉讼律师/法官/检察官等负责争议解决部分,或有公司律师资格的法务专员专职代表公司出庭。

(3)知识产权法务专员

如果公司知识产权的法务需求多,申请专利/著作权、维权等需求频繁,则可配备知识产权法务专员。

(4)数据合规法务专员

目前数据相关立法和监管不明确,业务风险高,如果公司的大数据相关业务较多,尤其是涉及不同国家和地区,还需遵守美国、欧盟等数据规定,则应配备数据合规法务专员。

2. 按照业务类型分工

(1)客户/供应商

如果公司业务多为中介/委托性质的服务,对接客户和对接供应商的需求相对均等,或者处在产业链的中游,对接上游公司(客户)和下游公司(供应商)的需求相对均等,可按此分配客户专职法务人员和供应商专职法务人员。

(2)产品线/业务线

按照不同的产品线/业务线配置法务人员,适用于业务多样的公司。

(3)区域/国别

如果国外业务较多,可按国内/海外,甚至不同国家分配法务专员。

如果国内业务分不同区域独立管理,或各区域的需求差别较大,如分为华北、华南、华东等区域,则可按区域分配法务专员。

3. 根据公司架构或管理架构分类

如果公司下有多个分/子公司,可以按照分/子公司分配法务人员。

接下来,在介绍法务对接流程,尤其是法务与业务部门的对接流程时,读者可结合此处关于法务部门的内部分工来理解,可以获得对相应流程更为清晰的认知。

二、内部对接

(一)内部协同工作

1. 日常法律需求的协同工作

如果法务部门设置了完善的分工,那么大多数法律需求均可由法务人员按岗位职责内的法务流程,进行专业处理。这种场景下的协同工作，主要是处理需求与岗位职责不对应的情形。

法务人员收到需求后，应当先判断该需求所指向的法律问题是否属于自己的岗位职责，如果不属于，应立即按照部门内的上报流程，上报有权决定分工的人员，由该人员将该需求移转至正确的负责人员。部门人员较少、分工明确的情况下，部门也可授权法务人员之间自行协调，以提高沟通效率，仅在无法自行协商一致的情况下上报，指定负责人员。

对于在职责范围内的需求，法务人员按照本章后续章节所述的与其他部门的对接流程处理即可。

2. 综合性法律需求的协同工作

一些综合性的法律需求，需要协调部分甚至全部法务人员共同处理，这种情况下，需要协同工作。此外，法务部门整体对外对接流程的建立和优化、法务数据的整体统计和分析，以及法务部门的长期战略规划等事务性事项，也需要各法务人员协同完成。对于此种情况，法务部门内部需要事先建立流程，明确本部门内如何就此类事项开展协同工作。

对应流程的要点如下：

（1）将目标/模糊不清的需求等，拆分为明确、具体的任务；

（2）设定任务负责人，明确负责人的权限；

（3）负责人在权限范围内有决定权，可以自行处理，如需其他人配合，可以给其他人分派任务；

（4）明确每项任务的完成时限，并对未完成的情形设置惩罚措施。

以下举例说明一项综合性项目的简要协同流程：

负责人制作文件起草计划表，将文件按内容大纲或完成所需各项环节等拆分，明确各项具体计划的任务接收人以及完成时限。

任务接收人应第一时间确认任务是否足够明晰，可与负责人进一步确认对任务的理解是否正确，如认为应该调整任务，应给出充分理由及调整建议，供负责人判断。同时，确认任务是否明确了完成时间，如果没有,需尽早与负责人确认时间。若预计无法在约定时间提交(任务逾期),要提前与负责人确认时限是否可延长,是否可寻求其他人的帮助。

在具体办理任务时,任务接收人应该具有主动性,如及时就新情况、新认知与负责人交流,及时调整、确保任务处理方向与目标无偏差;需要他人配合完成的任务,及时跟进他人的进展情况,保证他人在预设时限内完成。

对于系统性的项目,任务接收人应该主动跟进,如在完成具体任务后,可以主动询问负责人后续工作安排,例如主动在为负责人设置确认成果等任务。

3. 不同层级间的协同工作

法务部门通常会按照法务人员的资深程度,设置初级法务和高级法务/资深法务等不同层级,由此涉及在处理各类法务需求时,不同层级间的法务人员应当如何衔接的问题。我们以常见的法务需求说明一审和二审人员对应衔接流程:

(1)合同审核

一审人员应注明所了解的该合同的业务背景,业务的特殊要求,以及本人有疑问的地方、需二审人员确认/解决的问题。

二审人员在二审时,除了注意一审人员对合同本身的处理是否正确,也应注意审查一审人员的流程处理是否正确,并及时纠正流程问题。

双方应当争取通过衔接、不断磨合,不断提高一审人员的独立性。二审人员对合同和流程需求的二审,应从全面审查逐步过渡到重点审查;从查看合同,过渡到仅向一审人员提问确认关键要点即可完成二审;从二审人员根据经验判断是否存在问题,过渡到一审人员自行提出需二审人员解决的问题;从对具体问题进行二审,过渡到仅需判断该问题是否在一审人员的能力范围内。最终将一审人员培养为可独立处理问题人员。

（2）法律咨询

初级法务先判断，业务人员提出的咨询问题所指向的法律问题以及可能的商业考量，提出处理思路，与高级法务确认思路是否正确。高级法务确认后，按该思路处理，如果在处理中发现思路需要调整，则及时沟通，确认调整后的思路。思路中应明确下一步工作：是与业务人员补充沟通需求和背景情况，还是对不熟悉的领域先进行检索，或可直接套用此前的模板处理，等等。

如某项咨询涉及财税处理，先确认思路：先查本项目的相关投融资文件；查税法要求。对于下一步工作，还可以进行进一步的细化和拆分。如检索税法相关要求，进行初步检索前，先与高级法务确认待检索的内容，拟采取的检索路径和检索关键词，待高级法务确认或调整方向后，再进行检索。检索完毕，初级法务制作检索报告，提交给高级法务。由高级法务根据报告，确认是否可直接回复咨询，还是需补充检索，直至问题全部解决。

以上流程虽然看起来烦琐，但可以尽量避免初级法务处理的方向出现偏差，导致"无用功"，不仅浪费人力成本，也耽误需求处理。因此建议刚开始的时候，尽量多用上述方式，以养成分析问题和解决问题的思路的习惯。初级法务应注意总结高级法务处理思路与自己思路的区别，思考区别的原因，并向高级法务请教，以提升自身能力。当然高级法务的意见并不总是正确，如果认为高级法务的意见有问题或不理解，要及时提出疑问并给出理由，通过探讨，发现解决问题的恰当路径。

在双方配合默契以后，可以简化上述步骤，仅重大事项按此执行，一般事项初级法务直接提交结论，由高级法务按照经验判断是否合理即可。

（3）对外协调

初级法务与业务人员就法律需求直接沟通时，可能会遇到业务人员进行质疑、不予配合甚至直接责难的情况，有必要及时向高级法务求助,请高级法务予以协调。求助时,应提供完整信息,如需协助的问题内容、发起人是哪一层级的人员、初步判断应该向哪一层级人员(如发起人的上一级或所在部门负责人)投诉/要求协调等,以便高级法务迅速了解情况并开展协调。

(二)内部信息共享

在法务部门内部进行分工的同时,还应当及时共享信息,同步工作进展、结果和经验总结等。例如,在前述的综合性法律需求的协同工作下,项目内部的信息共享即十分重要。法务部门如果采取统一的办公系统,则可以要求各法务人员及时在系统中同步项目资料,同步项目进展情况以及下一步需解决的问题。如果没有办公系统,也可以通过钉钉、微信及共享盘等及时同步项目信息。

此外,法务部门通过定期例会的方式,来同步信息、总结经验,也是非常有必要的。例如,某公司法务部门每周一召开例会,例会的固定主题是:(1)上周工作任务中出现的任何疑问的提出和解答。通过强制性要求每个人至少提出一个问题,来督促法务人员平时注意记录自己的问题,待例会时讨论。(2)公司新产品/业务线/部门/法律领域等。负责对接新情况的法务人员,需要向其他人介绍新情况、详细背景、说明要点等,以便部门全体人员熟悉公司新情况,以及对因新情况而产生的问题展开讨论,确定解决方案。(3)学习/研究/经验交流主题,每次例会定下次例会这一方面的具体主题,并据此确定主讲人。除了固定主题的工作汇报和安排交流外,部门还在每次例会前向全体法务人员征集临时议题,以增加例会主题的灵活性。

法务部门还可以通过留存各类法务数据、定期分析总结,来实现内部信息分享,以及对信息的统一分析、加工和应用。

其他如通过各种技术工具,提升法务部门的内部信息共享效率,提升法务部门内部对接流程的效率,在此不一一展开分析。接下来,笔者仅简要探讨一个容易被忽视但实际十分重要的问题——沟通技巧。

(三)内部沟通技巧

前述介绍了法务部门内部信息共享的形式和渠道,但无论使用哪种形式进行沟通,本质上均是信息的传递,在此分享一些提升传递质量、提高传递效率的技巧。

1. 简明扼要

为提高沟通效率,减少信息传递过程中的误差,需求发起人应当尽量以书面形式,简明扼要地说明需要信息接收人配合的工作。对于确需接收人详细了解的背景信息等,可以在要点中说明,见×××材料,附上材料。

待接收人看完材料后,再当面或电话沟通。

2. 层次清楚

需求发起人应当尽量分层次表达,如以 1、2、3、4 等,对信息进行区分,以方便接收人查看和理解。

3. 内容全面

需求发起人所提供的信息应该全面,如需接收人帮助确认/解决某事项,则应包括事项背景,对应的问题,以及拟解决方案。

请注意,发起人不能仅抛出问题,直接询问怎么办?而应尽最大努力提出自己的解决方案,然后通过对比,发现自己的问题所在,总结改进经验,以指导后续工作。

提出解决方案示例

以某公司的法务部门主动向业务部门提示,主管机关近期将组织开展某专项整治工作,与公司业务相关,需提前准备为例:

➡初级法务直接以邮件附件形式向高级法务转发该文件,并在邮件正文中询问,是否应当将本文转发给业务部门?

➡高级法务提出了以下问题,使初级法务意识到,需要完整考虑

该事项:

(1)向业务部门主动发起此需求的目的是什么?

例如,是预计应对主管机关整治工作的责任将落在业务部门,主动提示,是向业务部门展示法务部门的价值,显示法务部门在时刻考虑公司利益?还是预计应对责任将主要落在法务部门,提前与业务部门沟通,争取其配合工作?

(2)处理此事项的方式是否达到了此目的?

例如,如是以业务部门为主应对整治,则只向业务部门转发通知即可达到上述目的;但如是以法务部门为主进行应对,需要争取业务部门的配合,或拟充分展示法务部门的价值(不考虑由哪个部门负责应对),则可以进一步提出应对建议甚至详细措施。

(3)预测发起需求后业务部门的反馈是什么(发起需求的后果是什么)?

例如,业务部门可能会立即询问应对方案,产生法律咨询的需求。法务部门是否能及时给出建议,预计多久可以处理,是否可满足业务部门的需求?

(4)解决业务部门反馈需求的方案是什么?

如果可能涉及多人配合,例如需法务部门协同工作,出具应对监管机关整治工作的方案,是否已事先报知相应负责人,确认如何安排?

➡初级法务总结处理该事项的教训如下:

(1)在此事项的处理过程中,没有意识到上述问题,尤其是没有思考发起该需求的目的是什么。

(2)没有考虑处理方式是否与目的匹配。

(3)没有有意识地预测后果,且潜意识中对后果的模糊设想并不全面。

(4)没有有意识地设想后果的应对方案。

(5)没有与设想中后果可能牵涉的其他人员事先沟通。

➡初级法务总结对后续工作的指导如下:

(1)在任何情况下,无论是当面沟通、写邮件、写文件、处理事务,都要一开始对做这件事的目的有清晰的认识,并时刻审视目的与方式是否匹配,预测处理方式可能带来的后果和设想应对方案。

(2)思考目的的价值在于,在具体处理事项的过程中,不断随着情形变化审视自己的目的是否应调整或已调整,并按上述步骤调整方式、后果预测和应对方案。

以上是对法务内部对接流程的简要说明。接下来,笔者将介绍流程管理中的重要模块——法务和其他部门尤其是业务部门的对接流程,这一点可谓是大部分公司法务人员“最头疼”的问题,本书将作详细论述。

三、外部对接

(一)对接流程设计概要

1. 优化对接流程的必要性

作为公司的一个内设部门,法务部门不可避免地需要和其他部门对接。无论是在传统模式下,法务部门作为被动接受需求、处理需求的一方,还是在新形势下,法务部门作为主动发起需求、提倡解决方案的一方,法务部门均需要通过与公司其他部门对接沟通的形式,来实现自己的职能。据笔者观察,在大多数公司,法务部门与其他部门就法务需求进行对接沟通的时间,占部门整体工作时间的一半以上。

在法务部门的日常工作中,与业务部门沟通频次最高的内容大概不是业务或法律问题,而是“催反馈”:电话催、微信/QQ 催、邮件催、OA 系统催、通过领导催……催的理由也大同小异:“客户说今天不发过去合同就不签了”“明天必须把盖章的合同寄给客户否则客户不付款”“供应商说必须收到盖章的合同才能开始项目”。每一封邮件都标着“紧急”，每一份合同都要求优先审核后返回。每天法务人员需花费大量时间协调各法律需求的处理顺序，以及与业务人员就承诺反馈的时间进行多轮拉锯。

以上法务部门的这种日常状态可能导致诸多问题：

(1)法务人员的工作被频繁打断：法务人员处理法律需求需要高度集中注意力，而工作中频繁地插入催促的信息、电话，不仅思路被打断，还容易引发低级错误。

(2)业务人员无法判断法务人员区分事情轻重缓急的标准：如某业务人员的需求本次得到了优先处理，则该业务人员会期待下次同样速度的反馈，如没有实现，则该业务人员必然会抱怨；而本次没有享受到优先处理待遇的其他业务人员则可能认为自己受到了歧视，或简单归结于法务人员效率低下。

由此，一方面是法务人员觉得每日疲于应付催促、协调各方需求，另一方面业务人员误认为法务管理混乱、效率低下，长此以往，不仅双方的日常配合中容易产生摩擦和冲突，进一步降低法务工作的效率，严重地说，可能还会导致双方矛盾升级，最后影响公司的正常发展。

传统观念认为法务工作的性质决定了以上问题不可避免：法务部门对接公司多个部门，主要工作是处理业务开展中遇到的法律需求，需配合业务的节奏、随时响应需求，因此难以预测每日工作量并进行事先安排，只能临时协调。但换个角度思考，业务人员频繁催促的主要原因是结果的不确定性，由于不确定性产生焦虑，促使他们通过不断确认反馈进度来满足对确定性的需求。对于“业务人员提出需求——法务人员处理并反馈”这一交互过程，如业务端的需求具有不确定性，则应提高法务端的可预测性。

在此可类比政府的某些职能机构，以前办事人员需不停拨打电话或去现场询问这些机构应如何办理，并尽可能想办法“走捷径”使自己的需求得到优先处理。在这些机构出台了明确的办事流程和办事指南后，办事人员按要求准备材料后在工作时间现场取号办理即可。参考此，法务部门可建立一套法务人员与业务人员对接的流程并向业务人员公示，明确业务人员应以何种方式提出需求、法务人员通常依据何种顺序处理需求、法务人员针对不同需求预计可反馈的时间等，业务人员依照此“办事指南”提交需求，并等待反馈，只有未在承诺时间收到反馈时，才需联系法务人员。从“法务配合业务流程”转为“业务配合法务流程”，将有效降低法务人员与业务人员之间沟通的成本。因此，法务部门需要重视设计、优化对接流程。

2. 设计对接流程的考虑因素

在设计对接流程时，需要从公司整体运转流程的角度来考虑，如何在保证顺畅运转的前提下，将法务部门恰如其分地嵌入整体流程中。公司的业务运营和日常管理通常由多个部门协同进行，以法务部门的重要职能——风险防控为例，对业务的风险防控覆盖事前、事中、事后各阶段，由公司多个部门配合开展、共同完成，各部门的职责如下：

（1）业务部门（包括产品、销售、市场等部门）

在业务执行过程中，按照业务规范的要求，采取风险防范措施；在新业务开展前，就业务的可行性、合规性研究寻求法务部门的帮助，等等。

（2）法务部门

通过日常合同审核、法律咨询、争议解决、合规等法务需求的处理，与业务、财务部门等合作，进行事先——事中——事后的风险防范和控制。

（3）财务部门

建立交易对方信誉度评价体系，创设信用黑名单，提示业务部门，进行风险事先防范。

与业务部门协调，进行应收账款催收、发票管理等事中、事后风控工作。

(4) 内控/审计部门

与财务和业务部门合作，进行供应商管理等信用评级工作；通过制定招投标程序等采购规范，加强反腐败、反商业贿赂等宣传教育，进行风险事先防范；通过项目审计、案件调查和处理等，进行风险事后控制。

由此，法务部门需要总结公司风险防控体系所涉及的各部门权责，按照公司的业务流程的逻辑，将法务流程嵌入其中：

开发客户（业务）——商定具体交易、公司立项（业务）——谈合同、合同报批（业务）——业务负责人审批——法务审核——（内控/审计审核）——财务审核——合同盖章、归档（行政）——项目履行（业务）——验收（业务）——开票（业务、财务）——催款（业务、财务）——客户付款——项目结束。

在这一设计过程中，需要遵守法务管理的基本原则：以不妨碍正常业务运行为首要前提。

3. 启动对接流程的考虑因素

法务部门对接流程的启动和首要环节是：其他部门提出法律需求。

在公司中各部门各司其职，除非发生纠纷或监管机构找上公司，如果其他部门不主动提出需求，法务部门很难获知法律风险隐患或风险已经发生。问题是，判断一个问题是不是法律问题，这本身就是一个法律问题，需要法务人员作出专业判断，但现实中，是业务人员自己来判断某个需求是否应转交法务人员，结果很多其实是法律问题的问题，并未进入法务流程，而由业务人员自行处理了。这就导致对大部分事务，法务人员仅能进行事后风险控制，效果有限，甚至可能无法补救。因此，法务部门需要培养其他部门主动提出法律需求的意识，让尽可能多的问题进入法务流程，从而实现风险的事先防范。如何培养其他部门主动提出法律需求的意识？

(1)向公司管理层和其他部门证明法务部门的价值

法务部门应该持续关注公司的发展战略方向和新兴业务,关注行业发展热点和前沿问题,关注立法、执法和司法实践。而且,要特别关注其他公司的动态,通过分析其他公司的负面事件,反思本公司是否存在类似问题,填补漏洞,做好防范措施,或吸取其他公司的优秀经验,改进本公司的风险防控体系。同时,及时以报告、通知等形式向公司提示风险点和机会点,提出解决方案,汇报工作成果,让管理层和其他部门感知到法务部门的工作,证明法务部门的价值。

如果法务部门能够实现本书所述的公司法律岗位的新延伸,主动向公司管理层提供战略发展方向上的政策法规研究报告,争取公司整体增加法务部门编制或者财力支持来进行立法建议工作,最后能以行研报告或者立法意见展现成果,扩大本公司的行业和社会影响力,则是在更高层次上提升法务部门的地位,赢得公司管理层和其他部门的尊重和信任。

(2)真正理解其他部门的需求,并真正实现对其他部门的法律支持

①合同审核切合业务实际

这一点其实很多人都无法做到,法务人员为了避免风险,容易对合同修改过多,增加了业务人员与交易对方沟通的负担,甚至被业务人员认为不懂业务,“乱改一气”。因此,需要真正理解业务的需求和对应的商业逻辑,做到审核意见“恰如其分”,既不遗漏重大风险点,也不过于偏袒本公司,使交易对方能够接受合同修改,从而获得业务人员的信任。

②主动提示和处理业务人员忽视的需求

处理需求时,对于需求所涉事项的风险点进行全方位的审查,而不局限于需求人所提的具体问题。

如审核促销推广合同时,顺便审查合同中的促销内容/方案是否合法,提示业务人员注意法律法规对促销活动的要求;审查具体程序

是否符合要求,配套文件是否齐全,如涉及用户参与并使用用户素材进行后续推广,则主动配套用户关于肖像权、姓名权等人格权和个人信息的授权书,并提示业务人员应获得授权。

又如审核境外供应商合作合同时,审查付款时间是否可执行,提示业务人员注意,境外汇款时间较长,目前合同中的付款期限我方可能无法保证,应和对方沟通调整。

法务人员在处理这些日常需求时,如果能够真正理解其他部门的需求,展现自己不仅是法律专家,也是行业专家的一面,即可在日积月累中培养出信赖感,业务人员在处理事务时自然会主动寻求法务人员的支持。由此,从业务人员向法务人员提出具体业务需求,进阶至业务人员在开展业务之前主动寻求法务人员帮助,即实现了本书之前所述的法务人员职能——业务合规官。

(3)建立良好的对外沟通机制,提高其他部门与法务部门的沟通意愿

①建立完善的对接流程;

②开展普法教育。

通过培训、讲座、竞赛活动等,开展法律宣讲和法务部门的自我宣传,以让公司管理层和其他部门了解法务部门在做什么,可以做什么。

以下笔者以法务部门与业务部门的对接流程为例,具体说明如何设计法务部门对接流程。

(二)优化外部对接流程

1. 流程内容清晰

法务部门与业务部门的对接流程应当书面化,以便于业务部门知晓并按此执行。流程可以指引等形式公布,指引的内容应符合以下原则:

(1)明确

内容指向具体,表述没有歧义。

(2)易懂

最好给出示例,如就业务人员应如何提出审核合同的需求,可以直接制作需求邮件模板,供业务人员使用。

(3)可操作

制作指引的目的,是在尽可能不降低业务流程运行顺畅度的前提下实现控制风险,因此流程不能过于复杂,不能要求过多、给业务人员增加负担。

在制定业务流程指引时,应该具有产品经理的思维,将流程视为产品,将流程目的视为需实现的商业目的,从开发产品的角度考虑,如何提高业务人员对流程的接受度、引导业务人员按流程执行。

2. 公示

业务流程指引定稿前,需与业务部门进行沟通,听取修改意见,以保证指引的可执行性。由于流程指引主要是规范业务人员提出法务需求的方式,对业务人员提出各种要求,业务部门通常持排斥态度。法务部门除说明制定理由外,可准备一些事例作为佐证,如此前因流程不顺而导致合同审批延误、合同履行出现问题,甚至导致纠纷、诉讼等情况,来证明规范合同流程的重要性。

对于业务部门提出的修改意见,法务部门应判断修改的必要性:如的确属于流程要求不符合业务实际,可修改以提高可操作性;如属于业务部门对于流程理解有误,可进一步解释;如属于业务部门为了便利省事而要求修改,可强调理由后不予理会。

在流程指引经过征求意见的民主程序后,可将最终定稿的指引公示,要求所有业务部门配合执行。

3. 监督执行

在法务人员与业务人员的对接过程中,尤其在流程指引发布早期,法务人员在收到法律需求时,应第一时间确认业务人员所提需求是否符合流程要求,并以多种方式强化对流程的要求:

(1)直接拒绝不符合流程要求的法律需求;

(2)如法律需求比较紧急,或有其他特殊情况,可先处理后慎重提示此次需求不符合流程要求,要求下次应执行流程规范;

(3)定期统计不符合流程要求的法律需求,对高频出现的人员或部门通过集中沟通、向上级反馈等方式要求改进。

4. 流程提炼、修正和更新

法务人员在处理公司事务时,作为法务管理官,应时刻注意相关问题是否具有共性,是否需加入流程中以便全公司/部门推广;是否可通过改进流程,以解决甚至预防某类风险的产生。从合同审核、纠纷处理等日常经验中提炼出相关要点,不断修正和更新流程。

如果业务部门或其他部门反馈流程运行不畅、不符合业务/管理需求、对业务/管理开展造成较大影响等,应了解、分析流程问题产生的原因,并及时修正。

如果公司业务发展、组织架构调整、办公系统/工具更新等,应及时调整流程。

以上是通用、概括性流程的建议。为了提高法务部门对接流程的可执行性,流程还需针对不同类型的法务需求进一步细化,接下来将以示例具体说明。

(三)示例 1:明确法务人员的工作时间和预计反馈时间

1. 工作时间

明确法务人员原则上仅在工作日的工作时间(以公司规定的工作时间为准,如 9:00~18:00,中午 12:00~13:00 休息)提供法务支持,如因紧急情况需法务人员在非工作时间提供支持,应当事先征求法务人员的同意。

目的:为了避免"随叫随到"、在多个业务人员的呼叫中疲于奔命,应引导业务人员尊重法务人员的休息时间,同时提示业务人员如果需要法务人员加班配合,应该事先与法务人员沟通,以便法务人员安排时间,提高法务人员对自己当天或未来一段时间工作安排的可预期性。

2. 反馈时间

明确告知法务人员对不同类型需求的预计反馈时间,如:

(1)日常中文合同审核的法务需求反馈时间为 2 个工作日;

(2)英文合同审核至少为 3 个工作日;

(3)合同起草一般需 5 个工作日;

(4)法律咨询一般需 1 个工作日,复杂法律咨询(需进行法律检索、进行法律研究、需与主管机构确认等)至少需 3 个工作日。

如接受法务需求后第二天非工作日的,非工作日的时间不计入前述期限。

法务人员原则上按照收到需求的先后顺序进行处理。

目的:供业务人员预判其需求预计可反馈的时间,从而根据业务进展提前安排、提出对应法务需求,避免“随叫随到”“立即反馈”等要求,同样是培养业务人员对法务人员时间予以尊重。以上规则可进一步细化。

(四)示例 2:明确日常法务人员与业务人员的沟通方式

1. 沟通工具

对法务人员来说,如果公司的办公系统如 OA 系统中内置了法务流程,可通过 OA 系统处理法律需求(包括上传意见、文件,查询处理进展、回复、记录等),则最为方便。系统可以针对公司需求定制,设置更灵活的功能,还可增强信息安全和保密功能。

如果没有系统工具,目前处理正式法律需求的最佳公共工具仍是邮件。相较于微信、QQ、钉钉等即时通信工具,法务人员通过邮件可查看所有待处理的法律需求,便于安排先后顺序。同时,邮件可完整记录就某个事项的沟通过程以及相应文件(附件形式),方便查看,无须担心信息和文件过期、被清除,也避免信息过于零散、临时查找不便。

与云盘等文件共享和储存的工具相比,邮件除了记录文件修改和传输过程,还能记录就文件修改的沟通过程,有助于了解修改原因;同时许多咨询类需求事项并无对应文件附件,只有通过邮件正文往来沟通。

由于各公司系统设置差别大,为便于说明沟通方式,以下仍以邮件作为沟通工具进行说明。以系统作为沟通工具时,可参考以下方式进行功能设置。

2. 提出和反馈法务需求

业务人员应尽量以邮件形式提出法务支持需求,需求邮件中应当包括如下信息:

(1)需要解决什么问题;

(2)必要的产品(或服务)说明;

(3)有什么特殊要求和顾虑;

(4)本事项的部门经办人姓名、级别和联系方式;

(5)法务人员要求说明的其他事项。

对于紧急突发事件,业务人员可以直接通过电话/工作群联系法务人员,先初步说明情况,经法务人员判断确需优先处理且可立即反馈后,可先电话/工作群反馈,但此后业务人员应及时补交需求邮件,法务人员再补发书面意见,保证留下书面记录。

目的:便于记录需求和反馈的具体内容,保证提供材料和信息的完整性,确认需求提出的先后顺序从而安排处理顺序等。以上方式可根据公司的办公工具、管理系统等灵活调整,核心是确定一种固定的沟通方式,该沟通方式应至少可满足记录、回查的需求。

3. 参与人员

(1)需求方

原则上,需求方在发出需求邮件时,应抄送与该需求事项相关的其他业务人员、主管/负责人等,以便同步信息。

(2)法务方

如法务部门内由多名人员负责同类需求,可建工作群组(如邮箱群组),要求业务人员所有邮件发送至该工作群组的邮箱地址,以免一一抄送时邮箱地址遗漏或错误,法务部门收到需求邮件后再进行内部分配。

如法务部门内部有明确分工,则建议对外公示各人员所对接的不同需求类型,要求业务人员将需求发送至对应对接人处,以保证及时处理。

以上,笔者以对接流程中所涉及的工作时间、沟通方式等,来说明流程应如何设置。流程涉及多种维度,接下来,将以具体法务需求为例,来进一步说明如何搭建对接流程。

四、合同审核

(一)合同审核整体流程

在公司内部,业务合同从出具合同到盖章完毕一般需经如下环节:

业务人员确定商务条件后准备合同——法务人员审核合同——财务人员审核合同——业务部门负责人审批合同——合同盖章。

各公司可能会因部门设置不同,对上述环节有所增减或调整顺序,如有的公司要求合同还需经风控人员审核,有的公司要求所有合同一律需经法定代表人签批,等等。按照此前所述的制定流程的原则,对于法务人员来说,核心是至少明示法务人员在合同审核中的具体流程,以便业务人员知晓下一步应如何操作。

一套比较完整的审核流程如下:

图 7-1　合同审核流程 1

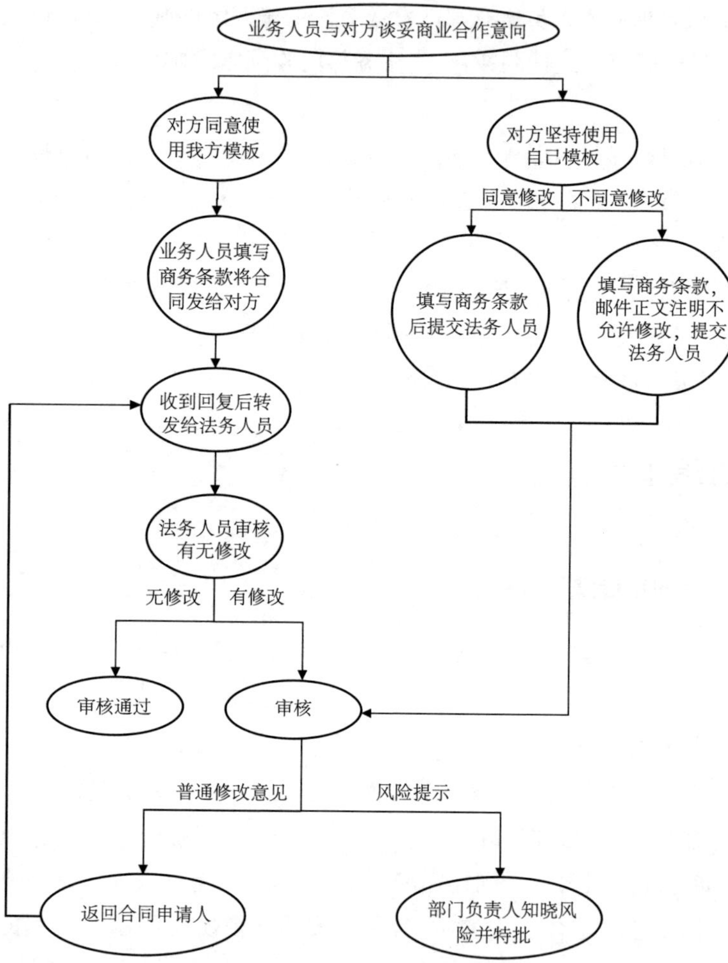

在上述合同审核流程中，业务人员和法务人员各自负责内容如下：

图 7-2　合同审核流程 2

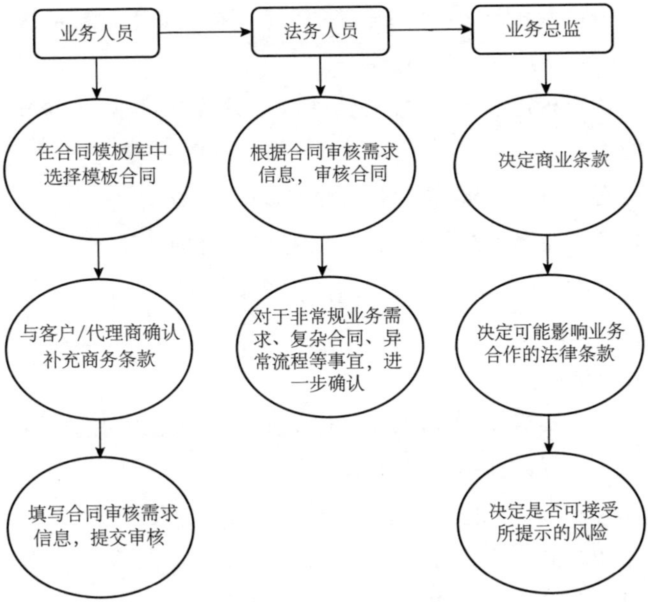

通过以上两张流程图，业务人员可以清晰获知，合同在业务人员、法务人员和业务负责人之间如何流转，以及每一环节上每个角色的职责是什么，从而免去每次合同审核时就合同卡在哪一点、为什么需要这么处理等问题反复解释，便于推进合同流转进程。

接下来，笔者按照以上流程的顺序，就每个环节上需注意的对接事项进行提示。

1. 发起合同审核需求的方式

这是对于日常沟通方式的进一步细化，即明确如业务人员提出合同审核的需求，应提供哪些信息和材料，以尽量减少补充材料等沟通过程。

(1)一般合同审核

以通过邮件方式提出合同审核需求为例,流程要求示意如下:

合同申请人在提交申请的邮件中,应当提供如下材料及信息:

①邮件正文应明确内容

1)本次审核需求为(只能二选一):a. 修改合同;b. 不接受修改仅提示风险。

经与交易对方确认,合同是否允许修改。

如合同不能修改,则法务人员仅能提示合同的重要风险,供业务负责人参考决策(重大风险提示的方式见下一部分)。

有些公司的合同均为格式合同,不允许修改。建议要求业务人员事先与对方确认。

2)除以上要求外,申请人在邮件正文中应补充说明的信息:

a. 关于交易的介绍、背景信息;

b. 未体现在合同中、需加入合同的信息或要求;

c. 希望合同修改后可实现的效果;

d. 其他与合同审核相关的任何背景信息。

如说明的内容涉及合同条款,则应尽量按上述要求,直接在合同对应条款处以批注形式提出。如合同中无法进行批注,则在邮件正文中表述时,应明确指出对应合同条款的序号:如希望对《××合同》或附件×的第×条×款进行调整后,实现何种效果。

3)邮件正文中,还应体现合同申请人姓名、级别和联系方式(可附名片),以便法务人员补充询问合同背景或执行细节、疑问等。

②邮件附件:待审核合同及参考文件

1)如合同允许修改,则提交的待审核合同应为Word版本,且未锁定修订,可供修改。

特殊情况下,如交易相对方地位强势且仅允许以补充协议的方式修改合同,则应在流程中明确,此种合同的处理时间将较一般合同审核时间长,请申请人合理安排提交申请的时间,提前发出合同审核申请。

2)所有参考文件应齐备。

如需审核补充协议或续签协议等以公司与合作方此前签署的合同为基础的文件,需在发起申请时一并提交对应的原合同的双方最终签署盖章版扫描件。

3)提交申请前,申请人应仔细查看合同并确认:

a. 是否为全套合同文件,包括通用条款、专用条款、订单、声明、承诺函、证明、报价文件、合同附件(无论该附件是否在合同正文中出现)等。

b. 合同中的各项商务条款是否已填写完整。商务条款通常包括公司主体信息、合作/服务期限、合作/服务内容、金额、付款及发票安排、其他特殊商务安排/承诺和保证等;如合同为对方所提供,申请人提交审核前,需核对对方已填写的商务信息是否与实际一致;如对方提供的为格式合同,则申请人需审核格式条款中的商务信息是否与实际需求一致。

c. 对合同条款如有任何疑问(不确定是否与实际交易一致)、顾虑(判断可能不符合公司利益)、提示(请法务人员重点关注)、要求(希望能对条款进行修订后达到某种效果)等,均可以批注形式在对应条款处提出,以便法务人员在审核合同时参考。

法务人员不审核合同的商务信息、不对申请人所提交的合同中的商务信息的错误负责。

法务人员仅根据常识或交易惯例等提示:明显的错误,如金额的大小写不一致;对方要求过于严苛,我方很难实现;不符合双方、我方或行业的交易惯例等。

(2)同类高频合同审核

对于公司主营业务合同以及其他高频出现的合同,法务人员可总结通用信息后,在提交需求邮件的模板中预设相应信息,要求业务人员在提交合同审核时按预设要求提供,以进一步节省沟通时间。

例如,可要求合同申请人在邮件正文中提供如下类型的信息:

①合同中的修改痕迹或批注(如有)是哪一方的修改:1)我方;2)非我方。

以便判断是我方还是交易其他方提出的调整要求,确定进一步修订合同条款时的尺度。

在此点上,公司可以要求所有人员(包括业务等其他部门的人员)在Office(或其他使用的审核文件的办公软件)中统一“作者”标识,如加入公司的简称作为前缀或后缀,以便直接在文件中区分我方和其他方的操作。进行统一设置后,即可免去本条要求提供的信息。

②客户合同(我方为收款方)是否已执行完毕;若已执行完毕,是否已有对方验收凭证(具体可根据公司交易习惯使用的验收方式如纸质/邮件等进一步提示)。

如此可根据合同的执行状态,简化合同审核。例如,假设上述问题的答案均为“是”,则可简化甚至省略对双方权利义务、验收、违约责任等条款的审核。

③客户合同(我方为收款方)双方是否对账完毕;若已对账完毕,是否已有对方确认对账金额无误的凭证(具体可根据公司交易习惯使用的对账方式如纸质/邮件等进一步提示)。

客户合同的重要意义是保证收款,因此根据合同的结算状态,可进一步简化合同审核。如上述答案均为“是”,则除可简化对执行、验收、违约责任条款的审核,还可进一步简化对结算和付款条款的审核。

④供应商合同(我方为付款方)我方是否已验收,是否已付款。

同上,为减少合同的审核点。

问题

在此可思考,为何客户合同和供应商合同相比,所需提供的背景信息更多?

答案

客户合同审核的核心之一,是尽量减少我方的收款障碍,因此需注意审核任何可能影响收款的条款,即客户合同本身的审核点多。因此,如法务人员希望减少合同审核点,则需业务人员提供尽可能多的背景信息。例如,业务人员如告知已验收,法务人员还需进一步确认实际验收的形式,并修改合同条款以与实际验收一致,以保证此后可依据合同来主张已完成验收,要求客户付款。

而供应商合同除我方预付的模式外,付款的主动权在于我方,合同审核点(我方需注意的点)少。如业务人员告知合同已验收,即使实际验收形式与合同约定不一致,后果也是供应商无法依据合同主张已验收,无法要求我方付款,不损害我方利益,因此我方无须就验收形式要求业务人员进一步提供信息。

(3)合同二次/多次修改

当合同为二次审核/多次审核时,为尽量减少沟通过程,可要求业务人员在提交审核的邮件中主动披露以下信息:

①本次修改为合同二次审核/×次审核

原则上,合同交易双方的二次修改应基于第一次修改的内容,但由于法务人员每日经手合同量多,难以记住每一份合同,而有些合同的来回沟通时间长,可能合同二次提交审核时距第一次审核已数月,在对方不使用修订模式修改或直接接受我方修改后又提出新的修改等情况下,法务人员难以察觉该合同为二次审核,因此需业务人员说明此信息,防止重复修改。

当然,也可在流程中提示,业务人员也可选择变通提交信息的方式,即提交二次审核或多次审核申请时,直接在合同第一次修改的审核邮件上回复,进行提交。这样法务人员可直接查看该合同的修改次数以及修改过程,无须业务人员再补充关于审核次数的信息。

同时建议在流程中要求业务人员,在将合同提交给对方审核时,应要求对方使用修订模式修改,以便双方了解合同沟通过程,避免重复沟通。

②合同是否允许修改

就此点,还可进一步细分为:

1)合同允许修改,合同审核(如有多份,注明附件一至附件×);

2)合同不允许修改,风险提示(如有多份,注明附件一至附件×);

3)合同整体允许修改,合同审核,但第×条、第××条不接受修改(如有多份,注明附件一至附件×)。

合同第一次修改后,对方可能未在合同中全面反映要求,因此需业务人员补充重要信息。

示例1:合同第一次提交审核时的邮件模板

a. 合同是否允许修改?

合同允许修改,合同审核(如有多份,注明附件一至附件×);

合同不允许修改,风险提示(如有多份,注明附件一至附件×);

合同整体允许修改,合同审核,但第×条、第××条不接受修改(如有多份,注明附件一至附件×)。

b. 合同类型?

供应商合同:单笔/框架

客户合同:单笔/框架

补充协议

其他(具体说明)

c. 合同模板?

我方/对方

d. 以下情况如有,请注明,如无可不用提供:

合同中的修改痕迹或批注,为我方修改/对方修改/双方均有;

合同为预付;

合同已付款;

合同已履行/部分履行,就已履行部分已验收/未验收。如客户已验收,以何种方式验收(验收方式可以按照实际情况填写,例如客户通过合同约定的联系人邮件确认验收通过,或是客户出具了盖章的验收确认材料等)。

示例2:合同二次审核/多次审核提交的邮件模板

a. 二次审核/×次审核

b. 合同是否允许修改?

合同允许修改,合同审核(如有多份,注明附件一至附件×);

合同不允许修改,风险提示(如有多份,注明附件一至附件×);

合同整体允许修改,合同审核,但第×条、第××条不接受修改(如有多份,注明附件一至附件×)。

c. 其他需说明信息

为加强以上流程要求的执行力度,可在流程要求中说明:

如业务人员未按照上述要求,明确相应信息或者提供相关文件的,法务人员将需另行请业务人员补充说明情况或补充相关材料,前述沟通时间不计入法务人员反馈时限。

合同申请人按照以上流程要求,发起合同审核需求后,进入法务审核环节。

2. 法务审核

(1)首要审核:是否符合流程要求

在收到法务需求时,法务人员首先需审核的是,需求提起的方式是否符合法务部门对接流程的要求。

①对于合同审核的需求邮件,法务人员应首先确认所提供的材料及信息是否符合流程所要求的格式和内容,信息是否完整。

若任一项材料或信息未完整提供,则可拒绝处理,以邮件告知合同申请人补充完整后,按要求重新提交法务需求。

例如,申请人提供的合同是无法直接修改或修改耗时长的 PDF 或图片形式的合同,或虽然为 Word 版本的合同但被锁定修订,则法务人员可直接拒绝申请。申请人需与对方沟通获得符合流程要求的合同版本,或修改申请邮件中的具体需求,如在无法获得可修订的合同版本情形下,法务人员仅进行风险提示,不予修改。

②对于提交二次修改的合同,法务人员需注意比对该合同与第一次修改的部分,如二次修改的内容超出了前次修改的条款范围(即并非在前次修改的基础上拒绝修改或调整条款表述,而是新增或修改了其他条款),则建议注意了解原因:

1)是否双方出于新的商务考量对合同进行了修改、新增等;

2)是否业务人员提交第一次审核前未仔细查看合同,在法务人员反馈以后才查看并提出新的修改意见。此种情况下,属于业务人员未执行一般合同审核的流程要求,对于此种流程异常情况,应予以提示、警告。

③对于提交多次修改的合同,法务人员应注意多次修改本身可能即意味着流程异常,应慎重核查出现多次修改的原因。

④常见问题及对应处理方式:

问题 1:业务人员在需求邮件中限定法务人员反馈时间。

处理:告知将按事先已公布的法务流程中的时间反馈。

问题 2:业务人员直接提供待审核的合同,未在需求邮件正文中提供任何信息。例如,直接以邮件发送附件,广告发布合同 . doc,邮件正文仅有:请审核/请提意见。

处理:拒绝本次需求,要求业务人员按照合同审核流程中要求的,提交合同审核的邮件模板补充完整信息后,重新提交审核。

问题 3:需求邮件的内容表述不清楚,前后矛盾、缺乏关键信息、需求不明确。

处理:补充询问,如判断较为复杂,考虑直接联系业务人员,或安排电话会。

问题 4：邮件正文提到附件，但未附上附件、附件与正文矛盾、附件形式不对。

处理：要求补充提供。

不同需求应提供的文件形式：

1）修改合同：Word 版合同；

2）法律咨询/诉讼风险评估/案件委托代理：盖章版合同扫描件；

3）合规审查：直接提供素材，如拟投放市场的广告物料，避免描述。

问题及处理示例 1：不符合时间要求

a. 需求邮件

附件中为×××项目的所有招标文件，客户不允许修改，请进行风险提示。我们需要在下午三点前向客户提出对招标文件的疑问，所以请三点前务必回复。

b. 法务人员处理

本次招标项目文件由八份文件组成，审核工作量大，所需时间长，而你们发起需求的时间太晚，不符合流程要求。考虑到本次项目的紧急性，我们暂按加急处理，执行细节等来不及进行确认，仅根据文件字面意思提示重大风险，见邮件。

本次流程异常已汇报至部门负责人×××并抄送×××，请以后严格按流程执行，尽早提出需求，以免影响招标工作的实质开展。

问题及处理示例 2：补充协议未提供原合同作为参考

a. 需求邮件

附件为客户方的保密协议和三方协议：

（1）协议为客户方模板；

（2）协议不可更改，仅可做风险提示。

以上，现申请法务审核，谢谢。

b. 法务人员处理

经查看，三方协议内容如下：

甲方：×××

乙方：×××

丙方：×××

本三方协议由甲乙丙三方于×年×月×日（“签署日”）在××签订。

本三方协议是对甲方与乙方于2019年1月1日签署的《××合同》合同编号____________（以下简称“××合同”）的修改和补充。三方约定如下：……

诊断流程问题：缺原合同，即甲方与乙方于2019年1月1日签署的《××合同》。

处理：告知业务人员，本需求为审核补充协议，需补充提供原合同，并非只有合同名称为《补充协议》的才属于补充协议。

（2）合同内容审核

本书主要讨论流程管理，关于合同审核的具体要点已有许多其他书籍、文章充分探讨，此处不予赘述，仅从合同审核流程管理的角度对内容审查的要点简要举例如下：

在进入对合同条款的审核前，应先结合业务人员在邮件中提供的背景信息，对合同进行初步判断：

①合法性

法务人员并非只有在业务人员提出本项业务是否合法的咨询时，才审查业务的合法性问题。在审查合同时，应首先考虑合法性问题，包括：

1）交易本身；

2）交易主体；

3）交易细项中可能涉及的合法性风险。

如果业务人员根据前述合同审核流程的要求提供了完整的合同

审核信息,则前两项通常在查看提交审核的邮件正文和合同首段时即可判断。

如果初步判断合同合法性存疑,则应与业务人员先确认交易模式,处理交易的合法性问题。

②合同类型:是否符合本次交易模式的需求

某种业务存在多种交易模式、对应多种类型的合同,业务人员/对方可能出现用错合同模板的情形,将适用于其他类型的合同模板提交审核。

就其他语种合同,业务人员可能因为不熟悉该语种,而对合同的性质产生误判,如将交易对方提供的年度框架合作协议,当作针对本次交易的具体协议,在提交审核时,要求加入许多本次交易的特殊要求条款。

业务人员或对方可能错误判断法律关系,如某合同由四方主体签署,现业务人员向法务人员提交补充协议申请审核,但法务人员对法律关系进行分析后,发现可以更为简单的方式处理,即合同某一主体出具单方通知/确认函/证明即可,无须走四方主体均审核、沟通、签署的补充协议流程。

③合同模板:是否可使用我方模板

通常如交易双方地位差距较大,大概率会使用地位高的一方所提供的合同模板。如交易双方地位较为平等,则有空间争取使用我方合同模板,以对我方进行更为全面的保护(我方合同模板对我方利益考虑更周到),减少我方合同审核的工作量(除非对方大幅度修改我方模板)。

因此在合同审核时,可注意是否有使用我方模板的机会:如对方提供的合同版本并不特别针对本次交易,而我方有更具有针对性、定制性的合同模板,如我方有委托广告中介公司在 DSP 广告平台上代为进行广告投放的合同,即比委托广告中介公司代为进行广告投放的合同,更有针对性。

或对方提供的合同模板结构不完整、条款过于简单等,我方合同模板条款更全面、对交易情形各方面考虑更周到等,均可建议业务人员与对方沟通,争取使用我方模板。

经初步判断业务人员所提交的合同可审核后,才进入合同条款的实质审核阶段。

示例 1

需求邮件:

请审阅合同,谢谢。

a. 合同是否为我方模板:否。

b. 我方为合同甲方还是乙方:乙方。

c. 合同是否已执行完毕,服务是否验收通过,双方是否对账结算完毕,是否存在任何其他异常情况(对方异议、合同变更、补充协议等):否。

d. 合同中的修改痕迹或批注是我方人员还是对方进行的修改:我方。

e. 本次审核需求为修改合同还是不接受修改仅风险提示:接受修改。

处理回复:

你好,目前对方提供的合同版本仅约定了数据接入事宜,并无任何针对本次业务合作的权利、义务、责任约定,不适用于本次合作。建议与对方协商,换用与双方合作内容相符的我方合同模板《××合同》。否则需对该合同版本进行大幅改动,工作量大,请知悉。

无论是适用我方模板,还是在该合同版本上进行修改,目前确认关于双方合作的具体商务条款,请与对方沟通后确认以下商务内容:

a. 根据合同中的定义,××合作包括 A 合作与 S 合作两种:其中 A 合作是××,S 合作是××。请确认:<u>本次双方合作是否包括 A 合作与 S 合作两种? 若仅涉及一种合作,请告知具体涉及的合作类型是哪</u>

一种。

b. 根据合同第×条收益分配，在费用支付收取方面，双方采取根据“实际收入”分成的方式进行：(1)实际收入具体指代不明；(2)费用支付收取是按照“实际收入”的100%？还是双方会协商收入分配比例？若双方会对“实际收入”按比例分配，请告知具体的分配方式。

c. 根据第×条收益分配，每日结算单价的表述过于模糊，请注意补充提供双方确认每日结算单价的具体方式。

示例2

处理回复邮件：

你好，《××技术服务协议》的附件《工作说明书》目前仅包含标题，几乎没有实质内容，但根据该协议主文内容，双方技术服务的具体内容、验收标准、费用金额、结算流程等重要内容均以该《工作说明书》为准，请务必根据双方约定的实际情况，将其填写完整后提交审核。此外，根据本次提供的合同内容，我方及我方提供的服务人员均需遵守对方的供应商规范，请注意事先向对方索要需我方遵守的全部规范内容，并注意严格遵照执行。

(3)合同审核流程

经上述合同流程和内容审查环节后，如合同正常审核通过，则可转入公司合同流程中的下一审批环节。

如法务人员认为合同存在法律风险，且合同对方未表示不同意修改的，则以修订模式在合同上给出修改意见，回复合同申请人，再返回合同对方处。

待合同对方同样以修订模式反馈修改意见后，合同申请人重新将合同提交法务人员审核。

如此反复，直至最终合同审核通过。

为提高合同流转的效率，建议前述合同双方之间来回审核的次数最多不超过三次,如经两次沟通,双方仍就合同的某些条款无法达成一致意见,则法务人员可以提示重大风险,走特批流程。

(4)风险提示和特批流程

风险提示是指,法务人员向业务人员提示本合同存在重大法律风险,以供业务负责人确认是否可接受该风险。

如业务负责人认为风险可接受,则特批本合同,合同即可进入下一步如盖章环节。如业务负责人认为风险过于重大难以接受,则业务人员再根据所提示的风险,寻求与对方沟通,要求修改合同。

该流程不仅用于终止对合同的多次修改,也可直接适用于对方不同意修改合同的情形。

由于风险提示的受众是业务负责人,作用是帮助决策人迅速判断该合同是否可接受。因此,风险提示应按以下基本要点进行:

①内容上,法律风险(商务条款由业务人员判断)提示,且程度上应为重大风险(可从概率、后果等维度综合判断)。

②形式上,对合同各条款的重大风险汇总后,进行分类、提炼、总结,按照便于业务负责人查看和理解的逻辑,排列提示条款。

③表述上,应该通俗、直白、易懂,避免过于专业的法律术语,或不明确、含蓄的表述。

④数量上,为便于决策人快速决策,应尽可能控制风险提示条数的数量,建议最多不超过十条,需要法务人员仅选择重大风险条款放入。

在此基础上,还可进行进一步的优化:

①如法务人员判断本合同整体风险极大时,可在首段以醒目方式(如对相应文字标粗、标黄、加下划线等)进行警示,以引起负责人对本合同的重视。

②如风险提示必须高于五条以上的,可以不同方式(如加粗字体、变更颜色)突出更高的风险。

③如业务人员有与对方进一步沟通修改的可能性的,可标出风险

提示对应的合同条款,便于业务人员与对方洽商。

④由于仅提示合同条款存在的重大风险,可能会遗漏合同执行层面的具体问题,可适当在反馈邮件中提示执行中的注意事项。

以下举例说明如何开展风险提示:

示例 1:风险提示变为修改合同

1)合同审核需求处理回复邮件

合同履行风险提示:

本次提供的×××合同,对方主体包括多家主体,请注意确保合同主体名称与三家公司的注册名称完全一致。

此外,请注意在合同中明确费用结算货币,如涉及外币收付款的还需注意明确约定汇率;同时,因涉及境外汇款,开始支付到实际到账的时间将较长,请我方务必注意结合实际需求确认账期。因本次未提供对应订单,我们无法就与订单相关的前述内容进行审核,请知悉。

合同条款风险提示:

a. 对方签约主体为三家公司,建议将对方三公司在合同文首的主体名称相应调整为甲/乙方一、甲/乙方二、甲/乙方三,并添加"甲/乙方一、甲/乙方二、甲/乙方三在本合同中合称甲/乙方,并应共同向乙/甲方承担连带责任"的表述,否则后续易就三家如何向我方承担付款、赔偿责任产生争议。

b. 此外,请务必注意合同尾部添加三个客户公司的盖章处并要求三家公司均盖章,否则合同将无法约束未盖章的对方公司。

c. 合同第×条约定的"甲方实际支付的总费用",考虑到对方实际开始走支付流程到我方实际收到付款的时间间隔可能较长,双方就"实际支付"可能存在不同理解,因此易就返点计算基数产生争议,对方可能主张只要其已开始走付款流程,无论我方是否在合同期限内收到付款,相应款项均应计入返点。建议将第×条返点计算基数表述调整为"乙方实际支付且甲方实际收到的总费用……",同时将第×条相应调整为“甲方收到乙方支付的原合同有效期内的全部款项后，甲方才开始结算……”

以上为本次风险提示。

2）业务人员反馈

此前考虑为长期合作的客户，本次合作仅增加了主体，并未改变合作模式，以为合同内容改变不大，因此要求仅风险提示，现根据风险提示结果，需要改动内容较多，请直接修改合同。修改需求请见下方【】中标注。

合同履行风险提示：

本次提供的×××合同，对方主体包括多家主体，请注意确保合同主体名称与三家公司的注册名称完全一致。

【已确认】

此外，请注意在合同中明确费用结算货币，如涉及外币收付款的还需注意明确约定汇率；同时，因涉及境外汇款，开始支付到实际到账的时间将较长，请我方务必注意结合实际需求确认账期。因本次未提供对应订单，我们无法就与订单相关的前述内容进行审核，请知悉。

【为长期合作客户，一般为预付，我们会在制作订单时注意确认】

合同条款风险提示：

a. 对方签约主体为三家公司，建议将对方三公司在合同文首的主体名称相应调整为甲/乙方一、甲/乙方二、甲/乙方三，并添加“甲/乙方一、甲/乙方二、甲/乙方三在本合同中合称甲/乙方，并应共同向乙/甲方承担连带责任”的表述，否则后续易就三家如何向我方承担付款、赔偿责任产生争议。

【请直接修改】

b. 此外，请务必注意合同尾部添加三个客户公司的盖章处并要求三家公司均盖章，否则合同将无法约束未盖章的对方公司。

【请直接修改】

c. 合同中并未明确三家公司是合并计算返点还是分别计算返点；

如为三家公司合并计算返点,我方的返点应支付给三公司中的哪家。前述问题易产生争议,请务必注意在合同中书面明确。

【合并计算,哪家付款,我们即将返点支付给哪家,请直接修改】

以上为本次风险提示。

示例2:合同缺乏商务条款

1)需求邮件

附件为在我方合同模板基础上修改后提供的三方协议,协议不可修改,请风险提示。

就三方主体补充说明:我方作为乙方会为甲方提供×××服务,××××作为丙方会为甲方提供×××服务。

2)处理回复邮件

就本次提供合同,风险提示如下:

你好,由于对方经营范围涉及互联网金融业务,若后期订单中需要我方为对方宣传推广的产品涉及互联网金融、理财等金融投资理财类广告服务的,根据相关法律法规:a. 我方作为广告经营者有义务对客户的主体资格进行确认,并查验广告主营业执照的经营范围是否包含相关服务项目,客户不能提供的,依法不得发布,并需主动向行政主管部门报告;b. 我方需注意对后续客户提供的广告素材、推广方式等进行合规审查,如我方作为广告经营者未查验证明、未核对广告内容,导致违法金融投资理财类广告发布的,需依法承担相应法律责任,包括但不限于由市场监督管理部门没收广告费用,并处罚款、暂停广告发布业务、吊销营业执照、吊销广告发布登记证件,构成犯罪的,依法追究刑事责任。以上请知悉。

根据我方需求,本次对我方提供的合同进行风险提示如下:

a. 本合同中共三方主体,乙方与丙方分别为甲方提供不同类型的服务,且合同中对甲丙两方合作内容的约定较为简略,为避免将来因甲丙两方产生纠纷导致我方遭受不良影响或额外损失,需在合同中明确,因丙方为甲方提供服务而产生的一切纠纷与我方无关,我方不向甲方或丙方任何一方承担连带责任。

b. 目前合同第×条的服务费用条款中仅列明了我方××的服务费用,没有就××的实际服务内容约定服务费用,请务必确认我方是否免费为甲方提供×××服务。若并非免费提供,请务必注意在本合同中明确约定甲方需向我方支付××费用,并明确费用结算方式。

以上为本次风险提示。

3)业务人员修改需求

本次所签署的为框架协议,之后每次服务会签署订单,订单会约定具体的服务内容,按本框架协议约定的结算和支付方式进行付款。

我方不免费提供×××服务,具体服务结算方式正在与对方沟通,待确认后,请加入合同中。

4)业务人员反馈

客户确认,具体结算方式为:×××。

5)最终处理回复邮件

本次合同需求,因商务条款内容不明而增加了来回沟通的成本。请注意,以后在合同提交审核前,首先确认全部商务条款内容与我方实际需求一致,以免影响相关合同的审核效率。

根据调整后的需求,本次对合同再次进行修改,具体修改情况请见附件。

以上针对合同审核流程,介绍了从发起至审核、终结各环节的基本要点。

(二)基于合同审核流程的总结和优化

法务人员在处理日常大量合同审核的流程中,应当注意观察和积累各项数据,并据此不断总结和优化相应流程。对此,笔者将在本书法务数据管理部分进行详细介绍,在此仅举例两种流程优化的情形。

1. 完善风控流程

如法务人员在合同审核中,发现某类风险在同一段时期内重复出现、频率较高,则应与业务部门讨论分析原因、提出解决方案,并进一步提炼为具有通用性的执行指引或流程要求,在相应业务部门或全公司推广,要求相应人员按此执行,以尽量填补公司风控流程的漏洞、减少风险。

示例1:发票寄送

在集中一段时间的合同审核中,我们发现某公司的大部分客户都在合同中要求见票付款(即收到我方发票后××日再付款),为避免纠纷时我方无法证明对方收到发票的时间,从而无法确认付款时间,特向公司建议改进流程如下:

建议在财务流程中要求业务人员如以快递向客户寄送发票的,应提供快递单号和快递单复印件,快递单上注明"××合同第××号发票",快递单号录入财务系统,同时快递发票时最好选择EMS或顺丰等大型快递公司,以便能查到快递签收记录。

示例2

某广告公司一段时间内集中接到大量互联网金融产品的广告投放需求,根据互联网金融广告的相关规范、政策文件,提炼总结需要客户履行的相应义务,加入广告公司的广告投放合同模板中,要求互联网金融产品的广告投放均签署此模板。同时要求业务人员在服务过程中需按合同要求履行,如要求客户提供相应资质文件。

(说明:因我国互联网金融产品的规则更新速度较快,以下条款仅是根据当时的政策规范要求所拟,仅为举例说明对流程的总结习惯,并不作为互联网金融产品广告投放风险的处理范例。)

如果甲方产品为P2P网络借贷、理财、融资、期货投资、贵金属投资、外汇投资等金融类服务产品,则应当执行下列特别约定:

(1)甲方在向乙方提交数据推广的需求时,应向乙方完整披露该金融类服务产品的运营单位的业务范围、资信等所有背景信息并提交相应资质文件的复印件供乙方备档。若乙方有合理的理由认为甲方披露的信息不充分、不真实或不合法的,有权自主选择是否接受该数据推广的需求。对于乙方已经接受的数据推广请求,若乙方有合理的理由认为该金融类服务产品存在虚假宣传、误导消费者、违法经营或侵犯第三方合法权益的重大风险时,有权暂停或终止该金融类服务产品的数据推广服务。

(2)乙方针对金融类服务产品仅提供App应用下载的数据推广服务,即甲方产品体现为终端上的应用程序,乙方以简介(具体简介内容由甲方提供)和下载链接地址(甲方应提供合法的指向应用商店所推广产品的下载地址链接)方式推广甲方产品。若甲方需要其他形式(如产品的详细图文广告、推介文章或直接跳转其他网站的链接推广等)的推广服务,应事先向乙方提出申请,并明确陈述所需推广服务的具体形式、内容并提供所需素材。乙方有权在对甲方申请进行审核后自主选择是否接受该申请。

2. 明确审核尺度

在合同审核中,对于高频客户/类型的合同,应注意观察审核规律,包括双方交易习惯(如账期、验收形式等)、对方对我方合同修改的接受程度、对方合同的设置习惯等,总结审核此类合同的尺度,指导后续合同修改,可有效减少双方就合同来回沟通的时间成本。

示例

负责某类具体业务事务的业务人员离职后,向新加入的业务人员提示对此类合同的处理惯例:

你好,附件为××××年×月×日为公司拟定的代理框架合同及代理政策模板。根据此前与业务负责人确认,目前该项业务为公司创新模式,尚在试验阶段,主要目的为拓展客户、观察市场反应,因此对于合同仅需防范特别重大的额外损失风险，无须按照对××业务一样细致的标准来处理，请知悉。

此外，根据此前与已离职业务人员××的沟通，目前的业务惯例为先要求供应商签署我方模板的服务框架合同，服务框架合同主文仅概括约定了通用各产品的权利义务，框架合同不可修改；就具体服务的价款、期限、验收标准等商务条款，在具体服务协议中约定，服务协议可在我方模板基础上修改。请注意按此向对方提供我方框架合同和服务协议的模板，并将经双方协商填充完毕商务条款的服务协议提交审核。

五、合同起草

对于业务人员的合同起草需求，可以参照以下发起流程。

合同申请人在提交申请的邮件中，应当提供如下材料及信息：

(1)交易背景；

(2)需要/希望起草的合同所解决的问题/实现的目的；

(3)特殊要求；

(4)供起草合同的参考材料，如其他公司的合同，此前已开展本业务的，还应提供就本业务的合同履行的材料；

(5)业务负责人的姓名、职位、联系方式。

关于如何对合同起草需求进行具体分析、理解和处理，在本书之前公司法务的技能提升中，曾举例说明，法务人员就某项直播新业务的合同起草需求，如何理解该业务并与业务人员进行沟通，可参考该举例。具体合同起草的注意要点，亦有其他书籍或文章充分讨论，在此不赘述。

以下仅从审查合同起草流程是否符合要求的角度，举例说明，如何处理不符合要求的需求：

示例1:需求邮件中的商务信息欠缺、不准确

1. 需求邮件

您好:

我部门现在准备出一份×××的合作协议,主要要求:

(1)我方与对方是合伙关系;

(2)入伙与退伙条款需要体现在协议;

(3)合作内容见附件,请帮忙添加一下双方的权利义务。

2. 处理流程

需求邮件附件体现的合作内容与邮件中所描述的"合伙关系"不符,且具体合作方式、双方分工、利润分配等事项不明确,无法直接据此起草合同,需与业务人员进一步确认。考虑到需确认的问题较多,且需先确认合作方式,才能确认具体的合作细节问题,因此相较于邮件沟通,采用电话会方式沟通更有效率。为此,回复邮件如下:

您好:

根据附件合作内容,我们理解目前我方与对方拟就××事项开展合作关系,并非一定与对方以"合伙"的形式进行合作,为此需要业务负责人向我们介绍一下本次合同所涉及的具体业务模式和内容,以便我们判断法律关系,并据此起草合同。

请确认是否方便安排明天下午2:00就此事进行微信语音会议,如不可安排,请回复其他可安排的时间。

另以下为根据附件合作内容总结的会议时需讨论的问题清单,请于会议时一并解答:

(1)双方在本阶段是否仅就建立合作关系签订合作框架合同,不涉及具体合作事宜。

(2)双方是否拟成立项目公司,负责项目承接和开展?如否,拟采取何种合作形式?

(3)对方提供××资源,我方提供销售渠道及人工。双方分工是否为:对方负责接洽×××,待对方确认客户可签约后,由项目公司签订合同并实质提供服务。

(4)利润分配如何进行？作为分配基准的项目毛利率如何确定？请提供计算公式。

3. 电话会

4. 确认商务内容

在电话会后，总结电话会中所确认的合作内容，请业务人员确认，并据此起草合同：

您好：

根据下午电话会沟通中，业务负责人确认的信息，我们理解：

双方合作模式为，目前不成立项目公司，以合作合同的方式确认合作关系。

合作分工为：对方提供××资源，负责签约谈判、协调与客户的关系，我方负责以我方名义与客户签约、提供××服务，客户向我方付款，由我方向客户开票。

利润分配为：双方按利润分成，利润计算公式为×××。每季度进行对账，对账方式为×××，对账后我方将对方应得利润支付至对方账户，税由对方承担。

如某单核算为亏损，则就亏损双方各担50%。为保证对方承担亏损，需在合同中设置××条款。

示例2：未一次性提出全部需求

1. 业务人员需求邮件

×××项目组需要一份用户协议或者声明文件，详细需求为：

本项目组组织了一场活动，根据活动规则，有几名用户中奖。但此前的奖项无法兑现，现在经与中奖人沟通，可将奖项变更为现金补偿，现需撰写一份用户同意接受奖项变更的协议。具体活动名称、规则、奖项、补偿见附件。

2. 法务人员反馈所草拟的协议

3. 业务人员反馈

我方非活动主办方,不能以我方公司为主体签署本协议,因并非活动主办方原因导致原奖项不能兑现,补偿也不由活动主办方出,活动主办方不同意签署协议,能否麻烦修改为单方声明,用户单方面承诺接受补偿不再追究责任?

4. 法务人员反馈草拟的单方声明

5. 业务人员反馈

声明需要修改,最后给到用户的钱希望不以"补偿"的名义出现,能否换一个名称,同时保证达到一样的免责效果?

6. 法务人员最终处理

就本次合同起草,不能提供主体签署协议,以及不希望以"补偿"的名义提供款项,应该在提出起草文件的需求时提出,以避免来回修改。请以后一次性告知特殊要求。本次流程异常已报知部门负责人,并抄送×××。

声明已修改,用户同意以现金形式接受原奖项的行程费用,由用户自行安排行程,活动主办方无须为用户安排行程。

问题点评:业务人员在提出需求时,并未一次性告知全部要求,尤其是特殊要求。在收到法务人员的文件后,才提出特殊要求:项目组一开始未告知法务人员,不能提供主体签署协议;法务人员修改为单方声明后,项目组又提出一个新的对内容的具体要求,导致一个简单的需求被来回修改,从需求提出到最后文件定稿,花费四天时间。

六、法律咨询

(一)流　　程

对于业务人员咨询的某项项目的具体业务操作是否违法,从法律合规角度应该如何操作等日常工作法律咨询需求，建议流程如下：

1. 需求发起

申请人员应在需求邮件中提供如下信息：

(1)背景：描述问题产生的背景、原因；

(2)需求：需要咨询或协助解决什么问题；

(3)备注：有什么特殊要求和顾虑；

(4)联系方式：本事项的部门经办人姓名、级别和联系方式。

2. 需求反馈

(1)原则：满足业务人员的既有需求；

(2)目的：解决业务人员提出的问题，而非普法或证明法务人员的法律功底；

(3)形式：不需要法律意见书、研究报告等长篇大论，邮件回复即可；

(4)内容：明确的结论。

法务人员反馈的内容，可以根据业务人员的需求，进一步模式化：

(1)业务人员问题：具体问题，"是"或"否"可如此操作？

法务人员回答："是"，则进一步提示操作中的注意事项即可。

法务人员回答："否"，则应同时给出其他可解决该事项的办法，如无法直接给出其他办法，也可给出理由和其他可参考的路径，以便业务人员寻找解决办法。

(2)业务人员问题：如何解决某个疑问/事项？

法务人员回答：应直接给出解决办法，且应具体到如何操作，以及操作环节的各注意事项。

(3)业务人员问题：某项操作/事项是否有风险？

法务人员回答：直接指出具体风险，并同时给出能够规避风险或者减少风险的解决办法。如无任何规避办法，则应直接告知业务人员后果，供业务人员判断是否可承担该风险。

(二)常见错误操作及修正

详细列出研究本问题的过程,如法律依据(法律法规、国内外案例判决等),法律推理的过程,甚至对业务人员提出的操作建议进行价值评判,如认为该种操作有什么社会危害等。

例如,业务人员所咨询的问题为,某种实践操作是否会有法律风险。

则无须详细告知:依据×××法×××条×××款,将承担×××民事责任/行政责任/刑事责任。

简明扼要地告知责任类型、程度,承担责任的概率。例如,虽然依据法律规定,认定某种操作属于侵权,我方将承担对应侵权赔偿责任。但同时可从业务角度考虑,我方承担侵权责任的概率:如果被侵权方为知名公司,维权的可能性更大一些,我方被诉和承担责任的概率更高;如果被侵权方为国外人士或机构,国内暂没有处罚案例,比如国外已故名人的肖像权侵权,则我方被诉概率相对较低;如果涉嫌侵权的物料通过公开网络投放,无法预测传播范围,则我方被诉的可能性会更高……

这样业务人员可据此比较成本(侵权责任)和收益(实行侵权行为带来的收益),决定是否实施该种涉嫌侵权的操作。

示例

1. 业务人员需求

本公司的百度贴吧中存在大量不良信息,公司打算与百度沟通,请百度配合采取相应管理措施,公司可以提出什么要求?

2. 法务人员处理

根据《互联网跟帖评论服务管理规定》(“《跟帖评论规定》”)和《互联网论坛社区服务管理规定》(“《论坛社区规定》”)等相关内容,对所涉及的相关法律问题初步总结如下:

(1)吧主对吧内负面信息的管理要求和责任

根据《论坛社区规定》第六条,论坛社区版块发起者、管理者应当履行与其权利相适应的义务,百度贴吧的《吧主制度》中也明确了吧主有配合官方各项管理工作、维护吧内内容健康和和谐氛围的义务。因此,吧主有义务对贴吧内包含恶意负面信息的帖子进行删除,维护吧内健康、和谐氛围。

法律法规没有直接规定吧主违反管理义务的法律责任,但规定了论坛社区服务提供者的管理责任,《论坛社区规定》第六条:……互联网论坛社区服务提供者应当……明确论坛社区版块发起者、管理者应当履行与其权利相适应的义务,对违反法律规定和协议约定、履行责任义务不到位的,服务提供者应当依法依约限制或取消其管理权限,直至封禁或者关闭有关账号、版块。因此,可据此要求百度对于履行责任不到位的吧主采取相应惩罚措施,如限制其权利、撤销其吧主权限,避免贴吧管理不当的状况延续。

(2)发帖人发布负面信息的法律责任

根据《论坛社区规定》第六条,用户不得利用互联网论坛社区服务发布、传播法律法规和国家有关规定禁止的信息。《跟帖评论规定》第六条也指出,跟帖评论服务使用者应当严格自律,承诺遵守法律法规、尊重公序良俗,不得发布法律法规和国家有关规定禁止的信息内容。这两条规定未明确用户违反的法律后果,但如发帖人采用诽谤、诋毁等手段,损害公众对公司的信赖,降低公司产品社会评价的,公司可依据《民法典》,主张为侵权行为,可以提起诉讼,要求其承担消除影响、赔礼道歉、赔偿损失等法律责任。百度对于未及时采取必要措施导致的损害的扩大部分也应与用户承担连带责任。

侵权责任相关法律依据如下:

《民法典》第一千一百九十四条:网络用户、网络服务提供者利用网络侵害他人民事权益的,应当承担侵权责任。法律另有规定的,依照其规定。

第一千一百九十五条:网络用户利用网络服务实施侵权行为的,权利人有权通知网络服务提供者采取删除、屏蔽、断开链接等必要措施。通知应当包括构成侵权的初步证据及权利人的真实身份信息。网络服务提供者接到通知后,应当及时将该通知转送相关网络用户,并根据构成侵权的初步证据和服务类型采取必要措施;未及时采取必要措施的,对损害的扩大部分与该网络用户承担连带责任。权利人因错误通知造成网络用户或者网络服务提供者损害的,应当承担侵权责任。法律另有规定的,依照其规定。

第一千一百九十六条:网络用户接到转送的通知后,可以向网络服务提供者提交不存在侵权行为的声明。声明应当包括不存在侵权行为的初步证据及网络用户的真实身份信息。网络服务提供者接到声明后,应当将该声明转送发出通知的权利人,并告知其可以向有关部门投诉或者向人民法院提起诉讼。网络服务提供者在转送声明到达权利人后的合理期限内,未收到权利人已经投诉或者提起诉讼通知的,应当及时终止所采取的措施。

第一千一百九十七条:网络服务提供者知道或者应当知道网络用户利用其网络服务侵害他人民事权益,未采取必要措施的,与该网络用户承担连带责任。

《最高人民法院关于审理利用信息网络侵害人身权益民事纠纷案件适用法律若干问题的规定》第十一条:网络用户或者网络服务提供者采取诽谤、诋毁等手段,损害公众对经营主体的信赖,降低其产品或者服务的社会评价,经营主体请求网络用户或者网络服务提供者承担侵权责任的,人民法院应依法予以支持。

另外,百度吧主和百度均可对发帖人进行相应处理,具体见百度《贴吧协议》的相关约定。

(3)百度对吧内负面信息的管理责任

①处理不尽职吧主

如第一部分所述,对于没有及时删除吧内不良信息的吧主,百度应采取限制其权利、撤销其吧主权限等惩罚措施。

②及时审核、处理不良信息

百度《贴吧协议》中对于用户的发帖规范提出了诸多要求,包括不得发布含有侮辱或者诽谤他人、侵害他人合法权利内容以及含有虚假、有害、胁迫、侵害他人隐私、骚扰、侵害、中伤、粗俗、猥亵或其他道德上令人反感的内容的信息。百度有权删帖和处理违规用户。

此次新规进一步明确了百度的相关义务:《论坛社区规定》第五条规定,互联网论坛社区服务提供者应当落实主体责任,建立健全信息审核、公共信息实时巡查、应急处置及个人信息保护等信息安全管理制度,具有安全可控的防范措施,配备与服务规模相适应的专业人员,为有关部门依法履行职责提供必要的技术支持。第七条规定,互联网论坛社区服务提供者应当加强对其用户发布信息的管理,发现含有法律法规和国家有关规定禁止的信息的,应当立即停止传输该信息,采取消除等处置措施,保存有关记录,并及时向国家或者地方互联网信息办公室报告。《跟帖评论规定》第五条规定,跟帖评论服务提供者应当严格落实主体责任,依法履行以下义务:……(五)建立健全跟帖评论审核管理、实时巡查、应急处置等信息安全管理制度,及时发现和处置违法信息,并向有关主管部门报告……第八条规定,跟帖评论服务提供者对发布违反法律法规和国家有关规定的信息内容的,应当及时采取警示、拒绝发布、删除信息、限制功能、暂停更新直至关闭账号等措施,并保存相关记录。

据此,对于贴吧内的不良信息,百度一方面负有审核管理、实时巡查的责任,为保证及时发现吧内不良信息,可要求百度对吧内经常发布不良信息的用户的帖子、评论进行事先审核,对含有不良信息的帖子拒绝发布;另一方面,还负有及时处理的责任,对于吧内侵犯公司权利的帖子,百度应及时采取删除信息、限制功能、暂停更新直至关闭账号等措施。

③健全投诉举报制度

《论坛社区规定》第十一条:互联网论坛社区服务提供者应当建立健全公众投诉、举报制度,在显著位置公布投诉、举报方式,主动接受公众监督,及时处理公众投诉、举报。国家和地方互联网信息办公室依据职责,对举报受理落实情况进行监督检查。

《跟帖评论规定》第十条:跟帖评论服务提供者应当建立健全违法信息公众投诉举报制度,设置便捷投诉举报入口,及时受理和处置公众投诉举报。国家和地方互联网信息办公室依据职责,对举报受理落实情况进行监督检查。

目前,吧内举报只能逐条逐贴进行投诉,效率低下,当吧内存在大量不良信息时,举报投诉困难,可据此要求百度建立健全投诉、举报制度,设置便捷投诉举报入口、批量投诉通道等,以便于及时要求处理不良信息。

从以上示例中可看出,法务人员能够真正理解业务人员所咨询的问题,并给出具有可操作性的解决方案的前提是:熟悉业务,熟悉业务流程。这样才能够将问题分解到具体的业务环节,判断是哪一个环节上出现问题,并根据对业务、行业的理解,结合法律规定,分析、查找对应的解决办法。

七、产品合规流程

在本部分,笔者将以互联网新产品合规为例,描述此种法律需求的对应流程。

当业务线拟开发新的产品时,法务人员应首先了解具体产品情况及合规需求,进行初步风险识别。对可能涉及重大合规风险及舆论风险的产品,需要组织专项评估。

(一)提出需求

在产品合规事项上,法务人员应尽早介入,如在产品架构和模型的设计阶段即参与风险评估和设计调整。因此,在产品经理提出产品合规需求时,可能产品尚未成型,无法直观向法务人员进行展示,需通过信息和辅助文档等进行介绍。据此,业务人员发起产品合规需求邮件的内容应尽可能详尽:

(1)产品拟实现的商业目的/价值,对公司的意义。

(2)产品拟实现的功能、满足的需求,与已有产品的关联点(如有)。

(3)产品的目标用户群,收费方案(如收费)、销售或推广渠道和方式等。

(4)产品的线框图、demo、流程、技术说明等。

(5)业务人员已识别的产品风险点及应对方案。

(6)业务人员希望法务人员特别关注的产品点,业务人员希望法务人员重点处理的问题等。

(7)产品负责人姓名、级别和联系方式。

如产品已配套策划书、概念书、需求说明书、实施方案、功能设计文档等文件,则应提供所有和产品相关的现有文件,以便法务人员了解产品情况。

(二)需求处理

法务人员的工作流程为:

(1)查阅产品信息和材料,初步判断可能涉及的法律领域,是否有相应规制的法律法规。

(2)法律检索,对应业务领域的检索。

(3)确认、修正该产品所属的法律领域和法律规制。

(4)提出初步合规意见/解决方案(待根据后续沟通修正)。

(5)根据材料和初步法律判断,总结应进一步与产品经理沟通、确认的问题。

(三)需求沟通

为提高沟通效率,建议在沟通前先准备问题清单:

1. 制定依据

已有的产品信息,现有的法律法规、业界文章、新闻报道,自身积累的行业背景信息和合规经验等。

2. 问题清单的结构

(1)按照初步合规意见/解决方案列出提纲:这一步实际是理清解决方案的思路,列出实现解决方案的各个环节。

(2)在提纲下分类设置详细问题:列出各环节中缺失的信息、待理清的信息、可能导致解决方案走向不同的信息等。

3. 问题表述

(1)尽量避免使用"介绍情况""描述概要"等模糊性的表述,少用"大""高"等表述模糊的形容词,对方理解可能出现偏差,导致回答过于宽泛、方向偏离等问题。

(2)尽量将问题进一步拆解,直至没有进一步选项。

(3)尽量预设好前提,尽可能设置"是"或"否"的选项,让对方选择。

4. 问题清单的形式

如果需对方回复书面问题清单,则还需设计清单的形式时,考虑如何方便对方理解问题、回答问题。

例如,可制作问卷表格,将问题嵌入表格的填写项中。相对于以Word形式一一列出问题,表格可以通过设计表头和填写项,直接让产品经理选择或填写,来控制答案范围和精确度,更好地实现问题清单的目的。

5. 面谈或电话会

通过问题清单进行沟通,可以有条理地理清关于产品和合规的各项问题,但难以对信息进行更深入地挖掘。在面谈或电话会等即时沟通中,信息可实时交互,沟通双方在此过程中更容易受到启发,提供补充信息或发掘出更多需求,因此即时沟通是有必要的。

八、新法律/政策文件落实

根据法律法规要求、政府指令、监管部门意见等,公司可能需定期或不定期应对监管要求,进行合规。

这个流程的特殊之处在于,此种情况通常是由法务人员根据新的法律/政策文件,主动发起需求,向业务人员提示可能的风险和解决方案,要求业务人员配合开展合规评估和设计、实施解决方案。此种情况下,法务人员的工作流程为:

(1)告知业务人员监管要求。

告知法务人员所获知的法律法规、政府指令、监管部门意见等相关信息,对公司业务提出什么要求。

如为原则性的要求,则请业务人员确认会对现有业务有何影响;如为具体的要求,则一一列出。

(2)与业务部门沟通、设计解决方案。

(3)如需整改,制作整改计划表,列出参与整改计划的各部门的职责和工作事项及其完成日期。

九、争议解决

(一)纠纷争议解决/诉讼风险评估

1. 申请人员直接向法务人员以电子邮件形式说明争议背景情况

(1)对方主体;

(2)交易内容;

(3)合同签订情况;
(4)合同履行情况;
(5)纠纷原因和事实;
(6)双方协调进展;
(7)希望法务部门做什么,希望实现何种目的;
(8)最后的底线是什么;
(9)争议业务负责人的姓名,职务,联系方式,是否仍在职。

2. 同时以附件形式提供争议相关材料

(1)盖章版合同;
(2)与争议金额相关的盖章版订单;
(3)双方就合同签订的往来沟通邮件;
(4)双方就合同履行情况的往来沟通邮件;
(5)双方就争议的往来沟通邮件;
(6)付款凭证、发票(如涉及)或 invoice;
(7)其他相关材料。

3. 诉讼风险评估考察要点(以催款为例)

(1)诉讼时效。

(2)管辖(关系诉讼/仲裁成本和律师费、差旅费的考量)。

(3)主体:确定起诉对象。

(4)合同成立:是否有书面合同,如无,是否有电子邮件或以其他方式订立的合同?如以实际履行且对方接受履行,证明合同成立。

(5)合同成立后是否有生效:合同签字、盖章,或授权联系人确认(如无就本交易的授权,以其他同类交易的合同/文件证明授权)。

(6)付款条件:如验收要求;提供发票的要求。

(7)合同履行的证据:如尚未验收,可证明事实上已履行的证据。

(8)履行瑕疵:是否会影响收款。

(9)合同约定的违约责任、单方解除权等。

注意除合同外,可能涉及其他类型的法律关系,如债权债务转让。

必要时应制作法律关系图，以免遗漏法律关系。

示例：就客户欠款的诉讼风险评估

①提出需求

我方与客户×××于2019年签了一份《×××服务框架合同》，我方提供了一项×××的具体服务，服务金额为××××元，现客户拖欠该款项过久，我方考虑诉讼解决。请评估诉讼风险。合同和我方服务成果、要求客户验收的邮件已上传到证据文件夹。

就该欠款事宜补充说明情况如下：

1）欠款金额：×××元。

2）发票：我方已向对方开具全额发票，但对方收到后又全部退还给我方。

3）执行情况：我方已履行完毕具体服务，但有三项服务内容，要求验收的邮件没有给客户发，客户当时明确告知不发。

4）欠款原因：对方未指出我方服务中有任何问题，但也没有回复我方要求验收的邮件；据私下口头询问，是内部预算未审批通过。

5）谈判进度：此前对方对接的业务负责人已离职，新业务负责人对我们的催款完全不予理会。

②处理回复

你好，诉讼风险评估如下：

1）整体分析

金额：×××服务共计：×××元。

管辖：合同约定北京仲裁委员会管辖。

评估：我方可基于服务框架合同、订单、我方发送的要求验收的邮件、要求结算的邮件申请仲裁，主张我方完成服务要求对方付款，有一定胜诉率。但基于合同约定，我方如要求付款还需要满足一些条件，需补充证据材料。

2)风险提示和证据补充

A. 合同约定对方的付款条件是,我方在结算前将订单发送对方确认,对方确认无误并收到我方盖章确认的订单及发票后30日内付款。同时,合同约定订单在双方授权代表电子邮件确认合作内容后、盖章后生效。

目前订单仅有我方盖章,请确认是否有以下材料,如有请补充提供:

a. 我方给对方发送服务成果的原始邮件,以便核对服务成果是否与订单内容一致。

b. 订单所载应付款日期为2019年4月1日,但我方开具发票、提供订单要求结算的时间是2019年7月,请确认7月是否第一次提供相应材料,此前是否有催款?是否有提供书面订单?如有请补充。

c. 对方收到我方2019年7月的结算邮件后,除对发票和金额提出异议外,是否有对服务内容提出异议?如无,请补充双方执行过程中的沟通材料(邮件、qq等)。

d. 我方给对方寄送发票的凭证(如快递的网站截图,反映收件、送件的详细信息)。

e. 对方如何退还我方发票的?提供凭证(如送达我方的快递单)。

B. 因对方未直接回复确认我方要求验收的邮件,因此还需补充执行相关证据:

a. 合同约定,如对方有书面提出要求我方提供阶段性或结算报告,在收到报告后验收,请确认对方是否有以书面(包括电子邮件)形式向我方要求提交报告。

b. 对于我方未发送给的要求验收的三项服务内容,对方以什么形式提出不需要发送验收邮件?请查找就此沟通的邮件、qq等。

点评:从业务人员描述的谈判进度,本纠纷仅能通过启动合同约定的争议解决机制解决。根据业务人员提供的材料,本案我方有一定胜诉率，因此略过风险提示阶段，直接进入补充材料、提高胜诉率的诉前准备阶段。

（二）商务函需求（以催款函为例）

申请人员直接向法务人员以电子邮件形式说明：

（1）争议情况（具体所需提供信息和材料见上述纠纷争议解决中所提示要点）；

（2）对方欠款金额；

（3）对方的商务函接收人姓名、可收快递的地址和电话。

附表

表 7-2　催款函项目信息

1	**项目信息**	我方项目公司名称	我方联系人	对方项目公司名称	对方收件人	
		请填写合同中我方公章上的名称，无合同的，通过邮件、收款账户或其他方式可确定的我方准确名称	—	请填写合同中对方公章上的名称，无合同的，通过邮件、付款账户或其他方式可确定的对方准确名称	拟接收催款函的对方收件人的姓名、地址、手机号码	
2	**合同信息**	经双方盖章的终版合同扫描件	合同是否到期	合同中止	合同提前解除	合同变更
		如有，请填“有”，并随本表附上书面合同扫描件，合同中写明的所有应作为合同组成部分的文件如附件、订单、补充协议、备忘录等均应附上；如无，填写“无”	如未到期，请说明具体情况	如有，请填写具体情况，如由谁提出、时间、原因等	如有，请填写具体情况，如由谁提出、时间、原因等	如有变更，如增加或减少服务内容等，请填写具体情况

(续表)

<table>
<tr><td rowspan="2">3</td><td rowspan="2">合同执行信息(请在下拉菜单中选择,是否有相应电子邮件或书面材料,如有请随本表附上)</td><td>对方发出订单/确认订单</td><td>对方确认报价</td><td>我方发出项目报告(阶段/总结)</td><td>对方确认项目报告(阶段/总结)</td><td>我方发出费用结算单</td><td>对方确认费用结算单</td></tr>
<tr><td>—</td><td>—</td><td>—</td><td>—</td><td>—</td><td>—</td></tr>
<tr><td rowspan="2">4</td><td rowspan="2">义务履行情况</td><td colspan="2">我方</td><td colspan="4">对方</td></tr>
<tr><td colspan="2">如我方已提供全部项目服务,请填“已完成”,如只提供了部分,请写明具体情况和原因</td><td colspan="4">如对方除付款外有其他义务,请注明完成情况</td></tr>
<tr><td rowspan="2">5</td><td rowspan="2">付款信息(已有付款的,应随本表附上收款凭证)</td><td>合同总金额</td><td>对方实际应付总金额(或经双方最终确认的金额)</td><td>对方实际付款时间及金额</td><td colspan="3">对方逾期未支付总金额</td></tr>
<tr><td>—</td><td>—</td><td>多次付款的,应分别写明每笔款项的付款时间及金额</td><td colspan="3">—</td></tr>
<tr><td rowspan="2">6</td><td rowspan="2">发票信息(如有,请随本表附上扫描件)</td><td colspan="2">我方发票开出时间及金额</td><td colspan="4">对方签收时间</td></tr>
<tr><td colspan="2">如有多张发票,应分别写明</td><td colspan="4">如有多张发票,应分别写明;如对方有签收回执的,请随本表附上扫描件</td></tr>
<tr><td rowspan="2">7</td><td rowspan="2">催款信息(如有,请随本表附上扫描件)</td><td colspan="2">催款函发出时间</td><td colspan="4">对方签收时间</td></tr>
<tr><td colspan="2">如有多次,应分别说明</td><td colspan="4">如有多次,应分别说明。如对方收到催款函后有回应的,请说明具体情况,并附上相应沟通文件</td></tr>
<tr><td colspan="8">说明:本表为基本信息,如项目有其他信息请在发起催款函的需求邮件正文中注明。如有材料不能及时提供,也请在邮件中注明</td></tr>
</table>

十、外部律师的对接

关于公司法务部门与律师的对接，不同公司、律所的要求差异颇大，涉及合作模式、配合方式以及合作程度等多项因素。在此为简便探讨，笔者将参考前述法务部门与业务部门的对接流程，不考虑个体性差异因素，将法务人员与律师作为抽象的两类主体，说明对接流程。

关于对接流程的基本要求，如法务支持需求原则应以邮件形式提出，并抄送全体律师对接人。对于紧急事件，可以由法务专员电话联系律师先初步说明情况，电话联系后补交需求邮件，律师再补发书面意见。这些均已在法务部门与其他部门的对接流程中详细论述，此类性质的流程要求在此不再赘述。本部分仅提示与律师对接的特殊流程之处。

（一）日常法律支持对接

关于日常法律支持需求，如合同审核、法律咨询等均可直接参考法务部门与其他部门的对接流程，并无本质性的差异。

需要特别提示的是，建议公司指定一名或两名专门对接律师的法务人员，负责判断和选取法务部门收到的所有法务需求中需要律师提供支持的部分，提交给律师，公司其他人员包括法务部门的其他人员不得自行向律师提出法律支持需求。通过设置负责对接的法务专员（并非指专职向律师对接，而是指仅能由其对接），可保证信息来源及归口的统一性，避免因多人对接造成信息混乱、沟通效率低下。

法务专员应负责信息在公司和律师之间的流转，除向律师提出法律支持需求、向公司需求部门反馈律师处理结果外，当律师指出流程或需求等存在异常现象，或对法务工作、业务工作及公司其他方面提出建议意见时，法务专员应注意调查核实情况，如确实需要改进，则应跟进公司相关部门的落实情况，并及时反馈给律师及相关主管领导。

（二）发律师函的对接流程

就单项发出律师函的需求，常见对接流程如图所示：

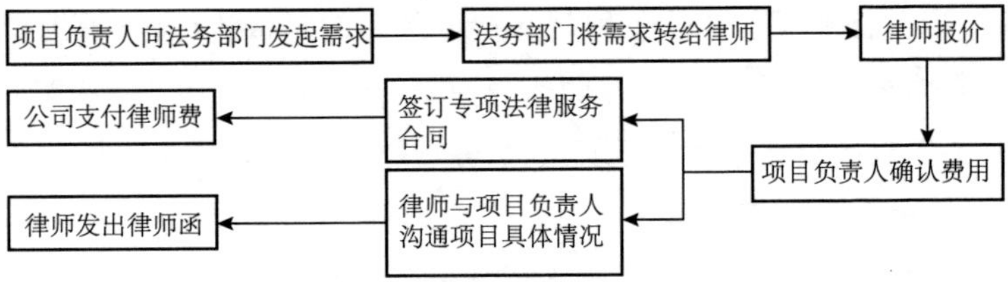

图 7-3　发律师函的对接流程

1. 发起需求

（1）项目负责人告知法务专员有发律师函的需求，并同时将已填写完毕的《发出律师函项目信息表》及相关材料一并发与法务专员，如有补充信息在邮件中标注。

（2）法务专员转发给律师，告知律师需代发律师函。

2. 签订律师函专项法律服务合同

（1）律师收到需求后向法务专员发出报价。

（2）项目负责人确认律师费用后，双方安排法律顾问合同的审批盖章流程。

3. 项目情况沟通

（1）律师了解项目具体情况。

（2）如需补充材料，律师可直接联系项目负责人，项目负责人补充提供。

4. 发出律师函

（1）律师发出律师函。

(2)律师将律师函电子扫描件和快递单号发与法务专员。

5. 支付律师费

(1)法务专员返回盖章后的法律顾问合同,安排付律师费。

(2)律师将合同盖章后返回,提供律师费发票。

关于《发出律师函项目信息表》,可以以律师指定要求为准,主要功能是明确背景信息和相应资料,减少补充材料的沟通步骤,可以参考发出商务函需求流程中的《催款函项目信息表》。

(三)案件委托代理

关于案件的委托代理,通常分为前期沟通、委托流程和代理流程三个部分,经过前期沟通,公司确认委托律师代理诉讼/仲裁事宜、律师确认接受该需求后,委托流程和代理流程一并启动。

流程一般以电子邮件形式往来,考虑到诉讼沟通的复杂性,可以由项目负责人直接与律师沟通,但每次的邮件往来都应抄送公司的法务部门。律师认为有必要电话了解案件详细情况的,可直接电话询问项目负责人,但此后应及时以邮件同步沟通信息。

1. 前期沟通

(1)项目负责人如需提起诉讼/仲裁或被起诉,应先填写《诉讼/仲裁案件基本信息表》(见后附表1,如为起诉/申请要求对方付款的,则还需填写附表2《我方要求对方付款的案件补充信息表》),然后将信息表与相关材料发与法务部门,告知法务专员需请律师代理诉讼/仲裁。

(2)如相关项目之前已委托律师代为向对方发出律师函,并填写了表格如《代发催款律师函信息表》、提供了相应材料,对方无回应,现要求起诉/提起仲裁的,则项目负责人可不填写附表1,直接在邮件中写明情况,提出诉讼需求即可。

(3)如案件已经过法院/仲裁委的审理/裁决并有相应的裁决文书,

则项目负责人无须填表,直接在邮件中写明案件经过,并附上全部案卷材料(判决书/裁定书/裁决书/调解书及双方证据等),发与法务专员。

(4)法务专员将需求转发给律师,告知律师代理诉讼/仲裁的需求。

(5)确认委托。

①律师在对法务专员转来的需求文件进行初步分析后,将提出代理费及诉讼/仲裁方案。

②项目负责人联合法务部门对律师给出的代理费及诉讼/仲裁方案进行评估、沟通,确认是否委托律师代理诉讼/仲裁案件。

2. 委托

项目负责人确认委托律师代理诉讼/仲裁——律师提交案件委托代理合同——公司确认代理合同后盖章寄回给律师——律师盖章后寄回一份合同——律师依约提供发票——公司按约定支付律师费。

3. 代理

(1)诉前准备

①律师向项目负责人了解案件具体情况,项目负责人补充提供所需材料。

②律师制作应诉材料。

③律师将需公司盖章的诉讼/仲裁材料及法院/仲裁委的委托手续发与法务专员盖章,并告知公司需准备的证据原件,公司按照《委托手续材料清单》以及律师的要求准备材料。

④公司准备好上述所有盖章或原件材料后,依照律师的要求快递给律师,或者直接快递至法院/仲裁委。

⑤如有证据需公证的,律师在准备好材料并联系好公证处后,将提前告知公司,公司需自行或与律师一并配合证据的公证,并支付相应的费用。

⑥如律师要求公司将盖章材料直接寄给法院/仲裁委的,务必注

意所有文件都应通过 EMS 快递,需在快递单上准确写明文件名称,并保留快递单底联备查。

(2)应诉

①律师将代理公司参加诉讼/仲裁活动,如公司不要求,一般情况下无须公司员工参加开庭;如此前有不方便快递给律师的证据原件(如电子邮件、重要财务凭证)的,还需要公司员工配合与律师一起出庭参与诉讼/仲裁活动,律师应提前告知。

②如诉讼/仲裁中有需要公司决定的情况,如是否接受调解及具体的调解方案,律师将告知公司进行内部报批,公司将最终决定及时告知律师,双方通过电子邮件确认。

③公司及时配合律师处理其他诉讼/仲裁过程中的事宜。

(3)结果反馈

①律师收到裁判结果(判决书/裁定书/调解书/裁决书等)后,应及时告知公司,并将相应法院/仲裁委文书寄给公司。

②如案件将进入下一个审理程序的,视双方签订的委托代理合同可能出现以下情况,应分别处理。

1)如代理合同约定公司委托律师提供案件全阶段的代理服务的,则视上一阶段的裁判结果以及诉讼/仲裁对方的情况,确认是否直接开启下一阶段的诉讼/仲裁代理流程。

2)如代理合同约定公司仅委托律师提供某一阶段的代理服务,且案件还需进入到下一个审理阶段(如二审、再审、执行)的,则双方重新依照上述流程开启新的流程;如案件无须进入到下一个审理阶段,或者需进入下一个审理阶段但公司决定不委托律师的,则公司与律师的诉讼/仲裁委托代理关系终止。

4. 公司作为被告/被申请人的案件委托代理流程

如果公司为案件被告/被申请人,则发起需求的程序可以相应调整:

首先，公司内部应该要求，公司收到的所有法院材料、行政机关的处罚/问询材料，应第一时间交给法务部门，由法务部门处理。

如果为诉讼/仲裁案件，案件所涉纠纷业务的项目负责人应提供诉讼争议对应的全部信息和材料。

建议法务专员在发给律师的需求邮件正文中，明确说明公司收到案件材料的时间、举证/开庭安排时间、案件受理机构、对方诉请的总金额或者总诉求以及简要的纠纷背景情况，以便律师能够迅速了解情况并作出判断，及时联系公司沟通后续安排。为了方便后续沟通，建议在邮件正文部分同时告知，争议所涉业务负责人的姓名、联系方式，以及是否仍在职。

在需求邮件的附件中，则应附上：

（1）从法院、仲裁机构等受理机构收到的全部材料（包括但不限于对方起诉状或申请书及全套证据材料）。

（2）注意核查材料是否完整：受理机构寄送至贵司的证据材料将会附有证据清单目录，请注意根据清单目录核对受理机构寄送的材料是否完整（是否缺页、是否应有光盘等未收到、证据材料是否清晰可辨认、光盘内容是否可读取）。如有材料不完整的情况，请务必注意及时与法官或书记员联系。

（3）公司业务与案件相关的全部材料：

①盖章版合同、补充协议、订单等；

②双方验收及确认验收通过的往来沟通材料；

③发票（如涉及）或 invoice；

④其他相关材料。

附表 1

表 7-3　诉讼/仲裁案件基本信息

<table>
<tr><td colspan="7">说明:如案件已经过法院/仲裁委的审理/裁决并有相应的裁决文书,则无须填表,直接在邮件中写明案件经过,并附上全部案卷材料即可</td></tr>
<tr><td rowspan="2">1</td><td rowspan="2">案件主体</td><td>起诉/申请仲裁方</td><td>我方名称</td><td>我方联系人及联系方式</td><td>对方名称</td><td>对方联系人及联系方式</td></tr>
<tr><td>—</td><td>如我方起诉/申请仲裁,请填写盖章合同中我方公章上的名称,无合同的通过邮件、收款账户或其他方式可确定的我方准确名称;我方被诉的,对方起诉文件中我方名称</td><td>—</td><td>如我方起诉/申请仲裁,请填写盖章合同中对方公章上的名称,无合同的通过邮件、收款账户或其他方式可确定的对方准确名称;我方被诉的,对方起诉文件中对方名称</td><td>—</td></tr>
<tr><td>2</td><td>案件情况</td><td colspan="5">请大概介绍一下案件相关情况</td></tr>
<tr><td>3</td><td>我方要求</td><td colspan="5">请写明我方拟通过诉讼/仲裁达到的目的</td></tr>
<tr><td rowspan="4">4</td><td rowspan="4">案件材料</td><td colspan="2">书面合同(签章)</td><td>中止/变更/提前解除合同协议书(签章)</td><td>电子邮件</td><td>来往函件</td></tr>
<tr><td colspan="2">如有,请填“有”,并随本表附上书面合同扫描件,合同中写明的所有应作为合同组成部分的文件如附件、补充协议、备忘录等均应附上;如无,填写“无”</td><td>如有,请填“有”,并随本表附上扫描件</td><td>与案件相关的电子邮件,如有,请填“有”,并随本表附上</td><td>如有,请填“有”,并随本表附上扫描件</td></tr>
<tr><td colspan="5">其他材料</td></tr>
<tr><td colspan="5">如有其他与项目执行,或案件有关的材料,请简要说明,并随本表附上电子版或扫描件</td></tr>
<tr><td colspan="7">说明:本表为基本信息,如有其他信息请在发起诉讼的需求邮件正文中注明;如有材料不能及时提供,也请在邮件中注明</td></tr>
</table>

附表 2

表 7-4　我方要求对方付款的案件补充信息

<table>
<tr><td rowspan="3">1</td><td colspan="7">说明:如有以下情况但无相应书面协议,请填写具体情况;如已有相应书面协议,无须填写,提供协议即可</td></tr>
<tr><td rowspan="2">合同补充信息</td><td>项目未到期</td><td>合同中止</td><td colspan="2">合同提前解除</td><td colspan="2">合同变更</td></tr>
<tr><td>如未到期,请说明具体情况</td><td>如有,请填写具体情况,如由谁提出、时间、原因等</td><td colspan="2">如有,请填写具体情况,如由谁提出、时间、原因等</td><td colspan="2">如有变更,如增加或减少服务内容等,请填写具体情况</td></tr>
<tr><td rowspan="2">2</td><td rowspan="2">合同执行信息(请在下拉菜单中选择,是否有相应电子邮件或书面材料,如有请随本表附上)</td><td>对方发出订单/确认订单</td><td>对方确认报价</td><td>我方发出项目报告(阶段/总结)</td><td>对方确认项目报告(阶段/总结)</td><td>我方发出费用结算单</td><td>对方确认费用结算单</td></tr>
<tr><td>—</td><td>—</td><td>—</td><td>—</td><td>—</td><td>—</td></tr>
<tr><td rowspan="2">3</td><td rowspan="2">义务履行情况</td><td colspan="2">我方</td><td colspan="4">对方</td></tr>
<tr><td colspan="2">如我方已提供全部项目服务,请注明,如只提供了部分,请写明具体情况和原因</td><td colspan="4">如对方除付款外有其他义务,请注明完成情况</td></tr>
<tr><td rowspan="2">4</td><td rowspan="2">付款信息(已有付款的,应随本表附上收款凭证)</td><td>合同总金额</td><td>对方实际应付总金额(或经双方最终确认的金额)</td><td>对方实际付款时间及金额</td><td colspan="3">对方逾期未支付总金额</td></tr>
<tr><td>—</td><td>—</td><td>多次付款的,应分别写明每笔款项的付款时间及金额</td><td colspan="3">—</td></tr>
</table>

（续表）

5	**发票信息**（如有，请随本表附上扫描件）	我方发票开出时间及金额	对方签收时间
		如有多张发票，应分别写明	如有多张发票，应分别写明，如对方有签收回执的，请随本表附上扫描件
6	**催款信息**（如有，请随本表附上扫描件）	催款函/律师函发出时间	对方签收时间
		如有多个，应分别写明	如有多个，应分别写明，如对方收到催款函后有回应的，请说明具体情况，并附上相应沟通文件

以上笔者简要说明了法务部门内部对接流程以及法务人员与律师的对接流程，详细讨论了法务部门与其他部门的对接流程。在流程管理和处理各类需求过程中，法务部门积累了大量的工作数据；同时，在合同管理中，也产生了大量的法务数据。但笔者发现，许多公司的法务人员并未充分认识到这些法务数据的价值，更不用说主动收集、发掘、分析和应用法务数据，在当前数据即资产的时代，属实浪费。因此，本书将在下一节的数据管理模块，着重说明法务数据的分析意义，以及如何设置法务数据的采集和分析维度即采样原则。

第四节　数据管理

诚如本书开篇所述，任何法务部门都有如何向公司管理层和其他部门证明法务人员的价值的需求，同样也有内部量化管理的需求。在大数据盛行的时代，法务工作也应“以数据说话”，将法务工作大数据化。在各项工作总结和报告中，通过数字直观显示并说明法务部门的工作成果，对外在必要时可以证明法务部门对公司的贡献（解决了多少项问题），对内可以科学评估不同成员之间的考评结果。

此外，在平时的法务工作开展中，设置不同层次的数据的分析维度，定期（如按季度/半年/年度）进行法务数据统计和分析，可对公司业务开展、各部门法务资源分配、法务部门与其他部门的对接和内部安排等情况有深入的了解，有助于安排、调整法务工作计划。

在本节，笔者将详细介绍如何对法务数据进行分析，以及如何根据分析需求预先设置数据收集和采样的类型。

一、法务数据的总体分析维度

对公司法务部门的工作总量，通常可以从以下维度进行分析：

（1）一年内法务部门处理的全部法务需求数量。

（2）处理全部法务需求的用时数量：平时记录对每项法务需求事项的处理时间，统计总数。

（3）处理每项需求的平均用时数：处理全部法务需求用时数/全部法务需求数。

如果法务人员深刻理解公司的商业模式、业务运作、行业惯例和法律风险，建立了相当完善的模板库和法务流程，体现在相应法务数据上，则显示为一年内处理的法务需求数量大、每项需求的处理用时少，从而证明法务部门在一年内为公司提供了大量、高效的法律服务，为公司的日常业务运转和管理提供了有力支持。

如需对公司法务状况乃至其他部门的状况有更详细的分析，则需设置更细化的分析维度，以下笔者从横向和纵向说明如何设置分析维度，并对该维度所展现的数据结果进行分析。

二、法务数据的横向分析维度

（一）横向分析维度 T1——法务工作类型

对法务工作进行分类，可参照在本书流程管理中对法务需求的分类：

(1)合同审核；

(2)合同起草；

(3)法律咨询；

(4)合规事项；

(5)争议解决。

在每一类下，分别统计：

(1)工作总数；

(2)工作总用时；

(3)工作平均用时。

对统计数据展开分析，多方向、多角度挖掘数据意义。如制作横向对比图表，直观对比某分析维度下各工作类型的数据，并进一步分析该数据形成的原因。

图 7-4　对接类型工作量

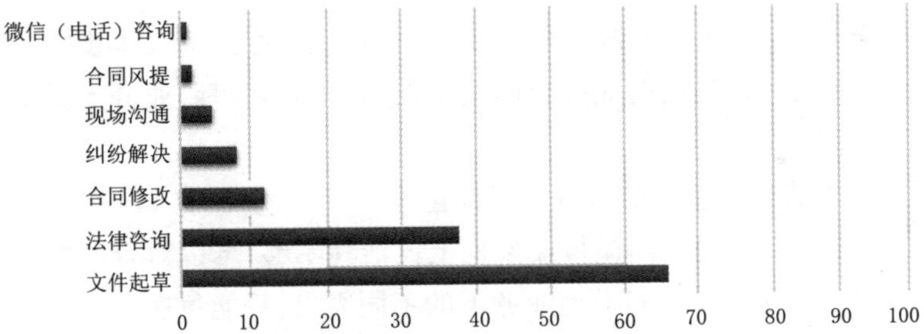

	文件起草	法律咨询	合同修改	纠纷解决	现场沟通	合同风提	微信（电话）咨询
■工作量/h	65.6	37.5	11.1	7.3	4.1	1.4	0.8

数据结果应与公司的业务现状相匹配，具有合理性，如对各类法务需求的工作总数占比进行比较分析：

(1)对于大多数公司来说，一般是合同审核的需求最多、占比最高。

(2)有些公司产品周期长、单价高，产品类型和客户群体相对单一，每年所签业务合同频率不高，且直接使用格式合同模板，合同审核需求相对少,但公司业务落在国家严格管控领域,因此法律咨询和合规事项的需求多、占比高。

(3)如公司扩张快、开拓新业务多,则在法务需求中,法律咨询和合规事项的数量会比较多,与公司的发展阶段或战略方向一致。

此外,数据也可反映公司其他部门对法务部门价值的认可程度:除了常规的合同审核外,法律咨询和合规事项的需求在总需求中占比不低,则一定程度上说明公司各部门已认识到寻求法务部门支持的重要性和必要性,养成了履行自己部门职能时寻求法务部门支持的习惯。

如果数据出现“异常”状态,与公司业务形态、发展阶段不太匹配,则需重点关注,分析“异常”数据产生的原因。

例如,法务需求中,合同起草需求数量较多,可进一步分析原因:

(1)公司发展新业务、创设多条产业线,对新类型合同的需求增加。

▶合理,同时应考虑调整公司现行合同模板库,将新合同纳入。

(2)公司目前使用的业务合同模板的内容不够合理,业务人员提出多次调整需求。

▶对合同模板库的内容进行优化。

(3)公司目前的合同模板库架构上灵活性不够,难以对合同模板进行灵活组合后,匹配同类型业务下的不同需求,只能每次针对具体业务再出具新合同。

▶调整合同模板库的架构。

再如,争议解决类型的数据反映了公司业务开展和流程管理的健康状况,如果某一年争议解决需求数量较多,则需分析原因:

(1)业务人员在履行合同过程中未遵循合同约定/风险提示/工作流程要求等。

▶加强对流程的要求和培训。

(2)交易对方信誉度不高/初次合作默契度不够/对方负责人变更导致情况发生变化。

▶加强客户/供应商信息管理,加强与交易对方的沟通,安排更高层次的沟通等。

(3)市场/政策等环境发生变化。

▶建议管理层考虑战略方向的调整,或进行风险防控。

(4)合同/业务存在重大风险,合同审核/合规/合同模板制作时未察觉或设置有效防范。

▶填补业务流程/法务流程漏洞。

(5)合同没有提交法务审核/新业务没有提交法务评估。

▶加强对流程的要求和培训,强调业务合规。

……

通过分析数据及数据产生的原因,自行审查本年度法务部门工作的开展情况,拟定异常状况或工作漏洞的对策,明确下一年法务部门工作的调整和改进计划。

对工作类型的分析维度还可进一步细化,如合同审核可分为:

(1)合同审核;

(2)风险提示。

风险提示的数据对应的是公司不能修改的合同的数量,风险提示的占比一定程度上反映了公司业务上的主动/被动地位。

如果风险提示占比较高,则需引起重视,进一步分析原因:

(1)交易对方处于强势地位/交易事项的行业惯例为使用对方合同且不允许修改。

▶数据合理。

(2)业务人员为了加快合同审批、签约的流程,在对方并未告知不允许修改合同的情况下,告知法务人员合同不允许修改,仅进行风险提示。

▶可以修改合同的情况下,因业务人员不按流程执行,导致未修改有问题的条款,不利于更全面地保护公司利益,需纠正此种行为,并通知相应业务部门,加强流程方面的培训教育,严重情况下(如多次出现以上情况)应予处罚。

1. 分析维度 T1-1-1

合同审核还可进一步分为:

(1)一次审核;

(2)二次审核;

(3)多次审核。

对于"多次审核"的数据,应分析原因,是否属于流程异常:

(1)如前述业务人员为加快合同签约进度,要求提示风险,但收到风险提示意见后,发现风险较大,又发送需求要求依风险提示意见修改合同。

(2)业务人员未与对方确认合同是否可修改,对方在我方审核合同后表示合同全部或部分不接受修改,业务人员再次发送需求,转为全部或部分风险提示。

(3)业务人员未与交易对方协商确定商务细节,即先自行填写合同的商务条款内容并提交审核,法务人员反馈合同后,业务人员又与对方沟通、调整商务内容,再次提交审核。

(4)第一次提出审核需求时,业务人员未一次性告知全部需求内容及背景信息,在法务人员完成合同审核时,又追加需求细节,导致反复修改。

(5)业务人员或交易对方使用错误合同模板,同时因需求背景介绍不够详细,法务人员不能察觉,导致在我方审核后业务人员或交易对方更换合同版本,要求重新审核。

……

▶因业务人员未执行合同审核流程的要求,导致就同一合同反复提交审核需求,影响合同进程的同时,也浪费了各方的工作成本,应予纠正。

此外,如流程异常的情况出现频率过高,则需进一步分析原因,思考解决方案:

(1)流程不合理,不符合公司业务开展的实际需求,影响业务开展的顺畅度。

▶应调整流程。

(2)合同模板不合理,业务人员难以选择正确的合同版本。

▶应调整合同模板库。

(3)业务人员对流程不熟悉。

▶应加强流程培训。

……

2. 分析维度 T1-1-2

合同审核也可进一步分为:

(1)中文合同;

(2)英文合同。

表 7-5　中英文合同审核、风险提示

服务类型	项数	占比	用时总计(小时)	用时占比	平均用时(分钟)
中文风险提示	385	52.66%	97	47.00%	15.12
中文合同审核	319	43.64%	96.9	46.95%	18.23
英文风险提示	20	2.74%	9.5	4.60%	28.50
英文合同审核	7	0.96%	3	1.45%	25.71
合计	731	100%	206.4	100%	16.94

对上表进行拆分,从不同维度进行图示,以更清晰地查看对比结果:

表 7-6　拆分 1

服务类型	项数	占比
中文风险提示	385	52.66%
中文合同审核	319	43.64%
英文风险提示	20	2.74%
英文合同审核	7	0.96%
合计	731	100%

表 7-7　拆分 2

服务类型	用时总计（小时）	用时占比
中文风险提示	97	47. 00%
中文合同审核	96. 9	46. 95%
英文风险提示	9. 5	4. 60%
英文合同审核	3	1. 45%
合计	206. 4	100%

表 7-8　拆分 3

服务类型	平均用时（分钟）
中文风险提示	15. 12
中文合同审核	18. 23
英文风险提示	28. 5
英文合同审核	25. 71
合计	16. 94

图 7-5　平均用时（分钟）

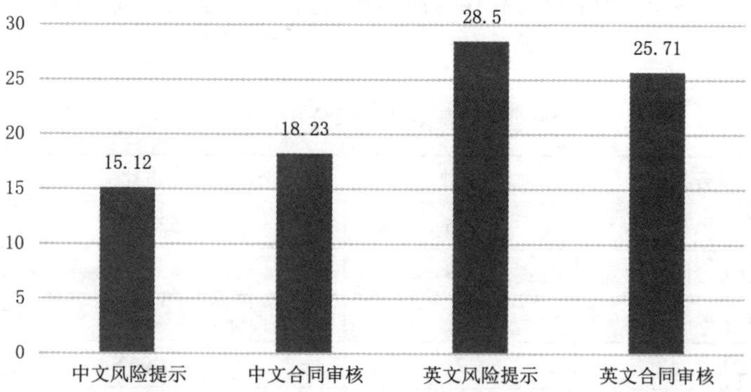

如果英文合同数量多、用时占比高,则通过分析原因,拟定对策:

▶设置处理英文合同的专员。

▶部门招聘时考察候选人的英文能力。

▶合同模板库中增加对应英文合同模板。

……

3. 分析维度 T1-1-3

按使用模板的情况,对合同审核分类:

(1)使用我方模板;

(2)使用对方模板;

(3)无合同模板(起草合同)。

图 7-6 合同模板使用情况

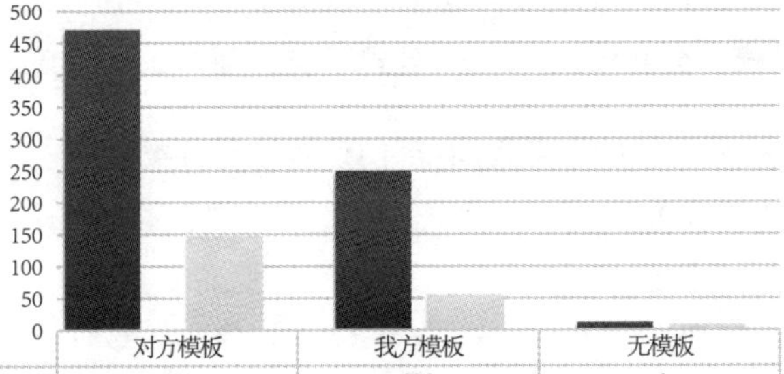

	对方模板	我方模板	无模板
■使用次数	473	252	6
□律师工作量(小时)	149.4	55.3	1.7

可根据统计数据,分析我方合同模板库设置的合理性和实用性:

(1)如使用我方模板的数量较多、占比较多,同时使用我方模板时多次审核的情况较少,说明我方合同模板库完善程度高。

(2)如无合同模板的情况较多,需考虑完善合同模板库。

4. 分析维度 T1 综合数据图示

图 7–7　各分项服务类型工作量(单位:小时)

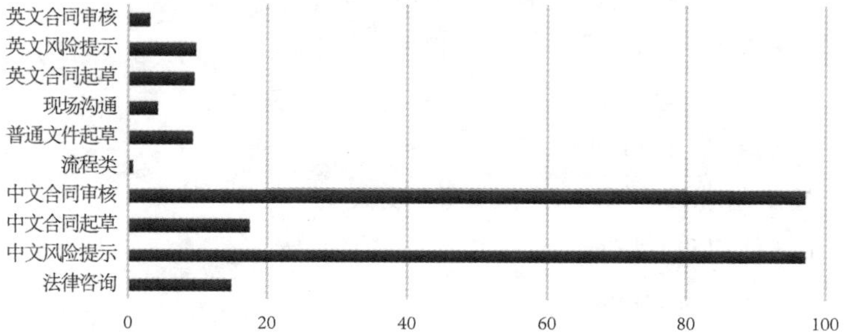

	法律咨询	中文风险提示	中文合同起草	中文合同审核	流程类	普通文件起草	现场沟通	英文合同起草	英文风险提示	英文合同审核
■ 工作量	14. 6	97	17. 2	96. 9	0. 6	9. 1	4	9. 4	9. 5	3

(二)横向分析维度 T2——公司事务类型

按照公司的事务性质/部门设置进行分类:

(1)业务;

(2)市场;

(3)研发;

(4)人事;

(5)财务;

(6)行政;

(7)技术等。

在每一类下,分别统计、分析:

(1)工作总数;

(2)工作总用时;

(3)工作平均用时。

此种数据分析可直接反映公司的发展情况:

(1)当公司业务正常开展时,一般业务事项的法务需求多、占比重。

(2)如市场/研发等事项法务需求的活跃程度高,说明公司在扩张/布局未来发展方向。

图7-8　各分项审核类型工作量(单位:小时)

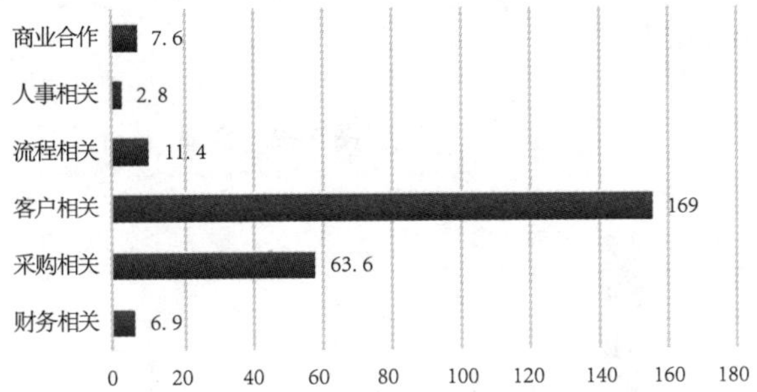

	财务相关	采购相关	客户相关	流程相关	人事相关	商业合作
■ 各分项审核类型工作量(单位:小时)	6.9	63.6	169	11.4	2.8	7.6

如按部门设置分类,统计数据可直观展示各部门的法务需求用时,除可体现公司和各部门发展情况外,还可用于分析各部门对应的法务支出,以思考如何争取各部门新一年对法务预算的支持。

针对各事项还可进一步细化分析维度:

1. 分析维度T2-1

如业务的分析维度可以有以下多种:

(1)客户/供应商;

(2)产品线/业务线;

(3)区域/国别。

按不同类别细化的数据,不仅可反映不同维度下业务发展的详细情况,还可为法务部门的内部分工和岗位设置提供参考:

如根据各区域和各业务线的业务需求数据统计结果,判断分工时,是按区域还是按业务线设置对接的法务专员。

2. 横向分析维度T-其他分析维度

(1)横向分析维度T3:集团-各公司

如果公司设有分/子公司以及其他关联公司,法务事务统归集团法务部门处理,则在设置法务工作数据分析维度时,可将“公司名称”作为一项,统计分析各公司下的法务工作数据。如:集团整体工作小时数分析图。

图7-9　全部

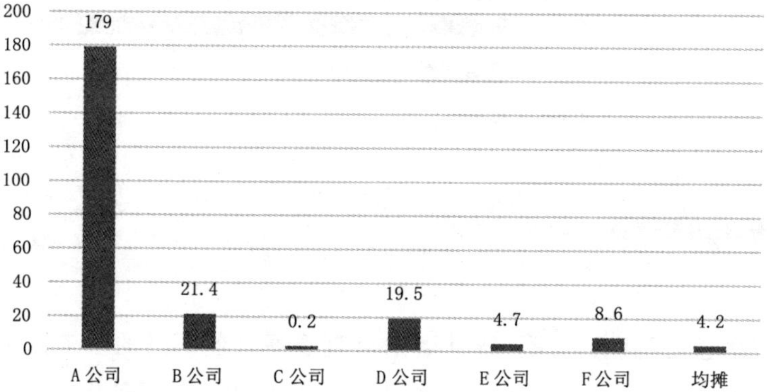

图7-10　关联公司工作量(单位:小时)

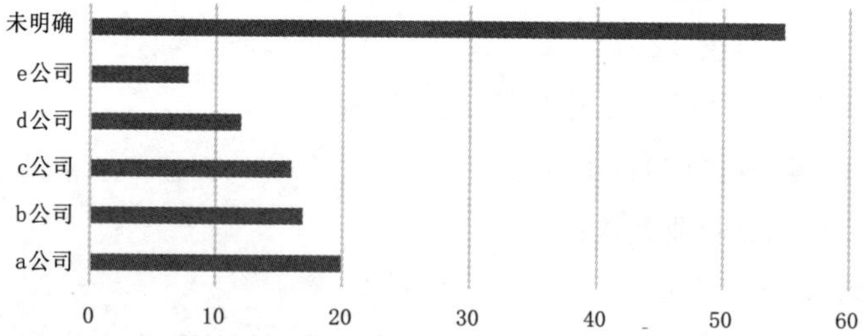

	a公司	b公司	c公司	d公司	e公司	未明确
工作量/h	19.9	16.9	16	12	7.8	54.9

对集团各子公司下,分析维度可以根据需求设置层次:

①浅层次的分析维度：如法务工作总量，可作为分配各公司法务预算时的参考。

②深层次的分析维度：可详细了解各公司的法务工作全貌，通过在各公司之间对法务需求的各层级数据进行横向比较，可作为合理调配各公司法务资源的参考。

(2)横向分析维度 T4：法务部门内部

在法务工作数据分析维度中加入"工作人员/服务人"一项，填入每项法务需求记录对应的处理人员，则可对法务部门内部的工作数据进行分析统计：

各法务人员的个人工作总量、工作总用时、工作效率(平均用时)、工作质量(流程中的异常状况反馈)等。

统计分析结果可作为法务部门开展工作考核、薪酬发放、岗位设置、人员招聘等各项事务的参考依据。

3. 横向分析维度的综合

如将部门的分析维度与法务工作类型的分析维度进行综合：

(1)分析维度 T1+T2

以"争议解决"+"部门"的数据分析维度为例：

①第一步，统计数据：如经统计，人事部门的争议解决需求总量相对较多。

②第二步，分析数据：与人事部门沟通，了解纠纷类型和产生原因。

③第三步，拟定方案：与人事部门协调，修订人事制度和文件，改进人事事务处理实践，防范人事纠纷的产生。

还可进一步，将部门下各层级的分析维度与法务工作类型下各层级分析维度进行综合。

(2)分析维度 T2-2+T1

以"业务-业务线"+"合同审核"的数据分析维度为例：

①统计数据：初步整理各业务线下合同审核需求的数据，制作对

比图。

②分析数据:与业务沟通,核实合同审核需求的数据是否与各业务线的业务量、公司业务发展布局重点等相匹配,是否有异常状况。

③拟定方案:如有数据“异常”,根据所排查的异常原因,采取解决措施。如某条业务线下的合同审核量暴增,则根据所排查的原因,判断是否需针对该业务线梳理对应的业务合同模板库,增加合同模板类型或改进现有模板。

(3)分析维度 T2-3+T1

以“业务-区域”+“争议解决”的数据分析维度为例:

①统计数据:经统计,某区域的争议解决需求在公司争议解决需求总量中占比较高。

②分析数据:与该区域沟通,进一步核查原因,客户信誉度较差导致回款较难?一线业务人员未按照合同约定履行合同导致对方主张违约?等等。

③拟定方案:针对相应原因,与该区域负责人和公司其他部门如财务、商务等协调,制定预防纠纷的解决方案。

(4)分析维度 T2+T3

以“部门/事项性质”+“集团各子公司”的数据分析维度为例:

图 7-11　客户

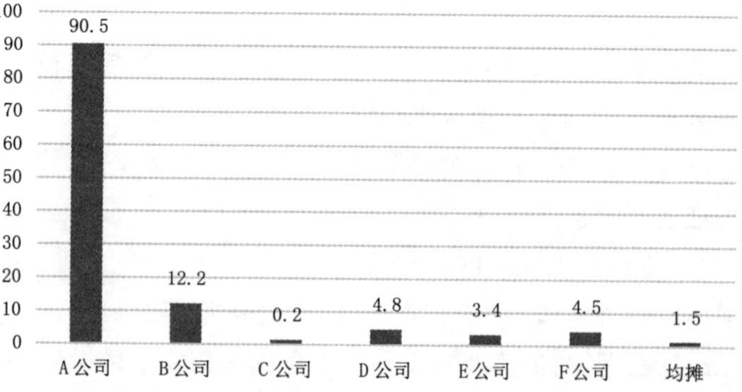

图 7-12 采购

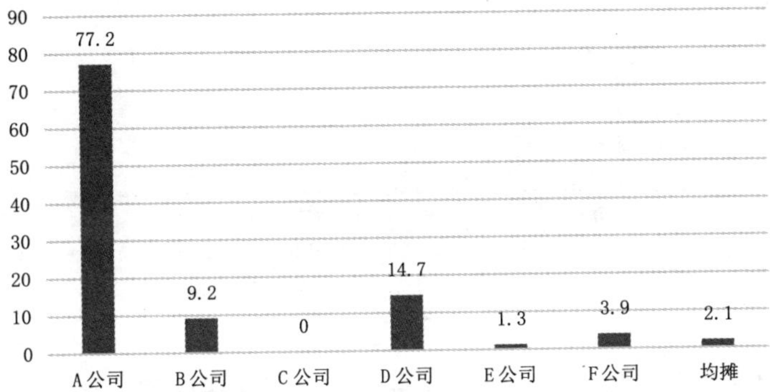

通过对比分析各类事务下集团子公司的法务需求量,作为参考,进一步细化法务资源在集团内的分配。

三、法务数据的纵向分析维度

(一)纵向分析维度 T1——同比

对某一或多项法务需求类型的历年数据展开对比,分析各维度的上升/下降趋势,并进一步分析该趋势产生的原因,如与业务的发展趋势一致,或与部门的法务支持完善程度相匹配。

1. 示例 1

对于图示公司,2018 年与 2017 年相比,法务需求项目总数总体增加 6.67%,与 2017 年较 2016 年的需求量增加比例相比,减少了 22.96%,需求量上升趋势减缓;法务工作用时总体时间增加 0.73%,与 2017 年较 2016 年的用时增加比例相比,降低了 52.73%,且实际平均单项用时减少了 1.18 分钟。

同比法务工作用时增长速度减缓,平均单项工作用时减少,说明法务团队处理需求的效率得以提高。

图 7-13　2017、2018 年度工作用时同比数据

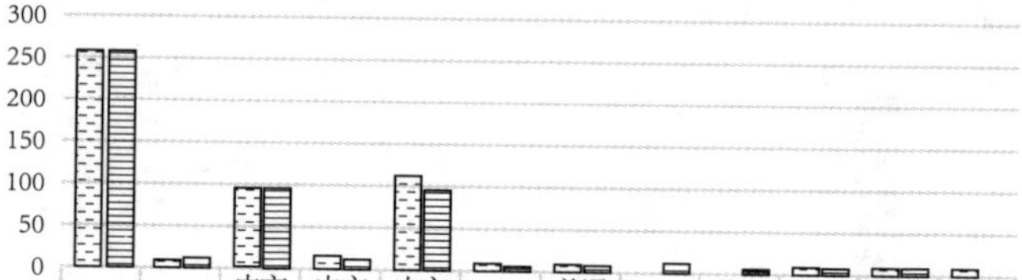

	总用时	法律咨询	中文风险提示	中文合同起草	中文合同审核	流程类	普通文件起草	现场沟通	英文合同起草	英文风险提示	英文合同审核	广告素材审核
2017年用时	259.4	10	98.9	19.8	119	1.1	1.4	0	0	2.7	5.8	0.7
2018年用时	261.3	14.6	97	17.2	96.9	0.6	9.1	4	9.4	9.5	3	0

法务工作总体用时增加的主要原因在于法律咨询、现场沟通、文件起草、英文合同起草、英文合同风提等方面的需求增加。就具体分项来看：首先，法律咨询用时增加了 46%、普通文件起草相关需求处理用时增加了 550%、英文合同风提相关需求处理用时增加了 251.85%；其次，与 2017 年相比，2018 年内新增了英文合同起草、现场沟通支持的需求。与 2018 年公司的发展现状匹配：公司拓展海外业务，因此英文合同审核需求增加；公司业务线有所调整，对应内部部门架构有所调整，因此普通文件起草、法律咨询、现场沟通的需求有所增加。

2018 年广告素材审核的需求为 0，原因是 2018 年初发布了《广告及公关营销素材审核指引 2.0 版》，作为业务人员自行审核广告素材的指导，此后合同审核中体现公司曾发布广告，但业务人员未再提出广告素材审核需求，说明指引发挥了作用。

2. 示例 2

对于图示公司，与上一年度同期相比，法务工作用时总体时间下降了 21.55%。其中，法律咨询用时上涨 114.02%，风险提示用时下降了 30.32%，合同/文件起草用时下降了 57.44%，合同审核用时下降了 37.12%，诉讼相关用时上涨了 1435.29%。本年度新增了现场沟通需求。

图 7-14　年度工作量同比数据(单位:小时)

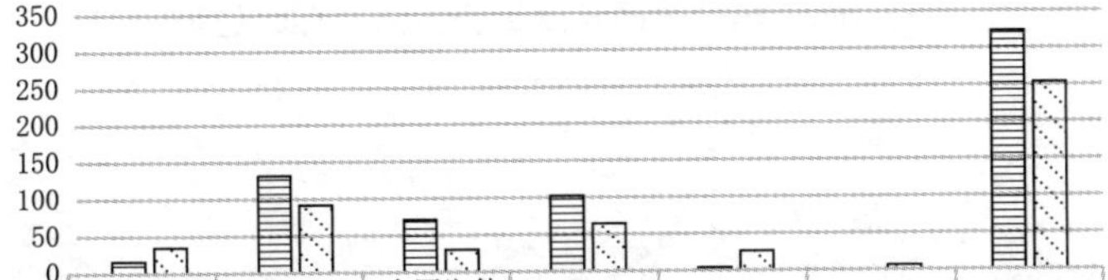

	法律咨询	风险提示	合同/文件起草	合同审核	诉讼相关	现场沟通	总计
上一年度	16.4	131.6	71.2	102.1	1.7	0	323
本年度	35.1	91.7	30.3	64.2	26.1	6	253.4

法律咨询类型的工作用时上升的主要原因在于,整体行业处于变革时期,公司的业务有所调整,业务开展的复杂程度大幅提高。

诉讼相关类型的工作用时大幅上升的主要原因在于,整体经济形势下行,频繁发生客户大额欠款的情况。

(二)纵向分析维度 T2——环比

对于年度内的每月数据展开对比,工作数据的环比趋势,在一定程度上体现了公司各月业务情况。

1. 示例 1

图 7-15　年度律师工作数据月环比趋势

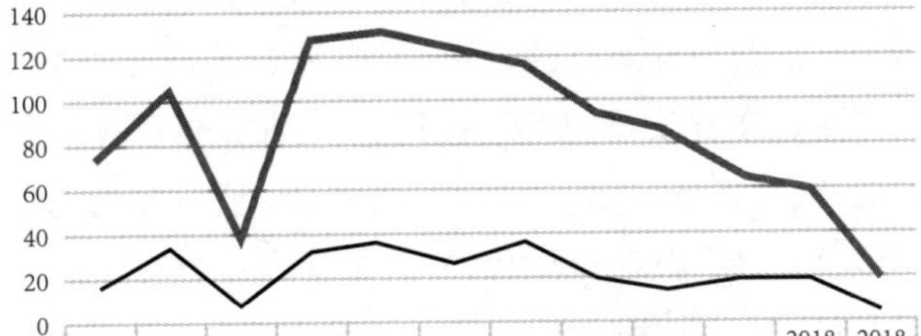

	2017年12月	2018年1月	2018年2月	2018年3月	2018年4月	2018年5月	2018年6月	2018年7月	2018年8月	2018年9月	2018年10月	2018年11月
需求量(项)	58	73	31	97	95	99	80	75	71	47	41	17
工作量(小时)	16.6	32.1	7.3	31.1	35.7	25.9	35.6	19.8	15.7	19.3	17.8	4.4

2. 示例 2

图 7-16　律师年度工作数据月环比趋势

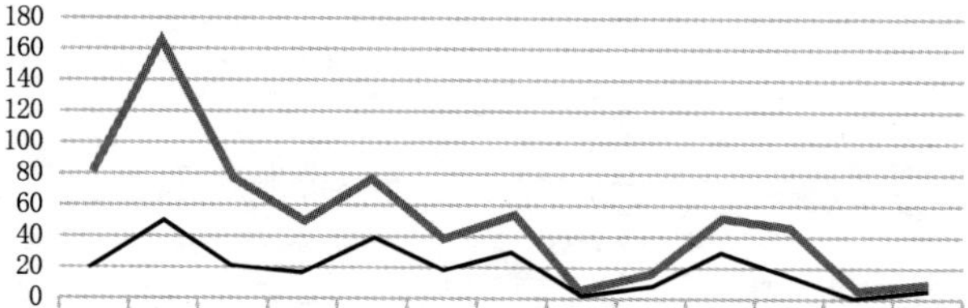

	2018年3月	2018年4月	2018年5月	2018年6月	2018年7月	2018年8月	2018年9月	2018年10月	2018年11月	2018年12月	2019年1月	2019年2月	2019年3月
需求量(项)	63	118	55	33	39	19	25	2	8	22	31	5	6
工作量(小时)	20.4	48.5	21.2	16.4	39	18.6	28.8	3.5	7.9	29.7	14.7	1.1	3.6

以上两个示例分别为两家公司的法务工作数据分析,可看出两个公司的月法务需求量均波动较大:

2 月为春节期间,两个公司的法务需求为整年最少,属于合理情况。对其他月份的法务需求数量增减,可结合公司的业务特点分析,如第二家公司在第一个季度商谈全年合作,因此第一个季度结束后的 4 月,合同签订量猛增,合同审核的法务需求量猛增。有的公司一般在年末签下一年度的合同,则年末如 11、12 月的法务需求量猛增。有的公司在年末开展催款,法律咨询和纠纷诉讼的工作量猛增,等等。

如连续数年对月法务需求量进行环比分析,并将数年的环比趋势图叠加,可统计出公司月法务需求量波动的平均趋势图,得出法务需求量最高的月份和最低的月份,可作为安排公司法务人员配备(如招聘实习生)、工作安排(如开展研发或培训)、休假等的参考依据。

此外,工作量(工作用时)与需求量(项目数量)的月环比趋势是否一致,可一定程度上反映法务工作开展是否有异常。如某月的法务需求量低,但工作用时高,则应分析异常状况产生原因,如是法务需求的复杂程度高,还是法务对接流程不畅、人员安排不合理等。

图示两家公司的法务工作量与需求量月环比波动趋势基本一致,说明法务工作开展正常。

四、法务数据的综合分析维度

结合上述分析结果，当我们进行进一步定量分析，即对横向分析维度的各层次进一步开展纵向分析时，可能得到其他更多的经营信息，例如：

(1)合同审核；

(2)风险提示。

图 7-17　合同审核月份工作用时

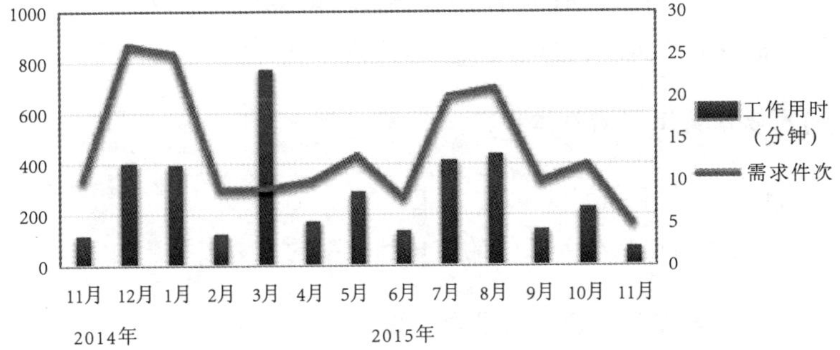

图 7-18　风险提示月份工作用时

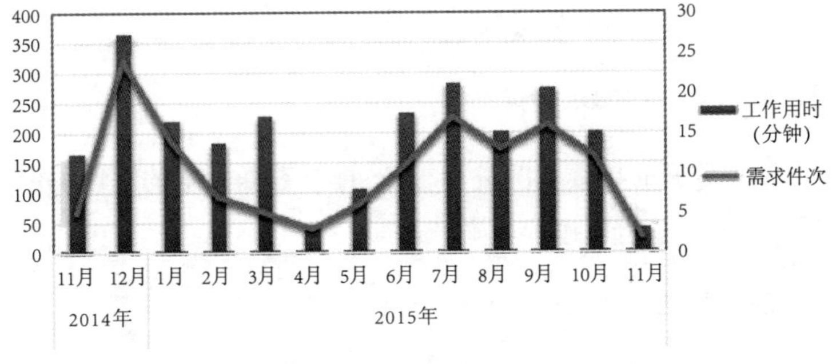

以上图示中，3 月合同审核和风险提示的需求件次的数据与工作用时的数据均不匹配，应进一步分析原因。

进一步比较工作用时和需求件次，风险提示的工作用时普遍高于合同审核的工作用时,需考虑如何提高风险提示的效率。如在法务部门内部对风险提示的方式、标准等开展总结,加强内部培训,同时与业务部门沟通、抽象常见风险,并将具有一定普适性的风险提示内容通过修改流程、发布操作指引等方式进行落实,从而减少对单项合同的风险提示工作量。

五、法务数据的分析意义

以上分析说明,法务数据可作为拟定下一年度法务工作计划的依据,可作为法务部门开展工作、争取资源时的证据,提高法务部门的主张的可信度和权威性。具体而言,法务数据可:

(一)反映法务工作的总体状况

可以直观了解统计期内法务工作的小时数、处理事务数量、平均工作用时,作为评判法务工作的质量和效率的参考依据。

(二)反映公司业务和各部门发展的情况

统计期内公司各部门向法务部门发起需求的件数、频率、类型等,可作为公司内部法务资源分配的依据。

(三)反映法务流程的运转情况

对法务数据的异常状况进行统计,排查数据异常的原因,并针对性地提出解决方案,优化法务流程。

(四)反映公司法律风险防控整体情况

对争议解决类型的数据进行横向和纵向维度的分析,可得出公司法律风险控制的整体趋势,如风险增加,则需排查原因,提出解决方案。

其他如反映公司业务创新的程度、海外业务的拓展情况、公司业务流程的风险等,均可通过设置精细度更高的数据分析维度实现,在上一节的各种分析维度中已有说明,在此不再赘述。

六、采样原则/法务数据分析维度设置的原则

以上法务数据分析结果和分析意义实现的前提和基础是,设置了合理的法务数据分析维度/取样类型。分析维度直接决定可获得什么样的数据,可开展何种类型的数据分析,并发掘出什么样的数据意义。

(一)设置原则

数据分析可实现的深度和广度,依赖于数据分析维度设置的精细度,如拟实现:

(1)对数据产生的原因可进行详细分析、挖掘更深次的因素;

(2)可及时察觉数据异常状况,并提出解决方案。

需在设置数据分析维度时:

(1)数据分析维度的颗粒度尽量精细,越精细所可获得的数据覆盖范围越广,从而为分析原因提供更深入、全面的数据支撑;

(2)日常记录尽可能详尽,对于流程异常或其他任何需要注意的情况均进行备注,记录流程异常的背景和原因、后续处理结果,或对后续工作改进有启发意义的情况等,在年终数据统计分析时直接查看,有助于提高分析的准确度,并在此基础上进一步抽象出普适性的解决方案。

(二)设置方式

(1)根据法务数据统计和分析的需求,预先设置数据;

(2)根据日常法务工作情况和定期数据分析结果,及时调整数据的采样设置,如根据风险防范的需求,增加对集团各公司争议解决法

务需求数据的分析；

(3)根据本周期内的法务数据的统计和分析结果，调整下一周期的分析维度的设置。

(三)设置关注重点：异常状况

从上述分析维度的说明中可看出，对异常状况开展数据统计和分析，十分有意义：为公司开展多项事务提供了参考依据，如优化法务流程、业务流程，合理调整法务资源分配、法务部门内部分工，以及提高公司整体法律风险防控水平。

但异常状况不同于此前所举例的各项分析维度。此前的各项分析维度，实际可以根据法务工作的经验、对公司整体状况的认知，通过一定的逻辑推演得出应设置的分析维度，设置需取样的数据类型(选项)后，通过选择选项，进行分类记录，并在统计时通过分类筛选，获得对应类型下的法务数据，并制作各种图表进行对比分析。

异常状况无法事先预测，因此无法事先设置分析维度，需法务人员理解并认同异常状况数据的意义，有主动记录异常状况的意识，才能在日常工作中察觉异常状况，记录每次法务需求事项处理中的异常状况。在此基础上，再定期统计异常状况情况，进行分类，得出异常状况的类型。

如在处理争议解决需求事项时，记录各项异常状况，年终统计发现可进行以下分类：

1. 未执行合同审核流程的要求

某项目合同中对方要求我方承担1000万元保证金，经核查，该份合同未提交法务人员审核，合同条款极不利于我方，增加了后续与对方就此事谈判时的难度。则应备注上，业务人员未执行合同审核流程，擅自与交易对方签订合同，合同存在重大法律风险隐患，导致公司有可能遭受严重财产损失。

2. 未执行公司业务流程的要求

公司业务人员离职导致个人工作邮箱注销，而该业务人员未按公司要求，将所有与对方沟通的业务邮件抄送项目负责人，导致纠纷出现时无法调查事实、举证。

3. 未按合同约定履行

某项目中业务人员未严格按照合同约定执行，又未及时与对方协商对合同进行修订，导致纠纷发生时我方无法依据合同主张相关权益。

某项目中业务人员在执行合同时，未按照合同要求采取书面或邮件形式与对方进行沟通，致使纠纷发生时我方无法提供相应证据以支持我方主张。

……

以上年终异常状况的类别，可在设置下一年度数据分析维度时体现，即增加异常状况的分析维度选项，在后续的日常工作记录中，通过选择选项的方式进行记录、统计和分析。

但异常状况的情况变化多样，需随时调整分析维度；同时异常状况需分析产生的具体原因，因此日常记录时，仍需备注异常状况产生的具体背景、原因、解决措施和后续进展。记录的工作量相较其他的法务数据分析维度高。

法务人员在工作中体会到，近期业务人员催促法务人员尽快反馈法律意见的情况较多，可进行如下操作：

（1）数据记录：每次催促时，在处理的对应的法务需求事项的工作记录中备注。

（2）分析原因：与业务人员进一步沟通催促的原因，并通过核查法务需求相关邮件、其他渠道多方了解等方式，确认真实原因：发现主要是业务人员未能及时发起法律服务需求，影响了项目签约进度，导致法务处理需求的时间紧张，影响法务需求处理的精细度和准确度。

（3）数据统计：后续法务人员将此种异常情况设置为单独的分析

维度并进行统计:下半年业务人员在收到对方提交的合同后或反馈的意见后,超过 48 小时才向法务人员发起/转发需求的项目数为 83 项,占总需求项目数的 18.59%,该比例较高。

(4)解决异常:法务部门向出现该种情况较多的两个业务部门发函,要求业务部门负责人慎重对待此种异常情况,将业务人员及时发起法律服务需求作为项目考核指标之一,以保障项目进度。

结果:后续该流程异常情况得以减少。

异常状况的数据统计、分析和处理步骤,以示例进行说明:

示例

图 7-19　流程对接异常状况

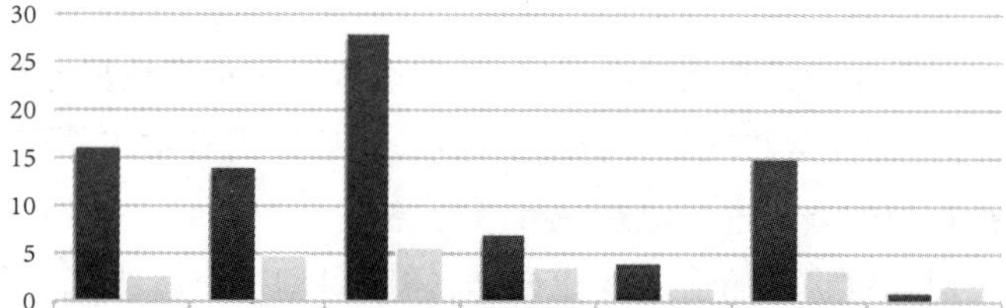

	重复发送需求	需求表述不清	邮件未附附件	合同情况说明不全或与实际不一致	需求未抄送全部对接人	电话微信咨询，未通过邮件	未使用修订模式修改
■项目数	16	14	28	7	4	15	1
□用时（小时）	2.5	4.8	5.6	3.6	1.4	3.2	1.7

某公司根据上一年度总结的法务流程对接异常状况的分类,年初设置异常状况分析维度,并在年中进行相应数据统计和分析。根据分析结果,年中实施流程改进方案如下:

(1)发布流程说明和图示文件;

(2)开展关于对接流程及法律风险防控方面的专项培训;

(3)在日常工作中严格要求按照流程执行,对于不符合流程的需求拒绝处理;对于需求表述不清的情况,退回要求重新提交法务需求申请,明确需求;对于业务人员未查看对方的合同、未核实商务条款就直接提交审核的情况，退回要求先确认商业点再重新发起合同审核需求。

结果：实施改进方案后，统计下半年流程异常情况仅新增 15 次，占年度流程异常业务需求总数的 17.05%，说明改进效果显著。

七、法务数据设置方式

（一）通过 OA 系统等办公软件设置统计数据

预设法务数据的分析维度，将分析维度下的各类别作为选项/预填项/待填项，在办公软件中预置。处理日常法务需求事项时，进行选择或填写。

1. 优点

（1）软件一般可实现数据实时呈现，无须定期统计。

（2）如设置可视化功能，则可实时生成各类分析维度的图表，直接查看分析结果。

2. 缺点

（1）对分析维度的前期设置要求较高，如拟取样全面、获得丰富的分析结果，则需纳入各种分析维度，并进行合理设计。

（2）受软件功能和基础架构的限制，可能无法设置某些分析维度。

（3）难以实现实时调整分析维度，增删数据统计口径和筛选范围。

（二）工作记录表：Excel 等形式

1. 优点

（1）没有分析维度类型的限制，可以实现各种分析维度的设置。如暂时无法预设的（如异常状况），可在日常记录中以备注等方式补充；记录内容无限制，可尽量详尽。

（2）可灵活调整分析维度，根据需求随时增/删取样类型。

2. 缺点

需手动操作统计、筛选、分析,无法自动生成图表。

以上是关于法务数据分析及设置方面的综合介绍。公司可以根据实际情况及需求,设计具有自己公司特色的法务数据体系,发掘法务数据的最大价值。

第五节　法务工作绩效的汇报与展示

一般情况下,除非涉及重大案件或事件,很少有领导会愿意听法务汇报,因为法务工作内容太专业,而且领导们不太容易把握法务工作的价值点,与自己关心的业务或管理问题挂不上钩。这时法务就处于一个尴尬的境地:一方面需要为各种目的向上汇报,另一方面汇报内容和汇报方式不太容易抓住人。法务需要考虑几个问题:第一,汇报的目的是什么?很多人认为汇报是为了向公司报告工作进展和问题,以便公司及时决策和给予支持。这种观点并不准确。获得决策和支持当然很重要,但是更重要的,是展示法务的绩效。第二,法务的汇报到底应该汇报什么内容才能让上级听得懂、达到汇报的目的?第三,除了汇报,还有没有其他的展示绩效的方法?如果法务赢得了一场重要诉讼,公司上下都会知悉,这本身是一种绩效展示。但是,法务部门还有绝大多数的属于日常的、默默无闻的专业支撑工作,这些工作的绩效怎么展示?

一、法务汇报的正确方式

关于如何做汇报,有很多系统化的理论、经验和模板,公司法务都可以借鉴,在此不做赘述,此处只重点讨论几项公司法务应该注意把握的关于工作汇报的原则和方法。

(一)法务主管的工作汇报

法务主管的工作汇报既展示其本人的绩效和工作进展情况,也展示法务组织的绩效和组织绩效目标达成情况。因此,法务主管要区分汇报对象和汇报目的,对汇报内容进行有差别的处理。

表 7-9　法务主管工作汇报要点

汇报对象	汇报目的	汇报内容	注意事项
直接上级(例如总经理/CEO,分管的副总经理)	单个事件进展报告及决策	1. 基本背景及公司前期决策; 2. 目前进展情况(策略、关键措施、效果); 3. 与公司决策要求的差距及原因分析; 4. 下步策略、措施、结果预测; 5. 申请决策点(下步策略及措施、求助事项)	1. 汇报时机准确、目的清晰; 2. 事先获取周边相关部门和领导的意见,以及外部机构可能的建议; 3. 结论先行,数据和事实跟随; 4. 请领导做选择题而不是判断题; 5. 对于案件或者事件关闭报告,要提出涉及管理和业务的改进建议和风险防控建议
	季度、半年度、年度工作报告	1. 比照绩效目标综述达标进展情况; 2. 亮点及经验分析; 3. 不足及原因分析; 4. 后续面对的业务情况及本部门策略、关键措施、关键任务; 5. 困难及求助	1. 比照公司战略及价值观谈本部门工作的效果和影响; 2. 重点落在规划和计划的执行情况; 3. 涉及关键亮点的细节可以择要汇报; 4. 困难点和求助点要实在

(续表)

汇报对象	汇报目的	汇报内容	注意事项
上级 (例如董事会、董事长、专门委员会)	单个事件进展报告及决策	1. 基本背景及公司前期决策,直接上级主管的意见; 2. 目前进展情况(策略、关键措施、效果); 3. 与公司决策要求的差距及原因分析; 4. 下步策略、措施、结果预测; 5. 申请决策点(下步策略及措施、求助事项)	1. 汇报时机准确、目的清晰、符合流程和决策权限设置; 2. 结论先行,数据和事实跟随; 3. 除了直接上级的意见,还要事先获取周边相关部门和领导的意见,以及外部机构可能的建议; 4. 请领导做选择题而不是判断题; 5. 对于案件或者事件关闭报告,要提出涉及管理和业务的改进建议和风险防控建议
	季度、半年度、年度工作报告	1. 比照绩效目标综述达标进展情况; 2. 亮点及经验分析; 3. 不足及原因分析; 4. 后续面对的业务情况及本部门策略、关键措施、关键任务,以及挑战、决心、求助	1. 比照公司战略及价值观谈本部门工作的效果和影响; 2. 重点落在部门战略和规划的执行情况; 3. 未经要求,不做细节汇报; 4. 困难点和求助点点到即止

从上表中可见:对单个事件的汇报与对定期工作的报告是有差异的。前者着重于事件的解决,更需要技巧性,相对简单;后者则着重于组织整体绩效达标情况,更需要思路,相对复杂。法务汇报水平提升的重点、绩效展示的重点,应该放在后者,即定期工作汇报上。对直接领导与对上级领导的汇报也是有差别的,直接领导想知道下属在工作中发现的问题和解决的思路,而上级领导更想知道下属未来的工作目

标和主要措施。

法务主管的定期工作汇报，应把握以下几个原则：

第一，遵循“公司战略解码——法务战略及规划——关键任务、策略及动作——进展及亮点——对公司业务及管理的重要影响——对业务和公司战略的后续变动的理解及法务应对——对公司的持续助力及预期效果”这个逻辑链路。定期汇报要反映出法务组织绩效是如何帮助公司战略落地的、对公司实现商业目标的贡献是什么。

第二，在遵循上述逻辑的同时，要抓住公司经营管理中的主要矛盾和矛盾的主要方面，这是管理层关注的重心，法务工作绩效要围绕重心来展示。

第三，重点是法务工作的效果，包括对业务拓展和业务操作、公司管理、公司文化和价值观、公司核心竞争力的正面影响等。不要把重点放在工作量和专业处理的细节上，如果汇报时大谈评审了多少合同、处理了多少纠纷、做了多少次培训，这是没有任何实质意义的；如果大谈在某个项目或案件中法务如何发挥了高超的专业水平、拿出了高超的处理方案，并非不可以，但必须看汇报的对象和汇报的目的，汇报对象越高层，这种细节越不必提及。

第四，要多谈与其他部门的协作。协作的成分越多，法务在整个公司组织架构和核心流程中的位置越重要。当然，谈协作的时候要强调哪些是法务主导、哪些是法务策划；要多感谢和表扬其他部门对法务的支持，因为表扬得越多，越说明法务有号召力、有影响力，各部门对法务的策划及主导是认可和支持的。

第五，要多引用竞争对手的做法和经验，以及监管机构的要求和建议等。借助外部的声音来提升法务的权威性，并给法务创造新的机会。

第六，既要谈正向建设方面成就和计划，也要谈逆向检查和监督方面的成就与计划。这里有两个目的：一是法务如何帮助公司建设制度和流程的，这是公司管理层普遍认可的法务工作的贡献；二是法务不仅有日常专业支持职能，还有监督和检查的职能，是管理层的一只眼睛。

第七，要强调法务组织为落实公司战略、实现公司商业目标，在组织上和人才上如何排兵布阵，在管理上如何体现公司的要求和公司价值观引导。客观上要强化法务组织对公司战略及公司文化和价值观的忠诚度，另外也要强调人才培养的效果如何。也就是从组织和人才两个角度体现法务管理的先进性以及对公司引导的遵从。

第八，无论是谈目标、策略、动作，还是谈经验教训和改进点，一要体现法务实事求是的工作态度，二要体现法务勇于承担责任的态度，三要体现法务顾大局的态度。

（二）法务员工的工作汇报

法务员工的工作汇报在思路上与法务主管的汇报有类似之处，即都要遵循从战略到行动到结果的逻辑链条，区别：一是在于层级不同，法务员工的思路顶端是部门级的战略和规划；二是在于着眼点不同，法务主管是宏观视角，而法务员工是微观视角。法务员工处于法务工作最前沿、与业务接触的最前沿，是法务微观操作的责任者、观察者和优化建议者。因此，法务员工的工作汇报要体现两个要素：一是如何通过履行本职工作达成个人绩效目标并为组织绩效做贡献的；二是对改进岗位工作的建议。

对第一部分，忌讳流水账，法务员工一定要从对部门战略及价值观的理解谈起，到个人绩效目标的内容和意义、达成情况，再到贡献点和经验总结，后面再谈相关业务和法务规划的变化调整，以及本岗位绩效目标、策略和措施如何变化调整。既要有工作量的描述，也要有工作思路、策略、方法和效果的描述，后者是重点。

对第二部分，要集中体现法务员工的思考，特别是对制度流程、法务环节处理规范、内外沟通、后续跟踪等问题的思考和建议。法务员工提出的微观操作优化建议是对法务主管宏观视角的补充，也是法务员工推进组织绩效的必要方法。当然,这也能充分体现出法务员工的责任心、专业能力、管理潜质。对多数普通法务员工来说,纯粹专业能力的对比经常区别不出素质和胜任力的高下,但是发现问题和提出优化建议的能力则可以区别出法务员工的潜力、培养价值和培养方向。

法务员工以微观操作为主,工作汇报要善于使用一些工具和方法,使微观问题和绩效有更准确的数据化和扎实的方法论的支撑。

例一:写个人业绩和绩效达成情况时,要紧紧围绕绩效指标,以事实和数据说话,不要用“加强”“努力”“夯实”等虚字眼;写成功或失败的原因时,要说清事实、分析事实背后的关系和问题、找出问题的主要矛盾和解决问题的切入点,要避免把责任分析全部归结为外因,要提供多种方案供主管参考,能用图表辅助的就用图表辅助。

例二:描述个人工作亮点时,可以用鱼骨图来辅助,亮出工作任务的每个环节要点,进行有条理地分析每个部门或岗位的支持和贡献情况,并着重强调自己的贡献体现在哪个环节,从环节所处的位置体现自己贡献的大小和影响。

例三:分析未来将要解决的某个问题时,可以参考 SWOT 工具:

S 优势——业绩达成情况,即目前已经达成的绩效是否超过预期,是否形成了新的能力、创建了新的思路或资源,是否为后续工作奠定了扎实的基础;

W 劣势——不足之处,即哪些绩效目标进度不符合预期,原因是什么,工作中发现了哪些失误和考虑不周之处;

O 机会——预设的解决办法,即对于还未完成的绩效目标,有没有调整过的解决方案,其依据是什么;

T 威胁——后期可能的影响,即对于上述解决方案,有哪些有利因素可推动方案落地、哪些不利因素可阻碍方案落地,应该如何应对。

例四:写未来工作规划时,如果后续规划的目标比较笼统,可以采用方向+操作步骤+开始时间,套用 PDCA 循环:

P 目标——要达到什么水平,具体的事情或数据;

D 执行——怎么做才能使定下的目标达成;

C 检查——怎么保证未来做的事能够实现目标;

A 改善——如果计划不能满足目标需求,如何改进。

另外,推荐公司法务使用工作日志,用于法务主管对下属员工的管理和督导,代替传统的周报或者月报审核。工作日志可以共享给主管,一来是有利于法务全员把握主要工作任务的节奏和进度、防止遗漏,二来是有利于主管随时跟踪和指导。当然法务对外报送工作情况时,是可以继续使用周报或者月报形式的。

二、法务绩效展示的方法

公司法务的绩效并不容易展示,有很多公司法务主管有共同的感受,就是明明法务做了非常多的工作,而且具有琐碎细节的事情非常多,但就是没法把这些事情作为绩效亮出去。公司知道和关注的,都是一些重要的案件或项目之类的工作,对于法务在公司日常经营管理中起到的重要支持作用则要么不知道、要么不理解、要么不在乎。所以,对法务来说,展示绩效既要把人人皆知的重大成果展示出去,也要把日常从事的“杂务”展示出去(对公司来说,这些“杂务”有可能更体现法务的价值)。除了例行汇报和重大事项的单独汇报、重大事件的内部宣传,以及考核,还有其他一些展示法务绩效的方法。

第一,通过培训来展示。法务要承担培训任务,这个工作必须受到重视,法务主管和各次级主管以及法务骨干,要成为培训的主力讲师。培训不是给业务和其他部门像法学院上课一样讲法律知识,而是讲故事,这些故事就是法务怎么应对各种问题和风险的。从故事中,让听众了解到法务原来如此不易、事情如此复杂、与业务及其他部门关联度这么大、不遵从法律意见或者不请法务支持会有这么严重的后果。与教条的法律知识讲座相比,非法律专业出身的人员从故事中更能吸收和培养法律知识和法律意识。另外,讲故事也不是说单口相声,而是要用启发式和研讨式的方式,让听众设身处地地去思考如何处理法律问题和风险才更符合公司的商业利益。一个好的培训,一定会让听众敬畏法务,认可法务工作及贡献。

第二,通过多种形式的研讨来展示。很多公司法务不太习惯于组织各种形式的研讨,但作为专业部门,研讨是非常重要的形式,可以通过研讨来获取信息、推动建立对本公司有利的规则、协调竞争关系、与业务部门沟通信息和达成相互理解并促进下步合作工作的展开,等等,当然,也是向公司及外界展示法务工作绩效的有效手段。特别是要有固定的与业务部门及其他职能部门的研讨,题目可以比较宏观,也可以比较微观。在研讨中,能透露出的是法务对业务和经营管理工作的主动关注和深入思考,是对公司商业成功做贡献的积极心态和求实的动作。尤其重要的,研讨本身是建立在法务已经取得的绩效和经验的基础上的,这等于是告诉参加研讨的其他部门,法务已经取得了绩效。研讨可以有多个层次,有的需要各部门主管级别参加,有的只需要中基层主管和操作层面的人员参与,可根据法务的工作计划和展示绩效的需要,来确定研讨的内容、方式与参与人员。研讨的成果要及时发布,既要向公司管理层报送,也要形成可操作的方案,在法务和业务工作中予以落实。

第三,通过对管理层定期提供建议来展示。法务工作最终要落实在业务增长、核心竞争力提升、公司经营管理水平提升以及文化价值观的塑造上,因此对法务绩效的解读其实并不会受到多少限制,空间是足够的。关键是法务如何解读以及如何向外展示。报送法务建议是个非常有效的方法。法务在工作中,特别是通过处理重大事件、案件或者项目,往往能发现公司存在的各种问题,要及时复盘、总结和归纳这些问题,形成法务对公司的建议,这些建议可以涉及制度流程,可以涉及文化和价值观,可以涉及公司治理以及经营管理的各个方面。管理层定期收到法务建议,就会加深对法务绩效的认识。当然这种建议不是随便提的,一定要在充分的研究和论证基础上(包括邀请相关部门共同参加论证），抓住一些痛点。

第四，通过系统化的法务工作动态输出来展示绩效。有的公司法务有向管理层和其他部门发送工作动态的习惯，这是个好习惯，即使是没有人认真阅读，持续的发送也会形成对潜意识的影响。工作动态有很多形式，有的是以介绍亮点工作成绩为主，有的是信息传播，有的是风险提示，这些内容都可以结合起来。另外，提供三条建议：一是对管理层和各主要部门主管要单独发送特制的法务动态，目的是让他们知道法务做了什么、有什么贡献、后面还要做什么；对公司普通员工全员发送的动态则要以更轻松活泼的形式传递信息。二是要注意推介法务骨干，就像电影公司推介电影明星一样，法务部门要有意识地对外推介专业明星。法务人员越被广为熟识，越容易建立法务的形象和法务工作的信誉。三是要注意对其他合作部门及人员的表扬和激励。主动展示别人的绩效，其实也等于展示自己的绩效。

第五，积极参加对外沟通和各种活动，展示法务的存在和发言权，由外部构筑法务的绩效，并影响到公司内部。与政府相关机构、与竞争对手和本行业的法务、与媒体及学术界的互动，都可以达到这种效果。当然这种往来不是随意的，而是必须经过严格策划、受预算约束、有成果验证的，要符合公司战略需求以及法务部门战略规划。

第八章　公司法务的管理与组织

20世纪90年代以来,国内的市场经济发展以及世界范围内的全球化的勃兴,使交易的模式更加复杂、难度更大、利益关联方更多,相应的,法律介入的环节和问题点也在大幅增加,这是发达国家的全球化大公司兴起和西方公司的法务部开始兴盛的基本背景。公司法务部不再被认为是专业水平次于外部职业律师的公司内部普通部门,而是逐渐被视作利用法律工具为公司谋取重大利益的伙伴和参谋,以及控制公司风险的得力干将。有很多事例可以证明,西方大公司的法务部的触角已经伸向公司外部,通过诉讼、政策游说、资助学术研究、联合行业伙伴等多种方式,为公司业务创造良好的外部环境、抢占规则制高点、赢得竞争优势地位。中国公司在近20年的发展中,一边在国内与西方公司竞争,一边在国际市场上与西方公司抢地盘,法务工作也逐渐与西方公司接轨。在创新意识和竞争力方面,中国一些头部公司的法务部并不弱,在个别领域(例如知识产权交锋、贸易救济措施案件对垒、互联网法务等)甚至有一定领先优势。但如果着眼于整体能力与管理水平的话,不得不承认,中国的广大公司法务部与西方大公司相比还有差距,最重要的差距并不是在专业能力方面,而是在对公司法务的管理认知和管理技能方面。同时,也应该看到,无论是理念认知的更新,还是技能的提升,最终都要用组织结构和人员结构来具体承载与实施,也就是我们常说的组织建设和人员建设。本书已经在第一章到第三章中在较高层次上对公司法务管理问题进行了概括解读,而本章的主旨,是就公司法务具体管理问题上的理论准备与承载平台的建构,给读者分享一些笔者的心得体会与经验总结。

第一节　公司法务管理的认知基础和收益

关于公司法务管理的基础理论,已经有很多表述,例如:公司治理理论认为"公司法务管理制度有助于解决公司所有者与经营者之间的代理问题,促进公司利益平衡机制的完善"①;组织理论认为"法制环境中企业法律事务增多,为节约成本,需要聘用法务人员成立专门部门,以及现代公司组织的正式化、复杂化与集权化倾向为公司法务的产生和发展提供了外驱动力,并使公司法务工作现代化"②。本书认为,这些基础理论确实正确阐述了相关概念,但作为实务界人士,为了实际操作落地,可以找到一些新的具备可操作性的角度,来理解什么是公司法务管理,以及做好公司法务管理的收益。

一、公司法务管理的认知基础

公司法务管理是个比较复杂的概念,业界并没有明确的公认的定义。其实,需要不需要对公司法务管理进行定义都可能是有争议的,因为公司法务管理本身并非是热门理论话题,业内人员可能更重视的是如本书第四章到第七章所述的公司法务方法论和技巧性的知识。所以,本书认为,公司法务管理的概念本身不是最重要的,最重要的是明晰从事公司法务管理的心理认知基础。

(一)从事公司法务管理的心理认知基础

公司法务管理,当然要从管理者视角入手,所谓从事公司法务管

---

① 黄胜忠、健君主编:《公司法务管理概论》,知识产权出版社2016年版。

② 同上。

理的心理基础,更多的是指向公司法务管理者的心理基础。本书认为,公司法务管理者必须扭转一些法律专业人士的习惯性思维,切实从管理者角度设计并履行职责。

首先,我们能注意到,当谈到法务或者法务管理的时候,公司里的多数人会基于对法律(即他们下意识中认为的“枷锁”)的排斥和对法律专业的“敬畏”(或者说是因不了解而产生的为难和畏惧,并非一定含有“敬”的成分),无意中将法务工作与公司业务以及公司经营管理活动割裂开来,甚至对立起来。如果不是因为外在环境的约束或者因为公司的发展使外在环境的约束力达到了不容忽视的程度,可能没有公司、也没有人会愿意在公司内设置法务部门。

所以,公司法务人员必须要先认清这样一个现实:除了法务人员自己,很可能没有人真心认为法律是好东西;只有当法律不给自己造成“麻烦”的时候,才是可以被接受的。这是人之常情,法务人员不能因此产生轻视和责怪心理,更不能把法务工作开展不力的责任都推到这些人头上去。做好公司法务管理,主要是依靠公司法务自己的能动性,这是做好公司法务管理的第一个心理基础。

其次,公司是商业性组织,其内部任何组织的设立,都不能脱离公司为商业成功做贡献这个前提。很多公司不断进行组织架构的调整,其目的也无非是排出更好的队形,从而使公司业务运作更有效率。公司法务部门的组织设立及调整也离不开这个前提,但是多数公司法务可能会觉得法务部门的组织调整与业务部门的组织调整总是显得格格不入,似乎很难找到法务部在组织结构中的调整点或者逻辑前提,例如法务部应该独立还是被放入其他部门之下?是应该直接向董事会/总经理汇报还是向某个分管领导汇报?即使对于公司管理层,这也是个没有标准答案的难题。所以,这些公司往往就根据某些偶然因素来作出决定,例如财务部门兼管公司风险控制,那法务就放到财务下面,或者公司运营官负责管理一切非核心/非业务部门,那法务就放到运营官下面,等等。这基本上是由业务部门的商业属性与法律部门的专业属性的差异造成的。所以,当公司法务试图与公司管理层就法务部门组织调整(包括法务部在公司内的组织归属以及法务部内部的组织架构)进行沟通时,以及对公司法务其他管理工作进行沟通时,要注意商业属性与专业属性的差异的存在会导致各方的出发点也同样出现差异:当管理层强调要加强公司法务建设、充分发挥法务作用时,这是一回事;但是管理层从商业属性出发看待一个组织时,往往会从部门地位、授权、绩效、人力和费用预算等成本费用角度出发,对“非核心”部门进行限制,这就是另一回事了。公司法务要认识到这“两回事”的存在,也要认识到这种存在有其商业上的合理性(而不是仅仅抱怨外行领导不懂法律的重要),这是做好公司法务管理的第二个心理基础。

再次,在本书的第一章和第二章中,反复提到过公司法务不要过于强调自己的专业属性,要融入商业中去,这是从公司法务如何在公司中立足并顺着当代公司法务的发展趋势而成长的角度来说的。但是特别需要强调的是,这并非意味着让公司法务放弃自己的专业身份,恰恰相反,公司法务依然要强化自己的专业权威形象并建立影响力。这里并不存在矛盾,因为法律专业是公司法务的立身之本,也是绩效和贡献之源,我们要求公司法务融入业务的,是公司法务的战略、态度和方法,而不是消灭法律专业本身。本书强调公司法务应当如何把握更高层次的价值追求,并不是在建议读者放弃专业的基础(只是认为这作为常识无须多言而已)。因此,坚持专业,并在商业和管理方面寻求突破,把法务管理工作对准业务,在专业组织属性与商业组织属性之间实现平衡,时时刻刻要把自己当成是监督公司守法合规的独立“第三者”,这是做好公司法务管理的第三个心理基础。

最后,应当牢记公司法务管理的落脚点是“管理”,因此对公司法务管理绝对不能理解成是管理一个由法律专业人士组成的法律技能输出团队。公司法务管理是对部门的管理,也是对公司的一个功能模块的管理,而且“管理”本身就是一个复杂的运作,在遵循公司基本管理战略和管理架构的前提下,公司法务除了寻找定位、确定价值、设计部门功能与职责,还要在管理实操中聚焦以下几个方面:人员的“选用考育留”,能力的提升与沉淀,公司法务平台的建设,公司法务运作规则。事实上公司法务主管作为管理者,主要精力是用在非专业工作上,履行管理者的职责,而不是法律专业服务人员如律师的职责。实践中常见的误区就是公司法务主管把注意力过多集中在专业能力培养上,用简单甚至粗放的方式对部门和团队进行管理,或者找不到什么有效的管理方法,以为把自己手下的法务的法律专业能力带起来就完成管理任务了。要极力避免这个误区,切实融入公司组织体系,遵循组织成长的逻辑和规则,向业务部门学管理,这是做好公司法务管理的第四个心理基础。

综上,公司法务管理应先做好这样的心理准备,按照一个线路来启动管理工作:从发挥主观能动性出发——从商业组织属性和专业组织属性的差异中寻求突破——把专业工作融入商业——把落脚点放在管理上。

(二)对“公司法务管理”的理解

基于以上对公司法务管理心理基础的分析,可以提炼出公司法务管理必然包含的两方面内容:一是专业工作管理;二是组织管理。

1. 专业工作管理

专业工作管理聚焦于公司法务部的法务相关工作,包括战略、策略、规划、计划、重点工作及事项处理、专业领域设计与专业能力建设、与业务及其他部门对接的流程和制度、内部资源建设、外部资源建设、法务专业工作平台(流程、工具、IT 系统等)、专业工作规范等。这些工作是围绕法律专业和法务工作输出的,强调法律专业色彩,解决的是“为公司提供什么服务”的问题。

2. 组织管理

组织管理包括人员的“选用考育留”、预算与费用、法务管理平台

(流程、工具、IT 系统等)、法务运作和管理规则体系建设等。这些工作是围绕公司法务部作为一个公司内部的组织,是如何进行管理和运作的,强调管理色彩,解决的是“如何持续有效地为公司提供服务”的问题。

把这两方面的管理工作归纳起来,公司法务管理就是如何建设能持续地提供高质量的法律专业服务的公司内部组织的问题。组织是根基,专业是产出物。只抓专业不抓组织,公司法务必然是“练拳不练功,到老一场空”;只抓组织不抓专业,公司法务则必然是“练功不练拳,犹如无舵船”。妥善的公司法务管理,一定是要将两者结合起来的。

以上只是对公司法务管理静态的描述,还需要从动态视角对公司法务管理进行观察。公司法务管理毫无疑问是一系列的活动和一系列的过程。作为活动,公司法务从事法律专业服务建设和部门管理建设;作为过程,则是一个“建设组织和专业能力——处理专业问题和输出——促进业务增长、竞争力提升和经营管理水平提升”的连续性动作过程。强调动态的意义,就在于突出公司法务管理所面临的挑战就是如何与业务、与公司经营管理融合,这个动态的活动和过程,就是融合的活动和过程。融合不成功的公司法务管理,必然是缺乏目的性的法务管理。

无论是动态的理解还是静态的理解,最终都会导向公司法务管理的目的性问题,明确的目的性是做好公司法务管理的关键所在,这要通过规划公司法务管理的内容和目标来实现。

二、公司法务管理的收益

公司法务管理是公司内外环境压力所致。从外部看,公司必然是在一个有规则的环境中进行交易和竞争,公司需要了解和遵从必要的规则;从内部看,公司必然需要专才以低成本方式来确保公司不违反外部强加的规则(这个低成本既包括风险管理工作的费用,也包括风险管理对业务活动的低阻碍)。因此,科学设计公司法务管理体系,实际上有两个方面的收益:一是平衡公司的风险与收益,这个收益其实公司是很容易获得的,可能使用外部律师就可以满足大部分要求了,不一定要建立法务部;二是对平衡风险与收益的工作尽可能战略化、专业化/精确化、体系化。因为外部律师很难以战略化、体系化并且低成本的方式完成公司的风险收益平衡工作,所以才有了公司法务存在的价值,而且这意味着公司内部要建立的这个组织在公司风险与收益平衡工作上必须具有战略思维、专业化/精确化的解决方案和体系化的响应机制,并且满足低成本要求。只有完成了上述要求,公司在平衡风险和收益过程中所获得的收益才是最大的、成本才是最低的。

当然,以上只是从基本原理的角度论述公司法务管理的收益。若看当代现实环境,则必须指出:随着科技进步,新兴产业层出不穷,产业实践的发展速度也往往领先于规则的出台。规则空白和灰色地带为公司法务管理创造了需求和机会,公司法务必须在匹配新兴行业特点的前提下帮助公司控制风险。

好的法务管理,是可以促进公司经管管理水平的提升的。那么,法务究竟如何做才能实现这一收益呢?在前文的多处论述中,已经触及这个问题,例如定期提交法务建议书、帮助公司建设业务相关制度和流程等。在此再提供两个方法供参考。

管理能力的提升,一般离不开职业意识的提升、管理技能的提升和管理经验的提升这几个维度,法务对提升管理技能作用寥寥(当然也可以从具体的案例中提炼出管理技巧性的内容),主要还是在职业意识的提升和管理经验的提升上可以有所作为。

第一,法务促进职业意识的提升。职业意识有很多种类,例如市场意识、成本意识、竞争意识、流程意识等。法务可以推动的,是公司应该在管理者任职资格及考核中增加风险意识与合规意识。很多大公司已经关注了这个问题,并在实践中应用了风险意识和合规意识作为干部任职资格评价要素和考核要素。但是,法务在其中起到的作用是什么?法务一方面是推动公司适用风险意识和合规意识,另一方面应该帮助公司建立相应的评估方法/标准和考核方法/标准,并联合风险管理部门以及人力资源部,提出可行的方案。另外,法务还可以通过培训和宣导等方式参与公司的文化和价值观建设,把法律意识、风险意识和合规意识作为公司文化及价值观的组成部分,使其得到全员的认同、接受和遵守。

第二,法务促进管理经验的提升。管理经验的积累,是提升管理能力必不可少的一环。法务可以从如下几方面帮助公司提升干部的管理经验:一是对既往法律和风险相关案例,提炼出可供管理者掌握的易懂易记的经验教训要点;二是发挥监督功能,与风险管理部门以及审计等部门合作,看各级管理者的动作、制度流程的遵从情况、重要事件的操作过程,督促各级管理者能应用既往经验教训。

第二节　公司法务管理的目标、内容和决策机制

公司法务管理的目标是与公司法务的价值对应的;公司法务管理的内容是与功能和职责对应的。

一、公司法务管理的目标

公司法务管理的目标是实现公司法务的价值。

在本书第一章中论述公司法务的价值时,曾经言及:寻找和设定公司法务的价值离不开公司业绩增长、经营管理水平提升和核心竞争力的塑造。公司法务在这三个事项中有什么用处,就是公司法务有什么价值。至于消除法律风险和保驾护航,都是工具和措施。这三个事项基本上都体现为公司法务对公司的价值。

公司法务的价值是近年来越来越多地被讨论的话题,很多公司法务在探讨本部门发展时,也一再强调要对公司有价值、要与业务有融合,但是在具体的目标设定上,往往没有清晰的思路和方案。关于公司法务的价值,已经有很多观点,例如公司法务的价值是管理公司法律风险、增加公司竞争力、给公司创造财富增值等。在前文中,本书提出管理法律风险只是公司法务用来实现自己价值的工具和方法,而不是公司法务的价值目标,价值目标必然是对准公司的商业成功的。因此,不宜把管理法律风险作为公司法务的价值,当然也就不可能成为公司法务管理的目标。而为公司创造财富增值,无论是采用维护权益的方法,还是创造利润的方法(例如收取专利许可费、获得损害赔偿等),都不宜成为公司法务管理的目标,而只能成为具体工作的目标(例如知识产权管理的目标、诉讼案件的目标),原因很简单:公司必然是以自己的主要商业业务作为利润来源,公司法务获得的利润再高,对公司而言也不过是锦上添花,如果公司把法务的这个贡献看得过重,指望法务去单独为公司创造利润并以此作为公司生存发展的支柱,这样的公司在市场经济中显然是个极端情况,不足以作为学习的常例,例如知识产权领域的 NPE①。综上,确定公司法务管理的目标一定要紧紧围绕公司法务的价值,并且不能把工具性的、方法性的、非本源性的(例如公司法务不是利润中心)、非持续性和长期性的工作目标作为法务管理目标。

相比之下,将促进公司业绩增长、经营管理水平提升和核心竞争力的提升作为公司法务管理的目标,是更加合适的,这不但在高度上对应了公司法务价值,而且区分了法务管理目标与实现目标的方法,为后续设计法务职责、规划和计划提供了足够的空间。当然因为各公司及公司法务情况千差万别,实际在确定公司法务管理目标的时候未

---

① NPE(Non-Practicing Entity,非实施实体)从研究机构、个人和破产企业那里收购专利,为的是瞅准机会提起诉讼,索取高额赔偿。

必能三者兼得，更可能是偏向其中一项或者两项，例如新兴行业的公司法务可能更侧重于促进公司业绩增长和核心竞争力的提升，而传统产业大中型公司或者发展到需要管理变革阶段的公司的法务可能更偏向于（通过风险管理等方法）促进经营管理水平提升。

二、公司法务管理的内容

公司法务管理的内容对应的是公司法务的功能和职责。

（一）公司法务管理内容的依据

本书在第一章中，提出了公司法务的三大功能：识别功能、应对功能和提升功能。因此，公司法务管理的内容应围绕这三大功能展开。

针对识别功能，公司法务管理的内容是建立和完善识别和评估法律风险的机制和能力。包括外部信息获取、外部信息评估（例如探究某项监管政策的背后意图）、外部信息在内部传递与初步评估、业务流程打点（法务对业务的关键控制点和执行方法）、相关风险确认及风险等级和风险后果的评估、风险管理机制的运作，等等。

针对应对功能，公司法务管理的内容是建立和完善事前、事中和事后应对的不同机制和能力。根据对业务环境和风险信息的前瞻性掌握和预判，确定被动应对、半主动应对和主动应对的策略在不同场景下的应用规则，以及相应的流程制度。

针对提升功能，公司法务管理的内容是建立和完善公司法务输出与公司经营管理能力提升之间的联结，持续向公司提交总结和建议，促进公司文化和价值观的提升（法律意识、合法经营、风险意识等），公司平台的优化（例如法务管理在业务制度和流程中有更多打点，带来更多的安全性和效率），公司管理水平的提升（管理层及各级主管的管理认知、管理能力、管理的规范性等），公司竞争力的提升（例如法务帮助开拓新的业务通道、打击竞争对手、优化营商环境等），以及公司资产价值的提升(例如优化保护知识产权、支持应收账款回收等工作),等等。

关于公司法务职责与公司法务管理的内容的关联,公司法务职责指的是公司法务要做什么、必须做什么(当然,也会有一定的弹性空间,详见本书第一章),而公司法务管理则是通过具体的部门管理动作把这些要做和必须做的事情变成部门全员的实际行动并达到预期效果,第一章中也提供了确定公司法务职责可以参考的5条原则。在这些原则下,公司法务职责可能是千变万化的:可以管法务战略,可以管法务规划,可以管周期不等的工作计划;可以管专业能力塑造,也可以管各种平台的搭建;可以管人,也可以管事。因此,比较简单的总结方法仍然是把公司法务管理的内容区分为组织管理和专业管理两类(请参见本章第一节的相关内容)。

(二)公司法务管理内容的细分

在专业管理之下,公司法务管理可以划分为交易管理、合规管理、责任管理。交易管理是指公司对外的业务往来涉及的法务问题的管理,最常见的是合同管理,对公司对外经济交往在法律文书上进行固化;合规管理主要是对遵从外部规则(也包括外部规则的内在化)的行为和效果的管理;责任管理则是指对公司行为所导致的后果的应对和处理,例如违约或侵权之诉、行政处罚等。一般公司法务相关的工作大体上不会超出这三个类别,如果以这三个类别进行法务的专业管理,则可以比较完整地设计出法务管理内容。以交易管理为例,法务可以参与交易环境和综合风险分析、业务模式分析、运营模式分析、交易模式分析、具体项目支持(合同为主线)、履约情况跟踪和风险分析应对、权益维护,等等,并可以根据业务链条设计和延展出法务工作的参与范围,设计出关键控制点,行使相应的法务管理权限。与此同时,也要建设相应的支撑平台,包括专业知识积累、法务内部和外部流程和制度、模板和指导材料、支撑性资源的获取,等等。合规管理和责任管理可适用同样的方法进行细化，做成法务管理的纲要。

这种“三分法”的特点，是没有把法律风险管理或者诉讼纠纷案件处理等工作拿出来作为公司法务“必备”的管理内容，这也是本书一再反对的错误认识。本书始终提倡，法律风险是存在于公司业务和经营管理的各个环节中的，管理交易的时候是在管理法律风险，管理合规的时候也是在管理法律风险，处理诉讼纠纷的时候也涉及法律风险，诉讼纠纷可能与交易有关，也可能与合规有关。因此，单独把法律风险管理或者诉讼纠纷处理列出来，可能容易使法务失去对业务及公司经营管理的系统化理解与把握，不太容易在潜意识、逻辑和实操上融入业务及经营管理。当然，如果为方便起见，特别是对于一些处于发展阶段较早期或者新兴行业的法务，在做法务管理内容规划时把法律风险管理、诉讼纠纷处理、维权、创造利润等单列出来，也并非不宜，关键还是要看是否能满足公司对法务部的期望。

三、公司法务管理的决策机制

当我们谈到公司法务管理决策机制的时候，我们是指法务相关问题在公司管理架构内的决策机制，而不是指法务内部决策机制。对于法务内部的决策，是相对容易设计的。而法务问题在公司的决策，则要取决于问题本身的性质，以及公司的管理体制和习惯。

法务最关注的，是被决策的法律问题能否得到公司决策的“魂”，以及最终能否落实在公司经营管理行为中。就这个目的而言，其实由谁决策不是最核心的问题，只要能达到法务的目的就行。因此，上上之策不是法务追求决策权力最大化，而是追求决策的效率和正面结果的最大化。这里提供几个原则供参考。

第一，法务决策是基于法务的专业性，还是基于法务工作与其他部门的关系？传统上法务会认为自己是专业部门，提供专业权威意见，因此所提出的决策建议应该被无条件地接受和执行。这是错误的想法。在前文中已经论述过,法律问题只是公司需要解决的众多问题中的一种,需要平衡公司整体商业目标和风险,采用有弹性的策略和措施,甚至在必要时接受风险。因此,真正需要法务摆正位置和认识清楚的,是法务问题决策必须基于法务与其他部门的关系。这个关系不是指个人关系或者部门之间的友好关系,而是指法务在公司运作中所处的位置、在管理架构中所处的位置,以及由此决定的法务意见对业务和经营管理的影响程度。以这种关系为基础,决策针对的目标就是公司的商业目标和商业利益,而不是风险本身。如果一个法律问题牵涉的关系属于低层次或者比较简单,那么决策就不需要很高的层级,反之则需要很高的层级,并引入更多的相关部门参与决策讨论。因此,法务在提交某个问题的决策申请时,不能只从自身出发想着这个问题有多重要、应该由哪个层面的领导审批,而是要实事求是地分析清楚这个问题所牵涉的部门和利益关系,对标公司战略和商业目标/利益,判断其影响度,然后才能找到正确的决策人。一定要避免寻找决策人的时候完全与法务主管和其他人的个人关系挂钩。

第二,参与决策的人是否越多越好,答案是"YES"。重要法务问题的决策(非指法务日常工作和部门管理性质的决策)最忌讳的有两条:一是法务单独决策,这意味着决策依据不完整(对商业利益和管理关系相关影响考虑不周全)、事后由法务独自背锅;二是由法务直接上级主管个人决策,这同样会造成决策依据不完整以及落实有阻碍的问题。因此,决策应该是多部门参加讨论,少数人拍板。这对法务决策的机制建设就提出了较高要求,决策层级的正确、信息传递的准确和决策的高效率应通过完整的决策机制来解决。另外需要再次提醒,成立法务专门委员会承担部分决策职能是非常重要的,对于重大问题,委员会可以有效组织起决策流程的运作、充分吸收相关部门的意见,在公司层面上出台公司的决策意见。

第三,充分利用决策工具。法务的专业性特征导致其使用管理工具的热情和效果大打折扣,但实际上信息化及数据化已经发展到当今这个程度，法务应该主动地寻求变化，在管理和决策中尽可能使用工具。以决策为例，管理学中和商业实践中有很多决策辅助工具，例如决策树、德尔菲法、KT法、满意决策法，等等，其实都可以适当地引入法务决策机制中，作为这种复杂和后果难以完全预料的专业问题的分析及决策辅助工具。

第四，永远要有备选方案。法务问题决策的一个常见现象就是上报的方案总是被参加讨论的各部门或者决策者加入各种因素，最后扭曲成另外一个方案，法务不得不接受。多数情况下这种“扭曲”可能代表更周全的考虑，但是很可能也会降低法务的专业程度。因此，备选方案是对这种扭曲的再校正，它不是让决策者做选择题这么简单，其更重要的目的是使法务意见和法务解决方案仍然能保持原始目的。

第三节　公司法务的组织建设

公司法务的组织建设包括两个方面：模式定位和组织架构。公司法务的模式定位是指公司法务作为一个部门，在公司组织架构中如何安放，其管理关系是怎样的；公司法务的组织架构是指公司法务作为一个部门，其内部的组织结构和管理关系如何设置。

一、公司法务的模式定位

公司法务管理的模式定位有很多，有的是在公司中设立法务部实体组织，有的则是设立虚拟组织（例如法务外包）。即使作为实体组织，有的公司法务是建有成规模的法务团队，有的则是以外聘律师为主。本书只讨论形态上占多数的、比较常见和典型的、由专职法务人员组成的实体法务组织这种模式。

公司法务部应该放在公司组织架构中的哪个位置，这是个永远的话题。只要商业、企业和公司法务工作还在发展，这个话题就不可能停歇，一切解决方案都只能是适应当时情况的解决方案。

在一个公司成立和发展的初期，业务规模小、人员少、管理幅度和复杂程度低、内部流程制度简单，法务工作也不可能复杂繁重，因此公司法务部即使有个小团队，也不大可能完全独立，因为这不符合成本控制与管理效率需求。如前所述的公司法务发展的阶段 1（D 级），此时公司法务部很有可能是被放在某个部门下面，例如行政部、财务部、总经理办公室，等等，由该部门的主管代管。当然这种代管不太可能深入涉及专业问题，而只限于一些纯粹的管理工作，包括人员的聘用、晋升和辞退，薪酬，差旅报销，重大事件的过问或牵头（提供资源与汇报渠道），等等。但是公司发展下去，业务规模扩大、管理难度和复杂程度增加、流程制度复杂化（甚至有一定程度的官僚化），此时公司法务可能发展到阶段 2，并向阶段 3 挺进，就必须解决公司法务部的"位置"问题了，而且这种解决需要有理论和事实依据，而不是某个领导拍脑子或者公司法务自己找门路才实现的，它应该是公司上下的共识，特别是管理层和业务部门首先达成的共识。这也是前文所讲的公司法务定位的问题之一，找准了在组织架构中的位置，才会有相应的职权，才会有对业务及经营管理的足够参与度。

如果公司法务已经发展到阶段 2 的程度，就已经有了成为独立部门的客观必要性，否则无法与公司业务及经营管理现状对标。阶段 2 的公司法务部是支持型的，其最大特点是以被动响应业务部门需求为主，在个别风险或者重大专业问题上，能主动提醒业务部门并以项目制等方式完成法务支持工作；在团队建设和法务工作流程制度上，已经初具规模。如果此时公司法务还不是独立部门，而是法务人员继续归属于其他部门，则公司法务的发展基本上就失去了方向，因为这个阶段的公司业务和管理往往有快跑和多变的态势，机会多，风险也多，因此内部决策和业务动作落地都在与时间赛跑。公司法务在其他部门笼罩之下，很难获得业务和管理变动的第一手信息，也很难有切身体验，无法有效地判断自己能提供的服务与公司需求到底是否切合，而这会进一步加剧公司管理层和代管法务的部门领导对公司法务的低估心态，使其难以认识到法务的作用和价值是什么。在这种状况下，法务人员的最大亮点也就只是在某个具体工作中得到管理层的认可，而不是公司法务作为一个有生产力和贡献度的整体被得到认可。如果处于阶段 2 但非独立部门的公司法务要寻求突破，只能争取在一个个具体事件上下功夫，靠业绩赢得地位的逐步提升。

笔者认为，从公司的角度讲，如果在这个快速上升的阶段忽视了法务，往往是要付出重大代价的。因为这个阶段的业务和风险往往是“抓住业务机会，公司就稳了；如果风险暴雷，公司就彻底完了”，公司抗风险能力并不强。这与法务发展到阶段 3 的公司不太一样，后者已经具备了承受较大风险的能力。如果公司能够让法务深度参与风险评估并找出解决方案，公司大概率可以平安过度，继续快速爬升；反之管理层和业务急于求成，急于签约，忽视法务评估，那么埋下的风险就有可能导致公司夭折。这种案例在各行各业中都比比皆是，最典型的就是业务和管理层都认为某种业务模式大家都在做，一定没风险，因此不需要法务评审，或者盲目相信合作伙伴资质和个人关系，并且未在合同中设置适当的权益保护措施，最终公司因对方违约而损失过大，一蹶不振。

如果公司法务已经发展到阶段 3 的程度，那公司法务部门的独立性问题就基本上已经不存在了。因为此时公司发展的经历、管理层的经验和阅历、公司法务的能力和贡献，都会使公司认识到法务作为独立的专业权威部门是不可或缺的。即使对法务的价值仍然有部分存疑（特别是业务部门可能仍然希望法务不要多管闲事、只做业务所希望的事），但对公司法务存在的必要性已经不会有所质疑。这时候法务要做的事，就是准确判断自己的价值，设定相对应的功能与职责，并围绕这几项设定来争取职权和资源（包括但不限于在流程和制度中的打点，必要的否决权，增加人力及费用预算，等等）。

公司法务作为独立部门,对公司最大的益处就是两条:一是释放了法务专业能力,这个能力既可以帮助公司控制风险,也可以用牵引的方式帮助公司向前拓展业务和提升管理水平。管理层和业务自身一般是不具备这两种能力的。二是培养了一批专业参谋团队,这个团队的存在,在很大程度上可以帮助公司在业务和管理方面放弃粗放的模式,形成规范化的管理体系和公司文化。

如果一个公司法务已经成了独立部门,那必然面临的问题是:公司法务的最高管理者是谁。通常观念上,公司法务部当然应该由法务部长/首席法务官(CLO)/总法律顾问(GC)来管理,这似乎不是个问题。但是,法务部长/首席法务官(CLO)/总法律顾问(GC)是否加入了公司最高决策层,例如董事会或者以CEO为核心的管理团队(有多种名目,包括CEO办公会、行政管理团队,等等),这是一个新问题:即使是在公司法务部已经成为独立部门的情况下,法务部在公司的组织架构中仍然低于研发、销售、财经和HR等部门,并不被视为核心圈子成员,因此无论法务部主管用的是什么头衔,其上仍然需要一个核心圈子成员来作为"分管"领导。那么问题就是:公司法务需要不需要一个分管领导?是否应该作为核心圈子成员直接向最高领导(董事长、CEO)汇报?

这个问题没有标准答案,应该按照各公司不同的情况来处理。原则上来讲,本书观点是法务主管并不必须进入核心圈子和直接向最高领导汇报。原因在于,公司最高管理层吸收法务主管进入核心决策圈,一般不外乎是以下几个原因:行业和监管特点决定的;法务部在重大案件和事件处理中显示了解决问题的能力,并且使管理层觉得法务的参与不可或缺;最高管理层确实有法律意识,认为无论法务目前是否成熟和具备足够的能力,都应该参与最高决策流程;因为某些个人原因,包括个人关系、股东个人要求;等等。无论是基于何种原因,法务主管进入了核心圈子,都必须以高超的专业能力、协调和平衡业务及风险的能力作为安身立命的基础。如果法务主管缺乏这方面的能力,则很快就会在决策圈子中沦为路人,失去专业权威的地位,这对法务来说反倒是一件很不利的事情。公司法务应该对公司目前业务和经营管理的态势及水准有个清醒的认知和判断,并与自己目前的能力和贡献做对比,以此决定要不要把进入核心圈子作为努力的方向。如果对比的结果是公司管理和运营水平较低,或者法务部目前能力较弱,那么还是不要有这种进核心圈子的目标或努力方向为好,更适合作为相对独立的专业贡献者在旁边起到监督和引领的作用,以脚踏实地的工作和绩效来潜移默化地影响决策层和业务部门,待条件成熟,可能再会被邀请进入核心决策圈。这时候管理层的意识、能力,以及法务自身的能力,都是匹配的。任何一方能力和意识不足,共处在决策圈子中,都会导致冲突和渐行渐远,而法务基本处于弱势地位,一旦被打上一个“层次不高”的标签,想再翻身就极其困难。

当然,也有人会认为不需要考虑管理层的意识和能力以及法务部自身的能力,一定要尽早挤进核心决策圈子中,为法务部争取资源,这不是更有利于法务的发展和扩大法务对公司的正向影响力吗?这种观点不能说不对,但有着严苛的适用条件,即法务主管个人对最高管理者有非常强大的影响力,无论出现任何风波,都能通过个人能力摆平。这样的法务主管确实会把法务部的地位抬起来,但是也要客观地评估以下问题:这个主管一旦离开公司,法务是否能继续保持原来的地位?这个主管从公司争取来的利益,是落到了法务部门还是落到了其个人头上?如果这几个问题的答案都是负面的,那么这个法务主管进入决策核心圈对法务部的发展其实并没有什么实质的意义。说到底,法务工作是个专业工作,而且不同于财务和税务有非常明确的强制性规则,法务问题可解释和可拓展的空间是非常大、非常有弹性的,这就给法务与公司之间留下了博弈的空间,这也就决定了法务对管理层和业务的影响不可能是强行灌输的,而一定是要通过一件件事情的成功处理或者一件事情的血泪教训来教育管理层和业务。当然,也有个别行业出于监管要求等原因,法务和合规自始就因规则的明确要求而获得了较高的地位,包括成为公司决策层成员之一,但是这类公司和法务及合规的关系未必是和睦的,很多公司内部法务与业务、与管理层的关系变成了"我没法得罪你,但是我可以讨厌你"。在这种情况下,法务的权威往往不是基于自身的能力,或者基于对业务和管理的深刻理解,而是基于外部规则的要求。最为严重的情况,是法务(及合规)被管理层和业务认为"只会当监管部门的传声筒,只会说NO,不给解决方案"。这对公司法务来说并不是一个理想的状态。如果一个公司法务部门有着无人敢得罪的地位,却又被人厌恶和回避,这个法务部其实是没有什么价值的。

因此,公司法务一定要看清楚自己的位置是怎么来的、公司的认可度如何,在没有群众基础的情况下挤入核心决策层就是冒险。在条件不具备的情况下,比较理想的状态是法务部本身虽然不是核心决策层成员,但是能列席参与一切重要事项的讨论,并按照制度和流程的要求出具法务评估意见和法务解决方案。公司法务应该在确保法务参与度的相关制度和流程上下功夫,在"法务—业务—决策"链条上建立闭环,而不是致力于把自己放进决策圈子中,却忽视了最基本的法务参与业务和经营管理决策评估的制度和流程。

读到这里,可能读者会产生一个疑问:既然法务已经进入决策核心,就意味着不可能有重要事件漏过法务评审,那么为什么还要费心费力地搞基本制度建设呢?本书认为:第一,法务主管在决策核心圈子中发表的意见不能代替法务员工的基础评审工作。如果法务主管不是能一个人包打天下处理所有工作,又不是完全跟着领导口风走、毫无专业判断能力的人,那么他就不可能忽视法务部下属参与评审和提出最初步的意见或解决方案。第二,决策层圈子的成员是可能随时变动的,但是法务在各个业务流程和管理流程中打下的控制点,是不会轻易变动的。公司法务安身立命的基石就在这里,而不在法务主管自己能爬到哪个位置。公司法务需要的是建立在牢固的基石之上的、离决策核心圈子最近的,以至于最终加入圈子的这样一个上升途径。

当然,在不具备条件加入决策核心圈的情况下,公司法务确实应该有一位分管领导“罩着”法务部门。这个分管领导的职责不是管理具体的法务工作,而是为法务部摆正方向和争取资源,并且在一些特定场合,为法务提供必要的支撑(即俗称的“撑腰”)。

分管领导掌握两个关系:一是分管领导与公司最高领导的关系,二是分管领导与(实际承担日常管理职责的)法务主管的关系。前者确保法务意见能上传,法务部门利益能得到一定程度的保障;后者确保公司高层对法务的意见能下达,法务部门的运作管理能符合公司实际情况的需要。分管领导对公司法务的重要性不言而喻,很多公司法务分管领导的上下沉浮可能直接影响了公司法务的地位,因此找到最合适的分管领导是非常重要的一件事。当然,并没有固定的标准来判断分管领导对法务部的支持能力,但有几个因素可以参考,按照优先顺序降序排序分别是:分管领导与最高领导的个人关系;分管领导人选对公司业务的影响力;分管领导可以调动的资源规模及与法务需要的资源的相关性;分管领导与 HR 主管的关系;分管领导的法律意识及对外沟通协调能力(特别是与政府部门、公检法机构和媒体的沟通能力)。但是,本书认为,有几个岗位的领导分管法务可能会出现匹配度问题,具体是:审计、内控、风控、CEO 办公室主任、董事会秘书、销售、供应链、HR。所以,其实可以充分发挥法务能力的分管领导并不多,比较理想的人选是负责风险管理的专职董事、财务主管、公司运营主管,以及 CEO(或董事长)本人。

当然,也有个别公司是把一个类似委员会的机构作为法务的分管领导,法务主管向这个机构汇报,这个机构则负责支持法务的工作并在法务与最高决策圈中间充当协调者。这种模式的特征是分管法务的领导负责过问和审批法务日常工作中的事项,例如预算、战略和规划制定、差旅和报销审批、奖惩等,主要作用是给法务部找个“婆家”,而委员会则负责战略和规划审批、重大事项讨论或决策。即日常由分管领导作为管理层代表进行管理,重大事项则由委员会集体讨论或决策。这种模式在某些大公司中已经实际存在,但是在公司法务管理学界,这种模式尚未得到足够的重视,原因在于使用这种模式的公司必定业务规模庞大、业务场景众多而复杂、法律风险复杂而艰难且对公司生存发展有足够大的影响,而多数公司可能还达不到这种程度。对于有条件的公司,我们推荐适用这种"分管领导+委员会"的模式。需要说明,这个委员会不需要单独为法务设立(除非是公司认为有绝对必要),由功能相近的委员会承担相应职责即可。

关于公司法务是否需要分管领导,还有一个特殊情况:在公司法务发展的阶段 1 和 2,公司为法务指定分管领导是可以理解的;但是公司法务发展的阶段 3 和 4,情况就会复杂一些。此时法务已经具备较强的能力,并建设有较完善的平台,也有足够的绩效支撑其影响力,还有能力和经验直接向最高层汇报,是否一定还要安排个分管领导呢?这个问题必须实事求是地分析判断。有公司业务、管理及法务发展程度并不很理想的公司,其法务主管已经进入核心决策圈,并不需要分管领导;也有公司业务、管理及法务发展程度非常高的公司,其法务主管并没有进入核心决策圈,虽然可以列席各种管理会议,但仍然有分管领导在中间协调和支撑。因此,公司法务是否需要分管领导,不完全取决于法务本身的成熟度,而更取决于法务在非常复杂的业务和管理环境中(如阶段 3 和 4),对公司业务及经营管理的思路会不会有理解偏差、法务支持的方向会不会出现偏差、法务在公司决策过程中的作用会不会僵化。分管领导的作用主要是在于确保法务力量的使用不是拉扯公司后腿,不要以专业权威和既往的成功经验成为公司的阻力。当法务与公司业务、与公司经营管理体系融合得非常好的时候,确实就不需要分管领导了。

二、公司法务的组织架构

笔者非常认可知乎网站一位网友的描述:组织架构是一个组织内

部各构成部分或各部分之间所确立的关系形式。它是为实现组织总目标，对其各个部门、岗位、人员及其责权关系，以及人力流、物流、资金流、信息流等要素有机排列与组合方式的总称，它涉及组织层次的划分、组织机构的设置、各部门之间分工与协作的相互关系等……组织架构是一个思考框架，帮助组织系统把庞大的任务和目标分解成不同部门、层级和职位能完成的任务和职责。组织架构的核心问题包括：分工（将任务进行细分，形成二级任务和目标，分配给不同层级、不同部门的职位的人去执行；通过工作分工进行工作组合和整合，交付客户产品和服务）；整合（确保企业内不同部门、层级和岗位朝着同一个目标努力）。①

公司法务内部的组织架构是个仁者见仁的问题，并不能绝对认为某个组织架构模式一定比其他的模式更好。对公司法务来说，只有最合适的组织架构，而没有最好的组织架构。

根据各公司已有的公司法务组织架构，有人总结出几种经典的常见模式，包括集中模式、分散模式、矩阵模式等，每种模式都有其利弊。因多有专家对此进行论述，本书不再赘述，而将重点放在应如何组建公司法务组织架构的阐述上。

（一）区分好专业管理和行政管理两个不同的管理维度

公司法务部门管理（注意，要与“公司法务管理”区别开来，此处的公司法务部门管理仅指法务作为一个部门所必须进行的基本管理动作）主要集中在两个维度：一是专业管理，二是行政管理。专业管理指的是公司法务部要对法务专业的能力建设、平台、资源、质量、流程、法务人员专业素质培养和法务人员专业行为规范负责；行政管理是指对法务部门和团队的运作的管理，主要包括人员的“选用考育留”、预算

---

① 《如何设计组织结构?》，载知乎公众号“人力资源方法论”，https://zhuanlan.zhihu.com/p/141051936。

和费用、薪酬和激励、奖惩、部门组织团队建设,等等。这两个维度带来的管理需求是不一致的:专业管理强调规范和统一,法务组织无论有几层架构、是分权或集权管理,都要保证专业投入方向和输出的质量上下一致;行政管理则不一定要求统一,而是要适应公司业务和组织架构的模式来确定法务的组织架构模式,并对行政管理权限进行划分。例如,集团法务部与某个子公司的法务部在行政管理方面可能会有差异,因为子公司受其业务模式、预算约束、利润水平、风险程度、对法务人员层级的匹配等各种因素影响,与集团法务的相关要求不可能一致,而是要在集团法务制定的相关原则和规则基础上在子公司进行落地。例如,集团法务可以制定法务人员岗位资格要求,子公司法务岗位当然也要执行,但是集团法务和子公司法务的薪酬却可能各走各的通道,只能在平均水平上尽量维持一定的均衡。因此,专业管理要求统一和集权,行政管理则要求一定的弹性和分权。把握住这两个维度的差异,才能因地制宜地设计出更合适的法务组织架构。

很多公司法务在设计本部门的组织架构时,常常会混淆这两个维度的管理工作,例如把专业管理工作与"管人"混在一起。因此,要从这两个维度的差异入手,结合本公司实际情况,评估在哪个维度上要有更多投入、哪个维度是主线、哪个事项可以集中管理、哪个事项可以分权管理。

(二)因地制宜布置好法务的作战队形

法务的作战队形,就是法务以何种模式排兵布阵,才能以最有效率的方式响应业务需求或引导业务需求。比较常见的误区是认为法务工作事关风险,不能随便让下面去搞,因此把职责尽可能集中到总部法务,但这种模式显然不可能有令业务满意的效率,不但响应速度慢,而且法务意见还很可能不接地气。因此,把握法务作战队形要抓住以下几个要点:

第一,在(业务和管理)条件允许的情况下,法务人员要尽量配置到业务一线(包括海外)。越在一线,越容易理解业务的实际情况,越可能发现法务工作的切入点。有很多公司不喜欢把法务人员配备到一线,一线有需求时,要么远程支持,不痛不痒,要么直接外包给外部律师负责日常法务支持工作,只在有特别重要的紧急事件时才派人去一线出差。这种方式就是与业务的脱节。

第二,专业工作要对一线法务有所授权,这种授权要足够使一线法务人员能现场解决大部分法务问题。只有特定的风险事项,才要求逐级上报审批,公司为此也要建立相应的上报及决策流程和操作指导。这里所说的一线,是指包括子公司、分公司、海外机构、事业部以及其他任何独立承担业务拓展职能并与客户有直接接触的组织。

第三,公司法务要与业务部门(或者说是法务派驻人员日常所在的部门)共同完善行政管理。在法务人员派驻到其他部门的情况下,总部/集团法务的行政管理权必然有所限缩,其原则是总部/集团法务负责选择可派驻的人员、决定其专业职级、对其进行更换、负责一部分考评;业务部门则负责被派驻的法务人员的日常工作环境及部分考评。至于薪酬激励,原则上应与考评权的分配比例相对应。实践中常见的误区是,总部/集团法务总认为派驻出去的法务人员是自己的,总想一竿子捅到底、管到底,但这一来会与一线实际情况脱节,二来会与业务部门产生分歧。因此,总部/集团法务对于该放手的权力要放手,把注意力集中在对岗位“资质、标准、成果”的评估体系建设上,而不是试图把人管得死死的。

第四,对专业队形与行政队形做矩阵设计。如前所述,法务工作的专业属性容易导致法务管理者混淆专业管理和行政管理,因此不但在思路上要区别这两个维度,在实际排兵布阵时也要注意区别这两个维度,把专业管理工作专业化、团队化。法务工作必然要划分成多个专业领域,而在一线因为人力配置数量有限,肯定是每个法务人员都要承担多个专业领域的工作。但是在总部,为深耕专业领域、提升专业能力,可以考虑为每个重要专业领域成立专门的团队,这个团队的职责就是在特定的专业领域挖掘问题和建设支撑能力。这样的团队可以是法务内部的实体组织,也可以是虚拟组织,这取决于公司的具体情况和习惯。这种专业团队输出的内容就是某个领域的专业问题怎么发现、怎么解决,并向各级法务组织和相关业务部门提供指导。

第五,公司法务组织架构要适应业务组织架构的排兵布阵。业务在组织架构上永远是对准市场和客户的,体现了公司管理体系的观念、追求和基本模式,组织架构设计一定会考虑如何最快速地响应市场和客户需求。法务部的组织架构不可能反其道而行之,如果过于强调专业属性和安全性而忽视与业务运作的节奏和方向同步,在法务管理工作上必然会分出一个枝杈,给整个公司的管理工作带来难度,也就是给法务自己带来不必要的麻烦,在公司内部就会形成瓶颈和阻力。因此,公司法务要充分考虑内部分工及信息传递的效率与组织架构之间的关系,不可设置太多层次的管理架构。

(三)设计公司法务组织架构需把握住的细节

1. 明确公司法务战略、明确法务能力建设的方向,上承公司战略,明晰本部门总体发展方向,然后完成相应的能力建设规划,再落实到组织架构和人才规划上(关于公司法务如何承接公司战略,参见本书第二章“公司法务的战略、规划与计划”)。

2. 各层次组织和团队责权利清晰,没有重叠和空白,彼此关联关系清楚简洁,相互服务、相互制约,上下级关系清楚。

3. 每个层级的管理的广度、深度和手段要有明确的设计。

4. 组织架构设计对标公司主业务和主要矛盾。

5. 突出关键职能,职能细分既要考虑到公司对组织架构的要求以及公司法务自己的管理能力,也要考虑到法务功能和职责对标公司业务和管理的“接地气”问题。

6. 不能指望毕其功于一役,法务组织架构也要经常调整。

7. 要特别重视人的因素,因为法务的核心资产就是专业人才,组织架构的设计要与人才培养挂钩。很多公司法务部总是抱怨留不住人,但是对看好的培养对象却又无法提供有吸引力的岗位,因为现有组织架构中的相关岗位要么饱和,要么不存在这样的岗位,最后只能任由培养对象被其他公司用更好的条件挖走。其根本原因很可能就是在法务组织架构设计中缺乏对人才培养和规划的考虑,只关注到了专业分工。

(四)小　结

综上,在把握住法务专业管理与行政管理的差别的基础上,对准业务和公司经营管理做好法务的排兵布阵,就能找到最适合的法务部组织架构模式。如果是业务规模大、业务模式很复杂、业务种类很多、管理体系架构很复杂、法律风险较多样的公司,本书更推荐矩阵式的法务组织架构和管理模式,即专业管理与行政管理两个维度并行,专业管理集中化、规范化、团队化,而行政管理则分权化,法务部门与法务人员常驻的业务部门共同完成行政管理工作。这就是比较折中的“分工”与“整合”方式(参见本节对组织架构的定义)。至于传统上讨论的相关议题,例如集中管理模式、分权管理模式等,其实并不是法务组织架构的核心问题,其核心问题始终是两个维度的管理工作如何对准业务和公司管理排好队形。以团队项目制为例,这也是一种排兵布阵的方式,也就是以整体任务为中心,让不同技能的人组成跨层级和跨部门的团队,例如从总部法务、子公司法务、其他业务模块法务的团队中抽取人员,组队完成特定的项目和任务。对公司法务来说,这可以是一种常用的组队模式,它基于职责分工,但是又是用整合的方式运作。

第四节　公司法务的人员建设

公司法务部属于专业人才密集型部门,公司法务的管理和运作,很大程度上是以人为中心的。很多公司法务会有一些困扰:人才不足,想要的人招不来,不想要的人出不去;在岗人员上升空间有限,骨干成员难以匹配有吸引力的岗位;职级和薪酬待遇偏低;部门工作繁忙,但是考评结果不如意,内部反弹多;部门内部气氛低迷。

不可否认的现状是,确实很多公司对法务重视程度不够、给予的资源不足,法务需要在一切短缺的情况下坚持专业服务,很难长久。法务工作情况越是低迷,公司越觉得法务部门是鸡肋,重视程度和资源投入越低。因此,对公司法务来说,还是要依靠自身进行变革,争取资源,而不是等靠要资源。如何变革,方法很多,其中以人为中心,做好法务人员的"选用考育留"①是最重要的切入点和手段。在日常工作中例行公事地做"选用考育留"是完全不够的,必须把这个事情纳入法务战略,在HR的辅导与支持下,变成与处理法务专业工作同等重要的工作。

一、如何选人

(一)选人误区

公司法务常见的选择录用法务人员的误区包括如下几种情形:

---

① 选:选择与公司匹配的法务人员,构建岗位分析与胜任力模型,做好招聘;用:岗位职责/资质与个人的匹配,实战培养,法务人员内部流动;考:公司法务的汇报关系与考评体系;育:人才培养体系与制度;留:公司法务部门文化和价值观建设,和谐的员工关系。

1. 把专业水平作为几乎是唯一的衡量标准

这个误区的形成,原因可能很复杂也很简单。说复杂,可能是法务在公司内受到各种压力,发展难度大,急于满足公司对法务能力的要求以证明自己的价值,因此没有在选人方面多考虑其他要素;说简单,可能是法务本身就有专业至上的倾向,以为选一个法律专业高手就能解决所有问题,这与公司是否重视法务没有关系。

这种专业至上观点的最大问题,就是没有多考虑法务部的商业属性,也没有考虑到专业水平的高低与法务人员的工作方法、思维模式、提供的解决方案能否适应公司的实际需求,并没有成正比的关系。专业水平高的人,也可能是"老夫子",或者虽然不是"老夫子",但是并没有把公司的商业成功看成是最重要的事情,反倒很可能把自己的权威形象看得更重要。另外,更常见的是应聘者入职后,才逐渐暴露出与公司、组织的融合出现问题:或者不认同公司的文化,或者不认同法务内部的管理,或者不习惯公司的平台和制度流程而与其他部门产生摩擦,或者不善于团队合作,造成组织氛围恶化,等等。

这样的人可能专业水平不错,但是无法形成法务部的绩效,而这种风险应该是在招聘阶段就排除的。对于公司法务来说,商业意识、管理和规划能力、与业务等部门的沟通协调能力、推动能力,可能比专业能力更重要,要从经验、能力和文化是否与公司匹配等多个维度进行考察。

2. 只用级别最高、资历最深、要价最高或相对比较高的人,不用最合适的人

很多公司常把"要用懂行的人"挂在嘴边,但什么是懂行的人,往往是看目标人选的资历和要价。如果这个人名校出身、在行业内(或跨行业)多家公司担任过法总或高级法务人员、处理过有影响的案子,那么很可能就被视为是懂行的人,只要对其要价和职务要求承担得起,便如获至宝地请到公司。而这种情况下,容易产生期望越大、失望越大的效果。选人当选合适的人,合适是指目标人选的经验适合于公

司业务,目标人选的价值观适合于公司,目标人选的思维模式与工作方式适合于公司的管理模式/组织模式和平台运作模式,目标人选的个人成长计划和薪酬职级要求适合于公司的资源提供能力。所以,通常情况下,除非是极个别的业务确实需要领军级别的法务专家,一般合适的目标人选的资历往往应该比公司的最高期望低一些。如果目标人选的资历和对公司的期望值比公司的期望值还高,那么这个人要稳定是比较难的,一旦发现公司不能满足其要求,可能会迅速离开——这种人往往在市场上也具备较强的竞争力,再求职并不难;如果目标人选的资历和对公司的期望值比公司的期望值低,那么就会形成目标人选与公司对彼此各有所求的格局,双方都能从对方处得到收益和成长,是双方都给彼此一个机会。这样目标人选的适应性和稳定性可能都会更出色一些,绩效方面也会尽力,对公司法务的长期贡献就得到了保障。也就是说,最合适的人应该是符合组织现阶段需要、能和组织一起成长的人。

3. 只注重有经验的社会人员招聘,不注重应届法学毕业生的招聘和培养

除了一些业务规模和法务团队规模较小的公司自己培养人员成本太高而无法负担以外,建议有条件的公司还是要多注重自己培养法务人员,特别是从应届生中招聘和培养法务人员。公司自己培养的应届生虽然在短期内不像社会招聘人员一样可以做更大的贡献,但是仍然有几个重要的益处:一是应届生初入职场,容易培养对公司的价值观、文化和管理的认同。二是应届生初入商业组织,对公司的理解就是对企业经营管理的(首次)理解,容易产生推动商业成功的冲动。曾经有毕业生初入某公司即给管理层发送长篇大论的建议书的真实事例,虽然其行为不够稳重,但从另一个角度讲,这倒也反映了应届生在一定几率上,相较于社招人员可能有更多的激情。而社招人员一般而言,更多的是"良禽择木而栖"的心态,考虑的因素要复杂得多。三是应届生从不会工作的学生到会工作的熟手,会打上公司特有的习惯烙

印和公司平台烙印,有利于提升工作效率和正确满足业务需求。四是培养应届生所需要的时间其实并不是很长,与社会招聘相比,成本也并不一定高。五是应届生团队中,将涌现出未来的骨干和各级管理者,对打造公司核心团队意义重大,越长久越显示出培养应届生的价值,对应届生的投资属于长线的"一本万利"的投资。当然应届生需要时间成长,这是客观事实,因此不可能打造完全由应届生组成的法务团队,而是要形成应届生与社招人员合理搭配的团队。这就要求对社招人员的资质有更全面更严格的审视,使社招人员既能成为合格的专业贡献者,也能作为合格的导师。另外,应届生培养一般是从基层法务岗位做起,不适用于中高层管理或专家岗位(除非是公司法务已经对应届生团队进行了多年的大规模培养和筛选,从中可以选拔中高层管理者和专家骨干),对于后者,只能通过社会招聘解决。

4. 工具化和短期利益思维

录用人员时,公司法务在潜意识中希望对方能带来什么"窍门",把目标人选工具化,而没有考虑人员进公司后的成长和对组织发展的益处,没有考虑对方的职业生涯相关利益,因此空头许诺多、入职后能兑现得少。这种做法最后很可能造成人员在短期内流失,甚至引起劳动纠纷,损害公司及公司法务的声誉。工具化和短期利益思维,是公司法务(也是其他部门)录用选取法务人员的大忌。

5. 重男轻女

虽然目前社会的现状是用人单位基于各种不合理的考量,往往更倾向于录用男性,即使同等条件下男性比女性资质差一些,用人单位也往往会觉得男性更省心省力效率高。但对公司法务来讲,这个误区带来的后果是更为严重的。在现实中,女性的法务专业能力和素质并不比男性差,优秀的女性法律专业学生、在职律师和公司法务员工比比皆是,从事高级别律师和公司法务岗位的女性也非常多,其贡献度绝对不比男性人员低。另外,需要考虑到一个更为现实的问题:法律院校中的女生比例非常高,而且成绩优秀的往往还恰好都是女生;如果不用应届生而全部依靠社会招聘,则成本、团队稳定性和管理效率,都不容易控制。因此,用人要考虑组织需求、社会上可提供人才的情况、成本和效率等多种因素,而不是男女之别这种与工作输出和组织融洽最无关的因素。如果企业要抢人才,绝对不应该先把占总数一半的(女性)人才排除在外,而对于公司法务来说,这甚至是主动排除了自己行业里可能更为优秀的一批人才。此外,整个社会对妇女权益的保护会越来越重视,对所有公司来讲,这部分保护工作即使是成本,也是大家共同发生的成本,对所有企业竞争力的影响也是相同的。

6. 招聘凭感觉并比较随意

公司法务在招聘时缺乏系统性的考察手段和评估标准,往往是几个面试人,特别是法务主管,面谈或者电话交谈一下后感觉如何就是如何,或者是听从上级领导的个人意见,接受和拒绝应聘者都比较随意。另外招聘结束后,也未留下记录,最多只在HR和法务相关人员邮箱中留下一些过程材料,再也无人问津。这必然会直接影响到招人的质量和效果,也无从提升公司法务的招聘水平,从而无法获得更优秀的新鲜血液的补充。

(二)正确方法

以上种种误区,总结起来不外乎是如下两个核心问题:(1)选人没有与组织发展挂钩,没有与部门管理挂钩,没有与公司法务能力建设及部门战略挂钩;(2)公司法务对部门内的人员素质模型、胜任力模型没有概念,对于选人标准没有系统的设计和规范,因此招聘录用人员时也没有相对应的系统的考察点。因此,正确招聘录用法务人员的方法,就是针对这核心问题来求解的过程。

1. 公司法务人才招聘录用要纳入部门战略

如前所述,公司法务是公司战略的承接部门之一,公司战略相关内容最终要分解为法务部门战略指标,并为此形成法务工作规划。因此,法务部门对准公司战略和本部门战略,就必须明晰部门人才的配置方案,也就是形成法务的人才规划。在确定了法务组织架构和法务相关主流程及关键岗位的基础上,要明确如下人才规划的基本内容:需要多少人、填充哪些岗位、所需要的素质和能力要求、什么时候需要人员到位、每个岗位(战略人才、高潜力人才、中基层人才)的管理关系/职责/发展通道、继任计划和人才发展计划等。上述事项明确后,才能制定和实施招聘计划。其基本步骤和逻辑是"解码和承接公司战略并形成法务部门战略和规划——法务人才规划——法务现有人才盘点——制定和实施招聘计划"。

这里有几个关键控制点:一是法务的人才规划或人才配置,是对标公司战略的,而不是对标某个具体事件、具体专业能力需求、某个领导的要求或者法务部门主管的个人需求,一定是从战略中导引出法务组织架构和法务能力建设目标,再导引出需要什么样的岗位和人才。这样的导引过程可以保证法务人才规划自始就覆盖了未来具体事件和具体专业问题对法务人才的需求,而不是具体事件和具体专业能力需求拉着法务跑。二是对法务现有人才的盘点和对人才缺口的统计以及对招聘计划的制定,要在 HR 的专业指导下进行。有的公司法务也做了类似的工作,但是更多的是基于直觉和经验,而不是遵从了 HR 的科学和系统的方法、使用了相应的工具。三是对每个环节都要实打实地输出数据、方案或报告,并认真执行到位。

2. 公司法务要建立人员素质模型与胜任力模型

公司法务到底需要什么样的人,是受公司战略牵引的,当公司战略变动时,公司法务对人才需求的标准也会作出调整。但是,公司法务要有一套最基本的人才素质模型与胜任力模型,作为录用选拔法务人才的考察标准。

以下是素质模型和胜任力模型的一个样本,可供法务与合规在人才招聘时参考。

附:法务/合规人员素质模型与胜任力模型(样本)

(1)法务/合规人员的任务

①法务:结合公司战略、业务与经营管理实践,以外部环境(法律、政策、执法、司法、学术、舆论、竞争等)为依据,以内部环境(企业文化与价值观、管理水平、组织架构、流程、运营能力等)为基础,有效识别、判断和挖掘公司业务及经营管理所涉及的法务议题,并提出相应的解决方案,为公司清除法律风险和障碍,在以专业工作支撑公司日常运营的同时,发挥能动性,创造业务和经营管理的空间。

②合规:结合公司战略、业务与经营管理实践,以外部环境(法律、政策、执法、司法、学术、舆论、竞争等)为依据,以内部环境(企业文化与价值观、管理水平、组织架构、流程、运营能力等)为基础,有效识别和判断公司合规风险,提出有实效的解决方案并推动和指导落实在业务行为中。合规工作应确保公司整体合规风险可控、促进业务规范性和效率提升、保证公司长久经营安全,实现外部环境与内部环境的有效融合。重视建设和发挥对外部环境的前瞻性把握和引导能力,以及对内部环境的改善能力。

(2)法务/合规人员 DNA

①专业知识、专业技能和专业经验;

②商业上的理解力与敏感度;

③人际理解力、沟通协调能力、承受力、团队工作能力、战略/规划/计划的设计与执行能力;

④动机、价值观认同与个人品行。

(3)法务/合规人员素质模型与胜任力模型要素参考表

说明:最右列黑色字体条目为最重要素质或能力,楷体为次重要,仿宋为次次重要。

表 8-1　法务/合规人员素质模型与胜任力模型参考要素

素质模型	基本素质	思维能力	能进行有效的分析推理与概念思维，知其然，也知其所以然，并能进行法律/合规趋势性的研判
		学习能力	在工作过程中积极地获取与法务/合规工作有关的信息和知识，并对获取的信息进行加工和理解，从而不断地更新自己的知识结构、提高自己的工作技能。对业务、管理和外部环境（包括监管）具有较强的好奇心，愿意主动了解自己工作方向上的最新发展和动向，并能够意识到这些最新的方法或技术对于自己所从事的法务/合规工作可能产生的影响
		个人品行	有责任心、廉洁自律、遵纪守法、符合公司文化与行为准则的要求
	关键素质	信息收集	有稳定而高效的收集信息方式、多样的信息渠道，信息本身有一定复杂度和深度（最初可以不具备这个素质，但在工作中必须逐步具备并达到较高标准）
		人际理解力与影响力	愿意了解他人（业务、监管、其他相关方），并能够准确地掌握他人的特点，正确理解他人没有明确表达出来的想法、情感和顾虑，具备基本的同理心和人际敏感性；通过与对方或他人的交谈、所观察到的细节来推测对方的想法，进而制定并调整自己的策略 能采用有效的方法或策略劝说别人（监管、业务、管理层、其他内外部相关方），并使他们接受他的观点。要具备发挥影响力所需要的主动性、思考能力和关系建立能力
		监控能力	对业务和其他法务/合规工作相关方的工作能提供指导与支持，对工作进行跟踪，及时收集反馈，并根据情况作出相应对策和调整，避免只发命令而不顾及落实的实效
		组织意识与团队合作	有意识地作为团队中的一员，有意识地并且有效地组织相关部门（业务、政府关系等）以及外部资源，共同完成任务 对法务/合规组织的架构和运行有充分的理解和认知，就具体法务/合规问题能准确判断决策者、决策相关人、职责分工、相应流程等，能熟练运用组织和流程发现问题、提出问题和解决问题

(续表)

素质模型	关键素质	原则性、坚韧性与灵活性	**能够在非常艰苦或不利的情况下,克服外部和自身的困难,坚持完成所从事的任务。在受到挫折的情况下控制自己的不良情绪,使自己不会采取消极的行动;面对他人的敌意和挑战时保持冷静和稳定的情绪状态;能够忍受艰苦的工作条件和较大的压力,使其工作业绩不受外界压力、挫折和个人消极情绪的干扰。在不利的情形下没有怨言和恶意,看到事务积极的方面。即便受到他人的反对也会按照自己的意见和计划坚持将事情做下去** 能够在各种干扰和阻挠下,把握好自己,有清晰的自我认知和角色定位 适应不同环境、人性、人群,调整自己以有效开展工作,不把合规工作机械化、教条化
		成就动机、价值观融入	**具有成功完成任务或在工作中追求卓越的愿望。在工作中极力达到法务/合规工作标准,愿意承担重要的且具有挑战性的任务。愿意表现自己的能力,不断地为自己设立更高的标准,努力不懈地追求事业上的进步。在工作中有法务/合规工作水平超过行业平均线并建立典范的动机和决心。个人关注后果、效率、标准,追求改进法务/合规工作,并在组织中力求资源使用最优化** 接受公司的价值观和文化,做价值观的传承者,不立于公司之外做法务/合规
能力模型	专业知识技能与经验	法律与合规专业知识	**具备或者在学习中逐步具备全面而扎实的行业专业知识**
		熟悉和掌握与监管部门相处之道	**了解法律和监管的历史、动态,能作出趋势判断;有有效的信息来源;有成熟的沟通方法和渠道;能及时掌握关键信息;能判断法律、政策和监管背后的意图并准确理解其要求;能将相关要求依赖公司体系的运作翻译成可执行的法务/合规措施**
		能解决法务/合规问题	对于法务/合规问题能找到解决之道 掌握方法:法务/合规问题解决方案依赖于法务/合规体系的运作,能将个人建议有效传递到体系内并推动决策和执行 **能综合运用个人经验、结合公司实务和监管要求,寻找平衡点**

（续表）

<table>
<tr><td rowspan="5">能力模型</td><td rowspan="2">商业理解力与敏感度</td><td>理解行业、理解业务</td><td>熟悉行业基本商业模式和经营模式
熟悉业务基本运作和管理
熟悉公司的管理架构和关键流程控制点
能对行业和业务有适当的前瞻性了解</td></tr>
<tr><td>理解公司战略、理解本部门定位/职责与愿景</td><td>理解公司战略，深刻理解以客户为中心、以生存为底线的含义并融入法务/合规工作中
理解公司战略是如何分解到法务/合规、法务/合规对战略的支撑点是什么
理解法务/合规部门的定位、职责与愿景，能依照公司战略目标确定法务/合规工作目标，做好法务/合规战略目标与战术目标的结合
深刻理解并在实践中应用法务/合规管理体系，能把业务与法务/合规相融合</td></tr>
<tr><td>服务导向</td><td>服务于公司战略和业务</td><td>法务/合规工作始终对正业务和管理
主动探查和满足公司在战略和日常业务经营管理中对法务/合规的需求；既能判断公司现实的法务/合规需求，还能探查潜在的法务/合规需求
识别公司在法务/合规方面的需求时能熟练运用信息搜集、逻辑思维、人际理解和组织意识以及必要的关系建立等方法或工具
能为满足公司法务/合规目标制定计划和落实计划
为公司业务和管理服务，也意味着法务/合规工作必须建设前瞻性和牵引力方面的能力</td></tr>
<tr><td rowspan="2">设计与执行能力</td><td>战略规划能力与工作计划能力</td><td>能根据公司战略，参与对法务/合规战略的设计
能参与法务/合规工作计划的设计，以实现法务/合规战略
能依靠法务/合规管理体系，参与完成法务/合规工作目标识别与审批、法务/合规措施设计与执行、法务/合规目标完成情况跟踪评估等工作</td></tr>
<tr><td>执行力</td><td>能快速有效地执行上级交代的任务，并将任务细化为具体的计划、步骤与措施，并主动落实与跟踪
注重反馈与修正法务/合规工作</td></tr>
</table>

上表中所列要素只是综合性的模型构建要素之集合，当然对应到某个具体公司法务部门，还可以按照岗位级别和其他要求，进行细化和调整。法务人才素质与胜任力模型不但是法务承接公司战略的一

个规划成果，也是指导具体的招聘工作的指标系。通过对各要素权重的调整和配置，可以转化为对不同法务岗位的招聘的考察点和考察标准，成为录用和拒绝应聘者的依据。

（三）完善招聘

1. 三个挂钩

当公司法务做好了人才规划、知道了人才差距和需要什么样的人才，下一步就是进入招聘阶段了。在实践中，各个公司规模和资源能力不一，法务招聘的方式也会有差别。比较容易出现的不足之处是法务把人才需求扔给 HR（HR 部门或者法务的 HRBP[①]），然后就等着 HR 报告结果；而 HR（BP）则例行地做一些标准动作，发职位、推简历、面试、录用、关闭招聘流程。这个流程表面上看起来似乎没有什么问题，但要深究流程的科学性和与公司法务部门的匹配度时，诚如本书此前反复强调的，公司法务需要对公司战略解码，而招聘目标也是个战略解码的过程（例如公司及法务组织战略——人力资源战略/人才规划——招聘战略/计划，这是一个完整的、明确的需求系统）。因此，招聘流程需要实现与组织发展的挂钩，与人才发展的挂钩，与 HRBP 的挂钩。

组织发展工作是为了把人连接成一个整体，并且让这个整体能发挥出最大的效率，它与法务招聘挂钩，解决的是"组织架构——发展策略——个人行为"的关系和过程；与人才发展工作的挂钩，是为了实现公司和（法务）部门战略规划，确定公司缺失的人才类型是什么，它为招聘指明方向；HRBP 则在（法务）部门内支撑部门管理，最熟悉（法务）部门情况，可以对法务招聘工作提供最有针对性的支持。也就是

① HRBP 全称为 Human Resource Business Partner（人力资源业务合作伙伴），是企业派驻到各个业务或事业部的人力资源管理者，主要协助各业务单元高层及经理在员工发展、人才发掘、能力培养等方面的工作。

说,法务仅仅完成人才规划是不够的,必须要在招聘计划制定过程中与组织发展、人才发展以及 HRBP 挂钩,通过充分的信息交流,使招聘计划最大可能地反映从战略到人才规划的核心要素,并落实在简历筛选、面试和录用等各个环节中。当然,这对于法务作为招聘方(特别是法务主管),在其规划能力、知识面、专业度、协作能力上都提出了更高的要求。

2. 规范招聘

除以上三个挂钩要求外,招聘过程的具体操作方面,也有规范性的要求。

(1)做好招聘计划

招聘计划的工作内容不是填一张 EXCEL 表格,而是需要考虑招聘的人员结构及职责、招聘数量、素质和资历要求、薪酬参考标准、时间计划等因素。上文所说的招聘工作"三个挂钩",需要在制定招聘计划时进行具体落实,并反应在计划内容中,例如:要根据企业发展战略、关键成功因素、核心竞争力、运营模式、管理风格等因素,考虑组织的人力结构,如管理幅度、职能人员和业务人员的比例等,制定待招聘人才结构及其职责;要根据企业战略、人力资源战略、企业价值观、素质模型和胜任力模型等,梳理招聘人才的专业素质、管理素质和通用素质及能力的要求;要根据现有人才规划,参考具体的人数和人力编制,结合晋升、转岗和人员流失等情况,计算出招聘的数量和岗位;要基于业务需求、法务规划及公司招聘整体部署,确定招聘的周期,由 HR 帮助计算最佳招聘时间段、入职时间段以及相关的入职费用成本和社保成本等。

(2)流程完整、分工明确

简历筛选是筛选最基本的资历背景,可由 HRBP 及其他支持招聘的 HR 人员完成;面试是确定目标人选是否符合岗位条件的过程,可由 HR(BP)做应聘者初步的意向、基本情况和基本要求的沟通,由法务一定层级的专家或管理者做专业能力的测试,再由法务主管进行综合情况的面试(如果是高端招聘还要请法务上级主管或必要的业务部门主管参加),主要是看应聘者为人处事、与公司文化及价值观的融合度、合作能力、表达及沟通能力、个人需求与公司满足能力的匹配度、薪酬要求,等等;面试结束后的评估报告,无论是否录用,要由HR(BP)组织参加面试的人员进行填写及作出结论性意见,最后按照公司规定的方式反馈给应聘者;OFFER阶段则主要是由HR(BP)对外接口,由法务主管(及必要情况下其他参与决策的主管)与应聘者讨价还价,确定入职条件。整个流程要保持环节完整、上下传递清楚、每个环节有记录和结论。过程的完整和结论的明确,不仅是招聘工作本身专业性和规范性的体现,也是对准公司战略落实招聘计划的具体体现。另外法务在做人才规划和招聘计划时,也要参考既往招聘记录,吸收历史经验优化当前工作。

(3)特别考虑

以上是针对通用的法务岗位招聘流程,但是对于高端招聘,还需要有特别的考虑事项:一是尤其重视高端个人职业发展目标(职位、职责、权力、管理和考核关系、绩效指标、薪酬、获取新经验的可能性等)与公司聘用人员目标的契合度;二是重视对其管理能力、规划能力、适应(公司文化、价值观、氛围、管理架构、流程和平台)能力、沟通协调能力、培养下属的能力以及稳定度的考察;三是要重视管理层及主要业务部门领导的意见;四是在各方面条件都合适的前提下,不要因(小额)成本问题阻碍招聘流程;五是许诺的条件一定要落实。

延伸阅读:对法律专业在校生的就业指导建议

自20世纪80年代末至今,法律专业一直是文科热门专业。学习法律专业既要求理论厚度,也要求实务能力,对就业来讲,这种专业特性使毕业生有较多的选择,包括公检法单位、其他事业单位、企业、律所、高校和研究机构,等等。但是随着中国经济发展、全球化水平急剧提高和法治水平的提高,用人单位对法律专业毕业生的录用标准逐步提升,越来越多地把目光聚焦于特定的法律院校、越来越强调毕业生的综合实力(司考、外语水平、海外留学包括国际交换生经历、社会实践、演讲辩论等技能、管理和干部工作经验,等等)。实践中可能造成名校的优秀毕业生供不应求、机会太多,但多数普通法学院校的毕业生面临机会不足的状况。因此,所有的法律毕业生都会面临两个问题:一是要不要做法律相关工作?二是如果选择法律相关工作,去做什么?

一、要不要做法律相关工作?

建议是不要强求。毕业后找工作不但是为了实现自己的职业生涯方面的理想,还要能养家糊口、安身立命。除了家境极好并能切实得到家庭支持的少数人,多数毕业生要靠自己的奋斗来获取生存和发展所需的一切。因此,找工作不是一件充满浪漫情怀的事情,而是要实事求是、脚踏实地、务实为本。在法律毕业生数量总体上供大于求的情况下,要勇于寻找新的突破点,而不是在几个热点出路上挤得头破血流。法律专业是个在商业实践中适应性极强的专业,因此无论是机关单位还是企业,多少与法律会有关联性,充足的法学知识、良好的法律思维方式和条理极强的做事方式,会极大地帮助毕业生在各种岗位上展现自己的能力、挖掘出自己的潜能。实践中,有大量法律专业毕业生在非法律相关领域做得风生水起,但背后仍然可以看到,接受法律专业教育的经历对他们的影响是不可估量的。

从务实的角度,毕业生要把眼光放宽,把全部可以做的岗位纳入考量,并结合多种因素确定自己的选择。这些因素主要包括:目标单位发展趋势是上升还是没落、管理水平和单位氛围、收入水平、职业发展通道、与个人兴趣及能力的匹配度、是否有助于增长个人经验和能力。也就是说,紧紧围绕个人成长机会和职业发展潜力来考虑择业,至于离老家远近或者当地人生活习惯等,则不建议纳入考虑范围。结合这几个核心因素,选择面是可以扩大很多的,不需要只盯住当下最火热、竞争最激烈的单位和岗位,而是要盯住最适合自己、最能给自己带来能力进步和潜在机会的单位和岗位。这些单位和岗位不一定与法律专业直接相关,但很可能促进对法律专业和商业实践的理解,即使以后重新转向法律专业工作,也会有比其他人更接地气的经验和理解作为支撑,在法律专业输出上会展示更高的水平。

二、如果选择做法律相关工作,那么应该做什么?

这里涉及几个选择:一是要不要进体制内?二是要不要直接去做律师?

(一)要不要进体制内?

要不要进体制内不是一个有绝对正确答案的问题,完全要看个人的喜好和能力模型。体制内单位最大的特点就是稳定,这也是多数家长最希望自己的孩子所拥有的东西。但家长的想法和劝告只能作为参考,职业是自己一生的事情,当然应该由毕业生自己作出决断。判断自己是否适合体制内工作,要考虑几个要素:个人情商(人际理解力与沟通协调能力)、隐忍与顾大局的能力、日复一日遵守规则的惯性与耐性、面对自己的成就可能非常普通的心理准备,等等。这些要素是相对负面的,如果个人接受不了这些要素,就不宜进入体制内。当然有很多人甚至天生就习惯于与这些要素为伍,个人素质模型完全匹配,甚至乐在其中,那另当别论。总之,进入体制内不要考虑求稳,而是要考虑这种稳是通过大量的协调与忍耐来维持的,是不是真的适合你?并且如果太稳的话,会不会与你自己的职业和生活理想有冲突?如果都想清楚了,与体制内岗位匹配度比较大,那么进入体制内是一项很好的选择。进入体制内最大的益处在于参加自上而下地对企业和社会进行管理的工作,着眼处高,工作输出又适用于非常广泛的范围内,会对个人的理解能力、管理能力和格局有很大的提升。

(二)要不要直接去做律师?

要不要直接去做律师也是没有标准答案的。如果不进入体制内,外面可选择的基本就是公司法务和律所律师两个方向。关于公司法务与外部专业律师的差别,论述很多,此处不再赘述,只重点谈一下应该先进律所做律师,还是应该先进公司做法务。

先做专业律师的好处是在法律专业工作上会得到更精确更完整的训练,在某个或某几个法律领域上会有更精深的理解和经验。如果以后转向公司法务,在专业素质和能力上一般会比公司自己从零起步培养的公司法务人员高超一些。但缺点也很明显,就是理解商业逻辑、理解业务运作、理解管理、理解和接受公司文化的能力(或者说适应性)会稍微差一些。当然这只是平均意义上的比较,实际中也要看个人,有的人适应能力强,从专业律师到公司法务的过渡也很平顺。

先做公司法务则往往相反,对商业和管理会有更明确的理解和体验,但是专业输出方面则可能会有不足,有很多场景都需要外部律师的支撑。如前所述,公司法务具有更多的商业属性,在法务解决方案上更重视对业务的切合适用、对规则的变通和制造弹性空间,对专业问题本身有时并不需要外部律师那种精确度。比较典型的对比就是公司法务和外部律师评审同一份销售合同,双方对罚款与赔偿条款的态度和处理方法肯定是不一样的。

因此,先做专业律师还是先做公司法务,都是各有利弊,完全要看个人更看重哪个因素,是更看重专业的精深和工作方式的规范,还是更看重商业理解能力。在实践中,无论先做律师或先做公司法务,都有在一定年限后转向另一方的,很难说哪个转身更难。在前文中论及公司法务与外部律师的关系管理也曾经提到,两者的思维方式和做事方式的差别还是很大的,关键还是在于自己更适合什么、更想在哪个领域作出价值、更希望哪些短板被补足。如果从客观角度提出建议,那么在校期间整体素质和成绩非常优异的,可以考虑先从专业律师起步,以后继续在专业律师行业内向上发展或者转向公司法务乃至其他职业,都不存在大的障碍。先从专业律师起步的好处是可以把自己在专业方面的潜力挖掘到最大,长板更长。而在校期间的表现和综合能力普通的,建议先从公司法务起步,因为公司法务部可以从公司管理和业务运作等多个角度培养法务的综合能力,公司法务与业务的融合能在一定程度上替代纯粹的专业上的短板,并不影响法务对公司业务的贡献和输出。而从商业实践中获得的专业能力的提升(特别是对专业应用的感悟)也并非弱于外部律所的培养,因为公司法务的培养更接企业地气。通过把自己变成更接近商业的法律人,打造了与外部专业律师的差异化,也成为法律服务领域不可替代的组成部分。这就是通过增加板子的数量来补短板的方法。

三、小结

综上,对法律专业毕业生来说,选择职业和岗位一是要放宽眼光,不要只盯着传统岗位和热点岗位,二是要结合自身的实际情况,进行客观的匹配。职业生涯匹配阶段,选择能在短期内给自己带来能力和经验提升的职业和岗位,才是最重要的。

当然,当今社会生存压力大,收入考量占比越来越大。对毕业生来说,不能不考虑收入,也不能唯收入是从,宜把收入因素放在第二位。在与用人单位沟通的时候,一是要关注所提供的岗位对自己有多少能力提升的机会,有没有发展通道,二是要关注收入兑现。初入职场不可能没有情怀和理想,但是对于只给情怀和理想的单位,还是要慎重为好,因为对承诺的收入不兑现的单位,一般也不会提供能力培养和成长机会。

二、如何用人

用人,就是一种人力资源的配置,把合适的人与合适的岗位匹配起来,并且在使用的过程中不断动态调整。用人的理想境界是能通过合适的人员充分履行岗位职责、实现组织的功能和价值,同时被使用的人员也能实现自己的职业成长预期目标并获得各种形式的回报(包括收入)。公司法务如何用人,在有关公司法务的研究中,并没有出现有影响力的论述。本书认为,原则上法务用人要遵循公司的人力资源相关政策和导向，但公司法务的特殊之处在于法务人员都是专业人员，公司内部通用的人力资源政策有时候不能准确反映法务的特色，在适用时反倒会造成法务内部的矛盾和管理难题。例如，公司要求末位淘汰，这对业务部门来说并不是很难，因为业务绩效多数情况下容易量化和比较；而法务的绩效考核不容易量化，在法务人员之间也无法完全通过绩效进行比较，例如一个评审了10份合同的法务人员与一个评审了100份合同的法务人员，绩效怎么比较？做诉讼的法务人员与做合规的法务人员，绩效怎么比较？这显然需要参考很多其他维度，包括难度、对公司和业务的重要性及效果、对法务战略和规划的意义、与岗位职责及个人绩效承诺的对比结果，等等。所有这些具体而微的参考要素的整理、系统化和实用，应由公司法务主导完成，并获得人力资源及上级主管的支撑。法务用人（以及考核）的难度就在于专业人员对自身的价值和成长预期与岗位匹配时往往出现差异，法务的用人之道在本质上就是如何让专业人员实现自己的专业价值并成功推动组织绩效的完成。

公司法务用人，应遵循如下原则和方法：

（一）要避免唯专业成绩论

选人是选最适合公司的人，用人则要用最适合实现组织绩效的人。这就涉及法律专业水平和做事的水平两个方面。法律专业学得好、理论功底深厚、司考成绩高，不等于解决实际问题的能力强，也不等于能与业务部门及管理层打好交道。如前文所述，公司法务的法律专业功底是基础，但真正发挥强大作用的，是对业务、管理和商业价值的理解力，这是由公司法务的商业属性决定的。因此，法律专业能力和专业潜力只是用人的重要参考因素，最核心的仍然是目标人选与组织战略需求、组织绩效目标、对外沟通及协调、对业务的理解等是否能够匹配。法律专业能力不足是可以通过团队支持来弥补的，但是如果对业务理解不足、对公司运作模式理解不足，那么工作方向可能就会出现偏差,再校正就很难了。

当然,在实践中还要避免另一个极端,就是专业水平一般,但是很会搞人际关系,与管理层人员以及业务部门人员打得火热。专业部门还是要吃专业饭,过于依靠人际关系的,往往有投机心理,对部门专业建设和专业工作绩效并不会有实质性的助力。这样的人也往往会成为制造内部不公或破坏组织氛围的根源。因此,对这种素质模型的人的使用,一定要慎重,可在对外的时候多使用,但对内则要看具体情况。

(二)进行动态化的配置

一个人被放在某个岗位上,不可能是固定不动的,要有动态的优化过程。如果随着组织内外环境的变化,岗位任职资格也出现新的变化,则对岗位本身和用人标准就要进行更新分析,确认在岗人员是否仍然匹配。对于不匹配的,则要重新调配。例如职务和职级的升降、岗位轮换、淘汰等,都是对用人的动态优化的常用方法。法务工作的特点是需要不断地更新专业知识、业务知识和管理知识,并在不断的更新中与实务相结合,提高解决方案的输出能力,否则容易产生惰性,习惯于把既往经验应用于新的业务场景。因此,用人一定是要防止人的惰性,要随时跟踪测评其能力的变化,确保其在岗位上的输出符合岗位职责要求。轮岗也是个很有效的手段,既有利于法务人员知识技能的全面化,也有利于克服惰性,随时面临新挑战,还有利于在轮换中挖掘出法务人员的潜力,找到有培养前途的后备骨干。

很多公司法务对于岗位轮换有一定的抵触心理,有的是认为在同一专业岗位上越做经验越丰富,不宜换岗位;有的是觉得换岗会引起法务人员的反弹,甚至误认为是淘汰的前奏;有的是觉得有人能把工作都撑下来即可,不要再折腾了;等等。这些想法有其道理和根源,但是都忽视了公司法务作为公司内部的组织之一,既应该与公司的人力资源政策保持一致,也应该时刻对准公司战略、法务部门的战略及规划，作战队形和团队成员必须时刻能发挥出最高效。如果岗位和人员固化，组织的活力就会慢慢消失，一切都会在习惯和既往经验中怠惰下去。保持组织活力离不开调动个人的活力和积极性，而调动个人活力和积极性的最好方法就是不断地使法务员工面临新的挑战。另外，轮换并不会造成既往经验的丧失，反倒可以使法务人员在不同的专业和场景中加深对既往经验的认识，对经验加以优化、扩大其适用场景。

（三）要用德才兼备的人

法律本身就是规则，以规则为生的人，如果不具备必要的德行和操守，就难以养成对规则的尊重，而不尊重规则的人是不可能做好法务工作的。法务基于专业特性，对德行，特别是对部门主管和骨干的德行，应该有着比业务部门更为严格的要求。业务部门个别人的德行不足，最多会导致业务损害，但或许可能在别的方面会得到弥补；而法务人员的德行欠缺，损害的可能是法务的战略和价值，包括公司的信任。这是很难得到弥补的。蒙牛集团有一条用人原则很值得借鉴："有德有才，破格重用；有德无才，培养使用；有才无德，限制录用；无德无才，坚决不用。"

（四）要用有团队精神的人

当代企业内部的竞争与合作、企业之间的竞争，都是团队与团队、组织与组织之间的竞争，个人力量只能通过团队协作和平台资源的支撑，才能得以发挥出效用。法务人员基于其专业属性，很容易出现一些有违团队精神的情况，例如：把持某个专业模块不放手，不顾部门战略和规划目标实现与否，把维持自己的权威和地位作为首要目标；不向他人分享，不培养下属和助手；在业务部门那里贬低其他法务人员，控制对业务部门的接口；见到荣誉就上，见到责任就推；自以为无可替代，不服从部门管理；等等。对这样的人，无论其专业能力有多强，都一定要限制使用，专业上可以做骨干，但不能承担管理者职能，对其考评也要把团队精神相关指标落实进去。法务人员个人价值与组织价值不可分,过分强调个人价值的,应该去做独立的法务顾问。

(五)要有科学的人岗匹配方法

人岗匹配是实现“岗得其人,人适其岗”的主要方法,是实现正确用人的方法。人力资源管理学界有句名言:“垃圾合理分类变成资源,资源放错就是垃圾。”因此,在理解人岗不匹配问题时,就是将能力不足的人放在能力要求较高的位置,既做不成事,也是一种资源浪费;而优秀人才放在了错误的位置,变成了无用的资源,也是资源的浪费。很多公司都有人岗匹配,但是法务如何做人岗匹配,很多公司做得并不到位,只是盲目地跟从了公司的相关政策。其实在人岗匹配的基本方法上,法务与其他部门并没有本质区别,仍然是适用最基本的三个步骤:一是岗位工作分析,就法务岗位的内容与职责进行研究和分析;二是对人的分析,即通过各种方式考察人的胜任能力;三是进行人和岗位的匹配。

做好法务的人岗匹配,要注意把握几个原则:

(1) 法务岗位工作分析的准确有效离不开法务战略和规划。很多公司法务对战略和规划投入不足,因此组织架构和岗位设计无法准确反映出公司对法务的需求,设计法务岗位时只是根据法务工作的一般常识和一般分类,最后的结果可能只是其他公司法务的复制品,并没有显示出本公司业务与法务的独特性。只有在正确地解码了公司战略、制定出法务战略和规划的前提下,才能把法务岗位设计得更合理,对岗位工作分析和工作内容描述才能更准确。

(2)要制定法务岗位胜任能力标准。在上文“如何选人”一节,提出了公司法务人员素质模型与胜任力模型,这个模型应该是在岗位分析和工作描述的基础上提出的,目的是针对已经明确职责的岗位,设计出所需要的人员应该具备何种标准。如果缺乏这个步骤,对人员的选择和使用就只能凭一般的面试结果和感觉,与岗位要求之间是没有严格的对应关系的;对在岗人员的调配和使用,也只能凭借印象和其他因素(个人关系、最近有没有工作亮点、上级领导和业务部门的建议,等等),实际上不可能把合适的人放到合适的位置。

(3)要使用适当的评价方法。对人的分析和评估必须要使用适当的方法和工具,力图得出客观公正的结论。这种工具和方法的使用并不是法务部的特长,需要 HR 的大力支持。HR 常用的评估工具有很多,例如履历分析、考试、心理测试、答辩、场景模拟,等等。法务部要做的就是支持 HR 完成这种分析和评估:一是要提供与法务相关的分析与评估要素,例如法务专业能力如何评估,HR 需要法务的建议;二是把这种分析和评估例行化、长期化。能时时使用工具对人员进行分析评估的,才是管理落到了实处,才能在专业团队中创造最大的公平。

以上五条公司法务用人的原则和方法,其本质作用在于创造出公平的、对准公司战略的用人环境和前提条件,尽量避免负面因素的干扰,然后才能实现人尽其才,共同实现法务员工个人及组织的价值。

延伸阅读:公司法务人员到底要的是什么?

选人和用人都是双向选择,只有符合法务人员的预期,其才会愿意接受公司的录用和使用。有很多公司法务人员流动较快,基本上是由于不符合法务人员的预期。那么,公司法务人员到底要的是什么?公司是否能全面满足其预期?

公司法务人员作为打工一族,其预期本质上与其他部门的员工没有大的差别,如果说有差别,就在于法务人员有自己的专业价值这个“负担”。

法务人员可能不大会在乎奖金少一些钱(如果公司工作环境好、氛围好、做事机会多),但是如果有领导和业务部门说其“不专业”,则法务人员会非常在乎;反之,如果有领导和业务部门夸赞其“很专业”,则会令法务人员迸发出工作激情和对公司更大的忠诚度。

所以公司法务人员最想要的,是有那么一个公司,能让他们参加足够多、足够重要的项目,并在项目中展现出自己的专业水平、作出贡献、受到公司的认可、得到相应的回报,并由此积攒丰富的阅历、经验和财富,不负所学。

总结起来,法务人员的核心诉求是参与的机会、专业成就感、合理回报。

那么,公司是否能全面满足法务人员的诉求呢?答案是"能"。

所有这三项核心诉求,都是一个专业人员为公司服务所应该得到的,只要他们遵守了职业道德、付出了足够的努力并实现了预期中的绩效。如果公司满足不了这三项核心诉求,那就是公司管理出了问题,例如:法务人员参与机会不足,可能是对法务的定位和相应的流程出了问题;如果法务人员的绩效未获认可或者被视为理所当然,那么就是公司的评价体系出了问题,甚至公司部门之间的团结协作也出了问题;如果法务人员得不到业内应有的合理回报,那就是公司经营出了问题,或者薪酬体系/评价体系出了问题。总之,这些问题不在于法务人员本身。如果公司仅以情怀性质的要求(例如共克时艰、忠诚度,等等)来应对法务人员的合理诉求,那么中长期看的话,不仅是法务人员,其他部门的人员也会流失。

公司有义务为员工创造良好工作环境和机会,并给予合理的评价和报酬,由此激发员工的忠诚度与积极性,实现公司的战略目标。这是一个良性循环,也是一切企业管理学的目的所在。公司法务人员要什么,公司法务组织要什么,应该两者相结合,这也是法务管理之道,也是专业人员的使用之道。其最终的输出,就是公平地用人和评价人,这也是比公司法务人员核心诉求更底层的根源性诉求。

三、如何考核

公司法务绩效考核是一件非常复杂和艰难的事情,最主要的几条原因是：(1)法务工作绩效很难全部量化，绩效难以完整呈现，指标体系复杂；(2)法务考评体制不易安排，很容易出现不了解法务的人考核法务工作的情况；(3)法务工作场景复杂，需要多样化的考评方法，目前尚无公认的科学化和系统化的公司法务考评方法；(4)在考核思路上，多数公司都是"公司目前有这些问题，法务要怎么办，考核就考法务有没有采取动作解决这些问题"，而不是"公司目前有这些问题，但未来公司要发展成这样，法务应该如何规划和部署，解决问题并推动公司发展，考核就考法务以公司目标为导向的对公司的推动力和牵引力"。这两种思路差别很大，前者更注重于公司法务所谓的专业能力，而后者更注重于公司法务与公司战略之间的关联。考虑到当下商业实践的实际情况，当然后者对公司法务来说更有意义。

本部分将讨论公司法务考核的一些基本问题，并尝试为上述四项考核困难点提供解决方案。将讨论的基本问题包括：由谁考、考什么、怎么考(方法)。

(一)由谁考？

这个问题似乎不是问题，因为公司法务主管即使进入公司核心管理层，也不可能达到无人能考核法务的层次，上面最少还有总经理/CEO 和董事长级别的高管可以作为考核人。事实上多数公司法务的考核级别可能甚至达不到这个层次，某个分管法务的副总经理可能就承担考核职责了，至多是把考核结果(特别是对法务部主管)报送到更上级的领导或会议上进行审核(例如×××办公会，人力资源议题相关会议，等等)。

但事实上这就是个问题。问题在于：考核者，无论是总经理/CEO、董事长，还是副总经理，他们大概率不是法务专业出身，也就是不懂法律专业和法务专业工作，他们如何考核法务？如何确保他们对法务工作绩效的理解是完整、准确和公平客观的？

有很多实际的事例是上述考核人确实没有相关的专业知识，因此考核的时候往往是看有几个考核者本人关心的事情解决了没有;法务工作中有没有出现过大的失误并造成损失;年初时候由法务部自己列个任务清单,年终时只是简单地对照一下完成情况;当然不可避免地还要看看法务部主管与考核者的个人关系。也就是说,公司法务绩效考核的结果往往有运气和随意的成分,只要没出过什么明显的错,大致完成了年初设定的任务,那么可以给个良,除非有极其光彩的事件不容忽视,法务想得个优秀还是比较困难的(如果优秀是有指标的,指标多半会让给业务和其他部门),考核者总会找几条理由希望法务总结经验、再接再厉;如果真的出过错,那么考核者大概率会松一口气,觉得总算给考核结果找到了依据,可以义正词严、有理有据地与法务部主管进行沟通。因此,做好公司法务绩效考核的第一件事,就是要找准考核人,才能把考核的标准、方法和结果适用中出现的偏差基本上避免掉。

公司的组织架构和管理层架构基本上是雷同的,无论把考核人从副总经理改为总经理,还是从总经理改为董事长,其实都没有本质上的变化,仍然是基于权力的上下级关系来进行考核的。如上所述,基于上下级权力关系的考核,是不可能把握住专业因素较多的法务绩效的真实情况的。因此,寻找公司法务考核人应该把握几个原则:一是不能唯上下级管理关系,要避免考核者个人的主观偏好;二是考核者必须能看懂法务如何承接公司战略,理解法务工作对公司战略目标的实际贡献。

按照这两条原则,基本上就排除了任何个人承担法务考核者的可能性。能承担法务考核者职责的,应该是个组织。

这个组织应该是由总经理/CEO及各部门主管(或主管指定的有相当级别和资历的管理者)组成的委员会性质的组织,他们不仅可以考核法务,也可以考核其他专业支撑部门。这个组织不同于HR主导的专门会议,后者一般不会直接考核,而是对各部门呈报上来的考核结果进行审核。也就是说,对法务考核的这个组织是直接考核者,考核的结果按照公司流程和制度要求,可以报 HR 相关会议进行审核,如果公司不设置这样的会议,就报行使类似职能的其他会议(例如总经理主导的某些特定议题会议)来审核。

采用专门委员会作为考核人的模式,有如下益处:

(1)对法务工作和绩效的视角比较完整全面。个人考核者最大的问题就是无法全面看到或全面理解法务工作的整体情况,如果分管的副总经理是主管财务的,他可能就会更重视风险管理,只要不出事就好;如果分管的副总经理是主管公司运营的,他可能更重视流程和质量管理等,法务只要打赢几个诉讼、按时评审合同就好。而专门委员会则不会有这种问题,委员会成员是各个部门的主管,对本部门工作以及对法务的支持情况都会比较清楚,所有的情况汇集在一起,就基本能拼出法务工作整体情况和绩效的全图,作为基本素材供进一步的评议。

(2)专门委员会最重要的作用不是考核,而是对法务承接公司战略、制定法务部门的战略和规划进行审批,并在法务日常工作中,对重大事项进行讨论或决策。公司法务承接公司战略是否到位,自身的战略和规划是否得当,不是一个分管领导或者总经理就能完全把握得很准确的。公司战略是需要集体讨论的,法务战略和规划也是同样道理。只要公司真正重视法务,法务的战略和规划就应该在专门委员会上进行汇报和审批。经过委员会把关的战略和规划,最后具体化为法务工作计划和任务项,其执行结果与战略规划目标应该是对应的。考核法务工作绩效,就要看这个对应关系。那么,审批过法务战略和规划的专门委员会当然是最合适的评判者。

当然,有几个问题是需要注意的:第一,假设公司确实有专门委员会来考核法务工作,那么法务到底向谁汇报,还要不要分管领导,日常工作也要向这个委员会汇报吗? 这个问题在本书此前相关章节中已经有所提及,并建议过有条件的公司可以适用“分管领导+委员会”的法务管理模式,因此答案是分管领导(包括总经理或董事长本人)的分管工作要存续下去,主要是负责法务预算审批、招聘录用审批、差旅和报销审批以及其他日常工作中需要审批的事项,对于法务战略、规划和工作计划以及考核,也应给出分管领导的意见和建议,然后在专门委员会上进行讨论审批。也就是说,除非是极其重大的事项需要在专门委员会上进行讨论或决策(例如重大诉讼或重大合规风险事件),日常工作中不需要法务部时时向委员会汇报。但是,对于必要的事项,法务部应抄送委员会成员,例行工作报告也要报送。第二,成立这样的委员会,会不会造成组织臃肿?其实不会的,很多公司都设立有各种名目的委员会,都不是实体组织,而且大多数委员会的成员都是相同或者基本相同的,因为公司的核心管理层成员是相对固定的。法务战略和规划及考核审批完全可以放到某个功能近似的委员会中。我们并不提倡专门为法务成立委员会,除非是公司已经大到一定规模,且法务对公司生存发展的影响已经达到绝对化的程度,并因此受到相应的重视。第三,如果这种委员会式的考核人的理念被接受,那么是不是适用于所有公司?答案是“NO”,对于公司规模较小、业务和法务风险较简单、法务发展阶段处于较早期的公司,显然不需要这样大费周章。

以上讨论的是应该由谁来考核法务部主管及法务组织,那么在法务内部还要分多个层级,下属各层级的法务人员由谁来考核呢?原则上属于总部法务部的人员应该由法务主管直接考核,但最好从法务人员所服务的业务部门获取周边评价作为参考;如果法务人员是派驻在其他业务部门或下属子公司的,则可以采用“法务部主管+法务人员所服务的业务部门主管”共同考核的模式。至于谁的考核为主,谁的考核占比高,可以根据公司具体情况来确定。这里需要把握住一条原则:法务部不要试图把法务人员的考核权全部抓在自己手里。抓在手里的原因不外乎是担心法务人员受到不公正待遇,或者担心法务人员因考核权在业务而与总部法务部离心离德,使法务部失去对下属人员的控制力。这种想法是不必要的,而且有害于法务价值的实现。首先,法务人员受不受到不公正待遇,主要还是取决于法务人员的绩效水平,而不是取决于其法务岗位身份;其次,对法务人员的控制力不完全由考评决定,还有其他的管理手段可以使用。法务作为专业部门,其专业工作和专业战略及规划上的统一性是必要的,对不服从战略、不执行规划的下属,完全可以保留随时撤换的权力。

(二)考什么?

公司法务的绩效是什么?很多公司领导对这个问题的想法可能是矛盾的,一方面不希望公司出事,往往激励法务部要做好事前防范风险,不要出问题,不出问题就是最大的功绩;另一方面又觉得什么事都没有,养法务部就毫无价值、法务没有绩效。所以,一谈到法务绩效,很多领导下意识地、习惯性地会去看法务部救火了没有。因此,对公司法务来说,到底什么是法务的绩效、应该考核什么,就是两个难题,很多时候不得不逢迎公司领导的偏好。对于什么是法务绩效,法务总是在汇报时声称要做好事先防范,不要总是事后救火,但是实际执行的时候却总是把精力和资源更多地用于救火,以获得公司最大的认可和表彰;对于应该考核什么,总是把救火的功绩摆出来,才能获得直观的绩效呈现的效果。

所以实践中,我们可以看到很多公司法务在(法务组织)绩效考核方面是无法真正贯彻落实法务的功能、实现法务的价值的,更多的是展现比较肤浅的专业工作绩效。实际上考核内容大概可以分成三个层次:

层次一:考核合同数量、纠纷诉讼处理数量、法务咨询数量等,同时考核上述工作的及时性、出错率。

层次二:降低数量考核,只对培训等工作进行数量考核,而对非法务所能控制的合同数量、纠纷诉讼数量不再考核,只作为单纯的工作量;增加对法务工作及时性、出错率、处理率的考核(例如合同和纠纷诉讼的处理完成率);增加对法务监督、法务风险分析等工作的及时性和出错率的考核。

层次三:明确区分定性与定量指标,注重考核法务工作的质量、效率和动作的标准化及规范化,增加对客户满意度的考核;对达不到出错率和及时率及格线的,设置扣分项;对于质量高、对公司产生明确贡献的工作,有加分项;增加对公司制度建设和执行情况的相关考核项。

这三个层次的划分,说明公司法务绩效考核项的设置是在逐渐优化的,实现了从考核数量到考核质量、从定量指标到定性指标、从处罚到奖惩并用、从法务日常基本工作考核到风险管理和安全运营考核的层层递进。然而即使是层次三,也并没有完全改善法务考核的困境,仍然没有一个系统化的理论支撑,而只是一种自觉的优化。

(三)怎么考?

1. 如何设计法务(组织绩效)考核内容

法务考核考的是法务工作对公司战略的支撑水平。法务工作与公司战略的关系、与法务部门战略和规划的关系,已经多次论及,因此简单地说,就是法务绩效考核不能脱离公司战略这个服务对象,法务考核考的就是为这个服务对象服务的效果。假设法务和业务部门讨论后对竞争对手发起一场专利许可费诉讼并且胜诉,公司获得了巨额许可费赔偿,那么正常情况下这应该是法务的重要贡献,应该为此获得绩效优异的评价。但是,如果缓征许可费是公司的长期战略,目的是培养生态、做大产业蛋糕,那么业务部门放任法务为了短期利益进行诉讼,其实与公司战略是相悖的。那么这个诉讼显然就不属于高绩效事件了,而是一个错误。因此,单纯地从法务专业工作本身的结果判断绩效,很可能是损害公司的,会助长法务专业性的无序扩张。只有与公司战略相结合,才能准确判断出法务工作是真绩效,还是虚假繁荣。法务考核要对标公司战略,这是最核心的要点。又例如,如果公司目前正陷入国家监管机构查处垄断行为的关键时期,但业务部门和法务部门为了进一步巩固市场占有率、打压竞争对手,而贸然对市场上的追赶者采取法律手段打压、频繁发起反不正当竞争诉讼等,那这种单个案件上的获胜,反而会成为勒在公司战略脖子上的绞索。

因此,法务考核考的是法务部门战略和规划的执行程度。如前所述,法务解码公司战略,要具体化为法务部门战略和规划,法务有没有绩效,就看部门战略和规划所确定的关键工作有没有得到落实,关键指标有没有实现。绩效不是凭空产生的,更不能依靠非法务所能控制的因素(例如合同数量、纠纷数量、咨询数量等),只能以规划为基础。即使在执行过程中发生突发事件,也不应动摇战略和规划本身,可以做适当的调整和修正,但部门战略和规划作为法务绩效的基础和来源这个定性不要改变。

当法务考核与公司战略、法务部门战略及规划对齐后,绩效指标就不难设计,传统上的关于定量指标和定性指标的讨论也就没有什么意义了。围绕战略和规划,法务的绩效必然是以定性为主,看策略、看动作、看资源配置、看效果,最终看的就是两件事:战略和规划所要求的事情做了没有,效果如何。指标体系必然是立体的,结合了定量、定性、过程与效果。至于工作量,只是代表了辛苦程度以及法务管理水平(岗位和人员规模是否合理、调度是否合理、流程是否通畅,等等),对效率有一定影响,可以作为法务考核的次要指标,但是对主要指标,并没有直接的意义。因此,如果有法务主管把自己的合同评审数量和纠纷处理数量报上去作为自己的绩效的话,是最下策的行为。公司管理层可能未必了解法务绩效与公司战略的关系这个理念,但是他们会从公司业务和管理的角度出发,直觉地意识到工作数量和对公司的贡献度是没有直接关联的。

法务考核指标体系中应包含的要素,如上所说,核心是"完成度、策略和措施的质量、过程控制、效果评估"。如果是组织绩效,要增加与管理相关的指标,包括能力建设、平台建设、团队建设等相关指标(这个指标占比应该不低于40%,甚至可以更高。从承接战略的角度来看,法务组织能力和管理能力体现为法务执行战略的队形、战术和士气,绝不是简单的团队管理所能涵盖);如果是个人绩效,则要增加工作态度、工作量、胜诉率、出错率、及时性等相关指标。

2. 公司法务考核方法

综合前面几个部分的论述,本书认为,对法务的考核必然要使用综合性的考评方法。使用 KPI、PBC 或 OKR[①] 都不是核心问题,只要考核对准战略和规划,KPI、PBC 或 OKR 都能起到将考核指标具体化的作用。核心问题是考核方法要能对上文所说的主要考核要素进行完整和客观的评估。需要关注几个方法性的问题:

(1)自评+考核责任人评价+周边评价,三者要相结合。这个道理很简单,在此不展开讨论。具体要结合到什么程度,可以根据各公司具体情况自由调节。无论是对法务组织考核还是对法务员工个人考核,这个基本模式都是适用的。

(2)注重关键事件。关键事件包括两个含义:一是是否规范执行了策略和措施,即战略和规划所设定的关键动作是否到位;二是执行战略和规划的过程中是否有超预期的表现和效果(表现和效果缺一不可)。

(3)重视对前瞻性的考核。对前瞻性重视与否,是判断公司法务发展级别和水平的一个重要标志。对前瞻性的考核可以分成两种,并可以结合使用:一是依据战略和规划,对公司进行正向牵引和推动,无论是合规还是业务模式/交易模式,都存在法务能否前瞻性牵引的场景;二是反方向的回溯,即对于已经发生的风险或损害,回溯法务是否曾经提出过前瞻性的预防建议,但未得到或全部得到公司采纳。如果是,则是法务的加分项。

(4)特别需要强调的是,应当尤为重视对工作态度及价值观的考核。对法务组织来说,工作态度和价值观体现为部门风气、氛围、组织效率;对法务员工个人来说,工作态度和价值观体现为敬业精神、职业

① OKR(Objectives and Key Results)即目标与关键成果法。

操守、对公司基本管理要求的遵守、主动积极性、及时性、合作性、当责精神等，并且尽量设计系统化、数据化的指标项。

(5)对于有条件的公司法务，建议内部成立专业评估委员会，其职责在于协助部门主管对组织绩效进行自评，对法务员工进行综合评议和集体评议并供部门主管参考。当然这个委员会的职责也可以扩大，在法务日常工作和重大项目中行使专业策划和参谋的功能。

(6)有条件的公司法务，不仅要接受公司的考核，也要学会考核别人，特别是对业务部门和其他与法务工作有关的职能性支撑部门的考核。这种考核不是正规的例行考核，而是由法务主导，对业务等部门主动遵从法务相关规则和流程、主动合规、主动配合和支持法务工作、主动提高法务意识、主动与法务沟通等行为进行激励，对违规行为提请公司处罚。例如，法务可向公司申请一笔专用经费，制定激励计划，定时对业务等部门支持法务工作的情况进行评估，评选出先进的部门和个人，发放奖金或奖品。

四、如何育人

所谓育人，就是培养员工的忠诚度、职业精神和职业技能。通过培养，使员工有较强的业务技能和良好的心态，确保员工可持续地贡献绩效，实现企业和员工个人的共同成长和价值实现。多数公司很看重人才招聘，但是人才引进后的培育往往跟不上，这里既有盼望人才尽快做贡献的急切心理，也有对育人重视不足、培养机制落后、资源配置跟不上的问题。对法务这种专业部门来说，人才培养是非常重要的，即使在公司力有不能的情况下，法务自己也要想办法建立人才培养的基本机制。

法务部门培育人才的基本方法与公司通用的方法没有本质区别，但是应格外注重如下几点：

(1)合理制造职业通道或者上升空间。公司法务往往规模有限、高职级岗位有限，人才上升空间不大，职业通道不明朗，所以一些员工会在觉得没有“前途”之后就选择退出。合理制造职业通道或者上升空间，是法务部主管和人力资源部门要特别关注的问题。在多数情况下，只要薪酬基本匹配，其他方式包括虚拟组织的主管岗位，也会对员工起到激励作用。另外，法务要勇于把自己培养的人才输送出去，优秀的法务人员不一定死守在专业岗位上，其实公司内很可能还有其他部门的非专业岗位可以尝试。这需要法务主管打开眼界和心胸，与员工、与相关部门共同寻找机会、创造机会。

（2）建立完整的人员培养机制。这个机制应该包括入职前宣导和引导，以及入职后的发展规划，定期考核（非指例行绩效考核，而是指指导者对被指导人的个人学习与成长情况考核），内部和外部培训，转正考核与答辩，晋级考核与答辩，等等。通过这个机制的运作，形成人才测评和评估体系（基本素质测评、专项测评、管理人员评估、人才培养目标差距分析等）、人才梯队建设体系（人才盘点、关键人才资源池建设、职业发展路径等）、规划制定体系（领导力发展规划、核心人力资源培养发展规划、基于组织战略的人才培养发展规划等）、价值体系（人才价值评估与回报）。

（3）重视实战训练。实战训练在很多公司都是一个常用词，而且有多种形式的实战训练，多数是适用于业务部门的。对法务来说，实战训练也是一个必要的育人措施。法务基于其专业性，是比较讲究资历和经验的，因此新人很难快速得到在大项目和大案件中实战的机会，或者即使有机会，也只是做边缘性支持工作。而实战训练的理念则是打破经验与资历的限制，勇于把重要工作交给新进人员，由他们承担主要策划和主办工作，部门则组织导师等人员进行密切跟踪和督导，及时纠偏。这种方法行之有效，不但能快速提升员工的技能，还能提升其忠诚度和荣誉感。但是，其缺点在于有一定的风险，需要部门在支撑和督导方面有出色的能力。另外，如果公司缺乏培育人才的耐性，这种实战训练模式也不容易适用，需要法务自己在内部把握。

(4)重视公司文化和价值观的影响。良好的、有吸引力的公司文化和价值观,是培养人才的基础,人才认同公司文化和价值观,才会愿意接受培养。在公司文化和价值观有不足的情况下,就需要法务自行弥补,这时候法务部门自己的愿景、使命和价值观的重要性就突显出来了。前文在"法务战略"章节论述过愿景、使命和价值观,这不但是基于制定和执行战略的需求,也是基于凝聚部门向心力的需求。

(5)重视给予下属授权。正是因为法务工作非常专业,所以授权方面总是显得谨小慎微,仿佛下属太容易犯错误,不盯紧了就会造成后果。不喜欢授权的法务主管多少都有这种心理(当然有的人也会有别的心理)。这与当代企业管理和公司法务的发展是相悖的。作为企业内的一个部门,在授权方面至少要保持与公司管理理念和管理架构同步,否则法务很可能因为授权问题降低业务效率,成为瓶颈。而且对法务员工来说,不授权既是不信任,也是没有给予机会,这又如何谈得上培养人才呢?人才是从实战机会中成长起来的,他们必须有一定的自主的判断力和决断力,才能获得业务部门的认同,否则就是上级法务部门的橡皮图章。

(6)勇于试错,不怕下属犯错。法务工作的特点是只要一犯错(包括背锅),就会有后果。这使很多法务人员和法务主管如履薄冰。但是从培养法务团队和培养能力的角度看,这种姿态是非常保守的,是自我封闭。最不称职的法务主管就是不允许下属犯错误,或者下属犯了错误就一棍子打死,或者让下属背锅。这样的主管不可能带出激情饱满、战力十足的专业团队。正确的做法是给下属以充分的指导和资源支持,确保流程的畅通和有记录可寻,对下属可能的误差及时纠正,对已经造成的过错及时弥补,并代表部门主动对其他部门和管理层承担责任,保护下属并使下属从过错中吸取教训。这样的主管很难得,但这样的主管才能带出有战斗力的士兵。

五、如何留人

如何留住人才,是员工关系范畴的事项。员工关系是雇主与员工、主管与员工以及员工之间的关系的集合。良好和积极的员工关系,会增加员工的忠诚度和工作的满意度,增强自我实现的满足感,当然也就成为留住人才的最有效的手段。按照管理学的理论,人的需求有五个层次,分别是:物质需求、安全需求、人际与爱的需求、尊重需求、自我实现。因此,留人也要从这五个层次的需求入手,以物质、文化和情感作为筹码来留下人才。每个人才的需求是不同的,有所谓"用物质留基层,用文化留中层,用情感留高层"之说。员工关系工作就是围绕员工需求与满足来展开的。公司法务人员作为公司员工,自然也适用这个道理。

公司与员工之间,最本质的是雇佣关系。员工做贡献,公司给予回报。给予做贡献的岗位和机会、公正评估贡献程度、公正给予回报,这是企业留下人才的最基本的方式。在此之上,才谈得到文化和感情。很多公司空讲文化和情怀,却不能善用人才、不能正确评价人才及其绩效、不能给予合理的回报,这是不可能留住人的。

法务常见的人员流失从根本上讲,与这些因素很相关。总结起来大概包括如下情况:(1)公司对法务不重视,人才引进后未能有机会一展所长,所提建议经常不被采纳;(2)薪酬待遇与业界有较明显差距,或者与个人贡献有明显差距;(3)公司氛围和文化建设不足,工作环境恶劣,彼此拆台和甩锅;(4)没有上升空间;(5)低水平重复劳动,没有技能提升,无工作满足感;(6)受到重大误解和不公正对待;(7)部门内部关系复杂,维持人际关系难度大;(8)管理混乱,流程不合理、平台建设和工作分工不合理,工作量长期过大,求助无门。

因此,将人员流动原因与管理学中的留人理论结合起来,再考虑到实践中常见的留人手段的偏差,可以得到如下结论:

(1)人力资本比财力资本更重要,把好选人和用人关,是留住人的前提。

(2)把好育人关,是留住人的重要条件。

(3)物质激励和精神激励同等重要。即使对于高层,物质激励也是不可或缺的。对公司法务来说,一个合理的薪酬体系是留住人才、稳定队伍的基本条件;如果公司确实因各种原因无法支撑,则需要多考虑其他激励手段,但并非长久之计。

(4)法务必须制造个人发展空间,对专业人员来说,这是非常重要的一个需求。职务和职级供不应求,则可以考虑虚拟团队(专业类为主),也可以考虑对外输送。

(5)设计和管理好法务相关流程、理清职责边界、建设好法务工作的平台资源,是保证法务员工高效率和工作满意度的基础条件。

(6)重视员工关系工作,在 HR 帮助下努力使员工保持良好心态以及对部门的情感。

(7)重视法务战略和规划,使法务事业可见、可预期。

归根到底,法务留人,在很多时候是在公司资源支持不足的情况下要自己想办法,因此在遵从或参考管理学理论及公司实践基础上,还必须开动脑筋,以积极的态度创造留住人才的条件,这是对很多公司法务主管的巨大挑战。但是比照上述七条,公司法务其实都是有可以腾挪的空间的,关键还是法务自己的意愿和决心。

第九章　公司法务的内外协作

公司法务的运作与管理就是通过对法务工作、团队、内部和外部资源的管理,来履行法务职责并实现法务功能,最终实现法务的价值。所谓管理,不外乎是对各种关系的处理,因此公司法务管理也是对公司法务相关的各种关系的处理。在本章,本书会讨论公司内部关系、外部关系、管理与流程及工具平台的关系、法务人员之间的关系,以及法务工作与合规及风险管理的关系。

所有这些管理,都围绕着如何拓展法务的生存发展空间、更有效地行使职责和发挥功能、更能创造出公司法务的价值。内部资源提供的是公司法务能够在公司管理架构中触及多高的位置,与内部资源协调良好,法务的作用就不会受到内部制约,对公司的影响力就会增强,地位也会提升;外部资源提供的是支撑力量以及外部的机会窗口,可以扩大法务的视野与格局,更好地发挥公司法务在公司应对外部环境过程中的作用。外部资源对内部资源来说是一种压力的来源,而且它既是需求,也是提醒,还是(信息、机会、法务工作渠道的)供给;内部资源对外部资源是一种制约,也是应用外部资源提供服务的对象。因此,公司法务对内部资源和外部资源的管理要有清晰的思路,从中找到公司法务在进一步生存发展的过程中会有哪些短板,应该使用哪些资源才能解决,并以此来指导法务的工作规划。如果公司法务在内部缺乏认可和机会,就不妨从外部资源寻求突破;如果外部资源管理效果不佳、对法务助力有限,那就不妨从内部资源入手明确需求。

针对内部资源,公司法务首要的是要把握住作为公司战略承接者之一的身份,与管理层及业务站在一起,与财务、HR 和政府关系等部门有协作和求助的基础;针对外部资源,则首要的是要把握住外部规则和外部环境对公司的影响,从中创造法务为公司做贡献的机会。也就是说,外部资源可以内部化(公司法务利用外部压力导引出内部需求,并帮助公司满足这个需求),内部资源也可以外部化(内部需求的变动,促使公司法务优化对外部资源的挖掘和使用)。

总之,公司法务若要创造更多、更明显的价值,就要把内部资源和外部资源的管理做好,法务能走多高、走多远,在很大程度上就是内部资源外部化、外部资源内部化的能力有多强的问题。

第一节　内部协作

决定公司法务成败的,往往不是公司法务部的专业水平和个案的输赢,而是公司法务与公司内各种关联人员或组织的关系是否顺畅。关系顺畅,则法务容易施加影响,法务的地位和价值会得到提升。反之则步步艰难,胜则无人喝彩,或者喝彩声大、实惠少;败则无人相救,甚至成为甩锅对象。因此,公司法务在工作中必须经营好几种关系,既作为安身立命的保障,也作为法务工作的资源助力。

一、如何建设和维护与公司管理层的关系

毫无疑问,公司法务与公司管理层的关系是最核心和最重要的关系。管理层对公司法务的认知和认可,决定着公司法务可以走多高和走多远,决定着公司法务获得资源和激励的多寡,最终决定着公司法务能否以正确的方式履行职责和实现价值。

(一)定位上与管理层站在一起

正常情况下,公司管理层是为公司商业目标服务的,法务与公司管理层站在一起,意味着法务也是为公司商业目标服务的。这是公司法务维护与公司管理层关系的第一步。

在很多公司,管理层其实对法务的想法和忠诚度是拿不准的,既

希望法务能为公司着想，为公司保驾护航，又希望法务不以专业结论压人，能顺从公司管理层和业务部门的意思。法务这时容易犯五个错误：一是与公司商业目标和管理层的期望对着干，以为自己的专业意见最重要、最正确，业务动作应该严格遵从法务的建议；二是在公司没有接受法务建议时，法务撒手不管，没有给出替代性方案，让管理层和业务自己承担风险；三是在公司因没有听从法务建议而受到损害时，法务有幸灾乐祸的表现，例如声称“我们早说了这样不行”“公司太不重视法务意见了，以后会吸取教训吧”，等等；四是在公司出现风险问题后，不对公司提出正向的管理改进建议，在流程和制度建设上无所作为；五是在日常工作中与管理层保持距离，缺乏沟通。法务的初衷可能是保持专业权威的形象，但实际上是在等靠要，没有主动把法务工作融入公司管理和业务中。

因此，与管理层站在一起，不仅仅是说法务主管要与公司管理团队成员搞好个人关系（当然这个也很重要），而更是强调公司法务在功能、职责、目标和价值观念上与公司管理层同步，共同服务于公司的商业目标。这样管理层才能把法务作为“自己人”，作为对公司成长起到支撑作用的“贡献者”。上面所讲的法务常见的五个错误，其实质就是法务自外于公司，把自己当成纯粹的专业人士，在公司管理层眼中就是没有与自己站在一起，也没有正确的价值定位。

与管理层站在一起，也指公司法务作为公司战略的承接者之一，分担管理层的战略任务。只有当一个部门成为公司战略的执行者之一的时候，这个部门才会被公司管理层认为是不可缺少的左膀右臂。

当然，有一种特殊情况例外，就是某些强监管行业，可能要求法务（如果法务包括合规）必须具有独立的地位，代表着监管机构在该公司的延伸。这种情况下，法务（包括合规）就很难找准自己的位置，经常会出现法务主动把自己当成监督者的情形。但本书认为，这可能是个误区，因为即使是这种情况下，公司法务仍然是商业主体的组成部分，不应该也不可能脱离公司的商业目标。其实这种公司的法务更有条件以规范和完整的流程制度体系来落实法务意见,关键还是在于法务有没有摆正自己的心态和位置。

(二)服务好管理层"客户",真实解决问题

公司管理层也是法务部的"客户",法务部在很大程度上是在完成管理层所交托的任务,要向管理层按时提交自己的输出结果。如前所述,管理层可能没有特别多的精力和认知来过问法务工作,但是他们对自己交办的任务却是清楚的。法务在单个事项中表现出来的专业水准和服务水准,是管理层判断公司法务价值的重要参考因素。有的公司的管理层可能经常会问"法务能不能解决问题",仿佛法务能否解决问题成了法务价值的唯一判断标准,也成了法务获得激励大小的唯一根据。如本书前文所述,虽然这种观点是有偏差的,也是需要公司法务着力解决的,但在具体事务的处理上,公司法务不能不重视。所谓解决问题,大概包括几个方面:一是解决具体的事件,如纠纷诉讼、危机事件,如某个重大合同谈判,等等;二是解决处理问题的流程,提高响应、评估和决策效率;三是解决问题的根源,通过对事件的分析和处理,由表及里找到业务和管理过程中的风险环节和风险点并提出改进建议。当然,公司管理层往往看中第一项,但是公司法务不能只盯着第一项。第一项工作往往是救火,虽然有价值,但是不能成为长久之计,如前文所说,救火工作往往有运气的成分,这件事办成了,下件事就可能办砸了。法务必须牢记第二项和第三项工作,这是根基,也是长远价值所在。

(三)比管理层多走一步

很多公司发展到一定阶段时,业务规模和复杂性急剧增加,管理难度急剧上升,风险和公司经营管理的关联关系愈加明显。管理层往往意识到继续依靠技术、产品、服务和营销等传统商业手段已经不足以应对外部规则和监管对市场竞争的压力了,规则本身也是需要被重

视和纳入业务策略考量的,风险更是要被纳入考量的。此时公司管理层虽然未必很清楚公司法务到底应该怎么做,但可能会出于本能地认为:法务作为专业部门,应该有前瞻性,应该预知并提醒公司前面会有什么样的风险。因此,“前瞻性”就成了法务所面临的一个非常大的挑战。在管理层眼中,如果所有的问题都是在事中和事后应对处理,那么公司养法务部目的何在?

公司法务此时仍然容易犯四个错误:一是认为公司并不重视法务,前瞻性的要求只是公司管理层口头上说的一个美好愿景,每个公司的每个领导都会这么要求,实际上并不在乎;二是认为公司给予的资源不足,公司法务的日常工作都难以支撑,根本没有精力投入比较虚的前瞻性工作;三是坚信自己有前瞻性的本事,但是公司不重视法务意见,说了也白说;四是即使有前瞻性工作的部署和输出,但是不接地气,业务和管理层不理解。

对管理层来说,他们多数不知道公司法务如何才能发挥前瞻性功能,他们也确实对成本控制或者其他功利性的管理措施很在意,这在很大程度上给公司法务造成了难题:让马跑又不给马吃草。而管理层也有自己的想法:法务至少要有个态度和作风,让公司看得见,不然凭什么法务要资源就要都给你?

在这个博弈场景中,法务是应该寻求主动突破的一方。第一,法务要有明确的态度和立场,并为此付诸实际行动。态度是坚决建设法务的前瞻性专业能力,立场是坚决为公司商业目标服务。实际行动就是在日常工作以及非常规工作中,都贯彻前瞻性要求。第二,不要把前瞻性工作理解为一种独特的、脱离于法务日常工作的事务,它实际上是蕴含在每个法务输出中。以合同评审为例,法务建议增加对方的损害赔偿条款,这个建议本身是正常的法务评审意见输出,里面包含着法务对合同项下的风险的前瞻性理解与提醒,但这条法务评审意见不是前瞻性工作。如果法务在提出评审意见的同时,能结合行业、本公司业务实践以及相关案例,对业务侧做指导性和针对性非常强的该类业务合同风险管理建议,从业务操作中杜绝相关风险发生的底层根源,这才是前瞻性工作。当然,就某个潜在法务风险专题做研究并提出解决方案,也是典型的前瞻性工作。第三,无论公司是真重视还是假重视,法务自己都必须真重视,把前瞻性工作能力作为法务工作的质量标准之一。第四,争取资源不能等靠要,而是要靠绩效来说服公司。这就如同任何公司的产品和服务都是经过长时间的推广和应用才能在竞争中获得客户认可的一样,不能自以为有技术有产品,就等着客户上门。这个道理同样适用于法务工作,法务说到底就是专业服务,公司对这个服务的认可取决于服务的质量,而不是公司的重视程度。即使在公司不重视的情况下,法务也能博出一条路来,这才是公司法务本来应该做的。管理层和业务基于其商业竞争经验,不会主动把资源和利益输送给他们看不准的人和部门,只认在竞争中脱颖而出的人和部门。当然,如前文中曾经指出,在某些强监管行业,基于监管部门要求,某些公司的法务可能自始便具有较高的地位和必备的资源,但这并不意味着公司认可这个法务的工作和价值,恰恰相反,公司往往对这样的法务提出更高的前瞻性方面的要求,如果法务做不到,就会成为公司的"盯梢者"或者"绊脚石"。因此,公司法务以主动和积极心态做好战略规划并以艰苦奋斗的精神投入长期的专业建设工作,才是安身立命和成长的最佳途径。第五,对于公司不接受法务意见这种情况,不能一概斥之为不重视法务意见。在前文中曾经指出,公司对任何风险都应该是有个评估和应对的策略的,法务问题只是风险之一(其他的还有财务风险、经营风险、战略风险,等等),因此总体上要服从公司风险管理和决策的大局。但是法务如果认为自己正确,就应该把精力放在如何调整和优化公司的相关风险评估及决策的流程制度上,并且密切关注业务的进展和后果,随时准备应对,而不是就某个具体问题与公司争论不休,甚至撕破脸。

(四)勇于当责

如果说一个公司的管理团队对法务(以及合规)有什么不满意之处,法务推卸责任肯定会居其一。管理层眼中的法务推卸责任,是指两个方面:事前只提风险和说NO,不给解决方案,业务不能往前走;事后说是业务和公司决策的问题,与法务无关。而且比较“古怪”的是,犯了这两个错误的法务,往往都认为自己是懂业务、融入业务的。因此问题是别人的,而不是自己的。这是很多公司的法务得不到认可、地位提升不上去的一个重要原因。越是如此,管理层和业务越想回避法务,双方陷入死循环。这里要格外提醒:法务应该勇敢地承担起责任来。第一,与管理层站在一起,就意味着分担管理层的责任和风险。第二,法务要帮助公司作出可行的决策,如果决策失误,要在决策相关制度中定位失误者,而不是通过逃避参与决策来摆脱责任。第三,如果出现损害,法务应在客观和真实的范围内,主动承担责任。对管理层来说,一起扛枪的未必是自己人,但是冒着炮火救自己的,一定是自己人。法务承担相应责任的后果应该是推动公司更正失误、填补业务和管理中的漏洞,而不是背锅后就一蹶不振。当然这也要看公司管理层的水平和正直程度,法务勇于当责永远不能以碰运气的方式去做。第四,如果法务确实背锅、受了委屈,可能需要一定的忍耐。作为专业部门,比较忌讳吃不得一点委屈。如果从大局着眼,吃一点委屈可能是必要的,可能不是坏事。法务要做的,是继续脚踏实地做贡献,并相信公司会回报法务的忠诚、踏实和大局观。第五,法务应该永远把注意力放在公司的管理和运作上,无论是针对业务还是其他部门,法务要教会他们以正确的方式高效地实现正确的目标。不要为一个具体的事件的得失分心。这也是法务的格局问题。

综上,与管理层站在一起、以高质量工作服务好管理层、发挥前瞻性、勇于当责,是公司法务建设和维护好与管理层关系的不二法门。当然,还有其他一些技巧性的问题,例如汇报沟通技巧、人际关系管理、向上管理,等等,不是本书关注的重点,不做额外阐述。

二、如何建设和维护与公司业务体系的关系

(一)公司法务与业务的关系

公司法务与业务的关系,是公司法务所要处理的各种关系的核心之一(另一个是与管理层的关系)。业务对法务的评价,直接决定了法务的绩效水平和声誉,而与法务相关的公司内部争议中,与业务部门相关的一般占绝大多数。

法务与业务的关系是复杂的,这种关系是一种动态的博弈过程,而绝对不是理想中的相互理解和相互支持。有这样一个真实的故事可以佐证法务与业务之关系的复杂:

某大公司的法务部主管是刚刚从其他职能部门空降过来的,管理能力很强,但是其本身并不是法律专业出身,也没有法务工作经验。有一次他请部分法务骨干分享工作经验,其中一名法务骨干提出以后在与客户谈判法务条款时,尽量与对方法务直接点对点沟通,不希望本公司的销售人员和客户关系负责人在场,原因是他们会经常站在客户一方,压迫本公司法务接受客户的条款,既促成交易尽快达成,又不会使客户不高兴。法务部主管听后大吃一惊:为什么会有这种情况?难道销售人员和客户关系负责人不应该是为了公司的利益服务,与法务站在一起的吗?

实际上确实未必,无论是否面对客户,业务对法务一般都有自己独特的立场:第一,业务最希望的,是从事业务活动时没有任何规则约束。虽然这是很不现实的,但是法务越少"骚扰"自己越好。因此,不是每件应该与法务沟通的信息都会被知会法务,恰恰相反,有时候发送给法务的信息会被有意无意地扭曲。第二,业务并非完全没有法律意识和风险意识(个别场景除外,例如独特的交易模式的法律风险、复

杂的合规问题等),多数情况下业务大概理解自己想要做的事情会导致什么法律后果,但是,他们为了业绩仍然想去做。他们会劝说自己的领导同意这么做,然后会想办法让法务同意。无论是扭曲信息、隐瞒信息还是用其他方式,只要能让法务说"YES",就是业务的目的。第三,请法务说"YES"的目的不但是给业务放行,更是让法务给业务背书,万一出现风险问题,就把责任推给法务。长此以往,法务会更加趋向谨慎,宁说"NO",不说"YES";业务可能会更加有攻击性,一边说着法务不当责、法务阻挡业务、"业务什么都不做就没有风险了"、"业务不往下走,怎么养活你们法务"等压力性言辞,一边仍然是想尽办法让法务给予放行。

本书列举公司里常见的几种场景:(1)业务找一个法务人员评审,然后在得到结果前或者在得到不充分满意的结果后,就马上转向另一个法务人员,启用另一套说辞,甚至信誓旦旦地说有法务人员已经审批通过了。(2)向公司领导和法务人员报告说其他竞争对手都同意这种条款,只有本公司法务不同意。(3)业务说条款虽然很差,但是客户关系搞得定,客户从来不会认真执行相关的索赔和罚款条款,因此无实际风险。当然如果客户真的依据这些条款对不符合质量的产品或服务进行索赔和罚款,业务又会声称法务已经审批过了,责任不在业务。如此种种,业务和法务总是在进行博弈,生怕对方阻碍了自己、往自己身上甩锅。在任何行业、任何公司,这种状态都是客观存在的,唯一的差别就在于博弈的激烈程度(取决于所在行业和公司管理的特点),以及博弈方式的粗暴或文雅。

(二)缓解公司法务与业务矛盾的方法

对法务来讲,为避免被公司追责而以保守的方式从事法务工作,肯定不是一个正确选择,因为这正是中了业务的话语"圈套",即法务推卸责任、阻碍业务等;完全跟随业务的需求当然更不可行,因为那会造成法务专业失职,导致不可估量的损害。那么,如何解决这个困境呢？本书以合同条款的法律风险管理为例，介绍如下几个方案。

方法一：沿用上面的案例，该非法律专业出身的法务部领导的解决办法是不与业务纠缠每一个合同和谈判的情况，而是主持制定合同条款分级审批制度和流程，把特定的一批条款按照风险级别划到不同的决策和审批层级，要求业务和下级法务必须按照制度和流程的规定上报审批，敢隐瞒不报或者私自向客户承诺的，一律重罚，而且是法务和业务人员一起罚。这个法务部主管之所以有这么大的底气，是因为他早先是业务出身，在公司内有很强的影响力，对于他制定的规则，公司内部很难遇到挑战。结果业务尽管不满，但是不得不执行，而且为了尽快关闭合同谈判，业务人员反倒积极劝说客户接受公司的评审意见。过了一段时间之后，这些条款作为底线的严肃性、决策审批流程的严肃性，都转化成为业务部门的习惯性认知，默认为理所当然，于是再对相关制度和流程进行优化，去除其刻板和拘泥的一面，增加弹性空间，目的是让业务真正地理解风险、主动解决风险，去除桎梏也不至于乱动。在这个案例中，个人因素占很大成分，大多数公司的法务是没有运气碰到这样一个有影响力的法务主管的，但是如果公司管理层有这样的觉悟和坚定态度，这个方法也是可以走得通的。

方法二：多数公司法务采用的也是类似的法律条款分级评审决策制度及流程，当然这是比较合理和容易被接受的方法。但是执行效果未必如意，法务和业务的博弈仍然存在，甚至时有激烈冲突。原因在于，这种分类分级的评审决策制度仍然是把重担压在了法务自己头上，最终业务还是要找法务做决策。正确的做法应该是：(1)法务把相关风险条款分级。(2)每一级的评审人员不仅是法务，还要包括其他部门，例如财务、税务、采购，以及必要的业务部门人员，等等。法律条款的评审责任人是法务，但是在必要情况下要从这些与条款相关的部门的评审人员处获取协助评审意见。(3)每个决策层级，要有相关部门主管共同参加，而不是由高层法务人员自己决策。虽然是法律条款，但是法务出的是评审意见，而不是决策意见。决策要依据公司实际的履约能力和战略战术的诉求,在综合平衡各种因素后,由决策团队作出。也就是说,通过这三个步骤,法务的主要职责变成了识别风险、评估风险、提供风险解决方案,供决策团队在决策时参考。当然,法务如果能力强,风险评估和解决方案的水准也会高,在决策时会发挥较强的牵引力和影响力。在这种情况下,业务是无法为难法务、无法把法务作为甩锅对象的。

方法三:法务只关注极度风险问题,把其他风险放开,在业务活动过程中进行消化。这么做的目的是使业务尽可能少受约束,以最快速度获取市场优势。获取市场优势后,形成强势方,然后推行标准合同文本,将合同相关的法律风险控制全部标准化、模板化。这样做无疑是最受业务欢迎的,但是对法务和公司来说也是风险最大的,需要看具体的行业和产品/服务的特点,也要看法务自身的把控水平,不建议所有的公司法务都效仿。某些高新技术行业或者互联网相关行业是可以尝试的。

以上的三个方法只是缓解法务与业务矛盾的基本方法,当然,法务与业务的关系,也不能只看博弈的一面,其实协作的一面的比例也在增加中。因为受外部环境影响,法务和合规越来越不可忽视,即使业务部门再不喜欢,也无法无视外部趋向严苛的竞争和监管环境。在很多公司,以规范业务行为为主的法务和合规相关管理制度都初具规模或比较成型,虽然执行的效果不一定符合预期,但总体上业务行为受到法务和合规约束,并且要对法务和合规表示一定敬意,这样的机制框架是可见的。另外,在外部规则尚缺乏的行业,法务与业务合作的机会更多,更容易获得对方的认可,例如 2010~2020 年之间的互联网行业最为典型。

(三)把握公司法务与业务关系的原则

在把握公司法务与业务的关系时,要注意以下几个原则:

(1)要把握住双方的心态,不要过度理想化对方,也不要过度妖魔化对方，双方的心态和诉求都必然是建立在扎实的公司业务和经营管理实践中的。法务必须致力于理解业务为什么有这种心态、与公司业务发展战略有什么关系、与现行管理体制有什么关系、法务自己的做法有什么不接地气之处、会如何影响公司战略目标的达成。通过以上分析，法务可以找到突破点，建立更有效率和更为业务所接受的法务工作模式。

(2)法务工作以输出规则化、制度化和流程化的专业成果为特征，但是法务不能因为这个专业属性而忽视自身的商业属性。当面对业务时，公司法务一方面是律师，另一方面是商人；作为律师，要懂规则、会识别风险和评估风险，作为商人则要会给出符合商业逻辑的解决方案[请参见本书第五章“公司法务的商业参与(中)：技能提升”]。业务对法务的最大不满，经常是认为法务给的解决方案是业务无法执行的，甚至是法务为了给自己摆脱责任不管业务死活的。很多公司法务对这个问题有误区，认为自己的解决方案就是最合适的、最接地气的，业务不接受，是业务自己的问题，是业务想让法务背锅。这种对立的说法各有其道理，很难截然判断谁是谁非，但是如果从改进法务工作的角度讲，业务不接受法务的解决方案本身就是法务的一定程度的“失败”，否认这一点是没有意义的。法务应该做的，就是了解业务、了解管理、了解行业、了解竞争、了解相关的商业理论和实践。一句话，公司法务必须学会做商人。寄希望于业务的全盘理解和接受，法务不如改变自己、优化自己。

(3)法务推行某个制度和流程时，不一定要把全部责任放到自己头上。法务要学会管理领导、管理其他部门、管理业务。这个管理，不是说去指手画脚，而是通过在制度和流程中设计合理的责任划分与权力划分机制，使各部门为同一目标(法务的目标)共同出力，而参与工作的各部门却认为这是在完成自己的工作。如前文提到的方法二，合同评审决策机制实现的是法务对合同法律条款的质量和风险的管控目标，但却不是通过法务硬扛和制造对立的方式，而是把各部门纳入决策圈,法务在中间进行引导。这种工作方式是最省力也最有效率的方式,是业务最能接受的方式,也是法务责任最小的方式。

(4)要与业务一同站在战壕里。法务最忌讳的就是躲在办公室里看邮件、回邮件、打电话、开电话会议、开视频会议,却不去业务所在的地方实地观察和参战。在业务规模和法务团队规模可以支撑的前提下,要鼓励法务人员去最前方,与业务人员一起接触客户、接触供应商、接触行业管理机构,这样才能理解业务和管理的痛点,法务工作才能有的放矢。有的公司法务可能觉得这样行不通,因为业务不会愿意前线有这样的“眼线”盯着自己,而且不太好管理这样派出去的人。这可能是误解。第一,如果业务发现法务人员是真的与自己摸爬滚打一同奋战的,他们基本会接受这样一个新伙伴,只要这个新伙伴不是毫无能力的人。第二,法务派下去的人,不能管死,要给予一定的授权,让他们能在最前方现场解决大部分问题。如果前线的法务人员只是传声筒,业务肯定不会接受。第三,法务与业务都是公司战略的承接者和执行者,法务必须想办法以一定形式加入业务战队,使自己的战略执行者的身份受到认可。财务、HR,也都有同样的问题。

(5)法务要与业务共担责任。这包括几个方面:一是对于法律风险问题,法务通过必要的决策形式对业务进行支持,对其中的法务专业输出,要承担责任;二是在业务遇到困难、公司受到损害时,法务不要先想着把责任推给业务或者其他部门,而是要勇敢顶上去,把解决问题作为优先选项;三是在复盘时,有理有据,对后续如何整改和优化提出切实有益的建议,积极参与到建设性工作中去;四是在必要的情况下,与业务共担相关 KPI 及考评结果。也就是说,法务与业务共担责任是以实现公司战略为目标导向的,不是单方面地向业务的妥协或示好。

(6)法务为业务行为建立规则,但是法务自身也要从规则制定者转变为发挥作用者。这也是管理学界对公司法务等部门功能讨论的热点问题之一。业务比较“厌恶”的,是不懂业务的人为自己设定规则，而且规则与业务脱节，无论是法务、财务还是HR，都很容易面临业务的这种指责。因此，法务一是要懂业务，二是要在懂业务的基础上制定出最实事求是，但是有一定前瞻性的规则，以规则规范和引领业务，通过规则的执行来发挥法务促进业务成长的作用。

（7）对业务要进行校正和教育。一般来讲，除非是受到重大损害（撞了南墙），业务很少会主动校正自己的行为或者接受法务的教育。即使法务做再多的培训，业务也很难主动落实在业务行为中。因此，法务要注意调整自己的方法：一是要坚持多种多样的教育方式，以业务能看得懂、听得懂的方式讲给他们（许多法务经常在这一点上有盲目自信）；二是多邀请业务进行内部沟通，以及参与外部事务，包括与监管机构的沟通、政策立法活动、学术活动、行业法务交流，等等。业务在这些活动中了解外部规则是如何产生的、如何实施的、影响力大小是怎样的，从而产生与法务合作争取竞争空间的念头，也因此能够较好地理解法务工作的意义和困难；三是把注意力多放在制度和流程建设上，能教育和约束业务的，往往不是案例宣讲和考试，而是完整的制度和流程体系；四是对于确实严重违规、造成恶劣后果的，要推动公司进行严惩。

（8）还有非常重要的一点，就是法务要正确把握业务的需求。其实多数公司法务很难讲得清楚业务的需求是什么，法务所输出的，往往是法务自己的需求；法务判断业务需要这个，其实是“法务自己认为业务需要这个”。业务真正的需求只有两项：法务如何推动业务往前走，如果出了问题法务如何帮助解决善后。业务的这种想法是本能，是可以理解的，但是未必正确。如果从宏观角度看业务对法务的需求，比较完整的表述应该包括：①法务如何与业务合作、帮助业务共同实现公司战略目标。业务不一定有这种认知，但是这个认知是法务与业务合作的前提和基础，可以作为业务潜意识的或者默认的需求。②法务如何为业务创造良好的外部竞争环境和经营环境。法务不能把眼光放在内部，而是必须在很大程度上放在外部。决定公司生死和业务成败的,越来越是外部因素。业务对所需要的外部环境往往没有非常完整清晰的描述(在战略规划中会有所提及),但是法务应该与业务合作,把这个问题理清楚,并时时更新。对外部环境的管理水平如何,决定了公司法务的资源投入方向和价值(解决的是大问题还是小问题)。维护宏观环境的友好,是公司法务战略水平和长远价值的体现。③法务如何为业务创造顺畅的内部管理环境。法务既然输出规范性成果,就必须要注意这些成果与其他部门的成果之间有什么关联、会不会造成内部的阻滞。法务要从内部环境的高度去考虑自己的输出,而不是只沾沾自喜于自己的专业贡献。④法务如何高效解决业务的具体问题(无论是推动业务,还是善后处理)。

综上,法务与业务的关系是复杂的、动态的、博弈和合作兼具的,法务应该把握如上原则,尽可能主动增强自身能力、调整自身姿态,以科学和灵活的方式建设并维护与业务的关系,共同为公司战略目标服务。

(四)特别注意事项

要警惕和反对一种情况,就是法务部主管讨好业务,力求获得业务部门领导的好感,试图以私人关系的发展来取代业务部门基于法务的专业贡献而对其的认可。法务主管这样做,会造成几个危害性后果:一是法务与业务之间会有很多问题在流程外解决,损害公司的风险管理和业务的规范化运作;二是法务与业务之间会慢慢从相互抬轿子变成为彼此打掩护,掩盖问题、欺瞒公司,导致危机潜伏;三是对于暴露的危机,必然会找业务和法务下层员工背黑锅,造成不公正的处罚,影响团队士气和氛围,毁坏公司文化和价值观。当然个人关系很重要,该发展的一定要发展,但是法务与业务之间的正常合作与博弈,不是个人关系所能代替的,一旦法务主管离任,两者的关系势必回到混沌状态。公司如果发现法务主管以这种方式与业务打交道,就必须先确定其是否有足以胜任的专业能力和管理能力,如果没有能力,这个法务主管就不应该保留在岗位上。

三、如何建设和维护与公司HR/财务的关系

几乎在每个公司中，HR和财务的地位都是非常高的。在发展阶段较早的公司，可能财务的地位还高于HR；而对于已经发展到管理变革阶段的公司，HR和财务的重要性依然故我，是业务的两大助力。法务无论受到何等重视，也不可能达到财务和HR那样的高度，这是由HR、财务、法务与业务的内在关联的差异性造成的。简单地讲，业务作为商业活动，以谋利为目标，财务为业务活动提供资源、指标、约束和结算过程/结果，HR为业务提供组织和人力管理体系，使业务具备有能力和有效率的作战部队。也就是说，财务和HR都是业务活动的不可或缺的要素、环节，是业务的组成部分。

但法务不是这样，法务更多的是起到（战略和战术）参谋的作用，不是业务必须绝对依靠的要素和环节。假设业务是一支部队，其参谋部有十个参谋，那么法务只是十人之一。利用好法务，业务多打胜仗和减少损失的可能性更大，甚至在个别时候会对大决战和灾难性后果影响甚大。但是能不能利用好法务这个参谋，要取决于行业和监管的特点，以及公司管理层、业务和法务自身的能力及意识。业务在完全没有公司法务支持的情况下，也可以做业务，甚至能取得一定的成功，只是这种成功带有很大的偶然性，不可能持久而已。因此，法务在支持业务时，前提就是认清自己天然的属性以及与业务的关联性是什么，与财务、HR和其他职能部门协作，共同服务于业务及公司管理。法务在努力获取重视程度和参与机会的同时，也要避免有过强的表现欲，避免单打独斗。也就是说，法务要把HR及财务视作合作伙伴。（以上只是针对大多数公司的法务与HR/财务的关系的描述，不排除在个别公司，基于其业务特点或公司历史习惯，法务也可能有同等的地位和重要性。）

(一)法务与财务

法务与财务的关系相对容易把握。法务是公司的律师,财务是公司的会计,专业背景差异很大,职责和功能区分比较容易。除了一些金融业务相关的公司,法务与财务可能会有业务上更为密切的来往(也取决于其财务的职责和定位,如果只局限于传统的财务业务,与法务关联的可能也不会很大),大多数公司法务不会有很多财务方面的事情需要处理,即使有,一般也就是合同评审、合同款项纠纷、税务问题处理、财务业务操作中涉及法律问题的风险控制点等。从财务角度看法务,一般也就是预算、报销、费用管理、税务和法律问题咨询、公司相关流程制度的设计与风险控制协作等。对于这种不松不紧的关系,法务应该如何把握并建立合作伙伴关系呢?

1. 应把握住公司战略制定和执行层面法务与财务的共性

财务是公司战略制定过程的当然参与者,法务也有机会参与,而且两者都是公司战略的执行者,这就决定了法务与财务在战略层面上必然是有关联的,其共性就是都以维护公司权益、控制公司风险为目标。其实财务工作有硬币的两面,一面是支持业务创造收入和利润,另一面则是约束业务行为、控制业务行为中产生的风险不会危害到公司财务和业务安全。这两者与法务都是相通的。

对于支持业务创造收入和利润,场景有很多,例如法务和财务都会评审业务模式和交易模式,财务关注的是这些模式是否符合商业逻辑、是否符合公司财务的支撑能力、是否能真实有效地创造收入和利润;法务关注的是这些模式是否合规、是否有其他法律风险。法务和财务的评审点往往是有很多交织的,在对风险的评估上也会有很多共同见解或者冲突,最终需要通过公司决策来解决,但双方共同的目的是希望帮助业务开拓新模式、扩大收入来源和规模。

对于约束业务行为,法务与财务的共同点更多、相通性程度更高,这就是前面所说的“维护公司权益、控制公司风险”的共性。两者都高度重视业务是否为了业绩 KPI 而有实际上损害公司利益的行为,例如弄虚作假、对外作出未经公司授权的承诺、以压迫公司打低价等损害长远利益的方式扩大短期内的销售规模、从事违法犯罪行业等。两者也都高度重视公司权益是否能变现、是否有影响变现的因素存在。因此,在相关制度和流程的制定及执行上,在业务行为的监督、报告和处理上,法务和财务都是可以合作的。

公司法务和财务还面临另外两个共性:一是当代企业业务和管理带来的新挑战,要求法务和财务都必须摆脱传统工作模式和职责的禁锢,对自己进行变革,包括:如何从传统的维护权益工作转向价值创造工作,如何从只是为业务建立规则转变为自身发挥作用,如何从本部门独立作业转变为与其他功能或职能模块的合作,如何从专业事务转变为管理融合事务。面对相同的转身压力,法务和财务有可以共同探讨和交流的话题和必要性。二是在公司治理方面,法务是天然的参谋,而财务也可以发挥一定的作用。财务逻辑在很大程度上也是公司的商业逻辑,并能够在公司治理架构上得到一定的反映。因此,为公司设计稳定而高效的治理架构提供建议,是法务和财务可以协作的重要领域,从各层次的权力和职责设置,到组织架构,再到公司治理的运作机制,都是双方可以相互咨询并共同向公司建议的机会点。

2. 应注意并尽量弥合与财务在知识体系和思维方式上的差异

法务与财务在日常工作中是容易产生冲突的,虽然(控制风险的)目标一致,但由于知识体系和思维方式的差异,导致两者可能成为互不理解的对立方。例如,比较常见的有应收账款的认定标准、发标与付款的关系、对支付方式的认定、对企业询征函是否可盖章回复、委托付款与债权转让,等等,财务和法务都可能有不同见解。其实双方的理解都不一定是错的,而是因为财务专业和操作习惯以及法务专业和操作习惯有差异。例如,财务可能认为对方发来的询征函只是例行文书,如果账务没有错,是可以盖章回复的,而法务则担心对方是在借询征函确认债权;再例如,财务统计销售规模时,可能是以客户下的 PO

为准,而法务根据客户签署的框架性一揽子合同的条款,如果认定客户的框架性采购承诺是有约束力的,那么会要求把框架下合同采购承诺的整体金额都纳入销售规模统计内,财务就会担心业务与客户串通作假冲销售业绩。以上种种冲突和矛盾,会导致财务和法务相互推脱责任,令业务无所适从,甚至给业务造成可钻的空子。因此,财务和法务都应该注意到彼此在知识体系和思维方式上的差异,尽量学习对方的知识,通过沟通来弥合差异。在实践中已经有很多人在强调"财务要懂法"和"法务要懂财务",这说明两者沟通与合作的必要性已经受到了极大的重视。

3. 在权益维护和风险管理方面,共同维护制度和流程的严肃性、高效处理具体事件,共同筑好风险管理的第二道防线

按照比较流行的风险管理体系模型,第一道防线是业务,第二道防线是包括法务和财务等多个职能部门和专业部门在内的赋能机构,第三道防线是包括审计在内的监督机构。法务和财务在一般情况下会在第二道防线内(在个别公司可能会前出到第一道防线),负责制定规则、指导业务部门执行规则,并通过规则运作牵引公司在风险管理和业务决策上的走向(这是财务和法务发挥作用的一种方式,跨越了单纯的规则制定)。当然财务和法务还要处理相关的具体事件和问题。这就会形成一个问题:财务和法务是如何面对业务的。

不可否认,在业务部门眼中,财务和法务的地位是不可能一样的。越是发展程度高的公司,财务对业务的影响力越大,业务对财务也越"客气"。但是业务对法务则往往没有这么"客气",除非是法务凭借自己的专业水平和解决问题的能力,使业务心服口服。既然有业务对待法务和财务的不同态度或方式的差异问题,那么就很容易导致一个后果:在面对风险问题和追究相关责任时,财务可能更容易成为业务争取的对象,而法务则更容易成为业务对抗的对象。业务甚至可能采用拉一个打一个的策略,把风险责任躲避掉。在个别情况下,财务为了避免与业务产生冲突,不想得罪业务,也有可能与业务达成默契,法

务就变成了“坏人”。另外,在业务坚持执行某种业务措施,却受到风险管理方面的制约时,也会发生类似的情况。业务或者出于本能,或者出于财务的暗示,认为阻挡自己的一定是法务。其实无论对财务还是对法务,这种局面都是不正常的、必须要避免的。财务和法务应该合作,共同维护公司制度和流程的严肃性。双方应该通过充分的沟通,了解彼此立场的共同点和差异点,达成一致,并对业务给予相同的口径。一旦各自提防对方,维权和风险管理的制度流程就会出现漏洞。不只是法务和财务,在法务与其他部门以及其他部门之间,也可能会出现类似的情形。对公司法务来说,如何与相关部门合作、保持维护公司权益和风险管理制度流程的严肃性,是个大课题。

(二)法务与 HR

1. 法务与 HR 的关系

法务与 HR 的关系比较复杂,表现为以下几点:

第一,法务与 HR 之间没有工作汇报关系,工作上的交集也不是很多,但是 HR 却要试图理解法务在做什么、贡献是什么、部门规模及薪酬待遇是否合理、部门架构和管理归属是否符合公司不断变化的要求、法务部员工个人的“选用考育留”,等等,而法务也必须时时与 HR 沟通这些问题,力求获得 HR 的支持和帮助。对法务来说,比较头痛的事情之一就是如何让 HR 理解法务为什么是重要的、法务在做什么以及做了多大贡献、法务为什么需要这些人员和岗位以及薪酬职级。在部分条件许可的公司 HR 会向法务派出 BP,专门协助法务主管完成与 HR 相关的事务管理与操作。

第二,HR 也会有法律相关问题需要咨询和处理,例如员工聘用与辞退纠纷、薪酬纠纷、员工违规或涉嫌违法犯罪的处理,等等,即所谓的劳动法律事务。这部分工作对法务来说,技术含量并不算高,基本是属于基础性的日常工作(如果是海外相关的则例外)。在规模较大的公司,如果 HR 能力较强,一般都会自行掌握住相关法律规则,只在必要的情况才需要向法务咨询。在个别公司,如果法务服务水平达不到 HR 的预期,HR 甚至会摆脱法务,自行解决或直接向外部律所求助。因此,法务在 HR 面前并不容易展现业绩,法务需要转换思维,从日常劳动法律工作中突围出来,寻找对 HR 的新贡献点。

第三,HR 在面临公司紧缩、需要裁减人员和部门数量时,尽管法务部门即使全数裁员也不见得会对 HR 完成减员指标有决定性的帮助作用,但法务依然是最容易被"捏"的部门之一,这就对法务与 HR 的日常沟通和关系维护提出了极高的要求。

第四,越是发展程度高的大公司,HR 对业务的影响越大,业务在很大程度上受制于 HR 所实施的组织和人员发展策略及措施,法务岗位向前延伸到业务一线的步调可能会受到阻碍,进而会间接影响法务对业务的支持力度和水平,也会影响法务在业务一线具体情况的分析判断。在海外业务规模较大的公司,这个间接影响更为显著。

综上,法务与 HR 之间的关系是一种"在不确定性中寻找确定性"的关系。说是不确定性,是因为两个部门业务关联不强、劳动法务问题对公司的绝对影响不大,但是 HR 对法务的建设能起到促进或制约作用,影响法务部门和个人的切身利益,两者的关系主要是呈现出"法务有求于 HR"的态势;说寻找确定性,则是指法务如何在公司既定的 HR 战略之下,力求以符合 HR 规则的方式建设和发展法务部门及团队,并获得合理的利益。也就是说,法务要通过维护好与 HR 的关系,把 HR 变成法务的强力资源。

2. 如何建设和维护法务与 HR 的关系

(1)战略求同

法务与 HR 都越来越强调业务导向,在组织、岗位、职责、工作方式及 KPI 都对着业务的时候,法务与 HR 是有共同语言的(法务与财务的关系也类似)。法务可以向 HR 求助,解决法务组织架构、岗位、绩效等如何面向业务、如何更好地承接公司战略的问题。

(2)共同防范劳动风险,为 HR 做体系性贡献

法务如果只是参与处理具体的劳动法律事件,则如上文所言,法务的作用不一定很大、HR 不一定很“领情”。法务对 HR 真正的价值和贡献,在于建立防范和减少劳动风险的 HR 管理体系,越是在劳动法律严格的国家,法务的这个优势和贡献度越明显。HR 虽然具备一定程度的法律知识,但是在法律思维及法律规则的体系化应用能力上显然不可能与法务专业人员相比,因此系统地梳理劳动法律规则,结合公司情况梳理出风险控制点和控制方法,是法务部比 HR 更擅长的工作。

(3)请 HR 指导法务部门管理

组织发展、领导力建设及员工个人成长,是 HR 本职工作,而从事这些工作必须有各部门的配合。如前所说,法务相比 HR 一般是弱势部门,如果 HR 能力较强的话,就会形成法务对 HR 的单边有求于人的态势。因此,请 HR 指导法务部门管理,其实质就是要把 HR 变成法务的资源。一种资源是要来的,一种资源是通过良好的互动合作而流动过来的,显然法务应该要的是后者。法务应该通过与 HR 的沟通,努力学习和理解 HR 管理相关知识和技能,尽力贯彻落实公司的 HR 政策,把法务部门管理与 HR 工作要求形成正向循环。与业务部门不同,HR 政策即使有一定的不足,对法务造成的负面影响也远不如对业务造成的负面影响,因此法务与 HR 的沟通以及对 HR 政策的执行可以大胆些,一方面要在战略上理解公司的意图,另一方面也要在实践中理解 HR 的要求。第一,法务要积极与 HR 主管和相关 HR 模块负责人沟通,就自己对组织建设、领导力与员工管理等问题的想法取得 HR 的支持,并获得 HR 的指导。这里要强调一个问题,法务主管与 HR 沟通的,不是人事问题,而是 HR 管理问题,要有一定的理论高度,法务主管必须具备 HR 管理的基本理论知识,与 HR 使用同一种语言。这是多数公司法务主管做不到的(业务主管相比之下是容易做到的)。也就是说,法务与 HR 的沟通也要尽量站到共同执行公司战略的高度上。

HR 和财务最常说的就是自己在与各部门(特别是业务部门)PK,那么法务就不能以 PK 的姿态与 HR 沟通,而是要寻找共同的关心点和话题,为实现共同的目标而相互协作和支持。第二,法务不是有事才找 HR,而是要经常主动与 HR 沟通讨论,使 HR 了解法务的动向和绩效。HR 主管即使再忙,如果有部门愿意向其汇报,也是愿意听的。第三,法务在落实 HR 政策要求时如果出现不良反应,不宜以对抗的方式与 HR 沟通。HR 一般是执行公司管理的要求,其意图和目的是公司已经确定的,法务不宜对此有异议(涉及重大法律风险除外,要走相应的风险管理流程),但是对 HR 落实公司要求时采用的具体措施认为不适当的,应以点对点的方式进行提醒,并提出优化建议。第四,关注管理技巧的应用效果,并分享给 HR;对于可以树立为样板的优秀下属的情况,要及时向 HR 推送;对于组织发展和领导力发展,要时刻总结心得体会以及建议,分享给 HR,并获得 HR 的反馈。第五,要经常请 HR 或者 HR 派驻的 BP 对部门员工进行培训和教育。第六,法务要重视对 HR 的劳动法律动态的通报以及法律知识的培训和赋能,通过提升 HR 在专业知识上的认知和使用能力,与 HR 之间形成能力上的相互"投喂"的关系。同时,法务也要通过培训向 HR 灌输公司法务的定位、价值、功能和职责,以及绩效贡献。

(4)帮助 HR 建设公司文化与氛围

表现在如下几个方面:第一,法务要根据公司的战略提炼部门愿景、使命和价值观,并与 HR 沟通,获得指导。第二,帮助 HR 建立支撑公司文化与氛围建设的系列制度,例如目标体系、绩效制度、薪酬制度、员工激励制度等。除了帮助评审其中的法律风险和合规问题外,还要从法务部门角度提供建议。第三,收集、整理与企业文化相符合的(本部门)实际案例,推送给 HR 进行大力宣导,起到宣传、示范、模范带头的效果。第四,把法律知识、风险管理知识和合规知识的宣传宣导和推送,与公司文化建设活动结合起来,支撑企业文化的落地。

四、如何建设和维护与公司审计等监督部门的关系

这里的审计是指内部审计，也就是比较大型的企业内部自己的审计部门，专门审计本公司。

“内部审计目标是评价和改善风险管理、控制和完善公司治理流程的有效性，帮助企业实现其目标。内部审计是指对本单位及其所属单位的财政财务收支、经济活动、内部控制、风险管理，以及所属单位主要负责人经济责任履行情况等，实施独立、客观的监督、评价和建议，以促进单位完善治理、实现目标的活动。”①基于以上目标要求，内部审计范围必然极广，覆盖了公司运作的各个层面与环节。内部审计不是为了问责，而是为了发现运作中不符合公司制度与流程的问题，并提出解决问题的建议，提高公司业务及管理效率和降低/避免损失。另外，在有的公司，还需要通过审计发现涉嫌违法犯罪的行为线索，并组织调查，将结论报告公司进行处理。

传统上审计与法务的交织点在于对内部涉嫌违法犯罪的人员的调查和处理。对这个领域，本书不做重点阐述。本书关注的，是关于风险管理和流程合规方面，法务与审计拓展合作空间的可能性。

审计属于风险管理的第三道防线，主要是起到监督作用。简单地概括，审计在风险管理工作中有两项任务：一是审计通过主动使用审计方法（包括但不限于检查、观察、询问、函证、重新计算、重新执行和分析程序等方法），对各部门执行制度及流程的情况进行分析，找出不符合之处，提出整改建议。这部分工作相当于审计主动识别、评估和应对风险，也可以称之为广义上的监督。二是对于参与风险管理的部门的工作进行结果审计，评价风险处理的效果。这部分工作相当于审

① 《内部审计的目标是什么》，载东奥会计在线网 2020 年 2 月 27 日，https://www.dongao.com/cma/zy/202002273055534.shtml。

计对风险管理的事后监督,也可以称之为狭义上的监督。法务首先应着力拓展的,是第一项广义监督部分的合作,其次才是第二项狭义监督部分的相互支持。

法务本身的工作性质就带有监督的成分。从风险管理角度看,法律风险是公司所有风险中的重要组成部分,法务在风险管理目标设定、风险识别、评估和应对方面,有着不可替代的专业作用。既然是风险管理,就不可能是事中和事后参与。法务必须事前出现,才能确定风险管理目标、在事前防范风险。这就要求法务在(与法律因素相关的)风险监督方面进行主动出击,积极审视公司在经营管理的各个环节中是否存在风险点、风险点的状态如何。但是众所周知,法务对经营管理,特别是对业务的主动审视,不一定是受到欢迎的,因此法务最好寻找助力,一同切入需要被审视的流程中去,而这个最佳助力,非审计莫属。

例如,法务怀疑业务在销售合同中有弄虚作假的可能性,包括制作关于客户需求的虚假信息、合同交易结构掩藏其他目的、合同条款先向客户承诺再向公司申请评审通过等。法务即使有线索,也很难把事实查清楚,因为业务不可能向法务说明所有的细节或者允许法务查看业务所有的材料和信息,除非是法务已经向公司申请对此事作为专项进行处理,但这一来会与业务完全对立,二来这种专项处理并不适合于应对日常合同工作中经常出现的场景。此时审计的介入就极为有益。审计在这种场景下的介入有两种方式:一是针对业务在合同和交易背景上弄虚作假这种可能永远不会杜绝的场景,审计进行立项,纳入常年的审计项目范围(即使审计团队力量不足,例如无法对一个子公司进行每年的例行检查,那也可以进行不定期的抽查)。二是针对法务或其他部门报告的较复杂、较严重的单个问题,根据公司的指示加入调查工作,以审计方法查清事实(对这一项要根据各公司的习惯,不是每个公司都会允许审计部介入这种单个事件的调查)。

从审计角度看,审计项目耗时较长,在审计团队规模有限的情况下,不可能把每个风险事项、每个子公司或业务部门都审计一遍,只能是根据当年的计划实施特定范围的审计项目。因此,法务要取得审计的支持,一是要把风险提炼出来,上升为普遍意义的、影响较大的风险问题,从制度和流程合规的角度提供给审计,使审计可以立项。立项了,就意味着此类风险纳入了审计日常监督的范围,对业务的约束力和威慑力就变得比较强。二是对特定事项或单个风险,无论审计是否被公司要求参加调查,法务都应该进行总结归纳,将相应的情况、问题点、风险评估结果、改进建议、对审计的建议等,分享给审计部门(事件情况特殊、公司不允许内部分享的除外,这种情况下法务需要向公司高层请示)。审计获取分享的信息后,就会把问题纳入相关审计的关注点之中。

因此,法务对审计立项的支持、对信息的分享,不但是帮助审计更有效地实施其工作,还使审计成为支持法务的内部资源,增加了法务监督工作的威慑力、落实了法务工作的效果。在有些规模较大的公司,除了审计部门之外,还会向业务派遣稽查团队。稽查团队的工作方法与审计基本一致,但其目的不同。稽查是从属于常驻(业务)部门的,向该(业务)部门汇报,稽查的工作是以类似审计的方法在本(业务)部门内发现问题、提出解决问题的建议,以利于业务部门更主动、更有效地控制风险和提升效率。如果该业务部门中也有常驻的法务团队,则法务与稽查的合作也是非常必要的。因为工作范围只限于本业务部门,因此可以在更加精细化的流程和制度遵从度方面携手进行管理和监督。

五、"法务—政府与公共关系—业务"铁三角与法务新价值创造

对很多公司法务来说,突破传统法务工作领域舒适区、寻找新的贡献点,是迫在眉睫却又难以寻找到完美答案的大难题。建立"法务—政府与公共关系—业务"的铁三角,从优化公司经营的外部环境

入手，则可能是实现这种突破的一个有效模式。

法务部公司外部的关系方都有什么？习惯上一般会分为几类：一是客户、供应商、合作伙伴等公司商业生态上的参加者。这是法务最传统也最经常打交道的主体，或者通过合同、商业谈判以及其他类型的商业项目等产生直接接触，或者是通过诉讼和争议处理来接触。二是公检法和市场监督执法等机构。三是竞争对手。四是公共关系，包括政府以及其他外部公众或机构，也包括学校和科研机构等。打交道最多的应该是前两类，然后才是第三类和第四类。而突破法务传统业务领域，则是重点要发展第三类和第四类的关系。本部分主要讨论第四类"公共关系"。

(一)法务与政府关系

政府关系是公共关系的核心内容。每个公司都需要与政府部门有所往来，只是公司规模不同、行业不同、发展阶段不同，与政府部门沟通的议题会有很大差别。有的只是需要应付政府行业主管部门的例行检查，有的则需要争取优惠政策，有的需要政府出面组织各种资源和市场支持，有的需要预判政府行为动向来获得竞争优势，凡此种种，不胜枚举。但是所有这些与政府的往来都有个共同的特征，就是把政府当作一种独特的外部资源和协调力量。因此，公司发展到一定程度，建立和维护政府关系就成为必要工作。有的公司成立专门的政府关系部门，有的公司把政府关系放在财务、行政或法务等部门，或者在业务部门下设立专门的模块，总之是把政府工作当作一个独立的工作单元。

政府关系部是政府关系工作的责任部门和牵头部门，其主要职责是建立和协调政府关系，推动和牵引相关事项的达成。但是政府关系部本身不是业务部门，也不是专业部门，他们一般是负责搭台和传递信息，而唱戏则是由其他部门(包括业务部门和职能部门)来协同完成。例如，找政府沟通某项税务疑难问题，政府关系部不是税务专家，只能寻找确定合适的政府方人选(政府关系工作对象)、代表公司传递由税务部门拟制的口径,而真正由政府部门沟通具体事宜,一定是税务部门派人参加。也就是说,政府关系工作是由政府关系部门站前台,而业务部门和其他职能部门站后台予以支持,包括提供需求和沟通的口径,在必要的时候也要走向前台。

法务在政府关系工作中起到的作用比较微妙,因为多数情况下与政府讨论的事项不见得与法务有关,但又不是百分百无关,因为政府是依据法律和政策与企业沟通的,企业需要政府提供的则是对法律和政策的解读以及从中获取可能的发展空间。这就有可能离不开法务的支持。法务虽然在解读条款方面有着相比其他部门更高的专业能力,但是并非每个政策都需要法务解读,也并非每件事都是其他部门不能独立操作完成的。业务部门、职能部门和政府关系部门可以合作,在没有法务参与的情况下,也能完成优惠政策获取、可能的资金支持、收集监管信息、协调竞争关系、平息危机事件等工作。那么,法务与政府关系的关联在哪里呢?

本书认为,法务应该把握住两个重要关联点:

首先,针对日常业务,法务要积极参与政府工作在部门合作基础上的有效分工。

第一,法务日常管理的公检法和市场监督等司法和执法部门,要纳入政府关系统一管理的范围内。统一管理是指由政府关系部作为专业的政府关系协调部门,把对相关政府部门的沟通协调变成系统化和例行化的工作,即使在法务没有事情找这些部门的时候,公司仍然能与这些部门保持一个良性、经常的互动,维持公司的热度和影响力。法务则把精力放在挖掘需求和提供沟通口径上,并在关键议题上直接参加沟通。这样一来可以把沟通协调变得更加专业和规范,二来可以使法务把精力放在更有价值的专业相关工作上去。法务不需要担心政府关系部会不会把持了法务的资源、降低了法务的重要性,因为没有法务在后台,政府关系部把持与司法和执法机构的沟通对公司是没有用处的。像市场监督这类常需要打交道的政府部门,有政府关系部帮忙进行日常沟通是更为经济和高效的。

第二,在其他日常性的政府关系工作中,法务要加入其他部门的需求挖掘和沟通口径的制作,这基本上要靠法务自身的积极性和敏感度。税务、资金、优惠政策获取、危机事件、产品标准和准入、竞争关系协调、供应链稳定,等等,法务其实可以找到切入点。一是相关政策的解读和案例的研究,二是合规分析,三是对相关法律和政策的合理性的挑战。其中合规分析非常重要,例如如果公司有海外市场,则在中国获取相关优惠政策的时候,必须避免反补贴风险。哪种优惠政策可能落入禁止性补贴的范畴,需要法务的分析,并与公司相关部门一同设计出最佳需求组合,再与政府关系部等部门共同参加对政府的沟通。对相关法律和政策的合理性的挑战也非常重要,而且市场竞争态势越复杂、经营环境越艰难,越显示出这种挑战的重要意义。可以说,没有能力进行挑战的法务,不可能是未来最符合公司需要的法务。

政府部门在草拟法律法规、制定政策的时候,不可避免带有一定的偏差,甚至不排除可能好心办坏事。公司法务应该与其他部门合作,通过理性的分析和建议,尽力帮助政府落实政策初衷。再例如竞争关系的协调,在市场竞争发展到半失控、充满不正当竞争、甚至引起重大冲突的时候,政府的协调作用就非常重要。最理性和最有效的做法就是请政府出面疏导竞争秩序,重归良性竞争状态。此时对政府的沟通策略和口径就非常关键,而法务完全可以从反不正当竞争和反垄断等多个角度提供意见,这既属于合规分析,也属于对现有规则合理性的挑战,最终可以通过政府部门的协调达成平衡,实现部分挑战的目的。

其次,针对外部规则的制定,法务要成为主导和牵引力量。

数字时代和传统经济形态的最大区别是,借助于网络和数字,社会经济体重新构建了一个“世界”,一个底层组成元素并非原子而是数据的世界。除了少数底层技术研发能够推动数字时代的发展之外,绝大部分的商业创新都只是模式也就是运行规则的创新，且这种创新难以通过传统法律如《专利法》《著作权法》等进行保护，因为它属于人为定义的游戏规则，而不是一个客观世界可见的“作品”。

正因为这个特质，我们能看到大量的商业创新爆发式出现，而且不同于传统行业领域按部就班、循序渐进的发展，数字行业的商业模式创新极快，以至于甚至出现新旧模式同时被创造出来的情况。例如Apple Pay在中国尚未推广开来，就被支付宝、微信扫码支付等压制得举步维艰，核心原因是，这些创新往往不需要长期的技术积累，初期技术门槛并不高，主要依靠资本（或者流量）的力量抢占市场，以规模获取先发优势后再进行细节架构、技术研发和升级。因此，数字时代的竞争，核心成功要素是在合适的时间推出一个合适的商业模式，迥异于传统行业里循规蹈矩地从某个行业的基础技术开始逐步研发。

也正是这种带来剧烈变化的商业模式，直接导致新领域立法的特点为：政出多门、立法滞后。以互联网专车为例，商业模式十分简单，即撮合闲散私人运力和乘客之间的交易。但这一模式同时涉及交通（车辆行驶）、人力资源与社会保障（司机身份）、个人信息保护（运行轨迹）等多领域，对应的监管部门包括交通运输部门、人力资源和社会保障部门以及网信办等，这些部门均有出台各自的行政规章或规范性文件，却并无统一的规范来规制整个行业。当我们把视线投向国家立法层面时，却发现由于国家层面的立法过程漫长，导致在数字时代出现一种怪异现象：某一法律的草案仍在讨论中，对应规制的商业模式或行为却已经过时甚至淘汰。例如，《反不正当竞争法》的修订草案在公开征求意见时，草案中列举的部分互联网不正当竞争行为就已几近消失，以至于出台后所谓的互联网专条几近于僵尸条款。而对于当下兴起的所谓新兴领域，无论是NFT还是元宇宙，资本和社会关注度都已经炒得火热，但监管和立法也仍然在持观望态度，现象如出一辙。

当然，这种立法方面的滞后性也是客观现状造成的。由于数字时代的底层构建元素——数据存于企业，复杂的产品和商业场景的设计逻辑在前端也很难被外界所清晰了解,往往属于企业的商业秘密,因此,国家机关在制定相关监管规则和行业政策时,一般很难有对产业的深刻认识与理解,不得不高度依赖和重视公司的意见和反馈的情况,尤其是市场份额占有率高的企业,相关机关还经常召集企业甚至亲赴企业进行调研。

在这个问题上,以美国大企业为代表的西方国家的企业对政府的游说工作是可以借鉴和参考的。他们的这种游说团队规模庞大,涉及资金动辄千万美元,有数量众多的游说机构代表企业从事这种工作。其效果主要有三种:一是通过政府立法和修订法律来改变监管和市场竞争规则,使游说方获取进入市场及获取市场份额的优势,或者获取超高利润;二是通过政府力量限制外国竞争对手的进入,以及帮助本公司进入其他国家市场;三是定点打击竞争对手。这种游说表面上看没有破坏自由竞争秩序,但实际上是通过制定法律和政策来增强了游说者的竞争力或者收益。中国当代营商环境也有企业反馈意见的空间,但并未发展成西方式的游说产业,原因在于:一是中国政府是以维护国家和公共利益为导向的,对企业的说辞有严格的辨别和取舍;二是很多公司并没有在如何影响外部规则方面投入较多注意力和资源,仍然是以依靠商业模式、价格、产品以及服务差异化为主来获取生存发展空间。但是客观上来讲,企业却仍然有影响政府及外部规则的潜在需求,原因在于:一是政府有自己的政策导向、严格监管企业行为,企业需要根据政策导向不停地澄清和校正自己的经营策略和经营行为;二是既有的规则可能已经不适应部分企业的发展情况;三是很多新产业和新商业模式迅速成长,而外部规则的出台却落后于产业实践;四是中国产业面临外国利益集团的不当打压时,客观上需要我国制定对策。基于以上,对中国企业而言,如何扩大和利用外部规则的解释空间,乃至制定新规则,就成为一件可以尝试的事情。

在这方面,互联网行业的头部企业作出了表率。政府在对新兴产业缺乏及时的、全面的了解的时候,监管思路尚未形成,比较容易被头部企业的繁荣兴盛的势头所吸引,也比较容易听取头部企业关于如何发展本产业的一些建议(非头部企业可能没有能力提供建议)。

例如,国家市场监督管理总局曾询问电商企业有关消费者投诉处理的类型、件数、区分原则以及采购相关数据,并与总局所掌握的数据进行对比。又如在《广告法》修订及《互联网广告管理暂行办法》出台之前,全国人大常委会法工委以及国家工商总局多次前往包括 BAT 在内的大型互联网企业进行调研,与政策法规研究人员、法务人员探讨行业需求和规则细节。此外,2014 年,全国人大电子商务法起草工作小组与国家邮政局政策法规司在《电子商务法》立法调研中,听取邮政管理部门、快递企业以及有关专家对电子商务与快递行业协同发展的意见和建议,了解立法需求,就影响制约快递业支撑电子商务发展的问题与参会企业进行探讨,并实地考察一些知名快递企业。[①] 此外,2017 年 7 月,国家发展改革委副主任连维良带队赴蚂蚁金服调研,了解蚂蚁金服在对小微企业、消费者等服务方面的创新措施。[②] 2018 年,深圳市法制办赴腾讯总部开展相关立法研究,与腾讯法律团队和腾讯研究院讨论数据的内涵以及数据使用范围、存储、传输、恢复、共享、司法证据收集等数据产业发展和数据建设方面的问题。[③]

2019 年,国务院颁布《国务院办公厅关于在制定行政法规规章行政规范性文件过程中充分听取企业和行业协会商会意见的通知》,明确要求:"在制定有关行政法规、规章、行政规范性文件过程中,各地区、各部门要科学评估拟设立制度对各类企业、行业可能产生的影响及其程度、范围,对企业切身利益或者权利义务有重大影响的,要充分

---

① 《全国人大财经委、国家邮政局开展电子商务法调研》,载中国人大网 2014 年 11 月 5 日,http://www.npc.gov.cn/zgrdw/npc/lfzt/rlyw/2016-12/28/content_2005617.htm。

② 武琪、张泉:《国家发改委副主任连维良赴蚂蚁金服调研》,载中华网 2017 年 7 月 21 日,https://finance.china.com/domestic/11173294/20170721/30994581.html。

③ 《市法制办赴腾讯总部开展数据保护立法调研》,载深圳市司法局网 2018 年 12 月 4 日,http://sf.sz.gov.cn/ztzl/zflf/bslfxx/content/post_2968878.html。

听取有代表性的企业和行业协会商会以及律师协会的意见。有关行政法规、规章、行政规范性文件对不同企业、行业影响存在较大差别的,要注重听取各类有代表性的企业和行业协会商会的意见,特别是民营企业、劳动密集型企业、中小企业等市场主体的意见。”

此后,相关调研更加频繁。2019 年 5 月,中国科学院、中国科学院大学相关人员以及“关于《科技进步法》修订中若干重要问题的研究”课题组有关成员,前往阿里巴巴集团就大数据和人工智能发展对我国相关立法的挑战开展调研。①

2019 年 12 月,中国信息安全法律大会专家委员会代表对京东数字科技集团进行了专访,以了解企业产业数字化和信息安全业务建设的实践。调查期间,与会专家和委员会成员代表与京东数科安全管理、数据治理、人工智能和区块链等业务的负责人进行了深入交流,并听取了公司的意见。②

最高人民法院在 2022 年 3 月发布《最高人民法院关于适用〈中华人民共和国反不正当竞争法〉若干问题的解释》之前,同样由民三庭的相关主笔人在各大企业尤其是新兴不正当竞争案件频发的数字行业、互联网行业进行了深度调研。

我们可以看到,这些头部企业在市场竞争和监管规则研究方面投入很多资源,研究成果与企业实践充分结合,对政府侧提供的建议有的放矢,有较高的质量。对规则影响的结果,就是中国互联网产业监管政策和法律逐渐出台,但有着比较强的头部企业意见的影子。从后来者和追赶者的角度来看,竞争难度增加了,门槛增高了。这些头部

---

① 李玲娟:《中国科学院学部咨询项目“关于〈科技进步法〉修订中若干重要问题的研究”课题组调研阿里巴巴集团》,载中国科学院大学网 2019 年 5 月 22 日,http://news. ucas. ac. cn/index. php/xshd/492396-376-2019-05-22-14-03-53。

② 《中国信息安全法律大会专家委员会代表赴京东数科走访调研》,载新浪网 2019 年 12 月 13 日,http://finance. sina. com. cn/stock/relnews/us/2019-12-13/doc-iihnzhfz5592432. shtml。

企业的法务在上述工作中起到了非常重要的作用，在很多场合中，都是走在与政府沟通的前面。

例如，为了更好地与各界保持沟通，以互联网公司为首展开了“研究院模式”的探索。研究院模式使其既与公司业务运营保持关联，从业务中获取“养分”，同时又保有一定的独立性，可以较好摆脱“业绩追求”而对互联网领域的规则制度进行探索，为各界人士交流提供平台。腾讯公司可谓此方面的翘楚，布局最早、投入最大。腾讯在2007年创建了以政策法规研究为主业的独立机构“腾讯研究院”，依托腾讯公司多元的产品、丰富的案例和海量的数据，围绕产业发展的焦点问题，通过开放合作的研究平台，汇集各界智慧，共同推动互联网产业健康、有序的发展，并围绕互联网法律、公共政策、互联网经济、大数据等研究方向，与国内外研究机构、智库开展多元化的合作。

而对于另一家互联网巨头的阿里来说，其于2007年也设立了阿里研究院，作为国内互联网公司中第一家内设的研究智库，与诸多国内外一流高校、联合国相关经济合作组织、国内外行业协会一直保持着良好的合作和联系。

综上，与传统产业的法务工作相比，互联网产业的法务工作明显是加强了在政府关系侧的力度，并且对业务更加有牵引性。当然，并不是所有公司的法务都具备这个能力，但是每个公司的法务都应该分析本公司所处的环境，评估外部规则对公司的影响，从而导出外部规则的风险及影响外部规则的机会点。这个工作可以放在战略规则部分来做。

（二）法务与其他公共关系事务

除了政府关系，公共关系范畴中还包括用户（消费者）、媒体、行业组织、学术组织和专家等。法务在这个领域内是有较广阔的空间可以挖掘的。以消费者为例，消费者行业的法务一般会有较多精力用于与消费者相关的工作，包括合规（例如消费者隐私保护、产品质量责任、消费者保护等)、消费者维权,等等,法务对此都比较熟悉,在此不赘述。

行业组织则是很重要但容易被法务忽视的沟通对象。多数行业组织有政府主管部门的背景,以社会团体的形式代表政府主管部门行使行业管理职能,因此公司的政府关系部门会与行业组织维持较密切的关系。但法务如果不参与到事件和政策相关问题的沟通中,则很容易忽视掉行业组织的重要性。在多数情况下,行业组织推动的竞争秩序规范、纠纷调解等工作,是与法律密切相关的,法务应与政府关系部门合作加入与行业组织的沟通。

学术组织包括学校、研究机构和专家等,其实对政策的制定有着不可估量的影响力。特别是某些研究机构就是从属于政府主管部门的,无论是行业动态研究、政策的制定,还是技术标准的出台,都可能与研究机构、学校和专家有合作空间。政府关系部门如果有足够的资源和精力,一般会有选择地把研究机构、学校和专家纳入沟通协调的范围。法务的作用就是在维护这些关系的过程中,输出与法律相关的意见。法务只有与政府关系部门保持密切沟通和信息分享,才能准确地把握住机会和输出重点。

媒体关系是个比较特殊的领域。传统上法务很少与媒体直接打交道,个别情况下就某个公司独特的表现和法务的强大影响力,媒体可能会与法务(主要是法务部)有交流,做专访。多数情况下公司法务在媒体亮相的机会并不多。但从实践来看,法务仍然有不少机会参与到媒体相关工作中。第一,负面媒体消息处理。对消费者行业的公司法务来说,这个工作属于日常工作。但是与媒体直接沟通,还是通过媒体关系部门来与媒体沟通,这取决于各公司的习惯。原则上以媒体关系部门站前台为主,法务负责输送资料,在必要情况下也可以直接面对媒体,但要服从公司媒体关系管理的要求。第二,主动通过媒体向外界发布信息,公司的营销、品牌管理等部门理所当然要做这类工作,那么法务要做什么?法务要做的,就是通过媒体向外界传递特定的观点,包括对产业政策、监管、竞争秩序、行业内重大法律风险相关事件、本公司相关风险问题、有公众影响的重大诉讼等的观点。受众是政府、消费者、行业内其他厂商、相关的组织机构等。而通过媒体发送观点的,可能不是公司法务自己,而是外部专家学者或者其他有一定影响力的人。在这种情况下,法务对外的输出是公司整体策略的组成部分,与业务、政府关系/公共关系等合作达成公司的目的。

(三)小结

综上,法务应当通过建立"法务—政府与公共关系—业务"的铁三角,更有效地参与到政府关系日常工作及影响外部规则制定的工作中去:政府关系部门是沟通协调平台的搭建者和维护者,但是除了一些简易事项外,政府关系部门需要其他部门输送炮弹,这些部门包括公司内部的各个业务和职能部门,例如财务、HR、供应链、研发、销售,等等。但是从对政府关系/公共关系天然关联来看,核心业务部门(研发、生产、销售)和法务才是政府关系最持久和最有互补能力的部门。因为,法务就是与规则打交道的,而政府的输出就是规则。业务需要做的,就是用公司的业务目标和业务操作来与这些规则对标,导出对外部规则的实际需求。面对政府,政府关系部就要成为三角形的尖部,而法务和业务部门则成为三角形的另两个角,对尖部提供支撑。这可能是包括政府关系在内的公共关系工作的最佳阵型。至于法务能否站住一个角,就要取决于法务自己的格局和眼光,取决于法务战略规划以及与其他部门的合作能力。

延伸阅读:公司法务如何迅速提升政策研究及输出能力

对于一般公司来说,在资源有限的情况下,如何建设法律前沿研究岗呢?

一、锁定核心战略方向,以短平快的研究项目起步

基于当下除极为少数的头部企业外,其他公司很难实现覆盖数字

经济对应的所有细分领域的布局的现实,在公司政策法规研究体系建设初期,因人力、财力资源所限,不建议开展基础性、广泛性的研究项目。建议确定研究重点:以公司未来核心战略方向为导向,将有限的研究资源投入到少数拳头项目。同时研究内容应尽量减少务虚成分,以成果为导向,尽量出产贴合业务一线需求的可落地的操作指引,以及可代表公司向立法机关、监管机关汇报的成型文件。

二、提升内部数据搜集和调研工作的考评权重

在政策法规研究中,最重要的方式之一是对数据的解读和应用。没有日常大量的数据累积,任何研究都是无源之水、无本之木。

公司内部的政策法规研究机构与第三方独立研究机构相比,缺乏市场竞争压力所转化而来的研究动力;与传统高校或研究所相比,人员储备和研究经验相对不足。但公司研究机构的最大优势是,可及时接触公司业务一线的大量资料和数据。公司内部应打通业务部门和政策研究部门之间的数据壁垒,赋予政策研究部门调取相关研究领域的一线数据的权限,甚至包括设定数据提取和保存规则的权限;应允许并激励政策研究部门在将相关数据脱敏后,制作研究报告与政府部门沟通,制成白皮书等对外发布,以扩大公司在“政策”和“规则”制定中的影响力。

在合规层面,实现上述定位的方式之一是:将公司主营的业务场景进行总结和抽象,并从规则制定层面寻找解决路径。

三、与政府关系部门紧密合作,积极参加各类研讨会议

政策法规研究体系建设虽然依靠本公司数据立足,但建设的首要目标是对公司外部环境产生积极影响——研究成果直接指向国家政策和法律法规。公司政策法规研究部门的职能是,解读现有政策法规、分析和预测未来政策法规导向,甚至要努力充当在政策和法律法规制定过程中为本公司利益说话的代言人角色,因此需要和政府关系部门进行广泛而密切的合作,尽早尽多地获取自己研究方向最新的立法或监管动态,以期有的放矢地开展研究工作。研究团队成员中应当

有公共政策研究的专业人士。在某些研究资源不够充足的公司,政策研究部门在尚未独立之前,可先设在政府关系部门之下。

在为公司利益代言的过程中,政策法规研究部门以公司代表身份参加和举办各种会议,是提升公司形象、扩大公司影响力甚至引导行业政策研究方向的重要举措。利用各项会议扩大自身影响力,从社会关注和自身相关的议题切入,联合国内外的高校、政府部门发表意见,这都体现了企业的政策法规研究机构在关乎企业自身利益的法律和政策领域,展开了积极的筹谋和应对工作。

四、注重内部人员的外训和外部人员的聘用

在组建研究团队时,企业应充分考虑自身战略布局的需求。客观上研究数字经济和行业的顶级人才有限,主观上一般公司也没有全方位布局数字经济全部细分领域研究人才的需求,因此没有必要效仿大型平台类公司,通过高薪聘请来组建一个庞大的专业研究团队。建议更多地可以考虑多层次组建方式,走出更符合自己特色的政策法规研究体系之路:

(1)在公司重点战略领域及/或互联网发展趋势领域如大数据、人工智能领域聘请少量顶级专家,作为团队领头人或至少作为研究战略方向、方式方法的指导人。

(2)研究基础团队可注重从现有内部人员中培养,挑选或招聘研究基础好、潜质高的新人,通过多接触业务一线、多参与外部专业交流和学习,以及配套的考核和激励机制,锻炼出一支适合本公司的研究队伍。

(3)根据研究项目情况,对于本研究团队不熟悉的领域,可聘请外部专家提供排他性(排除向竞争对手提供对应服务可能)的辅助。

六、公司法务与合规及风险管理工作的联动模式

(一)法务与风险管理

法务人员谈到风险管理时,会本能地想到法律风险,甚至把公司风险管理与法律风险管理混同起来。其实法律风险只是公司诸多风险中的一种而已,法律风险管理不能替代公司风险管理,相反,公司风险管理是包含了法律风险管理的。

ISO31000(2018)中提道:所有类型和规模的组织都面临内部和外部的,使组织不能确定是否及时实现其目标的因素和影响,这种不确定性所具有的对组织目标的影响就是"风险",针对风险指挥和控制的组织活动就是风险管理。

公司风险大概分为如下几类:战略风险(例如市场洞察失误导致产品策略失误),财务风险(例如税务风险、货款回收风险),运营风险(例如质量管理失控、关键流程缺失或失控),外部风险(例如政治和政策风险、合规风险)。可见并不是所有的风险都表现为法律风险,也并不是公司所有的损害都与法律相关。

从风险管理和法务管理的目标来看,法务管理的目标主要是促进公司业绩增长、经营管理水平提升和核心竞争力的提升;而风险管理则是发现和控制风险征兆,控制风险敞口并使整个风险处于一种被管理的且业务上可接受的状态,从而不会影响公司商业目标的达成。两者差异还是较大的,从公司商业目标的角度看,法务管理有积极和进攻的一面,而风险管理更多的是防守。但是具体到法律风险管理,与风险管理又是一致的,法律风险管理所使用的策略和方法论以及结果的应用(关于应对法律风险的策略和效果的决策)是相同的,法律风险管理要遵从公司风险管理的基本制度。例如,风险管理和法律风险管理都要经历"风险识别、风险评估、风险应对、风险监控、风险报告"这

一基本流程；都要根据对风险的影响度评估（账务影响、合规风险、运营损失、声誉影响、客户影响）和发生可能性评估（可能性极低、可能性低、可能发生、极其可能发生、几乎确定发生）来确定风险的级别；都要通过对风险发生的影响度和可能性来决定采取何种应对策略（风险接受、风险避免、风险降低、风险转移）。

因此，虽然法务部是专业组织并且承担法律风险管理的主要工作，但是法律风险管理与风险管理不是可以截然分开的。在此基础上，我们可以探讨一下法务与公司风险管理之间应该如何联动和协作。

（1）在组织上，法务独立于公司风险管理体系，但支持风险管理体系的工作。如果公司条件许可，会成立专门的风险管理组织体系，从风险管理委员会到执行层的企业风险管理部门，再到各业务体系的风险管理（兼职）岗位，对公司的风险进行全面的、全流程的监督和管控。法务则对风险管理体系没有日常管理和汇报关系，但是对于风险管理体系下达并且公司决策由法务承接的建设工作和其他任务，法务部应进行进展情况的报告。

（2）法律风险管理要纳入公司风险管理的框架下，法务不能因其独立性和专业性而把法律风险管理独立化。这意味着法律风险从识别到对策再到监督和报告，都可以遵循一整套规范化、科学化和流程化的体制，把法务与业务部门之间的关系在相当大的程度上纳入公司统一管理的框架内，使法务工作获得支撑，并且降低了法务与业务的直接冲突的可能性与烈度。

（3）法务与风险管理部门应当相互赋能。法务对风险管理部门赋能是指从法律专业角度提升风险管理部门对法律风险的认知，风险管理部门对法务的赋能则是从风险管理的方法论和工具角度提升法务对风险管理的认知、增强其管理方法的科学性。

在日常工作中，法务与风险管理部门都是在公司风险管理的第二道防线上（第一道防线是业务，第二道防线是风险管理支撑部门和相关职能部门，即负责风险管理的策划组织协调赋能的部门，第三道防线是监督部门)，这就使两者具有了共同的目标并为实现这个目标而有了相互交流信息和共同提出应对策略的可能性。无论是针对风险管理机制的运作，还是针对某个具体项目，两者都可以通过合作的方式从对方获得支撑。例如业务部门强推某个交易模式，法务作为评审人提出风险预警，就可以通报给风险管理部门，从风险管理角度进行论证，在与法务意见一致的基础上，共同组织与业务的再沟通、向公司汇报并获得决策，这比传统上法务部独家与业务争论要有效率得多。风险管理部门也因此得以介入较具体的业务场景中，使其增加对业务实际运作情况和风险情况的理解，风险管理工作不再空洞和无的放矢。

综上，法务与风险管理部门是相互支撑、相互成就的，法务要放弃自己的专业心态，多学习和掌握风险管理的方法论及必要的工具，把法律风险管理变得更加科学化和高效化；同时要把风险管理部门作为自己的战友，时时交流分享，通过促进风险管理工作水平的提升来创造整个公司都重视风险的氛围、制度和效果，进而为法务与合规工作创造良好的环境条件。

(二)法务与合规管理

1. 法务与合规管理工作的关联

法务与合规管理工作的关联表现在两个大问题上：一是法务与合规在工作目标和工作内容上有没有区别？二是在组织架构上要不要分开？解决了这两个问题，法务与合规如何协作配合的问题也就解决了。有很多关于法务与合规的论述并没有触及这两个问题，有的默认为法务兼管合规，有的认为合规是独立于法务的；有的认为合规与法务工作目标和工作内容差别很大，有的认为不需要考虑这个差别。本书尝试讨论并提出这两个问题的解决方案。

法务与合规在工作内容和方法上是有着明显的差别的。例如，法务负责法律风险管理，但是法律风险可能来自合同，还可能来自侵权，也可能来自合规（不合规不一定侵权，但侵权基本上会有不合规的后果），合规所造成的法律风险只是法务所管理的法律风险的一部分，而法律风险管理也只是法务工作的一部分。又例如，合规人员不需要承担诉讼和纠纷处理，基本也不需要与客户谈判项目，也就是说，法务承担着大量的对业务的日常支持工作，合规则不是针对每个日常业务的，更多的是关注模式、方案、制度、流程等通用性的问题以及个别的合规相关的危机事件（强监管的行业例如金融业是个例外，合规也要参与到日常每个业务中，包括合同评审）。也就是说，法务工作更聚焦于专业和实务性的法律问题的解决，而合规则更聚焦于合规管理制度制定，合规管理的组织、指导、监督、评估、考核、评价，合规管理计划与合规报告，合规管理队伍建设，合规管理信息系统建设，合规文化建设等管理性的工作。再例如，法务工作是依据于既定可遵循的法律规则，而合规工作则要把风俗习惯和道德准则等也全部纳入遵从的范围内，也就是说，法务与合规所依据的"规则"的范围也是不一样的。还有个非常重要的差异，就是法务人员一般是法律专业出身、受到法律专业教育的，但是合规人员则更强调管理技能，具备基本的法律知识即可，法律相关要素的输入由法务部完成和提供即可。

基于以上法务和合规的差别的简单对比，似乎可以得出"传统的"结论：法务与合规在工作目标上也不可能完全一致。虽然都是遵从法律，但是合规更强调防范合规风险，而法务工作更强调最大化公司商业利益。

2. 关联和协作的建立原则

那么，法务与合规应该建立怎样的关联和协作呢？应把握住如下原则：

（1）法务与合规对待规则的态度和利用规则的方法应该尽量趋同。传统上虽然说合规更强调防范合规风险，但是合规从来不是"死合规"，合规本身对"规"的理解和利用是有弹性空间的，要结合公司的商业利益需求和核心竞争力需求,对规则进行有利的解释并获得监管机构的认可。在必要的场景下,合规甚至是一种创造性的工作,也就是建立规则并遵从自己所创造的规则,从而成为规则的玩家,获得竞争优势。这是合规在新兴技术和新兴产业不断涌现的时代的发展趋势。而法务工作也是有同样的特征的,所有的法律规则在适用于具体的商业场景时,都有其变通和灰度,公司法务工作技巧的高低就在于掌握这种变通和灰度,最终目的不是阻挡业务,而是找到能让业务前行的方案。因此,合规与法务在对待和利用规则方面,可以采用相同的态度。当然还有一点也是相同的:都有不能触碰的红线。更进一步,合规与法务的工作目标也可以趋同,在降低法律相关风险、推动商业成功和增强公司核心竞争力方面,法务与合规的工作目标完全可以达成一致。

(2)合规风险和法律风险都可以纳入风险管理框架,合规风险在风险管理体系内可以作为法律风险的一种,遵从相应的风险管理规则。如果公司内的合规体系是独立于法务的,则合规体系与风险管理体系的关系,与法务和风险管理体系的关系是很类似的。

(3)法务组织架构与合规管理组织架构及用人可以协调起来,实现一定程度的融合。

法务与合规的组织架构并没有绝对适用于全部公司的模式。有的公司的规模和风险都不大,法务就可以兼具合规工作职能;有的公司的规模、管理水平和风险情况达到了一定程度,将合规组织与法务组织分别设立,形成两个团队。无论是分别设立还是由法务兼管,都各有其合理性,当然也各有其弊端。法务兼管合规,如前所述,法务一般不容易具备风险管理技能,在合规管理的方法论和工具方面容易出现短板,合规问题容易识别,但是合规动作不容易落实在业务行为中;两者分别设立,则合规工作要么缺少专业性、需要法务的输出和支持,要么就是专业性较强,但坚持专业性而与法务发生冲突(例如在评审业务模式时,立场和态度可能是有差别的)。更为严重的问题是,合规团队很难做得非常庞大、覆盖到各个业务体系，因此在执行层面上，合规往往缺乏监督能力。本书认为，解决以上弊端的方法是“顶层分立，基层合并”。

所谓“顶层分立”，是指合规必须有专门的组织和团队，其主要工作在于设计合规工作的目标、战略、重点任务，提供方法论和工具，考核评估，奖惩，并进行相应的制度、流程、平台和文化的建设。这个组织聚焦于合规管理工作，与法务部并列。

但是在基层层面上，要搞“基层合并”。合规在基层要依靠两个团队：一是各业务体系/子公司的合规管理团队，这个团队成员是顶层合规组织向下的延伸，可以是专属于合规组织的，也可以是各业务体系/子公司派人兼任的；二是派驻到基层的法务人员。如果前者缺位（多数公司可能不会在基层设立专门的合规管理岗位），则依靠后者，也就是说由基层法务人员兼管基层的合规工作，主要是帮助业务/子公司落实合规要求，识别和初步评估合规风险，报告及帮助解决合规动作落实过程中的问题，评估合规措施实施的效果及业务部门的合规管理水平，帮助解决合规相关风险问题，等等。这时候基层法务人员实际上兼任了合规工作中的两个角色：一是合规相关的法律专业支持（例如金融业公司在基层任命的合规人员往往是这个角色），并将合规要求落入法律专业评审和法律解决方案中；二是基层合规工作中的部分合规管理职能（不会是全部的合规管理职能，例如方法论和工具赋能、考核、奖惩申报等，不适合由基层法务人员承担）。当然最理想的方式是在基层由“法务人员+业务体系/子公司任命的且从属于本业务体系/子公司的兼职合规管理岗位人员”进行搭配，在这种搭配不可得的情况下，法务人员则要将法务与合规职责集于一身。如图 9-1 所示：

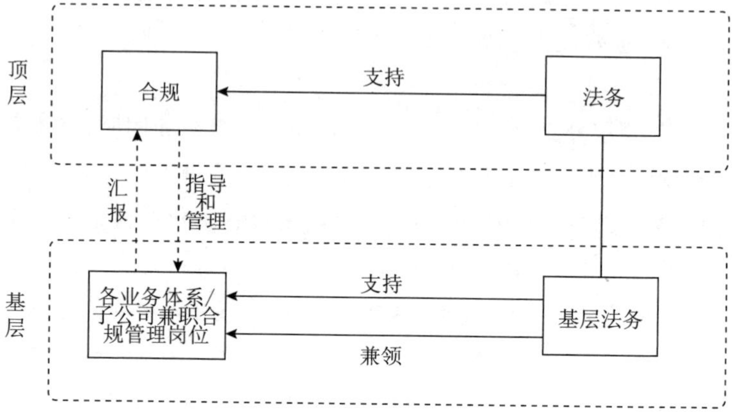

图 9-1　法务与合规的组织架构的协调与融合

"顶层分立"和"基层合并"模式的益处在于合规因此可以统一管理。战略、策略、重点风险管理、方法论和工具、合规体系的运作、合规效果的评估和考评等,这一系列管理工作将由专职部门来做,最大限度地将合规工作专业化和规范化。而在基层则主要是实际的业务经营,法务支撑的也主要是业务经营本身,通过法务兼管合规,可以把法务与合规工作更好地融合于对业务的每个事项的支持中,使风险控制和商业目标实现最佳融合。如果基层法务不管合规,而是由其他人员来管合规,则很可能在基层发生冲突,降低业务效率。

需要指出的问题是:

第一,如上所说,基层法务只能承担合规相关的专业支持/合规要求在法律解决方案中的落实,以及部分合规管理职能,而不是全部管理职能,那么空余的合规管理职能由谁承担?如果基层业务体系或子公司不肯承担相应的预算和人岗,对基层的合规管理的部分职能(例如方法论和工具赋能、考核、奖惩申报、合规运作水平、合规效果评估等),只能由顶层合规部门承担,但要求基层业务部门给予配合,及时上报有关情况,并接受自上而下的检查和审计。这种模式只适用于有条件的大公司。

第二,合规主管与法务主管是否可以是一人。“顶层分立”不意味着法务与合规的主管不可以是一人。分立是指方法论和相应的管理体系的分立,但由同一人兼任主管与此并不冲突,相反能更好地融合法务与合规工作,将两者的目标统一。

第三,用人方面的协调和融合。一般认为,合规人员与法务人员的素质模型是有差别的。差别在于法务人员可以做合规工作,但合规人员未必能做法务工作。法务人员很容易掌握合规管理相关技能,但是合规人员如果不是法律专业出身,则很难达到法务人员的法务专业工作水平,在某些行业甚至存在法务与合规之间的鄙视链。在多数公司中,法务人员同时做合规工作,并不会感到有太多的“别扭”,而是基于专业,将法务工作与合规自觉地融合起来,都作为自己的职责。因此,除了因合规管理工作的管理特性而需要一些非法律专业人才并设立一些非法务工作岗位以外,将法务团队与合规团队合并并非不可以,甚至在顶层可以“一套人马,两块牌子”,在基层则不派遣专职合规人员,由法务人员兼做合规工作,并尽量要求基层业务部门承担合规管理方面的工作。需要说明的是,要求业务部门承担合规管理方面的工作,是因为业务(而不是合规部门)要对合规承担首要责任。合规风险来源于业务,合规最终落实到业务的每个动作和每个业务人员的行为上,合规效果也反应在业务上。因此,业务与合规不能是两张皮,合规部门只是提供要求、目标、方法和相关支持,而业务要把合规作为自己的事,自觉对自己的合规工作进行管理,并向上报告相关信息和情况。

以上对比和分析,其实能够反映出一些趋势,也是部分大厂商的法务与合规在践行的趋势:第一,不要把法务与合规过于差别化。两者虽然在目标和方法论上有一定差异,但这种差异是可以通过对标公司战略目标和对标风险管理来进行弥合的,需要保留的差异只是合规的管理体系和方法。第二,法务学习合规管理的体系化、规范化、工具化,可以同时做好法务与合规工作。在基层执行层面,两者融合得越多越好。

第二节 外部协作

本节试从几个常见的公司法务外部资源管理问题出发,阐述公司法务如何做好相关管理并开拓出更深远的发展空间。

一、如何管理外部律师资源

很多公司领导会有一个疑问:法务部为什么需要聘请外部律师?你们不就是律师吗?请外部律师是因为你们不够专业吗?那公司养不专业的法务人员有何意义?当公司领导审批法务部预算或者审批外部律师费用支付申请时,这种质疑会尤其强烈。甚至有些法务部门负责人,沉迷于只扩大自己法务部门的编制来获取部门的较高话语权,而从部门自身就抵制将有限的资源投入到外部资源的聘请上去。

但是实际上,公司里其实还存在其他类似情形,例如:财务部门的人员都是财务专业出身,他们为什么还需要聘请会计师所和税务师作为顾问?销售部门有自己的MKT① 团队,他们为什么还需要请营销专家和营销顾问公司帮忙做营销策划?HR部门是专职做人力资源管理的,他们为什么还聘请人力资源专家顾问来做HR相关项目(例如组织发展、领导力发展、薪酬体系,等等)?

当类比其他部门的外部资源合作场景后,我们就容易理解并得出这样的结论:第一,公司作为一个商业主体,不可能具备完全不依靠外部支持的能力。业务操作过程中需要资源的加持,而公司在成长过程中,也需要时时从外部汲取能量。这里面透露出的含义,其实就是公司可能会忽视法务的商业属性,而只注意到其专业属性。如果从商业

---

① MKT,就是Marketing的缩写。顾名思义,是指市场相关岗位。

属性角度观察法务部,法务部与财务、销售、HR 等部门一样,都是公司这个商业主体的一个部件,其能力模型必然是受限于公司本身的特色和公司资源的规模。例如,互联网行业法务可能在数据保护上有专长,但是未必对海外经营法律风险管理有足够的经验;传统制造业法务在合同评审上很成体系,但是未必对高科技发展所带来的监管和合规要求有足够的应变能力。凡此种种,每个公司的法务都各有特长、各有其短,而短缺的部分,则往往要依靠外部律师的支持来补足。第二,即使公司法务在某类问题上有专长和经验,也未必不需要外部律师,这是因为公司法务和外部律师的特定分工会极大提高法务工作的效率和成功几率。例如重大诉讼,外部律师负责流程引导、问题分析和提供建议,公司法务则负责提供信息、结合公司实际情况和公司需求推动公司作出方案决策。如果把诉讼比作做菜,外部律师提供的是深、精、流畅的炒功以及对配料的建议,公司法务掌握的是原材料以及对味道和火候的决定权。缺少任何一方,这个菜可能就炒不成精品。因此,公司法务既需要外部律师补足自己能力的短板,也需要通过分工与外部律师配合完成法务工作。第三,从部门架构角度来看,构建一个"没有缺点"加"极其专业"的部门是客观上不可能的:"没有缺点"意味着极度不经济,例如对于一个快消品公司,如果要培养和留住一位和自己最擅长的广告营销合规法务水平相当的反垄断法务,那相当于请了一个一年可能没有几次输出,但薪酬成本极高的人员;"极其专业"则更加不可能。所有的法律专业人士都需要在长期的实践中成长,并了解一线法律动态。例如,一个巨型能源企业,哪怕从头部互联网或者头部科技企业聘请一位最顶尖的数据法务,在若干年后,这位法务的专业能力也必然会落后于老东家同样岗位的人员——没有一线业务的时刻挑战与磨炼,是不可能闭门造车、独自生长出来一位优秀法务的。

因此,对公司来说,法务和外部律师的合作是客观的需要,也是性价比最大化的体现。而法务对与外部律师的合作的管理,主要包括以

下几个核心要素:

(一)如何找到最合适的律师

最合适的律师不一定是业内最有声望的律师,也不一定是最贵的律师,而是最符合公司需求模型的律师。公司需求模型是由以下几个核心要素决定的:事项属性(所属法律领域,多维度的难度评估,对公司的重要性、紧迫性,要求外部律师承担的主要任务,等等)、公司法务的配合能力、成本约束。以这几个核心要素做模型,进行外部律师的匹配和认证工作,要比纯粹听取其他方的推荐或者从相关排行榜上寻找信息更为妥帖。其他方的推荐人选以及从排行榜中获取的律师名单,要纳入认证和匹配流程中,进行客观的筛选。需要提醒,这个筛选工作最好是由专门的服务商认证团队来主持,用人方则以提供信息和需求为主。认证团队可以是公司法务内部组织的专职法律工作支持模块的团队,也可以是法务外部的、从属于公司的采购认证团队。当然,法务内部专职团队相比之下要更有效率。由认证团队进行筛选和聘任合同的谈判,可以最大限度上保证客观公正,可以利于成本控制和解决后面合作中的矛盾,外部律师与内部用人团队的关系不至于受到损伤。认证体系和认证流程的科学化、规范化,是确保找到合适律师的重要条件。

一般来讲,除非是跨国投资并购或诉讼等特殊的大型案件或项目,公司法务没有必要一定在每个事项中都使用一流的大律所或一流的律师。这里面有成本控制问题,也有效率和服务水平的问题。针对日常业务,可能中小型律所更有弹性、反应更快、成本更低、服务水平更高、服务质量也更好。特别是对于新兴和商业前沿法律问题,新进的中型律所可能具有更新的知识储备、更能理解和接受新生事物并提出独到的建议。如果与学术、研究机构或者监管部门有经常性的沟通,一般会得到特定领域的知名律师的信息,而且通过各个机构的评价的比对,能更好地判断出哪个律师确实是真懂,哪个律师只是善于营销。只找懂的人，不找贵的人或者名气大的人，是确保找到合适律师的另一个重要条件。

（二）如何与外部律师分工合作

公司法务使用外部律师最忌讳的就是把事情全部交给律师，自己不提供足够的支持和配合，只问进度和看账单。实践中确实有这样的情况，公司法务或者不愿意向外部律师如实提供信息（可能是因为管理层或者业务部门觉得太敏感），或者以缺乏人手等理由与外部律师的工作脱节，甚至躲在一边，要求业务部门直接与外部律师沟通即可。这样外部律师是不可能找到问题的症结、准确对标公司的需求的。

与外部律师的分工合作，要把握住几个原则：

（1）外部律师是贡献专业意见的，但是对所有这些意见都不具有决定权，公司法务要接收和评估这些意见，与公司管理层和相关部门讨论，作出公司的决定。

（2）公司法务除了提供必要的案件或者项目信息，还要从商业和公司管理实践的角度，为外部律师澄清案件或项目与公司商业实践之间的关联。

（3）在合作中，公司法务重在提出疑问，外部律师重在发现问题、请公司法务帮助澄清问题、解决公司法务的疑问。

（4）公司法务必须派遣人员固定对接外部律师，一是做些行政和辅助工作，二是参加外部律师主导的专业工作。

（5）能由公司法务完成的工作，就不要由外部律师做，一是为控制成本，二是为锤炼公司法务自己的团队和技能。

（6）对本公司管理层和业务部门的正式汇报，要由公司法务主导，视情况决定外部律师是否需要参加，要避免外部律师直接汇报。这主要是为了防止外部律师与公司的汇报听取人在专业问题的理解上不在一条线，以及外部律师可能无法准确判断出公司的意图，导致公司对外部律师的能力和交付产生疑问。

综上，公司法务与外部律师的分工是一个互补的过程和彼此学习的过程。公司法务要以严谨和谦虚的态度、科学的管理和积极的参与来协同外部律师完成工作。

(三) 如何管理外部律师的交付

在公司法务眼中，外部律师应该是商人，因为他们出售的是法律专业服务；在外部律师眼中，公司法务应该也是商人，因为他们既带有公司的商业属性、服务于公司商业成功的目标，也是法律专业服务的买方。因此在交付管理上，要采用买卖双方评估交付周期和交付质量的方法，不要仅以专业视角关注交付中的个别亮点，掩盖整体质量评估。

对交付质量的评估，仍然应该由采购认证团队来主持完成，对照聘用合同条款，逐项审视，用人团队则提供评估意见供参考。采购认证团队还可以向管理层及案件或项目的参与部门进行周边询问，将相关意见纳入评估结论参考。无论是阶段性交付还是案件或项目最后的一次性交付，都可以适用这种评估方法。至于具体的评估体系和指标，根据各公司及各案件或项目的具体情况来设定即可，并没有统一的标准。聘用合同对交付内容和质量标准的约定极其重要，在认证阶段即应该为评估交付质量做准备。

(四) 如何管理律师的费用

对外部律师费用的管理是所有公司法务的难题，这个难题是永远无法彻底解决的，只能用相对科学的方法进行控制。因为双方都是商人，一个交易之中，必然是有多付费和少付费的问题，而公司法务关注的当然是多付费的情形。

外部律师多收费，去除弄虚作假的情形，一般包括时间堆积，拉长计费时间长度，用多于正常的时间来完成工作；工作量堆积，即增加不需要做的工作事项；靠参与人数堆积，增加不必要的人员，例如一个会议来 20 个收费律师,而实际上可能只需要 5 个。

因此对于公司法务来讲,非常重要的策略就是事前防止费用失控、事中跟踪调整,在事后对账单提出异议是没有多大的效果的,对双方关系是个不小的损害(如果要继续合作的话)。

事前防止费用失控,就是在认证阶段和合同生成阶段,把丑话说在前头,通过预算约束和计费方式约束来把控住多计费的可能性。当然预算约束取决于具体项目或案件的情况,有的可能是没有办法对外部律师进行预算约束,只能内部进行约束,但多数情况下预算约束是有效的,也是外部律师能够理解的。计费方式多种多样,一定要结合具体情况匹配合理的计费模式,有的需要有明确的费用上限,有的需要有阶梯式计费,有的需要采用风险代理模式,有的需要用阶梯式折扣,总之不宜以一种计费模式适用于所有外部律师参加的项目或案件。

事中跟踪调整,则是根据案件或项目的工作量和费用产生的速度,来重新调整预算和调整计费模式。当然,外部律师很少会愿意接受这种调整,但是这要取决于客观、具体的案件或项目进度情况,对于重大的根本性的调整要慎重,但是对于操作性的调整,例如要求外部律师合理控制计费人数、提高工作效率,这是必须要做的,也是外部律师能接受的。这种调整,最好仍然以采购认证团队的名义进行操作。在项目或案件推进过程中,用人团队与采购认证团队要保持定期的沟通和信息反馈,提交使用外部律师的情况(具体应该提供哪些信息,没有标准模板,一般会涉及律师参与人数变动情况、工作量变动情况、已发生费用累计、工作态度和效率评估、已经完成的工作的质量评估、对是否可能突破预算的预测、其他需要调整之处,等等),由采购认证团队在法务内部作出决定的前提下,与外部律所进行对接解决相关问题。

(五)如何认识外部律师管理的新维度

综上,对外部律师的管理是基于两个要素:一是商人对商人;二是科学的管理方式。

除了对聘用和使用外部律师进行管理外,公司法务一定要时时关注这样一个问题:外部律师除了能帮助法务解决问题外,还能带来什么价值?一定是因为有问题要解决,才需要外部律师吗?答案是"NO"。

从外部资源管理的视角出发,高水平的外部律师是一种可遇而不可求的优质资源,他们能带来专业解决方案、社会关系和人脉、知识和经验、专业精神和工作技巧,等等。但如果仅把关注点放在这些比较"功利性"的方面则是远远不够的。外部律师带给公司法务最大的价值,就是可以推动公司法务的成长和进步。这种推动一是通过外部律师的专业服务来实现的(也包括研讨性质的交流活动),二是通过外部律师打开的窗口给予公司法务以更多的思考、更多的线索、更多的机会。外部律师打开的窗口让公司法务看到了业界相关专业问题的动态和趋势,看到了多种力量和机构甚至个人的博弈,看到了公司法务尚未触碰的新空间。这是公司法务战略规划的信息来源之一,也是公司法务能力建设的支持力量之一。只用外部律师专业能力的,是低水平的外部律师管理;利用外部律师的背景和窗口的,才是高水平的外部律师管理。因此,对聘用使用外部律师的管理一定要设立一个新的维度,就是:某个外部律师或律所究竟带来什么价值、给公司法务工作带来哪些启示、如何有助于公司法务调整其战略和部门组织建设乃至个人的成长、有没有可能创造出新的机会和拓展空间。

当然,越是大公司、头部企业,能给这些企业带来外部价值而不仅仅是纯粹专业法务服务的律师就越稀缺,甚至在一定程度上还受到竞争对手优先锁定了为数不多的优秀律师的做法的制约。这又是在考验公司法务选聘合作律师的水平了。有些竞争比较激烈的行业或者企业,对于优秀外部律师的锁定和确立排他是非常关注的,这甚至已经不仅仅是从甲方视角来看待外部律师,而是从“如何获得稀缺资源、如何阻止竞争对手获得此种资源”的角度来看待了。

二、如何与政府机构等沟通协调

政府与企业的互动关系也是复杂的,总体来讲包括两个部分:一是政府机构(此处暂作为立法、行政、司法各类机构的统称)通过行使其权力来管理企业,使企业在法律和政策的边界内从事经营活动;二是政府机构需要企业的支持配合,共同落实国家战略和治理目标,并且需要企业提供反馈。这种关系模式就决定了政府与企业之间是有沟通和互动的弹性空间的,所以企业才有沟通的机会。那么处理政府关系,也就成了公司法务不可忽视的工作和机会点。

如前所述,政府作为公司需要沟通的外部力量,也是公司法务的外部对接方(特别是公检法机构、市场监督局等行政执法机构,以及负责法律和政策调研及拟制的机构等),原则上应服从公司的政府与公共关系管理制度。除了个别敏感资源需要法务部(一定级别的领导)亲自沟通协调,大部分是可以交给政府关系部门做日常关系维护的。因此,法务有什么外部对接方、重要性排序、与公司的关联、沟通协调的要点和节奏等,需要法务与政府关系部门进行对接和更新,确保政府沟通不断档、随时保持联系、不耗费法务太多的精力。

要确切把握住与每个政府部门的互动模式,采用相应的协调策略。每个政府机构都有其自身的特点,对待企业也有不同的出发点、思维方式、行事方式。公司法务要准确地判断出某个政府机构与公司之间是什么关系模式,是 A 交警与司机模式(只能按交警说的做,交警不允许的,就不能做),还是 B 友好互助关系模式(互相支持),还是 C 传统父母子女关系模式(一切为了子女好,子女大计由父母定,子女听话且感恩,完成父母心愿)。这三种模式是层层递进,A 的模式关系最疏远,C 的模式关系最紧密。模式不同,关系维护的投入也不一样,维护方式也不会一样。对定位为 A 模式的,不需要过度的投入,而对定位为 B 和 C 模式的,则需要专人沟通、投入大量资源、探索其潜在需求。法务对各个政府机构的沟通协调不能系于个别人身上,而是要以部门为单位,进行系统化的管理,留存沟通档案、策略报告和决策、资源投入情况、政府机构反馈情况、重要相关问题进展情况、对接人的运作是否标准,等等,都要有所记录和管理。可以与政府关系部使用相同的方法论和管理工具。

与政府机构之间的关系切忌变成单方有求于人的关系,而是要挖掘和满足政府机构对企业的明确要求以及潜在要求,了解政府机构的初心。如前所说,政府机构需要从企业获得反馈和支持,那么企业就应该评估政府机构的要求是什么、为什么目的、以什么方式、对企业和产业的影响是什么、本公司有什么需要澄清和变通之处。最典型的是某些政策或者“办法”的出台过程,政府机构领受了制定政策或办法的任务,需要企业参加讨论和给予建议,如果该政策或办法的主旨与本公司的利益有冲突或者不符合本公司及本行业的一些特性,那么就要搞清楚政府提出相关主旨的初衷和背景是什么。政府意见通常不可能是拍脑袋拍出来的,而必然是调研了少数部门、专家和企业的意见,才提出草稿,这就难免会出现偏差,需要向社会公开征集意见才能校正这种偏差。而公司法务要做的,就是在发现了这种偏差及其背景和初衷之后,联合相关力量,对不合理之处提出修改建议。这里面就反映出一个问题:公司这么做是与政府唱对台戏,还是要帮助政府落实其原本目标?答案显然是后者。政府也知道自身在涉及行业和企业实践的问题上不可能全知全能,更不希望政策或办法出台后产生反效果,因此凡是合理的、客观的建议,政府部门是愿意听取和吸收的。因此,公司法务要从这个本源和初心出发,以积极和专业的态度、科学和系统化的组织形式,既挖掘出政府机构背后的意图,也以合理的建议满足这种意图,这样反过来是维护了自身和整个行业的利益。这是法务与政府机构沟通协调的第一要领,即与政府机构保持在同一个频道上,一起办大事。

法务要与相关政府机构共享资源和信息。政府机构最头疼的,是企业过来办事,但是漂亮话说一大堆,却不透露任何客观真实的背景信息,令政府机构产生不安,只能用官话回应,然后真正办事要依靠办公室以外的关系和沟通。这对政府机构和企业来说都是头痛的事情。因此,公司法务在与相关政府机构打交道时,如何避免这种双方头痛,快速寻找到话题和解决问题的思路就至关重要。政府机构都希望知道你为什么来找我、需要我干什么、问题的本质是什么、你们有什么建议、我的难处你怎么解决等问题。所以,对法务来说最有效的方法就是共享资源和信息。法务可以组织业务、政府关系以及其他相关部门,用各种交流形式,把行业相关问题、企业关注点、对待求助的具体问题的研究和建议等进行共享,并把公司的信息资源和专家资源提供给相关部门。这时政府机构看到的是一个全景,得到了初步的建议,并且有专家的信息资源可以支持下一步动作。法务的这种共享不是一次性的,也不是一定要针对某个具体事件的,而是要作为日常沟通协调的一个标准动作,保持一定的共享频率。把政府机构当作法务的客户,客户从公司法务看到的不只是各种求助,还有帮助政府机构了解问题和学习新知识的善意,以及帮助政府机构更好地行使职责的资源支持。也就是说,通过共享来细水长流地帮助政府机构一起成长。这是法务与政府沟通协调的第二要领,即法务要让政府机构知道你能给他们带来什么、如何帮助他们,而不是只提出需求。

法务要着力打造自身的专业和权威形象,增加对政府机构的吸引力。政府机构肯定愿意主动找头部企业来沟通未来的政策和监管走向,因为大多数头部企业的法务本身就是行业内的权威专家和领导者,能为政府机构提供想急于了解的行业相关信息和建议。专业和权威形象的最大益处就是在交流过程中无形地把信息和需求传递出去,获得预期的效果。对任何公司法务来讲,自身的高水平永远是获得政府机构好感的第一要素。这也是公司法务与政府沟通协调的第三要领,即打铁需要自身硬。

很多公司法务对于发展和维护政府关系有畏难心理,觉得除了几家公检法机构之外,对自己没什么大用,而且不易获得公司资源的支持,维护工作中还有很多麻烦事不好解决。这种想法是正常的,但是如果要突破公司法务发展的瓶颈、创造更大的价值,就不可能离开对政府关系工作的拓展。法务如果要扩大自己的职责和工作事项范围,就必须得找到事项的源头,政府机构就是一个非常合适的源头(另一个源头是竞争对手)。通过与政府关系和业务部门的合作,把政府关系管理工作体系化、规范化,可以有效减少“麻烦”、提高政府关系工作的收益。

三、如何与学术界互动

建立并维护与学术界的互动,是近十年来在公司法务工作中出现的一个热点问题。在这方面,头部互联网公司法务仍然作出了表率。学术界对公司法务的作用,基本上表现为如下几个方面:一是相对法律法规、政策和其他监管措施,学术界专家正好处于政府机构和企业之间,能充分地听取两方面的意见,对待出台的文件内容进行平衡。二是针对具体事件,包括案件、项目等,提供独立专家意见(例如对消费者诉讼、侵犯公司权益的带有商业性质的重大刑事案件、不正当竞争认定和处理,等等,有明显的作用)。三是通过学术研究,引领公司法务相关工作的方向和趋势,包括通过与公司法务合作,进行专题研究并向公众发表或政府机构报送成果。四是对公司法务进行专业知识赋能。对公司法务来讲,发展与政府机构的关系与发展学术界的关系,是一个硬币的两面,都是服务于外部规则的制定和优化以及重大事件的处理。学术界本身没有权力,但是他们的专业意见会影响到立法和行政监管的理论基础。

建立并维护与学术界的关系,要把握几个原则:

(1)公司法务与学术界的合作交流,要有长期的战略规划,忌讳为短期目标乱抱佛脚,更忌讳把专家当作工具、当枪使。与学术界交往的必要性、中长期和短期目标、关系管理、资源投入,都需要在法务的规划中进行设计。

(2)圈子宜广,专家宜精。圈子广是指应对于学术界主要人员有所了解,必要时能够得着;专家精是指要重点维护特定领域权威专家的关系。公司法务不可能与本领域内每个专家都有来往,如同选择聘用外部律师,只能有选择地合作。这里需要提醒,学术界的专家不同于外部律所,一般不会受利益冲突的限制,多数专家基本不排斥与每个重要企业都保持来往(如果可能的话),以获得学术研究所需要的最全面的信息;而且除非是个别情形下,专家要维持公平公正客观的学术身份,不会以明确的代言人身份为某个企业说话,即便其意见可能对某个企业或某个行业有利。因此,在选择合作和交流的专家时,一是要把握住专家对企业或行业的倾向性,二是要注意交流的内容和请专家从事的工作不要过于激进,三是在合作形式上以及成果的体现上要尊重专家的独立权威形象。如果一个专家被公认为是某个企业的排他代言人,那么他的言论和学术观点反而会失去学术权威性。

(3)要言之有物,忌讳空洞的交往。言之有物一方面是基于公司法务自己的专业和行业法律工作水平以及对专家意见的需求,另一方面则是基于与专家个人的研究方向和兴趣点是否搭配。提供给专家的信息要明确和全面,对专家的需求要清楚,对专家的启示效果要鲜明,对于合作方式和成果输出要考虑双方的利益和接受度,合作的成果要体现专家的权威和影响力。

(4)在学术专家的具体关系维护上,可以参考对外部律所的管理方法,但是弹性可以更大些,也不需要把学术专家的关系交给政府关系部门做日常维护。预算、费用、过程监控、输出结果评估,都是必要的,应纳入法务相关流程。

四、如何管理、维护与提升行业内同行法务资源

公司法务与行业内或者跨行业的竞争对手的法务,要不要建立合作关系?这个问题相对比较敏感,可能也是多数公司法务没有考虑过的。其实与竞争对手的法务进行沟通交流(由于反垄断法的约束,慎谈合作),是非常必要的。

第一,这种沟通交流,甚至合作,应限于探讨整个行业的外部规则变动情况、执法司法情况是否继续有利于行业发展,但不涉及反垄断法所禁止的任何情形。第二,对于跨行业的集体诉讼或纠纷,例如某一行业发起的对另一行业的反不正当竞争诉讼,作为当事人一方,其实包括了本行业内的所有厂商,这些厂商可以合作参加诉讼。第三,对于公司法务管理,各厂商有交流的必要性,虽然这种必要性不是绝对的,但是是有益的,也是可行的。第四,行业内公司法务的沟通,是维护正常竞争秩序和解决纠纷的有效渠道之一。

本书认为,从公司法务发展空间的角度讲,第一项和第二项更为重要。外部规则的变化,影响的是行业内全部公司,如果这种变动是缺乏合理性的,那么全部公司都将受损。行业内肯定会有公司站出来与政府机构沟通,而其他公司要么选择单独与政府沟通,要么选择搭便车。作为公司法务,最有利、最有影响力和最节约成本的方式,当然是能把行业内相关公司的法务组织起来,在各公司业务和管理层的支持下,形成行业内统一的意见和输出,共同与政府机构探讨。这种做法是有利于整个行业的发展的,也有利于政府机构提高其政策制定和执法的水平。在实践中,手机行业和互联网行业都出现过这种成功案例。如果一个公司的法务能在这样的合作中拥有一定的号召力和影响力,也就表明这个公司法务是有被广泛认可的能力的。法务专业工作不同于业务,仅凭公司规模的影响力是不足以在法务联合中始终占据主导地位的,最终是看一个公司法务的规划能力、输出能力和组织

能力。

至于诉讼,虽然各厂商会单独应诉,但并不妨碍各厂商法务面对同样性质的诉讼进行交流。这种诉讼的特点是任何公司都不能失败,其中一个败诉,就会给其他公司造成极其不利的影响,诉讼对方当事人也往往会用各个击破的方式,有拉有打,试图在对手的防线中制造空当。因此,行业内厂商法务的交流很重要,也可以聘用同一个诉讼律师,可以就诉讼问题向有关政府部门共同启动沟通,共同聘请外部专家发表独立意见,等等。

原则上来讲,竞争对手之间的公司法务交流合作,是要大胆策划、谨慎操作的,在不违反反垄断法和反不正当竞争法,不涉及泄露公司商业秘密的前提下,这种合作交流是有利于改善整个行业的生存环境的。当然,也有利于公司法务的发展,竞争对手的法务要做什么,本公司法务就应该评估和参与,这是公司法务发展的另一个机会来源。

第十章　公司法务的海外工作

中国企业成规模地向海外拓展始自20世纪末,至今方兴未艾。多数企业面对陌生的海外环境会发现有很多未知:产品和服务是否可以在当地市场获得准入,怎样建立和运营当地办公室,如何招聘和辞退本地员工,如何获得更多签证,如何管理好当地办公室人员(特别是中国派驻人员)的衣食住行,如何处理企业和个人税务,如何设计薪酬体系,如何设计业务模式,如何采购和销售,如何设计和解决外汇资金等问题,如何处理与竞争对手、合作方、消费者、雇员的纠纷,如何管理风险,如何合规,中国总部如何管理当地办公室人员与业务,流程和IT如何架构,如果当地政府进行检查或者处罚应该如何应对,如果公司要撤回投资应该如何操作,等等。所有这些已知和未知的困难,都与法律相关,区别在于有的是强相关,有的是弱相关。因此,中国企业出海,第一件事就是要建立法务支撑体系,让法务参与到每个事件的策划和落实中,帮助企业找到正确做事的思路和方法,为出海开路。

第一节　海外业务拓展过程中的公司法务

所谓企业出海经营,就是在中国内地以外的另一个营商环境中应用当地的规则做生意。生意成功与否,不取决于产品、服务和品牌,而是取决于与当地营商环境的融合度。当地营商环境包括很多因素,常见的如法律、政策、宗教、文化与社会习俗、商业习俗、政治、经济发展水平、当地产业链资源与人力资源,等等。法务要做的,就是分析和解读当地营商环境,找出与本公司相关的风险点,逐一评估,并提出解决方案,然后支持公司在当地落实。这个工作覆盖了公司出海前端准备工作,也覆盖了公司在当地的运营全程。法务应该从当地营商环境中的规则角度出发,从规则中导引出风险点,再导引出应对策略和方案。

在具体做法上,建议法务把海外拓展的相关问题分成两大类进行处理:第一类是商业模式/经营模式/业务模式/交易模式相关风险,第二类是经营安全风险(包括合同与交易风险、合规风险、人员风险、纠纷与危机处理、政治风险)。

一、商业模式/经营模式/业务模式/交易模式相关风险

中国企业初入海外市场,要解决的第一个问题是产品或服务是否被允许准入,这个问题在当地国家都有明确的法律规则,只要法务、业务和当地资源进行沟通查证,是不难获得答案并找出获取准入的方法的,在此不做展开讨论。

但是商业模式/经营模式/业务模式/交易模式相关的问题,则是法务要与业务及管理层充分调查研究论证的前端重点工作。很多公司不习惯于把问题提升为四个模式的高度,只是因为某个国家有需求有市场,就直接复制在中国的成功经验,结果要么不成功,要么虽然赚到一些钱,但是却可能涉嫌违规,或因为模式不妥当而被当地认为是来掠食的“鳄鱼”。前端的四个模式研究就是为了保证公司在获得产品或服务准入后,在海外能以正确的形式和方式长久地经营,获取正当的商业收益。

(一)风险解析

商业模式解决的是公司要赚什么钱的问题,例如要通过批发或零售方式赚取差价,通过电商形式砍掉产品与用户之间的中间渠道赚取平台服务费用,这都是商业模式要解决的问题。以零售业和互联网业为例,有很多国家法律规定不允许其他国家直接投资经营零售或者互联网服务业,那么未经调查研究贸然去做就是无意义的。

经营模式是指企业根据自己的价值目标和在产业链中的位置,来确定自己实现价值的方式,例如是与客户直接交易还是间接交易,是直接面对消费者还是间接面对消费者,要不要搞研发和制造,等等。经营模式解决的是公司做产业链中的哪个环节、上下游是谁的问题。例如有的国家对外资企业本地经营有严格的本地化要求(不一定符合WTO等相关规则,但可能难以改变),那么就需要考虑本地化生产、本地化采购和本地雇佣的问题。

业务模式则是开展业务的具体方案,例如资源垄断模式、规模效应模式、渠道为王模式、品牌轰炸模式、电商平台模式,等等。业务模式解决的是在产业链的某个环节上,用什么方式、如何组织资源,才能发挥自己的核心竞争力的问题。例如很多国家,特别是发达国家,有严格的竞争法,对渠道管理有严格的要求,最典型的是禁止固定渠道转售价格或限制其最低转售价格,在海外其相关执法也比较严格,渠道商也有足够的意识,对于厂商的渠道价格管理可能会有一定程度的反弹。如果不做调查研究,忽视海外渠道管理的难度,贸然把渠道作为主要业务模式,则很有可能最终价格失控,或者与渠道关系崩盘。

交易模式是指具体用什么交易架构把产品或者服务卖出去、把钱收回来。例如在某些发达国家,客户可能会因为要改善报表等原因要求中国企业接受一些涉嫌违规的交易模式,或者在不发达国家,有部分客户可能会设计特别的交易模式来从中获取腐败收益。这些都是需要法务研究和解决的重大风险,不能完全由业务主导。

假设某公司去海外做家用电器业务,那么这四个模式的逻辑关系就是"决定挣某国市场缺乏中低端家用电器这个机会的钱———论证在当地搞完整制造还是从中国发送部件组装或者从中国发送成品直接销售———论证引入当地渠道,还是在当地搞电商平台,还是并行,是靠低价还是靠售后服务还是靠渠道高比例留利来快速争取市场份额———如何签约、组织物流、售后服务、回款"。通过完整的四个模式的调查论证,才有可能发现整个业务和经营管理链条中的全部问题和潜在风险。

某种中国机械设备产品在相关国家遭遇过贸易救济措施，但该产品市场规模和利润水平仍然吸引新厂商投入。某中国新厂家参考了在前的贸易救济措施案例，未经深入咨询，决定在东南亚开设工厂，对中国出口的部件进行简单组装，然后打上东南亚某国制造的标志，对其他区域国家出口。后被市场所在国家认定为是中国制造产品，适用ALL-OTHER 税率。后该厂商被迫申请新出口商复审，并关闭在东南亚的工厂，在欧盟重新开设工厂进行符合欧盟本地化生产标准的生产活动。前后损失数千万美元。这就是忽视经营模式风险的典型案例。

某中企以低价竞标某国公用设施建设项目并获得成功，该项目集成商/承建商与政府签约，中企则与承建商签约作为其中一项设备的供应商。在承建商客户的压力下，中企拒绝法务意见，接受全部不利合同条款，包括因设施故障等原因引起民众不满时，政府有权绕过承建商直接向该厂商索赔等。后来果然出现这种情况，中国厂商无资源帮忙对抗政府，支付了巨额赔偿，且声誉受损，业务整体巨额亏损。这就是忽视交易模式风险的典型案例。

海外有客户知道中国公司很在意销售业绩，而且中国公司之间竞争非常激烈，就故意设计出“鹬蚌相争”的交易模式，不接受则出局，市场竞争格局可能会受影响；接受则有可能会受到损失。业务侧一般会倾向于从维护客户关系、维持市场格局、力争获取客户的后续补偿性业务机会等角度推动公司接受客户要求，但结果往往是令人失望的。还有客户为自己的利益设计出复杂的交易模式，把风险尽量向卖方转移，或者在客户自身财务状况不佳的情况下，要求卖方提供融资等援助，以合作关系和后续项目作为诱饵，令中国公司左右为难。

还有中国很多公司为管理方便，甚至为了节约成本，忽视合同签约主体、签约人、海外公司注册资本与经营规模/利润规模/纳税规模之间的关系，造成当地税务机关怀疑中国公司在当地存在 PE（Permanent Establishment，常设机构），或者怀疑中国公司有转移定价、业务和纳税真实性的问题,等等。像印度,还有其他一些国家,一再把中国公司作为税务检查的重点目标,使中国公司因为自己的不规范和不谨慎而付出巨大代价。

以上所有这些风险,在海外经营的中国公司中是比较常见的。如果回溯,就会发现这些公司多数是没有经过严格审慎的四个模式的论证就匆匆开展业务,在业务运行中随时出台经营管理措施,解决一个问题又产生更多的新问题,所有的政策和管理措施都缺乏以四个模式为依托的基础和连贯性、协调性。如果法务、业务部门及其他职能支撑部门能在前端介入,从四个模式论证开始为公司设计海外业务经营管理方案,则会在相当大程度上避免这些后续的风险。

(二)注意原则

建议海外经营的前端准备工作中要注意以下几个原则:

第一,中企拓展海外市场的目的不是把产品和服务卖出去,而是把产品和服务安全地卖出去、把收入安全地拿回来、在当地持续性地经营下去。这是四个模式规划设计的问题。

第二,四个模式包括多种要素,除前文所提及的内容外,还包括在当地以什么形式持续存在、人员构成和身份资格、税务模式、子公司资产规划和运营(含资金)、管理架构和决策机制、风险隔离等,模式设计应在海外业务落地之前完成。

第三,海外经营四个模式的设计要符合业务导向,但不能过度地以业务为导向,而是应该在业务战略目标和风险控制之间达成平衡,最终符合公司战略。

第四,达成平衡的关键是确立风险红线和关键控制点。确立风险红线是基于包括法务在内的各部门参与的完整的风险识别和评估,确立关键控制点则基于公司的战略规划和各部门的责任分担。

(三)注意关键点

除了以上几个原则,还应该注意如下一些关键点:

第一,四个模式不仅决定业务成败,也决定业务的安全性和可持续性。因海外业务环境复杂、业务模式多变、监管严格、背后利益关系不容易把握,中企应建立完整的风险评估和决策机制,避免少数部门和少数人拍脑袋。凡是客户抛出以供应商的损失为代价的诱饵,销售线一般是支持的,财务和法务等部门则未必支持。公司应该组织各部门充分论证,提出最大可能规避风险的方案。因此,四个模式的论证应该由业务和专业部门共同完成,并且经由决策流程完成决策,而不是业务或者领导自己拍脑袋。

第二,对于海外本地完全习俗化的四个模式,如果本地有成熟可靠的资源、有公认的风险评估结论或者规避方法,则可以遵从本地习俗,但必须做好母子公司间以及不同业务间的风险隔离。

第三,法务除了做好调研论证、支撑决策,还要做好风险隔离方案,并有意保留和制作公司得以免责的证据。

第四,在海外把产品和服务卖出去并不是全部问题所在,还要看是谁卖、谁签约、收入归谁、谁缴税。这是一个完整的交易模式和业务模式的设计问题。在商业模式、经营模式和业务模式已经确定的前提下,要先设计交易模式和税务模式,接着设计业务在当地存在和经营管理的模式(例如子公司或分公司),然后再正式开展业务。即业务和经营主体这个"壳"要相互匹配。

第五,管理业务也就是管理人,管理人也就是管理业务,两者不能截然分开,不同身份的人的不同业务资格要纳入管理,这是税务相关风险的重要来源。

第六,成本控制应以不影响海外公司经营安全为底线,更不能把中国总部牵扯进来(例如注册资金较低而业务规模庞大或者主要依靠超长期对关联公司负债而维持资金流等,则有资本弱化和逃税嫌疑,而且母公司在海外当地业务中的角色也可能会有税务上的疑点)。

第七,财务、税务、HR 和法务都要在前期参加子公司经营模式和管理模式的论证,消除隐患、确保安全经营。但是如果在论证过程中公司只是要求财务省成本、税务省税、HR 省薪酬、法务看看合同,则是错误的论证方法。

二、经营安全风险

(一)合同与交易风险

合同是最能体现规则的载体,一个国家的市场情况、企业经营规则、监管水平,都能通过合同体现出来。而中国企业普遍的弱点,就是合同管理能力弱、合同意识差、业务导向较重、忽视风险管理。当然很多大企业已经在多年的海外拓展中积累了丰富的经验教训,并建立了相对完备的合同管理和风险管理制度流程,但是对于多数中小型企业以及新去海外的企业(包括大型企业),合同与交易质量引起的风险仍然是相当大的。

1. 表现形式

在实践中,合同与交易质量的风险可能会有很多表现形式,例如:海外销售人员急功近利,未经授权就签约,甚至伪造签字或其他业务文件;受绩效指标和营销需求的引诱,向客户承诺无法实现的交付条件;对质量、交付周期等业务条款把关不严格,与客户思维方式有差异,造成违约风险;忽视合同中罚款、赔偿、汇率变动、税务分担等条款的风险,拒绝法务、财务和税务等部门的意见,造成实质的财务和税务损害;海外团队将客户关系、市场格局和项目成败等客户压力回传给公司,逼迫公司接受不合理的合同条款和交易条件,使公司的管理动作和相关制度流程变形;有的客户并不在意长期合作,为短期利益故意设计条款陷阱,坑害中国公司,而海外业务团队则受绩效指标驱使,隐瞒真实信息；合同前端工作、谈判及履行过程中不注意制作和保留证据，在发生纠纷时处于不利地位。以上种种，在中国的营商环境中，由于大家有对规则和商业习惯的共同理解，以及共同的文化背景和思维模式，因此同样的风险在中国可能相对来说可控，但是放到海外这个不同的营商环境，风险则可能被放大。

2. 把握原则

对于合同和交易质量相关的风险管理，要把握如下几个原则：

第一，业务目标与交易质量、合同风险控制目标不冲突。业务部门要作为交易质量和合同质量的首要责任人，避免完全的业务导向，主动寻求平衡。

第二，业务诉求与风险管理的平衡点在于风险控制机制的完整有效。机制完整是指能及时地识别风险、评估风险，机制有效是指能输出符合业务诉求的解决方案。正常情况下，完整有效的风控机制与业务诉求不会冲突，越是回避风险防控才越会产生冲突。

第三，合同流程要纳入业务流程中。合同谈判、评审、签约、履行跟踪、授权体系等，要完备而可操作；业务侧的责任环节和专业部门的责任环节要有区分；防止业务信息在体系外流动，防止决策在体系外操作。

第四，提升交易质量和合同质量，既要关注与长期客户的利益平衡，也要内部协调一致，以立体化的眼光评估项目和合同，注意当期与过去及未来的风险关系。

第五，工具性的管控措施（例如模板、案例库、评审指导等）是次要的，内部目标明确、分工明确、利益协调一致、对客户口径统一，才是更重要的。完整的风险控制机制下，专业人员与业务人员的协调与分工非常重要。（引申问题：客户压力回传，成为风险控制失灵的重要因素，在客户压力、业务目标压力、风险控制三者之间是否能取得平衡？客户永远会把质量、交付和商务放在第一位，对知名品牌卖方的合同条款压力小些，对新品牌厂商的合同压力大些，但仍然存在弹性，取决于厂商内部如何合作协调说服客户。)

第六,作为起步阶段,要完善工具性措施,建立合同质量评估机制、决策机制,并建设相应的IT平台。

3. 注意关键点

除了以上原则,还要注意如下一些关键点:

第一,销售人员或者客户认为可以代表公司的人,如果不遵从公司的合同评审、签约和履约流程,私自向客户承诺,则可能因为法律上构成了表见代理,使公司不得不履行销售人员的承诺。与客户有对接关系的人员(部门主管、研发人员、服务人员、供应链人员、财经税务人员、商务人员等)都同样可能带来类似的风险。因此,管住合同谈判和签约授权至关重要。合同从谈判到履行,应纳入可监控的流程中,一切信息都应体现在流程中,而不是由个别人员私自掌控,给公司带来未知风险。

第二,合同相关流程应包含在业务流程中,合同是业务信息载体,是业务流程中风险控制点很密集的多个环节的集合,因此合同管理不只是合同管理岗位人员的工作,而是销售人员应负第一责任,销售人员必须懂合同、依照业务相关流程办事。防止业务人员游离于合同工作之外,是确保合同质量的第一要素。

第三,要关注市场布局胜利,但商业上亏损严重的项目,实际上这种客户可能已经无潜在商业价值;通过质量恶劣的合同排除竞争者不等于战略或者商业胜利;低质量合同和过度承诺必然带来实际风险。法务能看出风险,业务当然也能,但业务线和决策层既想占住市场,又不想受实际损失,实际是在拿公司资源赌博。

第四,与长期合作的战略客户之间,风险蕴藏于合作关系中,因为越是长期合作,越需要利益平衡。如果客户提出不常见的或不正常的风险条款,这种条款可能只是长期利益平衡的一个工具。因此,看待合同条款和合同风险,不能只看眼前一个项目,还要看双方利益平衡的大格局,对于可能引起损失和风险的条款不能因为客户关系良好而掉以轻心。业务线要重视法务等专业部门提出的警示,对于不常见的条款要慎之又慎。对于这类不常见的不正常的风险条款,要以专业态度去应对,因为客户是无法从非常专业的角度进行反驳的。这反过来也要求公司在这类风险条款的谈判和决策中,要使业务线和专业部门之间协调起来,不能各说各话。即使公司不得不接受这类条款,也不意味着无计可施,对于条款具体内容的实施是有很大的空间进行谈判的,其他风险条款也如此,因此需要公司内部协调一致、对客户口径一致。

第五,抓住合同和交易质量。抓合同与交易质量其实抓的是业务的立场和商业目标、抓的是与客户的谈判能力。合同就是合同,要增加专业人员在合同谈判和评审过程中的分量,但决策可以另外建立规则,由相关主管在专业人员支撑下作出;专业人员在商务合同业务中可以没有一票否决权,业务人员也不应该有一票决策权;在合同评审和谈判过程中,业务线必须与公司利益保持一致,而不是与客户或者部门/个人利益保持一致;合同评审流程中要引入更多的部门。法务相关条款由于其专业性,法务人员相对容易把握;但是业务相关条款则难以把握,需要业务部门承担起评审责任,专业部门帮助润色和评估;对于未操作过的新业务,业务侧应及时请法务支持,把握住风险点。

第六,对合同和交易质量的风险要有正确的认识。履约中的风险不可完全预测,但根子都在合同条款中埋下。风险是影响业务的未来可能发生的事件,预防风险以可能发生为前提,而不是以不可能发生作为前提,业务线对此向公司打保票是没有意义的。

第七,公司建立风险条款模板、指导书以及相应的评审和决策流程是必要的;要求业务线支持专业人员逐步与客户沟通优化合同质量也是必要的。

合同与交易中的风险点无处不在,而且往往互相依托,构成一个完美的风险陷阱。这说明对于一项交易、一个合同,必须用立体的眼光来审视,避免片段化的风险评估方式,这对公司构建风险控制体系和流程提出了很高的要求。

(二)合规风险

自中兴公司一案之后,合规就成为中国公司的热门话题。特别是美国的长臂管辖能力、在金融和高科技关键技术领域的控制力,使中国很多出海企业不得不做更多的合规风险防范。实际上对多数中国公司,特别是非敏感行业的中小企业,合规风险是有限的、可控的,但前提是必须投入一定的资源,并对经营管理行为进行严格规范和控制。

1. 海外经营合规问题分类

海外经营中遇到的合规问题分为两大类:一是日常经营中遇到的合规问题,二是重大合规议题。

(1)日常经营中遇到的合规问题

日常经营中遇到的合规问题,大概包括如下方面:

第一,海关遵从。例如个人带产品通关逃避进出口,软件与硬件拆分纳税等。

第二,税务遵从。①常见的PE场景包括海外子公司持工作签证人员以母公司名义签约、母公司派人与客户在海外完成谈判和项目交付 。即母公司的核心业务活动在岸完成,即使离岸主体签约模式也不能避免PE风险,PE风险敞口可能达到非常高的金额。②中企关联方之间常见转移定价场景,有的是因为存货记录、发票与财报数据不符合,导致海外子公司成本过高,或者公司转移定价调整政策过于激进等,容易引起税务调查和罚款,金额可能也会很高。需要提醒,很多国家的税务机关存在不规范甚至腐败行为,因此税务风险有时并不可控,需要严格和审慎的管理和筹划。③个税的计算和缴纳符合法律法规的要求。

第三,行政管理合规风险。办公室和餐厅是否符合 EHS[①] 等要求,POOL CAR 的使用是否给公司带来风险,宿舍租赁是否导致公司承担法律责任等。

第四,尊重民俗与本土文化等。例如在宗教习俗比较兴盛的国家,要注意避免触犯宗教禁忌。业务宣传用语、内部管理行为和措辞等,都需要考虑本土文化宗教习俗。

第五,人的管理。招聘、辞退、考评、薪酬、岗位责任与绩效沟通、工作任务分配,等等,要避免种族、性别、年龄和其他种种歧视,避免不同文化背景下不妥当的行为被视为性骚扰,注意雇员隐私保护,中方人员注意签证申请和使用符合要求,等等。

第六,产品、服务、营销行为等合规。例如产品符合准入标准、产品质量责任、消费者权益保护、不从事不正当竞争行为,等等。

第七,非法律要求的自我遵从。常见的情形包括行业性或者企业自定的标准,如果企业主动对外声称遵从,则不遵从会带来风险。最典型的是消费者产品。

对多数海外经营的中企来说,把握住以上常见的合规风险点,即可基本确保日常合规风险可控,也建议从以上日常合规事项起步,建立海外的合规监管控制体系。其他重大合规议题要根据业务和本地经营情况来逐步导入。

(2)重大合规议题

重大合规议题是指针对重要的、敏感的、专门的法律的合规。这类法律包括反垄断,反腐败,隐私保护,出口管制,反商业贿赂,商业秘密保护,金融合规,贸易救济措施(反倾销、反补贴、贸易保障措施),等等。重大合规议题的特点是有专门的法律,对于正当和公平竞争意义重大,事关国家、产业和消费者安全,是欧美长臂管辖的主要抓手,规则复杂、技术性强且合规成本较高,违规后果严重(业务崩溃、巨额罚

---

① EHS 是环境 Environment、健康 Health、安全 Safety 的缩写。

款、相关人员和主管刑事责任)。

对于重大合规议题,最关键的动作包括:一是确认与本公司的关联度。如果本公司是在敏感行业,或对欧美(尤指美国)企业有较强竞争力,或落入欧美所说的国家安全范畴,则必须对重大议题的合规高度重视,否则任何一项合规议题都有可能成为企业崩溃的蚁穴。二是建立合规体系,自总部到海外,进行有效的合规管理。建立和管理合规体系的方法,有很多论著和实践,在此不赘述,但需要提醒三点:一是要建立合规监督机制。即使在中国不做,也必须要在海外做。海外业务和分支机构远在境外,合规体系的运作情况必须受到监督。这个监督可以交给审计等部门,在法务的支持下完成监督和报告的任务,也可组织专门的合规监督团队。二是要注意风险隔离。海外合规工作,特别是重大合规议题,很重要的一个目的就是实现双隔离,即"员工个人行为与公司行为风险隔离,海外分支机构与总公司风险隔离"。三是要管好自己的合作伙伴,凡是重大合规议题事项,要尽可能向海外合作伙伴延伸,这不仅是为了避免合作伙伴不规范的行为牵连到自己,降低风险发生几率,还是为了向外分散风险、转移风险。

2. 海外合规风险管理原则

对海外合规风险的管理,要把握几个原则:

(1)合规无处不在,合规风险蕴含在业务和管理中,不单独存在;业务要主动消除主要合规风险,忌讳海外业务团队把合规管理责任全部推回总部。

(2)建立合规体系,有步骤地识别风险、评估风险,建立合规制度,是隔离公司风险、确保长久经营安全的必要手段;海外经营占比越高、涉及重大合规议题越多、合规风险越大的企业,越要把合规体系向海外的延伸做扎实。

(3)合规表现为成本,但前瞻性、引导性的合规却能创造价值,使公司少走弯路,并在竞争中领先,因此要控制海外业务和经营管理行为的边界。

(4)不要把合规看得太高大上或者太复杂,日常业务和管理中的合规事项占多数,要搞好日常工作中的合规。

(5)防范业务的崩溃性风险是合规核心战略目标,要特别关注欧美的长臂管辖的危险性;基于风险和业务风险场景做合规,抓重点风险。

(6)控制组织和人员的行为是合规落地的重要目标。合规要内化为业务流程,所谓对外部法律规则的合规,最终都是对内部规则和流程的遵从。员工要遵从流程,但是公司也要能控制员工在流程外的行为。

(三)人员风险

人员风险是很多中国公司海外经营时经常碰到的,但很少会上升到一个具体的风险门类进行系统化的管理。事实上人员相关的风险数量和严重程度可能被低估了,因为人员问题的背后就是文化差异、工作风格差异、管理能力和沟通能力的问题,比较集中地反映出了中国公司在海外经营所面临的管理方面的挑战。

1. 本地员工的管理风险

本地员工对于中国公司模糊化、互相体谅式、万事可商量的对人管理的风格不是很适应,经常会出现如下争议:招聘时所承诺的岗位、职责与薪酬,在入职后没有兑现;权责利不相符;绩效目标不清晰,考评缺乏依据;认为中方在工作分配、晋升、薪酬等方面不够公平,有歧视嫌疑;认为中方无理由辞退或者辞退流程不合规;与中方主管和中方员工沟通困难;认为中方提倡的公司文化和价值观不符合当地情况;等等。而在中方眼中,本地员工很可能是不服从管理、懒散自私、不讲理、绩效差但是自我感觉良好、不热爱公司和不积极主动,等等。

对于海外本地员工的管理的风险虽然表现为法律风险,例如劳动诉讼,但本质上是公司管理本地员工的策略和制度的体系性架构有漏洞。因此,管理本地员工、控制管理风险,要由管理层、业务部门和法

务共同合作。应注意如下要点:

第一,对本地员工的管理要以规则化和流程化为着眼点,避免中方主管的随意性和情绪化;在规则和流程明确的情况下,中方主管话要明说、事要明做,不要寄希望于心领神会或者双方互相给面子。

第二,中方主管要敢于与本地员工沟通、不要回避沟通和回避问题;要正确理解本地员工的价值观念和思维方式,以中式的不断的妥协和折中来和稀泥,效果会适得其反;对本地员工的管理要坚持规则、坚持原则,中方主管要能扛住压力,特别是不要因业务需求而降低姿态。

第三,鼓励本地员工间正当竞争,对不正当竞争行为和破坏团队气氛的行为要坚决斗争;在出现苗头时就要积极主动获取法务的支持。

第四,对本地员工的招聘和辞退,特别是高端人士的招聘要慎重,要有周密的安排,确保高端人士的岗位和上升通道符合前期沟通。因为高端人士很注重自我价值的实现,不适应中方很有弹性、需要牺牲一定个人利益的管理模式。与预期不符合,就会引起反弹。最常见的情形是中方主管看中了本地高端人士某一项特征,就急忙招聘过来,事实上并未考虑好如何使用,直到双方都有失望的感觉并发生冲突。因此,招聘和使用本地高端人士也不能完全以业务为导向,而是要有HR 规则和体系的支撑。

第五,中方主管要加强跨文化沟通能力。

第六,性骚扰及公司处理机制是海外常见的、必备的日常经营管理合规和风险预防工作的项目之一。其风险在于如果公司不积极响应投诉和预防性骚扰,则公司会因个别人的过错而承担责任,包括但不限于巨额赔偿和罚款。

第七,法务要在本地员工管理的制度建设中发挥重要作用,帮助业务主管和 HR 完善相应的规则和流程;而业务和 HR 也要及时向法务通报相关情况,避免“有事再找法务”的情形,防患于未然、防患于制度建设中。对外派员工,特别是主管,要依据当地法律和习俗做好培训,海外子公司也要遵从当地的法律和习俗建立相应的风险预防和风险处理机制。中企最常犯的错误包括外派中方主管唯我独尊、蔑视法律和员工权益、按照中国人的惯性思维和立场处理风险事件,等等,应在法务的支持下尽量避免这些现象。

另外,需要提醒的是海外很多国家有强大的工会势力,工会势力向中国企业分支机构的延伸会干扰企业的正常经营管理,这是由工会的属性所决定的,即尽可能为会员获取超额利益,并为此要获得部分经营管理权力。有很多中国企业在海外遇到过工会的干预,甚至会有工会组织中企本地员工制造事端,挑动本地员工与中方的对立,或者对中企进行种种威胁。应对工会要注意几个原则:一是成立工会如果是非法律强制的要求,一定要坚持实事求是,从法律和事实角度分析利弊,不屈从于威胁和压力;二是对海外工会必须慎重对待,以柔克刚,保护公司运营管理不受干扰;三是工会成为议题,原因之一就是当地子公司管理缺乏柔和度,组织气氛有待改进,因此应立足于内部管理优化,消除内部的分裂势力,使成立工会的要求失去根基;四是要培养能与公司站在一起的本地骨干;五是要投入资源,做好政府关系、媒体关系和法务支撑。

2. 中方外派员工的管理风险

首先要指出一点,如果在当地有较大规模的业务和经营管理存在,则应派出中方人员担任部分模块的主管。派驻中方人员有几个益处:一是发挥中方人员的管理和业务骨干作用,带领本地团队做好业务;二是培养团队和人才,并且利于全球人才调配;三是在传承公司价值观方面起到带头作用,特别是干部和骨干;四是避免引起涉及整个公司和人力资源战略的风险。中方人员在领会总部意图、沟通和协调资源等方面,有着本地员工无法替代的作用,因此越是强调战略和管理的公司,越应该在海外派驻及培养中方干部及骨干。但是,外派中方员工也是要管理的,因为他们也可能会引起一些风险。

常见的外派中方人员相关风险包括:脱离公司,为移民当地而违反公司外派协议,甚至携带商业秘密跳槽到当地竞争对手;个人素质欠佳,发生性骚扰或者侵犯当地员工及其他外派员工权益的行为;利用手中权力和远离总部、总部对当地情况缺少了解的时机,搞行贿受贿或贪污腐败行为;在当地发生民事或者刑事相关事件;等等。

因此,公司必须对外派中方人员实现三个重要管理:

一是管理外派关系。如果公司放任员工移民,海外业务就会变形,成为公司人员移民的通道,而且被外派到不可移民的国家(例如穷国、战乱国)的中方员工会觉得不公平,公司的海外人力资源管理和业务都会混乱。在当地跳槽的,更有可能危及公司在当地的业务安全。因此,公司必须在外派员工与总公司、当地分支机构的关系上,做好事先的设计安排,并通过合同固定外派中方员工的身份归属、调派权、员工相关权益的予取、争议的解决,等等。另外在签证方面要进行严格的管控,申请的签证的类别与年限控制、调派与销签的衔接,等等,都要有严谨的管理。

二是防止员工行贿受贿和贪污腐败。涉及海外反商业贿赂和反洗钱相关法律的行为,因欧美各国均有长臂管辖,会给公司带来灭顶之灾(阿尔斯通、朗讯、德意志银行、汇丰银行等),导致公司受罚、主管判刑、受到制裁、业务崩溃等。这类行为包括:(1)员工索取/收受供应商、合作伙伴、客户等有业务利益关系的组织或个人的不当款待、馈赠;(2)员工与他人合谋,从业务来往中收取佣金、差价、介绍费,以及倒卖公司资产等;(3)员工向供应商、合作伙伴、客户、政府官员等提供不当款待与馈赠;(4)公司对外不当支付佣金或者其他应付款,例如支付给无合同关系的第三方、第三方可能是受到金融制裁的组织或个人、第三方有逃税避税嫌疑、支付行为中涉嫌违反外汇监管、对资金往来方应做但没有做尽职调查等(此种情况下反商业贿赂和反洗钱可能会并存)。俗称的“腐败”一般是指上述(1)和(2)。

公司必须针对上述行贿受贿及贪污腐败风险建立如下管理制度:

第一,商业款待管理制度(作为接受方/提供方):接待和馈赠的标准及规范、配套的财务制度、员工行为管理。当地分支机构必须用明确的方式把制度建立并执行起来。

第二,对代理商付款的尽职调查和付款管理制度:对收款方尽职调查(主体是否真实、是否是被制裁对象、有无洗钱或逃税嫌疑、是否涉及商业贿赂等)、外汇监管遵从 、内部审批流程等。

第三,员工腐败行为调查及处理制度。

第四,全员的培训及公司的遵从的形式架构,以及必要的监督和报告。

三是对外派中方员工的当地重大民事或刑事问题的处理。可依照如下原则:

第一,涉及公司业务和商业秘密的案件,以国内处理为好。(1)案件不在国外暴露,不影响公司声誉和业务;(2)这种案件要求子公司在当地披露相关业务信息,风险不可控;(3)在当地处理时,违法员工有可能寻找到外部资源威胁公司,或者用公开公司商业秘密等方式威胁公司;(4)当地司法处理力度未必符合公司预期;(5)违法员工如果在当地司法处理期间出事,可能公司会被家属纠缠,而且舆论上很不利。

第二,不涉及工作,完全是员工个人事务相关的违法犯罪行为,在当地处理为好。(1)利于与公司隔离风险,如果把犯罪嫌疑人送回国内,则相当于公司主动揽事、惹火烧身,甚至被认为是挑战主权国家司法;(2)处理难度低,完全依赖于本地司法体系,公司易把事件脱手;(3)易对家属交代;(4)无论国内国外,易对媒体舆论解释,对公司业务和声誉无实质影响。

(四)纠纷与危机处理

中企海外经营难免会遇到危机事件,这些危机来自各个方面,例如产品或服务质量有瑕疵并造成规模性反应、营销行为不妥当引起社会反弹、员工/供应商/客户诉讼引起外界关注、政府机构的常规检查和突击检查(DAWN RAID)(涉及签证、税务、海关、环境等)。另外，在近年由于美国及其盟国加大对中国企业的干扰和阻挠力度，通过长臂管辖和制裁等多种手段给中国企业制造业务准入危机、供应链危机、金融危机、高管人身危机、舆论危机等，使中国企业在海外可能面临更多的危机挑战。

应对危机应把握如下原则：

(1)对于崩溃性业务风险，要动员全部资源，广结盟友，共同战斗。

(2)危机处理是对公司综合性的反应能力的考验，忌讳情绪化反应；专业的人员、专业的团队、专业的流程，是处理危机的必备要素，要让专业的人做专业的事；避免内部利益和立场的分歧，对外口径一致。

(3)海外危机事件中往往掺杂有意识形态、种族、宗教等多种因素，要格外重视专业人员意见，注重以本地人能理解的方式和语言处理危机。

(4)对销售与供应链风险要有备份方案，特别是本地生产和原产地认证，要有可操作的方案。

(5)凡是进入法律流程的案件，要多从法律角度考虑应对策略和后果。

(6)注意危机背后的政治博弈或者其他因素，寻找中外政府、行业及其他资源的支持。

(7)海外经营面临多种风险，危机处理流程是必备流程，可以涵盖任何突发风险事件。对危机事件进行分类、定风险级别、安排责任人、规定应对步骤和决策步骤，并由牵头人进行维护，包括演练，是确保危机处理流程有效性的关键。

(五)政治风险

政治风险是企业可见但不可控的，在国际政治和国际竞争愈加激烈的当下和可见的未来十余年内，企业必然更多地成为国际博弈的筹码。企业可以做四件事来减轻政治风险的影响：一是踏实地加强合规,不给敌对方留下任何法律上的把柄;二是战略调整,为国际竞争对手和其他国家的产业链留下增长空间,共同做大蛋糕;三是加强内功,形成国际上无法替代的差异化核心竞争优势;四是团结国内厂商,形成产业整体声音,团结在政府周围,服从国家大局,并从中获得突破风险封锁的机会。在这四项工作中,法务主要可以参与第一项与第四项工作。

(六)小　结

综上,介绍了中国公司海外经营常见的商业模式/经营模式/业务模式/交易模式风险和安全运营风险,以及种种风险的管理原则。需要再次指出,以上海外经营的种种风险,都与法律有密切关联。海外经营时间越长,合规风险所占比重就会越大。公司应大力邀请和支持法务走在海外拓展的前面,对各种风险特别是合规风险进行充分的调研和论证,这是确保海外经营长久安全和赢利的必要手段。

当然,海外风险情况是随着企业海外经营的不同阶段而变化的,应适应阶段性情况做具体的风险管理建设。

表 10-1　不同阶段海外经营风险的特点和应对

内容	阶段		
	起步阶段	发展阶段	成熟稳定阶段
风险特点	碎片点状化,表现为一个个独立问题,尚未显现为制度性缺失	线状化,某一类风险问题表现集中而明显,显现为制度缺失	系统性状化、网状化、立体化,表现为公司整个平台是否协调和稳定,出现政治性因素的干扰
应对方式	针对事件处理	针对个别问题的单个制度建设	1. 拉通业务与风控,风控创造价值,形成完备的风控和监管体系; 2. 不同国家、不同营商环境,适用不同策略和措施

但是，法务对海外业务的贡献绝对不只是风险论证与风险管理，还有无关风险的前瞻性工作可以去开展，这部分工作是针对业务拓展的机会的，在海外陌生的营商环境中，法务有条件有责任去寻找更多的机会点，调动公司资源改善营商环境，从而为公司业务进一步的扩张创造条件。

第二节　海外法务管理

海外法务管理是件比较复杂的事情，很多公司法务抓不住头绪。常见的问题包括海外本地律师怎么选和怎么管、海外法务管理流程怎么设置、海外律所怎么选和怎么管、海外法务问题如何决策，等等。建议参考如下原则做好海外法务管理工作：

（1）只要成本和业务规模能支持，就尽量要外派中方法务人员。关于外派中方主管和骨干的益处，在前文中已经有所描述。在此仅就法务人员外派做些展开讨论。第一，海外本地法务人员在专业化程度和法务工作流程的规范性上要稍好于中国公司，这是海外（发达国家以及有法律职业传统的其他国家）营商环境的特点。但是与中方外派法务人员相比，本地法务人员存在先天短板，例如缺乏主动性与积极性，与业务融合能力弱，变通能力弱，不善于做规划与拓展工作，战略感知弱，对公司的认知和认可度不如中方员工，与总部无法顺畅沟通，打工者心态，稳定性差，等等。因此在很大程度上，本地法务人员可以成为优秀的专业骨干和主管的支持者，但很难独立担当法务管理工作。如果法务围绕公司战略及部门战略部署工作，就最好派人去海外把法务工作统管起来。第二，在关键问题和事件的处理上，海外主管以及总部与中方法务人员沟通的效率更高，方向往往也更正确，不会拘泥于法律规则本身。

（2）如何选择录用本地法务人员。选择录用本地法务人员，要避免只重视其专业水平和工作资历，而是要更重视目标对象的个性是否积极主动、是否有尝试不同挑战的兴趣和勇气、是否有跨文化沟通的意愿和包容性、是否有跨文化工作环境的适应力、是否有较强的沟通和协调能力、是否有较强的业务感知力和风险感知力。本地法务人员对公司越认同、与公司环境融合得越好，其价值越大，管理难度越低，对中方法务主管的支持也越大，其工作绩效对法务战略的支持也越大。

(3)如何管理本地法务人员。如果有中方法务主管在当地，这个问题就不是大问题，如果是总部法务远程管理本地法务人员，则会有大问题。对本地法务人员，要给予适当的授权，给予足够的机会，而外派中方法务主管的主要工作则除了看方向、做规划、建规则和流程，就是提供资源、解决问题、督导下属。要注意不能把本地法务人员当作专业工具，而是要利用他们在语言和专业上的长处，帮助中方法务主管完成与业务侧及管理层的沟通、为业务侧和管理层提供种种法律事务的解决方案。本地法务人员相对聚焦于微观操作，但是对于有潜力有积极性的本地法务人员，特别是其中很有忠诚度的，要培养他们，让他们有机会逐步接受管理相关的工作，有良好素质和意识的本地法务人员也是可以胜任管理岗位的，但这样的人才比较难得，需要不断在工作中识别和培养。

关于薪酬包，应适用本地薪酬标准，由 HR 和招聘中介机构提供基准点，经劳资双方协商确定。但中方法务主管应注意给予其他多种激励，例如各种小奖金、小奖励、各种激励性质的机会和荣誉，给予邀请回总部进行专门培训和交流，等等。很多本地法务人员非常重视非物质激励。

关于考核，基本建议分成两类：第一类是普通法务员工和本地法务主管，由当地公司主管和外派中方法务双重考核，至于双方的所占的考核权重，没有一定之规，可视具体情况而定；第二类是在敏感国家设立的敏感法务岗位，直接对总部法务汇报的，应由总部法务直接考核。

(4)本地法务人员的上升通道。对本地员工的使用,要非常注意其上升通道的问题。上升通道可以分为三类:一是专业类,本地法务员工以专业工作为主,在专业线上发展,公司可给予相应的职级、职称;二是管理类,这类人比较少,可以逐步承担国家子公司级别的法务主管乃至区域级别(如果有海外区域划分的话)法务副主管的职责;三是输出类,这类人是指在法务工作中展现了其他专长,例如政府关系和媒体关系工作能力,或者销售能力,则可以向其他部门输送。这是将法务作为黄埔军校,向外主动输送人才,对海外当地的业务和管理有直接的效用。

(5)海外当地法务部门与总部法务部门的关系。如果海外当地组建法务部门和团队,且总部有外派的中方法务主管到任,则这种关系可以简单化,使当地法务团队可以更多地面向当地业务和营商环境。总部法务输出战略、政策、流程、方法论、重点任务事项,并给予当地法务以足够的授权,由当地法务在不偏离总部法务战略和政策的前提下自主管理。总部法务把握住外派法务主管的任命权即可。

(6)海外法务工作和问题的审批和决策机制。海外法务应有足够的授权来处理日常法务工作,但是对于特定的法务问题和管理问题,则应建立审批和决策机制。第一,管理问题的审批。例如当地法务人员的职级、职称和职务,如果达到一定级别,应报总部审批,或者向总部报备(前提是海外当地公司主管有审批权)。第二,法务问题的审批和决策。例如特定的合同条款、特定的交易模式、特定的重大纠纷和诉讼案件、特定的风险事件、特定的制度和流程的建设,等等,均需要由总部评审和审批。多数海外经营的公司建立有类似的分级审批和决策的制度和流程,当然,需要时时更新。

图书在版编目(CIP)数据

公司法务:定位、方法与操作/熊定中,杨一星著.—2 版.—北京:中国民主法制出版社,2023.5

ISBN 978-7-5162-3226-2

Ⅰ.①公… Ⅱ.①熊…②杨… Ⅲ.①公司法-研究-中国 Ⅳ.①D922.291.914

中国版本图书馆 CIP 数据核字(2023)第 079783 号

图书出品人: 刘海涛
图 书 策 划: 麦 读
责 任 编 辑: 陈 曦 孙振宇

书名/公司法务:定位、方法与操作〔第二版〕
作者/熊定中 杨一星 著

出版·发行/中国民主法制出版社
地址/北京市丰台区右安门外玉林里 7 号（100069）
电话/（010）63055259（总编室） 63058068 63057714（营销中心）
传真/（010）63055259
http: //www.npcpub.com
E-mail: mzfz@npcpub.com
经销/新华书店
开本/32 开 850 毫米×1168 毫米
印张/22.25 **字数/**595 千字
版本/2023 年 6 月第 1 版 2023 年 6 月第 1 次印刷
印刷/北京天宇万达印刷有限公司

书号/ISBN 978-7-5162-3226-2
定价/119.00 元